교육과 기술의 경주

교육과 기술의 경주
불평등의 원인은 무엇인가

1판 1쇄 펴냄 2025년 1월 20일

지은이 클라우디아 골딘, 로렌스 F. 카츠
옮긴이 김승진
발행인 김병준 · 고세규
발행처 생각의힘
편집 조소영 · 정혜지 디자인 이소연 · 백소연 마케팅 김유정 · 차현지 · 최은규

등록 2011. 10. 27. 제406-2011-000127호
주소 서울시 마포구 독막로6길 11, 2, 3층
전화 편집 02)6953-8342, 영업 02)6925-4188 팩스 02)6925-4182
전자우편 tpbook1@tpbook.co.kr 홈페이지 www.tpbook.co.kr

ISBN 979-11-93166-85-7 (93320)

클라우디아 골딘,
로렌스 F. 카츠

김승진 옮김

교육과 기술의 경주

불평등의 뿌리, 원인은 무엇인가

The Race
between
Education
and
Technology

생각의힘

일러두기

1. 이 책은 The Race between Education and Technology(2008)를 우리말로 옮긴 것
   이다.
2. 단행본, 정기간행물은 겹꺾쇠표(《 》)로, 논문, 단편, 기사 등은 홑꺾쇠표(〈 〉)로 표기
   했다.
3. 인명 등 외래어는 외래어표기법을 따랐으나, 일부는 관례와 원어 발음을 존중해 그
   에 따랐다.
4. 본문 중 대괄호([ ])는 매끄러운 이해를 돕고자 원문에 없는 내용을 추가한 것이다.
   그중 옮긴이 주석은 마지막에 '옮긴이'라고 밝혔다.

이 책에 쏟아진 찬사

《교육과 기술의 경주》는 소득 분배의 변화와 그 원인, 그리고 불평등 심화에 대응할 수 있는 결정적인 정책 처방으로 자리 잡을 것이다. 이 책은 최고의 실증경제학이다.

_로렌스 서머스Lawrence Summers, 전 하버드 대학교 총장

이 책은 광범위한 이론적 관점, 신중한 데이터 처리, 경제사에서 얻은 세밀한 교훈, 현재에 대한 면밀한 관찰을 결합해 경제학이 제공할 수 있는 최고의 분석을 제시한다.

_故 앨런 크루거Alan Krueger, 프린스턴 대학교

경제학에서 가장 큰 이슈인 경제성장, 인적자본, 불평등을 다룬 저명한 두 경제학자의 훌륭한 저작. 이 책에는 우리의 과거뿐 아니라 미래에 대한 근본적인 통찰이 담겨 있다. 엄정하지만 지나치게 기술적이지는 않은 이 유려한 책은 교육받은 일반인과 경제학자 모두의 관심에 적합할 것이다.

_스티븐 레빗Steven Levitt, 《괴짜 경제학》 저자, 시카고 대학교

현대 미국의 불평등에 관한 가장 중요한 책.

_타일러 코웬Tyler Cowen, 조지메이슨 대학교

골딘과 카츠는 미국 경제의 변천에서 가장 중요한 현상이자 따라서 국내 이슈 중 가장 중요한 사안을 파고 든다. 바로 소득 불평등의 심화다 … 오늘날 [미국은] 고소득 국가 중 임금과 소득의 불평등이 가장 큰 나라다 … 좋은 소식은, 골딘과 카츠가 옳다면 소득 불평등에 대한 해법이 대부분의 미국인들이 직관적으로 지지할 수 있을 법한 무언가라는 점이다. 그 해법은 대중 교육의 향상이다.

_〈파이낸셜 타임스Financial Times〉

탁월하다. 책 제목에서 알 수 있듯이 불평등의 증가 여부는 교육과 기술 사이에 지속적으로 벌어지는 경쟁에 영향을 받는다. 이 단순하지만 매력적인 아이디어를 미국 노동시장과 교육 기관의 역사에 대한 깊은 지식과 결합해, 골딘과 카츠는 20세기 대부분 동안 교육이 경쟁에서 앞섰지만 1970년대에 기술이 따라잡았고 그 이후로 우세해졌다고 말한다. 최근에 벌어진 불평등 증가의 근본 원인이 지난 30년간의 빠른 기술 발전이라기보다는 미국 젊은이들의 교육 수준이 놀랄 만큼 정체된 데 있다는 것이 저자들의 가장 통찰력 있는 논점이다.

_〈사이언스Science〉

《교육과 기술의 경주》에는 미국이 왜, 어떻게 해서 세계에서 가장 부유한 나라가 될 수 있었는지를, 즉 그것이 교육 덕분이었음을 설득력 있게 주장한다. 또한 저자들은 1970년대부터 교육 시스템이 기술 발전을 따라가지 못하면서 미국이 극도로 불평등한 나라가 되었음을 보여준다.

_〈뉴욕 타임스New York Times〉

꼭 읽어야 할 책이다 … 골딘과 카츠는 교육이 미국의 경제성장에서 수행한 역할에 대해 폭넓은 역사적 견해를 제시한다. 테크놀로지를 유용하게 활용하려면 교육받은 노동력의 공급이 반드시 필요하다. 저자들은 이 측면에서 미국이 어떻게 한 세기 동안 세계를 선도했는지, 또 최근에는 왜 교육에서 뒤처지게 되었는지 설득력 있게 보여준다.

_〈포브스Forbes〉

골딘과 카츠는 예리한 역사 인식과 능숙한 통계 작업을 결합했다.

_〈뉴욕리뷰오브북스New York Review of Books〉

The Race between
Education and Technology

차례

이 책에 쏟아진 찬사   *5*

한국어판 서문   *12*

서론   *15*

1부   경제성장과 분배

1장   인적자본의 세기   *29*

2장   20세기의 불평등   *71*

3장   숙련편향적 기술변화   *131*

2부   교육 대중화를 향한 세 번의 대전환

4장   미덕의 기원   *185*

5장   고등학교 운동의 경제적 토대   *235*

6장   미국인들, 고등학교를 졸업하다   *279*

7장   20세기의 대학 교육 대중화   *347*

3부 경주

8장   교육과 기술의 경주   397

9장   미국은 한때 어떻게 세계를 선도했는가,   445
     또 미래에 이 경주를 어떻게 이길 수 있을까

감사의 글   487

부록 A   493

부록 B   496

부록 C   520

부록 D   523

주   526

참고문헌   617

찾아보기   650

한국어판 서문[1]

우리는 이 책《교육과 기술의 경주》에서 경제 불평등의 장기적인 변화를 이해하는 데 도움이 되는 간단하면서도 유용한 개념 체계를 제시했다. 우리가 수행한 분석은 '교육과 기술의 경주Race between Education and Technology, RBET' 개념 체계가 미국에서 20세기에 걸쳐 교육에 따른 임금 격차가 달라져온 추이를 일관되게 설명할 수 있음을 보여주었다. RBET 개념 체계의 간단한 아이디어는 다음과 같다. 우선, '숙련편향적 기술변화Skill-Biased Technological Change, SBTC'라고 불리는 과정이 펼쳐지면서 교육을 더 많이 받은 노동자에 대한 상대적 수요가 20세기에 걸쳐 장기적으로 증가했다. 한편, 교육을 더 많이 받은 노동자의 상대적 공급도 빠르게 증가했지만 이 경우에는 증가 속도에 등락이 있었다. 즉 교육을 더 많이 받은 노동자에 대한 상대적 수요는 꾸준히 증가했고 상대적 공급은 속도가 오르락내리락하며 증가했다. 이 둘의 상호작용으로 한 세기에 걸친 경제 불평등의 윤곽을 그릴 수 있다.

20세기 전반기에 고등학교 교육이 크게 확산되면서('고등학교 운동'이라고 불린다) 교육받은 노동자의 상대적 공급이 빠른 속도로 증

---

1 이 서문은 다음 논문을 토대로 작성했다. David Autor, Claudia Goldin, and Lawrence F. Katz, "Extending the Race between Education and Technology," *AEA Papers and Proceedings*, Vol. 110 (May 2020), pp. 347~351.

가했고, 이는 고등학교 학력의 [그보다 낮은 학력 대비] 임금 프리미엄을 감소시켰다. 20세기 중반에도 [대학 교육 포함] 교육받은 노동자의 공급이 빠르게 증가하면서 숙련에 따른 임금 격차는 잘 제어되었다. 하지만 1980년부터 2005년 사이에는 교육받은 노동자의 공급 증가가 둔화되었고, 그에 따라 대학 학력이 주는 임금 프리미엄이 치솟았다. 1980년 이후에 관찰된 대학 임금 프리미엄의 급증은 SBTC가 가속화되어서였다기보다는[즉 수요측 요인이 견인했다기보다는] 숙련의 공급 증가가 둔화되어서였던 면이 컸다.

우리는 2008년에 이 책의 집필을 끝냈다. 그 이후로 미국에서 벌어진 경제 불평등의 양상을 설명하는 데는 RBET 모델이 얼마나 정확할까? 짧게 답하자면, 일반적으로는 정확하지만 최근에는 대학 학력 **집단 내에서** 불평등이 증가하는 특징이 나타났다. 예를 들어, 1980~2017년 사이 시간당 임금(로그값) 분산의 증가분 중 57%가 대학 교육이 가져다주는 수익의 증가로 설명되긴 하지만, 대학 교육이 가져다주는 수익의 증가는 그중 2000년 이후인 2000~2017년보다 1980~2000년의 경제 불평등을 더 잘 예측한다. 한편 더 최근인 2017~2023년을 보면, 미국에서 임금 불평등과 교육에 따른 임금 격차가 증가세를 멈춘 것으로 보이고 노동시장이 '타이트'해지면서 심지어 약간 역전이 되기까지 한 것으로 보인다.

하지만 2000~2017년에는 불평등이 계속해서 증가했는데, 대졸자와 비대졸자 사이에서 불평등이 증가한 것보다 **대졸자들 내에서** 불평등이 증가한 것이 더 큰 요인이었다. 더 많은 젊은이들이 대학을 가고 졸업하면서 '대졸자' 집단이 이제까지는 측정하기 어려웠던 방식으로 다양해졌다. 또한 인공지능AI이 SBTC의 양상에 어떻게 영향을 미칠지에 대해서도 우리는 아직 추측만 할 수 있을 뿐이다. 하지만 RBET 모델은 장기간에 걸친 불평등 추이의 윤곽을 이해하는 데 간편하게 쓸 수 있는 도구로서 여전히 유용하다.

서론

20세기 벽두에 미국은 세상에서 제일 부유한 나라가 되었다. 미국 사람들은 그 전의 세계 선도 국가였던 영국 사람들보다 평균적으로 높은 생활수준을 누리고 있었다. 게다가 미국은 한층 더 뛰어오를 태세가 되어 있었다. 미국과 여타 선두 주자들 사이의 격차는 이후에 더 벌어지며, 미국인들의 생활수준도 계속해서 더더욱 높아진다. 세계의 가난한 사람들에게 미국의 문이 열려 있었을 때도 이는 달라지지 않았다. 미국의 경제적 우위는 20세기 끝까지, 그리고 그 이후에까지 유지되었다. 경제에 대해 말하자면 20세기는 '미국의 세기'라고 부르기에 손색이 없다.

또한 20세기는 '인적자본의 세기'라 칭하기에도 손색이 없다. 20세기 말이면 가장 가난한 나라까지 세계의 모든 나라가 국민 대부분에게 적어도 초등 교육을, 또 그 이상의 교육을 제공하고 있었다. 20세기 초만 해도, 아니 20세기 중반까지도, 꽤 부유한 국가에서조차 학교 교육은 개인적으로 비용을 감당할 수 있는 사람들의 전유물이었다. 그런데 미국은 달랐다. 미국의 교육 시스템은 늘 유럽 국가들보다 엘리트주의적인 면모가 적었다. 미국은 19세기에 초등 교육 대중화를 달성했고, 적어도 1900년부터는 중등 교육도 다수의 대중에게 제공하기 시작했다.

20세기가 '미국의 세기'인 **동시에** '인적자본의 세기'라는 것은 어쩌다 생긴 역사의 우연이 아니다. 현대로 넘어오면서, 경제가 성장하려면 교육받은 노동자, 관리자, 기업가, 시민이 필요해졌다. 현대적인 테크놀로지['technology'는 skill과 구별되어야 할 경우에는 '테크놀로지로 옮기고, '기술진보,' '기술혁신'에서처럼 명백한 경우에는 '기술'로 옮겼다. 'skill'은 문맥에 따라 숙련기술, 직능기술 등을 혼용했으며, '테크놀로지'와 혼동되지 않도록 '숙련기술'과 같이 한 단어로 붙여 적었다. 마찬가지 목적에서, '인지적기술cognitive skill'도 한 단어로 처리했다. 옮긴이]가 발명되고 혁신되고 적용되고 유지보수될 수 있어야 했고, 키를 잡는 자리에 그러한 능력이 있는 노동자가 있어야 했다. 무엇으로 측정하건 간에 빠른 기술진보는 20세기의 중요한 특징이다. 그리고 20세기에 미국 사람들은 세상에서 가장 교육을 많이 받은 사람들이었으므로, 발명을 하고, 기업가 정신을 발휘하고, 발달된 기술을 적용해 제품과 서비스를 생산하기에 가장 좋은 조건을 갖추고 있었다.

미국의 세기와 인적자본의 세기를 잇는 연결고리는 교육이 경제성장과 노동자의 생산성에 미치는 영향이다. 더 높은 교육 수준은 더 높은 노동생산성으로 이어진다. 그뿐 아니라, 국가 전체적으로 더 높은 교육 수준은 더 높은 성장률을 촉진하곤 한다. 교육에 제일 많이 투자한 나라, 그리고 그 투자의 상당 부분을 교육이 결정적으로 중요했던 세기에 한 나라가 1인당 소득이 가장 높은 나라였다.

경제성장이 교육 투자만으로 결정되는 간단한 문제라는 말이 아니다. 그렇게 간단하다면 어떤 가난한 나라라도 교육에 투자하고서 몇 년만 기다리면 경제적 성과를 얻을 수 있지 않겠는가. 하지만, 그렇긴 해도 미국의 세기와 인적자본의 세기가 함께 왔다는 개념은 (정부의 유형이나 재산권의 안정성 같은 중요한 선결 조건들이 주어져 있다는 전제에서) 경제성장, 기술진보, 교육, 이 셋 사이의 관계와 직접적으로 관련이 있다. 교육에 투자하면 기술 수준과 생산성을 높일 수 있고 빠른 경제성장과 더 나은 생활수준을 달성할 수 있다. 단, 그러한 경제성장의 이득이 불평등하게 분배될 수도 있고, 평균적으로 생활수준이 높아진다고 해서 모두의 생활이 나아진다는 말은 아닐 수도 있다.

한편, 교육이 기술변화와 경제성장에 미치는 영향과 관련해 위와 같은 언명들이 옳다면 빠른 기술진보는 각급 수준 모두에서 교육을 더 받은 노동자에 대한 수요를 증가시킬 것이다. 그리고 교육을 더 많이 받은 노동자가 수행할 수 있는 역할에 대해 수요가 늘면 그들의 소득이 교육을 덜 받은 노동자에 비해 더 크게 증가할 것이다. 교육받은 노동자의 공급이 함께 증가하지 않는다면 교육에 따른 소득 격차가 확대될 것이다. 어느 사회에 최저 학력부터 최고 학력까지 다양한 학력 집단이 있고 서로 간의 비중이 고정되어 있다면, 기술진보는 확실하게 경제 불평등을 증가시키게 된다. 교육을 덜 받은 집단과 더 받은 집단 사이에 소득 격차가 벌어질 것이기 때문이다. 하지만 기술이 진보하는 동안 교육의 양도 (또한 질도) 함께 증가한다면 불평등이 줄어들 수도 있다.

막대한 기술진보와 경제성장이 특징이었던 미국의 세기는 어쩌면 불평등이 계속해서 확대되는 시대가 되었을 수도 있었다. 경제성장이 일부 사람들의 소득만 크게 높이고 나머지의 소득은 기껏해야 밋밋하게만 오르거나 전혀 오르지 않는 상황도 충분히 있을 수 있었다. 하지만 실제 경로는 그렇지 않았다. 미국의 세기 중 첫 70~80년은 경제성장이 장기간 지속된 시기이자 불평등이 **줄어든** 시기였다. 20세기의 상당 기간 동안 경제성장의 이득은 전보다 **더 평등하게** 분배되었다. 하지만 1970년대 말부터 갑자기 경제적 불평등이 크게 증가하기 시작했다. 게다가 평균 실질임금 증가도 둔화되었다. 20세기의 마지막 30년 동안 꼭대기 쪽 사람들은 아주 많은 이득을 얻었다. 그 와중에 대다수의 사람들 또한 이득을 얻었던 시기도 있었지만, 소득 분포의 하위 3분의 1에서는 실질소득이 정체된 시기도 있었다.

몇몇 소규모의 침체와 1930년대의 대공황 같은 일시적인 큰 불황도 있긴 했지만 전반적으로 보면 미국인들의 경제적 후생은 20세기 내내 거의 지속적으로, 그리고 기념비적인 수준으로 증가했다. 소득과 물가를 측정하는 표준적인 방법을 사용했을 때, 2000년의 1인당 소득은 1900년 수준의 5~6배에 달한다. 제품과 서비스의 질적인 향상까지 고려해 계산하면 이 숫자는 더 높아질 것이고, 아마 큰 폭으로 더 높아질 것이다. 국가 전체의 소득 증가율(GDP 증가율)은 연 3.2%였고 이 수준의 높은 성장률이 놀랍도록 꾸준하게 지속되었다. 1인당으로는 1940년대 이후에 연평균 성장률이 그 이전보다 조금 더 높아졌다. 1900~1929년의 1인당 실질소득은 연 1.7%씩 증가했지만 1950년 이후에는 1.9%씩 증가했다. 즉 1인당으로 보면 20세기 전체에 걸쳐 경제성장의 속도가 약간 가속되었다.

경제성장이 비교적 꾸준하고 지속적이었던 것과 달리, 경제 불평등은 매우 불연속적인 모습을 보였다. 불평등 면에서 보면 20세기는 뚜렷이 구별되는 두 시기로 나뉜다. 1900년부터 약 70여 년 동안에는 불평등이 감소했고, 그것도 몇 단계나 감소했다. 그런데 그 후로 20세기 말까지는 불평등이 증가했고, 그것도 종종 놀랍도록 크게 증가했다. 거의 대부분의 불평등 지표가 보여주듯이, 오늘날의 경제 불평등은 한 세기 전, 즉 불평등이 크게 줄기 시작하기 전과 비슷하다. 오늘날의 불평등이 대공황 시기, 혹은 그보다 조금 더 전 시기만큼이나 심각하다는 뜻이다.

경제 시스템에서 기술변화와 불평등을 연결하는 핵심 고리 하나는 교육의 진전이다. 순차적인 출생 코호트[같은 해에 출생한 집단]들의 학력으로 측정했을 때 미국의 교육 수준은 20세기의 첫 세 분기 동안 전례 없이 빠르고 지속적으로 성장했다. 하지만 1970년대에 들어서 젊은 성인층의 학력 증가가 상당히 둔화되었고, 1980년대 초부터는 노동력 전체의 학력 증가 역시 상당히 둔화되었다. 1870년대~1950년에 태어난 사람들 사이에서는 10년마다 학교에서 교육을 받은 햇수['교육 연수'로 표기]가 약 0.8년씩 증가했다. 그 80년 동안 대부분의 가정에서 자녀의 학력이 부모의 학력을 훨씬 뛰어넘었다. 그런데 세대간 학력 상승의 추세가 여기에서 갑자기 멈추었다. 아메리칸 드림의 중요한 부분인 '자녀가 부모보다 잘살게 된다'는 개념이 위험에 봉착했고, 사실 이 위험은 교육 데이터가 시사하는 것보다 더 컸다. 불평등이 미국의 세기 앞부분에서 감소하다가 뒷부분에서 증가하던 동안, 또 다른 중요한 경제 지표인 생산성도 비슷한 불연속을 보였기 때문이다.

노동이 이루어진 1시간당 산출로 정의했을 때 미국의 노동생산성은 20세기 대부분의 기간 동안 빠르게 증가하다가 20세기의 뒷부분에 둔화되었다. 1990년대 말이면 둔화가 멈춘 것으로 보이지만 충분히 빠르게 멈춘 것은 아니었다. 미국의 국민소득은 노동생산성이 이전의 추세를 이어갔더라면 도달했을 수준보다 상당히 낮았다. 노동생산성 향상이 둔화되었는데도 실질소득이 빠른 증가율을 유지할 수 있었던 유일한 이유는 인구 규모보다 노동력의 규모가 더 빠르게 증가해서였다. 미국인들은 더 열심히 달려서 이전의 경제성장 속도를 간신히 유지하고 있었다.

20세기 초에 미국은 자신만만했고 활기가 넘쳤다. 철강, 화학 등 몇몇 산업은 아직 유럽의 경쟁자들에 비해 명백히 뒤지고 있었지만 방대한 제조품이 미국에서 생산되어 밖으로 흘러나갔다. 출판, 철도 차량, 사무기기, 농업장비, 산업기계 등에서 다른 나라들에 미국은 침입자였다. 또한 미국은 곡물, 밀가루, 육류, 가죽, 그리고 재생산 불가능한 각종 천연자원(석유 등)과 같은 원자재와 반제품 생산에서도 우위를 점하고 있었다. 20세기의 첫 20년 동안 미국은 현대의 상징인 자동차를 포함해 세계의 제조품 생산 강국으로 부상했다.

미국의 경제적 경쟁자들은 어깨너머로 미국인들이 무엇을 하고 있는지, 자신들이 무엇을 따라할 수 있을지를 맹렬히 살폈다. 일례로 《미국의 침입자들The American Invaders》이 묘사한 바에 따르면, 영국은 자신이 경쟁 우위를 잃고 있다는 것을 알고서 다급히 "미국의 성공 비밀"을 찾으려 했다. 미국의 우위를 설명하는 이유로 주되게 꼽힌 것은 "더 나은 교육"이었다. 미국이 "두뇌, 기업가 정신, 에너지, … 노동자당 더 긴 노동 시간, 새로운 아이디어를 기꺼이 받아들이는 태도, 더 나은 공장, 그리고 아마도 가장 중요한 것으로 … 방해가 되는 전통으로부터의 자유"를 가지고 경제적 경쟁의 "전투"에서 이기고 있다는 것이었다.[1] "방해가 되는 전통" 중 일부는 교육과 관련이 있었다.

21세기 초입인 오늘날 미국은 100년 전보다 덜 자신만만하다. 한때 미국은 '보편 교육'[모든 사람이 교육을 받을 수 있게 하는 것]의 중요성을 전 세계에 입증한 나라였다. 하지만 유럽과 아시아 국가들도 차차로 미국이 선도한 길을 따랐고, 최근에는 몇몇 국가들이 젊은 성인층의 고등학교와 대학교 졸업률에서 미국을 추월하기 시작했다. 또한 오늘날 '제3차 수학-과학 성취도 추이 변화 국제비교연구Third Trends in International Mathematics and Science Study, TIMSS'와 '국제 학업성취도 평가Program for International Student Assessment, PISA' 등 표준화된 독해, 수학, 과학 시험에서 미국은 다른 나라들보다 상당히 뒤지고 있다.

　　거의 맨 처음부터 미국의 교육 시스템은 미국 특유의 평등주의적 요소를 담은 몇 가지 '미덕'에 바탕하고 있었다. 물론, 노예제가 존재했고 노예제 시기뿐 아니라 그 이후에도 꽤 오랫동안 자유민인 흑인조차 평등하게 교육에 접근할 수 없었던 것을 생각하면 미국의 **평등주의**라는 표현에는 단서가 필요하다. 적어도 유럽계 후손인 인구 사이에서, 19세기 중반이면 미국은 대부분의 아이들에게 '개방적'이고 '관용적'이며 많은 면에서 '젠더 중립적'이고 '세속적인'[종교 종파적이지 않은] 교육을 '서로 경쟁하는 수많은 학교지구'들이 '공공의 자금'을 조달해 '공적으로' 제공하고 있었다.[2] 이후의 장들에서 이 각각의 미덕이 의미하는 바가 정확히 무엇이고 어떻게 이러한 특징들이 미국 현대 교육사의 여러 시점에 훌륭하게 작동할 수 있었는지에 대해 설명할 것이다. 일단 여기에서 언급해야 할 사실은, 한때 모든 수준에서 교육의 확대를 가져왔던 '미덕'들이 오늘날에는 역기능을 보인다는 지적이 제기되고 있다는 점이다.

　　불평등의 증가, 생산성의 지속적인 둔화, 그리 내세울 만하지 못한 학업 성취도 점수를 보면서, 한때 미국을 모든 국가가 부러워하는 나라이자 전 세계 사람들의 횃불이 되게 해주었던 특징들에 대해 많은 이들이 의구심을 갖게 되었다. 미국은 아이들이 받는 교육의 질에 대해 안주한 적이 없으며, 최근에 수많은 교육 개혁안이 발의되고 법제화되었다. 쏟아져나온 개혁의 상당수가 과거에 미덕이었던 미국 학교 시스템의 특징들을 바꾸려는 것이었다. 바우처 제도, 차터스쿨 charter school[자율형 공립 학교], 종교 기반 학교에 공공 자금 지원 허용, 인생의 경로에 큰 영향을 미치는 '고부담 시험high-stakes test'의 도입 등 이 그러한 개혁의 사례다. 미국 교육 시스템의 미덕들이 정말로 수명 을 다했는지, 그리고 이러한 개혁이 바람직한 결과를 산출할지는 아직 판가름 나지 않았다.

더 중요한 것은 우리[미국]가 과거의 성취에 대해 집합적인 기 억상실증을 키워오고 있다는 점이다. 물론 과거에 우리가 제대로 했던 것 중에 지금은 잘 못하고 있는 것이 있을 수 있고 한층 더 생산적이고 평등한 사회로 가기 위해 우리의 제도 중에 바꿔야 할 부분도 있을 것 이다. 하지만 우리는 현재의 문제에만 집착하느라 미국의 교육이 보여 주었던 특별하고 놀라운 역사를 잊고 있으며 대학 교육은 여전히 미 국이 세계에서 가장 탁월하다는 사실도 간과하고 있다.

또한 현재의 불평등 증가는 기술변화가 경제에 미치는 영향에 대해서도 몇 가지 오해를 불러일으키고 있다. 기술진보가 [숙련 수준과 교육 수준이 낮은 노동자 대비] 숙련 수준이 높고 교육을 더 많이 받은 노 동자에 대한 상대적 수요를 반드시 증가시키는 것은 **아니다**. 19세기에 도 굵직한 기술변화들이 있었지만 숙련에 대한 상대적 수요를 증가시킨 것으로 보이지는 않는다. 하지만 20세기 대부분의 기간 동안에는 기술변 화가 숙련에 대한 상대적 수요를 증가시킨 것이 사실이고, 따라서 이때 의 기술변화는 '숙련편향적skill-biased'이었다고 말할 수 있다.

그렇더라도 빠른 기술변화가 늘 경제 불평등을 가져오는 것은 아니며, 기술변화가 숙련편향적일 때도 그렇다. 또한 20세기 말에 불평등이 증가했다는 사실이 꼭 기술변화가 고학력 고숙련 노동자에 대한 상대적 수요의 증가를 가속화했다는 의미인 것도 아니다. 고학력 노동자에 대한 상대적 수요가 빠르게 증가하더라도 경제 불평등은 감소할 수 있다. 마찬가지로, 불평등의 급격한 증가가 고학력 노동자에 대한 상대적 수요가 빠르게 증가해야만 발생하는 것도 아니다. 두 경우 모두에서 고학력 노동자의 상대적 공급이 달라질 수 있기 때문이다. 상대적 공급이 빠르게 증가할 [따라서 수요가 빠르게 증가하더라도 불평등이 감소할] 수도 있고 느리게 증가할 [따라서 상대적 수요가 빠르게 증가하지 않았는데 불평등이 증가할] 수도 있으며, 실제로 고학력 노동자의 상대적 공급에서 이와 같은 변동이 있었다. 따라서 우리는 불평등 방정식의 핵심적인 나머지 반쪽, 즉 숙련에 대한 공급의 변화를 간과하지 말아야 한다.

고학력 고숙련 노동력의 공급은 1900년부터 1980년경까지 막대하게, 그리고 거의 그치지 않고 지속적으로 증가했다. 20세기 초에 교육 수준이 대폭 높아진 것은 자신의 동네에 공립 고등학교['공립'은 민간이 아니라 지역의 학교 당국이 주관한다는 의미에서이며, 국가 단위를 의미하는 것은 아니다. 옮긴이]를 짓고 교사들을 채용하라고 요구한 '풀뿌리 운동'의 결과였다. 공립 고등학교의 확대는 연방 정부가 하방식으로 부과한 것도 아니었고, 지역의 강한 이익집단이 추동한 것도 아니었으며, 법적인 강제를 통해 이루어진 것도 아니었다. 20세기의 조금 더 나중 시기, 즉 고등학교[별도의 언급이 없으면 이 책에서 '고등학교high school'는 9~12학년을 의미하며 '중등 교육secondary education'에 해당한다. '초등학교'는 1~8학년을 의미한다. 이 학제에서 한국의 '중학교'에 해당하는 학교는 없으며, 저자들은 중학교가 있는 학교지구의 경우 데이터를 학년에 따라 초등학교와 고등학교로 나누어 할당했다. '고등 교육higher education'은 '중등 교육' 이후의 과정인 대학 교육을 의미하며 '고등학교'와 다르다. 옮긴이]는 이미 확산되었고 고등학교 등록률도 크게 증가하고 난 다음에는 주립 대학들이 확대되면서 미국의 교육 수준이 한층 더 높아졌다.

하지만 1980년경부터 고학력 고숙련 노동력의 공급이 상당히 둔화되기 시작했다. 이것은 [이민자 유입으로] 노동력 중 [상대적으로 저학력인] 해외 출신 노동자의 비중이 늘어서였다기보다 미국에서 태어나고 교육받은 사람들 사이에서 교육의 진전이 둔화되어서였다.

우리는 이 책에서 경제성장, 기술변화, 교육의 진전, 그리고 상당 기간 동안 이루어진 불평등의 꾸준한 감소까지, 놀라운 일들이 벌어졌던 한 세기를 다루었다. 이 책은 20세기 말까지 미국이 교육 대중화에 성공하고 여타 부유한 국가들을 훨씬 능가하는 교육 수준을 자랑할 수 있게 해준 미국 특유의 제도들에 대한 책이다. 또한 이 책은 20세기에 (적어도 마지막 30년이 되기 전까지) 미국에서 빠른 기술진보가 왜 가차 없이 심화되는 불평등의 증가로 이어지지 않았으며 어떻게 해서 경제성장의 과실이 종종 더 평등하게 분배될 수 있었는지에 대한 책이다.

나아가 이 책은 많은 이들이 오늘날의 병폐라고 우려하는 점, 즉 1970년대 말 이후 경제 불평등 수준이 20세기 초와 비슷해졌을 만큼 급격하게 높아진 이유를 다룬 책이기도 하다. 우리는 교육이 어떻게 반응했는지 살펴보면서 몇 세대간 이어지던 교육의 막대한 진전이 왜 갑자기 멈추었는지 고찰할 것이다. 학력 증가의 둔화는 소득 분포의 바닥 쪽 사람들에게서, 특히 인종적, 민족적 소수자들 사이에서 가장 대대적이고 우려스럽게 나타났다. 불평등과 관련해 한 가지 긍정적인 사실은, 여성의 교육 수준이 상당히 큰 진전을 보였다는 점이다. 최근 30년 사이에, 비교 가능한 남성과 여성 사이의 교육 및 소득 격차는 불평등이 증가해온 일반적인 추세와 반대되는 모습을 보였다.

이 책의 세 가지 키워드인 기술변화, 교육, 불평등은 일종의 '경주'에서 서로 복잡하게 관련을 맺어왔다. 20세기의 첫 세 분기 동안에는 교육의 진전으로 인한 숙련 노동자의 공급 증가가 기술변화로 인한 숙련 노동자의 수요 증가를 능가했다. 그리고 실질소득이 증가하는 동시에 불평등은 감소했다. 하지만 20세기의 마지막 20여 년 동안에는 반대의 일이 벌어졌고 불평등이 빠르게 증가했다. 요컨대, 20세기의 앞부분에서는 경주에서 교육이 기술을 앞질렀고 뒷부분에서는 기술이 교육의 진전을 앞질렀다.[3] 테크놀로지가 숙련편향적이었다는 점은 20세기 내내 마찬가지였으며 테크놀로지 변화의 속도도 거의 달라지지 않았다. 불평등의 급격한 증가는 [테크놀로지 요인의 결과라기보다] 대체로 교육 성장의 둔화 때문이었다.

과거의 미덕이 어쩌면 현재에는 잘 기능하지 않을 수도 있고 현재의 불평등 증가가 어느 정도는 그 결과일 수도 있다. 이 책은 시스템을 고치기 위한 특정한 방법을 주창하려는 책이 아니지만, 무엇이 잘못되었는지와 관련해 몇 가지 측면은 꽤 명백하다. 우리는 이러한 이슈들을 짚으면서 이 책을 마무리할 것이다.

1부

경제성장과 분배

1장
인적자본의 세기

  19세기에 산업혁명이 본격적으로 시작되면서 물리적 자본에 대한 투자가 국가의 경제성장에 필수적으로 중요해졌다. 하지만 점차로 국가와 개인이 지속적으로 경제적 성공을 거두느냐는 인적자본 투자에 달려 있게 되었다. 20세기에 인적자본은 무엇보다 중요해졌고 미국이 그 길을 선도했다. 20세기 초에 미국인들은 '국부國富'가 그 나라 사람들이 보유한 인적자본량으로 체화된다는 새로운 개념을 받아들였다. 이는 유럽의 더 부유한 나라들도 깨닫고 따라가기까지 족히 50년은 더 걸릴 새로운 개념이었다.

  20세기 초에 미국인 대부분은 적어도 고등학교 교육까지는 개인의 지위나 사는 장소에 제약되지 않고 접할 수 있었다. 교육은 공적으로 제공되었고 자금도 공적으로 충당되어서 가장 상급 교육을 제외하면 학생이 직접 내야 하는 비용은 없었다. 미국에서는 농촌 벽지에 사는 사람도 자녀를 공립 중등 학교에 보내는 특권을 누릴 수 있었다

(단, 흑인들, 특히 남부의 흑인들은 각급 수준 모두에서 교육에 접근하지 못하기 일쑤였고 보통학교 이후의 교육에서는 더더욱 배제되었다[1]). 미국에는 공공의 돈으로 아이들을 교육시키는 강한 전통이 있었고, 초등 수준을 넘어 교육을 확대할 때도 계속해서 민주주의적이고 평등주의적인 원칙들이 바탕이 되었다. 이러한 '미덕'에는 여러 가지가 있었는데, 종합적으로 이 미덕들은 '기회의 평등'을 실현하고자 하는 데 초점을 두는 시스템을 창조했다.[2]

그런데 당시에는 미국 교육의 이 같은 특징이 세계 곳곳에서 찬사를 받기는커녕 거의 전적으로 비판을 받았다. 미국의 한 저명한 논평가는 "미국의 고등학교가 모든 유형의 학생에게 문을 열어주어서 비판이 제기되고 있다"고 당시 상황을 묘사했다.[3] 능력 수준에 상관없이 어떤 아이이든 공공의 자원을 사용하도록 허용한다는 점에서, 유럽인들에게 미국의 교육 시스템은 '낭비적'으로 보였다. 이와 대조적으로 대부분의 유럽 국가에서는 이른 나이에 시험을 치러서 높은 성적을 거둔 아이들만 상급 단계로 학업을 이어갈 수 있었는데, 그들은 이 시스템이 능력본위적이라고 생각했다.[4] 하지만 겨우 11세 정도일 때 가진 능력에 초점을 두었기 때문에, 사회적 지위가 있고 부모의 교육 수준이 높은 집안 아이들이 더 유리했다.[5] 이와 달리 미국인들은 선별이라는 개념을 꺼렸고 엘리트주의라고 여겼다.[6] 미국인들이 보기에 미국 시스템은 생각 없이 돈을 펑펑 쓰는 것이 아니라 평등주의를 구현한 것이었다.

20세기 초 무렵이면 미국은 대부분의 유럽 국가보다 아동과 청소년을 훨씬 더 많이 교육시키고 있었다. 미국에서 중등 학교는 무료였고 일반적으로 접근 가능했다. 반면 유럽에서는 대개 비용이 들었고 다닐 수 있을 만한 곳에 중등 학교가 없는 경우도 많았다. 1930년대까지도 중등 교육을 보편 무상 교육으로 접근성 있게 제공하는 나라는 미국이 사실상 유일했다.

교육에 대한 미국의 접근 방식은 역동적인 기술 발전, 빠른 경제성장, 더 평등한 소득 분배, 대대적으로 유입된 이민자들의 성공적인 동화, 그리고 대학 교육의 대중화에 핵심적으로 중요한 역할을 했다. 1장에서 우리는 20세기의 여러 시점에 미국이 달성한 정규 교육 수준을 유럽 국가들과 비교해볼 것이다. 또한 우리는 개인과 국가에 인적자본이 갖는 경제적 중요성을 파악할 수 있는 이론 체계를 제시할 것이다. 하지만 그전에, 어떻게 해서 20세기가 인적자본의 세기가 되었으며 왜 인적자본의 세기가 미국의 세기였는지를 먼저 알아보아야 한다.

인적자본 및 소득의 국가 간 비교

21세기 초 교육 수준의 국가 간 비교

20세기 말이면 어떤 나라도 자국 국민에게 초등학교 수준 이상의 **교육을 제공하지 않고는** 경제적 생존이 **어려워졌다**. 부유한 나라의 테크놀로지가 전 지구에 퍼져서, 이제 노동자들은 복잡한 문서를 읽고, 도면을 파악하고, 컴퓨터를 사용하고, 공식을 풀고, 인터넷을 사용하고, 그 밖에도 여러 복잡한 업무들을 수행해야 한다. 단순한 문해력과 수리력만으로는 더 이상 충분하지 않다. 글로벌 경제에 온전한

참여자가 되려면 대부분의 노동자에게 그보다 높은 수준의 교육이 필요하다.

교육받은 국민이 존재한다고 해서 '수렴 클럽convergence club'[7] 국가들이 보여준 빠른 경제성장과 포용적인 분배가 꼭 보장되는 것은 아니지만, 이 명제의 이裏, inverse는 일반적으로 참이다[즉 교육받은 국민 없이 빠른 경제성장과 포용적인 분배가 달성될 수는 없다].[8] 오늘날 교육 수준이 낮은 국가는 테크놀로지의 첨단에 도달하거나 글로벌 경제에서 온전한 이득을 누리기 어렵다. 오늘날에는 대부분의 저소득 국가 국민의 평균 교육 연수가 역사적인 기준에 비해 높다. 20세기에 교육의 역할에서 벌어진 막대한 변천을 살펴보는 데는 21세기 초인 현재 국가들의 분포를 살펴보는 것이 유용하다. 우리는 100여 개 국가의 현재 (2000년) 중등 학교 등록률과 실질소득을 20세기의 몇몇 시점에 미국이 달성했던 수준과 비교해보았다.

이 비교에 따르면, 21세기 초입인 오늘날에는 1인당 소득이 낮은 나라들조차 20세기 초의 미국보다 중등 교육률이 높다. 미국의 소득 수준이 오늘날의 저소득 국가와 비슷했던 시점에 미국의 중등 교육률은 오늘날의 저소득 국가 대부분보다 낮았다. 오늘날에는 가장 가난한 나라도 세계 경제에서 작동하려면 국민을 최소 중등 수준까지는 교육해야 한다는 것을 잘 알고 있는 듯하다.

그림 1.1은 114개 국가의 2000년 1인당 실질GDP와 중등 학교 순등록률을 보여준다.[9] 소득 수준과 교육 수준 사이에 양의 상관관계가 있음을 알 수 있다. 이 상관관계의 인과성(더 높은 교육 수준이 더 큰 소득을 가져오는 원인인지)에 대해 많은 연구와 논의가 있었지만,[10] 일단 여기에서 그것은 중요하지 않다. 그림 1.1에서 핵심은 2000년 시점에

그림 1.1 114개 국가의 2000년 중등 학교 순등록률과 1인당 실질GDP

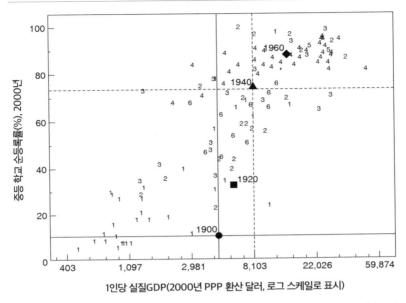

그래프 안에 숫자로 표시된 지점들은 각국을 유네스코의 지역 구분에 따라 표시한 것이다. 숫자가 표시된 지점 하나가 하나의 국가다. 지역 구분은 다음과 같다. 1=아프리카, 2=중미와 북미 및 카리브해 연안, 3=아시아(아프리카가 아닌 중동 포함), 4=유럽, 5=오세아니아, 6=남미.
중등 학교 '순등록률'은 중등 학교를 다닐 통상적인 연령대가 아닌 사람들은 제외하고 계산한 것이다. 동그란 점(1900년), 네모난 점(1920년), 세모난 점(1940년), 다이아몬드 점(1960년)은 각각 해당 연도의 미국 1인당 GDP와 증등 학교 순등록률을 나타낸다.
출처: 중등 학교 순등록률: 유네스코UNESCO, http://unescostat.unesco.org/en/stats/stats0.htm. 1인당 실질GDP: 펜월드테이블Penn World Table, https://cid.ucdavis.edu/pwt (Heston, Summers, and Aten 2002). 펜월드테이블에서 '실질'은 PPP(purchasing power parity, 구매력 평가 환산)를 말한다.

저소득 국가의 중등 학교 등록률이 20세기 초중반의 고소득 국가에 비해서도 상당히 높다는 사실이다.

미국이 20세기에 교육의 선도 국가였으므로 20세기 몇몇 시점의 미국을 기준점으로 삼아볼 수 있을 것이다. 그림 1.1에서 동그란 점을 지나가는 실선 수직선은 1900년 미국의 1인당 GDP를 나타낸다. 이

때는 미국에서 고등학교 교육이 크게 확대되기 직전이다. 1900년의 1인당 GDP를 2000년 달러로 환산하면 4,596달러가 되는데, 이것을 2000년 시점의 저소득국을 분류하는 대략적인 기준으로 삼아보자.[11] 그림 1.1에서 동그란 점을 지나가는 실선 수평선은 1900년 미국의 공립 및 사립 고등학교 등록률을 나타낸다.[12] 이 2개의 실선은 전체 면적을 4개의 사분면으로 나누는데, 우리의 관심사는 남동사분면과 북서사분면이다. 한편, 세모난 점을 지나가는 점선 수직선과 수평선은 1940년 시점의 미국 1인당 GDP(2000년 달러로 환산)와 중등 교육 등록률을 기준점으로 사분면을 그린 것이다. 네모난 점을 지나가게 수직선과 수평선을 그으면 1920년 시점의 미국 수준을, 다이아몬드 모양의 점을 지나가게 수직선과 수평선을 그으면 1960년 시점의 미국 수준을 기준으로 사분면을 그릴 수 있다(그래프가 너무 복잡해지지 않도록 1920년과 1960년 선은 그리지 않았다).

우리가 남동사분면에 관심을 갖는 이유는 이 사분면에 있는 국가들이 **1인당 소득은** 기준 시점의 미국보다 **높은데도** 중등 학교 **등록률은** 기준 시점의 미국보다 **낮기** 때문이다. 이 사분면을 '낮은 교육' 사분면이라고 불러보자. 1900년을 기준으로 하면 '낮은 교육' 사분면에는 단 하나의 국가도 없다. 1920년을 기준으로 하면 '낮은 교육' 사분면에 딱 1개 나라가 있다.[13] 1940년을 기준으로 하면 전체 114개 국가 중 9개 국가가 '낮은 교육' 사분면에 들어오는데, 사분면 안에 확실하게 들어오는 것은 5개뿐이고 나머지는 경계선 근처에 있다. 미국의 소득과 중등 학교 등록률이 상당히 높아진 1960년을 기준으로 하면 '낮은 교육' 사분면에 10여 개 국가가 들어오는데, 여기에서도 확실하게 사분면 안에 위치하는 국가는 6개뿐이다.[14]

핵심은, 2000년에 각 비교 연도의 미국보다 소득이 높은 국가는 거의 모두 중등 학교 등록률이 비교 연도의 미국보다 높다는 점이다. 20세기에 1인당 소득과 교육의 관계에서 무언가 근본적인 변화가 있었다는 뜻이다.

우리가 관심 있는 또 다른 사분면은 북서사분면인데,[15] 이것은 '높은 교육' 사분면이라고 부를 수 있다. 여기에 있는 나라들은 비교 연도의 미국보다 **소득 수준은 낮지만 교육 수준은 높은** 나라들이다. 교육에서 과대성취를 한 나라, 혹은 소득에서 과소성취를 한 나라라고도 표현할 수 있을 것이다. 비교 연도의 소득과 교육이 모두 높아지기 전까지는 대체로 '높은 교육' 사분면에 포함된 나라가 '낮은 교육' 사분면에 포함된 나라보다 많다.

2000년에 1인당 소득이 1900년 시점의 미국보다 낮은 42개 국가 중 15개(36%)는 중등 학교 순등록률이 0.4를 넘는다.[16] 소득 기준을 더 높게 잡으면, 가령 1920년 미국의 1인당 소득으로 잡으면 53개국이 여기에 해당하고 그중 25개국(47%)에서 2000년 중등 학교 등록률이 0.4를 넘는다. 우리는 0.4를 중등 학교 등록률의 정도를 가늠하는 기준으로 삼았는데, 유럽 국가들의 중등 학교 등록률(비실업계 고등학교와 실업계 고등학교를 모두 포함해서 전일제 학생 수로 계산)은 1950년대 중반까지도 40%를 넘지 못했고 일반적으로는 그보다 훨씬 낮았다(그림 1.7 참고). 1900년 또는 1920년 시점의 미국 1인당 소득을 기준으로 현재의 저소득 국가를 분류했을 때, 현재의 저소득 국가들이 20세기 중반 유럽 국가들보다 중등 학교 등록률이 훨씬 높은 것이다. 현재의 저소득 국가들에서는 청소년의 36~47%가 중등 학교에 등록되어 있다. 1인당 실질소득은 20세기 중반의 유럽 국가들보다 훨씬 낮은데도 말이다. 1955년에 평균적인 유럽 국가의 1인당 실질소득은 1900년이 아니라 1920년의 미국 1인당 소득을 기준으로 오늘날[2000년]의 저소득국을 정의하더라도 이들 중 중앙값에 해당하는 국가의 1인당 소득보다 3~4배나 높았다.[17]

이 절을 시작하면서 우리가 제기한 주장을 바로 이 데이터가 보여준다. 오늘날의 저소득 국가들은 과거의 부유한 국가들보다 교육에 훨씬 더 많이 투자한다(중등 교육기관 등록률 기준).[18] 그리고 그 이유는 글로벌 경제에 참여하기 위해서다.[19] 이들 국가 중 일부는 차차 성공해서 높은 성장률을 달성할 것이고 일부는 구조적인 문제들이 너무 심각해서 강한 역류를 거슬러 헤엄치느라 고전할 것이다.

성별 교육 격차의 국가 간 비교

국가가 덜 부유할수록 청소년(남녀 모두)의 중등 교육 등록률이 낮아지며, 이는 놀랄 일이 아닐 것이다. 마찬가지로 관심을 두어야 할 질문은 저소득국일수록 남아의 학교 등록률이 여아에 비해 높은지인데, 이 질문은 답이 다소 덜 분명해 보인다. 사실, 1인당 소득이 미국의 1900년 수준(앞에서 우리가 오늘날의 저소득 국가의 기준으로 삼은 연도다)만 넘으면 모든 나라에서 학교 등록률의 성별 격차가 사라진다. 하지만 소득이 이보다 낮은 국가들은 모두 남아의 등록률이 여아보다 높고 이들 중 3분의 1 정도에서는 그 차이가 상당히 크다(그림 1.2 참고). 여아의 학교 등록률이 남아보다 낮은 저소득 국가 중 많은 곳이 무슬림 인구가 많은 국가다(그림 1.2에서 숫자의 글자 크기가 무슬림 인구 비중을 나타낸다). 또한 대부분 아프리카의 더 가난한 나라들이다. 젠더 중

그림 1.2 여아 대비 남아의 중등 학교 순등록률 비와 1인당 실질GDP; 2000년

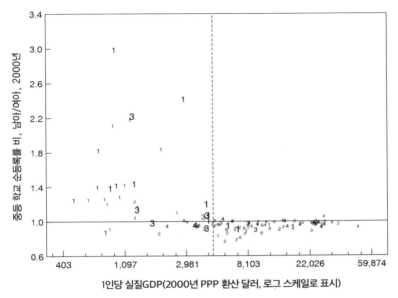

숫자들은 각 국가를 나타내며 서로 다른 숫자는 서로 다른 지역을 나타낸다. 각 숫자가 나타내는 지역은 그림 1.1에서와 같다. 숫자의 글자 크기가 크면 인구 중 무슬림 비중이 크다는 의미다.
출처: 그림 1.1을 참고하라. 2000년의 국가별 종교 데이터는 개인적인 연락을 통해 로버트 배로Robert Barro에게서 얻었다. 배로는 배럿 등(Barret, Kurian, and Johnson 2001)의 데이터를 사용했다.

립성은 높은 소득을 통해 획득할 수 있는 특징으로 보인다. 비슷하게, 학교 등록률에서 남아 우위의 성별 격차는 전체 등록률이 0.4보다 낮은 국가에서만 명백하게 관찰된다(그림 1.3). 0.4를 나타내는 점선보다 왼쪽에 있는 국가는 거의 모두 저소득국이고 이들 27개국 중 2개만 빼고는 모두 아프리카 국가이며 대부분 무슬림 인구가 많은 국가다.

　앞에서 우리는 소득 수준이 아주 낮은 나라를 제외하고는 오늘날 어느 나라도 자국민을 교육시키지 않는 것을 경제적으로 감당할 수 없다고 언급했다. 여기에 오늘날에는 아주 가난한 나라가 아니면

그림 1.3 여아 대비 남아의 중등 학교 순등록률 비와 중등 학교 순등록률: 2000년

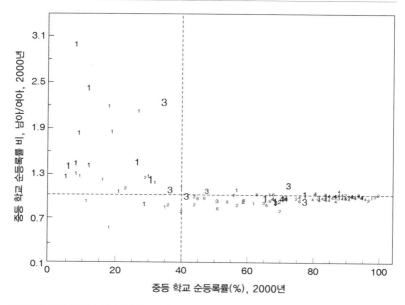

출처와 주: 그림 1.1과 그림 1.2를 참고하라.

어느 나라도 여아를 남아와 비슷한 수준으로 교육시키지 않는 것을 감당할 수 없다고 덧붙여야 할 것 같다.[20] 두 개념 모두에서 미국은 세계 선도적인 국가였다. 인적자본의 세기 초입에 미국은 중등 교육 대중화의 대전환을 시작했다. 그리고 여아들도 남아들과 비슷한 비중으로, 또 상당히 많은 경우에 남아들보다 오히려 높은 비중으로 중등 교육을 받았다.

인적자본의 세기는 미국의 세기가 되었다. 20세기 초에 미국은 교육의 선도 국가였을 뿐 아니라 1인당 소득에서도 선도 국가가 되기 시작했고, 그 이후로 교육과 소득 모두에서 미국의 선도적인 위치는

한층 더 강화되었다. 교육과 소득 사이의 관계는 인과적일까, 아니면 단순한 우연일까? 인적자본과 경제 지표 사이의 관계를 파악하려면, 학력 데이터를 통해 국가의 노동력이 보유하고 있는 교육량을 먼저 가늠해보아야 한다.

인적자본의 세기와 미국

20세기에 벌어진 교육의 진전

미국은 중등 교육 대중화를 위한 제도를 마련하고 그다음에는 유연하고 다각적인 고등 교육 시스템을 구축함으로써 20세기에 교육에서 세계 선도적인 위치를 한층 더 확고히 했다. 교육 대중화는 이 책의 2부에서 상세히 다루었고, 여기에서는 미국 출생자들의 출생 코호트별 학력을 살펴봄으로써 20세기에 미국에서 벌어진 교육의 진전을 개괄해보기로 하자.[21] 먼저 20세기 한 세기에 걸쳐 미국의 학교 시스템을 직접 겪은 사람들의 교육 수준이 어떻게 변화했는지 알아보고, 이 추산치를 사용해 미국의 노동력이 보유한 교육량을 계산할 것이다.[22] 우리는 각 코호트의 35세 시점 평균 학력을 기준으로 삼았다. 35세면 거의 모두가 정규 교육 과정을 마친 시점일 것이기 때문이다.[23]

20세기 초부터 1970년대 초까지의 장기간에 걸쳐, 그리고 우리가 고려한 모든 집단에 대해, 미국 출생자들의 교육 연수 증가는 그림 1.4에서 볼 수 있듯이 상당했다. 1876~1951년에 태어난 코호트들 (1900~1975년에 24세에 도달한 사람들) 사이에서는 교육 연수가 총 6.2년

그림 1.4 미국 출생자의 출생 코호트별 교육 연수: 1876∼1975년생 코호트들

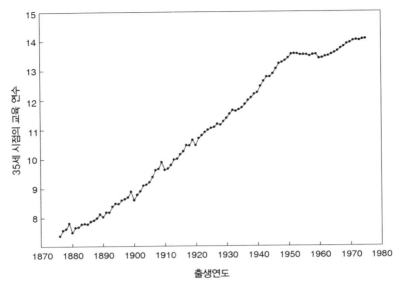

이 그래프는 미국 출생자의 출생 코호트별 35세 시점의 평균 교육 연수를 나타낸다. 1940년부터 1980년까지의 표본에는 교육 변수가 최종 학년(해당 학년 완료 기준)으로 주어져 있으며 탑코드 값은 1960, 1970, 1980년 표본은 18년을, 1940, 1950년 표본은 17.6년을 적용했다. 1990년과 2000년 표본에는 교육 변수가 최종 학력 범주 형태로 주어져 있는데 우리는 이것을 교육 연수로 변환했다. 하나의 범주가 여러 학년을 포함하고 있을 경우에는 다음과 같이 변환했다. 1∼4학년: 2.5년, 5∼8학년: 6.5년, 고등학교 졸업이나 그에 준하는 자격 취득: 12년, 대학을 일부 다녔거나 2년제를 마친 경우: 14년, 학사 학위 취득자: 16년, 석사 학위 취득자: 17.6년, 전문석사 학위나 박사 학위 취득자: 18년.
연령 조정 회귀방정식의 종속변수는 '출생 코호트-센서스 연도' 칸의 평균 교육 연수 로그값이며 공변량으로 코호트 더미 전체와 연령의 4차식을 포함했다. 1940∼2000년의 센서스 IPUMS[Integrated Public Use Microdata Series, 연방 센서스 자료를 온라인으로 볼 수 있는 통합공공이용서비스 시스템]에서 25∼64세의 미국 출생 인구 데이터를 모두 결합해 [1876에서 1975년까지의 출생 코호트에 맞춰] '출생 코호트-센서스 연도' 칸을 생성했다. 방법론에 대한 더 상세한 내용은 들롱 등의 저술(DeLong, Goldin, and Katz 2003)에 나오는 그림 2.1의 주석을 참고하라.
출처: 1940∼2000년 센서스 IPUMS.

증가했고, 이는 10년마다 0.82년씩 증가했다는 의미다. 이 증가는 직선으로 잘 적합시킬 수 있을 만큼 충분히 연속적이고 중단이 없었으며, 특히 1880∼1940년생 코호트들 사이에서 그랬다.[24] 하지만 1951년

생 코호트 이후로는 큰 둔화가 발생한다. 1951~1965년생 코호트들 (1975~1989년에 24세에 도달한 사람들) 사이에서는 학력이 거의 변화하지 않았다. 1965~1975년생 코호트들(1989~1999년에 24세에 도달한 사람들) 사이에서는 학력이 다시 증가하기 시작하지만 전체적으로 이들 코호트에서의 증가 폭은 6개월밖에 되지 않는다.

요컨대, 미국 출생자들의 학력은 20세기의 첫 세 분기 동안에는 논스톱으로 증가하다가 마지막 분기에 증가세가 크게 둔화되었다. 1945년생의 교육 연수는 그들의 부모 세대인 1921년생보다 2.18년이나 많지만 1975년생의 교육 연수는 부모 세대인 1951년생보다 겨우 0.5년 많을 뿐이다. 많은 미국 가정의 꿈이 자녀가 부모보다 나은 인생을 사는 것인데, 적어도 교육을 기준으로 보면 20세기 말에 이 꿈이 위태로워지기 시작했다.

20세기의 첫 세 분기 동안 미국 출생자들 사이에서 교육 수준의 향상은 남녀 모두에게서 나타났다(그림 1.5). 20세기의 시작과 끝에서는 여성이 남성보다 교육 수준이 높았고 20세기의 중간에는 남성이 더 높았다. 20세기의 시작 시점에 여성이 남성보다 교육 수준이 높았던 이유는 대체로 고등학교를 더 많이 다녀서였다. 이에 더해 여성도 남성과 비슷한 비율로 대학에 갔다. 4년제를 가는 경우는 남성보다 적었지만 20세기의 첫 20~30년간은 대학이 전체 교육에서 큰 부분을 차지하지 않았고 고등학교가 훨씬 더 중요했기 때문에, 종합적으로 여성의 교육 연수가 남성보다 길었다.

교육에서 여성의 우위는 1910년대생과 1920년대생 코호트들 사이에서 빠르게 사라진다. 이 코호트들의 많은 남성이 2차 대전과 한국전쟁에서 복무한 뒤 제대군인원호법G.I. Bill의 지원을 받아 대학에 진

그림 1.5 미국 출생자의 출생 코호트별 및 성별 교육 연수: 1876~1975년생 코호트들

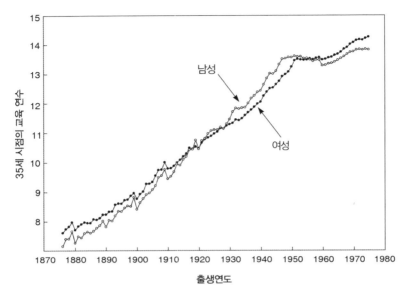

이 그래프는 출생 코호트별 및 성별로 미국 출생자의 평균 교육 연수를 나타낸다. 그림 1.4의 주석에서
설명한 방법을 사용해 35세 시점으로 조정했다.
출처: 1940~2000년 센서스 IPUMS.

학했다(남성의 대학 진학이 여성에 비해 크게 증가한 다른 이유들은 7장에서
다룬다). 이유가 무엇이었건 결과는 분명하다. 1920년대생 코호트들에
서 남성의 교육 수준이 여성을 따라잡았고 1930년대부터 1950년대
초의 코호트들에서는 남성의 교육 수준이 여성을 앞질렀다. 하지만 남
성의 우위는 1960년대생 코호트들 사이에서 역전된다. 1960년대생
여성들의 대학 진학률 및 졸업률이 빠르게 증가했기 때문이다. 이렇게
해서, 20세기 말이 되면 20세기 초에 그랬듯이 여성의 교육 수
준이 남성을 다시 능가한다.

그림 1.6 미국 출생자의 출생 코호트별 및 인종별 교육 연수: 1876~1975년생 코호트들

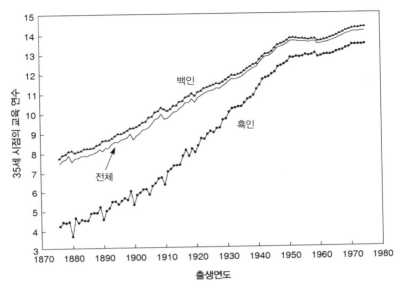

이 그래프는 출생 코호트별 및 인종별로 미국 출생자의 평균 교육 연수를 나타낸다. 그림 1.4의 주석에서 설명한 방법을 사용해 35세 시점으로 조정했다.
출처: 1940~2000년 센서스 IPUMS.

　　흑인은 시작점에서의 교육 수준이 매우 낮았기 때문에 이 기간 중 학력의 증가 폭이 전체 인구에서의 증가 폭보다 훨씬 컸다. 시작점(1870년대 말 출생자들)에서 백인과 흑인의 교육 격차는 3.7년이었고, 평균적으로 백인 학생들이 흑인 학생들보다 학교를 2배 오래 다녔다. 게다가 인종에 따라 학교의 질이 크게 차이 났으므로 등록률 통계만으로는 실제 교육 격차를 다 포착할 수 없을 것이다. 1910년생 코호트 정도부터 적어도 교육 연수의 절대 격차는 줄어들기 시작한다(그림 1.6). 이 수렴은 1940년경 출생자들 사이에서 둔화되며 1960년 이후

출생자들 사이에서 한층 더 둔화된다. 1970년대 출생자들 사이에서 백인과 흑인의 학력 격차는 0.8년으로, 한 세기 전 격차의 5분의 1 정도였다. 한편, 1970년대생 코호트들 사이에서 비非히스패닉 백인과 미국 출생인 히스패닉 사이의 교육 격차는 1.1년으로, 비히스패닉 백인과 비히스패닉 흑인 사이의 격차인 0.7년보다 약간 컸다.[25]

1895~1975년 미국 출생 코호트들 사이에서 교육 연수는 총 5.27년 증가했다. 이 중 50%가량은 고등학교 교육의 증가로 설명되며 (1895~1935년생 사이의 교육 진전은 60% 이상이 고등학교 교육의 증가로 설명된다), 30%는 대학과 대학원 교육의 증가, 20%는 초등학교 교육의 증가로 설명된다. 즉 1910년경에 본격적으로 시작된 중등 교육 대중화가 20세기 미국 출생자들의 학력 증가 중 상당 비중을 설명한다(이 이유에서, 우리는 이 책의 2부에서 여러 장을 할애해 보편 중등 교육을 요구한 풀뿌리 운동과 그러한 운동이 벌어진 요인을 살펴보았다).

요컨대, 19세기 말부터 1950년 사이에 출생한 사람들 사이에서 교육 수준이 빠르게 증가했고 흑인들에게서 특히 빠른 증가가 있었다. 하지만 1950년생 이후로는 증가세가 정체되었다. 교육 수준의 증가는 1965년 이후 출생자들에게서 다시 통계적으로 유의하게 나타나지만, 1950~1975년생 사이에서의 증가 폭은 1876~1950년생 사이에서의 증가 폭에 비해 10분의 1밖에 되지 않았다.

한 세기 전체에 걸친 교육의 변화는 두 부분으로 나뉜다. 20세기의 첫 세 분기 동안에는 교육 수준이 빠르게 증가했지만 마지막 분기에는 정체되었다. 2장에서 보겠지만, 20세기의 경제 불평등 추세도 처음에는 감소하다가 마지막에 증가해 두 부분으로 나뉜다. 교육 추이와 불평등 추이 사이의 관계는 8장에서 더 분명해질 것이다.

유럽과의 비교

미국에서 교육의 진전이 둔화된 이유를 알려면 다른 나라와의 비교가 필요하다. 교육의 진전이 둔화되는 것은 교육 수준이 아주 높은 정도에 도달하면 자연스럽게 나타나는 현상인가? 이 둔화는 미국만의 독특한 현상인가? 이제 젊은 층 사이에서는 많은 국가가 미국의 교육 수준을 앞질렀다. 한때는 미국이 '높은 교육 수준'의 기준을 설정하는 나라였지만 지난 20~30년 사이에 많은 나라가 그 기준을 따라잡았고 때로는 추월했다.

21세기의 초입인 오늘날 많은 유럽 국가의 젊은이들이 미국의 젊은이들과 비슷한 비중으로 대학에 다닌다. 미국은 25~34세 인구 중 39%가 2년제나 4년제 학위를 가지고 있는데, 2004년에 유럽 국가 중 4개국이 이와 비슷하거나 높은 수준이었고 8개 국가는 근접하게 따라잡은 수준이었다.[26] 그런데 55~64세 인구를 보면 이 12개 유럽 국가 모두 대학 학력자 비중이 미국보다 훨씬 낮다. 이 연령대는 약 40년 전에 각국에서 대학에 가는 비중이 어떠했는지를 말해주는데, 12개 유럽 국가의 대졸자 비중이 평균적으로 미국의 56% 정도다. 이들 국가의 교육 수준은 20세기의 마지막 20~30년 동안 빠르게 증가했다. 거의 모든 나라에서 25~34세 인구의 대학 졸업률이 55~64세 인구의 1.5배가 넘으며, 12개 국가 중 4개에서는 2배가 넘는다. 대조적으로, 2004년 미국의 25~34세 인구 중 대졸자 비중(39%)은 55~64세(36%)의 1.08배에 불과하다.

그림 1.7 유럽 국가들과 미국의 1955년경 중등 학교 등록률

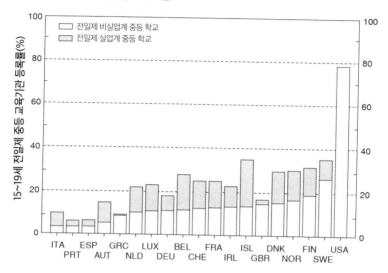

• 파트 A: 유럽과 미국, 1955/56년

요컨대, 20세기의 마지막 3분의 1이 되기 전까지 미국보다 대학 졸업률이 현저히 뒤졌던 많은 국가들이 21세기 초입에는 미국을 능가했거나 바짝 따라붙었다. 20세기 말에 젊은 미국인들의 학력 증가가 둔화된 것은 이 시기에 유럽의 많은 나라와 교육의 변화가 굉장히 빠르게 벌어지던 아시아의 일부 나라에서 학교 교육이 가속적으로 확대되고 있었던 것과 비교하면 더욱 놀랍다.

20세기의 마지막 20~30년이 되기 전까지 유럽이 미국보다 고등 교육에서 훨씬 뒤처졌던 것은 놀랄 일이 아니다. 그 전 시기에 중등 교육에서도 미국보다 크게 뒤처져 있었기 때문이다. 1950년대의 유럽 18개 국가를 조사해보면, 이 중 어느 나라도 10대 후반 인구의 전일제

• 파트 B: 유럽과 미국, 1955/56년

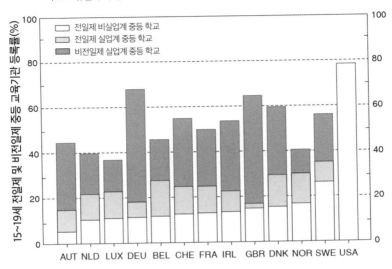

이 데이터는 15~19세 인구 중 그래프에 표시된 유형의 공립 및 사립 중등 교육기관(상급 중등학교와 하급 중등학교) 등록률을 나타낸다. 15세는 해당 학년도에 만 15세가 된 학생이고 19세는 해당 학년도에 만 19세가 된 학생이다. 따라서 여기에서 고려된 연령대에는 15~18세 모두와 14세의 대략 절반, 19세의 대략 절반이 포함되어 있다. 초등학생과 대학생은 이 연령대에 속하더라도 제외했다. 이 방법은 일관성은 유지할 수 있지만 취학 연령이 높은 북유럽 국가들이 더 유리하고 취학 연령이 낮은 프랑스나 미국이 더 불리할 수 있다. 미국의 계산은 14세의 등록률이 100%라고 가정하고 9~12학년까지 등록생을 더한 뒤 위에서 규정한 15~19세 연령대의 학생 수로 나누었다. 6개 국가는 비전일제 실업계 학교에 대한 자료가 없어 파트B에서 제외했다. 모든 데이터는 1955년경의 것이다. 국가명 약어는 다음과 같다: 이탈리아(ITA), 포르투갈(PRT), 스페인(ESP), 오스트리아(AUT), 그리스(GRC), 네덜란드(NLD), 룩셈부르크(LUX), 독일(DEU), 벨기에(BEL), 스위스(CHE), 프랑스(FRA), 아일랜드(IRL), 아이슬란드(ISL), 영국(GBR), 덴마크(DNK), 노르웨이(NOR), 핀란드(FIN), 스웨덴(SWE).
출처: 유럽 국가들: Dewhurst e al. (1961), 표 10-2와 A. 잉글랜드와 웨일스, 프랑스, 독일(자르Saar 와 서베를린), 스웨덴 데이터는 행정 정보의 원데이터와 대조해 작은 오류들을 수정했다.
미국: 미국교육부US Department of Education (1993), 표 1과 9.

비실업계 중등 학교 등록률이 30%를 넘지 않았고 대부분은 20%도 넘지 않았다(그림 1.7 파트 A 참고). 전일제 실업계 중등 학교를 포함해도 등록률이 40%가 되지 않았다. 비전일제 실업계 중등 학교까지 포함해도 결론이 본질적으로 달라지지는 않는다(그림 1.7 파트 B). 이때 미국은 10대 후반 인구의 중등 학교 등록률이 70%가 넘었다. 20세기 중반에 대중 중등 교육에서 미국은 명백히 선도 국가였다.[27]

　　이러한 사실에 대해 내려봄 직한 해석 하나는 서구 유럽의 교육 수준이 2차 대전으로 뒤처졌고 1955년까지도 온전히 회복되지 못했으리라고 보는 것이다. 하지만 표 1.1에서 볼 수 있듯이, 이를테면 영국의 10대 후반 인구 학력은 20세기 전반기 내내 미국보다 현저하게 뒤처져 있었다. 잉글랜드와 웨일스의 17세 인구 중 중등 학교에 다니고 있는 사람 비중은 1950년대도 포함해 이 표에 제시된 모든 연도에서 지극히 낮았다. 이와 달리 미국은 중등 학교 졸업률이 이르게는 1930년에도 전국적으로 30%에 달했고 1950년대에는 60% 수준이었다.[28] 1960년에 영국은 고등학교 연령대 청소년의 교육 수준이 미국보다 35년가량 뒤처져 있었다. 1944년부터 공립 중등 교육이 무상으로 제공되고 있었는데도 말이다.

　　유럽이 중등 교육에서 미국보다 훨씬 뒤처져 있었다는 사실에 대해 해볼 만한 또 하나의 해석은 일반적으로 유럽 국가들이 미국보다 덜 부유했기 때문이라고 보는 것이다. 하지만 1950년대에 서구 유럽의 중등 교육률은 1인당 실질소득이 같은 수준이었을 때의 미국을 못 따라가고 있었다. 10년간의 대공황을 막 벗어나기 시작한 1940년에 미국의 1인당 실질소득은 1955년의 유럽과 비슷했다.[29] 하지만 1940년의 미국 중등 학교 등록률은 1955년 유럽(전일제 실업계 학교도 포함)의 2배가 넘었다.[30] 1950년대 서구 유럽의 중등 교육 등록률과 비슷한 때를 미국에서 찾으려면 1910년대로 가야 한다.

　　2차 대전 중 영국과 미국 정부가 각각 도입한 조치는 공적으로 자금이 충당되는 교육의 제공에서 양국의 차이가 얼마나 컸는지를 단

표 1.1 14~18세 영국과 미국의 교육: 1870~1960년

연도	영국 학교 출석률(%)			연도	미국 고등학교 등록률과 졸업률 (%)	
	14세	17세	15~18세[a]		14~17세 등록률	17세 고등학교 졸업률
1870	2	1	n.a.	1870	n.a.	2.0
1900/02	9	2	n.a.	1900	10.6	6.4
1911/12	12	1	n.a.	1910	14.5	8.8
1931	n.a.	n.a.	9.4~10.6	1930	51.1	29.0
1936/38	38	4	n.a.	1938	67.7	45.6
1950	100[b]	10.5	12.6 [14.4][c]	1950	74.5	59.0
1956	100	n.a.	14.9	1956	83.5	63.1
1957	100	9.0	16.0			
1960/62	100	15	17.5	1960	86.9	69.5

출처와 주: 잉글랜드와 웨일스의 '출석률'은 링어의 1979년 연구(Ringer 1979)에 나온다. 미국의 '등록률'은 《격년간 보고서Biennial Reports》에 나온다. 잉글랜드와 웨일스의 '출석률'은 "장부에 기록"되어 있는 것을 말하는 경우가 많으며 등록률 개념과 비슷하다. 한 국가 안에서는 출석률 숫자가 등록률 숫자보다 언제나 작다. 하지만 이 비교에서는 차이가 크지 않을 것이다.

잉글랜드와 웨일스: 아래에 설명한 연도들을 제외한 모든 연도에 대해 링어의 1979년 연구(Ringer 1979)에서 데이터를 가져왔다. 영국의 '15~18세' 숫자는 잉글랜드와 웨일스만 포함한 것이고 '14세'와 '17세' 숫자는 그레이트 브리튼 전체에서 어떤 학교든지 전일제로 다니는 경우를 모두 포함한 것이다.

1911/12년: 미국 교육국US Bureau of Education, 《격년간 보고서》(1916~1918), p. 25. 여기에는 〈루이스 보고서, 1917년Lewis Report 1917〉이 출처로 제시되어 있다. 루이스 보고서의 데이터를 취한 매튜스의 연구(Matthews 1932)도 참고하라.

1931년: 잉글랜드-웨일스 교육위원회Board of Education for England and Wales (1932). 이 자료는 공공 자금을 지원받는 학교에 대해 '장부에 기록'된 학생들 정보를 연령별로 제시하고 있다. 자금이 전적으로 민간에서 충당되는 사립 학교의 15~18세 학생 수는 1948년 데이터를 토대로 중등 교육기관 졸업 후 대학으로 곧바로 진학하는 학생의 비중과 관련해 몇 가지 가정을 적용해 대학 등록생 수로부터 추정했다. 일군의 합리적인 가정을 하면 9.4%가 나오고 가장 높게 잡으면 10.6%가 나온다.

1956년: Carr-Saunders et al. (1958), p. 60. 이 자료는 연령별 등록생 수와 대상 연령 집단의 전체 인구수를 제공한다. 대학에 다니는 학생은 포함하지 않았다.

1957년: Dewhurst et al. (1961). 15~18세의 숫자는 4개 연령의 단순 평균이다.

모든 연도의 미국 숫자: 미국 교육부(1993).

a: 15~18세 인구 집단에 막 15세가 된 사람은 포함되었지만 막 19세가 된 사람은 포함되지 않았다.

b: 100%라는 숫자는 14세에 대한 가정이다. 이들이 모종의 학교에 다녀야 한다는 것이 1944년에 법으로 의무화되었기 때문이다.

c: 14.4%라는 숫자는 남성만 추산한 것이고 1948년 데이터를 사용했다.

적으로 보여준다. 미국이 2차 대전에 돌입했을 때 미국 18세 인구의 학력 중앙값은 고졸이었고 남부를 제외하면 60% 이상이 최근에 고등학교를 졸업한 상태였다. 프랭클린 루즈벨트 대통령이 제대군인원호법에 서명한 1944년에 평균적인 제대군인은 이미 고등학교를 졸업했기 때문에 바로 대학에 갈 수 있었다. 미국에서 제대군인원호법이 통과된 것과 같은 해에 영국에서 오랫동안 논의만 되다가 마침내 통과된 1944년 교육법1944 Education Act은 양국의 교육 수준 격차를 더없이 분명하게 보여준다. 미국의 제대군인원호법은 제대군인이 '대학'에 갈 수 있게 학비와 생활비를 제공한 반면, 영국의 1944년 교육법은 영국의 모든 젊은이가 공적으로 자금이 충당되는 그래머스쿨이나 고등학교를 다닐 수 있게 한 것 이상은 아니었다.

앞에서 우리는 20세기 초에 유럽 논평가들이 미국이 중등 교육을 대중화해 교육 자원을 낭비하고 있다고 비판했다는 사실을 언급했다. 유럽 국가들은 대중 교육보다는 소수의 뛰어난 아이들만 상급 교육기관으로 갈 수 있게 하고 나머지는 괜찮은 수준의 초등 교육을 받게 했다. 영국, 프랑스, 독일 모두가 꽤 어린 연령대의 아이들에게 시험을 치르게 해서(보통 만 12세가 되기 전에 치렀다) 누가 중등 교육기관으로 진학할 능력이 되는지 확인했다. 세부적으로는 차이가 있었지만 20세기 초에 많은 유럽 국가들이 일반적으로 이러한 체계를 따르고 있었다. 구체적으로는 대략 세 모델을 유럽 국가들에서 볼 수 있었고, 미국이 그중 하나를 모방하는 것도 충분히 가능했을 법한 일이었다.

영국은 의무교육 학년 이후에 더 공부하는 것이 허용된 학생들에게 고전 위주의 교육을 시켰다. 프랑스의 교육 시스템은 소규모 집단의 공직자 및 기술, 과학 분야에서 고도로 교육받은 전문가를 배출했다. 독일의 교육 시스템은 산업계 경로, 상업계 경로, 대학에 갈 엘리트들을 위한 경로 등 여러 경로를 두고 있었다. 4장에서 보겠지만, 미국은 개방적이고, 관용적이며, 표준적인 학업 성취 기준이 없고, 교과목은 학술적인 것과 실용적인 것을 모두 포함하는 시스템으로 나아갔다. 이와 달리 유럽 시스템은 폐쇄적이고, 관용적이지 않으며, 표준적인 학업 성취 기준이 있고, 일부에게는 학술적인 교과목을, 나머지에게는 산업적인 실용성이 있는 교과목을 가르쳤다. 하나는 평등주의적인 시스템이었고 다른 하나는 엘리트주의적인 시스템이었다.

왜 미국은 달랐는가?

왜 미국은 유럽의 표준 모델에서 이탈해 중등 교육 및 고등 교육에서 미국 특유의 새로운 모델을 개척했을까? 왜 미국은 유럽인들이 자원의 낭비라고 본 인적자본 투자에 나섰을까?

범용 교육(가령 정규 학교 교육)과 **특화** 교육(가령 견습이나 온더잡 트레이닝On the Job Training, OJT) 중 어디에 투자할지에 대한 개인의 의사결정을 생각해보면 어느 정도 답을 찾을 수 있다. 학교 교육에 투자하면 견습에 투자하는 것보다 비용은 더 들겠지만 여러 장소와 직종과 업종에 두루 적용할 수 있는 유연한 숙련기술을 갖추게 될 것이다. 따라서 범용 교육은 지리적 이동성과 기술변화 정도가 큰 곳에서 더 유익할 것이다. 공동체의 유대가 강하지 않아서 특화 교육(가족 사업체에서 일하는 것이나 견습 프로그램 등)의 비용이 더 높아도 범용 교육이 선호될 것이다. 또한 정규 교육의 자금이 공적으로 충당되면 학생과 부모가 직접 지출해야 할 정규 교육 비용이 줄게 될 것이다.[31]

20세기 초에 다수 대중을 위한 범용 교육은 유럽보다 미국 상황에 더 잘 부합했다. 통찰력 있는 많은 역사학자와 인구학자들이 보여준 바와 같이, 미국의 국가 내 지리적 이동성이 유럽 국가들의 경우보다 컸다.[32] 1960년대 이후에 대해서는 미국의 이동성이 더 크다는 것을 보여준 실증연구가 많이 나와 있다.[33] 19세기와 20세기 초에 대해서는 실증근거가 그보다 적지만, 한 연구에서 19세기 중반 미국과 영국에서 카운티 간 이주를 조사한 결과 미국 성인 남성의 3분의 2가 적어도 한 번은 카운티를 옮긴 데 반해 영국은 4분의 1만 그런 것으로 나타났다.[34] 또한 미국에서의 이동이 기간도 현저히 더 길었다.

학교 기반의 정규 교육은 미국의 젊은이들이 생애에 걸쳐 직업을 바꿀 수 있게 해주었고 부모와는 다른 종류의 숙련기술을 갖추게 해주었다. 또한 기술변화에도 더 빠르게 반응할 수 있게 해주었다.[35] 견습 등 매우 특화된 교육은 평생 동안 같은 장소, 같은 업계에서 같은 직종의 일을 하리라고 예상하는 사람에게는 비용 효율적이었지만 그렇지 않으면 덜 효율적이었고 그들의 고용주에게는 명백히 비효율적이었다.[36] 경제사학자 스탠리 레버곳Stanley Lebergott이 언급했듯이 "[미국인들의] 그치지 않는 이동성은 어떤 고용주라도 자신의 직원에게 교육훈련을 많이 시키는 것이 전적으로 현명하지 못한 일이 되게 만들었다"(1984, p. 372).

유럽인들이 미국의 교육 시스템을 보면서 자원 낭비라고 평가한 것은 적어도 그들의 환경에서는 틀린 평가가 아니었을 것이다. 하지만 기술적으로 역동적이고 사회적으로 개방적이며 지리적으로 이동성이 높았던 신대륙의 환경에서는 자원 낭비가 아니었다. 그리고 미국의 교육 시스템은 이러한 역동성을 명백하게 한층 더 높였다.

인적자본과 경제성장

노동력이 보유한 인적자본량

인적자본이 경제의 역동성을 얼마나 많이 높이는지 측정할 수 있다면 매우 유용할 것이다. 인적자본이 어떻게 노동자 개개인의 생산성을 높여 그들의 소득을 올리게 되는지 측정하는 것도 마찬가지로 중요하며 개념적으로 더 간단하다. 우리는 후자의 측정을 통해 교육을 더 많이 받은 노동력이 어떻게 경제성장을 촉진하는지 알아볼 것이다.

교육이 성장에 미치는 영향을 추산하려면 먼저 다양한 시점에 **노동력이 보유하고 있는 인적자본량**을 측정해야 한다. 인적자본에는 정규 교육, 온더잡 트레이닝, 노동자의 건강 등 다양한 측면이 포함되지만, 우리는 정규 교육만으로 인적자본을 정의했으며 코호트별이나 연도별로 학교의 질적 차이를 보정하지 않았다.[37] 우리는 잘 확립되어 있는 성장회계 방식을 사용해 교육을 더 많이 받은 노동력이 노동생산성에 미치는 직접효과를 분석하려 한다. 앞에서 살펴본 미국 출생 인구의 코호트별 학력이 이 분석의 출발점이다. 이를 통해 노동력이 보유하고 있는 인적자본량을 추산하고 20세기 한 세기에 걸친 인적자본량의 변천을 알아볼 것이다.

노동력이 보유한 인적자본량은 미국 출생 인구의 코호트별 학력과 몇 가지 면에서 중요하게 다르다. 노동력이 보유한 인적자본량은 노동력 중 외국 출생자 비중에도 영향을 받는다. 20세기 초와 20세기 말에 외국 출생 노동자는 미국 노동력에서 작지 않은 비중을 차지했다. 또한 노동력 전체의 총계인 인적자본량은 코호트별 학력과 달리 코호트의 상대적 규모를 반영하게 된다는 점에서도 차이가 있다. 인적

자본량이 '노동력'에 포함되는 인구만 감안하는 반면 코호트별 학력은 모든 인구에 대한 추정치라는 점도 다르다. 따라서 고용률(과 경제활동 참가율)이 각 학력 집단 사이에 어떻게 차이 나는지에 따라 노동력의 학력은 모든 인구의 학력과 다를 수 있다.

미국 센서스가 1940년부터 학력 정보를 포함하고 있으므로 우리는 일단 1940년 이후 노동력의 인적자본량을 추정할 수 있었다. 1940년 이전은 학력 관련 상세 정보를 수집한 주 정부가 하나 있어서 그 데이터를 사용했다. 1915년의 아이오와주 센서스인데, 이 점에서 독보적인 기록물이다(연방 정부의 어느 조사보다도 상세하다). 이에 대해서는 2장에서 상세히 설명했으며, 여기에서는 우리가 원데이터로부터 방대하고 대표성 있는 표본을 수집할 수 있었다고만 말해두면 충분할 것이다. 우리의 표본에는 도시와 농촌 모두에서 표집한 총 6만 명이 포함되어 있다. 아이오와주가 미국을 대표하는 소우주라고 주장하려는 것은 아니지만, 20세기의 지난 몇십 년간 아이오와주 노동력의 교육 수준은 미국의 다른 곳들과 크게 다르지 않았다. 하지만 20세기 초에는 아이오와주가 미국의 다른 곳들보다 교육 수준이 높았다. 우리는 아이오와주 데이터를 노동력이 보유한 교육 수준의 변화량을 구하기 위해 주로 사용했다.

1915~2005년(표 1.2에 나타난 기간) 사이에 각 연도 교육 연수의 평균으로 측정했을 때 미국 노동력의 인적자본량 증가분은 6년이 약간 안 되었고 10년 단위 증가율은 0.66년이었다.[38] 교육을 많이 받은 젊은이들이 교육을 덜 받은 고연령대 코호트들을 노동력에서 대체하면서 1940~1980년에 노동력이 보유한 인적자본량은 빠른 속도로 증가해 10년 단위 증가율이 0.86년에 달했다. 그다음에는 진전이 둔화되

표 1.2 노동력의 교육 수준: 1915~2005년

	미국 전체					아이오와주				
	1915	1940	1960	1980	2005	1915	1940	1960	1980	2005
평균 교육 연수	7.63	9.01	10.53	12.46	13.54	8.45	9.83	10.87	12.49	13.55
교육 연수별 비중										
0~8년	0.756	0.522	0.303	0.087	0.034	0.726	0.476	0.289	0.077	0.020
9~11년	0.129	0.174	0.218	0.154	0.070	0.129	0.165	0.184	0.126	0.060
12년	0.064	0.185	0.262	0.346	0.309	0.083	0.229	0.316	0.424	0.322
13~15년	0.028	0.061	0.121	0.228	0.290	0.037	0.076	0.128	0.210	0.338
16년 이상	0.026	0.058	0.096	0.185	0.297	0.026	0.055	0.083	0.164	0.261

출처: 1915년 아이오와주 센서스; 1940년, 1960년, 1980년 센서스 IPUMS; 2005년 상시인구조사 CPS 소득정보응답표본MORG 데이터. 1915년의 '미국 전체' 데이터는 1915년 '아이오와주' 데이터에서 외삽해 구한 것이다. 1915년 '미국 전체'의 '평균 교육 연수' 숫자는 '미국 전체'의 1940년 숫자에서 '아이오와주'의 1940년 평균과 1915년 평균의 차이 만큼을 빼서 구했다. 각 연도 '교육 연수별 비중'은 아이오와주의 데이터에서 외삽했으며 다 더하면 1이 되게 했다.

주: 표본은 16세 이상으로 한정했고 군에 있는 사람과 시설에 수용되어 있는 사람은 제외했다. 1940~2005년 각 연도의 노동력은 조사 대상 주간에 고용 상태였던 사람을 의미한다. 1915년의 아이오와주 노동력은 1914년에 직업으로부터 소득이 있었다고 답한 사람을 의미한다. 각자가 1914년에 일한 개월 수로 가중치를 적용했다. 1940~1980년의 교육 연수는 그림 1.4, 그림 1.5, 그림 1.6에서와 동일한 방식으로 구했다. 2005년의 교육 연수는 오터 등(Autor, Katz, and Krueger 1998)이 1991년 이후 CPS MORG의 데이터에 취한 방법론을 적용해 구했다. 1915년 아이오와주의 교육 연수와 노동한 개월 수는 골딘과 카츠(Goldin and Katz 2000)의 방법론을 사용해 구했으며, 1960~1980년은 오터 등(Autor, Katz, and Krueger 1998)의 방법론대로 13~15년 범주에 13년째 해를 마쳤든 아니든 상관없이 13년차까지 학교 교육을 받은 사람 모두를 포함했다. 모든 표본에 표본 가중치를 적용했다.

는데, 1980~2005년의 총 증가분은 1년을 거의 넘지 않았고 10년 단위 증가율은 0.43년에 불과했다.

1915년부터 1980년까지 교육 수준의 빠른 증가는 1950년대 초까지의 미국 출생 코호트들 사이에서 교육 수준이 매년 빠르게 증가한 덕분이었다(그림 1.4 참고). 마찬가지로 1980년 이래 노동력의 인적자본량 증가가 둔화된 것은 1950년 이후 미국 출생 코호트들 사이에서 교육 수준의 증가가 더뎠던 것을 반영한다.

노동력 중 이민자 비중의 변화는 인적자본량 변화에 어떤 영향을 미쳤을까? 유럽에서 미국으로 이민자가 대거 들어오던 1910년에 미국 노동력의 22%가 외국 출생자였다. 대다수가 미국보다 교육 수준이 훨씬 낮은 나라에서 온 사람들이어서, 예를 들어 1915년 아이오와 주 센서스에서 전형적인 외국 출생 노동자는 전형적인 미국 출생 노동자보다 교육 연수가 1.5년 짧았다. 1920년대에 연방 의회가 이민자 유입을 제한하는 법을 통과시키면서 그 후로는 노동력에 이민자의 꾸준한 유입이 없었고 따라서 외국 출생 노동자가 미국 노동력에서 차지하는 비중이 감소했다.

1915~1960년에 이민자를 포함한 노동력과 미국 출생자로만 한정한 노동력의 교육 연수는 10년당 각각 0.64년씩과 0.59년씩 증가했다. 노동력 중 이민자 비중이 1915년 21%에서 1960년 7%로 줄어든 것이 노동력 전체의 교육 수준에 10년당 0.05년씩을 보탰다고 볼 수 있다. 1960~1980년 사이에는 노동력 중 이민자 비중이 그리 달라지지 않았다. 따라서 이 시기에 이민의 영향은 무시해도 좋을 정도로 작다. 이어서 1980년 이후를 보면, 앞 시기와 반대로 노동력에서 외국 출생자가 차지하는 비중이 1980년 7.6%에서 2005년 16.3%로 증가한다. 1980~2005년 사이에 이민자를 포함한 노동력과 미국 출생자만 고려한 노동력의 교육 수준은 10년당 각각 0.43년씩과 0.48년씩 증가했다. 이민의 영향이 노동력의 교육 수준 증가 폭을 10년당 0.05년씩 감소시켰다고 볼 수 있다. 1915~1960년 시기와 동일한 규모인데 증감의 부호가 반대다.[39]

여기에서 알 수 있듯이, 이민자 비중의 변화가 아니라 미국에서 태어나고 교육받은 사람들의 교육 수준 변화가 미국 노동력의 인적자본량 변화의 주 요인이다. 1915~1960년 사이에는 노동력 중 외국 출

그림 1.8 노동력의 교육 수준 분포: 1915~2005년

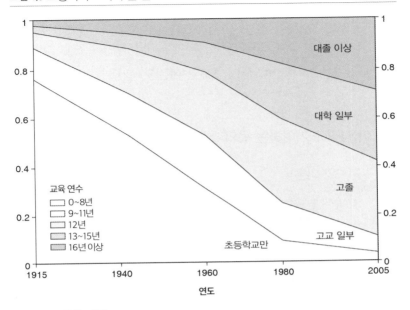

출처: 표 1.2를 참고하라.

생자의 비중이 줄어서 노동력 전체의 교육 수준이 다소 증가했고 1980년대 이후로는 이민자가 증가해 노동력 전체의 교육 수준을 살짝 아래로 끌어당겼지만, 두 변화 모두 미국 출생자 사이에서의 변화에 비하면 미미하다.

　　20세기의 첫 절반 동안 노동력의 인적자본량에서 나타난 주된 변화는 고등학교 이하 학력 노동자들이 고졸 노동자로 대체된 것이었다(그림 1.8).[40] 20세기 말에는 대학 교육을 일부라도 받은 노동자들이 진입하면서 노동력의 인적자본량 증가가 한층 더 진전되었다. 1915년에는 미국 노동력 중 초등학교나 보통학교를 넘는 교육을 받지 못한 사람이

75%였는데 1960년에는 30%로 떨어졌고 21세기 초에는 겨우 3%였다. 또한 1915년에는 대학 교육을 일부라도 받은 사람이 5%가 될까 말까 했는데, 1960년에는 22%, 2005년에는 58%가 되었다. 마지막으로, 1915년에는 대졸자가 3% 미만이었지만 2005년에는 30%가 되었다.

교육이 성장에 기여하는 몫의 측정

역사와 이론

앞에서 언급했듯이 20세기는 인적자본의 세기이자 미국의 세기였다. 20세기는 교육이 국부 증대의 핵심 요소가 된 세기였고 그 개념을 미국이 처음으로 발견한 세기였다. 20세기는 미국이 경제적으로 세계를 선도하기 시작한 세기였고 미국이 내내 최상위를 유지한 세기였다. 노동력이 보유하고 있는 인적자본량에 대한 추정치를 가지고 있으니, 이제 우리는 미국 역사의 여러 시점에서 인적자본과 경제성장의 관계가 어떠했는지 살펴볼 수 있다. 2장에서는 경제성장의 이득을 누가 가져갔는지, 또 교육과 분배의 관계는 어떻게 달라져왔는지 살펴볼 것이다.

20세기 내내 미국 경제는 놀라운 속도로 성장했다. 1인당 또는 노동이 이루어진 1시간당 미국의 경제성장률은 완만한 수준이었고 최근 몇십 년간 신흥국들과 체제 전환 국가들이 보인 경이로운 성장률과 비교하면 더욱 그렇게 보인다. 하지만 미국 경제성장의 놀라운 점은 그것이 한 세기 내내 지속되었다는 데 있다. 한 세기에 걸쳐 경제가 복리식으로 성장한 것이다. 노동이 이루어진 1시간당 생산성(산출량) 기준으로 미국은 20세기 전체에 걸쳐 평균적으로 매년 2.2%씩 성장했다. 1920년대, 1940년대, 1960년대처럼 더 빠르게 성장한 때도 있었고 1970년대 말과 1980년대처럼 성장이 굼떴던 때도 있었다(물론 1930년대의 불황도 있었다). 하지만 대체로는 경제성장이 완만하긴 했어도 장기에 걸쳐 꾸준히 이루어졌고, 따라서 전체적으로 성장 폭은 매우 컸다.

20세기 중반에 미국의 인상적인 성장과 많은 다른 나라들의 취약한 경제 발전을 보면서 수많은 경제학자들이 경제성장의 요인을 알아내는 일에 나섰다. 어떤 이들은 경제적 성공을 산출할 조리법을 만들 수 있거나 경제적 재앙을 막을 '특효약'을 만들 수 있으리라고 생각했다. 뛰어난 학자들이 다양한 방법으로 이 문제를 연구했다. 어떤 이들은 경제성장이 교통이나 제조업처럼 자본집약적인 특정한 부문에서 시작되며 특정한 인프라가 성공의 열쇠를 제공하리라고 보았다.[41] 어떤 이들은 더 일반적인 방식으로 성장 모델을 이론화했는데, 이들은 산출이 여러 투입요소의 함수라고 보았고 투입요소들이 증가하면 경제성장이 일어난다고 보았다.

경제성장은 투입요소의 생산성이 높아지거나 투입과 산출 사이의 함수적 관계가 달라져도 일어날 수 있다. 예를 들어 기술변화가 물리적 자본에 체화되어서 자본의 생산성이 더 높아질 수 있다. 노동자들도 더 똑똑해지고 더 역량이 커지고 더 건강해지고, 간단히 말해서 더 뛰어난 노동자가 될 수 있으며, 이러한 이득은 인적자본에 체화될 것이다. 투입요소를 증강시키지 않는 기술변화도 있을 수 있다. 산출은 투입에서 아무것도 달라지지 않아도 달라질 수 있는데, 애덤 스미스Adam Smith의 유명한 핀 공장 사례에서 노동자의 숙련 수준이 높아져서가 아니라 단지 분업을 통해서 생산성이 높아진 것이 그러한 사례다. 투입, 산출, 생산함수에 대한 이 같은 개념들을 수식화함으로써 우리는 교육의 진전이 경제성장에 미친 영향을 수량적으로 추정할 수 있다.

경제성장에 대해 오랫동안 이뤄져온 수많은 연구들을 따라서, 산출(Y)은 투입요소들의 함수이며 투입요소에는 노동시간(L)과 자본(K)이 있다고 가정하자. 토지 등 다른 투입요소들도 일반화 가능성을 훼손하지 않고 얼마든지 추가할 수 있다. 우리가 선택한 함수 형태는 투입요소들의 로그값에 대한 가법함수additive function[f(x+y) = f(x)+f(y)를 만족하는 함수]다. 앞에 곱해져 있는 A는 모든 요소들의 생산성을 종합적으로 반영하므로 '총요소생산성'이라고 불린다. 이러한 형태의 함수를 콥-더글러스Cobb-Douglas 생산함수라고 한다. 우리는 지수들의 합이 1인 경우를 고려하며 이 함수의 형태는 다음과 같다.

$$Y = A\,K^{(1-\alpha)}L^{\alpha} \tag{1.1}$$

노동투입 한 단위당의 형태, 즉 집약적인 형태로는 아래와 같이 표시할 수 있고, 여기에서 y는 Y/L이고 k는 K/L이다.

$$y = A\,k^{(1-\alpha)} \tag{1.2}$$

변화율의 형태로는 아래와 같이 표시할 수 있고, 여기에서 별표(*)는 dlog{·}/dt다.

$$y^* = A^* + (1-\alpha)k^* \tag{1.3}$$

식 1.3은 로버트 솔로우Robert Solow가 경제성장에 대한 개척적인 논문들(1956, 1957)에서 기술한 함수다. 이 식의 여러 가지 장점 중 하나는 y^*가 노동생산성의 변화율, k^*가 노동자 1인당 자본량(자본-노동 비율)의 증가율, 그리고 원래 함수에서 노동투입의 지수인 α는 합리적인 가정들 하에서 국민소득 중 노동이 가져가는 몫이 되므로, 데이터에 대해 요구하는 사항이 별로 많지 않다는 점이다.[42] 총요소생산성의 변화율인 A^*는 잔차로 도출된다.

　　경제성장을 실증적으로 분석한 초창기 연구자들은 식 1.3을 데이터에 적합시켰는데, 어리둥절하게도 노동생산성 변화의 대부분이 측정된 투입요소(주로는 자본-노동 비율)의 증가 때문이 아니라 총요소생산성의 증가 때문이라는 것을 발견했다. 잔차(솔로우는 이것을 "우리의 무지를 말해주는 지표"라고 표현했다)가 성장의 추동 요인이라는 결론이 나온 셈이다. 경제성장 이론가들이 가난한 나라에 해법을 제시하고자 했다면 그 조언은 이렇게 되어야 했을 것이다. "경제학자들이 측정을 잘 못하는 무언가를 하시오."

　　하지만 곧 경제학자들은 이 단순한 공식이 투입요소를 너무 투박하게 정의했다는 것을 깨달았다. 이를테면, 이 식에서 노동은 단순히 노동시간으로 측정되지만 실제 노동은 두 가지 요소로 구성되어 있다. 노동에는 노동시간을 뜻하는 양적 요소 L이 있고, 노동의 효율성 정도를 나타내는 E가 있다. 그렇다면 효율성을 감안한 '증강된 노동투입'은 $L \cdot E$가 된다. 증강된 노동투입은 노동시간이 달라져도 변화할 수 있고 노동의 효율성이 달라져도 변화할 수 있다. 효율성을 나타내는 단위 E에는 정규 교육, 온더잡 트레이닝, 연령, 건강, 그 밖에 노동자의 효율성을 높여주는 여러 요인이 영향을 미칠 수 있다.[43]

　　노동투입의 자리에 '증강된 노동투입'을 넣으면 식 1.1과 1.3은 각각 다음과 같이 바뀐다.

$$Y = A'K^{(1-\alpha)} (L \cdot E)^\alpha \qquad\qquad (1.1')$$

$$y^* = (A')^* + (1-\alpha)\, k^* + \alpha E^* \qquad\qquad (1.3')$$

경제성장을 연구하는 학자들은 식 1.3과 1.3′의 구성 요소 모두에 관심을 갖지만 우리의 관심사는 αE^*와 y^* 사이의 관계다. 우리는 미국 역사에서 노동 효율성의 변화, 특히 정규 교육으로 인한 변화가 노동생산성의 변화를 어느 정도 설명할 수 있는지 알아내고자 한다. 간단히 말해서, 우리는 교육이 경제성장에 미치는 직접효과를 추산하고자 한다. 이제 그 추산 방법을 알아보자.

교육이 성장에 미치는 직접효과

이 추정에는 세 가지 구성요소가 있다. 우선 y^*, 즉 노동생산성(시간당 산출)의 변화량을 추산해야 한다. 1947년 이후 기간은 노동통계국의 추산치를 사용했고 이전 기간은 존 켄드릭의 연구(John Kendrick 1961)를 토대로 한 데이터를 사용했다.

둘째, 교육에 의한 노동력의 효율성 변화량인 E^*를 추정해야 한다. 우리는 이 지표를 $E_t = \Sigma_i \omega_{it} S_{it}$로 계산했다. ω_{it}는 기준 시점인 t년도에 학력 집단 i의 대조군 학력집단 대비 임금이고,[44] S_{it}는 학력 집단 i가 t년도에 전체 노동시간에서 차지하는 비중이다. 교육 수준에 따른 소득의 차이가 교육이 노동력의 효율성에 미치는 영향을 반영한다면, 이 지표의 증가는 교육의 향상이 평균적인 인적자본(즉 노동력의 질)을 향상시킴으로써 총 노동투입의 증가에 얼마나 기여했는지를 말해준다고 볼 수 있다. S_{it}의 추정 방법은 앞 절에서 논의했고 결괏값은 표 1.2

에 나와 있다. 교육에 따른 임금 차분인 ω_{it}가 20세기를 거치면서 어떻게 달라졌는지는 교육의 경제적 수익을 논의한 2장에서 상세히 다루었으므로 여기에서는 간단히만 언급하면, 우선 우리가 알아보고자 하는 기간의 시작 연도인 1915년에 고등학교 교육이나 대학 교육 1년이 당사자에게 가져다주는 경제적 수익은 상당했다. 연소득이 11%까지도 증가할 수 있었다. 이어서 1915~1950년 사이에는 교육에 따른 임금 차분이 좁혀졌다. 그리고 1950년대와 1960년대에 약간 증가했다가 1970년대에 다시 좁혀졌으며, 1980년대에 다시 상당히 증가했고 1990년대에는 완만하게 증가했다. 우리가 알아보고자 하는 기간의 끝인 20세기 말에 교육에 따른 임금 차분은 시작 연도에서만큼은 아니어도 상당히 높은 수준으로 다시 돌아갔다.

세 번째 구성요소는 a로, 가격이 경쟁시장 원리에 따라 정해지는 경제에서 국민소득 중 노동이 가져가는 몫을 말한다. 경제에서 발생한 산출의 약 70%가 노동에 대한 보상(임금과 부가급부)으로 분배된다. 노동의 가격인 임금이 노동의 한계생산(산출에 대한 한계기여분)과 동일하고 산출이 투입요소의 양에 비례한다고 가정하면, 인적자본 증가로 [효율성 단위로 환산한] 실효 노동량이 1% 증가할 때 이는 산출을 직접적으로 0.7% 증가시킨다.[45] 이 계산의 결과는 표 1.3에 나와 있다 (2열 곱하기 0.7). 예를 들어, 우리는 1915~2005년의 90년간 교육의 증가가 실효 노동량을 연평균 0.48%씩 증가시켰음을 발견했다.[46] 따라서 이 90년 동안 교육은 연평균 경제성장률에 0.34%포인트씩 **직접적으로** 기여했다(0.7×0.48). 교육을 통한 인적자본 향상은 표에 나타난 4개의 하위 기간에 각각 다르다. 첫 두 기간인 1915~1960년에는 교육의 진전이 노동의 효율성 성장에 연평균 0.49%씩 기여했다[표 1.3의

표 1.3 교육과 성장의 관계, 1915~2005년

기간	(1) 연평균 증가율(%)		(3) 교육의 변화로 '설명되는' 비중	(4) 노동력이 보유한 평균 교육연수 변화분
	y^*	E^*	$\alpha \cdot E^*/y^*$	
1915~1940	2.45	0.50	0.143	1.38
1940~1960	2.92	0.49	0.118	1.52
1960~1980	2.41	0.59	0.171	1.93
1980~2005	2.18	0.37	0.119	1.08
1915~2005	2.47	0.48	0.136	5.91

출처: 1열: 1915~1940년은 《장기 통계, 새천년판Historical Statistics, Millennial Edition》(2005) 중 표 Cg265~272, 계열 Cg265, 1940~1960년은 표 Gg273~280, 계열 Cg273의 자료다. 1968~1980년은 미 노동통계국US Bureau of Labor Statistics, BLS의 〈주요 부문 생산성과 비용 지표 Major Sector Productivity and Costs Index〉(계열 PRS84006093) 자료다. BLS 인터넷 사이트(www.bls. gov)에서 볼 수 있다.
2열: 1915년 아이오와주 센서스; 1940년, 1960년, 1980년 미국 센서스 IPUMS; 2005년 CPS MORG.
3열: 2열에 0.7을 곱하고 1열로 나눔.
4열: 표 1.2 참고.
주: 1열 y^*의 측정에 사용된 노동생산성: 1915~1960년은 노동이 이루어진 1시간당 민간 실질국내총 생산, 1960~2005년은 기업 부문의 시간당 산출이다.
2열 교육에 의한 노동력의 효율성 증가분을 계산하기 위한 지수: 들롱 등(DeLong, Goldin, and Katz 2003)의 방법론을 따랐다. 각 연도의 16세 이상 민간 부문 노동력으로 계산했다. 표에 표시된 교육에 의한 노동력의 효율성 변화율(E^*)은 연쇄가중가격을 토대로 했다(고정가중가격으로 계산해도 결과는 비슷하다). 1915~1940년의 증가율은 아이오와주의 데이터로 구했고 나머지 시기는 미국 전체를 포괄하는 데이터로 구했다. 학력 집단은 0~4년, 5~6년, 7~8년, 9~11년, 12년, 13~15년, 16년 이상으로 구분했다. t년부터 t'년까지 연도들의 연쇄가중지수는 t년과 t'년의 교육에 따른 (시간당) 임금 차분의 평균을 사용했다. 노동시간을 기준으로 했고 노동자 각자가 속한 표본 가중치와 조사 대상 주간의 노동시간의 곱으로 가중치를 적용했다. 1915년 아이오와주 센서스에는 노동시간 데이터가 없기 때문에, 1915~1940년의 임금 차분과 교육에 의한 노동력의 효율성 증가율에 대해서는 1915년의 월소득 데이터로 계산한 고용 비중으로 가중치를 적용했다. 4열에서 노동력의 평균 교육 연수에는 고용 비중으로 가중치를 적용했다. 방법론에 대한 더 상세한 설명은 다음을 참고하라. DeLong, Goldin, and Katz (2003), 부록 2B.

E^*]. 1960~1980년에는 연평균 0.59%로 크게 늘었다. 그리고 이후 25년간은 급감해서 연평균 0.37% 수준이 되었다. 비슷한 변화가 노동력의 평균 교육 연수(표 1.3의 마지막 열)에서도 발견되며, 여기에서도 1980년 이후에 성장이 두드러지게 둔화되었다.

이민자 유입이 교육에 의한 노동력의 효율성 증가분에 어떻게 영향을 미쳤는지도 궁금할 것이다. 앞에서 우리는 1915~1960년에 이민이 노동력이 보유한 교육량에 약간의 증가를 가져왔고 1960~1980년에는 거의 영향이 없었으며 1980~2005년에는 교육량을 약간 감소시키는 효과를 가져왔다고 언급했다. 비슷하게, 교육에 의한 노동력의 효율성의 변화에도 이민자 유입은 작은 영향밖에 미치지 못했다. 1915~1960년에는 노동력 중 이민자 비중이 줄면서 교육이 노동력의 효율성을 연평균 0.03%씩 더 높였다. 1960~1980년에는 이민의 효과가 거의 없었다. 1980~2005년에는 노동력 중 이민자 비중이 증가하면서 교육에 의한 노동력의 효율성 증가분을 연평균 0.03%씩 갉아먹었다. 이 시기 미국 출생 노동력의 교육에 의한 노동력의 효율성 증가율은 0.40%인데, 이민을 고려한 전체 노동력에서는 0.37%다.[47] 이민에 대해 과거에도 현재도 맹렬한 논쟁이 일고 있는 것에 비해, 이민이 실제로 미치는 영향은 사람들이 흔히 생각하는 것보다 훨씬 작다.

1915~2005년의 전 기간에 걸쳐 전체 노동력에서의 교육 수준 향상이 직접적으로 기여한 부분은 연평균 노동생산성 성장률 2.47%[표 1.3, 1열] 중 약 14%[표 1.3, 3열의 0.136]인 0.34%포인트다.[48] 하위 기간들 사이의 차이는 크지 않다. 일반적으로 교육의 직접효과가 갖는 설명력은 노동생산성 성장률이 낮을 때 더 크다. 단, 가장 최근 시기(1980~ 2005년)에는 예외적으로 노동생산성 성장률이 다른 기간보다 저조했는데 노동력이 보유한 교육량의 증가도 낮았다. 한편, 생산성 측정 방법을 바꾸어서 1인당 산출로 정의하면 1915~2005년 사이에 노동력이 보유한 교육량의 증가가 연평균 1인당 실질GDP 성장률 2.23% 중 15% 정도를 설명하는데, 위에서처럼[노동이 이뤄진 시간당

산출로] 노동생산성을 정의했을 때(약 14%)와 비슷하다.[49]

교육 외에도 노동자의 여러 특성이 노동력의 효율성에 영향을 미친다. 그러한 특성으로는 경력, 성별, 출신지, 인종 등을 생각해볼 수 있으며, 우리의 분석에 포함시킬 수 있다. 그러한 특성에 따른 임금 차분이 대략 그 특성으로 인한 노동력의 효율성 차이를 반영한다면, 그 특성에 해당되는 임금 차분을 이용해 증강된 노동력의 질을 측정할 수 있을 것이다. 그렇게 계산했을 때는 노동력의 질이 1915~2000년 사이에 연평균 0.42%씩 높아진 것으로 나타났으며, 교육만 고려해 계산했을 때인 연평균 0.48%와 크게 차이가 없었다. 즉 교육의 진전만으로도 1915년 이후 장기적인 노동력의 질적 향상분을 거의 다 설명할 수 있다.[50]

교육이 성장에 미치는 간접효과

교육이 생산성을 높이고 경제성장을 촉진할 수 있는 방법은 많다. 우리는 앞에서 직접효과를 추정했다. 직접효과는 테크놀로지와 자본량이 주어져 있을 때 노동력의 **질적** 향상(노동 효율성 단위의 증가)이 생산성을 증가시키는 효과를 의미한다. 하지만 여러 가지 간접적인 효과도 있다. 직접효과로 소득이 높아지면 물리적 자본 투자도 늘게 되고 그에 따라 자본-노동 비율(노동자 1인당 자본)이 증가해 노동력의 효율성이 간접적으로도 증가할 수 있다. 또한 교육을 더 많이 받은 노동력은 새로운 테크놀로지의 도입과 확산을 촉진할 것이다.[51] 마지막으로, 교육은 혁신과 테크놀로지 발전 자체에 기여한다. 과학자, 엔지니어 등 고도로 교육받은 노동자들이 R&D 부문에서, 그리고 새로운 아이디어를 창조하고 적용하는 데서 핵심 역할을 하기 때문이다.[52] 이러한 간접적인 기여는 수량화가 어렵지만 상당히 크게 기여하고 있을 것임에는 틀림없다.

　[정확한 수량화는 아니어도] 교육이 노동생산성에 미치는 간접효과가 상당하리라고 시사하는 연구들은 존재한다. 예를 들어, 오래전부터 잘 알려져 있듯이 기업들은 교육을 많이 받은 노동자가 있을 경우 새로운 테크놀로지를 더 빠르게 받아들이며, 최근에는 그런 기업들이 정보기술 투자와 관련해 생산성 증대 이득을 얻은 것으로 나타났다.[53] 그뿐 아니라 고도로 교육받은 노동력은 R&D에의 주된 투입요소인데, 한 연구에 따르면 지난 50년간 전 세계적으로 이루어진 R&D 밀도의 증가가 미국의 노동생산성이 증가하는 데 상당한 (어쩌면 측정 가능한 변수 중에서 가장 큰) 기여 요소인 것으로 나타났다.[54]

인적자본의 세기 끝 무렵의 미국: 요약

　20세기 말이면 거의 모든 국가가 미국이 그 세기 초에 알았던 것을 알게 되었다. 그 나라 사람들에게 체화된 인적자본량이 국부의 가장 근본적인 요소라는 점 말이다. 천연자원이나 금융자본 등 다른 투입요소들은 글로벌 시장에서 시장가격으로 구입할 수 있지만 한 국가가 가진 노동력의 효율성은 그럴 수 없다. 교육의 증가는 노동력의 효율성만 높이는 것이 아니라 사람들이 새로운 테크놀로지 도입 등 모든 종류의 변화를 더 잘 받아들일 수 있게 만든다. 또한 더 나은 교육은 이례적으로 뛰어난 개인들이 새로운 테크놀로지 자체를 발명하게 만들기도 한다.

인적자본의 세기는 빠르게 미국의 세기가 되었다. 미국은 세계에서 경제적으로 가장 발달한 나라가 되었고 이 지위를 한 세기 내내 유지했다. 이것은 인과관계인가, 단순한 우연의 일치인가? 우리는 이 장에서 20세기에 걸쳐 교육의 증가가 노동생산성 성장률의 약 15%를 설명한다는 것을 보여주었다. 1915~2005년에 노동생산성이 연평균 2.47%씩 증가했는데, 교육이 노동의 효율성[노동의 질]을 직접적으로 0.48% 높였고 따라서 노동생산성을 직접적으로 0.34%(0.7×0.48) 높였다. 그리고 교육의 실제 영향은 이보다도 상당히 더 클 것이다. 여기에 잡히지 않은 간접효과 때문인데, 특히 테크놀로지의 더 빠른 확산과 더 많은 혁신이 여기에 해당한다.

그러므로, 인적자본의 세기와 미국의 세기가 함께 온 것은 우연의 일치가 전혀 아니다. 다른 모든 국가가 미국이 갔던 길을 따르면서 자국민의 교육에 상당히 많이 투자하고 있다는 사실이 20세기에 인적자본이 얼마나 중요해졌으며 21세기에도 여전히 얼마나 중요한지 말해주는 증거다.

미국인들의 교육 수준은 20세기 초에도 이미 상당히 높았고, 소득 수준이 엇비슷한 나라들에 비해서도 현저히 높았다. 게다가 그후로도 20세기의 상당 기간 동안 미국의 교육 수준은 매우 큰 폭으로 증가했다. 우리는 1896~1975년에 태어난 미국 출생자들의 교육 수준을 코호트별로 조사해서 미국의 교육 시스템이 어떤 결과를 산출했는지 살펴보았고, 여기에 외국 출생 노동자들을 더하고 코호트 규모, 연령, 노동시장 참가 여부 등으로 가중치를 부여해 미국 역사의 여러 시점에 대해 인적자본량을 계산했다.

국가의 인적자본량과 각 코호트의 인적자본량 모두에서 우리는 20세기의 교육 이야기가 두 부분으로 이루어져 있음을 발견했다. 1900~1975년 동안 24세에 도달한 사람들[1876~1951년생 코호트들] 사이에서 교육 연수는 총 6.2년 증가했고 10년당으로는 0.82년씩 증가했다. 하지만 그 이후의 20~30년은 전혀 장밋빛이 아니었다. 1975~1990년의 15년간에는 거의 증가하지 않았고 그 이후의 10년간은 포착 가능한 증가가 있긴 했지만 증가분은 겨우 0.5년이었다.

1876년생 코호트부터 1976년생 코호트까지 한 세기 전체에 걸친 학력 증가분 6.7년[6.2+0.5년] 중 50%가량이 고등학교 교육의 증가로 설명되며, 1876~1935년생 코호트들 사이에서는 60%가 고등학교 교육의 증가로 설명된다. 대학이 아니라 고등학교가 미국 역사상 가장 큰 교육의 진보에서 핵심이었다. 2부에서 우리는 고등학교 등록률과 졸업률의 증가 요인들을 살펴볼 것이다.

과거에도 현재도 이주 노동자에 대해 맹렬히 논쟁이 이는 것을 보면 이민자 유입이 노동력의 인적자본량에 미치는 영향이 클 것 같지만, 사실 20세기에 이민자 유입이 미친 영향은 비교적 작았다. 노동력 중 외국 출생자의 비중이 작아지던 1915~1960년에 이민자 유입이 줄어서 생긴 인적자본량에서의 이득은 10년당 0.05년에 불과했다. 비슷하게, 1980~2005년에 외국 출생 노동자의 비중이 늘어서 인적자본량이 줄어든 영향도 10년당 0.5년에 불과했다.

20세기 내내 미국의 교육 수준은 다른 나라들보다 상당히 높았고, 20세기 대부분의 기간 동안 미국의 교육 수준은 큰 폭으로 증가했다. 하지만 지난 30년간에는 유럽과 아시아의 일부 국가들이 그야말로 경이로운 교육의 진전을 보였다. 이들 국가의 젊은 층 인구는 더 나이가 많은 연령대의 인구보다 교육 수준이 훨씬 높고, 많은 나라의 젊은 층 인구가 미국이 달성했던 어떤 정도보다도 높은 교육 수준을 보인다. 미국의 교육 시스템은 양적으로만이 아니라 질적으로도 약해지고 있는 것으로 보이는데, 이에 대해서는 9장에서 다시 다룰 것이다.

인적자본의 세기의 첫 세 분기 동안 미국의 교육에서 굉장한 변화가 발생했다. 하지만 그 이후의 20~30년간은 성과가 밋밋했다. 마찬가지로, 20세기의 불평등 추이에서도 몇몇 두드러진 터닝포인트를 발견할 수 있다. 이제 2장으로 넘어가서 경제성장의 이득을 누가 얻었고 언제 얻었는지 살펴보기로 하자.

2장
20세기의 불평등

20세기 말의 고민

　　의기양양, 패기만만했던 미국이 1970년대 말에는 풀이 죽었다. 70년대의 오일쇼크와 초인플레가 지나간 뒤에도 미국 경제에서 무언가가 심각하게 잘못 돌아가고 있다는 분석과 지적이 1990년대 초까지 계속 나왔다.[1] 세 가지 경제적 사실이 미국 경제의 병폐를 보여주는 징후로 흔히 제시되었다. 첫째는 생산성 성장의 둔화, 둘째는 국가 간의 경제적 수렴으로 미국이 경제적 우위를 잃을 가능성, 셋째는 높은 수준의, 그리고 증가하고 있는 불평등이었다.

　　생산성 성장의 둔화는 심각한 문제로 보였다. 1947~1973년에 연평균 무려 2.77%씩 증가했던 노동생산성(노동이 이루어진 1시간당 산출)은 그후 둔화되기 시작해 1973~1995년에는 연평균 성장률이 겨우 1.39%에 그쳤다.[2] 1973~1995년에도 생산성 성장률이 이전 시기 수준을 유지했다면 1995년의 노동시간당 산출은 실제보다 35% 더 많았을 것이다. 35%의 잠재적인 산출을 잃어버린 것이다. 그런데, 생산성 데이터는 우리[미국]가 무언가를 끔찍하게 잘못한 것 같다는 인상을 주었지만 이러한 평가에 부합하지 않는 사실들이 있었다. 거의 모든 고소득 국가에서 1973년 이후에 생산성이 둔화했고 많은 곳이 미국보다 생산성 둔화가 심했다.[3] 더 중요하게, 미국의 생산성 변화는 1990년대 중반에 갑자기 (그리고 반갑게도) 반전을 보여서 1995~2005년에 연 2.92%라는 매우 양호한 성장세를 보였다. 미국이 귀환한 것으로 보였다. 어쩌면 잘못된 것은 아무것도 없었는지 몰랐다.

　두 번째 문제(국가 간의 경제적 수렴)는 새로운 일이 아니었고, 아마 실제로 우려해야 할 문제는 아니었을 것이다. 다른 나라들에서 1인당 소득이 늘면 미국의 제품과 서비스에 대한 시장이 커지고 국제 경제 환경의 안정성이 높아지도록 지켜주는 성채 역할을 해주어서 일반적으로 미국에 득이 되었다. 더 유의미한 질문은 "다른 나라들의 경제에서는 무언가가 제대로 되고 있는데 미국은 그렇지 못한 게 아닌가"일 텐데, 이 질문도 답은 "아니다"인 것 같다. 1990년대 동안 미국 경제는 유럽 국가들보다 고용 성과도 더 좋았고 1990년대 중반 이래로 생산성 성장도 더 빨랐다.

　하지만 세 번째 문제는 불식되지 않았다. 1970년대 말부터 1990년대 중반까지 소득, 임금, 소비, 부의 측면에서 경제 불평등이 급격하게 증가했다. 지난 10년간에도, 부와 소비의 불평등은 약간 누그러진 것처럼 보였지만(그렇다고 추이가 역전된 것은 아니었다) 임금과 소득 불평등은 계속 증가했다.[4] 이러한 추세가 이어진 결과, 미국에서 불평등 정도는 1940년대 이전 시기에서나 보았지 그 이래로는 본 적이 없는 수준으로까지 올라갔다. 미국은 소득과 임금의 분포가 어느 고소득 국가보다도 불평등한 나라가 되었다.[5] 어느 정도의 경제 불평등은 근면과 혁신을 추동하는 인센티브가 되므로 바람직할지 몰라도 너무 큰 불평등은 사회적, 정치적 불화를 일으킬 수 있는데, 많은 분석가들이 미국의 불평등 수준이 그 정도에 도달했다고 보고 있다.[6]

20세기의 첫 세 분기에는 생산성의 빠른 증가가 광범위하게 공유된 번영으로, 또한 소득 스펙트럼 전체에 걸쳐 생활수준의 막대한 증가로 이어졌다. 하지만 1973~1995년에는 생산성 증가는 둔화된 반면 불평등은 커졌고, 이는 미국 가구 중 상당 비중의 소득이 정체되었거나 심지어는 감소했다는 뜻이었다. 이어서 지난 10년간에는 생산성이 크게 증가했지만 미국 가구 대부분의 소득은 생산성 증가 폭만큼 증가하지 않았다. 경제 전체의 생산성 성장과 평균적인 가구의 생활수준 증가 사이에 역사적으로 존재했던 강한 상관관계가 지난 30년 동안 크게 약화되었다. 최근 20~30년 동안 실질소득이 적어도 생산성 증가 속도에 상응할 만큼 증가한 사람들은 경제적 상류층(소득 분포의 상위 10%)뿐이었다.[7]

20세기 말 미국의 불평등 증가

경제 불평등의 측정은 경제적 자원(소득, 소비, 임금 등)이 경제적 단위(가구별, 가족별, 개인별 등)에 어떻게 분포되어 있는지 알아보는 것이다. 일반적으로 불평등 분석은 연간 단위로 측정한 경제적 자원이 가구들 사이에, 혹은 개인들 사이에 어떻게 분포되어 있는지를 조사한다.[8] 최근 20~30년간 미국의 불평등 추이를 개괄적으로 살펴보기 위해 먼저 가족소득 불평등의 변화 및 이와 관련된 소비 분포의 추이를 살펴보고, 이어서 소득 불평등의 중요한 추동 요인인 임금 소득 불평등의 변화를 살펴보기로 하자.

소득과 소비 불평등

미국의 가족소득 분포에 대해서는 1947년부터 미국 센서스국US Census Bureau이 조사하는 상시인구조사Current Population Survey, CPS에 비교적 일관성 있는 데이터가 존재한다. 표준적인 방법에 따라 세전pre-tax, 이전소득 수령 이후post-transfer의 소득을 기준으로 가족소득의 불평등 추이와 실질 가족소득 수준을 살펴보자.[9] 가족소득 불평등에 대한 잘 알려진 지표 두 가지가 그림 2.1에 나와 있다. 하나는 지니계수,[10] 다른 하나는 95-20퍼센타일 가족소득 비의 로그값이다. 두 지표 모두 소득 불평등이 1947년부터 1970년대 초까지 완만하게 감소하다가 그후 30년간 급격하게 증가했음을 보여준다(특히 1980년대에 불평등이 가파르게 증가했다).[11]

1947~1973년에는 가족소득이 빠르게 증가했고 또한 소득 분포의 위아래가 서로 더 가까워지기도 했다. 대조적으로, 1973년부터는 소득 증가가 더뎌졌고 서로 더 멀어졌다. 그림 2.2가 이 패턴을 분명하게 보여준다. 이 그래프에서 전후 시기 중 1973년 이전과 이후에 대해 소득의 전체 스펙트럼에 걸쳐 구간별 실질 가족소득 증가율을 비교해볼 수 있는데, 1973년 이전에는 실질소득 증가 속도가 소득 분

그림 2.1 가족소득 불평등: 1947~2005년

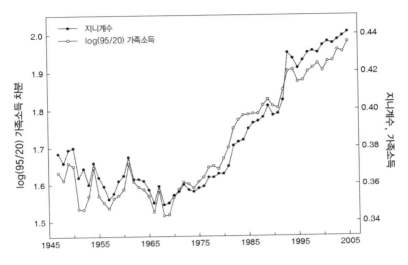

이 그림은 1947~2005년의 가족소득 지니계수와 95-20퍼센타일 가족소득 비 로그값을 나타낸 것이다. 미국 센서스국의 공식적인 정의에 따라 세전, 이전소득 수령 이후의 소득을 잡았다. 지니계수는 0에서 1 사이의 값을 가지며 0은 완전한 평등 상태를, 1은 완전한 불평등 상태를 의미한다. 지니계수의 정의는 미주 10번을 참고하라.

출처: 지니계수: 미국 센서스국, 과거 소득 데이터US Census Bureau, Historical Income Tables, 표 F4, http://www.census.gov/hhes/www/come/histinc/f04.html. 2006년 9월 15일에 업데이트됨. 95-20퍼센타일 가족소득 비는 소득 분포 상위 5% 중 가장 낮은 소득과 하위 20% 중 가장 높은 소득으로 계산했다. 다음의 원자료를 사용했다. 미국 센서스국, 과거 소득 데이터, 표 F1, http://www.census.gov/hhes/www/income/histinc/f01.html. 2006년 9월 15일에 업데이트됨. https://www.census.gov/data/tables/time-series/demo/income-poverty/historical-income-families.html

포의 맨 아래쪽에서 가장 빨랐고 꼭대기에서 가장 느렸다. 약간의 평준화 효과가 있었다는 뜻이다. 반면 1973년 이후에는 소득 분포의 맨 아래쪽 20%에서는 가족소득이 사실상 정체되었고 꼭대기의 5%에서는 중간 집단에 비해서도 3배 이상 빠르게 소득이 증가했다. 사실, 꼭대기 집단만 평균 실질소득이 1973년 이전 시기와 비슷한 속도로 증

그림 2.2 소득 분포 구간별 실질 연소득 증가율: 1947~1973년과 1973~2005년

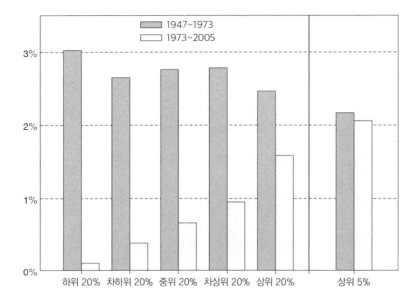

이 그림은 1947~1973년과 1973~2005년의 두 시기에 대해 소득 분포상의 5분위별 집단과 상위 5% 집단 각각의 평균 실질 가족소득 증가율을 나타낸 것이다. 소득은 '소비자물가지수 리서치시리즈 Consumer Price Index Research Series, CPI-U-RS'를 사용해 고정달러로 변환했다. 미국 센서스국의 공식적인 정의를 사용해 세전, 이전소득 수령 이후의 금전 소득을 잡았다.
출처: 미국 센서스국, 과거 소득 데이터, 표 F3, http://www.census.gov/hhes/www/income/histinc/f03ar.html, 2006년 9월 15일에 업데이트됨.

가했다.[12]

소득 분포의 위와 아래에서 실질소득 증가 속도가 달라진 기점을 그림 2.3에서 볼 수 있다. 20, 50, 75퍼센타일의 가족 실질소득을 1973년의 각 퍼센타일 집단 소득을 100으로 놓고 환산한 값이 1947~2005년의 기간에 대해 표시되어 있다. 세 집단 모두 1950년대~1970년대 말 사이에는 소득이 나란히 증가했다. 즉 전체의 실질소득 증가분이 비교적 평등하게 공유되었다. 하지만 그다음에 세 개의 선이

그림 2.3 저소득, 중위소득, 고소득 가족소득의 변천, 1947~2005년

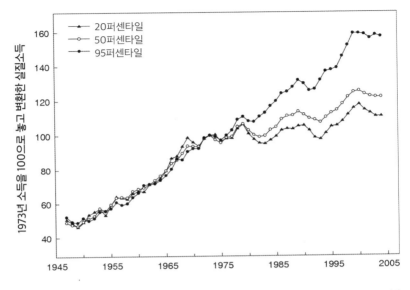

이 그래프는 20, 50, 95퍼센타일의 실질 가족소득을 해당 집단의 1973년 소득을 100으로 놓고 변환한 값을 나타낸다. 소득은 CPI-U-RS를 통해 고정달러로 변환했다. 미국 센서스국의 공식적인 정의를 따라 세전, 이전소득 수령 이후의 금전 소득을 잡았다.
출처: 미국 센서스국, 과거 소득 데이터, 표 F1, http://www.census.gov/hhes/www/income/histinc/f01.html, 2006년 9월 15일에 업데이트됨.

갈라지는데, 이는 1970년대 말 이래로 불평등이 크게 증가했음을 보여준다.

  CPS 데이터가 소득 분포 스펙트럼 중 상당 부분에 대해서는 좋은 데이터를 제공하지만 맨 꼭대기층(가령 상위 1%)의 소득을 파악하는 데는 한계가 있다. 맨 꼭대기층에 대한 더 나은 데이터는 국세청에 보고하는 세금 신고 정보다. 세금 신고 데이터로 살펴보면, 1970년대 이전에는 꼭대기층이 전체 소득 중 가져가는 몫이 감소하고 있었는데

1970년대 이후에는 증가했음을 알 수 있다.[13]

　　1980년대에 연구자들이 불평등의 증가를 포착하기 시작했을 때, 처음에는 이 현상의 중요성에 대해 의구심을 제기하는 사람들이 있었다. 이를테면 어떤 이들은 다른 지표들로 면밀하게 검증해도 불평등 증가가 여전히 사실일지에 대해서 의문을 표했다. 하지만 1970년대 말 이래로 미국 경제에서 불평등이 크게 증가했다는 사실은 여러 가지 지표로 측정해보고 여러 가지 데이터원으로 계산해봐도 강건성이 유지된다. 또 어떤 이들은 소득 불평등 증가가 저축해놓은 돈을 쓰거나 대출을 받아서 버틸 수 있는, 가정 소득의 과도기적[일시적] 변동성 증가 이상은 아닐 것이라고 보았다. 하지만 이 역시 사실이 아닌 것으로 보인다. 소득 불평등이 급격하게 증가하던 1980년대에 미국 가구의 성인 등가adult equivalent[가구 규모와 가구원 연령으로 보정한 것] 1인당 '소비' 불평등도 막대하게 증가했고 가족소득과 노동시장 소득에 대해 [연간 단위가 아닌] '장기' 측정치로 계산해도 불평등이 막대하게 증가했다.[14] 1970년대 말 이래 불평등이 증가했다는 것은 매우 실재하는 현상이다.

　　지난 10년 동안 미국의 경제성장이 회복되었지만 경제성장의 이득은 예전에 비해 훨씬 덜 평등하게 공유되고 있다. 소득 분포의 꼭대기층 소득만이 1973년 이전 시기와 비슷한 속도로 증가했다. 노동시장 소득이 국민소득에서 상당히 큰 부분을 차지하고 미국 가구의 대부분은 노동으로 생계를 유지하므로, 불평등 증가 이야기의 기저에는 노동시장과 노동소득 불평등의 이야기가 있을 것이다.[15] 그러므로 미국 임금 소득[노동시장 소득] 불평등이 어떤 추세를 보여왔는지를 살펴보기로 하자.

임금 구조의 변화

1970년대 말 이래로 미국에서 '임금 불평등'과 '교육에 따른 임금 차분'이 급격히 증가했다.[16] 임금 구조와 노동소득 불평등의 원인에 대해서는 논란이 있지만 사실관계에 대해서는 상당한 합의가 존재한다. 교육, 직종, 경력, 연령 등 **모든 측면에서** 1970년대 이후에 노동소득 격차가 벌어졌다는 것이다.[17] 예를 들어, 젊은 대졸자(교육 연수가 정확히 16년)가 젊은 고졸자(교육 연수가 정확히 12년)에 비해 갖는 임금 프리미엄은 1979년에서 2005년 사이에 2배 이상이 되었다.[18] 집단 내 임금 불평등('잔여 불평등'이라고도 불린다)도 확대되었다. 같은 연령, 같은 성별, 같은 학력, 같은 경력 안에서도 25년 전에 비해 임금이 훨씬 불평등해졌다는 뜻이다.

임금 격차가 내내 같은 양상으로 벌어졌던 것은 아니다. 꼭대기가 치솟아 생기는 불평등(90-50퍼센타일 임금 비 로그값)은 1970년대 말이래로 꾸준하고 빠르게 증가했다. 반면, 바닥 쪽이 떨어져 생기는 불평등(50-10퍼센타일 임금 비 로그값)은 1980년대에 급격히 증가했지만 1990년경 이후로는 크게 변화가 없었다. 통상적인 의미에 비추어볼 때 임금 불평등이 증가하지 않은 유일한 부분은 성별 임금 격차다. 여성이 남성보다 빠른 속도로 임금이 늘었고 1980년대에는 특히 더 그랬다.

미국에서 1963~2005년의 40년간 임금 분포가 전체적으로 상당히 벌어진 것을 그림 2.4에서 확인할 수 있다. 이 그림은 1963~2005년 사이의 실질임금(주급) 로그값의 변화분을 남성과 여성 각각에 대해 퍼센타일별로 나타낸 것이다.[19] 남성과 여성 모두 90퍼센타일의 소득 증가분이 10퍼센타일보다 거의 48로그포인트(약 62%)나 큰데, 남

그림 2.4 1963년과 2005년 사이 퍼센타일별, 성별 실질소득(주급) 로그값 변화

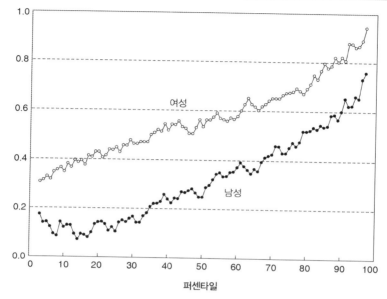

출처: 1964~2006년의 전일제 연중고용 노동자(주당 35시간 이상, 연간 40주 이상 노동한 사람)의 CPS 3월 보충자료 주간 노동소득 데이터를 사용해 오터 등(Autor, Katz, and Kearney 2007, 그림 1)이 구한 값. 이 표본은 노동소득이 있었던 해의 16~64세 인구를 포함하고 있다.

성과 여성 모두 이 기간 중 임금 분포가 상당히 벌어졌음을 말해준다. 여성의 경우는 임금 분포 전체에 걸쳐 소득 증가분이 거의 선형으로 적합되는 단조 증가의 모습을 보이고 남성은 30퍼센타일 이상에서 마찬가지의 단조 증가 모습을 보인다. 부채살 벌어지듯이 위쪽 퍼센타일로 갈수록 분포가 균질한 속도로 벌어졌다는 뜻이다. 모든 지점에서 여성 그래프가 남성보다 위에 있는데, 이 40년 동안 여성이 남성보다 빠르게 소득이 증가했으며 소득 분포 스펙트럼의 모든 곳에서 그러했음을 말해준다.

그림 2.5 임금 불평등의 세 가지 지표: 1963~2005년

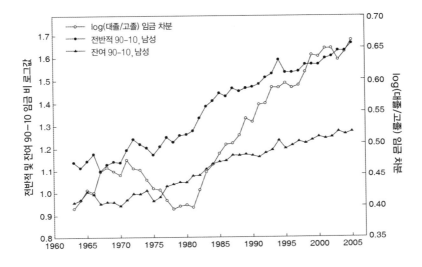

출처와 주: Autor, Katz, and Kearney (2007), 그림 2a(CPS 3월 보충자료의 데이터를 토대로 함). 이 그래프는 1963~2005년 log(대졸 이상/고졸) 임금 차분(남성과 여성 모두), 남성 90-10 임금 비 로그값, 남성 90-10 잔여 임금 비 로그값을 나타낸다. 전일제 연중고용 노동자를 대상으로 했다. 계산 방식에 대한 상세한 내용은 다음을 참고하라. Autor, Katz, and Kearney (2007), 데이터 부록.

최근 미국에서 나타난 임금 불평등의 핵심 요소와 주요 시점을 그림 2.5에서 볼 수 있다. 이 그림은 세 가지 임금 불평등 지표를 보여준다. 전반적인 90-10 임금 차분(임금 비 로그값, 남성만), 잔여(동일 속성 집단 내) 90-10 임금 차분(임금 비 로그값, 남성만), 그리고 고졸 대비 대졸 임금 차분(임금 비 로그값, 남성과 여성 모두)이다. 세 가지 불평등 지표 모두 1980년대 이후에 불평등이 크게 증가했으며 가장 큰 증가는 1980년대에 있었음을 말해준다. 세 불평등 지표(전반적, 잔여, 교육) 모두 1980년대 동안 빠르게 증가하다가 1990년대에 약간 둔화되었지만,

1970년대와 1960년대에는 세 계열이 움직이는 방향이 서로 달랐다.

미국 임금 불평등의 변천에서 핵심적이지만 종종 간과되는 사실 하나는 지난 40년간의 불평등 증가가 단일한 현상이 **아니라는** 점이다. 여기에는 꼭 함께 움직이는 것은 아닌 몇 가지 요소가 함께 작용했다. 이를테면, 전반적 불평등과 잔여 불평등은 1970년대에 완만하게 증가했지만 대졸 임금 프리미엄은 크게 감소했다가 1980년대에 다시 빠르게 증가했다. 비슷하게, 1960년대에 전반적 불평등은 잠잠했지만 대졸 임금 프리미엄은 상당히 증가했다. 데이터를 더 상세하게 살펴보면, 90-50퍼센타일 임금 비는 지난 15년간에도 계속해서 빠르게 증가했지만 50-10퍼센타일 임금 비는 증가세가 꺾였음도 알 수 있다.[20]

종합하면, 1980년 이래 미국의 임금 분포에서 발견되는 격차의 급격한 증가는 교육의 수익[교육을 더 받는 것이 개인에게 가져다주는 금전적인 이득]이 늘면서 발생한 집단 간 임금 격차의 커다란 증가와 집단 내(잔여) 임금 불평등의 커다란 증가라는 요소를 가지고 있다. 이 놀라운 추세들에 대해, 부분적으로 서로 보완적인 네 가지 설명요인을 생각해볼 수 있다.

첫 번째는 3장에서 상세히 살펴볼 것으로, 임금 격차의 빠른 증가를 고학력, 고숙련 노동자에 대한 상대적 수요의 증가 때문이라고 해석하는 것이다. 이것은 주로 컴퓨터 기반 테크놀로지의 확산이 가져온 '숙련편향적 기술변화' 때문이라고 설명된다. 두 번째는 세계화가 미친 영향이라고 해석하는 것이다. 상대적으로 발전 정도가 낮은 국가들과의 교역과 해외 아웃소싱이 증가하면서 생산직에서 고용이 줄고 교육 수준이 낮은 노동자들에 대한 상대적 수요가 위축되었다는 것이다. 세 번째는 고숙련 노동자의 상대적 공급이 빠르게 성장하지 못한 것에 주목하는 설명이다(1장 참고). 이는 1950년 이후 출생 코호트들 사이에서 학력 증가가 점차로 둔화되었고, 노동력에 진입하는 코호트 규모가 달라졌으며, 노동력 중 비숙련 이민자의 비중이 증가한 데서 원인을 찾는다. 네 번째는 노조의 약화와 법정 최저임금의 실질가치 감소 같은 노동시장 제도들의 변화에 주목하는 설명이다.

이러한 요인들이 실제로 어느 정도의 설명력을 갖는지에 대한 종합적인 평가는 최근의 임금 불평등을 더 긴 역사적 맥락에 놓아보아야 가능하다. 우리는 2장에서 그 작업을 했고, 8장에서는 노동시장에 대한 '수요-공급-제도 이론 체계'로 이러한 설명들을 평가했다.

1939년 이후의 임금 불평등

1939년 것부터는 개인 단위의 노동시장 소득 데이터를 10년에 한 번씩 이루어지는 센서스에서 얻을 수 있다.[21] 이 정보를 사용해 임금 불평등과 교육에 따른 임금 차분을 계산할 수 있다. 1940년 센서스는 노동소득과 학력을 질문한 최초의 센서스다. 자영업자의 소득이 빠져 있는 등 한계도 있지만, 이 센서스는 처음으로 미국 내 거의 모든 노동자의 소득 분포 양상을 볼 수 있게 해주었다. 1939년(센서스 연도로는 1940년)부터의 10년 단위 센서스 데이터를 1960년대 초부터의 연간 단위 CPS 데이터와 결합하면 불평등의 추이를 상당 정도 알아낼 수 있다.

이 데이터는 1939년 이후 현재까지 두 개의 상반되는 추세가 존재했음을 명백하게 보여준다. 1939~1970년대 초에는 임금 분포의 위아래가 좁혀지거나 비교적 안정적으로 유지되었다. 그러다가, 앞 절에서 보았듯이 1970년대 말부터 현재까지 임금 분포가 상당히 벌어져서 1939년 이래로 좁혀졌던 부분을 도로 다 상쇄하고도 남았다. 이 두 개의 상반되는 추세를 그림 2.6에서 볼 수 있다. 이 그림은 1939~2005년 기간에 대해 90-10퍼센타일 소득 비의 로그값으로 나타낸 '전반적 임금 불평등'과 대졸 임금 프리미엄으로 나타낸 '교육의 경제적 수익'을 보여준다. 임금 불평등과 교육의 수익이 늘 1970년대 이후 시기처럼 증가하기만 했던 것은 아니다. 두 계열이 보여주듯이 1940년대에 불평등은 감소했고 그것도 상당 폭으로 감소했다. 1940년대에 임금 구조가 매우 크게 좁혀진 것은 '대압축Great Compression'이라고 불린다.[22] 여기에는 세계 대전, 인플레, '타이트'한[공급 부족인] 노동시장, 노조의 강화, 정부의 상당한 노동시장 개입 등이 영향을 미쳤다.

오늘날의 임금 구조가 대공황이 거의 10년이나 이어진 1939년과 비슷한 수준으로까지 벌어져 있다는 사실은 우려스러운 일일지 모른다. 하지만 1939년과 오늘날을 비교했던 것은 [데이터 확보와 관련한] 수단상의 필요성 때문이었지 꼭 1939년이 역사적으로 비교를 하기에 가장 관심을 끄는 시점이어서는 아니었다. 언급했듯이 1940년 센서스는 연방 수준에서 노동소득, 노동 주수, 학력을 질문한 최초의 센서스이며, 따라서 임금 구조, 숙련 수준별 임금 분포, 교육 투자 수익의 장기적 추세 등에 대한 대부분의 연구가 1940년을 시작점으로 삼았다.[23]

그런데, 1939년이 임금 구조와 교육 및 숙련의 수익 면에서 비교 기준점이 될 만한 전형적인 해인가? 이때는 10년간의 기록적인 실업을 겪고 나서 숙련 분포의 바닥 쪽 사람들의 실질임금이 지극히 낮

그림 2.6 임금 불평등과 대졸 임금 프리미엄, 1939~2005년

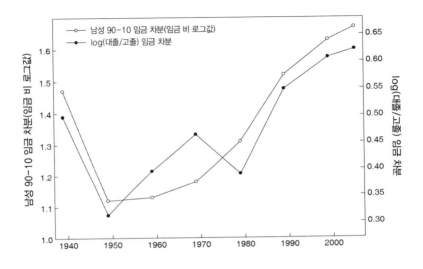

출처와 주: 남성 90-10 임금 차분(임금 비 로그값):
  1940~2000년: 센서스 IPUMS(1939년부터 1999년의 소득 정보를 포함함).
  1999~2005년: CPS MORG 표본.
  1939~1999년 남성 90-10 임금 차분(임금 비 로그값): 18~64세 전일제 연중고용 남성 노동자가 노동한 해의 주급을 사용해 측정했다. 전일제 연중고용 노동자는 노동소득이 발생한 해에 주당 35시간 이상, 연간 40주 이상 노동한 사람을 말한다. 소득이 있었던 해에 연방 최저임금의 절반 이상을 번 사람들만 표본에 포함했다. 남성 90-10 임금 차분(임금 비 로그값)의 1999년과 2005년 사이의 변화는 CPS MORG 표본에 있는 시간당 임금 데이터로 구했다.
  log(대졸/고졸) 임금 차분: Autor, Katz, and Krueger (1998), 표1의 자료를 2005년까지로 업데이트. log(대졸/고졸) 임금 차분은 고졸(교육 연수가 정확히 12년) 대비 대졸(교육 연수가 정확히 16년) 노동자의 시간당 임금 프리미엄과 고졸 대비 대학원 학력(교육 연수 17년 이상) 노동자의 시간당 임금 프리미엄을 가중평균한 것이다. 가중치는 1980년의 전체 노동력 대비 대졸 노동자 비중과 대학원 학력 노동자 비중이다. 각 해의 교육에 따른 임금 차분은 임금 노동자의 시간당 소득 로그값에 대한 횡단 회귀분석을 통해 구했다. 1939~1999년 대졸 임금 프리미엄은 1940~2000년 센서스 IPUMS 데이터를 통해 구했고,1999년과 2005년 사이의 변화는 CPS MORG 표본 데이터로 구했다. 방법론에 대한 상세 내용은 다음을 참고하라. Autor, Katz, and Krueger (1998).

은 수준이었을지도 모른다. 만약 그렇다면 1939년의 임금 분포에서 중앙값 아래쪽은 비정상적으로, 그리고 일시적으로, 길게 아래로 늘어

져 있었을 수 있다. 이 논리가 맞다면, 1940년대에 관찰된 임금 격차의 '압축'은 단지 대공황 이전의 임금 구조로 돌아간 것일 수 있고, 따라서 최근의 양상이 먼 과거 어느 시점의 넓게 벌어져 있었던 소득 분포 양상으로 돌아간 것이라는 주장은 정확하지 않을 수 있다. 오히려 최근의 임금 구조는 미국이 번영을 누리고 실업 수준이 높지 않았던 시기 중에서는 어느 때도 **경험해본 적이 없는** 높은 수준의 불평등을 보이고 있는 것이라는 해석이 가능해지는데, 이 결론은 심지어 더 우려스럽다.

하지만 우리가 이 장에서 제시할 많은 연구 결과들이 이와 반대의 결론을 뒷받침한다. 1940년의 높은 불평등 수준은 대공황 때문만은 아니었다. 1939년의 임금 구조는 1920년대와 비슷했다. 이에 대한 근거는 숙련 수준이 비교적 높았던 직종, 가령 일반 화이트칼라 직종(사무원 등) 및 블루칼라 생산직 중에서 고숙련이었던 직종(기계공 등)과 숙련 수준이 낮았던 직종(단순노무직 등)의 임금 데이터에서 찾아볼 수 있다. 1930년대 말의 고숙련 직종과 저숙련 직종의 임금(시간급, 주급, 월급 등) 비는 1920년대 말과 사실상 동일했다. 즉 숙련 수준에 따른 임금 격차에 대한 실증근거들은 1930년대 말의 격차가 1920년대에 비해 이례적이거나 변칙적인 것이 아니었음을 말해준다.[24]

관련해서 또 하나의 명백한 실증근거가 있는데, 바로 소득세 신고 데이터다. 많은 연구에서 인용되고 있는 세금 신고상의 소득 분포 데이터는 사이먼 쿠즈네츠(Simon Kuznets 1953)가 처음 사용했으며 최근에 토마 피케티와 이매뉴얼 사에즈가 기간을 확대하고 더 정교화했다(Thomas Piketty and Emmanuel Saez 2003, 2006). 소득 신고 데이터로 1913~2004년 동안 국민소득 중 상위 소득자(상위 10%)에게 간 몫이 얼마인지 알아볼 수 있다.[25] 1940년대 이전에는 상위 소득자만 소득 신고를 하고 소득세를 냈기 때문에 [전체 분포는 알 수 없고] 상위 소득자에게 간 몫만 알 수 있다.

세금 신고 데이터도 1940년대에 불평등이 급격히 줄었음을 보여주며, 이는 임금, 노동소득, 수입에 대한 다른 데이터에서 발견된 결론을 뒷받침해준다.[26] 소득(자본소득 제외) 중 상위 10%가 가져가는 몫은 1929년과 1939년에 각각 43.8%와 44.6%였는데 1949년에는 33.8%로 줄었다.[27] 중요한 점은, 상위 10%가 가져가는 몫이 1930년대 동안 거의 증가하지 않았고, 1940년대의 크게 줄어든 숫자에 비하면 비슷한 수준이었다고 볼 수 있으며, 최고소득자(상위 1%)가 가져가는 몫은 사실 [1930년대에] 줄어들었다는 점이다. 즉 소득세 데이터도 1930년대가 1920년대에 비해 이례적이지 않았음을 말해준다.

요컨대, 이제까지의 데이터가 보여주는 바는 여러 가지 불평등 지표로 보더라도 1939년이 이례적이거나 변칙적인 해가 아니었다는 점이다. 어쩌면 1939년의 소득 분포가 1920년대보다 더 압축되었을 수도 있다. 1939년의 임금 구조와 고소득층이 소득에서 가져가는 몫이 1920년대 말과 그리 다르지 않았다는 데 대해서는 상당한 증거가 있으므로, 1920년대 말보다 더 이른 시기에는 1939년보다 임금 구조가 더 벌어져 있었는지, 또한 교육 투자 수익이 1939년보다 더 높았는지 알아보아야 한다.

우리가 발견한 바에 따르면, 실제로 20세기 초의 임금 구조가 1939년보다 **더 벌어져 있었고** 교육의 금전적 수익도 1939년보다 컸다. 우리는 이 답을 최근에 발굴한 독보적인 데이터에서 찾을 수 있었다. 바로 1915년 아이오와주 센서스다. 또한 우리는 알려져 있었지만 어떤 이유에선지 오랫동안 잠자고 있던 몇 가지 자료도 사용했다. 이 모든 자료 원천을 사용해서, 우리는 20세기 전반기에 몇몇 시점을 거치면서 임금 구조가 좁혀졌음을 확인했고 교육의 수익도 1914년이 1939년보다 **높았음을** 확인했다. 역사적인 기준으로는 1939년에도 꽤 높은 수준이었는데도 말이다.

우리는 다양한 자료 원천에서 데이터를 수집했고 20세기의 첫 절반 동안 여러 지표에서 불평등이 상당히 감소했음을 발견했다. 제조업의 임금 분포 구조에서 위아래가 좁혀졌고, 화이트칼라 직종과 수작업 기능 직종의 임금 프리미엄이 줄었으며, 초등학교 수준을 넘는 교육이 주는 임금 프리미엄이 줄었다. 이러한 불평등 감소는 전쟁 시기에 나타났고 이후에도 상당히 오래 지속되었다. 1940년대에만 임금 및 소득 분포의 압축이 있었던 것이 아니라(이 시기에 대해서는 많은 연구가 이루어져 있다) 더 전인 1910년대 말에도 임금 격차의 압축이 있었다. 두 시기 모두에서 이 같은 숙련 프리미엄 감소와 교육 수익의 감소는 교육의 확대와 나란히 전개되었다. 첫 시기에는 중등 교육의 확대, 두 번째 시기에는 대학 교육의 확대였다.

1940년대 이전의 불평등 추이

우리는 임금 구조와 소득 분포, 그리고 교육 1년이 가져다주는 금전적 수익에 대해 비교적 풍부하고 완전한 데이터를 확보할 수 있었고, 이를 통해 1940년대에 임금 구조에서 격차가 크게 줄어든 것을 확인했다. 이후 몇십 년간 불평등은 이 수준에서 준안정적으로 유지되다가 1970년대부터 1990년대 사이에 급격하게 확대되었다. 또한 우리는 1940년대에 있었던 임금 구조의 '압축'이 대공황 직전의 임금 구조로 돌아간 것이 아님을 살펴보았다. 1939년의 임금 구조가 1930년대의 높은 실업률 때문에 생긴 이례적인 현상이었다고 말하는 데이터는 없었다. 데이터에 따르면 1920년대의 임금 구조도 1939년만큼 벌어져 있었고 어쩌면 1920년대가 더 벌어져 있었을 수도 있다. 그럼 이제 20세기 전반기의 불평등을 더 상세히 알아보기로 하자.

1939년 이전 시기에 대해서는 전국 표본을 조사한 임금 및 소득 데이터가 존재하지 않으므로 여러 원천 자료를 가져와서 맞춰보아야 한다. 이러한 작업을 통해 우리는 임금과 교육의 수익에 대한 더 최근 시기의 데이터 계열을 20세기의 앞 시기까지 확장했다(몇몇 데이터 계열은 19세기 말까지로도 확장했다). 우리는 방대하고 대표성 있는 표본을 사용했으며, 여기에는 1915년 아이오와주 센서스 원자료와 이제까지 연구자들이 잘 사용하지 않았던 몇몇 자료들이 포함되어 있다.

우리가 발굴하고 종합한 데이터 계열들은 임금 구조와 교육 및 숙련의 수익이, 잘 알려져 있는 1940년대의 대압축 시기 이전에도 더 평등한 쪽으로 움직이고 있었음을 보여준다. 1890~1940년 사이의 어느 시기에, 아마도 주로는 1910년대에 말에, 임금 구조가 좁혀졌고 숙련에 따른 임금 차분도 줄었으며 교육의 수익도 줄었다. 따라서 20세기 전체적으로 임금 구조의 압축은 전에 생각되었던 것보다 규모도 더 크고, 기간도 더 길며, 이유도 더 복잡하다.

우리는 특정한 부문(가령 제조업)과 특정한 직종(가령 교수, 엔지니어, 단순노무자, 단순기계작동원, 기계공 등)의 데이터를 분석했다. 부문

간, 직종 간에, 또 시계열로 일관성 있는 비교가 가능하도록 전체 노동력 중 비중이 크고 대상 시기 전체에 걸쳐 일관된 데이터를 구할 수 있는 직종을 선택했다. 우리는 종종 전체 분포보다는 분포의 어느 한 측면을 드러내는 데이터를 사용했다. 고학력, 고숙련 직종 노동자의 소득과 저학력, 저숙련 직종 노동자의 소득 격차도 전체 소득 분포에서 하나의 측면이다. 해당 직종 각각이 소득 분포상의 정확히 어느 지점에 있는지를 짚지는 못할 수도 있겠지만 말이다. 분명한 것은, 1940년대의 대압축 시기 **이전에도** 임금과 소득 격차가 여러 단계에 걸쳐 압축되었다는 사실이다.

제조업 임금 구조와 생산직 노동자 임금 구조

1940년 이전에 생산직 노동자들에게 숙련이 가져다준 임금 프리미엄에 대해서는 많은 연구가 이루어져 있다.[28] 2차 대전 직후에 이루어진 연구들은 1940년대의 대압축을 관찰한 것이 계기가 된 면이 많다. 어떤 연구들은 제조업 생산직에서 숙련 수준이 높은 직종의 노동자와 낮은 직종의 노동자(단순노무자, 조수, 청소부, 트럭 운전사 등) 사이의 임금 비를 구해서 숙련 프리미엄을 측정했고,[29] 어떤 연구들은 세분류 직종별 임금 변화를 조사했다.[30]

이러한 연구 거의 모두에서 1950년 이전에 임금 구조가 좁혀졌음이 발견되었다. 그 기간 중 1940년대에 대압축이 있었다는 것은 이미 잘 알려져 있는 바이므로, 우리가 궁금한 것은 그 앞에는 무슨 일이 있었는지다. 기존의 연구들이 이에 대해 몇 가지 실마리를 제공하며, 우리도 그러한 연구들을 토대로 했다. 제조업 부문과 생산직 노동자 임금 데이터를 통해 우리가 내린 결론은 1940년 이전에도 임금 구조가 몇 단계에 걸쳐 압축되었음을 실증근거가 명백히 보여준다는 것이다.

20세기 중반에 많은 노동경제학자들(노동통계국 소속 연구자들도 포함해서)이 1950년 이전의 임금 구조에 대해 상당히 풍부한 연구를 남겼다. 해리 오버(Harry Ober 1949)는 건설 부문에서 숙련 노동자와 비숙련 노동자의 임금 규모(노조 임금 스케일)에 대해 1907~1947년의 연간 데이터를 분석했다. 또한 1907~1947년 중 5개 연도에 대해 숙련 직종과 비숙련 직종의 임금도 분석했다. 두 경우 모두에서, 그리고 출판 부문을 대상으로 수행한 또 다른 연구(Ober 1953)에서, 오버는 꾸준하고 지속적으로 격차가 좁혀진 두 시기를 발견했다. 하나는 1910년대 말, 다른 하나는 1930년대 말부터 1947년 사이였다(1947년은 그의 연구에 포함된 마지막 해다).[31] 1910년대에 생산직 중 숙련 직종 노동자의 임금과 제조업 전체 노동자의 임금 사이에 격차가 줄었고 이 수준의 낮은 격차가 1920년대에도 지속되었음을 그림 2.7에서 볼 수 있다. 오버는 이에 대해 설명하면서 인플레이션, 최저소득 일자리의 공정한 임금에 대한 규범의 변화, 많은 저숙련 노동을 불필요하게 만든 자동화 등의 요인을 짚었다. 스탠리 레버곳(Stanley Lebergott 1947)도 여러 산업에서 1900~1940년의 직종별 임금을 조사해 생산직 노동자들의 임금 구조가 1940년대 이전에도 압축되었다는 강한 증거를 발견했다. 또한 그의 분석은 변화의 기점이 1913년에서 1931년 사이의 어딘가라는 사실도 보여주었다.

생산직 노동자의 임금에 대한 이전 연구들의 결론이 1940년대 이전 시기에 압축이 있었다는 우리의 발견과 부합하기는 하지만, 이

그림 2.7 생산직 분야의 숙련 수준에 따른 임금 비, 1907~1929년

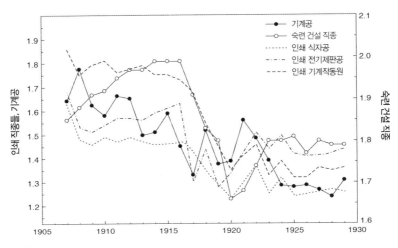

출처와 주:

건설 직종과 인쇄 직종: Ober (1948).

기계공: 미국 노동부US Department of Labor (1934); Goldin and Margo (1991, 1992). 주간상업위원
회Interstate Commerce Commission 보고서들을 사용했다.

제조업 소득: 《장기 통계Historical Statistics》 (1975), 계열 D740. 출처와 주석의 상세 내용은 다음을 참
고하라. Goldin and Katz (2001a), 그림 2.2. 여기에 주어진 직종은 생산직 중 숙련 직종이며 그래프
는 제조업 전체 노동자의 연평균 소득 대비 숙련 생산직 각 직종의 연평균 소득 비를 나타낸 것이다.

연구들의 결론은 특정한 숙련 직종과 특정한 비숙련 직종의 임금을
비교하여 도출한 것이다. 이제 우리는 제조업 부문 노동자 임금의 전
체 분포에서 실증증거를 제시하고자 한다. 결론부터 말하면, 여기에서
도 우리는 임금 구조의 압축과 관련해 비슷한 결과를 발견했다.

1890년과 1940년 제조업의 임금 구조

우리는 1890년과 1940년 사이의 어느 시점에 생산직 노동자의 임금 구조가 압축되었다는 결론을 뒷받침하는 새로운 데이터를 발견했다. 이 데이터는 1890년과 1940년[경] 두 연도에 서로 매칭이 가능한 제조업 업종들에 대해 생산직 노동자의 임금 정보를 제공한다. 우리는 앞에서처럼 수작업 기능직 종사자 대 단순노무자의 임금 비를 추산하거나 특정 산업 내에서 직종 간 임금 비를 추산하기보다, 제조업 부문 생산직 노동자 임금의 **전체 분포**에 대한 데이터를 뽑았다.

1890년 데이터는 '1890년 제조업 센서스Census of Manufactures'의 특별 항목들을 사용했다. 1890년 데이터에는 주급 수준별로 노동자 수를 묻는 항목이 있었는데 이 정보는 업종별 전국 데이터를 발표하는 발간물에 게재되지 않고 도시 제조업(1890년에 165개의 가장 큰 도시들을 포함하고 있었다)과 산업 관련 특별 보고서들에 게재되었다.

1940년(혹은 1940년경)의 데이터는 1890년대 이래로 노동통계국이 조사해 발간하고 있는 '임금과 시간' 서베이 보고서에서 가져왔다.[32] 이 데이터는 시간이 가면서 형태가 달라졌는데, 1907년에는 노조 임금 스케일로, 1930년대에는 모든 노동자로 달라졌다. 또한 1930년대의 어느 시점에 이 서베이는 업종별로 주급 또는 시급의 전체 분포를 조사하기 시작했다. 1938년에 공정노동기준법Fair Labor Standard Act이 통과된 이후에 나온 보고서들에는 최저임금제가 특정 임금 수준 주위에서 고용의 번칭bunching[쏠림] 효과를 일으키는지에 대한 분석이 종종 나온다. 또한 2차 대전 도중과 이후에 나온 보고서들에는 임금 분포에 미치는 전쟁 산업의 영향, 단체협상의 영향, 최저임금제 확산의 영향 등에 대한 분석이 때때로 실려 있다.

1890년 데이터와 1940년 데이터는 비교 가능성 면에서 대체로 매우 양호하다. 두 연도의 남성 노동자(1890년에는 16세 이상) 임금 분포를 비교적 촘촘한 구간별로 비교할 수 있다. 주의해야 할 한 가지 차이는, 1890년 데이터는 주급으로, 1940년 데이터는 시급으로 조사되었다는 점이다. 낮은 시급을 받는 노동자들이 높은 시급을 받는 노동자들보다 종종 더 많은 시간 일하므로 1890년의 분포가 1940년에 비해 더 많이 (더 적게가 아니라) 압축되어 있는 것으로 보이는 편향이 발생할 수 있다.[33] 우리는 두 연도에서 같은 업종을 의미한다고 합리적으로 판단할 수 있는 12개 업종을 찾아 데이터를 수집했다.[34]

　　1890년 데이터에는 대부분의 업종에 생산직과 비생산직(경영자, 관리자, 사무직 노동자 등)의 임금 정보가 모두 포함되어 있지만, 1940년의 데이터에는 생산직 노동자만 포함되어 있다. 1940년 데이터에 비생산직 노동자를 포함할 수는 없지만 1890년 데이터에서 비생산직 노동자를 제외할 수는 있다. 1890년도 생산직 노동자들만의 임금 분포를 구하기 위해 우리는 모든 비생산직 노동자가 생산직 노동자 중 가장 높은 임금을 받는 사람보다 임금이 높다고 가정했다. 따라서 임금 분포의 **특정 수준 이상을 잘라** 모든 비생산직 노동자를 제외했다. 이 가정은 1890년의 임금 분포가 실제보다 더 압축되어 있는 것으로 보이는 편향을 일으킬 수 있고, 고소득 구간에서 특히 그렇다. 이 편향은 해당 업종의 비생산직 노동자 비중이 어느 정도인지, 그리고 생산직 노동자와 비생산직 노동자 사이에 임금이 겹치는 부분이 어느 정도인지에 따라 다를 것이다. 1890년 비생산직 노동자 비중은 면제품이 2.6%, 담배가 40%였다.[35]

　　우리가 매칭시킨 1890년과 1940년 데이터는 임금 구조에 대한 고유한 실증근거일 뿐 아니라 제조업의 남성 생산직 노동자 전체 중 상당 비중을 대표한다. 표본에 있는 12개 업종은 1890년에는 전체 남성 (작업 건수로가 아니라 일한 시간에 따라 임금을 받는) 생산직 노동자의 28%를 차지했고 1940년에는 모든 제조업 임금 노동자의 25%를 차지했다.[36]

우리 표본의 거의 모든 업종에서, 그리고 거의 모든 불평등 지표에서, 임금 구조는 1890년이 1940년보다 더 벌어져 있었다(표 2.1 참고). 이 결과는 50-10 지표가 가장 명백하게 보여주지만 90-50, 90-10, 75-25 등 다른 지표에서도 마찬가지로 나타난다.[37] 75-25와 90-50 지표가 두 연도 사이에 변화가 가장 적고 몇몇 업종에서는 거의 변동이 없다. 한두 개 업종에서는 격차가 다소 벌어진 것으로 나오기도 하지만 1940년의 고용을 가중치로 삼아 가중평균을 냈을 때 우리가 고려한 모든 지표에서 두 기간 사이에 임금 분포가 좁혀졌다.[38] 게다가 1890년 표본에서 비생산직 노동자를 제외하기 위해 우리가 적용한 가정은 1890년 소득 분포의 상층이 실제보다 적게 벌어져 있는 것으로 보이게 만드는 편향을 일으킨다. 따라서 소득 분포의 꼭대기 쪽 구간에 초점을 두는 지표에서 1890년과 1940년 사이에 압축이 더 적어 보이는 것은 당연한 일이다.

과거에 제시된 연구들을 일별하고 제조업 부분의 임금에 대해 우리가 직접 수집한 새로운 데이터로도 분석한 결과, 우리는 1890년과 1940년 사이의 어느 시기에 생산직 노동자들 사이에서 임금 구조가 상당히 압축되었음이 실증근거로 뒷받침된다고 결론 내릴 수 있었다.[39]

표 2.1 1890년과 1940년의 남성 제조업 생산직 노동자 임금 분포

업종	임금 차분 (임금 비율 로그값)							
	50-10		90-50		90-10		75-25	
	1890	1940	1890	1940	1890	1940	1890	1940
면제품	1.64	1.33	1.67	1.48	2.75	1.97	1.63	1.46
염색 및 직물 완제품	1.71	1.47	1.61	1.39	2.76	2.04	1.59	1.51
밀가루와 곡물(1940년이 '곡물'), 제분소 제품	1.47	1.69	1.51	1.60	2.22	2.69	1.43	1.90
제련소 및 기계 공방 제품	1.72	1.51	1.58	1.52	2.72	2.30	1.93	1.55
가구, 공장 제품	1.75	1.43	1.63	1.68	2.85	2.40	1.70	1.67
철 및 강철	1.41	1.25	2.04	1.48	2.88	1.85	1.72	1.40
목재 및 목공 제품 (벌목 제외)	1.80	1.30	1.52	1.93	2.73	2.51	1.91	1.97
조선(1940년이 '민간 조선소')	1.72	1.45	1.47	1.32	2.52	1.92	1.74	1.46
견 및 견제품(1940년이 '견, 견제품 및 레이온')	2.06	1.38	1.61	1.62	3.32	2.23	1.80	1.62
비누(1890년이 '비누와 양초')	1.97	1.51	1.48	1.33	2.90	2.01	1.55	1.35
담배: 씹고 피우고 냄새로 흡입하는 물질(1940년이 '씹고 피우고 냄새로 흡입하는 물질과 궐련')	1.55	1.37	1.81	1.46	2.81	1.99	1.79	1.54
담배: 시가(1890년이 '시가와 궐련')	2.01	1.49	1.54	1.66	3.11	2.48	1.70	1.68
가중 평균(1940년 고용을 가중치로 사용)	1.66	1.35	1.71	1.60	2.81	2.15	1.74	1.60

출처 및 주: 1890년: 미국 센서스국(1895b, c).
1940년: 미국 노동부 노동통계국US Department of Labor, Bureau of Labor Statistics, 《노동통계월보Monthly Labor Review》(1838~1942년 사이의 여러 호). 다음을 참고하라.
Goldin and Katz (2001a), 부록 표 2.1. 50-10, 90-50, 90-10, 75-25는 분포상의 해당 지점에서의 임금 비 로그값을 의미한다. 1940년 숫자들은 1940년'경'의 데이터다. 예를 들어 '면제품' 숫자는 1937년 봄 것이고 '가구'는 1941년 것이다. 1890년의 '담배: 시가'와 궐련은 화이트칼라 궐련을 포함한 숫자와 포함하지 않은 숫자의 평균을 사용했다. 궐련은 1890년에는 중요한 제품이 아니었고 그해에는 시가와 같은 범주로 묶였다. 1940년에는 궐련이 담배 업종이 주요 제품이 된다.

그렇다면 1890년부터 1940년 사이의 압축 규모는 1940년대의 '대압축' 시기에 비해 어느 정도였을까? 이를 알아보기 위해 위에서 살펴본 12개 업종 중 9개에 대해 1890년과 1940년 사이의 임금 분포 변화를 1940년대 말과 1950년대 초 사이의 변화와 비교해보았다. 90-10 임금(로그값) 차분으로 살펴본 결과, 9개 업종에서 1890년부터 1940년경까지 벌어진 압축은 1940년경부터 1950년대 초까지 벌어진 압축의 2배가 넘었다. 1980년과 1940년 사이에는 90-10 임금(로그값) 차분의 변화분(9개 업종 가중평균)이 27.9로그포인트였는데 1940년부터 1950년대 초 사이에는 11.6로그포인트에 불과했다.[40]

　　요컨대, 1940년 이전에 제조업 노동자들의 임금 구조에 상당한 압축이 있었다. 노동자들이 얻는 경제적 수익의 분포가 이와 같이 달라진 이유는 3장과 8장에서 설명할 것이지만, 제조업 부문과 생산직 직군과 관련해서 특히 중요한 몇 가지 요인이 있다. 가장 중요한 것으로는 1910년대 중후반부터 이민자 유입이 감소한 것, 20세기의 첫 10년 동안 중등 교육이 확대되기 시작한 것, 1910년대와 1930년대에 노조의 영향력이 커진 것을 들 수 있다. 또 다른 요인은 제조업 생산직의 구성상의 변화다. 1910년대 말과 1920년대에 공장이 전기화되고 물건을 들어올리거나 운반하는 장비들이 도입되면서, 많은 저임금 노동자(공장에서 물건들을 옮기던 인부 등)가 사라졌다.[41]

직종 간 임금 비: 비생산직 직종

시카고 대학의 노동경제학자였고 나중에 미국 상원의원이 되는 폴 더글러스Paul Douglas는 제조업의 화이트칼라 직종에서도 블루칼라 직종에서 발견했던 것과 비슷한 임금 구조의 압축을 발견했다. 더글러스는 화이트칼라 직종의 임금 프리미엄을 알아보기 위해 사무직 노동자와 하급 관리자(이들을 통칭해 '일반 화이트칼라 노동자'라고 불렀다)의 임금을 조사했고, 그 결과 1900년부터 1920년대 말 사이에 블루칼라 노동자 대비 일반 화이트칼라 노동자의 상대적 임금이 상당히 감소했음을 발견했다(Douglas 1926).[42]

더글러스에 따르면, 공립 중등 학교가 확대되기 전에는 화이트칼라 일자리를 잡을 수 있는 사람들이 '경쟁하지 않는 집단'을 형성하고 있었지만 1900년대 초에 고등학교 운동이 시작되고 영리 상업 학교들이 대거 증가하면서 상업적인 일자리에 적용 가능한 숙련기술을 가진 문해력과 수리력이 있는 젊은이들이 노동시장에 대대적으로 들어왔다. 더글러스는 따라서 1910년 말에 정규 교육과 직업 교육 둘 다의 증가로 여러 화이트칼라 직종에서 임금 프리미엄이 급감했다고 설명했다.

더글러스는 또 다른 요인들도 언급했다. 1900년부터 1920년 사이에 테크놀로지의 변화가 공장, 사무실, 가정 모두를 빠르게 변모시켰다. 새로운 테크놀로지들이 숙련 노동력의 수요를 증가시키던 시기에 고등학교 운동은 숙련 노동력의 공급을 증가시켰다. 더 교육받은 노동자에 대한 수요는 화이트칼라 영역뿐 아니라 블루칼라 영역에서도 증가했다. 즉 두 영역 모두에서 고학력 고숙련 노동자에 대한 수요와 공급이 함께 증가했다. 하지만 화이트칼라 직종이 블루칼라 직종보다 교육 수준이 높은 노동자를 훨씬 큰 비중으로 고용하고 있었으므로 더글러스는 교육받은 노동자의 공급 증가로 인한 영향이 화이트칼라 직종에서 더 컸으리라고 보았고 따라서 이들의 상대적 임금이 줄게 되었을 것이라고 해석했다.

더글러스의 연구는 새로운 변경을 개척한 획기적인 연구였지만, 임금 구조에 대한 그의 설명을 약화시킬지 모르는 몇 가지 가능성을 검토해보아야 할 필요가 있다. 더글러스가 일반 화이트칼라 노동자들의 상대적 임금이 감소했음을 발견한 시기에 일반 화이트칼라 노동자의 구성도 크게 달라졌기 때문이다. 따라서 그가 발견한 결과가 사실은 구성상의 변화에 따른 것은 아닌지 확인할 필요가 있다.

구성상의 가장 중요한 변화는 일반 화이트칼라 노동자 중 여성 비중이 크게 증가한 것이다. 1890년에는 여성은 사무직 노동자 전체에서 20%밖에 차지하지 않았는데 1930년에는 50%가 되었다.[43] 또한 사무직 일자리의 구성에도 상당한 변화가 있었다. 높은 위치의 비서직 secretary(사무실의 '비밀secret'을 지키는 사람들)은 수가 줄었고, 낮은 지위의 사무원, 타이피스트, 속기사는 급증했다. 수기로 기장을 작성하던 부기계원은 '고속계산기'로 일하는 단순기계작동원에게 자리를 넘겨주었다. 그런데 더글러스의 데이터는 사무직 집단을 성별로 나누지도 않았고 서로 다른 사무직 직종을 구분하지도 않았다. 따라서 더글러스의 데이터는 성별과 직종의 구성적 변화에 의한 [즉 남성보다 임금이 적은 여성이 많아지고 사무직 중에서 상대적으로 저숙련인 업종이 많아진 것에 의한] 상대적 임금 감소분까지 뭉뚱그리는 바람에 교육의 확대가 일으킨 불평등 감소 효과가 과장되었을 수 있다.

또한 어쩌면 더글러스의 발견은 일시적인 것이었을 수도 있다.

1910년대 말의 생산직 노동자 임금 구조는 1차 대전 시기 저숙련 노동 수요의 상대적 증가와 전시 인플레로 크게 달라졌고 대체로 이 효과들은 1920년대까지 유지되지는 않았다. 더글러스의 데이터가 1926년 이후는 포함하고 있지 않으므로 이 데이터는 몇몇 블루칼라 고숙련 직종에서처럼 일반 화이트칼라 노동자의 프리미엄이 전쟁 전 수준으로 다시 올라갔는지 여부를 알려주지 않는다.

이러한 문제를 해결하기 위해 우리는 더글러스가 사용한 자료에 다른 자료 원천들을 추가하고 시기를 1940년까지로 확장해서 직종별, 성별 화이트칼라 노동자의 임금 데이터를 구성했다. 표 2.2가 그것을 보여주며, 1940년, 1950년, 1960년 연방 센서스 IPUMS 데이터를 이용해 1959년까지 데이터를 확장했다.

이렇게 보정을 해본 결과, 화이트칼라의 상대적 임금에 대한 더글러스의 결론은 뒤집히지 않았고 한층 더 강하게 뒷받침되었다. 성별, 직종별로 나누어서 보아도 제조업에서 생산직 노동자 대비 일반 화이트칼라 노동자의 임금 프리미엄은 줄어들었다. 즉 더글러스가 발견한 결과는 구성적 효과만의 결과가 아니었다. 사무직종이 여성화되고 숙련 수준과 임금이 낮아지는 방향으로 직종의 구성이 달라지는 동시에, 제조업 생산직 대비 화이트칼라 직종 각각의 상대적 임금도 감소했고 성별로 나누어서 보더라도 역시 감소했다.

따라서 1930년 이전 시기의 대략적인 추이에 대해 우리는 더글러스의 결론에 동의한다. 하지만 데이터 기간을 확장해본 결과 화이트칼라 임금 프리미엄이 감소한 '시점'에 대해서는 더글러스의 해석에 수정이 필요한 것으로 보인다. 더글러스의 데이터에서는 생산직 노동자 대비 일반 화이트칼라 노동자의 상대적 임금이 하락한 시점이

표 2.2 생산직 노동자 대비 사무직 노동자 소득 비, 성별과 직종별: 1890~1959년

연도	모든 사무직		사무원		타이피스트와 속기사		부기와 현금출납	
	여성	남성	여성	남성	여성	남성	여성	남성
	(1)	(2)	(3)	(4)	(5)	(6)	(7)	(8)
1890	1.848	—	—	—	—	—	—	—
1895	1.936	1.691	1.798	1.388	2.099	1.638	2.001	2.278
1909	1.956	1.652	—	—	—	—	—	—
1914	2.073	1.696	—	—	—	—	—	—
1919	1.525	1.202	—	—	—	—	—	—
1923	1.413	1.099	—	—	—	—	—	—
1924	1.399	1.097	—	—	—	—	—	—
1925	1.466	1.101	—	—	—	—	—	—
1926	1.480	1.113	1.177	1.084	1.641	1.319	2.205	1.604
1927	1.501	1.131	—	—	—	—	—	—
1928	1.546	1.117	—	—	—	—	—	—
1929	1.527	1.128	—	—	—	—	—	—
1939	1.557	1.150	1.499	1.088	1.652	1.100	1.613	1.268

연도	모든 사무직				타이피스트, 속기사, 비서		부기, 현금출납, 회계	
1939	1.369	1.187			1.430	1.288	1.309	1.341
1949	1.137	1.076			1.166	1.333	1.131	1.236
1959	1.133	1.019			1.171	1.168	1.097	1.188

출처: 1890~1939년: Goldin and Katz (1995), 표 5와 6.
1939~1959년: 미국 센서스 IPUMS 표본.
주: '모든 사무직'에 관리자는 포함되어 있지 않다. '사무원'은 1895년과 1926년의 수석과 선임 사무원, 파일 정리원, 우편물 발송원을 제외한 모든 사무원이다. '타이피스트와 속기사'의 1895년 데이터는 비서를 포함하지만 고소득의 남성 비서는 포함하지 않는다. '부기와 현금출납'은 1895년과 1926년에는 선임 및 수석 사무원, 회계사, 보조 부기계원을 포함하고 1939년에는 창구직원을 포함한다. 1939~1959년 직종 카테고리는 각 연도의 센서스에 주어진 정의를 사용했다. 1939년의 '모든 사무직'은 '가게 점원'은 제외한 것이다. 1939~1959년 생산직 노동자 임금은 제조업 부문만이다. 1939~1959년 임금 비는 전일제, 연중고용 노동자(주당 35시간 이상, 연중 50주 이상을 전년도에 노동한 사람)의 연소득으로 계산했다. 모든 전일제 노동자의 주급 비로 계산해도 1939~1959년에 대해 모든 추정치가 비슷하게 나온다.

1900년 직후이고 1890년부터 1900년 사이에는 증가했을 수도 있는 것으로 나타난다. 하지만 우리의 데이터에서는 일반 사무직 노동자의 상대적 임금이 감소하기 시작한 시점이 1910년대 말과 1920년대 초이고, 그 결과로 형성된 낮은 상대적 임금 수준이 1939년까지 유지되다가, 그다음에 다시 한 번 감소한 것으로 나타난다. 성별과 직종별로 나누어서 보아도 마찬가지였다. 매우 중요하게, 이 시기에 테크놀로지 변화를 별로 겪지 않은 업무에서도 사무직 노동자의 임금 프리미엄이 감소했다.

1959년까지 데이터를 확장해서 발견한 우리의 결론은 이전 연구들의 결과를 장기적 관점에서 볼 수 있게 해준다. 일반 사무직 노동자의 상대적 임금 감소는 20세기 초(1939년까지)에도 일어났고 더 나중 시기인 1939~1959년보다 감소 폭이 오히려 더 컸다. 20세기 초부터 1959년까지 전체 기간 동안 일반 사무직 노동자의 임금 프리미엄은 여성의 경우 42% 감소했고 남성은 53% 감소했다.[44] 여성의 감소 폭 중 약 55%는 1939년까지 일어났고 45%는 1939~1959년에 일어났다. 남성의 경우에는 감소 폭 중 72%가 1939년까지 일어났고 28%만 1939년 이후에 일어났다.

전문직

1900년대 초부터 1940년대 직후까지 임금 정보를 일관성 있게 획득할 수 있는 화이트칼라 직종이 몇 개 더 있다. 대학 교수와 엔지니어도 여기에 해당하는데,[45] 이 데이터도 일반 화이트칼라 노동자들에게서 발견한 것과 동일한 추세를 보여준다.

대학 교수에 대한 데이터는 비바 부스(Viva Boothe 1932)가 처음

그림 2.8 블루칼라 대비 화이트칼라 임금 비

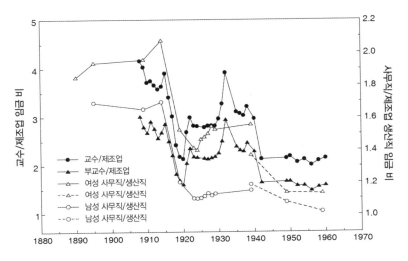

출처: 표 2.2와 표 2.3을 참고하라.

집계했고 나중에 조지 스티글러(George Stigler 1956)가 확장했다. 우리는 연방 교육청이 수집하고 발간한 원데이터를 사용해 부스-스티글러 데이터 계열을 확장, 보정하고 강건성을 점검했다.[46] 결과는 표 2.3의 파트 A에 나와 있는데, 표 2.2에서 일반 화이트칼라 노동자들 데이터로 도출한 결론을 뒷받침한다. 제조업 생산직 노동자 대비 대학 교수의 상대적 임금은 1910년대 말과 1920년대 초에 감소했다. 그리고 이 수준이 1920년대와 1930년대까지 지속되다가(그림 2.8 참고),[47] 1940년대에 다시 감소했다. 이 추세는 모든 직급의 교수에게서 마찬가지였다.

정교수의 경우, 1910년경 연소득이 제조업 노동자 평균의 거의 4배였는데 1920년대에는 3배가 채 안 되었고 1950년대에는 2배 정도

표 2.3 '전문직/제조업'과 '전문직/저숙련 노동자' 임금 비, 1900∼1960년

파트 A: 대학 교수

연도	연소득(교수/제조업 노동자 평균)			연소득(교수/저숙련 노동자 평균)		
	정교수	부교수	조교수	정교수	조교수	정교수 최고 임금
1908	4.159	3.004	2.648	4.460	2.840	5.765
1909	4.032	2.788	2.386	4.658	2.756	5.939
1910	3.713	2.668	2.209	4.539	2.700	—
1911	3.747	2.902	2.362	4.675	2.948	—
1912	3.659	2.751	2.309	4.616	2.913	5.961
1913	3.575	2.559	2.193	4.544	2.788	—
1914	3.635	2.675	2.251	4.694	2.907	6.460
1915	3.903	2.849	2.396	4.845	2.975	6.659
1916	3.406	2.491	2.156	3.713	2.350	5.035
1917	3.014	2.202	1.866	3.098	1.919	3.972
1918	2.418	1.818	1.548	2.468	1.580	3.364
1919	2.175	1.688	1.366	2.360	1.482	3.319
1920	2.129	1.597	1.320	2.511	1.557	3.310
1921	2.686	2.039	1.734	3.566	2.302	4.868
1922	2.989	2.344	1.936	3.778	2.447	5.408
1923	2.817	2.173	1.816	3.548	2.287	4.994
1924	2.809	2.161	1.786	3.578	2.274	5.060
1925	—	—	—	—	—	5.256
1926	2.786	2.141	1.782	3.543	2.266	5.017
1927	2.816	2.128	1.781	3.594	2.273	4.914
1928	2.821	2.150	1.786	3.622	2.293	5.102
1929	2.818	2.177	1.744	3.564	2.206	5.349
1930	2.962	2.248	1.865	4.025	2.534	6.094
1931	3.272	2.497	2.056	4.672	2.935	7.055
1932	3.917	2.938	2.435	6.222	3.867	8.559
1935	3.104	2.387	2.014	4.121	2.674	—
1936	3.070	2.310	1.932	3.951	2.486	—
1937	3.028	2.285	1.858	3.718	2.281	—
1938	3.212	2.461	2.000	4.028	2.508	—
1940	2.964	2.285	1.819	3.551	2.179	—
1942	2.127	1.643	1.307	2.569	1.580	—
1949	2.145	1.667	1.363	—	—	—
1950	2.183	1.670	1.361	—	—	—
1952	2.061	1.577	1.283	—	—	—
1954	2.115	1.579	1.281	—	—	—
1956	2.003	1.472	1.197	—	—	—
1958	2.093	1.551	1.258	—	—	—
1960	2.145	1.585	1.277	—	—	—

파트 B: 엔지니어

연도	연소득(엔지니어/제조업 노동자)				
	(1) 신입 엔지니어	(2) 신입 엔지니어 (인덱스)	(3) 1년차 엔지니어	(4) 2년차 엔지니어	(5) 모든 엔지니어, 월소득 중앙값×12
1900	—	—	1.643	—	—
1901	—	—	—	2.104	—
1904	1.338	—	—	—	—
1905	—	—	1.604	—	—
1906	—	—	—	2.080	—
1909	1.202	—	—	—	—
1910	—	—	1.382	—	—
1911	—	—	—	1.899	—
1914	1.149	—	—	—	—
1915	—	—	1.513	—	—
1916	—	—	—	1.598	—
1919	1.005	—	—	—	—
1920	—	—	1.175	—	—
1921	—	—	—	1.486	—
1922	1.029	—	—	—	—
1923	1.026	—	1.283	—	—
1924	1.034	—	1.261	1.472	—
1929	—	1.037	—	—	2.248
1932	—	1.037	—	—	2.452
1934	—	1.024	—	—	2.186
1939	—	1.008	—	—	2.439
1943	—	0.997	—	—	1.706
1946	—	0.985	—	—	1.950
1947	1.048	—	—	—	—
1948	0.987	—	—	—	—
1949	1.012	—	—	—	—
1950	0.945	—	—	—	—
1951	0.898	—	—	—	—
1952	0.955	—	—	—	—
1953	0.962	—	—	—	1.534
1954	1.004	—	—	—	—
1955	0.994	—	—	—	—
1956	1.030	—	—	—	—

출처: 교수 데이터: 미국대학교수협회American Association of University Professors (여러 연도); Boothe 1932; Stigler 1950; 미국 교육국US Bureau of Education (여러 연도).
제조업 노동자와 저숙련 노동자 데이터:《장기 통계》(1975), 계열 D740, 778, 841.
엔지니어 데이터: Blank and Stigler (1957). 상세한 내용은 다음을 참고하라. Goldin and Katz (2001a), 표 2.3.
주: 주어진 연도는 학년도의 끝 해다. 2열의 인덱스화된 데이터는 1열의 데이터와 1929년경에서 연결했다.

였다. 1910년부터 1960년까지 반세기간 교수는 모든 직급에서 상대적 임금이 거의 절반으로 줄었다.[48]

　　노동통계국은 1935년에 몇몇 전문직종 협회와 함께 엔지니어를 대상으로 1929년부터의 임금에 대해 서베이를 실시했다. 또한 1946년에도 또 한 차례 서베이를 실시했다. 하지만 1929년 이전은 엔지니어업 협회 하나가 조사한 데이터밖에 없고 그나마 데이터가 회고적이다. 우리는 몇 개의 데이터 계열을 표 2.3의 파트 B와 같이 구성할 수 있었다. 엔지니어 데이터는 1924~1929년에 공백이 있고 1904~1924년은 회고적인 데이터여서 교수 데이터보다는 불완전하지만, 결과는 여타의 화이트칼라 데이터 계열이 보여준 것과 비슷하다. 즉 생산직 노동자 대비 엔지니어의 임금 프리미엄은 1904년부터 1920년대까지 줄었고 1940년대 말부터 1950년대 중반까지 다시 한 번 줄었다.[49]

1890~1940년의 임금 구조 추이: 요약

　　우리는 19세기 말부터 20세기 중반까지 몇 단계에 걸쳐 임금 구조가 압축되었음을 보여주는 상당한 실증근거를 수집하고 종합할 수 있었다. 생산직 노동자(블루칼라 노동자)의 전체 임금 분포 데이터는 1890년에서 1940년 사이의 어느 시점에 압축이 있었음을 시사한다. 이 시기의 여러 데이터가 1920년대 초부터 1940년까지는 숙련 블루칼라 노동자의 임금 프리미엄이 감소했음을 보여주지 않으므로, 블루칼라 노동자의 임금 구조 압축은 1920년대 초보다 더 전의 일임을 알 수 있다.[50] 또 다른 압축은 1940년대에 있었다. 적어도 90-10 임금 차분 로그값으로 여러 제조업 업종의 임금을 살펴본 바에 따르면, 첫 번째 시기가 두 번째 시기인 1940년대보다 압축의 규모가 더 컸다.

기존 연구들에 쓰인 생산직 노동자 임금 불평등 데이터가 통상 1940년부터 시작하고 1940년대의 압축이 상당한 것으로 보였으므로, 우리가 발견한 결과는 새로운 결과이며 또한 중요한 결과다. 임금 격차의 축소는 1940년 이전에도 있었을 뿐 아니라 압축의 규모도 이 시기에 상당했다.

세 개의 화이트칼라 직종 임금 데이터를 통해서도 두 번의 압축 시기를 볼 수 있었다. 한 번은 1920년대 이전에 일어났고 다른 한 번은 1940년대에 일어났다. 제조업 블루칼라 노동자 대비(또는 제조업의 모든 임금 노동자 대비) 화이트칼라 노동자의 임금 프리미엄에 대한 여러 결과를 그림 2.8에서 볼 수 있다. 교수의 상대적 임금이 대공황기에 증가했던 것을 제외하면 모든 데이터 계열이 두 차례의 큰 감소를 보이며 그 사이의 시기에는 안정적이다. 압축의 두 시기는 전쟁, 인플레, 생산직 노동자 노조 활동의 활성화 등이 있었을 때 발생했지만 그렇게 압축된 임금 구조는 전쟁, 인플레, 노조의 활발한 활동이 지나간 이후에도 오랫동안 지속되었다.

교육의 수익

교육이 개인에게 가져다주는 경제적 수익은 숙련 수준에 따른 불평등이 어떻게 달라져왔는지 살펴볼 수 있는 또 다른 지표다. 늘 그런 것은 아니지만 일반적으로는 임금 구조의 변화와 나란한 모습을 보인다(그림 2.6). 대졸 프리미엄은 1940년대에 감소했고 1950년대와 1960년대에 증가했으며 1970년대에 감소하다가 그 이래로 크게 증가했다.[51] 1940년 센서스가 학력 정보와 노동소득 정보를 수집한 최초의 센서스이므로 1940년 이전에는 교육의 수익에 대한 추정치가 거의 없고 대표성 있는 대규모 표본을 사용한 것은 하나도 없다.

앞에서 논의한 20세기 초 일반 화이트칼라 노동자의 임금 프리미엄은 중등 교육의 금전적 수익이 상당했으리라는 점을 시사한다. 사무직 노동자들은 일반적으로 고등학교를 다녔을 것이고 아마 졸업도 했을 터이므로, 공장의 단순 직공(일반적으로 14세까지 학교 교육을 받았다) 대비 이들의 상대적 임금은 고등학교 교육(9~12학년 전부 또는 일부)이 가져다주는 경제적 수익에 대해 합리적인 대용지표가 될 것이다.[52]

이 수익은 상당했을 것으로 보이는데, 더글러스가 언급했듯이 중등 학교가 확산되기 전에는 사무직 노동자들이 '경쟁하지 않는 집단'을 형성하고 있었기 때문이다. 1900년 이전에, 혹은 그 즈음에 고등학교를 다니고 졸업하는 젊은이는 대체로 상당한 재력이 있어서 청소년 자녀가 벌어오는 소득이 없어도 생계에 문제가 없는 집안, 사설 교육기관에 자녀를 보낼 여력이 있거나 가까이에 공립 학교가 있는 곳에 사는 집안 출신이었을 것이고, 앞날을 더 장기적으로 생각하는 사람들이었을 것이다. 고등학교를 다니고 졸업하는 사람이 늘면서 문해력과 수리력을 갖춘 사람들이 노동시장에 대거 유입되었고 이들은 이러한 숙련기술을 갖추고 있었으므로 화이트칼라 직종에 진입할 수 있었다. 또한 고등학교 교육의 증가는 블루칼라 직종 중 매뉴얼을 읽고, 도면을 해독하고, 공식을 계산하고, 기초적인 과학 지식을 적용해야 하는 일자리에도 노동력의 공급을 증가시켰다.

　　20세기 초의 20~30년 동안 정규 교육이 대대적으로 확대되었으므로 1940년 이전에 정규 교육이 가져다준 수익이 어느 정도였는지 추정하는 것은 중요하다. 1910~1940년에 미국 전역에서 중등 학교가 속속 세워졌고 전례 없이 많은 젊은이들이 고등학교에 다니면서 대학에 가기 위한 지식만이 아니라 평생에 걸쳐 사용할 숙련기술을 배우기 시작했다. 미국의 몇몇 지역은 고등학교 운동이 다른 지역보다 먼저 벌어졌고 이곳들이 교육의 선도 지역이었다. 북서 센트럴West North Central 지역 주들이 그러한 선도 주들이었고 우리의 분석에서 매우 중요한 역할을 하는 아이오와주도 그중 하나다.

　　이렇듯 중등 학교 등록률과 졸업률이 1910~1940년에 빠르게 증가했다면, 왜 이러한 교육의 대전환이 1910년경에 시작되었을까라는 질문이 제기된다. 이 질문은 5장에서 상세히 다루었지만, 여기에서 관련된 질문들을 논의해보고자 한다. 고등학교 교육(그리고 대학 교육)의 수익이 1910년 근처에 상당히 높았는가? 1910년에 높았다면, 20세기 동안 미국의 노동력에 교육을 더 많이 받은 코호트들이 진입하면서 교육의 수익이 낮아졌는가?

1915년 아이오와주 센서스

　　연방 센서스는 선거와 관련해 연방 의회 의석 수를 산정하기 위해 만들어졌다. 비슷하게 1940년 이전에 주 정부들도 센서스를 실시했는데 주 의회 의석 수를 알기 위해 10년 주기인 연방 센서스의 중간 시점에 주로 실시했다.[53] 주 정부의 센서스는 대개 정보가 듬성듬성하고 연령, 성별, 인종, 시민권 지위, 간혹 민족 등의 범주로 주민 수를 세는 데 필요한 것 이외의 정보는 거의 수집하지 않았다. 몇몇 주 센서스는 다른 정보도 수집했지만 1940년 이전에 학력을 질문한 주는 둘(아이오와주와 사우스다코타주)뿐이다. 주민들의 교육 수준을 가장 먼저 물어본 주들이 북서 센트럴 지역 주들이라는 것은 우연이 아니다. 북서 센트럴 지역은 고등학교 운동을 주도한 지역이다(고등학교 운동은 6장을 참고하라). 유의미한 질문을 포함하고 있는 주 센서스들 중에서도 1915년의 아이오와주 센서스는 독보적으로 상세하고 종합적이다. 이 장의 주제와 관련해 가장 중요한 것은 학력, 소득, 직업 정보다. 여타의 주 센서스들처럼 아이오와주의 1915년 센서스도 주된 사용처는 주 의회의 의석 수 산정이었고 이 목적에서 주의 **모든** 주민을 상대로 전수 조사를 수행했다.

운 좋게도 아이오와주 센서스에는 우리의 분석에 도움되는 요소가 많다. 하나는 이것이 고등학교 운동이 막 진행되기 시작한 1915년의 센서스라는 점이다. 또 다른 행운은 1차 대전으로 산업 수요가 크게 증가하기 직전인 1914년 시점의 학력을 질문했다는 점이다. 센서스 원자료가 남아 있다는 것도 행운이다. 200만 개 이상의 인덱스 카드가 남아 있으며 1986년에 유타계보학회가 마이크로필름화 작업을 했다(이 책 말미의 부록 A에서 인덱스 카드의 사본을 볼 수 있다. 우리가 추출한 표본에 대한 설명도 부록 A를 참고하라).

1915년 아이오와주 센서스는 학력, 현재의 학교 교육, 직업, 직업 소득, 자산, 실업 상태 여부, 교회 종파 등을 질문했다. 어떤 연방 정부 센서스도, 심지어 최근의 상시인구조사도, 이렇게 방대한 정보를 수집하지는 못했다.

아이오와주 센서스는 특히 학력에 대한 질문이 독보적으로 상세하며 아이오와주 주민들이 당시에 다니던 다양한 교육기관을 망라하고 있다. 아이오와주의 도시 사람들은 적어도 1870년대부터 학년이 나뉘어 있는 초등학교와 일반(비실업계) 고등학교에 다닐 수 있었다. 아이오와주의 농촌 사람들이나 유럽에서 온 이민자들은 보통학교 정도만 다닐 수 있었을 것이다. 또한 아이오와주에는 수많은 작은 칼리지와 규모가 큰 몇몇 종합대학도 있었다. 경험할 수 있는 교육이 이렇게 다양하다는 점을 감안해 아이오와주 센서스는 응답자가 학교 유형(보통학교, 그래머스쿨, 고등학교, 상업 칼리지, 칼리지 등)별로 몇 년씩 다녔는지 기입하게 했다. 미국 전체적으로도 학교 유형은 매우 다양했지만 1940년 연방 센서스는 응답자가 자신이 다니는 학교 유형을 구분해 표시하도록 되어 있지 않았다.

우리는 도시와 농촌 지역으로 군집 표본을 추출했고 모두 합해 총 6만 명을 표집했다. 우리의 표본은 아이오와주의 3개 도시(대븐포트, 디모인, 더뷰크)와 10개 농촌 카운티에 골고루 분포되어 있다. '농촌 카운티'는 인구 2만 5,000명 이상인 도시가 하나도 없는 카운티를 의미한다(부록 A 참고). 이 데이터는 대규모이고(1915년 아이오와주 주민의 대략 40분의 1이 포함) 대표성이 있다.

1915년에 아이오와주의 노동력은 미국의 다른 주에 비해 농업 종사자 비중이 컸고(41% 대 31%) 제조업 노동자 비중은 작았다(20% 대 29%). 하지만 상업, 공공 부문, 전문직, 사무직종 등의 화이트칼라 노동력 비중은 미국의 다른 지역과 비슷했다(23% 대 22%). 아이오와주는 농촌 주였지만 '타운'을 도시로 간주하면 도시 인구 비중이 미국의 다른 지역과 다르지 않았다. 아이오와주에 크다고 볼 만한 도시는 하나도 없었고 작은 규모의 도시도 많지 않았지만, 타운은 아주 많았다. 입지론에서 전형적으로 '중심 타운'이라고 묘사하는 타운들이었다.[54] 번성하는 농촌 경제와의 교차점에 위치한 이 타운들에는 곡물저장소, 철도, 다양한 소매 매장이 있었고 종종 은퇴한 농민이나 농민의 친인척들이 살았다. 따라서 아이오와주의 농촌 표본은 농촌 사람들과 타운 사람들을 모두 포함한다.

1915년에 아이오와주와 여타 지역 사이의 중요한 차이 하나는 아이오와주가 고등학교 운동을 선도한 주였다는 사실이다. 고등학교 운동이 막 추동력을 얻기 시작한 1915년에 아이오와주의 고등학교 졸업률은 10위, 등록률은 14위였다.[55] 점차 아이오와주의 순위는 훨씬 더 올라가는데, 특히 졸업률이 그렇다. 아이오와주가 왜 고등학교 운동의 선도적인 주가 되었는지는 6장에서 다루겠지만, 그 논의의 입문격으로, 그리고 아이오와주의 경제에 대해 감을 잡기 위해 주목할 만한 점은 1912년에 아이오와주가 미국에서 1인당 과세 가능한 자산이 두 번째로 많은 주였다는 사실이다. 아이오와주는 토지가 매우 비옥해서 그 가치가 높았다.

아이오와주는 미국의 다른 지역에 비해 교육 수준이 이례적으로 높아서 1915년의 아이오와주 학력이 1940년의 미국 전체 수준과 비슷했다(표 2.4 참고). 아이오와주는 연방 센서스보다 25년 먼저 학력 정보를 수집했을 뿐 아니라 사람들의 학력 수준 자체도 미국 전체보다 25년 앞서 있었다. 예를 들어, 아이오와주의 25~59세 여성은 1915년에 최종 학력이 평균 8.86년이었는데(표 2.4에서 버전 II 추정치 기준) 이것은 1940년에 미국 전체에서 비슷한 연령대 여성들이 달성한 수준이다. 또한 1915년에 그 연령대의 여성 중 중등 교육을 일부라도 받은

표 2.4 1915년 아이오와주와 1940년 미국 전체의 25~59세 성별 정규 교육 지표

정규 교육 지표(버전)	남성, 25~59세		여성, 25~59세	
	1915년 아이오와주	1940년 미국	1915년 아이오와주	1940년 미국
최종 학력 평균(I)	8.40	8.60	8.68	8.86
최종 학력 평균(II)	8.56	8.60	8.86	8.86
평균 교육 연수	8.61		8.98	
8년 이하의 비중	0.235	0.311	0.185	0.278
고등학교 일부 이상의 비중(I)	0.233	0.410	0.290	0.462
고등학교 일부 이상의 비중(II)	0.379	0.410	0.446	0.462
고졸 비중(I)	0.152	0.248	0.179	0.287
고졸 비중(II)	0.156	0.248	0.184	0.287

주와 출처: 1915년: 1915년 아이오와주 센서스 표본. 부록 A 참고.
　1940년: 1940년 센서스 IPUMS. "끝까지 마친 학년을 기준으로 학교 교육 연수는 얼마입니까?"(ICPSR 1984, 6.40~6.41)라는 질문이 포함되어 있었다. 최대 18년으로 제한했다.
　최종 학력 평균, 1915년: 1915년 데이터를 1940년 센서스의 응답자 지침에 나오는 보기와 일치시키기 위해 조정했다. 역시 1940년 센서스와 일치되도록 최종 학력은 18년 이하로 제한했다. 값은 응답자 지침에 제시된 보기와 동일하게 구성했다. 예를 들어 그래머스쿨 8년을 다니고 대학 4년을 다녔는데 고등학교를 다니지 않았다면 12년이 아니라 16년으로 표시했다. 버전 I에서는 1915년 응답자 중 아무도 보통학교와 그래머스쿨 교육 연수의 합이 8년을 넘지 않게 했으며, 버전 II에서는 이 경우에 최대 9년이 되게 했다.
　평균 교육 연수: 각급 학교에서 교육받은 햇수의 합이다. 가장 높은 학력은 18년으로 제한했다.
　고등학교 일부 이상의 비중, 1915년: 9년 이상의 교육을 받은 사람 비중. 버전 I과 II의 차이는 위에서 언급한 바와 같다.
　고등학교 일부 이상의 비중, 1940년: 9년 이상의 교육을 받은 사람 비중.
　고졸 비중, 1915년: 12년 이상의 교육을 받은 사람 비중. 버전 I과 II의 차이는 위에서 언급한 바와 같다.
　고졸 비중, 1940년: 12년 이상의 교육을 받은 사람 비중.

사람의 비중은 44.6%였는데 미국 전체적으로는 1940년에야 해당 연령대 여성이 46.2%를 달성했다. 1915년에 아이오와주는 성인 인구 학력만 높은 게 아니라 청소년들도 이례적으로 높은 고등학교 진학률을 보였다. 1915년에 대부분의 아이오와주 농촌 사람들은 자신이 사는 지역에 중등 학교가 없었지만 15~18세 전체 인구 중 26%가 그래머스쿨보다 높은 교육을 어느 정도 받고 있었고 같은 연령대의 54%가 [모

든 유형을 통틀어] 모종의 학교에 다니고 있었다.[56]

연령별, 부문별 학교 교육의 가치: 아이오와주, 1915년

우리는 제이콥 민서Jacob Mincer의 가정을 적용한 표준적인 회귀 방정식으로 연소득 로그값에 대해 회귀분석을 수행해 교육의 수익을 추정했다.[57] 회귀방정식은 학교 유형에 따라 교육의 수익이 차이 난다는 점이 반영되도록 설계했다. 18~65세 남성의 경우 고등학교 교육 1년의 수익은 10% 정도였고 18~34세는 수익이 더 커서 12% 정도였다 (표 2.5, 1열과 7열). 대학 교육의 수익도 컸고(10%), 젊은 층에서는 더 컸다(15%). 여성도 고등학교와 대학 교육의 수익이 상당해서, 미혼 18~34세 집단에게 고등학교 1년의 수익은 10%, 대학 1년의 수익은 15%였다(표 2.5, 12열).

흥미롭게도, 매우 상이한 직종 사이에서도 고등학교 교육 1년의 금전적인 수익(혹은 대학교 교육 1년의 금전적인 수익)은 크게 차이가 없었다. 아마도 가장 놀라운 결과는, 초등학교 수준을 넘는 교육 1년의 수익이 농업 종사자에게도 상당했다는 점이다(표 2.5, 4열과 9열). 1915년과 1925년의 농촌 데이터를 분석해본 결과, 두 해 모두에서 아이오와주 농촌 카운티들 중 초등학교 이후 추가적인 교육을 받은 성인 비중이 높은 곳일수록 농업 생산성이 높다는 것을 발견했다.[58] 그뿐 아니라 1915년과 1925년 사이에 초등 수준을 넘는 교육을 받은 성인의 비중이 더 많이 증가한 카운티는 농업 생산성이 더 많이 증가했다. 즉 각 카운티의 자본과 토지의 투입량이 주어져 있을 때 1915년과 1925년 사이의 교육 수준 변화는 농업 산출 가치의 증가와 상관관계가 있었다.

고등학교 교육과 대학 교육이 수익을 가져다준 이유 중 하나는 교육을 더 많이 받으면 화이트칼라 직종처럼 보수가 더 좋은 직종에 진입할 수 있었기 때문일 것이다. 1915년에 아이오와주에서 전문직이 아닌 직업 중 돈을 가장 잘 벌 수 있는 일자리는 다양한 판매 직종들이었다. 일례로 순회 판매원은 우리의 표본에서 소득이 가장 높은 축에 속했다. 하지만 교육이 가져다주는 수익은 블루칼라 직종에서 화이트칼라 직종으로 옮겨 가서만 발생한 것이 아니었다. 고등학교 교육 1년의 수익은 화이트칼라 집단 **내에서도** 높게 나타났고 심지어 블루칼라 집단 **내에서도** 높게 나타났다. 우리는 화이트칼라와 블루칼라 집단 각각에서 18~34세 남성에게 교육 1년의 수익이 8%가 넘는다는 것을 발견했다(표 2.5, 10열과 11열).

표 2.5 학교 유형별, 직종별, 연령별, 성별 교육 1년의 수익: 아이오와주 1915년

교육 연수	18~65세 남성					
	모든 직업		비농업	농업	블루칼라	화이트칼라
	(1)	(2)	(3)	(4)	(5)	(6)
보통학교	0.0427 (0.00269)		0.040 (0.00300)	0.0375 (0.00555)	0.0239 (0.00314)	0.0275 (0.00573)
그래머스쿨	0.0533 (0.00292)		0.0647 (0.00304)	0.0232 (0.00800)	0.0585 (0.00320)	0.0470 (0.00591)
고등학교	0.103 (0.00448)		0.102 (0.00401)	0.114 (0.0146)	0.0740 (0.00584)	0.0609 (0.00566)
대학교	0.103 (0.00604)		0.106 (0.00520)	0.132 (0.0254)	0.0533 (0.0151)	0.0783 (0.00569)
선형 스플라인 함수						
보통학교≤9년		0.0452 (0.00336)				
보통학교>9년		0.0291 (0.00771)				

	(1)	(2)	(3)	(4)	(5)	(6)
그래머스쿨 ≤ 9년		0.0547 (0.00340)				
그래머스쿨 > 9년		0.0467 (0.0195)				
고등학교 ≤ 4년		0.111 (0.00491)				
대학교		0.0958 (0.00729)				
상업 학교 더미	0.379 (0.0850)	0.371 (0.0849)	0.393 (0.0705)		0.441 (0.156)	0.202 (0.0776)
R^2 관찰값 수	0.199 14,699	0.202 14,699	0.256 10,695	0.209 3,705	0.205 7,588	0.218 3,733

교육 연수	18~34세 남성					여성[a]
	모든 직업	비농업	농업	블루칼라	화이트칼라	모든 직업
	(7)	(8)	(9)	(10)	(11)	(12)
보통학교	0.0483 (0.00395)	0.0375 (0.00442)	0.0637 (0.00837)	0.0229 (0.00450)	0.0438 (0.00889)	0.00714 (0.00877)
그래머스쿨	0.0693 (0.00421)	0.0671 (0.00443)	0.0568 (0.0110)	0.0634 (0.00458)	0.0679 (0.00909)	0.0454 (0.00913)
고등학교	0.120 (0.00564)	0.114 (0.00516)	0.132 (0.0176)	0.0908 (0.00738)	0.0826 (0.00747)	0.101 (0.00760)
대학교	0.146 (0.00915)	0.143 (0.00799)	0.166 (0.0381)	0.0575 (0.0195)	0.131 (0.00849)	0.151 (0.0122)
상업 학교 더미	0.284 (0.0988)	0.273 (0.0831)		0.452 (0.180)	0.0825 (0.0886)	0.508 (0.0969)
R^2 관찰값 수	0.251 7,145	0.296 5,249	0.241 1,784	0.256 4,021	0.313 1,744	0.273 2,001

출처: 1915년 아이오와주 센서스 표본. 부록 A를 참고하라.

주: 표본에서 소득 분포의 하위 0.2%(60달러 미만)는 제외했으며 학교를 더이상 다니지 않는 사람만으로 제한했다. 회귀방정식에는 잠재 경력 연수의 4차식, 인종 더미, '미국에서의 햇수'가 누락된 사람들에 대한 더미도 포함되었다. 잠재 경력 연수는 연령에서 15를 뺀 것과 연령에서 '교육 연수+7'을 뺀 것 중 더 작은 값을 취했다. 모든 회귀분석은 도시와 농촌의 표본 가중치를 적용했다(가중치에 대해서는 부록 A를 참고하라). 블루칼라에는 수작업 기능직, 기계작동원, 서비스직, 단순노무직이 포함되어 있다. 화이트칼라에는 전문직, 준전문직, 관리직(농업 제외), 사무직, 판매직이 포함되어 있다. 표준오차는 상관계수 밑의 괄호에 표시했다.
a: 미혼 여성만이다.

직종 내에서의 교육 수익과 직종 간에서의 교육 수익이 각각 어느 정도씩 기여했는지는 회귀분석에 직종 전체 더미를 추가하면 분해해볼 수 있다.[59] 모든 남성(18~65세)에 대해 대분류 직종(1-digit) 더미를 추가하면 고등학교 교육 1년의 수익이 0.103에서 0.062로 줄어든다. 소분류 직종(3-digit) 더미를 추가하면 0.054로 줄어든다. 블루칼라와 화이트칼라 집단을 따로따로 분석해도 비슷한 결과가 나온다. 즉 고등학교 교육 1년이 주는 금전적 수익은 직종(소분류) 내에서의 더 높은 소득과 고소득 직종으로의 직종 간 이동, 이렇게 두 요인으로 거의 균등하게 나눌 수 있다. 주목할 만한 결과는 교육이 직종 내에서도 소득을 상당히 높였으며, 생산직에서도 그랬다는 사실이다.

　　가장 중요한 결과는 1915년에 아이오와주에서 중등 교육(그리고 대학 교육) 1년의 수익이 지극히 높았다는 점이다. 교육의 수익은 부문 내에서 상당히 높았고, 아이오와주가 농촌 주인만큼 농업 부문 내에서 교육의 수익이 상당했다. 고등학교 운동이 미국 역사의 이 시점에 일어났다는 사실도, 교육에서 진취적이었던 많은 주들이 아이오와주처럼 농촌 주였다는 사실도 놀라운 일이 아니다(왜 이러한 주들이 고등학교 운동의 선두 주자가 되었는지는 6장에서 상세히 설명할 것이다).

　　사무 직종의 임금이 상대적으로 높았으므로 1914년에 고등학교 교육 1년의 수익이 상당했다는 것은 당연한 일일 것이다. 하지만 블루칼라 부문 내에서도, 또한 농업 부문 내에서도 교육의 수익이 상당했던 이유는 무엇일까? 중등 교육은 상층의 수작업 기능직(전기공이나 기계공 등)으로 진입하기 위해 요구되는 인지적 도구를 획득하는 데 유용했다. 1915년에 교육을 더 많이 받은 블루칼라 노동자 다수가 공방이나 차고를 가지고 있었다. 또한 교육을 더 많이 받은 농민은 선진적인 농업 저널들을 읽었고, 가축 백신에 대해 알고 있었으며, 다양한 기계를 고칠 줄 알았고, 여러 품종에 대한 지식이 있었고, 현대적인 회계 기법을 알고 있었다. 1910년대에 아이오와주의 부모들은 자녀가 비즈니스의 '새로운 세계'에서 뒤처지지 않게 하기 위해 자신이 사는 동네의 학교지구에 중등 학교 설립을 요구하는 공개 서한을 작성했다. 교육을 더 많이 받은 아이들은 훗날 성인이 되었을 때 많은 경우 아이오와주를 떠나고 고향 마을은 대부분이 떠나게 되지만, 공동체 구성원들 사이에서 중등 교육은 공공재로서의 가치를 높이 인정받았다.

　　우리의 결론에 대해 제기될 수 있는 해석상의 문제 하나는 타고난 능력이 뛰어난 사람들이 교육을 더 많이 받았을 수 있으므로 노동시장에서의 더 높은 임금은 [교육의 효과가 아니라] 타고난 능력 때문일 수도 있다는 점이다. 따라서 가족 배경에 대한 정보가 없으면 우리가 제시한 추정치는 [교육의 효과를] 너무 높게 잡은 것일 수 있다. 이 문제는 '능력편의'라고 불린다. 하지만 우리의 데이터가 중등 학교가 막 확산되기 시작하던 시점의 농촌 주의 인구에게서 나온 것이므로, 어떤 사람이 중등 학교를 다니느냐 아니냐에는 가족 배경이나 타고난 능력보다 지리적인 행운이 더 중요한 결정 요인이었을 것이다.

교육 수익의 장기 추세: 아이오와주, 1914~1959년

　　1914년에 아이오와주에서 교육이 얼마나 가치를 가졌었는지를 더 잘 파악하기 위해 우리는 1939년, 1949년, 1959년에 걸친 고등 학교 교육과 대학 교육 1년의 수익 변화를 센서스 IPUMS 1940년, 1950년, 1960년 데이터를 사용해 조사했다.[60] 연도 간에 비교가 가능하도록 1940년, 1950년, 1960년 센서스에서 연중고용 비농업 부문 남성 노동자 중 아이오와주에 살고 있는 사람으로 표본을 한정했다.[61] 1915년부터 1950년 사이에 고등학교나 대학 교육 1년의 수익(간단하게 "교육 1년의 수익")은 감소했다(표 2.6의 1행과 2행).[62] 1940~1950년 기간에 대해서는 교육의 수익을 포함해 많은 불평등 지표가 불평등이 줄었음을 보여준다는 점이 이미 잘 알려져 있으므로, 더 중요한 이슈는 1940년 이전에도, 이 경우에는 1915~1940년 기간에도 교육 1년의 수익이 감소했는지다. 우리의 답은 '그렇다'인데, 먼저 해소해야 할 몇 가지 문제가 있다.

가장 중요한 문제는 1940년 센서스는 [피용자의] 노동소득만을 물었기 때문에 자영업자의 소득이 포함되어 있지 않은데 1915년 아이오와주 센서스의 '직업 소득'에서는 자영업도 포함되어 있다는 점이다.[63] 1950년 센서스는 피용자 노동소득과 자영업자의 소득을 둘 다 집계해 별도로 표시했다. 따라서 1940년과 1950년 데이터 사이에 (그리고 1940년과 1960년 데이터 사이에도) 피용자 노동소득을 비교할 수 있고 이를 토대로 [1940년 자영업자의 소득을 추정해] 1940년 데이터가 자영업자의 소득을 포함하도록 보정할 수 있다. 보정을 거쳐 1940년의 교육 수익을 추정한 결과가 표 2.6의 7행에 나와 있다.

표 2.6에 나와 있는 열 중에서 보정된 1940년의 교육 수익(7행)이 1915년의 교육 수익보다 큰 열은 하나뿐이다. 다른 모든 경우에는 1915년의 교육 수익이 1940년보다 현저히 크다. 예외적인 하나의 열은 전체 연령대(18~65세)의 대학 교육의 수익이다. 아마도 아이오와주에서 나이가 더 많은 집단의 대학 학력 소유자는 두 개의 주립대학이나 더 현대적인 자유교양대학이 아니라 종교 기반의 작은 자유교양대

표 2.6 아이오와주 연중고용 비농업 부문 남성 노동자의 교육 수익: 1915년, 1940년, 1950년, 1960년

센서스 연도	고등학교 교육 연수		대학 교육 연수		전체 교육 연수 선형	
	18~65세	18~34세	18~65세	18~34세	18~65세	18~34세
(1) 1915년	0.091	0.105	0.091	0.128	0.084	0.100
(2) 1950년	0.051	0.067	0.073	0.086	0.054	0.069
(3) 1960년	0.047	0.050	0.085	0.071	0.059	0.058
(4) 1940년, 피용자만	0.064	0.097	0.081	0.086	0.064	0.075
(5) 1950년, 피용자만	0.049	0.043	0.064	0.101	0.048	0.060
(6) 1960년, 피용자만	0.040	0.049	0.064	0.057	0.046	0.050
(7) 1940년, 보정	0.064	0.097	0.094	0.095	0.068	0.079

출처: 1915년 아이오와주 센서스(부록 A 참고); 1940년, 1950년, 1960년 센서스 IPUMS.
주: 표준오차와 학교 교육의 여타 상관계수들에 대해서는 다음을 참고하라. Goldin and Katz (2000), 부록 표 A3. 표에 기입된 '고등학교 교육 연수'와 '대학 교육 연수'의 상관계수는 연소득 로그값 회귀분석에서 연결한 교육 연수(1~8년, 9~12년, 13년 이상)에 대해 구한 상관계수다. '전체 교육 연수 선형'의 상관계수는 연소득 로그값 회귀분석에서 총 교육 연수의 상관계수다. 1940년, 1950년, 1960년의 '연중'은 연간 49주 이상 노동한 사람을 의미하며 1915년의 경우에는 '실업'에 체크하지 않은 사람을 의미한다. 모든 회귀분석에서 통제변인은 잠재 경력 연수의 4차식, 미국 출생 여부, 백인 여부다. 각 표본에서 최하위 1% 소득자는 제외했다. 1940년, 1950년, 1960년의 표본은 아이오와주에 살고 있는 사람들로만 한정했다.
'1940년, 보정'(7행)의 숫자들은 '1940년, 피용자만'의 추정치(4행)를 취하고 자영업자에 대한 보정분을 더해 '1915년' 추정치인 1행과 비교 가능하게 만들었다. 각 열에 대해 이 보정에 사용된 자영업자에 대한 보정분은 전국 센서스 데이터에서 뽑았다. 아이오와주로만 한정하면 표본이 너무 작고 1950년에는 더 작기 때문이다. 1950년과 1960년 데이터에서 학교 유형별로 전체 표본과 피용자 표본 간 수익의 차이를 취해서 평균냈고 이 보정분을 4행에 있는 1940년의 추정치에 더했다.

학을 다녔거나 성경학교를 다녔기 때문일 것이다.[64] 더 작은 옛날 스타일 대학에서 받은 교육의 수익은 현대적이고 규모도 큰 대학에서 받은 교육의 수익보다 작았을 것이다.[65] 표 2.6에서 가장 중요한 결과는, 초등학교 수준을 넘는 교육 1년의 수익이 1940년보다 1915년에 더 높았다는 것이다.

1915~1940년 사이에 고등학교 교육과 대학 교육이 가져다주는 수익이 감소했다는 우리의 발견이 어떤 사람들이 초등학교를 마치고 나서 상급 과정으로 진학하는가와 관련해 1940년보다 1915년에

타고난 능력에 따른 선별 효과가 더 강하게 작용했기 때문이라는 해석이 제기될 수 있을 것이다. 하지만 어떤 사람들이 고등학교와 대학교에 가는가와 관련해 능력에 따른 선별 효과가 작동했는지 여부를 알아본 기존의 연구들은 그러한 선별 효과가 존재하지 않았음을 시사한다. 1917~1942년 사이에 고등학교 등록률이 높아지던 동안 고등학교 학생들의 IQ 테스트 점수도 함께 **상승했다**. 아이오와주의 학업 성취도 점수 역시 1940년부터 1960년대 초까지 고등학교 학생들의 학업 성취가 높아졌음을 보여준다.[66]

고등학교에 진학한 학생들의 타고난 능력이 전간기 동안에 딱히 감소한 것으로 보이지는 않으며 중등 교육기관의 교육의 질도 2차 대전 중과 그 이후 10년간 낮아진 것으로 보이지 않는다. 또한 고졸자 중 대학으로 학업을 이어간 학생들의 타고난 능력을 인지능력 점수로 측정했을 때, 타고난 능력에 따른 선별 효과는 1930년대나 1940년대에 비해 1920년대에 오히려 **덜** 작동했던 것으로 보인다.[67] 이러한 결과 중 어느 것도 놀랄 일이 아니다. 이 시기 동안 전에는 중등 교육과 고등 교육의 이득을 온전히 누릴 수 없었던 농촌 청소년 및 도시의 이민자 청소년들에게 중등 교육과 고등 교육 모두 접근성이 높아졌기 때문이다.

장기에 걸친 교육 수익 분석: 미국 전체, 1914~2005년

우리는 1939년부터 2005년까지 전국 데이터로 뽑은 교육 수익 추정치를 1914년 아이오와주의 데이터와 결합해 1914~2005년의 전 기간에 대해 합리적으로 비교 가능한 추정치를 얻을 수 있었다. 우리는 1914년의 전국 추정치에 대해 두 가지 버전을 만들었다.[68] 버전 I은 1914년과 1939년 사이의 아이오와주 교육 수익 추정치의 변화분을 사용해 1914년의 전국 추정치를 계산했고, 버전 II는 1914년과 1959년 사이의 아이오와주 교육 수익 추정치의 변화분을 사용해 1914년의 전국 추정치를 계산했다. 젊은 남성과 모든 남성에 대해 이렇게 추정한 결과가 표 2.7에 나와 있으며 그림 2.9는 젊은 남성에 대한 결과를 그래프로 나타낸 것이다.

우리가 아이오와주의 1914~1939년 사이 교육 수익 변화분이 전국의 변화분에 대한 합리적인 대용지표가 된다고 가정한 근거는 더 나중 시기, 가령 1939년, 1949년, 1959년에 아이오와주의 교육 수익 추정치가 전국 추정치와 매우 비슷하게 움직인다는 점이다. 또한 약간 덜하기는 하지만 1914~1939년 아이오와주의 직종에 따른 임금 차분도 그림 2.8이 보여주는 전국 화이트칼라 임금 프리미엄과 비슷하게 감소 패턴을 보였다.[69] 1914년에 아이오와주가 전국보다 교육 수준이 높았다는 사실은 설령 1914~1939년 사이에 교육에 따른 임금 프리미엄 감소분이 아이오와주와 전국이 다르다 해도 전국 추정치의 감소폭을 실제보다 **더 작게** 잡게 되리라는 것을 의미한다[따라서 우리의 결론은 여전히 뒷받침된다].

교육의 수익에 대한 20세기 전체의 이야기는 다음과 같다. 20세기의 시작 시점에는 교육의 수익이 상당히 높았다. 그러다가 1914~1939년 기간에는 교육의 수익이 대체로 감소했다(단, '모든 남성'에서 대학 교육의 수익은 꽤 일정했다). 이어서 1940년대에 고등학교 교육과 대학 교육의 수익은 급감했다. 교육에 대한 접근성이 높아지면서 교육의 수익은 1950년대에 들어설 무렵에 상당히 감소했다. 1950년

표 2.7 미국 남성 노동자의 교육 수익: 1914~2005년

연도	교육 1년의 수익			
	고등학교		대학교	
	젊은 남성	모든 남성	젊은 남성	모든 남성
1914, 버전 I	0.110	0.112	0.148	0.097
1914, 버전 II	0.125	0.098	0.148	0.097
1939	0.102	0.085	0.115	0.100
1949	0.054	0.051	0.078	0.077
1959	0.070	0.054	0.090	0.091
1969	0.074	0.059	0.096	0.099
1979	0.081	0.066	0.084	0.089
1989	0.093	0.078	0.124	0.124
1995	0.096	0.081	0.133	0.129
2005	0.087	0.077	0.148	0.144

주와 출처: '젊은'은 잠재 경력 연수가 0~19년인 사람을 말하며 '모든'은 잠재 경력 연수가 0~39년인 사람을 말한다. 1914~1995년 추정치는 다음에서 가져왔다. Goldin and Katz (2001a, 표 2.4) 1939~1995년 고등학교 교육과 대학 교육의 수익은 전일제 연중고용 남성 임금 노동자에 대해 교육 연수에 따른 주급(로그값) 차분을 추정했다(구성비 보정). 1995~2005년 사이의 수익 변화는 1995년과 2005년의 CPS MORG 표본을 사용해 구한 남성 피용자의 교육 연수에 따른 시간당 임금(로그값) 차분을 토대로 구했다(구성비 보정).

고등학교 교육의 수익: 1915년 아이오와주 센서스 표본(부록 A 참고); 1940~1970년 연방 센서스 IPUMS; 1970~1996년 CPS 3월 보충자료; 1995~2005년 CPS MORG 표본. 1939년부터 1969년까지의 값은 정확히 9년의 교육을 받은 노동자와 정확히 12년의 교육을 받은 노동자 사이 주급(로그값) 차분(구성비 차이 보정)을 3으로 나눈 것이다. 1969년부터 2005년까지의 값은 정확히 10년의 교육을 받은 노동자와 정확히 12년의 교육을 받은 노동자 사이의 주급(로그값) 차분(구성비 차이 보정)을 2로 나눈 것이다. 각 집단에 대해 '1914년, 버전 I'에 기입된 숫자는 해당 집단에 대해 우리가 구한 1939년의 전국 추정치와 아이오와주에서 1914~1939년 사이 고등학교 1년의 수익 변화분 추정치(표 2.6의 해당 열에 대해 1행과 7행의 차이)를 합한 것이다. 각 집단에 대해 '1914년, 버전 II'에 기입된 숫자는 해당 집단에 대해 우리가 구한 1959년의 전국 추정치와 아이오와주에서 1914~1959년 사이의 고등학교 1년의 수익 변화분 추정치(표 2.6의 해당 열에 대해 1행과 3행의 차이)를 합한 것이다.

대학 교육의 수익: 1915년 아이오와주 센서스 표본; 1940~1990년 센서스 IPUMS; 1990~1996년 CPS 3월 보충자료, 1995~2005년 CPS MORG 표본. 1939년부터 2005년의 값은 교육 연수가 정확히 12년인 사람 대비 대졸자(교육 연수가 정확히 16년)의 임금 차분을 4로 나눈 것이다. '1914, 버전 I'과 '1914, 버전 II'에 기입된 숫자들은 고등학교 수익에서 사용한 것과 동일한 방식을 사용했다. 버전 I은 표 2.6의 아이오와주 대학 수익의 1914~1939년 사이 변화분과 우리의 1939년 전국 추정치를 더했다. 버전 II는 표 2.6의 아이오와주 대학 수익의 1914~1959년 사이 변화분과 우리의 1959년 전국 추정치를 더했다.

대에는 대학 교육에 대한 접근성이 높아졌음에도 교육의 수익이 증가했지만, 20세기 초나 오늘날 수준만큼 높아지지는 않았다. 시작 시점과 오늘날을 비교하면, 중등 교육의 수익은 20세기 초가 오늘날보다 높았고 대학 교육의 수익은 적어도 젊은 노동자들 사이에서는 오늘날과 대략 같았다. 1939년경의 교육 수익은 이례적으로 높은 것이 아니었다. 사실 1939년의 교육 수익은 25년 전보다 낮아진 것이었다.

그림 2.9 젊은 남성의 교육 1년의 수익: 1914~2005년

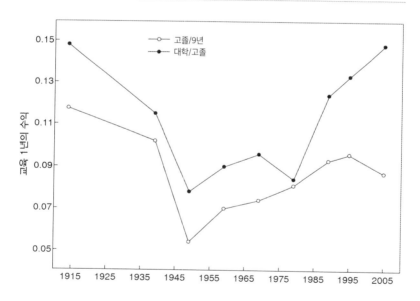

출처: 표 2.7. 1914년 고등학교와 대학 추정치 모두에 버전 I과 II의 평균을 사용했다.

과거와 현재의 불평등 문제

우리는 20세기 말에 높아지고 있는 미국 경제에 대한 우려, 그리고 그 이유 중 하나인 불평등의 증가를 언급하면서 이 장을 시작했다. 어떤 이들은 경제적 거리의 증가가 사회적 거리의 증가로 이어지고 이것이 정치적인 연대를 어렵게 함으로써 경제적 불평등이 더 광범위한 사회적, 정치적 악영향을 가져온다고도 주장했다.

하지만 오늘날 불평등 증가의 가장 부정적인 영향에 대한 가장 과장된 우려의 목소리도 100년 전에 일었던 우려의 목소리에는 미치지 못할 것이다. 오늘날에는 불평등 증가가 우리의 민주주의를 위험에 빠뜨릴 것이라거나 부유한 사람과 가난한 사람들 사이에 전쟁이 곧 닥칠 것이라고 경고하는 사람은 거의 없다. 하지만 100년 전에는 굉장히 다양한 사람들이 이러한 주장을 폈다.

소득과 부의 분포를 우려하는 중요한 논평들은 1870년대와 1880년대에 경제 불황과 함께 등장하기 시작했다. 나오자마자 베스트셀러가 된 에드워드 벨러미Edward Bellamy의 소설 《뒤를 돌아보면서 Looking Backward》(1888)는 불평등에 대한 혹독한 비판이었고, 무해하고 효율적인 사회주의의 미래에 대해 평등주의적 사회의 비전을 제시했다. 자본가들에 의해 물리적으로 억압받는 낮은 계급 사람들에 대한 벨러미의 끔찍한 묘사는 그 이후 10년간 벌어진 일들로 현실적인 의미를 갖게 되었다. 홈스테드Homestead 파업(1892)과 풀먼Pullman 파업(1894), 그리고 그보다 앞서 있었던 헤이마켓Haymarket 폭동(1886)은 비단 노동자 소요의 비극적인 사례이기만 한 것이 아니었다. 단지 노동자들이 더 짧은 노동시간과 더 높은 임금을 요구한 것만도 아니었다.

이 사건들은 미국 정부가 노동자의 단결권을 지켜주기 위해서가 아니라 사유재산을 보호하기 위해서 무력 개입을 한 사례이기도 했다.

노동과 자본 사이에 높아지던 분열과 긴장은 '폴록 대 농민 대출 및 신탁 회사Pollock v. Farmers' Loan and Trust Company'(158 US 601, 1895) 연방 대법원 사건에서 판결문에 명시적으로 언급되었다. 이 판결은 1894년의 소득세법을 무효로 만들었는데, 다수의견을 작성한 대법관 스티븐 필드Stephen Field는 소득세가 "가난한 이들이 부유한 이들에 대해 벌이는 전쟁"의 시작이 될 것이라고 주장했다.[70] 1890년대는 아나키스트들에 대해, 더 나중에는 생디칼리스트들에 대해 두려움이 커지는 시기이기도 했다. 이 시기는 미국에 '계급'이 생겨나고 계급 간 간극이 점점 더 벌어질 가능성에 대한 진정한 두려움의 순간이었다. 미국은 소득과 부의 분배에서만이 아니라 정치적 격동이 벌어질 가능성에서도 점점 더 유럽과 비슷해지고 있었다.

또한 이 시대는 제3정당 운동이 있던 때이기도 했는데, 종종 이것은 격동과 불만의 징후로 여겨진다. 나중에 공화당으로 합쳐진 정당들을 제외하면 민중당Populists은 미국 역사상 가장 성공적인 제3정당이었다. 전성기이던 1896년에 민중당은 캔자스주 의회의 다수를 차지했고 1896년과 1900년에는 윌리엄 브라이언William Bryan이 대선 후보로 나서기도 했다. 그보다 앞서 1892년에는 브라이언보다는 덜 성공적이었지만 제임스 B. 위버James B. Weaver도 대선에 출마했다. 민중당이나 진보당이 불평등 이슈를 직접적으로 타깃 삼은 정책을 제시하지는 않았지만 그들의 공약은 경제적 계급 간에 경제적, 정치적 권력의 격차가 증가하는 상황에 의해 촉발된 면이 컸다. 민중당은 화폐의 자유주의(은화 자유주조 운동)를 주장했고 철도 등 농업과 관련이 큰 기업에 대한 규제를 주장했다. 이러한 정책은 경제적 자원을 채권자에게서 채무자에게로, 여러 가지 자본을 소유한 사람들로부터 그들의 서비스를 구매해야만 하는 사람들에게로 이전하려 한 것이었다. 진보당은 정부의 부패, 트러스트의 독점 권력, 불공정한 노동 관행을 비판했고, 최저임금법, 노동자 안전법, 노동시간 제한을 주장했다.

19세기 말과 20세기 초, 불평등에 대한 두려움이 사회적, 정치적으로 표현되기 시작한 시점은 우리가 실증근거에서 발견한 바로 미루어볼 때 임금 구조의 폭과 교육에 대한 금전적 수익이 가장 컸을지 모르는 시기와 일치한다. 하지만 이 이른 시기에 대해서는 소득과 부에 대한 실증근거가 더 적다. 당대에 불평등이 사회에 미칠 해악에 대한 목소리는 노동소득의 분배보다는 방대한 부가 소수에게만 축적되는 것과 계급 분열에 초점을 맞추고 있었다. 하지만 폴 더글러스가 명확히 인식했듯이, 거대 기업이 부상하던 시기에 교육을 더 많이 받은 노동자에 대한 수요가 커지면서 초등학교 수준을 넘어 교육을 더 받을 수 있었던 운 좋은 사람들은 커다란 경제적 우위를 가질 수 있었고 이들은 '경쟁하지 않는 집단'이 되었다. 그러나 수천 개의 학교지구에서 '고등학교 운동'이라는 형태로 받아들여진 제도가 이러한 불평등을 완화했다. 이것은 미국 역사상 가장 큰 풀뿌리 운동이라 부를 만하다. 얼마 후 유럽에서 받아들여진 더 극단적인 형태의 사회주의가 미국에서는 제어될 수 있었던 것은 아마도 중등 교육 대중화의 성공 덕분일 것이다.

20세기에 대한 두 개의 이야기: 요약

20세기 불평등의 역사는 두 부분으로 된 이야기다. 첫 번째는 불평등이 몇 차례에 걸쳐 꽤 빠르고 급격하게 감소하고 그 사이사이에는 안정적이거나 느리게 증가한 이야기다. 그래서 종합적으로 20세기의 첫 세 분기는 불평등이 크게 줄어들고 교육의 수익도 줄어든 시기였다. 이 시기의 상당 부분 동안에는 경제성장의 이득을 광범위하게 공유하는 방식으로 소득이 분배되었고 따라서 모두가 더불어 성장했다.

그런데 이 모든 것이 1970년대에 멈추었다. 미국은 더 느리게 성장하기 시작했고 미국인들의 소득은 서로서로 더 멀어지기 시작했다. 20세기의 마지막 20여 년과 21세기 초는 불평등의 폭발적인 증가가 특징인 시기였다. 주로는 소득 분포의 꼭대기가 치솟으면서 생긴 일이었다. 교육의 수익, 특히 대학 교육의 수익이 놀랍도록 증가했다. 경제성장은 1990년대 중반까지 둔화되었거나 정체되었다. 성장이 있었을 경우에도 그 과실은 불평등하게 분배되었다. 성장이 느리거나 정체된 상황에서 불평등이 치솟으면서 소득 분포의 낮은 쪽 사람들은 완전히 뒤로 밀려나고 경제적 지배층은 번영을 구가했다.

1장에서 우리는 미국 사람들이 달성한 교육 수준의 역사도 두 부분으로 된 이야기임을 살펴보았다. 오랫동안 미국 인구의 각 출생 코호트와 노동 인구의 교육 수준이 매년 빠르게 높아졌다. 하지만 1970년대 말에 노동시장에 들어오기 시작한 코호트부터 이 추세가 멈추었다.

그렇다면, 몇 가지 질문이 떠오르게 된다. 20세기의 첫 부분 동안 불평등을 좁힌 요인은 무엇이었으며, 이 추세가 20세기의 두 번째

부분에서 실패한 원인은 무엇이었을까? 테크놀로지의 변화가 첫 번째
와 두 번째 부분 사이에서 가속화되었을까? 컴퓨터 혁명이 범인일까?
컴퓨터 혁명이 아니라, 혹은 컴퓨터 혁명과 더불어, 교육 수준과 숙련
수준이 높은 노동력의 공급이 변화했기 때문이었을까? 3장에서 이러
한 질문들에 대해 알아보기로 하자.

3장
숙련편향적 기술변화

불평등과 기술변화

"컴퓨터 탓이다"

앞에서 보았듯이, 1980년 이후 경제 불평등이 크게 증가했다. 대졸자의 소득은 고졸에서 멈춘 사람의 소득보다 훨씬 빠른 속도로 늘었다. 고위 경영자와 전문직 종사자의 소득도 일반 노동자의 소득보다 훨씬 빠르게 증가했다.

불평등의 증가는 학력 집단 **간이나** 직종 집단 **간에** 격차가 벌어지는 것보다 훨씬 더 광범위한 현상이었다. 격차의 확대는 집단 **내에서도** 발생했고 심지어는 같은 학력 수준 내에서도 발생했다. 대졸자들 중에서도 입학이 더 어려운 학교를 나온 사람의 소득이 상대적으로 더 많이 올랐다. 명문 로스쿨을 나온 사람이 그렇지 않은 로스쿨을 나온 사람보다 경제적으로 더 번영을 구가했다. 집단 내 격차의 증가는 사실상 모든 집단에서 발생했고, 교육 연수 등 일반적으로 관찰 가능한 요인들만으로는 쉽게 설명되지 않는 방식으로 발생했다. 거의 모든 학력과 경력 수준에서 소득 분포의 꼭대기 쪽에 있는 사람들의 소득이 중간이나 바닥 쪽에 있는 사람들에 비해 상당히 더 빠르게 증가했다.[1]

앞 장에서 우리는 지난 25년간의 불평등 증가가 거의 모든 사람에게 영향을 미쳤다고 주장했다. 교육 수준, 직종, 지역, 또 그 밖의 무엇으로 보든, 영향을 받지 않은 집단이 없다시피 했다. 어떤 이들은 상대적으로 이득을 얻었지만 훨씬 더 많은 사람이 상대적으로 손실을 입었고, 때로는 절대적으로도 손실을 입었다. 불평등의 증가는 빠르기도 했고 그에 못지않게 광범위하기도 했다.

경제 불평등의 급격하고 광범위한 증가를 보면서, 많은 이들이 그만큼이나 급격하고 광범위한 설명변수를 찾는 일에 나섰다. 핵심 용의자는 **숙련편향적** 기술변화skill-biased technological change, 특히 컴퓨터 기술의 발달이었다.[2] 그 외에도 국제무역과 해외 아웃소싱 증가, 주로 저임금 노동력인 이민자의 증가, 민간 기업 영역에서 노조의 쇠퇴, 연방 최저임금의 실질가치 감소, 최고경영자 등 최상층의 소득에 대한 사회적 규범의 변화 등이 가능할 법한 설명요인으로 비중 있게 제기되었다. 3장에서 우리는 이러한 요인 중 기술변화의 영향을 주로 살펴보고자 한다.

테크놀로지와 불평등 사이의 인과관계를 논하는 이론이 상정하고 있는 핵심 전제는, 어떤 테크놀로지는 노동자와 소비자가 그것을 잘 파악해서 익숙하게 다루기가 (적어도 처음에는) 굉장히 어렵다는 것이다. 따라서 타고난 능력이 뛰어나거나 교육을 더 많이 받은 사람이어야 복잡해진 새로운 도구를 더 능란하게 사용할 수 있을 것이다. 이를테면 젊은 사람들은 나이 든 사람들보다 최신 장비를 더 잘 사용하는 경향이 있다. 그렇다면 고용주는 새로운 테크놀로지를 습득하고 사용할 능력이 있는 사람을 채용하고 싶을 것이고, 채용 과정에서 학력처럼 그러한 능력의 지표가 될 만한 관찰 가능한 특성들을 고려하려 할 것이다. 또한 기존에 고용되어 있던 노동자들 중에서 새로운 도구를 익히는 데 더딘 사람은 승진이 안 되거나 소득이 상대적으로 줄어들 것이고 새로운 도구를 더 기민하게 습득하는 사람이 더 큰 경제적 보상을 받을 것이다.

20세기 말과 21세기 초에 나타난 급격하고도 광범위한 경제 불평등 증가를 테크놀로지 변화로 설명할 수 있으려면, 그 테크놀로지 변화는 몇 가지 기준을 만족하는 종류여야 한다. 첫째, 노동력 중 상당히 많은 부분에 영향을 미친 테크놀로지여야 한다. 생산직 노동자와 사무직 노동자 모두에게, 또 교육 수준이 높은 전문직 노동자와 일반 노동자 모두에게 말이다. 그런 테크놀로지라면 아마도 '범용 테크놀로지'일 가능성이 클 것이다.[3] 범용 테크놀로지란, 특정한 기업이나 업종, 제품, 서비스에만 특화되지 않고 어디에서나 광범위하게 사용될 수 있어서 다양한 생산 방식과 서비스에 두루 퍼지는 테크놀로지를 말한다. 둘째, 꽤 짧은 기간 사이에 널리 확산된 테크놀로지여야 한다. 셋째, 노동자들이 그 테크놀로지를 쓰려면 생각하고 조정하고 작업 현장을 재배열하는 일이 필요한 종류의 테크놀로지여야 한다. 컴퓨터 테크놀로지는 이러한 조건에 완벽하게 맞아떨어지는 후보로 보였다.

이 장에서 살펴보겠지만, 기술변화, 특히 경제의 컴퓨터화가 지난 25년 간의 불평등 증가를 **어느 정도** 설명하는 것은 분명한 사실이다. 하지만 컴퓨터화, 또 그 밖의 기술변화가 불평등의 범인이긴 해도 이 '범죄자들'이 단독으로 행동한 것은 아니었다. 이유를 생각해보기는 어렵지 않다.

물론 새로운 테크놀로지는 서로 다른 유형의 노동력에 대한 수요를 변화시킨다. 하지만 새로운 테크놀로지가 임금 구조에 미치는 영향은 노동 수요에서의 변화뿐 아니라 사람들이 이에 반응해 학교 교육을 더 받거나 온더잡 트레이닝을 통해서, 또한 그 밖의 방식으로 숙련기술을 습득해서 발생하는 노동 공급의 변화도 반영한다. 테크놀로지가 더 높은 숙련, 교육, 직무 노하우에 대한 수요를 증가시킨다고 해서 반드시 불평등이 증가하는 것은 아니며, 불평등이 증가한다고 해서 반드시 장기간 지속되는 것도 아니다. 숙련의 공급이 수요 증가에 부응할 만큼 함께 증가한다면 임금 격차의 정도(즉 불평등의 정도)는 달라지지 않을 것이다.

요컨대, 임금 구조의 변화는 기술변화가 추동하는 숙련 노동자에 대한 수요 증가를 한편으로 하고, 인구통계학적 변화, 개인이 내리는 교육에 대한 투자의 선택, 이민자 유입의 감소 등으로 인한 숙련 노동자의 공급 증가를 다른 한편으로 해서 벌어지는 경주에 달려 있다고 말할 수 있다.[4] 이렇게 보면, 1980년대 이후 교육에 따른 임금 차분과 임금 불평등이 커진 것은 기술변화로 숙련 노동력에 대한 수요 증가 속도가 빨라졌거나, 숙련 노동력의 공급 증가 속도가 둔화되었거나, 이 둘이 함께 발생했기 때문일 것이라고 예측할 수 있다.

"컴퓨터 탓이다"라고만 설명하는 것은 기술변화와 불평등에 대해 역사적인 관점을 결여하고 있다는 점에서도 문제다. 미국 역사에서 범용 테크놀로지가 공장, 사무실, 가정을 지금의 컴퓨터 혁명 못지않게 대대적으로 변모시킨 시기는 과거에도 여러 번 있었다. 수차로, 그

다음에는 증기기관으로, 더 극적으로는 공장, 가정, 도시 교통의 전기화로 동력 사용의 양상이 달라진 것을 생각해보라. 미국 경제의 역사에서 컴퓨터화가 모든 노동자와 소비자에 대해 지식, 역량, 유연성의 수요를 높인 복잡한 테크놀로지의 최초 사례이거나 가장 중요한 사례라고 여기는 것은 커다란 오류다.

역사가 알려주는 바

20세기 초에 다양한 산업 분야가 교육을 더 많이 받은 노동자들을 필요로 했고, 새롭고 테크놀로지 면에서 역동적인 산업 분야에서 특히 더 그랬다. 꼭 전문직 계층 노동자를 말하는 것이 아니다. 수요가 늘어난 노동자들이 다 사무실, 이사회, 판매 매장에서 일하는 사람들이었던 것도 아니다. 즉 이들이 다 화이트칼라 노동자였던 것은 아니다. 생산직 노동자 중 더 복잡하고 비싼 기계를 다뤄야 하는 자리에서도 교육을 더 많이 받은 노동자에 대한 수요가 늘었다. 그리고 당시에 생산직 노동자들에게 '교육을 더 많이 받은 노동자'라는 말은 고등학교를 졸업했거나 일부라도 다닌 사람을 의미했다. 전문직 계층에게는 대학을 나온 사람을 의미했겠지만 말이다. 우리가 말하려는 핵심은, 새롭고 복잡한 테크놀로지가 등장해 사고가 기민하고 유연하며 교육을 더 많이 받은 (그리고 종종 더 젊은) 노동자에게 더 큰 경제적 보상을 주는 방식으로 일터와 일상이 변모한 데는 오랜 역사가 있다는 사실이다.

3장의 역사적 분석에서 우리가 중점을 두려 하는 부분은 미국 불평등의 장기적인 추이에 대해 전체 기간을 아울러 '일관된' 설명을 제시할 수 있느냐다. 앞 장에서 우리는 20세기 미국의 불평등 이야기가 두 부분으로 된 이야기라고 말했다. 한동안 불평등이 감소하다가 마지막 20~30년 동안 크게 증가했다. 노동의 수요 쪽에 초점을 맞추는 이론 체계가 이 두 부분 모두를 통합적으로 설명할 수 있을까? 20세기 말의 기술변화가 숙련편향적이어서 숙련 수준과 교육 수준이 높은 노동자가 상대적으로 더 높은 소득을 올리게 된 것이라면[그래서 불평등이 증가했다면], 20세기의 앞 시기에서는 숙련 수준과 교육 수준이 낮은 사람들이 상대적으로 더 나은 대우를 받았기 때문에 불평등이 줄어든 것이었을까?

이에 대한 실마리는 숙련편향적 기술변화가 20세기 대부분의 기간 동안 전에 생각되었던 것보다 훨씬 빠른 속도로, 그리고 내내 지속적으로 발생했다는 사실에서 찾을 수 있다. 숙련편향성을 측정해보면 20세기 거의 전체에 걸쳐 비슷한 정도였음이 관찰된다. 따라서 수요 쪽 이론 체계**만으로는** 20세기의 불평등 추이가 드러내는 두 부분을 다 설명하지 못한다. 최근에 컴퓨터 혁명으로 숙련편향적 기술변화가 일어났다는 점만으로는 서로 반대 방향인 두 부분을 가진 20세기의 불평등 이야기 전체를 설명할 수 없다. 물론 컴퓨터는 새롭고 시간절약적이고 정보집약적이고 즐겁고 편리한 것을 많이 가져다주었다. 하지만 기술의 숙련편향성과 숙련 노동력에 대한 상대적 수요의 증가라는 면에서 보면 컴퓨터 혁명의 시대는 전혀 새롭지 않다.

이를 전제로 하되, 고숙련 노동력과 관련해 시장에서 중대한 변화가 있긴 했다. 수요 쪽에서의 변화는 20세기 내내 비슷했으므로, 앞부분과 뒷부분의 차이는 방정식의 나머지인 공급 쪽에서의 변화로 설명해야 한다. 20세기 전체의 불평등 추이를 설명하는 데서 핵심은, 교육을 더 많이 받은 숙련 노동력의 공급 변화다. 20세기 초중반에는 교육을 더 많이 받은 노동력의 공급이 빠르게 증가했지만 20세기 말에는 증가 속도가 둔화되었다. 적어도 교육에 따른 임금 격차를 기준으로 보면 20세기 불평등의 두 부분을 모두 설명할 수 있는 이론 체계는 숙련편향적 기술변화의 가속화[로 인한 숙련 수요 증가의 가속화]가 꼭 크게 일어나는 것을 필요로 하지 않는다. 20세기 불평등 추이에서 앞부분과 뒷부분의 차이는 주로 교육을 더 많이 받은 노동력의 공급에서 벌어진 변화와 관련이 있었다.

기술변화가 숙련 노동력에 대한 상대적 수요를 언제나, 그리고 가차 없이 증가시킨다는 개념은 오해다. 심지어 컴퓨터 기술도 그렇다. 컴퓨터와 소프트웨어의 사용이 오히려 노동자가 특정한 역량이나 특성을 꼭 가지고 있어야 할 필요를 없앤 사례도 많이 찾아볼 수 있다. 컴퓨터가 시각장애인, 신체장애인, 청각장애인에게 새로운 세계를 열어주는 데 기여한 바를 생각해보라. 더 일반적인 노동자 집단에게도 마찬가지다. 예를 들어, 가게의 출납원은 이제 바코드를 스캔해서 일하므로 간단한 셈도 할 필요가 없다. 패스트푸드점 노동자는 제품의 모양만 알면 되고 이름은 알 필요가 없다. 하지만 순효과 면에서는 최근의 컴퓨터화가 교육 수준 및 타고난 능력 수준과 관련 있는 숙련기술 보유자에 대해 수요를 늘렸다는 것이 실증결과들이 가리키는 사실이라는 데 우리도 동의한다.

최근 시기에 테크놀로지 변화가 숙련에 대한 상대적 수요를 증가시켰으리라는 가능성을 염두에 두고서, 많은 이들이 먼 과거에도, 가령 19세기 산업혁명기에도, 테크놀로지 변화가 그러한 효과를 냈으리라고 가정했다. 하지만 그렇게 긴 역사에서는 테크놀로지 변화가 늘

숙련에 대한 상대적 수요를 증가시키지는 않았을지도 모른다. 20세기에 테크놀로지 발달이 (순효과 면에서) 더 높은 교육 수준과 숙련 수준에 대한 수요를 증가시켰다고 해서 언제나 그랬으리라는 말은 아니다.

우리는 지난 두 세기 중에서 노동자의 생산성을 높여주는 종류의 기술진보가 숙련 수요의 증가와 양적으로 상관관계를 갖기 시작한 시점이 언제였는지를 실증 데이터로 살펴볼 것이다. 또한 노동생산성의 향상은 노동자가 사용하는 물리적 자본의 증가와 관련이 있을 터이므로, 관련된 또 하나의 가설을 검증해볼 것이다. 바로, 생산에서 자본집약도가 높아지면 숙련편향을 일으킨다는 가설이다. 기술변화와 숙련 수요의 관계에 대한 가설은 '숙련편향적 기술변화'라고 불리고, 자본집약도와 숙련편향성의 관계에 대한 가설은 '자본-숙련 간 보완성Capital-Skill Complementarity'이라고 불리는데, 이 둘은 밀접한 관련이 있다. 더 발달된 테크놀로지는 대개 더 자본집약적인 테크놀로지이기 때문이다.

기술변화와 숙련 수요 사이의 관계 및 자본집약도와 숙련 사이의 관계에서 터닝포인트는 전기가 주된 동력원으로 사용되기 시작하고 연속공정과 회분回分공정(뒤에서 설명할 것이다) 등 고도로 자본집약적인 기술이 도입된 19세기 말이었다. 이러한 변화는 동력원이 신체의 힘에서 기계 동력으로, 다시 전기 동력으로 대체된 것과 자본재인 기계 장비를 설치, 조립, 유지관리할 수 있는 숙련 기계공과 기술자 및 여러 전문 직군의 수요가 증가한 것과 관련이 있다.

하지만 숙련편향적 기술변화의 기원을 찾아 더 먼 과거로 올라가보기 전에, 현재와 가까운 시기를 먼저 살펴볼 필요가 있다. 왜 1950~1980년에는 증가하지 않았던 경제 불평등과 교육에 따른 임금 격차가

1980~2005년에는 증가했을까? 1980~2005년에 대해 "컴퓨터 탓이다"라는 말은 맞긴 하지만, 부분적으로만 맞다. 20세기의 다른 시기에도 기술변화는 비슷한 정도로 숙련편향적이었기 때문이다. 두 시기의 차이는 숙련에 대한 상대적 수요가 빠르게 증가해서라기보다는 숙련의 상대적 공급이 증가하는 속도가 둔화되어서 나타난 현상이었다.

기술변화와 숙련 수요: 1950년~현재

숙련과 숙련 프리미엄: 몇 가지 사실과 그것의 의미

컴퓨터든 또 다른 기술변화든 그것이 대졸 임금 프리미엄 증가와 더 일반적으로 임금 불평등 증가에 중대하게 기여한 요인이라고 주장하려면, 숙련 수준별 노동력의 상대적 공급 및 임금과 관련해 몇 가지 사실이 고려되어야 한다. 1980~2005년 사이에 교육 수준이 더 높은 노동자의 상대적 공급과 그들이 갖는 임금 프리미엄이 둘 다 증가했다. 이 두 가지 사실이 나타내는 중요한 함의는 다음과 같다. 만약 어떤 상품(이 경우에는 숙련 노동력)에 대해 상대적 가격과 공급이 **모두** 증가했다면 그 상품에 대한 상대적 수요가 공급보다 빠르게 증가했어야 한다.

이 시기에 숙련에 대한 상대적 수요가 빠르게 증가하고 있었다면, 무엇이 그러한 가속을 일으켰을까? 물론 한 가지 가능성은 숙련편향적 기술변화가 발생해 숙련 노동력에 대한 수요를 늘렸으리라는 것이다. 하지만 다른 가능성도 있다. 예를 들어 미국은 숙련 노동력이 필요한 제품 생산에 비교우위가 있으므로 국제무역의 확대로 그러한 제품의 해외 수요가 증가하면 미국의 생산이 저숙련 노동자를 사용하는 산업 쪽에서 멀어지는 방향으로 이동하는 대체효과가 발생할 수 있다. 저숙련 노동자가 생산하는 제품은 해외에서 더 싸게 사올 수 있을 것이기 때문이다.[5] 이것도 물론 가능한 설명이긴 한데, 우리가 분석한 실증 데이터는 국제무역 가설보다 숙련편향적 기술변화 가설을 더 강하게 뒷받침한다.

하지만 숙련편향적 기술변화 가설에는 옥의 티가 있다. 숙련편향적 기술변화가 적어도 1950년대부터, 어쩌면 더 전부터도 존재했다는 사실이다. 따라서 1980~2005년의 독특한 상황에 컴퓨터 탓도 없지는 않겠지만 컴퓨터화의 단독 범행이 아니라 듬직한 공범이 있었고, 그 공범은 숙련 공급 증가의 둔화였다.

표 3.1은 1950~2005년 동안 대졸 임금 프리미엄과 미국 노동력의 학력 구성의 변화를 보여준다. 이 50년 동안 대졸 노동자의 상대적 공급은 계속 증가했다. 1950년에는 전일제 노동자 전체 중 고등학교 중퇴자가 59%나 되었고 대졸자는 겨우 8%였는데, 2005년에는 고등학교 중퇴자가 8%, 대졸자는 거의 32%가 되었다. 대학 교육을 일부만 받은 사람도 9%에서 29%로 늘었다. 동시에, 1950~2005년 사이 고졸 노동자 대비 대졸 노동자의 임금 프리미엄도 36.7%에서 86.6%로 2배 이상 증가했다.[6] 그런데 대졸 임금 프리미엄 증가의 대부분은 사실 1980년 이후의 일이었고 1950년대와 1960년대의 증가분은 1970년대의 감소분으로 상쇄되었다. 2장에서도 이 현상에 대해 몇 가지 설명을 했지만 표 3.1은 3장의 논의에서도 매우 중요하다.

1980년대 이후에 대졸 임금 프리미엄과 대졸 노동자의 상대적

표 3.1 미국 노동력의 교육 수준별 비중과 고졸 대비 대졸의 임금 프리미엄:
1950~2005년

	전일제 등가 노동자 중 교육 수준별 비중(%)				
	고등학교 중퇴	고졸	대학 일부	대졸	고졸 대비 대졸의 임금 프리미엄
1950년 센서스	58.6	24.4	9.2	7.8	0.313
1960년 센서스	49.5	27.7	12.2	10.6	0.396
1970년 센서스	35.9	34.7	15.6	13.8	0.465
1980년 센서스	20.7	36.1	22.8	20.4	0.391
1980년 CPS	19.1	38.0	22.0	20.9	0.356
1990년 CPS	12.7	36.2	25.1	26.1	0.508
1990년 센서스	11.4	33.0	30.2	25.4	0.549
2000년 CPS	9.2	32.4	28.7	29.7	0.579
2000년 센서스	8.7	29.6	32.0	29.7	0.607
2005년 CPS	8.4	30.9	28.9	31.8	0.596

출처: 1950~1990년 데이터는 다음에서 가져왔다. Autor, Katz, and Krueger (1998), 표 1. 2000년
과 2005년 데이터는 2000년과 2005년의 CPS MORG 표본과 2000년 센서스 IPUMS에서 가져왔
다. 다음에서와 동일한 방법론을 사용했다. Autor, Katz, and Krueger (1998).
주: '고졸 대비 대졸의 임금 프리미엄'은 로그값이다. 전일제 등가 노동자 중 비중은 18~65세 인구 중
조사 대상 주간 동안 유급으로 고용되어 있었던 사람들 표본에서 구했다. 각 학력 집단이 공급한 주
당 노동시간으로 계산했으며 1940~2000년 센서스 IPUMS 데이터와 1980년, 1990년, 2000년,
2005년 CPS MORG 표본 데이터로 구했다. 고졸 대비 대졸 임금 프리미엄 로그값은 해당 연도 고
졸자(교육 연수가 정확히 12년이거나 고등학교 졸업 자격 취득) 대비 대졸자(교육 연수가 정확히
16년) 및 대학원 학력 보유자(교육 연수가 17년 이상이거나 대학원 학위 소지)의 임금 프리미엄을
의미하며 가중평균으로 구했다. 가중치는 1980년의 대졸 및 대학원 학력 보유자 고용 비중을 사용
했다. 각 연도의 교육에 따른 임금 차분은 표준적인 회귀분석을 통해 구했다. 회귀방정식의 종속변
수는 소득의 로그값이고 독립변수에는 학력 더미, 경력의 4차식, 3개의 지역 더미, 반일제 여부 더
미, 여성 더미, 비백인 더미, 그리고 여성 더미, 경력 4차식, 비백인 더미 사이의 교차항을 포함했다.
대졸 임금 프리미엄 로그값은 센서스 표본들끼리, 그리고 CPS 표본들끼리는 비교가 가능하지만,
시간당 임금을 산정하는 방식이 서로 다르기 때문에 센서스 데이터와 CPS 데이터 사이에서는 직접
적으로 비교할 수 없다. 상세한 내용은 다음을 참고하라. Autor, Katz, and Krueger (1998).

공급이 둘 다 증가했다는 사실이 의미하는 바의 핵심은 그림 3.1을 보
면 이해하기 쉽다. 그림 3.1은 숙련 노동자와 비숙련 노동자에 대한 시
장을 단순화해 표현한 것이다.[7] 이 모델에서 노동력은 숙련 노동자와
비숙련 노동자, 이렇게 두 집단으로 나뉘며, 숙련 노동자 L_S는 교육 수

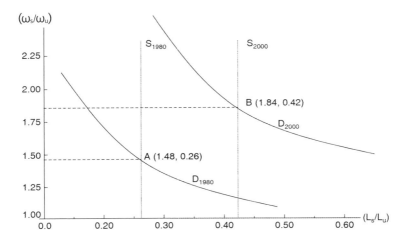

그림 3.1 숙련의 상대적 공급과 상대적 수요에 대한 간단 모델: 1980년과 2000년

A지점은 표 3.1에서 1980년의 ω_s/ω_u와 L_s/L_u 값을 나타낸다('1980 센서스' 행에서 고졸 대비 대졸 임금 프리미엄 로그값을 지수화). B지점은 2000년의 ω_s/ω_u와 L_s/L_u 값이다('2000 센서스' 행에서 동일하게 계산). L_s/L_u는 표 3.1에서 대졸 미만 대비 대졸 이상 노동자의 비다. 따라서 A지점은 ω_s/ω_u축 값이 $e^{0.391}$=1.48이고 L_s/L_u축 값이 0.26이다.

준이 높은 노동자를, 비숙련 노동자 L_u는 교육 수준이 낮은 노동자를 말한다. 비숙련 노동자 대비 숙련 노동자의 상대적 임금은(ω_s/ω_u)은 우하향하는 상대적 수요 곡선과 우상향하는 상대적 공급 곡선의 교점이다. 하지만 단기적으로는 숙련 노동자의 상대적 공급이 비탄력적이라고 가정하자. 지난 시기의 교육 투자, 이민자 유입 여부, 출산율 등의 요소에 의해 단기적으로는 정해져 있을 것이기 때문이다.

수요 곡선과 공급 곡선 전체를 직접 관찰할 수는 없지만 균형점에서의 상대적 임금과 고용량은 관찰할 수 있고, 그것이 표 3.1에 나타나 있다. 그림 3.1은 1980년과 2000년의 데이터를 사용해 최근의 변화를 나타낸 것이다. 표 3.1이 보여주는 노동시장에서의 실제 결괏값을 그림 3.1에 표시하면 이 기간 동안 A지점(1980년)에서 B지점(2000년)으로 이동한 것으로 나타난다. 그렇다면 숙련 노동자의 상대적 공급 곡선은 1980년과 2000년 사이에 바깥쪽으로 이동했을 것이다(S_{1980}에서 S_{2000}으로). 그리고 [A에서 B로의 이동이 관찰되려면] 수요 함수도 **바깥 쪽으로 이동했어야 하며**, 이것이 핵심이다. 우리는 그림 3.1에서 수요 곡선의 이동을 D_{1980}과 D_{2000}으로 표시했다.[8] 그런데, 숙련 노동자의 (상대적) 수요 곡선은 왜 바깥 쪽으로 이동했을까?

숙련편향적 기술변화에 대한 실증근거

숙련 노동자에 대한 상대적 수요가 증가했다는 것만 보고 숙련편향적인 기술변화가 있었다고 결론 내릴 수는 없다. 상당한 관심을 받았던 또 다른 가능성은 제조업에서 교육 수준이 낮은 노동자를 주로 고용하던 분야에서 일자리가 해외로 빠져나가서 교육 수준이 높은 노동자에 대한 수요가 상대적으로 증가했으리라는 것이었다. 그렇다면 숙련에 대한 상대적 수요는 기술변화가 없어도 발생할 수 있다. 하지만 실증근거는 숙련편향적 기술변화 가설을 강하게 뒷받침한다.

우선, 1980년대와 1990년대에 미국에서 교육 수준이 더 높은 노동자와 화이트칼라 노동자에 대한 상대적 고용은 업종 **내에서도**, 심지어는 기업 **내에서도** 빠르게 증가했다. 숙련 노동자를 고용하는 상대적 비용이 높았는데도 이들에 대한 상대적 고용이 증가했다. 해외 아웃소싱이 국내에서 저학력, 저숙련 노동자의 활용을 위축시켰다고 비난받아왔지만, 실증근거들은 그것이 '주된 요인'이었다는 가설을 뒷받침하지 않는다. 적어도 1980년대와 1990년대 말까지는, 해외아웃소싱이 거의 혹은 전혀 없었던 부문에서도 업종 내에서 숙련 노동력의 상대적 고용이 크게 증가했다. 그러므로 '업종 간'에 벌어진 제품 수요의 이동은 주범이 될 수 없다. '업종 간'의 수요 이동으로 측정했을 때 숙련집약적 업종으로 고용이 이동한 규모는 전체 변화를 설명하기에는 단순히 너무 작다.[9]

많은 연구에서 밝혀졌듯이, 신기술 도입과 자본집약도 증가는 어떤 기업이나 업종 내에서 숙련 수준이 높은 노동자의 활용이 높아진 것과 강한 양의 상관관계를 보였다.[10] 숙련 수준이 높은 노동자의 상대적 고용과 테크놀로지 및 자본에 대한 지표들(컴퓨터 투자, 노동자의 컴퓨터 사용, R&D 지출, 과학자와 엔지니어 고용, 자본집약도 등) 사이에서 명백한 양의 상관관계가 발견된 것이다.[11]

은행, 자동차 수리, 밸브 업종에 대한 사례 연구들에서도 컴퓨터 기반의 새로운 테크놀로지 도입과 교육 수준이 높은 노동자 쪽으로의 노동 수요 이동 사이에 강한 상관관계가 발견되었다.[12] 인사담당 임원들을 대상으로 실시한 설문조사에서도 정보기술에의 투자, 특히 의사결정을 탈중심화하고 노동자들의 자율성을 높이는 기술에의 투자는 교육 수준이 높은 노동자에 대한 수요를 증가시키는 것으로 나타났다.[13] 이러한 실증근거들은 불평등 증가와 관련해 "컴퓨터 탓이다" 가설과 잘 부합하는 것으로 보인다. 하지만 더 직접적인 증거가 있다.

어떻게 해서 컴퓨터는 교육 수준과 숙련 수준이 높은 노동자에 대한 상대적 수요를 증가시켰을까? 이유는 다양하고, 종종 일터마다 다르다. 사무 직종의 컴퓨터화로 많은 화이트칼라 업무가 루틴화되었으며, 단순하고 반복적인 작업은 복잡하고 변칙에 많이 대응해야 하는 작업보다 컴퓨터화되기 쉽다. 공장에서는 마이크로프로세서 기반 테크놀로지들이 많은 생산 공정의 자동화를 촉진해서, 한때는 수백 명의 생산직 노동자가 일하던 곳에 이제는 소수의 노동자만 남아 있고 이들은 컴퓨터 작동을 관리하는 소규모의 엔지니어들과 일한다. 또한 컴퓨터, 인터넷, 전자상거래는 마케팅 능력과 문제해결 능력이 주는 수익을 높였다.[14] 미국 노동자 중 직접적으로 직무에 컴퓨터를 사용하는 사람의 비중이 1984년 25%에서 2003년 57%로 증가했다.[15] 컴퓨터는 젊고 교육 수준이 높은 사람에게는 그리 어렵지 않았을 수 있지만, 적어도 처음에는 많은 이들에게 무시무시하게 어려운 테크놀로지였다.

숙련편향적 기술변화가 1980년대 이후 교육 수준이 높은 노동자에 대한 수요가 증가하는 데 비중 있는 요인이었다는 가설은 논리와 실증근거 모두 강력해 보인다. 하지만 그렇다고 해서 1980년 이후의 임금 불평등 증가에서도 테크놀로지 변화의 유형이나 속도가 비중 있는 요인이라는 말은 아니다. 곧 설명하겠지만, 자본-숙련 간 보완성도 숙련편향적 기술변화와 마찬가지로 20세기 내내 존재했기 때문이다. 기술변화의 이러한 속성들은 심지어 교육에 따른 임금 차분이 감소했거나 안정적이던 시기, 즉 불평등이 좁혀지던 시기에도 계속 작동하고 있었다.

숙련편향적 기술변화가 적어도 20세기 후반의 반세기간 내내 존재했다는 실증증거는 즈비 그릴리커스Zvi Griliches의 개척적인 1969년 논문에서 처음 제시되었다. 그는 1950년대에 미국 제조업에서 상당한 자본-숙련 간 보완성이 발생했음을 발견했다. 다른 연구자들의 후속 연구에서도 1950년대와 1960년대에 교육에 따른 임금 차분이 증가하는 와중에서도 노동력에서 강한 '부문 내' 숙련 업그레이드가 있었음이 관찰되었고, 1950년대부터 1970년대까지 내내 업종 단위의

자본집약도 및 기술 투자와 숙련 수요 사이에 강한 양의 상관관계가 있었다.[16]

테크놀로지는 단독으로 행동하지 않는다: 숙련 공급의 역할

빠른 속도의 숙련편향적 기술변화는 위에서 살펴본 지난 반세기 동안 그치지 않고 거의 내내 존재했다. 따라서 1980년 이후의 변화에 대해서는 추가적인 요인을 고려해야 한다. 1980년 이후에 교육 수준이 높은 노동자의 상대적 임금이 급격히 증가했고 **동시에** 그러한 노동력의 상대적 공급도 증가했다. 이를 설명하는 가설은 크게 두 가지가 있지만 사실관계에 부합하는 것은 그중 하나다. 첫 번째 가설은 교육 수준이 높은 노동자에 대한 상대적 수요의 증가 속도가 전에 비해 **더 빨라졌으리라고** 보는 것이다. 즉 컴퓨터 혁명이 노동시장에 미친 영향의 양적인 규모가 이전 시기의 기술변화와 달랐다고 보는 것이다. 두 번째 가설은, 숙련편향적인 기술변화가 지속적으로 존재하고 있다는 배경 아래 숙련의 공급 증가 속도가 **느려져서** 노동시장에서의 결과가 달라졌다고 보는 것이다.

우리는 두 가설을 대학 교육의 임금 프리미엄이 크게 증가한 1980년 이후와 완만하게만 증가한 1950~1980년의 두 시기에 대해 대졸 노동자에 대한 상대적 수요와 상대적 공급의 변화를 비교해 알아보았고, 두 번째 가설이 실증근거와 더 잘 부합한다는 결론을 얻었다. 즉 숙련편향적 기술변화가 존재했고, 동시에 숙련의 상대적 공급 증가 속도가 **둔화되었다**.

분석을 수행하기 위해 표 3.1의 데이터로 돌아가보자. 이 표는

1950년부터 2005년 사이에 미국 노동력의 교육 수준과 비대졸 노동자 대비 대졸 노동자의 임금 프리미엄이 어떻게 달라져왔는지 보여준다. 이제 이 데이터를 가지고 1950년 이후의 몇몇 시기에 대해 대졸('대졸 등가') 노동자에 대한 상대적 수요와 공급을 살펴보자.[17]

표 3.2의 윗부분에서 볼 수 있듯이 1950~2005년 기간 전체에 걸쳐 대졸 노동자의 상대적 수요와 공급 둘 다 빠르게 증가했다. 대졸 노동자의 상대적 공급이 빠르게 증가한 것이 1970년대 대졸 임금 프

표 3.2 교육 수준이 더 높은 노동자에 대한 상대적 수요와 공급 및 교육 수준에 따른 상대적 임금의 변화: 1950~2005년(연간 변화분의 로그값×100)

	상대적 임금	상대적 공급	상대적 수요
1950~1960년	0.83	2.91	4.28
1960~1970년	0.69	2.55	3.69
1970~1980년	-0.74	4.99	3.77
1980~1990년	1.51	2.53	5.01
1990~2000년	0.58	2.03	2.98
1990~2005년	0.50	1.65	2.46
1950~1980년	0.26	3.49	3.91
1960~1980년	-0.02	3.77	3.73
1980~2000년	1.04	2.28	3.99
1980~2005년	0.90	2.00	3.48

출처: Autor, katz, and Krueger (1998), 표 II, 2005년까지 포함되도록 업데이트했다. 기저의 데이터는 부록 표 D.1에 나와 있으며, 1940~2000년 센서스 IPUMS 데이터와 1980~2005년 CPS MORG 표본 데이터에서 추출했다.

주: '상대적 임금'은 log(대졸 등가/고등학교 등가) 임금 차분, 또는 표 3.1의 대학 임금 프리미엄이다. '상대적 수요'와 '상대적 공급'은 대졸 등가(대졸자에 대학을 일부만 다닌 사람의 절반을 합한 것)와 고등학교 등가(교육 연수가 12년 이하인 사람에 대학을 일부만 다닌 사람의 절반을 합한 것)로 측정했다. 대졸 등가 노동력과 고등학교 등가 노동력 사이의 총대체탄력성은 1.64라고 가정했다. 이것은 우리가 총대체탄력성 추정치로 선호하는 값인데, 이에 대해서는 8장의 표 2를 참고하라. 대졸 등가 노동자의 상대적 공급 로그값은 대졸 등가 노동자의 상대적 임금몫wage share 로그값에서 상대적 임금 로그값을 뺀 것이다. 대졸 등가 노동자와 고등학교 등가 노동자의 성별과 연령별 구성을 반영해 보정했다. 8장 표 8.1의 주석과 다음을 참고하라. Autor, Katz, and Krueger (1998). 표본 간 데이터의 일관성을 유지하기 위해 1980~1990년의 변화는 CPS를, 1990~2000년의 변화는 센서스를, 2000~2005년의 변화는 CPS를 사용했다.

리미엄 감소의 주 요인이었다. 1970년대에 대졸 노동자의 상대적 공급이 급증한 것은 그 이전 몇십 년간 대학 교육의 접근성이 크게 확대된 것(7장 참고)과 베이비붐 세대가 노동시장에 대거 진입한 것을 반영한다. 한편, 표 3.2는 1980년대에 대졸 임금 프리미엄이 급격하게 높아졌음을 보여주는데, 이는 숙련 공급 증가의 커다란 둔화와 숙련 수요 증가의 상당한 가속화 둘 다의 결과였다. 이어서 1990년대와 2000년대에는, 숙련 공급 증가의 둔화도 계속되었지만 컴퓨터 혁명이 지속된 것을 생각하면 놀랍게도 대졸 노동자에 대한 상대적 수요의 증가도 둔화되었다.[18]

　　표 3.2의 아랫부분에서 1950~1980년과 1980~2005년 두 시기를 비교해보면 20세기 후반 50여 년 동안 숙련 노동자에 대한 상대적 수요의 증가 속도는 거의 변화가 없었음을 알 수 있다. 반면, 숙련 노동자의 상대적 공급은 1980년 이후에 증가 속도가 상당히 둔화되었다. 공급 증가의 둔화는 1980~2005년 기간의 대졸 임금 프리미엄 증가를 다 설명할 수 있는 정도보다도 컸다. 사실 1980~2005년 사이 대졸 노동자에 대한 상대적 수요의 증가는 1950~1980년에 비해 둔화되었다. 이 분석에서 끌어낼 수 있는 중요한 결론은, 1980년 이후 25년간 대졸 임금 프리미엄의 폭발적 증가를 가져온 핵심 요인은 대졸 노동자들의 상대적 공급 증가율이 급격히 **감소**한 것이고 상대적 수요 증가율이 높아져서가 아니었다는 점이다.[19]

　　이 분석은 기술변화가 임금 구조의 변화에서 중요하지 않았다고 이야기하는 것이 **아니다**. 1950~2005년에 숙련편향적 기술변화가 빠르게 일어나지 않았다면 교육에 따른 임금 격차는 상당히 감소했을 것이다(그림 3.1에서 D1980선과 S2000가 교차하는 지점이었을 것이다). 다만 우리의 결론은, 왜 20세기 말에 임금 구조가 이전 시기와 다른 패턴을 보였는지를 설명하는 요인으로서는 [숙련 수요 쪽의 변화가 아니라] 숙련 공급 쪽의 변화가 핵심이라는 의미이기는 하다.

기술변화와 숙련 수요: 1900~1950년

과거의 새로운 테크놀로지

흔히들 우리가 놀라운 테크놀로지 변화의 시기를 살고 있다고 말한다. 이것을 부정할 수는 없을 것이다. 하지만 테크놀로지의 발달은 1915년을 전후한 20년 정도 동안에도 마찬가지로 놀랍고 광범위했던 것으로 보인다. 어쩌면 테크놀로지 변화의 경제적 결과는 그때가 지금보다 더 컸을 수도 있다.

다음을 생각해보자. 제조업에서 사용되는 동력 중 외부에서 구매해온 전기 형태가 차지하는 비중이 1909년 9%에서 1929년 53%로 증가했다. 이와 비슷한 변화가 주거지의 전기 사용에서도 발생했다. 자동차, 비행기, 상업용 라디오, 가정용 전자제품, 사무기기 등 지금도 우리의 삶에 핵심적인 많은 것들을 포함해 새로운 제품이 쏟아져나왔다. 이 시기에 발명되고 빠르게 전파된 것 중에는 알루미늄, 인공 염료, '인조'(제조된) 얼음, 활동사진, 레이온도 있다. 또한 새로운 테크놀로지는 고무, 유리판, 휘발유, 연유 캔, 공장에서 제조된 버터 등의 제조 기법을 향상시켰다. 여기에서 언급한 제품들 중 1940년에 자동차를 제외한 모든 제품이 생산직에 교육 수준이 높은 노동자를 평균보다 높은 비중으로 고용하고 있었다. 또한 이 중 많은 수가 1910년대와 1920년대에 고숙련 업종이었던 것으로 보이며 일부는 회분공정과 연속공정을 사용했다.

우리의 논의에 회분공정과 연속공정이라는 말이 자주 등장하므로 의미를 분명히 해두는 게 좋겠다. **회분공정**batch operations은 액체, 반고체, 기체 물질(화학 물질, 주류, 낙농품, 녹인 금속, 목재 펄프 등)의 생산에 쓰이는 공정이다. **연속공정**continuous-process methods 역시 19세기 말에 개발된 기법으로, 조립이 거의 필요하지 않고 가동부품이 많이 들어가지 않는 제품(오트, 밀가루, 연유나 수프 같은 캔 음식, 비누, 필름, 종이, 성냥, 궐련 등)의 생산에 쓰이는 공정이다.

연속공정은 본색Bonsack의 유명한 담배말이 기계가 대표적이며, 나중에 공정이 완전히 통합되고 자동화된다. 담뱃잎, 담배 감싸는 종이, 호일, 담뱃갑이 어느 시점에 기계로 들어가고 기계의 다른 쪽 끝에서 인지까지 찍힌 완제품(담뱃갑에 든 궐련)이 나온다. 한편, 포드리니어Fourdrinier 제지 기계는 회분공정의 많은 부분을 전형적으로 보여준다. 먼저 펄프가 한 회분씩 생산된 뒤 제지 공정의 다음 단계로 보내진다. 연속공정과 회분공정 모두 '블랙박스' 기술이다. 원천 자원을 기계에 투입하면 중간 과정에는 인간의 손이 거의 개입하지 않은 채로 끝에서 완제품이 나오는 것이다. 필요할 경우 기계수리공과 기계공이 기계를 관리하면 된다. 이와 달리, 로봇화되지 않은 어셈블리 라인 방식은 많은 인간 작업자를 필요로 했고 이들은 대개 극도로 분업화된 생산 과정에 참여했다.

노동 수요와 테크놀로지

1장에서 언급했듯이, 20세기의 첫 세 분기 동안 교육이 매우 가파르게 진전되었다. 20세기의 앞 부분에서 가장 빠르게 증가한 교육 범주는 중등 교육이었다. 따라서 기술변화가 교육 수준이 높은 노동력의 수요에 미치는 영향에 대해 앞 시기와 최근 시기를 비교하려면 각각 다른 교육 수준에 초점을 맞추어야 한다. 20세기의 앞 부분에서는 고등학교 교육을 받은 사람들에게 초점을 맞추어야 하고, 최근 시기에는 (앞 절에서 한 것처럼) 대학 교육을 받은 사람들에게 초점을 맞추어야 한다. 또한 20세기를 거치면서 비농업 부문의 구성도 제조업, 교통, 건설업 위주이던 데서 서비스업 쪽으로 이동했다. 따라서 두 시기는 초점을 두는 직종도 달라야 한다.

우리가 이 장에서 명확히 보이고자 하는 바는, 20세기의 앞 부분에도 교육을 많이 받은 노동자에 대한 수요가 높았고, 특히 새롭고 테크놀로지 면에서 역동적인 부문과 업종에서 그랬다는 점이다. 그뿐 아니라 교육 수준이 높은 노동자에 대한 수요 증가의 상당 부분은 제조업 부문에서 발생했다. 우리는 생산직 노동자를 분석해 이에 대한 실증증거를 제시할 것이다. 이제까지 이 데이터는 잘 알려져 있지 않았는데, 과거의 생산직 노동자에게 정규 교육이 어떤 영향을 미쳤는지가 이제까지 그리 주목을 받지 못한 주제였기 때문이다. 사실 20세기의 정규 교육 수준을 논할 때 생산직 노동자는 [교육 수준이 낮은] 하나의 집단으로 뭉뚱그려져 이야기되곤 했다.[20] 하지만 생산직 노동자의 교육 수준은 단일하지 않았다.

20세기 초에 산업[생산직] 노동자 중 적지 않은 수가 외국 출생자이거나 외국 출생자의 자녀였고 그 때문에 많은 생산직 노동자들이 평균적인 미국인보다 교육 수준이 낮았다. 하지만 평균적으로는 그랬어도 생산직 노동자들 사이에서는 편차가 컸다. 우리의 초점은 주로 생산 부문에서 **블루칼라** 노동자 중 교육을 더 많이 받은 사람들에 대한 수요의 변화다. 여기에서 블루칼라 노동자에는 수작업 기능 직공, 기계 작동 직공, 단순노무자가 포함된다.

늘 화이트칼라 노동력이 블루칼라 노동력보다 교육 수준이 높았으므로 교육 수준이 높지 않다고 알려진 집단(블루칼라)에 초점을 두는 게 의아할 수도 있을 것이다. 하지만 우리가 블루칼라 노동자에게 초점을 둔 데는 몇 가지 이유가 있다. 블루칼라 집단은 20세기 초에 비중이 크고 계속해서 늘고 있는 집단이었다. 1900년에는 남성 노동력의 41.4%를 차지했고 1920년에 45.4%, 1940년에는 46.4%를 차지했다.[21] 이들을 분석하는 또 다른 이유는 우리가 20세기 초 제조업의 생산 기법, 자본량, 기술변화에 대해 상당한 정보를 가지고 있기 때문이다.

우리는 몇 가지 유형의 실증근거를 사용해 20세기의 앞 부분에서 테크놀로지가 교육 수준이 높은 노동자에 대한 수요의 변화에 어떤 영향을 미쳤는지 알아보았다. 주로 블루칼라 생산직 노동자에게 초점을 두었지만 뒤에서 화이트칼라 비생산직 노동자에 대한 실증증거도 제시할 것이다.

1940년 연방 센서스 데이터의 실증근거

학력 질문이 포함된 최초의 센서스인 1940년 센서스 데이터에서 시작해보자. 우리는 제조업 부문 블루칼라 노동자들 사이에서 학력이 큰 편차를 보이며 이러한 차이가 업종의 특성과 직접적으로 관련 있다는 사실을 발견했다. 즉 해당 업종에서 사용되고 있는 테크놀로지, 따라서 그 업종의 노동자에게 요구되는 숙련 수준과 관련이 있었다.

우리는 1940년 센서스 데이터에서 18~34세 남성 제조업 블루칼라 노동자(수작업 기능 직공, 기계 작동 직공, 단순노무자, 제조업 분야의 서비스 직원)를 대상으로 분석을 수행했다.[22] 이들 중에서는 27.6%가 12년 이상 학교 교육을 받았고, 18~34세의 남성 노동자 전체 중에서는 36%가 12년 이상의 학교 교육을 받았다.[23] 즉 예상대로 블루칼라 노동자들은 평균적으로 교육 수준이 낮았다. 하지만 그들 사이에 상당한 편차가 존재했고 적지 않은 블루칼라 노동자들이 꽤 높은 학력을 가지고 있었다.

블루칼라 노동자 중 교육을 더 많이 받은 사람들은 '하이-테크놀로지' 업종과 최신의 발명으로 나온 제품(비행기, 산업 기계, 과학 및 사진 장비 등)을 생산하는 업종에 평균보다 높은 비중으로 고용되어 있었다.[24] 교육 수준이 높은 노동자를 더 많이 고용한 업종은 다른 업종보다 연속공정과 회분공정을 더 많이 사용했다. 그러한 업종에는 석유정제, 낙농, 페인트와 도료, 비철금속 등이 있다.

앞에서 언급했듯이, 1940년 이전 시기에 교육이 미친 영향을 알려면 '교육을 더 많이 받은 노동자'로 고등학교 졸업자를 보아야 하고 최근 시기에는 대학 졸업자(4년제 졸업을 사용할 수도 있고 4년제와 2년제를 합해서 사용할 수도 있다)를 보아야 한다. 두 시기에 고학력자의 기준을 달리해야 하는 이유는 20세기를 거치면서 평균적인 교육 수준이 높아졌기 때문이다. 1940년에는 25~34세 남성 노동력 중 12년 이상 교육을 받은 사람이 34%였는데 2000년에는 그와 비슷한 비중이 대학 학위 보유자였다.[25]

표 3.3은 18~34세 남성 블루칼라 노동자 중 고등학교 졸업자의 비중에 따라 업종의 순위를 표시한 것이다. 전체 업종 표본 중 위와 아래에서 각각 전체 노동자 수의 20%를 나타내게 될 때까지 목록에 포함했다.[26] 목록에 나타난 업종들은 명백히 두 집단으로 나뉜다. 교육 수준이 낮은 쪽에는 1차 산업혁명 제품(면, 모, 견직물, 신발)과 수세기 동안 건설 자재로 쓰인 제품(목재, 석재, 점토, 시멘트)이 있다. 교육 수준이 높은 쪽에는 2차 산업혁명 제품(화학, 석유 등), 기계 제조, 그리고 전통적인 공방과 비슷한 환경에서 이루어지는 수작업 기능직(시계, 손목시계, 보석, 심지어는 항공기도)이 있다. 그 외에 교육 수준이 높은 쪽에 언제나 들어가는 업종들이 있는데 인쇄출판이 대표적이다.[27]

　제조업이 아닌 부문에서도 1940년의 블루칼라 고용에서 비슷한 패턴이 발견된다. 통신, 교통, 공공 유틸리티 부문에서도 교육을 더 많이 받은 블루칼라 노동자는 새롭고 테크놀로지 면에서 더 발달된 업종에 더 많이 고용되어 있었다. 전화, 케이블 라디오와 무선 라디오, 항공 운송, 원유와 휘발유 파이프라인, 전기 조명과 전력, 라디오 방송, 텔레비전 등이 그런 사례다. 유통 분야에서는 새로운 제품, 시간에 민감한 제품, 또는 단위당 가격이 높은 제품을 판매, 운송, 서비스하는 곳에 고등학교 졸업자들이 고용되었다. 보석점이나 약국에 제품을 나르는 운전사는 다른 업종의 운전사보다 교육 수준이 높았다. 라디오 상점과 심지어는 주유소에서도 교육 수준이 높은 블루칼라 노동자들이 평균보다 많이 고용되었다. 핵심은, 제조업에서도, 또한 다른 많은 부문에서도, 블루칼라 노동자들 중 더 발달된 테크놀로지를 사용하는 노동자들과 더 비싼 자본재와 제품을 다루는 일을 맡으려면 신뢰가 필요한 종류의 일을 하는 노동자들이 비슷한 직업명을 가진 다른 노동

표 3.3 업종별 고졸 이상 노동자 비중(%), 18~34세 남성 블루칼라 노동자: 1940년

표준산업분류(SIC) 제조업 소분류(3-digit) 업종 교육 수준 상위기업 (높은 순서대로, 총 고용 중 20%까지)	고졸 이상 비중(%)	관찰값 수	표준산업분류(SIC) 제조업 소분류(3-digit) 업종 교육 수준 하위기업 (낮은 순서대로, 총 고용 중 20%까지)	고졸 이상 비중(%)	관찰값 수
항공기 및 부품	52.7	541	면직물	10.8	1512
인쇄출판	44.7	1289	담배	11.6	144
사무기기	43.7	166	벽돌	11.7	706
석유정제	43.3	415	제재소, 목재공장	14.1	1941
낙농 제품	43.2	417	특화되지 않은 직물 공장	15.6	128
과학 및 사진 장비	40.8	227	견제품 및 레이온	16.6	350
전기기계	40.5	977	카펫 및 러그	16.9	107
비금속 광물 제품	36.2	135	경화 인조 섬유	17.0	94
페인트와 도료	35.9	107	석재 가공 및 석재 제품	17.1	101
시계, 손목시계, 보석	34.7	197	정화 직물 제품	17.6	117
조선	34.4	528	건설 점토	18.8	271
기타 기기	33.5	1669	시멘트, 콘크리트, 석고, 석회	19.2	263
비철 금속	33.1	342	모자(숫자 여성 모자 제외)	20.5	60
			염색 및 완성 직물	20.6	191
			정화 나무 제품	21.4	475
			신발 (고무 제외)	22.9	680
			모직물과 소모직물	23.1	368

출처: 1940년 센서스 IPUMS 데이터, 1/100 표본: ICPSR (1984).

주: 이 표본은 18~34세 인구 중 제조업 부문에서 블루칼라 직종(수공업 기능직, 기계 작동직, 단순 노무직, 서비스직)에 고용되어 있는 남성 노동자로 한정했다. '고졸 이상'은 정규 교육을 12년 이상 받은 사람을 의미한다. 전체 표본 3만 1531명의 고등학교 졸업률은 27.6%다. 산업 명칭은 ICPSR(1984)에 주어진 것을 따랐다. 교육 수준이 높은 산업과 낮은 산업은 18~34세 남성 블루칼라 노동자 중 12년 이상 학교 교육을 받은 사람들의 비중을 기준으로 순위를 매겼으며, 각각 전체 제조업 노동자의 20%를 나타내게 되는 지점까지 목록에 포함했다. 1940년 센서스 IPUMS의 표본 가중치가 모든 계산에 적용되었다.

자들보다 교육 수준이 높았다는 점이다.

교육 수준이 높은 업종과 낮은 업종에 대한 우리의 발견이 새로운 것이기 때문에 문제가 될 수 있는 해석상의 한계를 짚어두어야 할 것 같다. 우선, 우리가 발견한 결과가 교육과 업종 **둘 다에** 영향을 미치는 지리적 차이에서 기인한 것은 아닌지 확인해야 한다. 동력이나 천연자원 같은 노동 외적 투입 요소의 비용 때문에 어떤 산업은 교육 수준이 높은 지역에 입지하게 될 수 있다. 또한 연령도 고용과 학력 둘 다에 영향을 미치는 변수일 수 있다. 이러한 요인들의 영향을 판별하기 위해 우리는 높은 교육 수준(12년 이상)을 나타내는 변수와 함께 연령, 주, 도시 여부, 업종 등의 더미 변수를 회귀방정식에 추가해 회귀분석을 수행했다(1940년 센서스의 젊은 남성 블루칼라 제조업 노동자 표본을 사용했다). 이렇게 다른 변수들의 영향을 보정한 업종 상관계수 순위와 업종 잔차 평균의 순위(표 3.3에는 둘 다 나와 있지 않다)도 표 3.3에 나온 업종 순위와 거의 동일했다. 그뿐 아니라 블루칼라 노동자들의 업종 간 학력 차이는 도시화 정도, 지역, 연령 구성을 반영해 보정한 뒤에도 상당히 큰 것으로 나타났다.[28]

20세기 초반에 대한 또 다른 실증근거

1940년 센서스가 전국적으로 학력 정보를 수집한 최초의 조사이긴 하지만 제조업, 서비스업, 교통 부문의 블루칼라 직종에 대해 그보다 이른 시기의 다양한 자료 원천에서도 교육 수준이 더 높은 노동자의 활용 정도에 대해 유용한 정보를 얻을 수 있다. 1장과 2장에서 소개한 1915년 아이오와주 센서스는 학력과 직업에 대해 상세한 정보를 담고 있다. 아이오와주가 제조업 고용 비중이 큰 주는 아니었지만 다양한 블루칼라 서비스직 인구가 적지 않게 존재했다. 18~34세 남성 블루칼라 노동자 중 교육 수준이 가장 높은 사람들은 자동차 수리처럼 더 새롭고 발달된 테크놀로지를 사용하는 업종에 인구 비례 이상으로 많이 종사하고 있었다. 그리고 이들은 기계기술자, 기계공, 전기공, '엔지니어' 등인 경우가 많았다. 물론 교육을 많이 받은 젊은 남성의 다수는 화이트칼라 직종에 종사했다.

20세기의 앞 시기에 대해 업종별로 테크놀로지 수준과 노동자의 교육 수준 사이의 관계를 보여주는 또 다른 실증근거는 뉴욕주에 사는 젊은 남성 중 1차 대전 시기에 고용 상태이던 사람들을 조사한 자료다[최근에 학교를 떠나 노동시장에 들어온 사람들이다].[29] 수작업 기능직, 기계작동직, 단순노무직에 종사하는 16~18세 남성들 중 교육 수준이 높아질수록 금속 산업 종사자의 비중이 높아졌고 목재, 가죽, 의류, 직물업 종사자의 비중은 낮아졌다. 금속 업종은 당시 기술적으로 가장 발달된 제조업 분야로 여겨졌고, 후자의 업종들은 더 구시대의 산업이자 덜 역동적인 산업으로 여겨졌다. 젊은 남성 블루칼라 노동자 중 12년 이상 교육을 받은 사람들의 54.4%가 금속 부문 업종에 종사하고 있었는데, 9학년까지만 학교를 다닌 사람들 중에서는 44.4%가 금속

부문에 종사했고 6학년까지만 학교를 다닌 사람들 중에서는 30.3%만 금속 부문에 종사했다.[30]

　　앞에서 우리는 1940년에 특정한 업종들이 교육 수준이 높은 블루칼라 노동자를 평균 이상으로 많이 고용하고 있었음을 살펴보았다. 표 3.3에서 교육 수준이 높은 업종과 낮은 업종을 비교해보면, 교육 수준이 높은 노동자를 많이 고용한 업종은 더 새로운 제품을 생산하고 회분공정이나 연속공정처럼 더 발달된 테크놀로지를 사용하는 곳들이었다.[31] 즉 1940년에 기술-숙련 간 보완성은 아주 잘 작동하고 있었던 것으로 보인다. 그리고 기술-숙련 간 보완성은 20세기의 더 이른 시기에도 존재했는데, 이는 전기의 도입 및 노동자 1인당 자본량의 증가와 관련이 있었다. 이에 대한 실증근거를 살펴보기로 하자.

20세기 초의 숙련편향적 기술변화

숙련, 자본집약도, 전기

　　20세기 초의 기술-숙련 간 보완성을 알아보려면 업종별 자본집약도 정보가 필요하다. 현존하는 20세기 초의 데이터가 학력 정보를 가지고 있지 않기 때문에 우리는 1940년 인구 센서스의 업종별 학력 정보를 1909년, 1919년, 1929년 제조업 센서스의 업종 카테고리에 적용했다.[32] 교육을 더 많이 받은 노동자가 자본과 전력을 더 많이 사용하는 업종에 더 많이 종사했는지 알아보기 위해 우리는 18~34세 남성 블루칼라 노동자의 1940년 학력을 종속변인으로 하고 자본-노동 비율(1909년과 1919년), 전기화된 동력 비중(1909년, 1919년, 1929년, 3개 연도 평균), 그리고 노동과 업종의 특성에 대한 기타 통제변인들을 포함해 업종 단위의 회귀분석을 수행했다(표 3.4).[33]

1909년과 1919년의 임금노동자 1인당 자본량은 1940년의 업종별 교육 수준과 양의 상관관계가 있었다(표 3.4, 1열과 2열). 그리고 이 효과는 경제적으로 유의미한 규모였다. 예를 들어 노동자 1인당 자본량을 1909년의 목재 업종과 올레오마가린 업종 사이의 차이만큼 증가시키면 1940년에 고졸자 비중이 7%포인트(혹은 25%) 증가한다.[34] 1900년대 초에 더 자본집약적이던 산업이 20년 뒤에 교육 수준이 높은 노동력을 더 많이 고용하고 있었다는 의미다. 여기에서 미루어, 자본집약적인 업종은 20세기 초에도 교육 수준이 높은 노동자를 더 많이 고용하고 있었으리라고 추측해볼 수 있다. 당시 그들의 교육 수준을 분명하게 알 수는 없지만 말이다.

블루칼라 노동자 중 교육 수준이 높은 사람들은 1인당 더 많은 자본을 가지고 일했을 뿐 아니라 외부에서 구매하는 전기도 더 많이 사용하면서 일했다. 제조업에서 전기 사용은 1909~1929년 사이에 빠르게 증가했다. 1909년에는 모든 제조업이 사용한 동력 중 23%만이 전동기 동력이었는데 1929년이면 이 숫자가 77%가 된다.[35] 전기 동력은 발전소에서 생산된 것을 구매할 수도 있고 공장들이 직접 자신의 원동기(증기기관이나 수차 등)로 발전해 얻을 수도 있었다. 구매한 전기로 돌아가는 전동기가 더 빠르게 증가해, 1909년에 모든 동력 중 9%를 차지하던 데서 1929년에는 53%를 차지했다. 구매한 전기의 사용이 다른 형태의 전기보다 더 빠르게 증가했지만, 직접 발전한 전기도 1929년에 전체 동력 중 차지하는 비중이 여전히 작지 않았다(24%를 차지했다). 이 두 형태의 전기 사용에 대해 최선의 추정을 해보면, 직접

표 3.4 교육, 자본집약도, 전기 사용, 1909년과 1919년

	18~34세 남성 블루칼라 노동자의 보정된 고등학교 학력자 비중, 산업별			
	자본집약도		자본과 전기	
	1909 (1)	1919 (2)	1919 (3)	1919 (4)
Log(K/L)	.0589 (.0169)	.0496 (.0202)	.0632 (.0194)	.0592 (.0205)
구매한 전기 비중(%)			.199 (.0531)	
Log(구매한 전기/L)				.0359 (.0151)
Log(다른 동력/L)				-.0405 (.0088)
Log(전체 동력/L)			-.0043 (.0149)	
d log(고용)₁₉₀₉, ₁₉₂₉			.0313 (.0126)	.0311 (.0128)
장인 직공 비중(%)	.187 (.0336)	.189 (.0355)	.118 (.0295)	.122 (.0295)
여성 비중(%)	.142 (.0537)	.0932 (.0524)	-.0442 (.0636)	.0086 (.0652)
아동 비중(%)	-1.56 (.490)	-1.56 (.515)	-.660 (.463)	-.804 (.487)
상수	.203 (.0238)	.193 (.0361)	.0921 (.0366)	.185 (.0307)
관찰값 수	57	57	57	57
R^2	.482	.428	.711	.703

출처: 미국 센서스국(1913, 1923a, 1933). 아서 울프Arthur Woolf가 제공한 자료로 보충했다. 다음을 참고하라. Woolf (1980); 1940 IPUMS, 1/100; ICPSR (1984).

주: 표준오차를 괄호 안에 표기했다. 관찰 단위는 1940년의 업종이다. 1909년, 1919년, 1929년의 제조업 센서스상의 업종들을 1940년 센서스상의 분류에 따라 재분류했다. 가령 1940년의 음료는 1909년의 증류, 몰트, 과일 발효, 탄산수와 소다수를 포함한다. 표본들 사이에 업종을 어떻게 일치시켰는지에 대해 더 상세한 내용은 다음을 참고하라. Goldin and Katz, (1998), 데이터 부록. 각 관찰값은 1909년, 1919년, 1929년의 제조업 블루칼라 고용 전체 중 비중(3개년도 평균)으로 가중치를 적용했다. 종속변수는 1940년 업종별 18~34세 남성 블루칼라 노동자 중 고졸자 비중(보정)이다. 고등학교 학력자(12년 이상 교육) 더미를 종속변수로 해서 주 전체 더미, 연령 더미, 도시 지역 더미, 1940년 센서스의 소분류 업종 전체 더미를 포함해 회귀분석을 수행해 보정된 값을 구했다. 표본은 1940년 센서스에서 제조업, 통신, 교통, 유틸리티 부문에 고용된 모든 18~34세의 남성 블루칼라 노동자다(표본 크기=38,940, 1940년 센서스 표본 가중치 적용). 57개 업종 더미 각각의 상관계수가 1940년의 업종별 젊은 남성 블루칼라 노동자 중 고졸자 비중의 보정된 값을 의미한다. 변수들의 정의는 다음과 같다.
Log(K/L): 1909년과 1919년 각 업종의 임금 노동자 1인당 자본량(단위 1,000달러, 현행 달러)의

로그값.
구매한 전기 비중(%): 전체 동력 중 구매한 전기의 비중, 1909년, 1919년, 1929년의 평균.
Log(구매한 전기/L): 임금노동자 1인당 구매한 전기, 1909년, 1919년, 1929년 평균의 로그값.
Log(다른 동력/L): 임금노동자 1인당 원동기 동력, 1909년, 1919년, 1929년 평균의 로그값. 증기
기관, 증기터빈, 수차, 내연기관 등 포함.
Log(전체 동력/L): 임금노동자 1인당 원동기 동력['다른 동력']과 구매한 전기의 합, 1909년,
1919년, 1929년 평균의 로그값.
d log(고용)$_{1909, 1929}$: 1919년과 1929년 사이의 전체 고용(로그값)의 변화분.
장인 직공 비중(%): 1940년 산업 분류에서 수작업 기능직으로 분류된 업종에 종사하는 사람의 비
중(1909년, 1919년, 1929년 3개 연도 평균). '장인 직공'에는 금은 및 금속박, 보석, 광식각, 일반
제판 및 전기제판, 카드컷 디자인, 목재와 요판, 유리, 유리세공과 염색 및 장식, 도구, 광학 제품, 조
각 공예 등의 일을 하는 사람이 포함된다. 인쇄출판도 여기에 포함되는데, 문해력과 관련해 특수한
자질을 가진 노동자를 필요로 하기 때문이다.
여성 비중(%): 1909년, 1919년, 1929년 여성 임금노동자 비중 평균.
아동 비중(%): 1909년과 1919년 아동 임금노동자 비중 평균.

발전한 전기보다 구매한 전기의 사용이 노동자들의 교육 수준에 훨씬
큰 영향을 미쳤음을 알 수 있다.[36] 이러한 차이의 이유는 전기가 사용
되는 방식, 그리고 구매한 전기를 주로 사용하는 공장 자체가 새로운
공장이었다는 사실과 관련이 있었다.

　　전기가 가장 빠르게 확산되던 1909~1929년에 어느 공장이 구
매한 전기의 비중이 높다는 말은 더 새로운 장비, 개별 구동 전동기,
테크놀로지 면에서 더 발달된 기계를 사용한다는 의미였다. 그리고 구
매한 전기를 사용하는 업종은 교육 수준이 더 높은 블루칼라 노동자
를 더 많이 고용했다. 이는 노동자 1인당 자본량과의 상관관계를 분석
했을 때 발견된 것와 비슷한 결과다. 우리는 회귀방정식에서 전기에
대한 변수로 '구매한 전기 비중'이나 '노동자 1인당 전기 사용량'의 로
그값을 사용했다(표 3.4, 3열과 4열). 이 변수들의 효과는 1909~1929년
사이 업종별 성장률(고용 증가율)을 일정하게 통제한 뒤에도 나타났다.

　　우리가 발견한 결과는 생산직 노동자의 숙련 수준이 그가 종사
하는 업종의 성장 및 그로 인한 공장과 장비의 새로움과 양의 상관관

계를 가질 뿐 아니라, 업종의 성장 여부와 별개로, 구매한 전기의 비중과도 양의 상관관계를 갖는다는 점을 보여준다. 동력 중 구매한 전기의 비중이 18%포인트 증가하면(표준편차 1만큼 변화) 젊은 블루칼라 노동자 중 고졸자 비중이 3.6%포인트 증가했다. 전체 동력량의 증가는 이러한 효과를 가져오지 못했다. 즉 단순히 동력의 양이 아니라 동력의 유형이 노동자의 숙련 수준과 상관관계가 있었다. 당대에 가장 최신이고 가장 유연한 동력 형태였던 '전기'가 중요했던 것이다.

여기에서 우리는 1909년(혹은 1919년)의 노동자들이 1940년과 동일하다고 가정하고 있는 것이 아니다. 표 3.4에 나타난 교육 수준은 1940년에 18~34세인 남성 노동자의 것인데, 가장 나이가 많아도 1906년생이기 때문에 이들은 1909년에 노동력이었을 수 없다. 우리가 주장하려는 바는, 몇몇 업종에서 사용되고 있던 발달된 테크놀로지가 1909~1940년 기간에 중등 교육의 가치를 높였다는 점이다.

테크놀로지와 블루칼라 노동자의 교육 수준 또는 숙련 수준 사이에 이 같은 관계가 나타나는 데 대해 몇 가지 가능할 법한 이유를 생각해볼 수 있다. 하나의 가능성은 직접 발전한 전기가 아니라 구매한 전기를 사용한다는 것이 공장의 기계가 더 많이 달라졌음을 반영하리라는 것이다. 각각의 기계에 개별적으로 연결되는 전동기(개별 구동 전동기)를 사용하는 공장에서는 물건을 들고 끌고 옮기는 작업을 자동화할 수 있었고 그럼으로써 단순히 물건을 옮기는 일을 하는 잡역 인부를 상당수 대체할 수 있었다. 1차 대전이 시작되었을 무렵, 철, 강철, 벽돌 제조, 도자기, 인조 시멘트, 펄프와 제지, 고무 타이어와 튜브, 도축과 육가공, 목재와 목공, 광산 등 많은 업종이 빠르게 노동 절약적인 기술을 도입했다.[37] 또한 풍부하고 값싼 전기는 알루미늄과 여타 전기

화학 제품 등 숙련 노동력을 훨씬 많이 사용하는 다양한 물질의 생산을 가능케 했다. 값싼 전기는 기계의 사용 강도도 높여서 기계를 관리하는 숙련 노동자들에 대한 수요가 늘었다.[38] 한편, 구매한 전기는 단지 기술적으로 더 발달된 새로운 자본재[이 경우에는 전기 동력과 개별 구동 전동기]가 쓰이는 방식으로 공장이 새로워진 것을 반영하는 것이었을 수도 있다.[39]

고등학교 교과목의 역할

1장에서 보았듯이, 미국에서 1910년 이후에 중등 교육이 빠르게 확산되었다(2부에서 더 상세히 살펴볼 것이다). 1910년에는 고등학교 과정을 마친 젊은이가 10%도 안 되었지만, 지역에 따라 다르긴 해도 1920년대 중반과 1930년대 중반에는 30~50%가 되었다. 정규 교육의 증가는 제조업에 숙련 노동자의 공급을 늘렸을 뿐 아니라 그들이 숙련기술을 습득하는 방식도 달라지게 했다. 고등학교가 확산되기 전에는 고숙련 기계 유지보수 직종(기계공, 전기공, 기술자 등) 노동자들이 필요한 숙련기술과 지식(대수, 기하, 삼각측량, 기계 제도 등)을 현장에서 일하면서 습득했다. 하지만 이러한 숙련기술은 고등학교에서 가르치는 교과목과 정확히 일치했다. 따라서 타고난 능력과 업무에서의 온더잡 트레이닝을 정규 교육이 대체했고 중등 교육의 확대는 제조업 부문의 숙련 노동자가 될 수 있는 인력의 공급을 크게 증가시켰다.

고등학교를 나온 블루칼라 노동자들이 특정한 업종(더 자본집약적이고 전기 동력을 더 많이 사용하고 더 새로운 제품과 연속공정이나 회분공정으로 생산되는 제품을 만드는 업종)에 주로 고용되어 있었다는 사실이 놀랍게 들릴 수도 있을 것이다. 노동사 연구에서 생산직 노동자의 교육 수준은 거의 논하지 않기 때문이다. 하지만 다양한 업종에서 특정한 인지적기술들이 매우 높은 가치를 인정받았음을 말해주는 질적 연구들이 우리의 발견을 한층 더 뒷받침해준다(예를 들어 영리 상업 학교에 대한 5장의 내용을 참고하라).

당대의 하이-테크놀로지 업종에서 고등학교 학력을 가진 노동자들은 매뉴얼과 도면을 읽을 수 있고, 화학과 전기에 대해 알고 있고, 셈을 할 수 있고, 공식을 풀 수 있고, 전문직 인력(화학자나 엔지니어)과 더 효율적으로 소통할 수 있었기 때문에 가치를 인정받았다. 노동부는 채용 시에 고등학교를 일부라도 다녔거나 졸업했을 것을 요구하는 블루칼라 일자리들이 '좋은 판단력' '수기로 하는 제도 스케치 능력' '기계 도면을 해석 수 있는 능력' '화학 공식에 대한 익숙함' '사용되는 화학물질에 대한 일반적인 지식' '화학물질을 배합할 수 있는 능력'과 같은 인지적기술을 필요로 하는 일이라고 묘사했다. 더 기술적인 능력, 가령 '전기에 대한 지식' '전선 크기와 절연에 대한 지식' '유리의 성질에 대한 지식' '사진술에 대한 일반 지식'도 높이 인정받았다. 또한 노동부는 인쇄출판 업종은 신입 노동자들이 '문법, 철자, 구두점'을 잘 알고 '라틴어와 그리스어의 기초를 알고 있으면 도움이 된다'고 설명했다.[40] 고등학교 교육을 받은 젊은이들은 '고숙련 직군'에 많이 고용되었지만 '교육 수준이 높은 업종'의 일반 직군에서도 수요가 많았다.

제조업에서의 이러한 전환과 함께, 하이-테크놀로지 제품을 판매, 설치, 서비스하는 곳에서도 교육 수준이 높은 노동자에 대한 수요가 증가했다. 지금은 상상하기 어렵겠지만 한때는 라디오를 구매하려면 숙련된 판매 직원의 도움이 필요했다. 초창기 라디오는 고객의 가정에 '설치'되어야 했고 고객은 주파수 조정하는 법을 배워야 했다. 자신의 라디오를 직접 만들던 '라디오광' 젊은이들이 때때로 라디오 매장에 공식적, 비공식적으로 고용되어서 고객을 도왔다. 노벨 물리학상을 받은 리처드 파인먼Richard Feynman은 라디오에 푹 빠져 있었던 소년 시절을 이렇게 회상했다. "사람들이 나를 고용한 주된 이유는 대공황이었다. 그들은 라디오를 제대로 설치할 만한 돈이 없었는데 이 소년이 돈을 덜 받고 설치해준다는 것을 알게 된 것이다. 그래서 나는 지붕으로 올라가 안테나를 설치하는 등등의 온갖 일을 했다"(Feynman 1985, p. 19). 라디오 지식에 밝은 젊은이들은 종종 자신의 경험을 라디오 판매자들과 공유했는데, 얼마 후에 판매 직원들은 라디오 아마추어와 어울리지 말고 판매를 늘리라는 지침을 받았다.[41] 일반적인 가정용 전자제품(토스터, 다리미, 진공청소기 등)도 처음에 등장했을 때는 교육 수준이 높고 경험이 많은 판매 직원이 필요했다. 더 최근으로 오면 개인용 컴퓨터도 마찬가지였다. 개인용 컴퓨터가 처음 나왔을 때에는 '컴퓨터광'이 판매를 도왔지만, 점차 대중이 컴퓨터 테크놀로지에 익숙해지고 소프트웨어의 사용자 친화성이 높아지면서 컴퓨터광은 세련된 세일즈맨에게 대체되었다.

블루칼라 노동자의 숙련 수준과 소득

블루칼라 노동자 중 교육을 더 많이 받은 이들이 다른 이들보다 더 높은 소득을 올렸다는 사실은 놀랍지 않을 것이다. 놀라운 사실은 블루칼라 노동자들이 누린 교육의 수익이 일반 화이트칼라 노동자들이 누린 것보다 그리 낮지 않았다는 점이다. 1940년 센서스 데이터를 사용해서 우리는 18~34세 백인 남성 블루칼라 노동자들에게 교육 1년의 수익이 8.3%라고 추정할 수 있었다(인적자본과 소득 로그값을 포함한 표준적인 회귀방정식을 사용했다). 비슷한 집단의 일반 화이트칼라 노동자는 이 숫자가 9.1%였다.[42] 교육의 수익이 업종 유형에서 오는 것인지 노동자 유형에서 오는 것인지를 판별하기 위해 회귀방정식에 업종 전체의 더미 변수를 추가했을 때는 '교육 연수'의 상관계수[교육의 수익]가 0.065[6.5%]로,[43] 원래 추정치 0.083보다 약간 낮았다. 즉 1939년에 교육 수준이 더 높은 블루칼라 노동자들이 교육으로 얻은 이득 중 일부는 그들이 고소득 업종으로 옮겨갔기 때문에 발생했지만, 그것을 제외한다 해도 업종 **내에서** 교육이 가져다주는 임금 프리미엄이 상당했다고 볼 수 있다.

1940년보다 앞 시기에 대해서도 블루칼라 노동자들의 교육 수익을 추정하기 위해, 표 3.4에서 활용한 것과 비슷하게 앞 시기 데이터의 각 업종에 1940년 블루칼라 노동자들의 평균 학력을 할당했다. 그결과, 1909, 1919, 1929년의 블루칼라 노동자 평균 임금이 [할당된] 학력과 강한 양의 상관관계를 보였다. '교육 연수'의 상관계수는 1909년 12.5%, 1919년 약 10%, 1929년 17.6%였다. 이 결과는 표 3.5에 나타나 있으며, 1940년 블루칼라 노동자들의 업종별 평균 교육 연수를 앞 시기 세 연도 각각의 평균임금 로그값과 함께 회귀분석을 돌려 얻은 것이다. 노동자 개인이 교육을 더 받음으로써 갖게 되는 수익과 교육받은 노동자가 많이 종사하는 업종에서 일한다는 것이 주는 이득이 결합된 결과라고 해석할 수 있다.

추가로 블루칼라 노동자의 교육 수준과 소득 사이의 관계에 관한 더 직접적인 실증증거를 1915년 아이오와주 센서스(상세한 설명은 2

표 3.5 소득(1909년, 1919년, 1929년)과 교육(1940년)의 관계, 18~34세 남성 블루칼라 노동자, 업종별

| | 로그(연평균, 현행 달러, 임금), 1909년, 1919년, 1929년 업종 | | |
	1909년	1919년	1929년
1940년 업종 분류에서 18~34세 남성 블루칼라 노동자의 평균 교육 연수	.125 (.0111)	.0995 (.0128)	.176 (.0190)
1909년 또는 1919년 업종 분류에서 임금노동자 중 여성 + 아동 비중(%); 1929년 업종 분류에서 여성 비중(%)	-.494 (.0681)	-.605 (.111)	-.497 (.0917)
상수	5.21 (.102)	6.24 (.114)	5.63 (.184)
관찰값 수	191	191	191
종속변수 가중평균	6.24	7.00	7.13
R^2	.699	.644	.657

출처: 미국 센서스국(1913, 1923a, 1933). 아서 울프가 제공한 데이터로 보완했다. 다음을 참고하라. Woolf (1980); 1940 IPUMS, 1/100; ICPSR (1984).

주: 1940년 업종 수는 1909년, 1919년, 1929년보다 적다. 회귀분석은 1909년, 1919년, 1929년 업종 각각의 임금노동자 수로 가중치를 두었다. 괄호 안의 숫자는 1940년 업종별 군집을 허용한 휴버(화이트) 강건 표준오차다. 교육 변수(평균 교육 연수)는 1940년 센서스 IPUMS에서 가져왔다. 각 연도의 평균 임금은 (지급된 임금 총액)/(연평균 임금노동자 수)으로 계산했다. 더 상세한 내용은 다음을 참고하라. Goldin and Katz (1998), 데이터 부록.

장을 참고하라)에서 얻을 수 있다. 아이오와주 표본에서는 응답자 각자가 속한 업종은 알 수 없지만 비농업 블루칼라 노동자(단순노무직, 기계 작동직, 수공업 기능직)를 가려낼 수는 있다. 1915년의 18~34세 백인 비농업 부문 남성 블루칼라 노동자 표본에서 연소득 로그값을 종속변수로, 경력, 경력 제곱, 도시 더미를 통제변수로 회귀분석을 수행했을 때 '교육 연수'의 상관계수는 0.082(표준오차=0.0042)였다. 교육 연수를 학교 유형(보통학교, 그래머스쿨, 고등학교, 대학교)에 따라 구별해서 넣었을 때는 '고등학교' 교육 1년의 상관계수가 0.105(표준오차=0.00831)였다.[44]

요컨대, 몇몇 자료 원천에서 도출할 수 있는 실증근거에 따르면

1909~1939년에 고용주들은 블루칼라 노동자들이 받은 학교 교육에 대해 높은 가치를 인정했으며 학교 교육의 수익은 [화이트칼라뿐 아니라] 블루칼라 노동자들에게도 상당했다.

　　교육 수준은 생산직 노동자가 어떤 숙련기술을 가지고 있는지에 대해 좋은 대용지표가 된다. 하지만 현장에서의 온더잡 트레이닝, 견습 훈련, 또 그 밖의 방식으로 얻을 수 있는 숙련기술을 다 반영하지는 못한다. 이와 관련해, 노동자가 받는 소득을 고용주가 그것의 가치를 인정해서 노동자에게 임금으로 보상하는 모든 숙련기술에 대한 간접적인 지표로 삼아볼 수 있을 것이다. 1909년, 1919년, 1929년 제조업 센서스에서 블루칼라 노동자의 업종별 평균 소득을 살펴보면 당대에 각 업종이 가진 특성과 노동자의 숙련 수준 사이의 상관관계를 가늠해볼 수 있다. 표 3.6은 1909년, 1919년, 1929년 임금노동자들의 평균소득과 1인당 자본량 및 전기 관련 변수들과의 상관관계를 나타낸 것이다.

　　노동자 1인당 자본량과 임금 사이에도, 동력 중 구매한 전기 비중과 임금 사이에도 양의 상관관계가 있었으며, 이는 앞의 결론들과 부합한다.[45] 1차 대전이 일시적으로 생산직 노동자의 임금 구조를 압축시켰기 때문에 우리는 [1차 대전 기간이 아닌] 1909년과 1929년의 결과를 주로 살펴보았다. 이 두 연도의 상관계수가 암시하는 임금 프리미엄의 규모는 상당히 크며, 특히 구매한 전기 비중의 상관계수가 그렇다. 올레오마가린 업종과 목재 업종 사이의 노동자 1인당 자본량 차이는 올레오마가린에 5%의 임금 프리미엄을 가져왔는데, 구매한 전기 비중의 차이는 23%의 임금 프리미엄을 가져왔다.[46] 우리가 발견한 임금 프리미엄은 대체로 구성적 효과 때문으로 보인다. 즉 노동자 1인

표 3.6 생산직 노동자 소득과 업종 특성 사이의 관계, 1909년, 1919년, 1929년

	로그(연평균 임금, 현행 달러 기준) 1909년, 1919년, 1929년 업종			
	1909년	1919년	1929년	1929년 평균
Log(K/L)	.0910 (.0151)	.0417 (.0169)	.0480 (.0262)	1.44 (.510)
동력 중 구매한 전기 비중(%)	.439 (.0556)	.266 (.0374)	.546 (.0548)	.637 (.211)
Log(총 동력/L)	-.0213 (.0115)	-.00149 (.0131)	.0184 (.0189)	1.09 (1.07)
Log(고용/기업 수)	.0622 (.00633)	.0780 (.00577)	.0638 (.0103)	4.51 (1.08)
여성 비중(%)	-.427 (.0563)	-.308 (.0613)	-.307 (.0881)	.210 (.225)
아동 비중(%)	-3.41 (.377)	-6.91 (.697)	-6.41 (.927)	.014 (.016)
장인 직공	.136 (.0338)	.144 (.0336)	.273 (.0481)	.0563 (.231)
상수	5.99 (.0306)	6.65 (.0386)	6.56 (.0666)	
관찰값 수	228	225	228	
종속변수 가중평균	6.23	7.03	7.15	
R^2	.791	.813	.667	

출처: 미국 센서스국US Bureau of the Census (1913, 1923a, 1933). 아서 울프가 제공한 자료로 보완했다. 다음을 참고하라. Woolf (1980).

주: 표준오차(1929년 평균의 표준편차)를 상관계수 아래에 표시했다. 각 연도에 대해 평균 임금은 (생산직 노동자 임금)/(연평균 임금노동자 수)로 계산했다. 독립변수는 표 3.4에 정의되어 있다. 1919년의 업종별 log(K/L)를 1929년 회귀분석에 사용했다. 1919년의 아동 비중을 1929년 회귀분석에 사용했다. 회귀분석은 각 연도의 임금노동자 수로 가중치를 두었다. '1929년 평균'도 임금노동자 수로 가중치를 두었다. 더 자세한 내용은 다음을 참고하라. Goldin and Katz (1998), 데이터 부록.

당 자본집약도가 더 큰 업종, 그리고 동력 중 구매한 전기의 비중이 더 많은 업종에 교육 수준이 더 높은 블루칼라 노동자가 많았다.[47]

기술−숙련 간 보완성과 비생산직 노동자

비생산직(화이트칼라)의 상대적 규모를 통해서도 숙련 수준을
측정할 수 있다. 전체 고용에서 비생산직 노동자 비중이 커진 것은 모
든 노동자에게 요구되는 숙련 수준이 높아진 것과 상관관계가 있을
가능성이 크다. 화이트칼라 일자리가 더 높은 교육 수준을 요구하는
경향이 있고 기술직의 비생산직 노동자(엔지니어와 화학자 등)는 교육
수준이 높은 생산직 노동자들과 일하는 경향이 있기 때문이다.

20세기 초에 연속공정과 회분공정이 도입되면서 생산직 노동
자 대비 관리직과 전문직 노동자가 상대적으로 더 많이 필요해졌다.[48]
또한 이러한 공정은 숙련 수준이 더 높은 블루칼라 노동자도 더 많이
필요로 했다(표 3.3 참고).

1909년과 1919년의 제조업 센서스를 통해 자본집약도와 구매
한 전기 의존도의 증가가 비생산직 노동자의 활용을 상대적으로 증가
시켰는지 알아봄으로써 20세기 초에 기술−숙련 간 보완성이 얼마나
작동했는지를 추가적으로 평가해볼 수 있다. 1909년과 1919년 모두
에서 업종 간 비교를 했을 때 [전체 노동자 중] 비생산직 노동자의 고용
비중(또는 [전체 노동자에게 지출된 노동 비용 대비] 비생산직 노동자에게 지
출된 노동 비용 비중)은 노동자 1인당 자본량 로그값과 동력 중 구매한
전기의 비중 둘 다와 강한 양의 상관관계를 강건하게 보였다(표 3.4에
서와 비슷한 방식으로 회귀분석을 수행했다. 통제변수로는 노동자 1인당 동력
사용량 로그값, 인구통계학적 특성, 기타 업종별 특성을 포함했다). 비슷하게,
1909년과 1919년 사이의 업종 내 변화에서도 비생산직 노동자의 상
대적 활용의 변화([전체 노동자에게 지출된 노동 비용 대비] 비생산직 노동
자에게 지출된 노동 비용 비중의 변화로 측정)가 다른 여러 요인들을 통제

하고 난 뒤에도 자본-산출비 증가 및 전기 활용도 증가와 강한 상관관계가 있는 것이 발견되었다.[49] 따라서 20세기 초 미국 제조업 부문에서 찾을 수 있는 실증근거들은 더 발달된, 그리고 더 자본집약적인 테크놀로지가 교육 수준과 숙련 수준이 높은 노동자를 필요로 하는 직종에서 노동자의 상대 수요를 늘렸을 뿐 아니라 동일 직종 내에서도 교육 수준이 높은 노동자에 대한 상대 수요를 늘렸음을 말해준다.

1980년 이후에 숙련편향성이 더 컸는가?

많은 연구자들이 테크놀로지가 20세기 동안 **더 많이** 숙련편향적이 되었다고 주장했다. 이 견해에 따르면 '테일러-포드'식 생산 양식이 도입되면서 더 유연한 조직 형태로의 전환을 가져왔고 이것이 숙련 수요를 증가시켰다.[50] 또 어떤 연구자들은 테크놀로지의 숙련편향성이 내생적이라고 주장했다. 노동력의 숙련 수준이 높아지면 더 높은 숙련기술이 사용될 테크놀로지가 도입된다는 것이다. 그리고 이 효과는 테크놀로지의 숙련편향성을 점점 더 높이는 쪽으로 상승 나선을 탈 수 있다.[51] 하지만 이러한 주장들은 역사적인 실증 데이터의 상당 부분과 부합하지 않는 것으로 보인다.

표 3.2에 대해 논의할 때 살펴보았듯이, 1950년 이후로 교육 수준이 높은 노동자에 대한 상대적 수요의 증가 속도에는 가속이 거의 없었다. 적어도 그리 많이 가속되지는 않았다. 1950~1980년 기간에 대졸 노동자에 대한 상대적 수요는 1980~2000년 기간과 비슷한 속도

로 증가했다. 그렇지만 어쩌면 20세기 후반 50년 동안에는 숙련 수요
의 증가율이 안정적이었더라도 20세기의 초반 50년보다는 가속된 것
일 수도 있지 않을까? 이를 알아보아야 하지만, 1940년 이전 시기에
대해서는 소득과 학력 정보가 포함된 전국 표본이 존재하지 않는다.
그렇다면 이 중요한 문제를 어떻게 판별할 수 있을까?

　　1940년 이전은 1950년 이후와 비교 가능한 방식으로 교육 수
준이 높은 노동자에 대한 상대 수요의 변화를 추정하기 어렵다. 하지
만 몇 가지 가정을 하면 방법이 없지는 않다. 8장에서 우리는 경제 전
체적으로 1890~2005년의 약 100년 동안 교육 수준에 따른 노동력의
상대적 공급과 수요가 어떻게 변화했는지에 대한 추정치를 제시할 것
이다. 이를 수행하기 위한 첫 작업으로서, 여기에서는 20세기 전체에
걸쳐 기술 발달이 어느 정도나 숙련편향적이었는지가 어떻게 달라졌
는지 알아보기 위해 **제조업 부문에서의** 숙련 수요에 대한 장기적 변
화를 추적해보자.

　　화이트칼라 노동자에게 지불된 임금의 비중을 일반적인 숙련
노동자 고용에 대한 대용지표로 삼을 수 있으며, 이에 대해서는 센서
스와 제조업 서베이에서 상당히 일관성 있는 데이터를 얻을 수 있다.
이 데이터를 이용해서 20세기 전체 중 비교 가능한 길이의 두 시기
(1890~1929년과 1960~1999년) 사이에 숙련 수준이 더 높은 노동자 쪽
으로 노동시장이 이동했는지 살펴보기로 하자.

　　제조업 부문의 비생산직[화이트칼라] 노동자(여기에서는 관리직
과 사무원)에게 지불된 총 임금몫은 1890년 17.2%에서 1929년 23.6%
로 증가했다.[52] 제조업에서 숙련 수준이 낮은 노동자(생산직 노동자)에
게 지불된 임금몫 대비 숙련 수준이 높은 노동자(비생산직 노동자)에게

가는 임금몫이 1890년의 20.8%[17.2/(100-17.2)]에서 1929년에 30.9%[23.6/(100-23.6)]로 증가했다는 의미다. 뒷 시기를 보면, 제조업 부문의 비생산직 노동자에게 지급된 임금몫은 1960년의 33.6%에서 1999년 40.9%로 증가했다.[53] 앞 시기와 비슷하게 계산을 해보면, 저숙련 노동자에게 가는 임금몫 대비 고숙련 노동자에게 가는 임금몫의 비가 1960년의 50.6%[33.6/(100-33.6)]에서 1999년에 69.2%[40.9/(100-40.9)]로 증가했음을 알 수 있다.

콥-더글러스 생산함수에서 그렇듯이 고숙련 집단과 저숙련 집단 사이의 대체탄력성(σ)이 1일 때 두 숙련 집단 사이의 임금몫 비는 숙련에 대한 상대적 수요가 이동하지 않으면 달라지지 않는다.[54] 따라서 σ=1인 경우에 비생산직 노동자에 대한 상대적 수요 증가율은 임금몫 비의 증가율로 주어진다.

단순화를 위해 σ=1이라고 가정하면, 제조업 비생산직 노동자의 상대적 수요 증가율이 1890~1929년 시기(연간 0.0103로그포인트)에 더 최근 시기인 1960~1999년(연간 0.0079로그값)보다 빨랐음을 알 수 있다.[55] [즉 최근 시기에 가속된 것이 아니다.] 빠른 속도의 숙련편향적 기술변화가 있었다고 대체로 인정되는 1979~1999년으로 뒷시기를 좁혀 잡아도 제조업에서 노동력에 대한 수요가 고숙련 쪽으로 얼마나 이동했는지의 지표를 보면 1890~1929년보다 약간만 빠르게 증가했을 뿐이었다(연간 0.0116로그포인트 대 0.0103로그포인트). 사실, 숙련에 대한 상대적 수요의 증가 속도는 최근 40년(1965~2004년) 동안과 과거 40년(1890~1929년) 동안이 정확히 같았다(연간 0.0103로그포인트).

1950년 이후와 마찬가지로 20세기의 첫 절반 동안에도 기술적으로 더 발달된 업종, 교육 수준이 높은 노동력을 더 많이 고용하고 있는 업종은 더 빠르게 성장했다.[56] 교육 수준이 높은 노동자의 고용 비중도 두 시기 모두에서 비슷하게 빠른 속도로 팽창했다. 또한 1909~1919년에 [노동자 구성에서] 숙련 업그레이드(비생산직 노동자의 임금몫 증가율로 측정)가 일어난 곳은 자본집약도와 전기화 정도가 가장 크게 증가한 곳들이었는데, 이는 20세기 말에 컴퓨터 테크놀로지 투자가 가장 큰 곳들에서 그랬던 것과 비슷하다. 사실, 세분류 업종 단위에서 자본-숙련 간 보완성의 정도는 1910년대(1909~1919년)와 1980년대(1979~1989년)가 거의 동일했다.[57]

미국의 제조업 부문과 경제 전체 둘 다에서 찾아볼 수 있는 실증근거는 숙련편향적 기술변화와 숙련 노동자에 대한 상대적 수요 증가가 20세기의 앞 시기와 뒤 시기 모두에서 상당히 꾸준하게 지속되었음을 시사한다.[58] 이러한 발견은 중요하지만, 아직 답이 되지 않은 질문을 제기한다. 어떻게 숙련편향적 기술변화는 한 세기 동안 안정적인 속도를 계속 유지했을까?

기술-숙련 간 보완성의 기원

기술-숙련 간 보완성의 등장

앞에서 보았듯이 20세기 내내 물리적 자본과 더 발달된 테크놀로지는 인적자본의 보완재였다(인적자본은 학교에서 배우는 것을 포함해 다양한 유형의 숙련기술을 말한다). 그런데, 20세기의 상당 기간 동안 기술-숙련 간, 그리고 자본-숙련 간 보완성이 존재했다면, 더 이른 시기에도 이러한 보완성이 존재했을까? 가령 19세기 산업혁명기에도 존재했을까? 숙련, 자본, 기술의 관계를 그렇게 더 이른 시기로까지 외삽할 수 있을까?

우리의 답은 그렇게 이른 시기에는 이 관계가 존재하지 않았다는 것이다. 기술-숙련 간, 그리고 자본-숙련 간 보완성의 기원은 19세기 말과 20세기 초에서 찾을 수 있으며, 이는 연속공정이나 회분공정의 도입 같은 생산 기법의 전환 및 전기의 광범위한 사용과 관련이 있다. 이러한 변화 모두가 산업에서 인적자본에 대한 수요를 증가시켰다. 여기에서 물어야 할 질문은, 정확히 어떤 이유에서 이러한 기술변화가 숙련, 자본, 기술 사이의 보완성을 증가시켰느냐다. 우리는 다른 논문에서 정교화한 이론 체계를 통해,[59] 그리고 19세기 제조업의 변천에 대한 다른 연구자들의 연구 결과를 종합해 이에 대해 설명하고자 한다.

산업 시기의 더 먼 과거에는 물리적 자본과 인적자본이 서로 보완재가 **아니었음을** 보여주는 많은 연구가 나와 있다. 이러한 연구들에 따르면 19세기에 발달한 주요 테크놀로지 다수가 고숙련 장인 노동력을 물리적 자본, 천연자원, 저숙련 노동력으로 대체했다.[60] 즉 한동안은 물리적 자본이 숙련 노동자의 보완재라기보다 천연자원의 보완재였고 이 둘과 비숙련 노동력이 숙련 노동력을 대체했다.[61] 전형적인 사례가 미국의 총기 제조업이다. 값싼 목재가 사용되면서 목재 절삭 기계의 사용이 촉진되었고 숙련된 목공 노동자가 총의 몸체를 만들던, 즉 목재를 손으로 다듬던 장인적 수작업이 기계로 대체되었다. 푸주한, 제빵사, 유리세공사, 구두제조공, 대장장이도 공장 시스템 도입, 기계 도입, 자동화로 일자리가 대거 달라진 숙련 노동자에 속한다.[62]

먼 과거에는 발달된 테크놀로지와 인간의 숙련기술이 보완재가 아니었지만 오늘날에는 보완재다. 그렇다면 언제 그렇게 되었을까? 오늘날 발견되는 숙련, 자본, 기술 사이의 관계가 먼 과거에는 존재하지 않았음을 말해주는 연구는 방대하게 존재하지만 이 전환이 언제 일어났는지에 대해서는 언급된 바가 없었다. 위에서 우리는 기술-숙련 간 보완성이 20세기 초 제조업에서 특정한 테크놀로지(회분공정과 연속공정 등)가 확산되면서 나타났고 증기 에너지와 수력 에너지에서 전기 에너지로의 전환이 이를 한층 더 강화했다고 주장했다. 물건을 끌고 옮기고 조립하던 저숙련 단순노동자의 업무를 줄였기 때문이다. 다음 절에서 우리가 제시할 근거는 이론 체계의 형태를 취할 것이지만, 앞의 절들에서 우리는 실증근거도 제시한 바 있다.

기술-숙련 간 보완성의 등장을 이해하기 위한 이론 체계

앞에서 우리는 제조업 부문에서 어떤 제품들은 생산이 수공업 공방에서부터 공장으로 전환되었다가(1830년대~1880년대), 어셈블리 라인으로 다시 전환되었고(1900년대 초), 최근에는 로봇화된 어셈블리 라인으로 전환되었음을 살펴보았다.[63] 하지만 또 어떤 제품들은 생산 방식의 전환이 수공업 공방이나 [단순 분업 중심의] '공장'식 공정에서부터 연속공정이나 회분공정으로 이동했다(1890년대 이후).[64] 생산 방식의 전환이 모든 제품에 비슷한 형태로 영향을 미치지는 않았고 어떤 제품은 생산 방식이 달라지지 않기도 했다. 하지만 제조업 전체적으로는 우리가 상정한 대로 수작업 공방에서 '공장'(또는 어셈블리 라인)으로, 그 다음에 연속공정(또는 로봇화된 어셈블리 라인)이나 회분공정으로 달라졌다고 말할 수 있다.

테크놀로지와 비즈니스의 역사를 다룬 방대한 기존 연구들을 토대로, 우리는 각각의 생산 방식이 서로 꽤 분명히 구별되는 특징을 가진다고 간주했다. 수작업 공방과 '공장' 사이의 구별은 주로 분업의 정도를 의미한다. '공장'식 생산은 공방에서의 생산보다 규모가 더 컸고 노동자들이 세분화된 부분에 특화해서 일했으며 종종 노동자 1인당 더 많은 자본을 가지고 일했다. 한편, 회분공정은 액체, 반고체, 기체 물질을 처리하기 위한 것이고 연속공정은 조립 작업을 거의 필요로 하지 않고 가동부품이 거의 혹은 전혀 없는 제품을 제조하는 방식이다.

위의 단계를 다 거친 제품은 거의 없지만 그러한 소수의 제품은 우리에게 많은 정보를 준다. 자동차 생산은 대규모의 수작업 공방에서 시작되었다. 그전의 마차처럼 자동차도 처음에는 장인들이 손으로 여러 부분들을 조립해 만들었다.[65] 그다음에 테크놀로지가 발달하면서 표준화되고 완전하게 호환 가능한 부품들을 사용하는 생산 방식으로 넘어갔고 이어서 1913년에 포드가 도입한 것 같은 어셈블리 라인에서 생산이 이루어졌다. 여기에는 저숙련 노동자들이 대거 고용되었다. 훨씬 더 나중에 어셈블리 라인이 로봇화되면서 저숙련 기계작동원은 상대적으로 덜 필요해졌고 고숙련 기계 기술자가 더 필요해졌다. 자동차 생산의 역사에서 초기의 기술 발달은 숙련에 대한 상대적 수요를 줄였고 나중의 기술 발달은 숙련에 대한 상대적 수요를 늘렸다.

이와 같은 테크놀로지 전환은 숙련에 대한 상대적 수요에 어떤 영향을 주었을까? 우리가 제시하려는 이론 체계는 다음과 같다.[66] 제조업 공정이 두 부분으로 나뉜다고 가정하자. 하나는 숙련 노동자가 원천 자본을 들여오고 유지관리하는 일이다. 이를 '기계 유지관리'라고 불러보자. 이러한 작업을 통해 사용 가능하고 작동 가능한 자본재가 만들어진다. 두 번째 부분은 그렇게 해서 만들어진 작동 가능한 자본재로 저숙련 노동자가 제품을 조립하거나 만드는 일이다. 이를 '생산'이라고 불러보자. '생산' 부분의 노동자는 모두 저숙련이라고 가정하고 '기계 유지관리' 부분의 노동자는 모두 고숙련이라고 가정하자.

이 이론 체계는 간단하지만 많은 시사점을 준다. 여기에서 생산 체제의 변화(수공업에서 '공장'으로, 다시 회분공정과 연속공정으로)는 숙련에 대한 상대적 수요에 어떤 영향을 미쳤는가라는 질문에 대한 답은, 자본이 증가했을 때 '사용 가능하고 작동 가능한 자본재'를 만드는 부분에서 고숙련 노동자에 대한 수요를 증가시키는 효과와 그렇게 만들어진 자본재를 작동시키면서 생산을 담당할 저숙련 노동자에 대한 수요를 증가시키는 효과 중 어느 쪽이 더 큰가에 달려 있다.

수공업 공방에서 공장식 생산으로의 전환은 산출 대비 자본의 비율을 높였을 것이다. 더 중요하게, 공장 방식으로의 전환은 제조업에서 저숙련 노동자 대비 고숙련 노동자의 상대적 수요를 **줄였을** 것이다. 즉 공장식 생산으로의 전환과 함께 산업혁명은 전반적으로 탈숙련 효과를 가져왔을 것이다. 한편, 더 나중 시기에 생산 방식을 공장식(어셈블리 라인)에서 연속공정이나 회분방식으로 바꾼 기술변화는 산출 대비 자본 비율을 한층 더 높였다. 그리고 우리의 논지와 관련해서 더 중요한 점은, 이러한 변화가 숙련 노동자에 대한 상대적 수요를 **늘렸으리라는** 것이다. 이제는 '생산' 부분에서 노동자가 작동시켜야 할 자본재가 노동력을 많이 필요로 하지 않았기 때문이다. 나아가 이러한 기술 전환은 전기화, 개별 구동 전동기의 도입, 그리고 물건을 나르고

끌고 들어올리는 작업의 자동화로 더욱 강화되었는데 이 역시 저숙련 노동력에 대한 수요를 감소시켰다.[67]

우리 주장의 핵심은 공장식에서 연속공정과 회분공정으로의 전환, 그리고 증기와 수력에서 전기로의 전환이 20세기 초 제조업에서 숙련 노동자에 대한 상대적 수요를 증가시킨 기저의 원인이라는 것이다. 이러한 기술변화는 오늘날 만개한 것으로 보이는 기술-숙련 보완성의 시초다.[68]

우리의 이론 체계에 따르면, 20세기 초에 더 발달된 테크놀로지(가령 연속공정이나 회분공정)를 도입한 업종은 평균적으로 숙련 수준이 더 높은 생산직 노동자를 고용해야 했을 것이고 비생산직(화이트칼라) 노동자 비중도 다른 업종보다 컸을 것이다. 그리고 이러한 업종은 더 자본집약적이어야 했을 것이고 동력의 더 많은 부분을 구매한 전기로 조달해야 했을 것이다. 이러한 예측은 이 장의 앞 부분에서 제시한 실증근거들에서 도출한 것이다.

종합하자면, 우리의 실증증거는 이르게는 1890년부터 시작되어 1940년까지 이어진 공장식에서 연속공정으로의 전환이 숙련 노동자에 대한 상대적 수요를 증가시켰으리라는 개념을 뒷받침한다. 또한 그 이전의 전환인 수공업 공방에서 공장식으로의 전환에서는 그와 반대 방향의 요인이 작용한 것으로 보인다. 이에 대해서는 실증근거가 덜 탄탄하지만, 수공업적 생산 방식을 여전히 사용하고 있었던 업종(판각, 보석, 시계와 손목시계 등)이 공장식으로 전환한 업종에 비해 자본집약도는 훨씬 낮았지만 노동자들의 숙련 수준은 높았다는 점만큼은 분명하다.

'기계 유지관리' 부분을 숙련 노동력이 수행한다는 점은 제조업의 어떤 생산 공정에서도 그 공정 '내에서는' 자본과 숙련이 보완재라는 것을 말해준다. 하지만 서로 다른 공정 사이의 이동을 고려하면 자본과 숙련(또는 교육)은 **보완재일 수도 있고 대체재일 수도 있다**. 19세기에 수공업적 생산에서 공장식 생산으로 전환했을 때는 자본과 저숙련 노동이 고숙련(수작업) 노동을 대체한 반면, 20세기에 연속공정과 개별 구동 전동기로 전환했을 때는 자본과 (교육 수준이 높은) 고숙련 노동력이 저숙련 노동력을 대체했다.

"테크놀로지만의 문제는 아니야, 멍청아": 요약

이 장의 주된 목적은 기술변화가 숙련 노동력의 수요에 미친 영향이 20세기 내내 지속적이었음을 보이는 것이었다. 물론 최근 몇십 년간의 대대적인 기술 발달이 숙련에 대한 상대적 수요를 증가시켰지만, 20세기의 더 이른 시기에도 숙련에 대한 상대적 수요를 증가시킨 대대적인 기술 발달이 있었고 아마도 현대에 못지않은 정도로 그랬을 것이다. 하지만 기술변화가 언제나 숙련편향적인 것은 아니었다. 우리는 순효과 면에서 기술변화가 숙련편향적이 된 터닝포인트가 19세기 말이라고 주장했다.

기술변화 자체만으로 최근의 불평등 증가를 설명할 수는 없다. 20세기의 더 이른 시기에 불평등이 줄어든 것이 기술변화 자체만으로 생긴 일이 아니었듯이 말이다. 따라서 이 장의 핵심은 (1992년 대선 때의 유명한 슬로건을 살짝 바꿔서 빌려오면) 이렇게 말할 수 있을 것이다. "테크놀로지만의 문제는 아니야, 멍청아." 테크놀로지만의 문제는 아니기 때문에 불평등의 증가는 수요 측면만으로 설명할 수 없다. 답의 나머지 부분은 공급 측면에서 찾아야 한다. 이를 알아보기 위해 미국의 교육 수준이 어떻게 달라져왔는지 살펴보기로 하자.

2부

교육 대중화를 향한
세 번의 대전환

4장
미덕의 기원

19세기 상당 기간과 20세기 대부분의 기간에 미국의 교육 시스템은 훌륭하게 작동했다. 1장에서 보았듯이 미국은 유럽의 엘리트주의적인 시스템을 부끄럽게 하면서 평등주의적인 시스템을 만들었다. 20세기에 미국이 교육에서 가졌던 막대한 강점은 다양한 방식으로 학교 교육의 촉진에 기여한 여러 제도들의 작용이 합쳐진 결과였다.

1900년에 존재했던 미국 교육 제도의 핵심 특징들(우리의 표현으로 '미덕들')은 대체로 그전 세기에 모양이 잡혔으며 대부분은 남북전쟁 이전에 등장했다. 바로 이러한 미덕들이 20세기 미국 교육의 발달을 특징짓게 되며 미국이 학교 교육에서, 특히 교육의 대중화에서 세계의 선도 국가가 되게 한다. 이 장의 주제는 미국 건국 후 첫 100년 동안에 생겨난 이 결정적인 특징들의 '기원'을 알아보는 것이다.

가장 기본적인 특징은 세 가지로, 자금이 공적으로 지원되었다는 점, 교육이 공적으로 제공되었다는 점, 정교 분리가 이루어졌다는 점이다. 여기에 더해 또 다른 세 가지 근본적인 특징이 있는데, 재정적으로 독립적인 수많은 학교지구들로 구성된 탈중심적 시스템이었다는 점, 젊은이다운 일탈이 용인되는 열린 시스템이었다는 점, 여아들도 남녀 공학인 공립 학교에서 함께 교육을 받을 수 있었다는 점('젠더 중립성')이다. 이제는 너무나 당연하게 여겨져서 미국 역사에 이런 특징들이 없었던 때가 있었다는 것이 잘 상상이 가지 않지만, 이런 특징들이 존재하지 않았던 시절이 있었다.

미국 교육의 미덕들

미덕이라는 말로 우리가 표현하고자 하는 것은 민주적이고 평등주의적인 기본 원칙에 바탕을 둔, 그리고 미국의 교육 시스템에 크게 영향을 미친 일군의 특징을 의미한다. 여기에서 다시 한 번 설명하자면, 재정적으로 독립적인 소규모의 수많은 학교지구가 공적으로 교육을 제공했고, 자금이 공적으로 지원되었으며, 종교적이 아니라 세속적으로 관리되었고, 젠더 중립적이었고, 개방적, 관용적이었다는 점이 그러한 특징이다. 한마디로 '평등주의적'이었다고 요약할 수 있을 것이다. 늘 현실에서 실현된 것은 아니었더라도, 이러한 특징들은 미국의 모든 아동에게 기회의 평등과 공통의 교육을 약속했다.[1]

이러한 미덕들이 가져온 초기의 결과는 미국에서 대다수 아동에게 학교와 학교 교육이 빠르게 확산된 것이었다. 19세기 중반이면 미국은 아동 및 청소년의 학교 등록률이 세계의 다른 나라들을 능가했다.[2] 우리가 위와 같은 특징들이 미국 교육 시스템에서 '미덕'이라고 보는 이유는 비교적 높은 수준의 학교 교육률과 교육 수준[학력]을 달성하게 해주었기 때문이다.[3] 19세기 중반부터 이러한 결과가 나타나기 시작했고 20세기 말까지도 미국 교육 시스템의 미덕들은 계속해서 잘 작동했다(20세기 말에는 몇몇 미덕에 대해 비판이 제기되었다).

미국이 선도한 초등 교육 대중화는 19세기 말이면 유럽에서도 이루어져서 미국과 유럽 사이에 교육 격차가 좁혀진다. 하지만 20세기 초에 교육 격차는 다시 벌어지는데, 미국이 '고등학교 운동'을, 이어서 대학 교육 대중화를 시작했기 때문이다. 교육의 대중화에서 미국이 가진 독보적인 위치는 1980년대까지 흔들리지 않았다(이 시기는 우리의 이야기에서 너무 나중 부분이므로 뒤에서 알아볼 것이다).

오래전의 미덕이 지금도 미덕이리라는 법은 없고, 예전에도 모든 지역과 모든 시기에 걸쳐 다 미덕이기만 했으리라는 법도 없다. 일례로, 재정적으로 독자적인 소규모 학교지구가 많은 것이 과거에는 교육의 진보를 가능하게 한 중요한 미덕이었지만, 오늘날에는 학교지구들 간에 과세 가능한 토지 및 부동산의 차이가 매우 큰 상태에서 소규모의 학교지구가 각자 독자적으로 재정을 꾸리는 것이 교육 자원의 불평등을 발생시키고 저소득 지역 아이들을 교육에서 소외시키고 있다는 지적이 제기되고 있다.

개방성과 관용성도 미덕으로서의 효과가 달라졌을 수 있다. 전에는 개방성과 관용성 덕분에 출신 배경이 좋지 못한 젊은이들도 교육에 접할 수 있었고 혹여 한 번 실패하더라도 그 결과가 평생 발목을 잡는 상황에는 처하지 않을 수 있었다. 그런데 오늘날에는 개방성과 관용성이 학교들이 학업 성취 기준을 낮게 잡고 교사들이 학생들의 문제를 적극적으로 다루려 하지 않는 데 대한 변명거리 역할을 한다는 지적이 제기된다. 교육 자금 조달과 관련된 의사결정 권한을 지역 당국이 갖는 탈중심성에 대해서도 오늘날 비판이 제기되고 있다. 탈중심적인 지역 단위의 의사결정이 과거에는 많은 공동체에서 교육의 빠른 진전을 촉진했을 수 있지만, 남부의 많은 도시에서는 인종 분리가 **법적으로** 지속되는 요인이 되기도 했다. 또한 [공립 학교의 인종 분리를 금지한] 1954년 '브라운 대 교육위원회Brown v. Board of Education' 사건에 대한 연방 대법원의 판결에도 불구하고, 남부가 아닌 곳의 학교지구들에서마저 **사실상의** 인종 분리가 지속되기도 했다.

　우리가 미덕이라고 본 특징들에는 딸려오는 부수적인 특징들이 있다. 재정적으로 독립적인 다수의 학교지구가 존재한다는 것은 소규모의 지역 당국이 학교 운영 자금을 조달해야 한다는 것을 의미한다. 부동산에 과세하는 것이 가장 효과적인 재정 확보 수단인데, 다른 형태의 자본은 과세가 없는 곳으로 도피할 수 있지만 (실제로 그런 일이 벌어진다) 토지는 그럴 수 없다는 것이 한 가지 이유다. 또한 소규모의 학교지구가 다수 존재한다는 것은 작은 정부 단위, 가령 타운십township들이 더 많은 사람들을 주민으로 끌어들이기 위해 다양한 면모들을 가지고 경쟁하게 된다는 의미이기도 하다.

　관용적인 시스템에서는 학생이 잘못을 저질렀을 때 미래에 만회가 불가능할 정도로 경로가 고착되는 일이 발생하지 않는다. 독일 및 기타 유럽 북부 지역 국가들의 교육 시스템에서는 소수의 학생들만 대학에 진학하는 '학술적 경로'를 밟을 수 있고 대부분의 학생은 산업 현장에서의 쓰임새와 관련된 실용적인 교과과정을 배웠지만, 미국은 유럽 시스템으로 가지 않고 학술적이면서도 실용적인 교과과정을 발달시켰다.

이러한 특징의 긍정적인 면들이 늘 의도했던 것은 아니었다. 재정적으로 독립적인 소규모 학교지구가 다수 존재한 데는 미국이 농촌 국가였다는 데서 오는 실용적인 이유가 있었고 미국의 공동체들이 지역적인 과세를 선호한 것과도 관련이 있었다. 마찬가지로, 이러한 특징에서 나오는 안 좋은 면들도 의도했던 바는 아니었고 어떤 경우에는 의도치 않은 결과가 점점 더 악화되기도 했다. 어떤 학교지구들은 다른 곳들보다 상당히 부유해져서 훨씬 더 좋은 학교들을 갖게 되었는데, 지난 몇십 년 사이에 불평등 수준이 높아지면서 소득에 따라 거주지가 분리되는 현상이 극단적인 정도까지 치달았다.[4] 많은 이들이 이를 재정적으로 독립적인 소규모의 학교지구가 존재한다는 특징이 야기한 안 좋은 결과라고 지적하고 있으며 물론 이 경우 이 특징은 '미덕'이라고 부르기 어려울 것이다.

하지만 꽤 한동안은, 그리고 미국의 많은 지역에서 이 특징들은 놀랍도록 유익한 결과를 산출했다. 이러한 결과는 종종 정반대의 교육 시스템을 가지고 있었던 다른 나라들에서보다 훨씬 좋았다. 미국에서는 탈중심적인 시스템이 중등 교육 대중화를 달성한 반면, 유럽 국가들의 중앙집중적인 교육 시스템은 중등 교육 대중화를 저해했다. 미국의 개방적이고 관용적인 시스템이 불리한 처지의 아이들과 방황하는 아이들에게 두 번째 기회를 주었다면, 학업 성취 기준과 책무성을 요구하는 많은 유럽 국가의 시스템은 계급을 강화했다. 부분적으로는 이런 이유들 때문에, 우리는 미국의 교육 시스템이 가진 특징들이 적어도 상당 기간 동안 미덕이었다고 본다. 우리는 6장에서 이러한 특징이 미덕이었다는 주장을 더 상세히 전개할 것이다. 여기에서는 이것들이

20세기로 접어드는 시기에 미국 초등학교와 중등 학교 시스템의 중요한 특징이었다는 점만 짚어두면 될 것이다.

1900년경 미국의 초등학교와 중등 학교 시스템이 가진 특징 중 가장 중요한 것은 교육이 공적으로 제공되고 학교 운영 자금이 공적으로 충당되었다는 점이다. 이 두 가지 특징은 공교육의 핵심을 이룬다. 자금이 공적으로 지원된다고 해서 교육이 꼭 공적으로 제공된다는 말은 아니다. 일례로, 오늘날의 바우처 시스템은 자금은 공적으로 지원되지만 교육은 사립 학교에서 제공된다. 마찬가지로, 교육이 공적으로 제공된다고 해서 자금이 꼭 공적으로 지원된다는 말은 아니다. 19세기에 학생들이 수업료를 냈던 것이 그러한 사례다.

1900년에 미국의 학교 교육은 자금이 공적으로 지원되었을 뿐 아니라 교육 내용도 재정적으로 독립적인 수만 개의 학교지구들이 [각기] 공적으로 제공했다. 큰 도시에는 학생 수도 많고 지리적 범위도 넓은 대규모 학교지구도 있었지만, 대부분의 학교지구는 학생 수와 지리적 범위 모두에서 규모가 작았다. 그리고 1900년에 학생 대부분은 비교적 작은 학교지구에 살고 있었다. 따라서 20세기 초에 미국의 학교 시스템은 고도로 탈중심적인 시스템이었고 오늘날에도 예전 만큼은 아니지만 여전히 탈중심적이다.[5]

학교 재정, 교사 수급, 교과과정의 면에서 20세기로 접어드는 시점에 미국에서 교육은 대체로 지역의 이슈였다. 1900년에 연방 정부는 초등 교육과 중등 교육에서 하는 역할이 사실상 없었다(그전에 연방 토지를 교육 자금 조달 목적으로 주 정부에 공여하는 매우 중요한 역할을 한 적도 있기는 하지만 말이다). 20세기의 훨씬 더 나중에는 연방 정부의 중요성이 이보다 커지지만, 그렇더라도 연방 정부의 역할은 여전히 비교적 작은 수준이다. 또한 1900년경에는 대부분의 주 정부도 학교 재정에서 차지하는 역할이 비교적 작았다. 탈중심적인 미국 시스템은 유럽의 많은 국가들과 정반대였고 지금도 그렇다.[6]

초등 교육 및 중등 교육 시스템에서 미국과 유럽의 차이는 탈중심화만이 아니다. 1900년에 가장 중요했던 차이 중 하나는 미국 학교가 엘리트주의적인 시스템이 아니었다는 점이다. 즉 소수의 뛰어난 남학생들이 상급 중등 학교와 대학으로 진학하게 하기 위한 시스템이 아니었다. 학교는 대체로 모든 사람에게 열려 있다는 점에서 개방적이었고, 낮은 학년에서 잘하지 못했어도 또 기회를 가질 수 있었다는 점에서 관용적이었다. 미국의 중등 교육 과정에는 학생들이 대학에 갈 수 있게 준비시키는 과목도 있었지만 살림을 포함해 다양한 노동에 준비시키는 과목도 있었다. 1910년경에 남성 고등학교 졸업자는 대부분 화이트칼라 일자리를 잡았다.[7] 그 이후로 중등 학교는 직업기술 과목과 생활양식 함양 과목들을 점점 더 강조하게 되며, 교과과정의 이러한 변화는 많은 학생들이 덜 학술적인 경로 쪽으로 가도록 했을 것이다.

상당히 높은 수준의 젠더 평등도 미국 교육의 미덕이었다. 1900년에 고등학교 1학년[9학년] 학급에는 거의 동수의 남학생과 여학생이 있었다. 상급 학년에는 여학생이 남학생보다 상당히 더 많았고, 졸업률도 여학생이 남학생보다 높았다. 젠더 중립성 덕분에 적어도 중등 교육까지는 여학생들이 더 높은 학력(교육 연수 기준)을 가질 수 있었다. 하지만 교육의 질적인 측면으로 보면 이야기가 종종 달라지고, 대학 진학과 관련해서도 그렇다.

'평등한 교육'이 모든 집단의 아동에게 해당되는 말은 아니었다. 1900년에 남부의 흑인 아동은 인종적으로 분리된 학교에 다녔다. 한때는 북부의 일부 지역에서도 흑인들은 법적으로 인종 분리된 학교에 다녔다. 1896년에 '플레시 대 퍼거슨Plessy v. Ferguson' 사건의 연방 대법원 판결은 학교들이 동등할 때만 인종적으로 분리될 수 있다는 의미라고 해석되었지만 남부의 인종적으로 분리된 학교들은 어느 면으로 봐도 동등하지 않았다. 한편 북부에서는 많은 가난한 아이들이(종종 이민자 부모를 둔 아이들이었다) 동일한 학교지구에 자금이 더 잘 지원되는 학교가 있는데도 자금이 불충분한 학교에 다녔다. 하지만, 이런 점을 감안한다 해도 유럽에 비해 미국에서 더 많은 아이들이 교육에 접할 수 있었고, 상당히 더 많은 아이들이 중등 학교에 진학할 수 있었으며, 20세기에는 대학에도 상당히 더 많은 학생들이 갈 수 있었다.

마지막으로, 1900년 무렵이면 미국의 공교육은 종교에서 분리되어 '세속적'이라고 말할 수 있는 제도가 되었다. 여기에서 '세속적'[혹은 '정교 분리적']이라는 말은 종교 단체가 운영하는 학교는 주 정부나 지방 정부의 공공 자금으로 지원받을 수 없었다는 의미에서이고, 공립 학교에서 성경 낭독이나 기도문 암송이 없었다는 말은 아니다. 오랫동안 학교에서 성경 낭독과 기도문 암송이 이루어졌다. 또한 1900년 시점에 공교육에서의 정교 분리는 대체로 주 정부의 조치에 관한 것이었고 연방 정부와 관련된 것은 아니었다. 대조적으로, 미국 헌법[수정헌법 1조]의 '국교금지조항'에 대해 최근 대법원이 내린 해석은 오늘날 학교의 종교성과 관련해 큰 이슈이다.[8]

초등 교육과 중등 교육에서 미국의 독특한 특징이라고 볼 수 있는 이 미덕들 모두가 20세기가 되기 한참 전에 이미 존재했다. 마찬가지로 미국은 고등 교육에서도 독특하게 미국적인 특징을 가지고 있었고 이 역시 1900년 전에 형성된 특징이었다.

　20세기 초 미국의 대학 교육은 개방적이고, 유연하고, 지리적으로 자신의 학생 기반인 농촌 인구와 가까웠으며, 주와 지역의 관심사에 연결되어 있었고, 실용적이었고, 많은 차원에서 다양성이 높았다. 미국의 대학은 폭넓고 활발한 사립 학교들과 점점 성장하고 있고 수준별로 위계가 있는 공립 학교들로 구성되어 있었다. 공립과 사립 간에도, 또한 각각의 내부에도 경쟁이 존재했다. 이렇게 다양한 방식으로, 미국의 고등 교육은 유럽 대부분의 국가들과 달랐다. 그리고 중등 교육도 그랬듯이, 고등 교육은 1900년 이후에 한층 더 구별되는 특징들이 모양을 갖추어나가며 어쩌면 중등 교육에서보다 그 정도가 훨씬 더 컸을 수도 있다. 고등 교육에서 이러한 변화를 추동한 요인과 결과는 7장에서 다룬다.

미덕의 기원: 미국 건국 이후의 첫 100년

　미국 교육 제도 특유의 미덕은 기원이 건국 초기로 거슬러 올라간다. 우리는 다음의 여섯 가지 미덕에 대해 기원을 살펴볼 것이다. 1) 공적으로 제공되는 교육, 즉 보통common학교의 성립, 2) 재정적으로 독립적인 소규모의 수많은 학교지구, 즉 탈중심화와 학교지구 간 경쟁, 3) 공적으로 자금이 지원되는 학교, 즉 모두를 위한 무상교육, 4) 비종파적인 공교육, 즉 교육 재정과 교육 의사결정에서의 정교 분리, 5) 공교육에서의 젠더 중립성, 즉 성별에 상관없는 공교육, 6) 개방적이고 관용적인 시스템, 즉 교육의 대중화.[9] 1)과 2)는 긴밀하게 연결되어 있으므로 이 둘은 하나로 묶어서 살펴볼 것이다.

이 장에서는 초등 교육에 해당하는 19세기의 보통학교 또는 초등학교에 초점을 맞출 것이고 이후의 장들에서 20세기의 중등 교육과 고등 교육으로 넘어갈 것이다. 초등 교육은 19세기에 확산되었고 중등 교육과 고등 교육은 20세기에 확산되었다. 20세기에 중등 교육 대중화가 가능했던 것은 이미 보편 초등 교육이 대부분의 지역에 확산되어 있었던 덕분이었다. 그리고 초등 교육의 대중화는 늦어도 1870년대면 보통학교 교육이 미국 전역에서 무상으로 제공되었기 때문에 가능했다.

토대가 된 개념들

새로운 나라 미국에서 많은 애국파[독립을 주창한 파] 인사들과 독립선언의 주창자들(존 애덤스John Adams, 벤저민 프랭클린Benjamin Franklin, 토머스 제퍼슨Thomas Jefferson, 벤저민 러시Benjamin Rush 등)이 교육에 대해 방대한 글을 남겼다. 1780년 존 애덤스가 작성한 매사추세츠주 헌법처럼 때로는 이들의 개념이 널리 공유되었고 빠르게 받아들여졌다.[10] 하지만 늘 그런 것은 아니었고 그들의 계획 중에 실현되지 않은 것도 많았다. 교육에 대해 이들이 주창한 바의 대부분이 그들 본인과 당대의 미국인들이 실제로 지지한 것이긴 했겠지만, 공화국으로서 새로 수립된 미국의 발전과 통합을 촉진하기 위한 프로파간다의 측면도 컸다. 의도나 성공 여부와 별개로, 이들의 논고는 신생 공화국에 강한 교육적 토대가 꼭 필요하다는 생각을 사람들에게 불러일으키고 확산하는 데 일조했다. 아마도 가장 중요한 것은 그들이 설파한 개념이 당대에 새로이 연방 공화국을 수립한 사람들이 우려하고 있었던 바와 공명하는 부분이 많았다는 점일 것이다.[11]

이들 거의 모두가 민주주의 국가 미국에서 사람들이 선거 등에서 공민적 기능을 수행하고 공직에 나가서 나라를 이끄는 자리에 갈 능력을 갖추게 하려면 교육이 결정적으로 중요하다는 점을 설득력 있게 설파했다. 몇몇 혁명적인 사상가들은 교육의 역할과 국가의 교육 시스템이 어떻게 조직되어야 하는지에 대해 더 이상적인 개념을 개진하기도 했다. 예를 들어, 제퍼슨과 러시는 초등학교부터 대학교까지 전 수준을 아우르는 교육 제도에 대한 정교한 계획을 내놓았다. 버지니아주를 위한 제퍼슨의 계획에서는 교육이 3단계의 수준으로 구성되어 있었다. 가장 기초 수준인 초등학교는 모든 사람에게 열려 있고 공적으로 자금이 지원되며, 중간 수준의 교육기관인 아카데미는 역량이 있는 남학생들에게 공공의 자금으로 교육을 제공하고, 가장 상급에는 '윌리엄 앤드 메리 칼리지William and Mary College'가 있어서 뛰어난 남학생에게 필요하다면 장학금을 주어서 교육을 제공하도록 되어 있었다. 연방 정부 대 주 정부의 상대적 역할에 대한 그의 정치적인 견해[그는 연방 정부의 권한은 매우 제한적이어야 하고 권력이 주 정부로 분산되어야 한다고 생각했다]를 생각하면 아이러니하게도, 제퍼슨의 이 계획은 학교 자금 조달을 충분히 지역적으로 두지 않아서 실패한 것 같다.

한편, 당대의 저명한 의사이자 유명인사이기도 했던 벤저민 러시에게는 교육이 이제 막 출발하는 새로운 민주주의를 위해서만이 아니라 경제를 위해서도 중요했다. 그에 따르면 교육에 쓰는 지출은 "농업과 제조업의 이익을 증가시킬 것"이기 때문에 궁극적으로 과세의 필요를 줄여줄 것이었다. 그는 학교에서 실용적인 과목들을 가르칠 것을 주장했는데, 곧 이것은 미국식 교육 형태의 전형적인 특징 중 하나가 된다. 그는 "농업은 광학이나 수문학 못지않게 과학"이라고 언급했는데 참으로 적절한 말이다.[12] 또한 그는 상업 및 화폐의 원리에 대한 공부는 "인류가 인류일 수 있게 하는 데 종교 다음으로 효과적"이라고까지 언급했다.[13]

재정적으로 독립적인 소규모 지역 당국이 공적으로 제공하는 교육(미덕 1과 미덕 2)

신생 공화국 초기의 보통학교

새로운 공화국이 수립된 초기에 자유민인 아동이 다닐 학교는 모든 곳에 있었고 모든 크기의 공동체에 있었으며 독립혁명 전부터 있던 곳도 많았다. 이 학교들은 종종 '보통학교common school'라고 불렸는데, 농촌 지역에서는 20세기에 들어서도 한동안 이 이름이 쓰였다. 나중에 대부분의 타운 및 도시 지역에서는 보통학교가 초등학교라고 불리게 되며, 몇몇 도시에는 더 나이가 많은 학생들이 다니는 그래머스쿨이 있었다. 논의를 단순하게 하기 위해 우리는 1870년 이전의 학교 중 5~14세 아동을 가르치던 곳을 모두 '보통학교'라고 칭했다(많은 곳이 나이가 더 많은 학생에게도 교육을 제공했고 일부는 학년이 나뉘어져 있었으며 '초등학교'나 '그래머스쿨'이라는 이름을 가진 곳도 있긴 했지만 말이다).

'보통학교' 교육은 많은 것을 의미했고 이 용어는 거의 한 세기 반 동안 사용되었다. 19세기 초에 보통학교는 지역공동체에 속해 공적으로 관리되는 학교를 의미했으며 사립 학교(종교 학교와 세속적 학교 모두)에 대비되는 말로 썼다. 현실적인 면에서는 모두가 '보통의 공통적인common' 것을 배우는 포용적인 학교를 의미했다. 보통학교는 지역공동체를 응집시켜주었고 사회가 공통적으로 믿는 원칙과 초등 수준의 과목을 가르쳤다. 그러다 점차로 타운과 도시에서 학년이 나뉘어 있는 초등학교의 수와 규모가 커지면서, '보통학교'라는 명칭은 농촌의 단칸짜리 학교, 그리고 학년 구분이 없는 초등 교육기관을 의미하게 되었다.

재정 및 의사결정의 탈중심화

미국 건국 초창기에 보통학교는 지역 단위에서 조직되었고 다양한 방식으로 자금을 충당했다. '지역 단위'가 모든 곳에서 같은 유형의 정부 단위를 의미하지는 않았고 한 지역 안에서도 시간이 지나면서 의미가 달라지기도 했다. 뉴잉글랜드에서는 '타운십'이 대부분의 기간 동안 학교 재정 및 교과목에 대한 의사결정에서 가장 작은 단위의 지역 당국이었다. 타운십은 타운과 인근의 농촌 마을 인구를 결합한 단위였다. 한편, 한때 매사추세츠주에서는 더 작은 단위인 '학교지구'가 학교 거버넌스의 핵심이었고 이는 1840년대까지 존재했다.[14]

뉴잉글랜드의 타운십 모델은 뉴잉글랜드 사람들이 서쪽으로 이주하면서 중서부의 새로운 주들로도 확산되었다. 하지만 중서부의 일부 지역을 포함해 미국의 다른 곳들에서는 '학교지구'(규모와 범위는 다양했다)가 교육 행정의 가장 작은 단위였다. 요컨대, 교육 관련 의사결정의 단위는 규모와 조직 면에서 다양했다. 뉴잉글랜드에는 타운십이 있었고, 나중에 생긴 주들에는 농촌 가구들의 연합이 있었으며, 코네티컷주에는 종교 교구가 있었고, 그 밖에도 다양한 형태가 있었다.

학교 운영 자금 조달: 재산세

19세기에 학교 교육은 대체로 지역의 사안이었지만 주 정부와 연방 정부가 이것 자체를 가능케 하는 데 중요한 역할을 했다. 19세기에 주 정부가 나름의 역할을 했다는 것은 놀랄 일이 아니다. 교육이 미국 수정헌법 10조["헌법에 의하여 미국 연방에 위임되지 아니하였거나 각 주에 금지되지 않은 권력은 각 주나 국민이 보유한다"]에 의해 '주 정부의 권한으로' 남겨진 것 중 하나였기 때문이다.

미국 건국 초기에 대부분의 미국인은 (그들의 행동으로 추정컨대) 자신의 자녀가 받을 교육을 자신의 지역공동체가 제공하기를 원했고 그러한 지출의 전부 혹은 일부를 감당하기 위한 자금을 지역적인 과세를 통해 조달하는 것을 선호했다. 하지만 처음에는 지역 당국이 과세 권한을 가지고 있지 않았기 때문에 주 정부가 지역 당국이 과세 권한을 갖게 하는 법을 통과시켜야 했다. 1820년대가 되면 북동부 주들 대부분이 그러한 입법을 통해 타운 수준에서 과세를 할 수 있게 했다. 예를 들어, 코네티컷주는 1794년, 로드아일랜드주는 1828년, 뉴저지주는 1829년에 그러한 법을 통과시켰다.

이어서 주 정부들은 지역 당국이 전체 수업일수에 대해 학교 교육을 무상으로 제공하도록 의무화하는 법을 통과시켰다. 매사추세츠주는 1827년에 50가구 이상 규모인 타운은 과세를 통해 자기 타운 내의 학교에 재정을 대도록 의무화했다. 1년 전인 1826년에 학교들이 '사용자 요금'을 거둬 교사 고용에 필요한 자금을 조달할 수 있는 가능성을 없앴기 때문이다(뒤에서 설명할 것이다). 뉴욕주 등 몇몇 주에서는 교사 봉급이나 학교 건물 등 여러 항목의 학교 지출에 대해 주 정부가 지역 당국에 매칭 자금을 지원했다.[15]

탈중심화된 재정에는 여러 가지 장점이 있을 수 있다. 6장에서 논의하겠지만, 의사결정 단위가 작을 때 [공공재의 제공에서] 가질 수 있는 장점이 발휘되어서 탈중심화는 미국에서 중등 교육이 확산되는 데 지대한 역할을 했으며 초기 단계에서는 특히 더 그랬다. 또 다른 장점은 교육의 제공에 경쟁이 도입되어 효율성이 높아질 수 있다는 점이다. 하지만 탈중심화는 학교지구들 사이에 자금의 불평등을 증가시킬 수 있다.[16] 어떤 학교지구는 다른 곳들보다 부유해서 과세로 더 많은 자금을 조달할 수 있을 것이다. 재산세는 효율성과 평등 사이의 상충적 교환관계 속에서 중요한 이슈였고 지역적으로 조달되는 교육 재원에서 큰 비중을 차지했다.[17]

지역에서 자체적으로 재산세를 징수해 재정을 충당하는 시스템에서 학교가 질적으로 좋은 성과들을 내놓게 되면서 그 지역 토지의 시장 가치가 높아졌고 '자본화' 과정을 통해 주택의 시장 가치도 높아졌다. 세율이 일정해도 주택 가치가 상승했으므로 학교지구들은 더 큰 조세 수입을 얻게 되었다.[18] 재정 권한의 탈중심화, 재정적으로 독립적인 다수의 학교지구, 그리고 재산세의 사용은 학교의 효율성을 높여준 중요한 혁신이었을 것이다. 하지만 각각은 당대의 현실적이고 실용적인 고려에서 나온 것이었지 딱히 잠재적 이득을 의식해서 나온 것은 아니었을 것이다.

초창기의 교육 시스템에 자금을 대는 데 중요한 역할을 했지만 종종 잊히곤 하는 중요한 행위자 하나가 연방 정부다. 연방 정부가 교육에서 수행한 역할은 나중보다 건국 초창기가 훨씬 더 컸다.

초창기 미국의 교육에서 연방 정부의 역할은 1785년 토지조례 Land Ordinance of 1785로 정식화되었다. 이것은 [아직 헌법이 제정되기 전]

13개 식민지 주들의 연합규약Articles of Confederation에 의거해 통과되었
으며, 토머스 제퍼슨이 작성한 이 조항은 이 13개 주가 연방 정부로 양
도한 노스웨스트 준주Northwest Terrotories 지역의 토지를 어떻게 다룰지
를 규정했다. 제퍼슨의 계획은 토지를 가로세로 각각 6마일(약 9.65킬
로미터)인 36제곱마일(약 93제곱킬로미터) 면적의 타운십으로 구획하고
각각을 가로세로 1마일(약 1.6킬로미터)인 36개 섹션으로 나눈 뒤, 각
타운십이 학교 자금 조달 용도에 하나의 섹션을 의무적으로 할당해
이 토지의 매각 대금을 교육에 사용하도록 한다는 것이었다. 2년 뒤인
1787년에 연방 의회는 노스웨스트 조례Northwest Ordinance를 통과시켜
노스웨스트 준주에서 [원래의 13개 주와 동격으로] 3~5개 주가 만들어질
수 있게 했다. 이로써 노스웨스트 준주의 일리노이, 인디애나, 미시간,
오하이오, 위스콘신이 '주'가 되었다.

연방 정부가 새로운 영토를 획득해나가면서 다른 곳에서도
1785년의 토지조례에서 정한 규칙이 계속 적용되었다. 36제곱마일의
타운십들이 생겼고 학교 자금 용도에 1개 섹션씩이 할당되었다. 1850
년에 캘리포니아주가 연방에 들어왔을 때는 각 타운십에서 하나가 아
니라 2개 섹션씩이 학교 자금 조달 용도에 할당되었고 토지 가치가 낮
은 남서부 지역의 주들에는 4개 섹션씩이 할당되었다.[19] 연방 정부가
토지를 공여함으로써 교육의 확산에 기여하는 방식은 19세기에도 지
속되었다. 이때는 주 정부에 토지를 공여해 대학을 세우는 데 자금으
로 쓰게 했다. 처음에는 임시적인 방식으로 이루어졌지만 나중에 2개
의 모릴 토지공여법Morrill Act(1862년, 1890년)을 통해 정식화되었다. 이
에 대해서는 7장에서 다룰 것이다.

공적인 자금 충당 (미덕 3)

무상교육의 확산은 뉴잉글랜드에서 시작되었다. 공동체가 공적으로 교육에서 중요한 역할을 하고자 하는 열정이 가장 강한 곳이었다. 그리고 뉴잉글랜드 사람들이 중서부와 서부의 새로운 지역으로 이주하면서 대서양 중부 주들로, 그리고 남북전쟁 이후에는 남부 주들로도 무상교육의 움직임이 확산되었다.

남북전쟁 이전 시기에 주 정부가 입법을 통해 학교지구가 학교 재정을 공적으로 담당하도록 의무화한 것은 흔히 미국 교육의 역사에서 터닝포인트로 여겨진다. 많은 학자들이 이러한 법들이 미국의 교육을 다수에게 확대하는 데 결정적이었고 그런 면에서 이러한 법들은 평등주의적 국가의 상징이었다고 주장했다. 하지만 무상교육이 정확히 어떻게 해서 달성되었는지의 이야기는 이보다 훨씬 더 복잡하다.

이야기가 더 복잡한 이유는 주 정부가 입법으로 의무화하기 한참 전에도 많은 도시와 학교지구에 이미 학비가 무료인 학교들이 있었고 그렇지 않은 곳들도 수업일수 중 적어도 일부에 대해서는 공적으로 자금을 지원하고 있었기 때문이다(나머지 수업일수에 대해서는 학생들이 수업료를 내야 했다). 무상교육의 실제 역사를 알려면 학교들이 정확히 어떻게 자금을 충당했는지 살펴보아야 한다.

수업료

새로운 국가가 수립되고서 초창기에 학교 자금은 공공 토지의 매각 대금에서 나오는 주 정부의 자금과 부모들이 내는 돈(수업료), 그리고 지역 정부의 과세로 충당되었다. 처음에는 주 정부의 자금만으로 충분했지만 인구가 증가해 학교 등록생 수가 많아지면서 추가적인 재정 수단을 찾아야 했다. 먼저 '수업료'를 걷는 방식이 도입되었고 그다음에는 지역 당국의 과세(주로는 재산세)와 주 정부의 과세가 도입되었다. 수업료는 주마다 서로 다른 시점에 도입되었다.

　　수업료는 공립 학교를 사용하는 데 대한 사용료라고 볼 수 있었고, 시기와 지역에 따라 달랐지만 학교에 다니는 아이가 있는 가정에 부과되었다. 대개는 공동체의 자금으로 제공되는 무상 수업일수를 넘는 수업일수에 대해서만 수업료를 부과했지만, 수업일수 전체에 대해 수업료를 걷는 곳들도 있었다. 또한 학교에서 가장 중요한 (때로는 유일한) 지출이 교사를 고용하는 비용이었으므로 농촌 지역에서는 (때로는 도시에서도) 가구들이 교사의 봉급을 위한 현금 외에도 교사가 묵을 곳 등을 현물로 제공하기도 했다.

　　교육의 선두 주자이던 매사추세츠주에서는 19세기부터 50가구 이상 규모인 타운은 공공 자금으로 6개월의 초등 교육을 무상으로 제공하게 했다. 수업일수를 그것보다 더 늘리기 위해 부모들이 추가로 돈을 내는 것은 허용되었다. 뉴욕주는 1828년까지는 토지 매각 대금과 그 밖의 주 정부 재원으로 지역의 학교들을 지원했지만, 1828년에 수업료가 도입되었다. 1828~1868년에는 수업료를 통한 민간 자금으로 교사 봉급의 절반을 충당했고 주 정부의 자금과 지방 당국의 과세로 나머지를 충당했다.[20] 코네티컷주에서는 보유하고 있던 '웨스턴 리저브'(현재는 오하이오주에 속해 있다) 토지의 매각 대금으로 한동안은 학교를 충분히 지원할 수 있었지만, 뉴욕주와 마찬가지로 곧 민간이 내는 수업료로 추가적인 자금을 충당해야 했다.

　　대부분의 주에서 무상교육을 주창하며 일어났던 캠페인은 수업료 폐지에 초점을 두었고 이를 위해 공립 학교 자금 용도로 추가적인 재원을 마련하라고 요구했다. 이러한 캠페인은 '보통학교 부흥' 캠페인이라고 불리며, 미국 교육사에서 가장 잘 알려져 있고 가장 많이 연구되어 있는 사건 중 하나다. 보통학교 부흥 캠페인에는 호러스 만 Horace Mann과 같은 저명한 인물들이 관여되어 있다. 그는 '잭슨 시대'와 남북전쟁 시기에 이 캠페인의 지도자였다.[21]

남북전쟁 이전 시기의 무상교육 확산은 미국의 교육 대중화에서 근본적인 사건으로 찬사받아 마땅하다. 하지만 수업료 폐지 법제와 보통학교 부흥 캠페인이 아동과 청소년의 교육 확대와 무상교육 제공에 실제로 얼마나 기여했을까? 얼핏 보면 답은 뻔해 보인다. 무상교육을 요구하는 캠페인이 있었고, 주 의회들이 수업료를 폐지하는 법을 통과시켰으며, 그에 따라 학교 등록률이 올랐을 것이라고 말이다. 하지만 그렇게 간단히 답을 낼 일이 아니다. 진짜 답은 노력을 훨씬 더 들여야 찾을 수 있다. 주 의회에서 무상교육법이 통과된 것과 보통학교 부흥 캠페인이 벌어진 것이 무상교육을 확대하는 데 실제로 가져온 인과적 영향이 언뜻 여겨지는 것만큼 크지 않을 수 있기 때문이다.

매사추세츠주와 메인주에서는 일찍이 주 법으로 수업료가 폐지되었고(이곳들은 1830년 이전에 주 차원에서 수업료를 폐지했다) 뉴햄프셔주는 처음부터 수업료가 없었지만, 이처럼 수업료 폐지 과정이 비교적 단순했던 주들과 달리 대부분의 주에서 수업료 폐지는 매우 복잡한 방식으로 이루어졌다. 북동부의 다른 주들 대부분에서는 공적으로 수업을 제공하는 보통학교들이 19세기 중반까지도 공공 자금과 민간 자금을 모두 받아서 운영되었지만, 이들 주에서도 몇몇 도시와 마을은 주 의회가 수업료 폐지를 법제화하기 한참 전에 수업료를 없앴다. 또 하나 고려해야 할 점은, 폐지되기 전에도 수업료는 전체 수업일수 중 일부에 대해서만 부과되었다는 점이다. 나머지 비용은 수업료가 공식적으로 폐지되기 한참 전부터도 공적으로 충당되고 있었다.

미국 건국 초창기의 보통학교 시스템은 재정 조달 방식과 학교에서 제공되는 교육 내용이 [국가 단위나 주 단위에서 일관되고 공통적인 것이 아니라] 제각기 다양했다. 대부분의 지역공동체에 공적으로 수업이 제공되고 공적으로 자금이 조달되는 학교가 있었다. 동시에, 많은 곳이 공적인 자금으로 제공되는 수업일수 외에 추가적으로 수업을 받기 위해 부모들이 돈을 내는 것을 허용했다. 또 다른 곳들에서는 수업은 공적으로 제공되었지만 자금은 민간이 충당했고, 학생의 가족이 내는 수업료로 전체 수업일수의 비용을 댔다. 또 어떤 도시들에서는 대부분의 아이들이 사립 학교에 다녔다. 형편이 어려운 집 아이들은 빈민학교를 다녔는데, 빈민학교는 자선 기부의 형태로 자금을 후원받았고 종종 교회 기반이었다. 1850년에는 자유민인 미국인의 80%(5~14세 중에서는 84%)가 큰 도시가 아니라 농촌이나 작은 타운에 살았으므로, 보통학교의 재정 형태는 과세를 통한 공적인 수입과 학생들에게 걷는 수업료 수입을 둘 다 활용하는 준공립 형태가 가장 많았을 것이다.[22]

모두를 위한 무상교육: 보통학교 캠페인

독립 직후 초창기 국가 시절에 보통학교의 자금 조달은 이후에 펼쳐지게 될 양상과는 사뭇 달랐다. 이후에 발달하게 되는 형태는 학교의 지출을 전적으로 지역 당국과 주 정부의 자금으로 충당하고 민간이 내는 수업료와 빈민학교를 없애려 한 운동이 남긴 영구적인 유산이었다.

남북전쟁 이전에 차차로 미국의 교육 시스템은 점차로 지역공동체가 돈을 지출해 공동체 안의 **모든** (자유민인) 아이에게 교육을 제공하는 방식으로 발달해갔다. 나이가 많은 토지 소유자들에 대한 세금 (이들의 자녀는 이미 학교를 마쳤을 것이다)이 공동체의 다른 아이들(주로 더 젊은 사람들의 자녀들)을 위한 학교에 돈을 대는 시스템이었다. 공동체는 나이가 많은 구성원들이 공동체에 돈을 환원해서 자신이 한 세대 전에 받았던 것을 후세대에 돌려주는 방식으로 '세대들이 겹치게' 해서 유대를 일구게 될 것이었다. 그리고 학교 교육은 부모가 얼마나 가난하든 상관없이 모든 학생에게 공통적일 것이었다. 즉 이 논리에 따르면 모두를 위한 무상교육 시스템에서는 매우 부유한 소수의 사람들만 수업료를 내는 사립 학교에 아이를 보낼 것이고 빈민학교는 더 이상 존재하지 않을 것이었다.

이렇게 보통학교 재정을 완전히 공적으로 충당하는 것이 북부와 서부 주들에서 남북전쟁 이전의 몇십 년 동안 내내 확산되어 왔지만 1871년까지는 이 과업이 완성되지 않았고, 남부에서는 1870년대가 될 때까지 무상교육이 제공되는 학교가 없었다. 표 4.1은 북동부 지역과 '옛 북서부 지역'에서 주별로 수업료가 폐지된 연도를 보여준다. 매사추세츠주, 메인주, 뉴햄프셔주는 1826년 이전에 수업료를 폐지했지만, 코네티컷주, 로드아일랜드주, 뉴욕주, 뉴저지주에서는 남북전쟁 이후에야 수업료가 공식 폐지되었다. 남부연맹에 속했던 주들의 경우는 1870년대의 '재건 시대'에 수업료를 받지 않는 학교 시스템이 강제되었다.

많은 다른 나라에서는 국가 자금으로 공교육 비용을 충당하는 시스템을 촉진시킨 주요 동력이 의무교육법의 통과였다. 의무교육법은 국가에는 충분한 수의 학교와 교사를 제공할 의무를 부과하고 아

표 4.1 북부와 중서부의 무상교육, 수업료 폐지, 의무교육 관련법

주	수업료가 폐지된 해	첫 의무교육법이 통과된 해
뉴햄프셔	n.a. [a]	1871
메인	1820 [b]	1875
매사추세츠	1826	1852
펜실베이니아	1834	1895
위스콘신	1848 [c]	1879
인디애나	1852 [d]	1897
오하이오	1853	1877
일리노이	1855	1883
아이오와	1858	1902
버몬트	1864	1867
뉴욕	1867 [e]	1874
코네티컷	1868	1872
로드아일랜드	1868	1883
미시간	1869	1871
뉴저지	1871	1875

출처: 수업료 폐지: Cubberley (1947, 최초 출간은 1919년), p. 205. 이 내용은 애덤스(Adams 1969, 최초 출간은 1875년) 및 인디애나, 아이오와, 위스콘신에 대한 피시로우(Fishlow 1966a)의 내용과 일치한다. 쿠벌리는 뉴햄프셔주와 메인주의 날짜는 언급하지 않았다.

　의무교육법: Deffenbaugh and Keesecker (1935), p. 8.

주: 쿠벌리에 따르면, 아래의 주e에서 언급한 뉴욕주 도시들에 더해, 프로비던스, 볼티모어, 찰스턴, 모빌, 뉴올리언스, 루이빌, 신시네티, 시카고, 디트로이트가 각자의 주가 수업료를 폐지하기 25년 전에 무상교육을 제공하는 학교를 두고 있었다.

　a: 뉴햄프셔주에는 수업료가 처음부터 없었던 것이 명백하다. 다음을 참고하라. Bush (1898); Bishop (1930).

　b: 쿠벌리(Cubberley 1934, 최초 출간은 1919년)에 따르면 메인주의 헌법(1820)은 타운들이 "학교에 적합한 지원을 제공해야 한다"고 요구했다. 다음도 참고하라. Chadbourne (1928); Nickerson (1970). 여기에는 수업료는 언급되어 있지 않다.

　c: 피시로우(Fishlow 1966a)에 따르면 위스콘신주는 1848년에 통과된 헌법에서 수업료를 폐지했다.

　d: 피시로우(Fishlow 1966a)는 이 시점을 1851년으로 제시하고 있다.

　e: 쿠벌리(Cubberley 1934, 최초 출간은 1919년)는 뉴욕주의 많은 대도시와 일부 소도시가 주 정부 차원에서 수업료가 공식 폐지되기 한참 전에 무상교육을 제공하는 학교를 두고 있었다고 언급했다. 뉴욕시(1832), 버펄로(1838), 허드슨(1841), 로체스터(1841), 브루클린(1843), 시러큐스(1848), 트로이(1849), 우티카(1853) 등이 그런 사례였다.

이들에게는 학교에 다녀야 할 의무를 부과했다. 하지만 미국은 경우가 달랐던 것으로 보인다. 표 4.1에 나와 있는 모든 주에서 의무교육법이 통과된 시점은 수업료가 폐지된 시점보다 더 **나중이었고** 대부분은 한참이나 더 나중이었다.[23]

1870년대에 수업료가 폐지된 남부 주들까지 포함해서 생각해보면, 공적으로 자금이 지원된다고 해서 학교들이 자금을 넉넉하게 지원받았거나 모든 학생이 1인당 동일한 자금을 지원받았다는 의미는 아니라는 사실을 알 수 있다. 더 나은 학교 교육에 대한 요구가 계속 높아지면서, 심지어는 부유한 주에서도 학교의 질은 지역마다 달랐고 시기에 따라서도 달랐다. 1840년대에는 매사추세츠주의 공립 학교에서 평균적인 수업일수가 165일이었는데 1870년대에는 192일이 되었다.[24]

주 정부가 수업료를 법으로 폐지해 하루아침에 공립 학교가 무료가 되었고 그에 따라 각 가정의 자녀 교육 비용도 하루아침에 달라졌으리라고 상상하기 쉽지만, 또 일부 주와 일부 지역에서는 실제로 그랬을지도 모르지만, 대부분의 주에서는 무상교육으로의 전환이 '주정부의 입법화'라는 사건이 연상시키는 이미지보다 훨씬 더 점진적이었다.

주의 입법을 통해 수업료가 공식 폐지된 것이 부모들의 교육비 지출에 얼마나 비중 있는 영향을 미쳤는지는 그 법이 통과되기 전에 학교의 지출 중 학교지구들이 공공의 자금으로 충당해주던 비중이 어느 정도였는지, 그리고 법이 통과되기 전에 이미 무상교육을 제공하고 있었던 학교지구와 도시 당국이 얼마나 있었는지에 따라 달랐을 것이다.

앞에서 언급했듯이, 많은 큰 도시들이 주 차원의 입법화가 있기 전에 수업료를 없앴다. 뉴욕주의 큰 도시들은 (심지어는 몇몇 작은 도시들도) 주 차원의 입법화가 이뤄진 1867년보다 한참 전에 수업료를 없앴다. 뉴욕시는 1832년에, 브루클린은 1843년에, 이리운하에 면한 많은 도시들은 1840년대에 수업료를 폐지했다.[25] 남부 도시들도 포함해서 남북전쟁 이전의 주요 항구 도시 거의 모두가 각자의 주 정부가 수업료를 폐지하기 몇 년 전, 때로는 몇십 년 전에 수업료 없는 학교를 두고 있었다. 남부 도시인 볼티모어, 찰스턴, 모빌, 뉴올리언스, 루이빌은 각자의 주 정부가 법으로 강제하기보다 25년이나 전에 무상교육 학교가 있었고, 신시네티, 시카고, 디트로이트 등 '서부' 도시들과 동부의 프로비던스도 마찬가지였다. 코네티컷주는 1868년에 공식적으로 수업료를 폐지했지만 이 주의 학교지구 대부분은 그보다 10년쯤 전부터 수업료 없는 학교가 있었다.[26] 더뷰크 등 아이오와주의 여러 학교지구도 [주 전체에 무상교육이 적용되기 2년 전이던] 1856년에 무상교육을 제공하고 있었다(아이오와시의 경우에는 1857년에도 학생에게 받는 수업료가 전체 지출의 절반을 차지하고 있었지만 말이다).[27]

많은 학교지구가 주 정부의 입법화가 이뤄지기 전에 수업료를 폐지했을 뿐 아니라 수업료를 받는 곳들도 무상으로 제공되는 수업일수가 이미 상당히 길었다. 하지만 우리는 수업료 폐지가 법제화되기 전에 총 수업일수 중 학교지구가 공적으로 지출을 충당하는 수업일수의 비중이 얼마였는지를 정확히 알지 못하므로 수업료 폐지가 재정에 실제로 어떤 영향을 미쳤는지를 정확히 평가할 수는 없다.

만약 지역 당국의 학교 재정 충당 방식이 학생의 가정에 '사용자 요금'을 물리던 데서 사용자가 부담해야 할 비용 없이 과세에 의존하는 쪽으로 공식적으로 이동하면서 이것이 실제로 각 가정의 재정

상황에 비중 있게 영향을 미쳤다면, 이를 기점으로 등록률과 출석률이 높아졌어야 한다. 이와 달리 만약 공적인 자금으로 충당되는 수업일수가 이미 길었고 상당한 학생들이 이미 무상교육이 제공되는 학교지구에 살고 있어서 그러한 법제상의 변화가 별다른 차이를 가져오지 않았다면, 또한 수업료가 자녀를 학교에 보낼지에 대한 부모의 의사결정에서 이미 중요성이 크지 않았다면, 입법의 실질적인 영향은 작았을 것이다. 수업료 폐지가 입법화되기 전과 후의 학교 등록률 및 출석률 데이터에서 이에 대한 실마리를 얻을 수 있다. 남북전쟁 이전 시기에 대해서는 실증근거가 희박하지만 조심스러운 해석을 해볼 수는 있으며 꽤 여러 주에 유의미한 데이터가 존재한다.

　　교육사에서 남북전쟁 이전 시기에 대해 연구가 가장 많이 이뤄진 주는 매사추세츠주와 뉴욕주다. 몇몇 연구자들이 이 두 주의 데이터, 그리고 연방 센서스국이 1830년과 1840년에 학교 센서스에서 수집한 데이터를 방대하게 활용해 여러 연구를 했다. 매사추세츠주는 1826년에 수업료를 폐지했고 뉴욕주는 41년이나 뒤인 1867년에서야 폐지했기 때문에 이 둘의 비교는 유용한 실마리를 준다.

　　남북전쟁 이전에 있었던 보통학교 부흥 캠페인에 대한 앨버트 피시로우Albert Fishlow의 연구에 따르면, 1830년에 매사추세츠주의 5~19세 아동 중 73%가 학교에 등록되어 있었고 1840년에는 69%가 등록되어 있었다. 뉴욕주도 거의 동일하게 1830년에는 74%, 1840년에는 69%였다.[28] 이는 수업료의 공식적인 철폐가 학교 등록률에 거의 영향을 미치지 못했음을 말해준다.[29]

　　남북전쟁 이전의 교육에 대한 또 다른 데이터로는 1850년과 1860년의 미국 센서스 자료가 있는데, 여기에는 조사 대상 연도에 하루 이상 학교에 다닌 적이 있는지를 질문한 항목이 있다. 1850년 백인 5~19세 아동의 학교 등록률은 매사추세츠주 67%, 뉴욕주 63%였고, 1860년에는 매사추세츠주 65%, 뉴욕주 62%였다.[30] [출석률이 아닌] 등록률을 학교 교육률의 지표로 삼으면 실제로 학교를 다녔는지 여부가 과장될 수 있지만 뉴욕주와 매사추세츠주 중 **어느 한 쪽이 더** 과장되었으리라고 볼 이유는 없다.

　　뉴욕주와 매사추세츠주의 비교는 중요한 시사점을 갖는다. 매사추세츠주에서만 수업료가 폐지된 상태였던 1840년경에(매사추세츠주는 1826년에 수업료를 폐지했다)도 두 주의 학교 등록률은 거의 비슷했다. 또한 뉴욕주는 1867년까지 수업료를 폐지하지 않았는데도 두 주의 학교 등록률은 1850년과 1860년에도 계속 비슷했다.[31] 뉴욕주에서 수업료 폐지법의 통과가 그리 중요치 않았던 이유 중 하나는, 앞에서 보았듯이, 뉴욕주의 많은 도시가 (일부 타운도) 주 정부의 입법과 상관없이 이미 무상으로 교육을 제공하고 있었기 때문일 것이다.

　　뉴욕주와 매사추세츠주의 비교에서 도출된 결론을 중서부 주들의 데이터에서도 확인할 수 있다. 중서부의 등록률은 주 단위에서 수업료가 폐지되기 **전에** 이미 상당했다. 1850년에 55%였고 1860년까지 추가로 10%포인트가 증가한다. 그 10년간 또는 그 직전에 4개주(일리노이주, 인디애나주, 오하이오주, 위스콘신주)가 수업료를 폐지했지만 수업료 폐지를 전후해 곧바로 등록률이 차이를 보이지는 않았다.[32]

　　무상교육을 주창한 캠페인이 중요하지 않았다는 말이 아니다. 무상교육은 교육 대중화에 상당히 중요했다. 우리가 말하려는 바는 많은 지역이 주 차원에서 수업료를 폐지하기 전에 **이미** 공동체에서 자금을 대서 상당한 수업일수를 무상으로 제공하고 있었고[33] 많은 도시와 학교지구들이 주 정부가 수업료를 폐지하기 전에 무상교육을 실시했다는 점이다. 이는 주 단위보다 지역 단위에서의 통제가, 톱다운 캠페인보다는 풀뿌리 운동이 더 중요했음을 말해준다.

수업료 사례는 미국 교육의 역사에서 지역 단위에서의 의사결정이 교육의 확대를 촉진했고 주 정부의 법적인 강제 이전에 지역 당국들이 교육 접근성을 이미 넓히고 있었다는 것을 보여주는 수많은 실증근거 중 하나다.[34] 따라서 우리의 발견은 모두를 위한 무상교육을 주창한 톱다운식 캠페인이 중요치 않았다는 말이 아니라, 미국의 교육에 풀뿌리 운동이 존재했으며 이 풀뿌리 운동이 매우 중요했다는 의미라고 보면 될 것이다.

호러스 만과 '학교 인사'들

수업료 폐지의 역사에 대한 관심은 부분적으로는 무상교육의 중요성에서 나온다. 하지만 신생 국가 미국에서 공교육 확대 캠페인을 이끈 지도자들에 대한 관심과도 관련이 있다. 이들의 개인적인 업적이 최종적인 결과에 영향을 미쳤는지에 대해서는 논란의 여지가 있지만, 분명한 것은 이들이 수십 년이나 시대를 앞서간 주장을 개진했고 대중적인 호응도 성공적으로 얻어냈던 헌신적인 사람들이었다는 점이다. 가장 유명한 사람을 꼽으라면 호러스 만일 것이다. 그는 1837~1848년에 매사추세츠주 교육위원장이었다. 또 다른 유명한 인물로 헨리 바너드Henry Barnard도 있는데, 그는 코네티컷주와 로드아일랜드주에서 교육위원장을 지냈다(코네티컷주에서는 1839~1855년에, 로드아일랜드에서는 코네티컷주 교육위원장 직책이 1840년대에 일시적으로 폐지되었을 때 교육위원장을 지냈다).[35] 두 사람 모두 당시에 많은 이들에게

읽힌 매체를 통해 무상교육 개념을 널리 설파했다.

호러스 만은 1837년에 매사추세츠주 초대 교육위원장이 되었다. 매사추세츠주가 수업료를 금지하고 공립 학교의 모든 지출을 지역 당국이 지원하도록 한 법을 통과시키고 10년이 지나서였다. 당시 전국의 무상교육 주창자들과 마찬가지로 그의 목적은 보통학교의 수준을 유지하고, 교사의 질을 높이며, 더 나은 학교를 더 많이 짓고, 수업 일수를 늘리는 것이었다. 만은 교육 대중화를 지치지 않고 옹호했고 이 목적을 달성하기 위해 수단과 전술을 가리지 않았다.

1840년경에 공교육에 대한 사람들의 관심이 줄자(아마도 주 경제와 국가 경제의 불황과 지역에서 벌어진 정치적인 사건들의 영향일 것이다) 만은 주 의회 의원들에게 뛰어난 공립 학교 시스템을 갖는 것의 장점을 설득력 있게 설파할 방법을 고안했다.[36] 그는 교육이 효율적인 노동자를 배출하므로 높은 가치가 인정되어야 한다는 것을 보여줄 설문지를 만들었다. 그는 교육받은 노동자가 일터에서 생산성이 더 높고 새로운 기법에 더 쉽게 적응하며 새로운 기법 자체를 발명할 수도 있음을 보여주고자 했다.

만의 설문지는 실증분석의 정교성에서 시대를 앞서간 것이었다. 하지만 과학적인 탐구용이었다기보다는 프로파간다 도구였을 것이다. 그는 "내 목적은, 타고난 능력이 동일하다면 교육을 받은 사람과 그렇지 않은 사람 사이에 생산적 역량의 차이가 존재한다는 사실을 확증하는 것"이라고 언급했다. 그는 수백 명씩을 고용하고 있는 '모든 종류의 제조업 경영자들' 그리고 '기계공, 엔지니어, 철도 계약자들, 군 장교들'에게 설문지를 돌렸다. 그는 교육받은 노동자와 그렇지 않은 노동자를 비교할 수 있도록 대규모 고용주들을 설문 대상으로 선택했다. 그는《제5차 연간보고서Fifth Annual Report》(1841)를 펴내면서 설문 일부를 공개했다. 그가 제시한 응답 수는 적었지만(5개뿐이었다) 그의 설명은 20페이지나 이어졌고 교육받은 노동력을 보유하는 것이 가져다주는 막대한 이득에 매우 큰 찬사를 보내는 내용이었다.[37]

풀뿌리 운동인가, 톱다운 캠페인인가?

수많은 연구가 19세기 아동과 청소년의 사회화에 학교가 미친 영향을 논의했고 많은 논쟁이 있었다. 어떤 역사학자들은 기업 경영자들과 토지 소유자들이 가톨릭교도가 많은 이민자 아동과 청소년들을 유순한 노동력으로 키우기 위해 학교에 자금을 대고자 했을 것이라고 보았다.[38] 한편, 호러스 만과 그의 동지들은 학교 교육을 공적으로 제공해야 하고 학교에 공적인 자금 지원을 늘려야 한다는 믿음에서 움직인 (그리고 그 주장을 영리하고 종종 합당하게 정교화한) 헌신적이고 열정적인 사람들이었다. 하지만 어떤 학자들은 학교 교육의 확대가 학교 당국 관료들과 '학교 인사'들(무상교육을 헌신적으로 옹호한 지도자들)이 자기 영역을 넓히려 했던 의도에서 나온 결과라고 보았다. 평등주의적인 미덕들 외에, 공교육이 확대될 수 있었던 요인에 또 다른 무언가가 있었을까?

위의 주장들의 중요한 공통점은 교육의 확대가 명목적으로 권력과 지위를 가진 사람들 의해 톱다운으로 이루어졌다고 보는 것이다. 이러한 해석에서는 기업 경영자, 대규모 토지 소유자, 그리고 소위 '학교 인사'들이 학교의 확대를 가져온 주요 행위자다. 이 해석에 따르면, 대중에게 톱다운으로 교육을 부과하려던 열망을 가지고 있었다는 점에서는 이들 모두 같았지만, 무상교육을 추진하려 했던 동기와 이유는 각기 달랐을 것이다.

한편 이와 상당히 다르게, 교육 개혁이 대체로 풀뿌리 운동에서 추동되었다고 보는 견해가 있다. '학교 인사'들의 노력으로 더 촉진이 되었을 수는 있겠지만, 기본적으로 교육 개혁은 학부모들과 지역공동체의 요구에 의한, 진정으로 풀뿌리에서 추동된 운동이었다는 것이다. 흥미롭게도, 19세기의 보통학교 무상교육의 확대를 바라보는 이 두 견해는 20세기의 중등 교육 확산에 대한 해석에서도 동일하게 나타난다(이에 대해서는 6장에서 고등학교 운동을 다룰 때 다시 논의할 것이다).

각각의 입장은 일부의 진실을 담고 있다. 미국의 많은 지역에서 대중 교육은 진정한 풀뿌리 운동이었다. 풀뿌리에서의 대중적인 기반이 있었다는 사실은 주 헌법 개정안, 주 헌법, 주 법 등으로 과세를 해서 무상 공립 교육의 제공을 이루어낸 많은 주들의 '주민투표'에서 명백하게 볼 수 있다.[39] 또한 뉴잉글랜드 사람들이 서부로 이주하면서 교육 제도를 함께 가지고 간 것도 주효했다. 하지만 공립 교육의 확대에는 호러스 만과 같은 열정적이고 설득력 있었던 '학교 인사'들의 역할도 작지 않았으며, 몇몇 사업가와 토지 소유자들이 새로이 미국에 도착한 사람들을 가톨릭이 아니라 개신교도인 미국인으로 만들고자 했고 특히 아일랜드 사람들이 뉴잉글랜드로 대거 이주해온 이후에는 더욱 그랬다는 점도 사실이다. 종교적 다수자였던 개신교도들은 가톨릭 인구가 늘면서 이들이 학교 자금을 점점 더 많이 가져가게 되는 것을 막으려 했다. 이와 관련해 중요한 사례 중 하나인 뉴욕시에서는 학교 자금 배분을 둘러싼 논쟁이 교육에서 정교 분리를 이룬 초창기 사례로 이어지기도 했다. 이에 대해서는 뒤에서 상세히 알아볼 것이다.

정교 분리 (미덕 4)

비종파주의

아마도 만이 1841년의 《제5차 연간보고서》를 작성한 것은 1839년경에 그가 '신이 없는 학교'를 만들려 한다고 정치적인 공격을 받은 데서 동기부여되었을 것이다. 만은 유니테리언이었고 학교가 종파와 관계 없이 모든 학생을 가르치기를 원했다. 비종파주의적인 학교를 설파하는 만에게 매사추세츠주의 정통 청교도들은 맹렬히 반대했다. 한참 논쟁이 있고 나서, 가톨릭 교단이 주 정부의 교육 자금 중 일정 몫을 요구한 것이 발단이 되어 매사추세츠주는 1855년에 헌법을 개정해 주와 지역의 교육 자금이 종교 기반 학교에는 지원되지 못하게 못을 박았다.

주의할 점은, 만을 비롯해 당대에 학교에서의 정교 분리를 주장한 사람들이 학교에서 종교를 가르치지 말자고 주장한 것은 아니었다는 사실이다. 19세기에 '비종파주의' 학교는 신이 없는 세속적인 교실을 의미하는 것이 아니었다.[40] 개신교주의를 학교에서 유지하는 것은 정교 분리를 하더라도 여전히 중요했다. 다만, 개신교 내의 여러 종파 사이에 공통성을 유지하는 것도 마찬가지로 중요했다. 19세기 초에서 중반까지 미국에서는 종교적 열정이 강해졌고, 1833년에 매사추세츠주에서 회중교회가 해체되고 다양한 개신교 종파들이 확산된 데서 이를 명백하게 볼 수 있다.[41] 개신교의 모든 아동에게 공통된 교육을 하려면 공립 학교는 비종파적이어야 했지만 가르침이 꼭 세속적[비종교적]이어야 하는 것은 아니었다. 세속 교육으로의 변화는 상당히 더 시간이 지난 뒤인 20세기 중반에야 이루어진다.[42]

매사추세츠주보다 앞서 6개 주가 주와 지역 당국의 학교 자금

그림 4.1 각 주가 연방에 들어온 해와 공공 자금을 종교 기반 학교에 지원하지 못하게 금지한 해

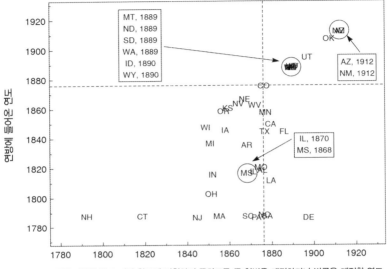

공공 자금을 종교 기반 학교에 지원하지 못하도록 주 헌법을 개정하거나 법률을 제정한 연도

점선으로 표시된 수직선과 수평선은 1876년을 나타내며, 이때 연방 의회가 연방에 새로 들어오는 모든 주는 주의 헌법으로 이러한 제한을 명문화하도록 의무화했다. 쿠벌리의 저술에는 다음 주들에 대한 정보는 나와 있지 않다: 켄터키주, 메릴랜드주, 메인주, 뉴욕주, 로드아일랜드주, 테네시주, 버지니아주, 버몬트주. 이 중 일부는 공공 자금을 종교 기반 학교에 지원하지 못하게 하는 법을 통과시켰다. 예를 들어, 토피의 연구(Torpey 1948, p. 234)에 따르면, 뉴욕주 의회는 1805년에 공공 자금을 종교 기관이 운영하지 않는 무상교육 학교들에서만 사용할 수 있도록 했다(Torpey 1948).
[미국의 주 약어는 다음과 같다: 알래스카AK, 앨라배마AL, 아칸소AR, 애리조나AZ, 캘리포니아CA, 콜로라도CO, 코네티컷CT, 델라웨어DE, 플로리다FL, 조지아GA, 하와이HI, 아이오와IA, 아이다호ID, 일리노이IL, 인디애나IN, 캔자스KS, 루이지애나LA, 매사추세츠MA, 메릴랜드MD, 메인ME, 미시간MI, 미네소타MN, 미주리MO, 미시시피MS, 몬태나MT, 노스캐롤라이나NC, 노스다코타ND, 네브래스카NE, 뉴햄프셔NH, 뉴저지NJ, 뉴멕시코NM, 네바다NE, 뉴욕NY, 오하이오OH, 오클라호마OK, 오리건OR, 펜실베이니아PA, 로드아일랜드RI, 사우스캐롤라이나SC, 사우스다코타SD, 테네시TN, 텍사스TX, 유타UT, 버지니아VA, 버몬트VT, 워싱턴WA, 위스콘신WI, 와이오밍WY]
출처: Cubberley (1934, 최초 출간은 1919년), p. 239; Torpey(1948).

을 교회가 사용하는 것을 금지했다. 뉴햄프셔주는 1792년 헌법으로, 코네티컷주는 1818년 헌법으로 그렇게 했고, 1844년부터 1851년 사

이에 뉴저지주, 미시간주, 오하이오주, 인디애나주가 뒤를 따랐다. 1876년 이전에 연방에 들어온 대부분의 주가 주 헌법을 개정해 종교 단체들이 주와 지방 당국의 학교 자금을 지원받지 못하게 했다. 더 나중에 연방에 들어온 주들은 1876년에 통과된 연방 법에 의거해 주 헌법에 반드시 이러한 제한을 명시해야 했다.[43] 그림 4.1은 각 주가 연방에 들어온 해와 주 의회가 헌법을 개정하거나 만들어 학교 자금이 종교 단체에 지원되는 것을 금지한 해를 보여준다.

사례 연구: 뉴욕시

각 도시들에서 무상교육으로의 전환이 진행되었을 때, 위에서 묘사한 거의 모든 행위자들이 존재했고 활발히 활동하고 있었다. 이를 보여주는 가장 흥미로운 사례라면, 1800년대 초 뉴욕시에서 무상교육이 어떻게 시작되었는지에 대한 이야기일 것이다. 종교 자선가, 도시 당국자, 학부모, 지역 정치인, 주 의원 모두가 여기에서 핵심적인 역할을 했다.[44]

1800년대로 접어들던 시점에는 뉴욕시에서 교육이 전혀 공적인 사안이 아니었다. 부모가 수업료를 낼 형편이 되는 아이들은 사립학교에 다녔고 그렇지 않은 아이들은 빈민을 위한 자선학교(교회가 운영하는 경우가 많았다)에 다녔다. 또 노동자 계급(가게 주인이나 점원, 수작업 장인 등) 아이들은 '보통 수업료 학교common pay school'라고 불린, 비교적 저렴한 사립 학교에 다녔다.[45]

하지만 1840년대 무렵이면 뉴욕시에서는 학교에 다니고자 하는 모든 아동에게 학교 교육이 공적인 자금으로 무상 제공되고 있었다. 그런데 무상교육으로의 전환점은 호러스 만이 활동한 시절의 보통학교 부흥 운동가들에게서 나온 것이 아니었다. 뉴욕시에서 무상교육으로 전환하는 데 결정적인 계기가 된 것은 종교 기반이 아닌 자선 학교를 세우기 위해 만들어진 한 단체의 노력과 기지였다.

1805년에 세워진 이 단체의 처음 명칭은 '자유학교회[무료학교회]Free School Society'였다. 자선 기반의 비종교적인 사립 단체로서 어느 교회 종파에서도 돌봐주지 않는 가난한 아이들에게 교육을 제공하기 위해 설립되었다. 뉴욕시의 당대 저명인사들이 이끌었고 초대 회장은 드 위트 클린턴De Witt Clinton이었다. 1806년부터 자유학교회는 뉴욕시의 가난한 아이들을 위해 활동하는 데 대해 주의 자금을 지원받았다.

가난한 아동의 수가 많아지면서 자유학교회는 활동을 확대하기 위해 자금을 더 확보하고자 했다. 1800년에는 가톨릭 교도가 뉴욕시 인구의 2%밖에 차지하지 않았지만 1810년에는 16%가 되었고 1830년에는 18%, 1840년에는 22%가 되었다. 아일랜드 감자 대기근으로 이민자가 밀려들어오기 전이었는데도 말이다.[46] 자유학교회는 가톨릭에 대한 이념적인 반대 때문이 아니라 재정을 확대하려는 목적에서 정교 분리를 주장하기 시작했다. 교회 기반 학교들에 공공 자금이 들어가는 것을 막음으로써 자신에게 오는 재정 지원을 늘릴 수 있으리라고 본 것이다.

1820년대에 자유학교회는 교회 기반의 자선 학교들이 문을 닫게 하기 위한 캠페인을 벌였다. 종교 기반 학교들이 공공 자금을 받지 못하게 하고, 대신 가난하든 부유하든 개신교도든 아니든 상관없이 뉴욕시의 **모든** 아동이 무상교육을 받을 수 있게 하려는 것이었다. 종교 종파적 학교에 자금 지원을 막으려는 운동은 시 의회의 조례가 제정된 1825년이면 명실공히 성공했다고 말할 수 있었다. 1835년에 자유학교회는 활동을 확대해 이름을 '공립 학교회Public School Society'로 바꾸었다. 이곳은 현재의 바우처 시스템이나 차터 스쿨 시스템과 비슷한 방식으로 운영되었다. 공립 학교회가 민간 사립 기관으로서 뉴욕시 아동에게 학교 교육을 제공했지만 자금은 공적으로 충당되었다. 말하자면, 자금은 공적으로 조달되고 교육은 사적으로 제공되는 학교 형태였다.[47]

공립 학교회는 뉴욕시의 많은 지역에 학교를 열었고 상당한 성공을 거두었다. 하지만 승리는 의도치 않은 결과로 이어졌고 공립 학교회는 곧 사라지게 된다. 선출직인 뉴욕시 교육청장 자리가 1842년에 생겼고, 이와 함께 무상 '공립' 학교들이 생겨났다. 정부 기관이 무상으로 공교육을 직접 제공하자 민간 기관인 공립 학교회의 한정된 자원으로는 정부 기관과 경쟁할 수 없었다. 공립 학교회는 1853년에 해산하면서 학교들을 도시 당국에 넘겼다. 공립 학교회가 초창기에 가톨릭 아동들을 포괄하려 한 것이 뉴욕시에서 종교 기반 학교에 공공 자금이 들어가지 못하게 하는 정교 분리 캠페인으로 이어졌다. 요컨대, 궁극적으로 뉴욕시에서 무상교육 운동은 자금만이 아니라 교육까지 공적으로 제공되는 공립 학교 제도의 성립으로 이어졌고, 또한 교육이 종교가 아닌 세속적인 운영관리 아래 놓이게 하는 데로도 이어졌다.

젠더 중립성 (미덕 5)

1850년대 무렵이면 분명히, 그리고 아마 그 전에도, 대략 15세 정도까지는 교육 연수를 기준으로 할 때 미국 전역에서 여아와 남아가 비슷한 정도로 교육을 받았다(그림 4.2 참고). 이러한 젠더 중립성은

그림 4.2 성별 학교 등록률(백인), 남성 등록률 대비 여성 등록률 비: 1850년과 1880년

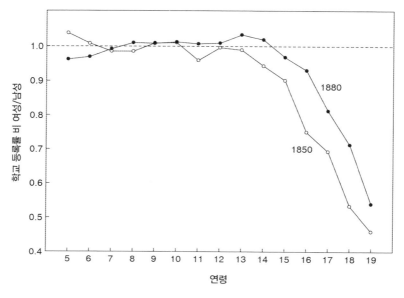

센서스에 전년도에 학교를 하루라도 다닌 적이 있는지 질문한 항목이 있다. 우리는 이 숫자가 학교 등록률의 지표가 될 수 있다고 해석했다(본문과 미주 참고).
출처: 1850, 1880 센서스 IPUMS.

늘 존재했던 것이 아니라 19세기의 첫 20~30년 정도에 생겨난 것이었다.[48] 이를 입증하기 위해 우리는 1850년부터 1880년까지 미국 센서스 데이터를 살펴보았다. 여기에는 전년도에 적어도 하루 이상 학교를 간 적이 있는지 묻는 항목이 있다.[49]

　　　　1850년에는 5~14세 아동 중 학교(대부분은 보통학교)에 다니는 비중이 여아와 남아가 비슷했다.[50] 14세 정도부터 남아가 여아보다 앞서기 시작하지만 16세까지 이 차이는 크지 않았다. 16세에서는 여아의 학교 교육률이 남아의 4분의 3 정도로 떨어진다. 1880년에는 학교

교육률에서 젠더 중립성이 없어지는 연령대가 더 늦어졌다. 전국적으로 15세나 16세가 되어서야 남아들의 학교 교육률이 여아를 능가했고 17세가 될 때까지도 이 차이는 크지 않았다. 17세에는 남아의 등록률 대비 여아의 등록률이 0.81로 떨어진다.

그림 4.2는 전국 데이터를 보여주지만 1850~1880년의 젠더 중립성은 지역마다 달랐다. 여아의 상대적인 학교 교육률은 뉴잉글랜드와 대서양 중부 지역이 중서부 주들보다 높았다. 1850년대 무렵에 막 정착이 시작되고 있었던 서부는 1880년대에 젠더 중립성이 가장 높은 곳으로 떠올랐다. 10대 여아들의 학교 교육 확대는 교육이 공적으로 제공되고 자금이 공적으로 충당되는 학교가 중등 교육으로도 확산되기 시작한 것과 밀접한 관련이 있고, 특히 중등 교육이 확산 초기에 보였던 지역별 차이와 관련이 있다.

6장에서 상세히 살펴보겠지만, 1900년대 초 무렵이면 10대 여아의 중등 학교 등록률이 10대 남아보다 높았고, 그것도 상당히 높았다. 1800년대에는 15세 이상 청소년의 교육이 사립 학교에서 이루어졌고 주로는 기숙학교에서 이루어졌다. 이때 부모들은 자녀의 교육과 관련해 10대인 딸을 10대인 아들과 똑같이 생각하지 않았다. 이런 면에서, 공적으로 자금이 충당되는 고등학교의 확산은 학교를 가고자 하는 청소년의 수를 늘렸고 부모들이 딸도 학교에 보내게 하는 데 유인이 되었다.

학교 등록률 기준으로 교육이 젠더 중립적이었다고 해서 교육 내용도 평등했다는 말은 아니다. 몇몇 학교와 몇몇 과목은 남학생에게만 제공되었기 때문이다. 성별로 분리된 학교들이 존재하긴 했지만, 19세기 말이면 공립 학교의 대부분은 남녀 공학이었다. 1890년의 한 전국 공립 학교 서베이에 따르면 미국의 모든 주요 도시(이 조사에는 628개 도시가 포함되었다)의 93%가 관할 내 공립 학교의 모든 학년에 대해 남녀 공학 시스템을 채택했다.[51] 나머지 7%(42개 도시)는 일부 학교와 학년에서 남아와 여아를 따로 가르쳤다. 남녀 공학 시스템이 위주이되 추가로 남학생만 받는 고등학교를 둔 곳들도 있었는데(보스턴이 대표적이다. 이곳에서는 '라틴 스쿨'이 남학교와 여학교로 나뉘어 있었다), 이러한 도시들도 앞에서 말한 7%에 포함되어 있다. 따라서 19세기 말에 대부분의 미국 도시에서 **모든** 학교와 **모든** 학년이 남녀 공학이었다고 말해도 무리가 아닐 것이다.[52] 또한 이 서베이에 따르면 1890년에 농촌 학교들은 모두 남녀 공학이었다.

19세기 중반에 이미 미국 교육 시스템의 특징이었던 젠더 중립성은 당대의 유럽 국가들과 크게 대조적이었다. 1893년에 시카고 교육회의Chicago Educational Congress에 참석한 유럽의 많은 교육자들이 여아를 남아와 함께 교육시키는 것을 보고 충격을 받았다. 프로이센(독일) 대표 중 한 명은 이렇게 말했다. "13세도 아니고 무려 16세에 남아와 여아가 같은 교실, 같은 열에 섞여 앉아 함께 공부하는 모습은 이상하다." 프랑스 대표는 더욱 경악했다. 여성이었던 프랑스 공공 교육 장관은 이렇게 언급했다. "미국 교육을 특징짓는 모든 특성 중에서도 가장 놀라운 것은 젊은 남녀가 함께 공부하는 시스템일 것이다. … 적어도 프랑스의 [남성] 관찰자가 보기에는 그렇다. 그에게는 이것이 전적으로 낯선 마음 상태와 습관을 드러내고 있는 것이기 때문이다."[53]

개방성과 관용성 (미덕 6)

　　미국의 교육 시스템은 다른 나라들에 비해 개방적이고 관용적이었다. '개방적'이라는 말은 거의 모든 아동이 학교에 다닐 수 있었다는 말이고 '관용적'이라는 말은 낮은 학년에서 잘 못했어도 높은 학년이나 상급 학교로 꽤 많이 진학할 수 있었다는 말이다. 19세기에, 그리고 20세기 상당 기간에도 미국의 교육 시스템이 모든 지역의 모든 아동에게 열려 있지는 않았고 인종 분리적인 열등한 학교에 아이들이 내맡겨지는 경우도 많았다. 하지만 당대에 경제적으로 선진국이던 다른 나라들에 비해서는 훨씬 더 개방적이고 관용적이었다.

　　미국 시스템은 고도로 탈중심적이었기 때문에 전국적인 학업 성취 기준이 없었고 대개는 주 단위의 기준도 없었다(중등 교육에 대한 장에서 다시 다룰 것이다). 대조적으로, 영국, 프랑스, 독일에서는 초등 과정 이후 수준의 (그리고 나중에는 의무교육 연령 이후 수준의) 교육을 받기 위해 공적으로 자금이 지원되는 학교에 갈 수 있는지가 시험으로 정해졌고, 대개는 국가에서 주관하는 전국 시험이었다.

　　19세기에 프로이센은 낮은 계층 아동에게도 교육을 제공하는 데서 세계 선도적인 국가였다.[54] 하지만 이르게는 1812년에도 대학 입학의 관문인 중등 학교 졸업 자격(아비투르) 수여에 규제가 적용되었다. 그리고 1834년에 대학에 들어가는 다른 방법들이 폐지되면서 아비투르가 유일한 경로가 되었다. 마찬가지로 프랑스에서도 1808년에 나폴레옹이 중앙집중화된 교육 시스템을 수립했고 대학 진입 기회는 전국 시험인 바칼로레아를 통과한 사람들에게만 주어졌다.[55] 미국의 시스템이 '개방성'과 '관용성'을 두드러진 특징으로 가지고 있기 때문에 유럽 국가들과의 비교에서 주로 초점이 되는 부분은 중등 과정에서 대학으로 넘어가는 경로가 어떤 방식이었을지인데, 이에 대해서는 이후의 장들에서 알아볼 것이다.

19세기 교육 통계에 대한 추가 내용

수업료 폐지와 무상교육이 아동과 청소년의 학교 등록을 증가시키는 데 어떤 역할을 했는지 논하면서 우리는 19세기의 교육 통계 자료를 활용했다. 여러 해의 연방 센서스 데이터로 볼 때 북동부 지역의 학교 등록률이 높았던 것으로 보인다. 또한 우리는 이러한 데이터가 출석률보다는 등록률을 나타내는 것일 가능성이 더 크다고도 언급했다.

1850~1880년의 센서스 교육 통계로 다시 돌아가보자.[56] 젠더 중립성 논의에서 사용한 데이터도 이것이며, 우리는 전년도에 학교를 다닌 적이 있는지 묻는 항목에 대한 답변을 토대로 분석했다.[57] 우리는 이것을 [출석률이 아닌] '등록률'이라고 불렀는데, 전체 수업일수 중 실제로 어느 정도를 다녔는지에 대한 정보가 없기 때문이다. 또 다른 중요한 항목은 전년도에 학교에 다닌 적이 있다고 한 사람이 동시에 직업란에도 표시를 했느냐다[전일제 학생인지 여부와 관련된다].[58] 우리는 백인 아동의 등록률에 초점을 맞추었다(그림 4.3).

백인 아동 사이에서 1850년의 등록률은 북동부 주들에서 지극히 높았다. 1860년대에는 중서부 주들도 그와 비슷하게 높아졌다. 하지만 남부 주들은 1850~1880년에 상당히 뒤처져 있었다. 전국적으로

1850~1860년 사이에 백인 5~19세의 학교 등록률은 세 지역 모두에서 증가했고, 이어서 남북전쟁이 있었던 10년간 감소했으며 특히 남부에서 많이 감소했다. 1870년대에는 북동부와 중서부는 그리 변화가 없었고 남부는 1870~1880년에 남북전쟁 이전 수준을 회복했다.[59] 하지만 연령 집단별로는 등록률의 변화가 상당히 차이를 보였다.

1850~1880년에 7~13세 아동의 학교 등록률은 세 지역 모두에서 증가했지만 그보다 나이가 더 많거나 더 적은 아이들은 이 시기에 등록률이 대부분 감소했다. 학교에 다니는 학생 비중이 줄었다는 점에서 교육의 퇴보로도 해석할 수 있지만, 나이가 더 많은 아이들에 대해서는 오히려 학교 교육의 효과성이 커졌기 때문이라고 해석해야 한다. 1850년에 학교에 등록한 학생들은 수업일수가 많지 않고 교육 자원도 희소한 보통학교에 다녔으며, 농촌에서는 더욱 그랬다. 그러다 수업일수와 학생들의 출석일수가 늘면서 더 이른 나이에 학교를 마치는 학생이 많아졌을 것이다.[60] 어린 연령대에서 등록률이 낮아진 이유는 이보다 더 복잡한데, 아마도 일정 연령 이상부터만 학교에서 아이들을 받도록 한 주 법제의 영향 등이 있었을 것이다.[61]

1870년과 1880년의 센서스는 10세 이상 인구의 직업 정보를 담고 있다. 이를 통해 '전일제로 학교에 다녔는지'를 알아볼 수 있다. 우리는 전년도에 학교를 간 적이 있다고 응답했으며 직업란에는 표시하지 않은 사람을 전일제로 학교에 다닌 사람이라고 간주했다. 전체 통계와 전일제 학생 통계를 비교했을 때 시기에 따른 변동이 없었으므로 1880년 것만 그래프로 나타냈다. 전일제 학생 비중은 전체 학생 비중보다 낮고 중서부와 남부에서는 더 낮다.[62] 전일제 학생만 포함하면 숫자가 더 낮긴 하지만, 그래도 여전히 미국 대부분의 지역에서 10

그림 4.3 북동부(A), 중서부(B), 남부(C) 백인 아동·청소년의 학교 등록률: 1850년, 1860년, 1880년

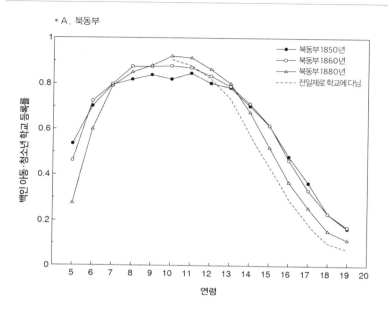

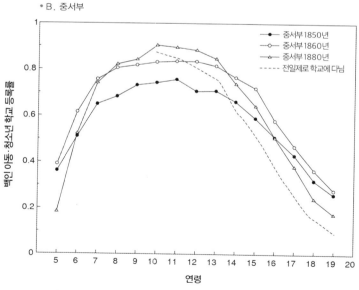

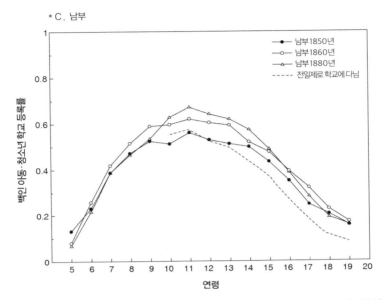

• C. 남부

북동부는 뉴잉글랜드와 대서양 중부 주들을 말하며 중서부는 북동 센트럴의 주들, 남부는 대서양 남부의 주들을 말한다. 학교 등록률은 전년도에 학교에 간 적이 있다고 답한 사람의 비중이다. '전일제로 학교에 다님'은 전년도에 학교에 간 적이 있으며 직업이 없다고 응답한 사람의 비중이다.
출처: 1850년, 1860년, 1880년 센서스 IPUMS.

대 초반 아동들이 상당히 많이 학교에 다니고 있었다.

정규 학기에 학교를 다니면서 **동시에** 집의 논밭이나 타운에서 학교 시작 전이나 방과 후에 일을 할 수도 있었겠지만, 이 경우 출석을 많이 하지는 못했을 것이다. 따라서 학교 교육에 대해 인구 센서스나 여타의 교육 통계에서 나온 수치들은 실제로 학교를 다녔는지에 비해 다소 과장되었을 수 있다.

공립 고등학교의 뿌리

초등 교육에서 보통학교 부흥과 무상교육 캠페인이 한창이던 시기에도 초등 수준 이상의 교육을 제공하는 교육 기관이 이미 퍼지고 있었다. 이러한 학교는 유형이 다양했다. 시기 순으로 보면 17세기에 라틴스쿨과 그래머스쿨이 있었고 이후에 아카데미가 있었으며 그다음에 공립 고등학교가 있었다. 19세기 중반이면 보통학교 수준 이상의 교육을 제공하는 다양한 유형의 교육기관이 서로 경쟁하고 있었다. 여기에는 공립 고등학교, 사립 혹은 준사립 아카데미, 대학의 예비과정, 그리고 [더 나이가 많은 아이들이 계속 학교에서 공부할 수 있게 한] 몇몇 보통학교도 있었다.

그래머스쿨과 라틴스쿨은 미국에서 젊은 남성이 대학 교육을 받을 수 있게 준비시키고자 세워진 맨 초창기의 교육기관이다. 가장 오래된 것은 '보스턴 라틴스쿨'(1635)로, 대체로 하버드 대학에 갈 젊은이들에게 대학에서 공부할 수 있는 능력을 갖춰주기 위한 교육을 제공했다. 이러한 학교는 수가 많지 않았고 식민지 시기와 건국 초창기 시기 모두 큰 도시에만 존재했다.

이미 19세기 초부터도 도시와 타운에서는 보통의 재력을 가진 부모들도 보통학교 수준 이상의 교육을 제공하는 학교를 요구했다. 이들은 자녀가 회계 부서, 상업 회사, 전문직, 비즈니스 직종에서 일할 수 있게 교육시키고 싶어 했다. 이러한 수요를 충족시키기 위해 많은 큰 도시들에서 무상 공립 고등학교를 세웠다.

이러한 공립 고등학교 중 최초는 1821년에 보스턴에 세워진 '잉글리시 고전 학교English Classical School'이며 이후 20년간 30개가량의 공립 고등학교가 매사추세츠주의 다른 타운들에도 세워진다.[63] 1827 년에 매사추세츠주에서 통과된 법이 500가구 이상 규모인 타운은 공립 고등학교를 두도록 의무화했지만, 이들 학교들이 세워진 이유는 이 법 때문은 아닌 것으로 보인다. 1830년에 매사추세츠주에서 가장 규모가 컸던 20개 타운 중 15개가 1841년이면 공립 고등학교를 두고 있었는데, 법적 요구사항보다 규모가 작은 타운들도 11곳이나 공립 고등학교를 가지고 있었다. 다른 한편으로는 규모가 법적 기준 이상인 많은 타운들이 1860년까지도 공립 고등학교가 아직 없었다.[64]

　　필라델피아는 1838년에 첫 공립 고등학교를 열었다. 이름은 '중앙 고등학교Central High School'로, 지금도 존재한다.[65] 뉴욕시의 첫 공립 고등학교는 1848년에 세워졌다. (그보다 25년 전에 짧게 존재했던 사립 고등학교가 하나 있었지만 말이다.[66]) 공립 고등학교는 남북전쟁 이전 시기에 미국에서 계속 확대되었고 1860년이면 320개가 넘었다.[67]

　　19세기의 상당 기간 동안 인구가 조밀하지 않은 농촌 마을과 소규모 타운들은 공공 자금으로 고등학교를 세우기에는 수요가 충분하지 않았다. 공립 고등학교는 지출 면에서 비교적 돈이 많이 드는 교육기관이었고 타운이나 학교지구에 속한 젊은이 중 소수만을 위한 곳으로 보였다. 보통학교가 가져다주는 외부적 이득, 가령 아이들이 기본적인 숙련기술을 배우게 해서 좋은 시민으로 기능하게 하고 공화주의적인 미덕을 갖게 한다는 것은 고등학교에 공공의 자금을 지원하는 근거가 될 수 없었다. 종종 농촌 공동체, 타운, 그리고 소도시에서는 보통학교에서 나이가 더 많은 학생들에게 [초등 과정을 마친 뒤에도] 계속해서 교육을 제공했고, 이러한 관행은 20세기 초까지 지속되었다.[68]

　　19세기 중반에 대도시가 아닌 대부분의 공동체는 아직 공립 고등학교를 짓고 유지할 수 없었다. 보통학교 이후에도 계속해서 아이들을 교육시키고 싶고 돈이 있는 부모들은 돈을 내고 사립 중등 학교에 아이를 보냈다. 1870년대 무렵이면 이러한 학교(아카데미라고 불렸다)들이 초등 교육보다 상급의 교육에 대한 수요를 채워주고 있었다. 아카데미들은 19세기 전반기에 굉장히 빠르게 성장했고, 더 빠르게 사라졌다. 미국 교육사에서 이 시기는 '아카데미 운동'의 시기라고 불리기도 한다.[69] 아카데미는 보통학교가 점점 더 공적 자금으로 운영되고 보통학교 등록생이 늘던 시기에 등장했다.

아카데미에는 온갖 유형이 존재했다. 규제 없이 자유방임식으로 확산되는 것은 미국 교육기관의 전형적인 모습이다. 아카데미 중에 일부는 대학의 예비 학교 역할을 했는데, 이 중 가장 명문으로 꼽히던 몇몇 곳(가령 필립스 아카데미Phillips Academy)은 지금도 존재한다.[70] 대부분의 아카데미는 이런 종류가 아니었지만 학술적인 교과목에 대해 적절한 교육을 제공했다. 또한 종종 아카데미들은 학술적인 과목 외에 직업적인 과목도 가르쳤다. 부기, 측량, 제도, 항법 등이 그러한 과목이었는데, 수학, 영어, 역사처럼 아카데미가 제공하는 학술적인 과목을 활용할 수 있는 과목들이었다. 어떤 아카데미는 훌륭한 여성으로 성장하는 데 필요하다는 부모들의 요구에 따라 음악이나 댄스와 같은 덜 학술적인 과목도 가르쳤다.

아카데미가 해당 타운 밖에 사는 아이들도 가르치는 경우가 많았기 때문에 대부분의 아카데미는 기숙 학교였다. 규모가 상당히 큰 아카데미도 있었지만, 대다수는 자신의 집에서 아이들을 숙식시키며 가르치는 교장 1명이 운영하는 형태였다. 아카데미들은 학생들에게 수업료를 받았고, 이사회에 의해 민간 사립 형태로 운영되었지만 많은 곳이 지역 당국이나 주 당국으로부터 토지나 건물의 형태로 지원을 받았다. 따라서 준민간 혹은 준사립이었다고 볼 수 있다.

아카데미가 떠오른 시점은 정확히 공적으로 자금이 지원되는 고등학교가 전국에 확산되기 시작하던 때였다. 그래서 아카데미는 대체로 과도기의 일시적인 학교였다.[71] 공적으로 자금이 지원되는 '무상' 고등학교가 떠오르면서 아카데미들은 대체되어 사라졌다. 오래 살아남은 곳은 극소수고 일부를 제외하면 대부분은 기록으로도 남지 않았다. 그 때문에 우리는 아카데미가 전국적으로 얼마나 확산되었었는지 정확히 알지는 못한다. 다만 1850년, 1860년, 1870년 센서스가 수집한 카운티 단위의 제한적인 데이터는 존재하는데, 아카데미에 대한 더 상세한 내용은 5장에서 다룰 것이다.

19세기 중반 이래 개혁가들은 무상 공립 고등학교가 교육의 민주화에 필수불가결한 부분이라고 주장해왔다.[72] 하지만 보통학교를 지원하라고 주 정부가 학교지구들에 준 과세 권한을 고등학교에 자금을 지원하는 데도 사용할 수 있는지에 의문을 제기하는 사람들도 있었다. 그런데 과세 권한 없이는 공적으로 자금을 충당하는 고등학교가 있을 수 없었다. 최종적으로 이 문제는 미시간주 대법원이 내린 칼라마주Kalamazoo 사건(1874) 판결로 명백하게 결론이 났다.[73]

칼라마주 판결은 지역 당국의 공공 학교 자금이 [초등학교뿐 아니라] 고등학교를 지원하는 데도 합법적으로 사용될 수 있다고 판시했다. 미국 전역에서 많은 학교지구와 도시 당국이 이미 고등학교에 자금을 지원하기 위해 주의 법을 이용해 돈을 조달하고 있었지만, 칼라마주 사건은 중요한 터닝포인트였다. 고등학교에는 공동체의 아이들 중 소수만 진학한다는 이유에서 공공 교육 자금을 고등학교에까지 쓰는 것에 반대하는 시민 집단도 많았기 때문이다. 하지만 칼라마주 판결을 통해 공공 학교 자금을 공립 고등학교를 세우는 데 쓰기를 반대하는 것이 더 이상 법적인 타당성을 갖지 못하게 되었다.[74]

평등주의: 요약

이 장에서는 미국 교육이 가진 여러 미덕들의 기원을 살펴보았다. 공적으로 교육을 제공하고 공적으로 자금이 조달되는 학교, 작고 재정적으로 독립적인 단위들의 존재, 정교 분리, 젠더 중립성, 개방성과 관용성 등이 그러한 미덕이었다. 본질적으로 이 특징들은 '평등주의적'이라고 요약할 수 있을 것이다. 민주적이고 공화적인 교육의 비전은 일부만을 위한 사립 학교와 또 다른 일부를 위한 자선 빈민학교를 상정하는 엘리트주의적 비전을 누르고 승리했다.

명백히, 공적으로 교육을 제공하고 공적으로 자금을 지원하는 것은 개방적이고 모두에게 공통적인 교육 시스템을 향한 공화주의적 비전의 일부였다. 그리고 뉴욕시의 사례에서 보았듯이 학교 자금 지원에서의 정교 분리는 이 견해의 논리적인 연장선이었다. 종교 종파가 운영하는 학교가 주의 학교 자금을 지원받으면 그 종파가 아닌 아이들이 배제되고 학교에 다니는 아이들도 공통적이고 포용적인 환경에서 교육받지 못하게 된다. 하지만 매사추세츠주가 종교 학교에 주의 자금 지원을 금지한 것은 추가적인 동기도 드러낸다. 가톨릭 교회가 공공 자금을 사용하는 데 대한 우려가 모든 종파의 공공 자금 사용을 금지하도록 하는 데 촉매가 된 것이다.

공적으로 자금이 지원되는 보통학교가 세워지고 전국적으로 확산된 것은 미국 교육사에서 첫 번째 대전환이었다. 여러 주에서 수업료의 공식적인 폐지로 무상교육이 의무화되기 전에도 미국인의 학교 교육 연수는 다른 나라들을 훨씬 능가했다.[75] 무상 공립 [초등] 교육은 1870년대면 미국의 거의 모든 곳에 확산되었으며, 이는 그 다음 번의 대대적인 교육 확대의 토대가 되었다. 그 다음 단계는 공립 '고등학교'의 성장이었다.

공적으로 제공되는, 그리고 나중에는 자금도 공적으로 충당되는 학교 교육에 대한 미국의 헌신과 실천은 민주 사회에서 투표를 하고 공직에 나설 수 있는 역량을 갖춘, 교육받고 정보를 다루는 데 능한 시민들을 만들려는 열망에서 시작되었다. 그러다가 19세기 말이면, 혹은 호러스 만의《제5차 연간보고서》에서 실마리를 얻는다면 아마 그 전부터도, 학교 교육은 오늘날처럼 노동의 세계에서 필요한, 그리고 더 일반적으로 삶을 꾸려가는 데 필요한 기본적인 숙련기술을 획득하는 수단으로 점점 더 많이 여겨지고 있었다.[76]

교육의 두 번째 대전환인 고등학교 운동은 19세기에 미국의 큰 도시들에서 공립 고등학교가 생겨나면서 서서히 시작되었다. 하지만 19세기 중반까지는 중등 교육의 접근성이 사립 아카데미들에 의해 확대되었다. '아카데미 운동'은 부모들 사이에 공립 중등 학교를 원하는 강한 수요가 있었음을 반영한다. 두 번째 대전환은 공립 고등학교의 확산과 함께 가장 큰 추동력을 얻게 되며, 20세기의 첫 20~30년간 공립 고등학교는 미국의 가장 작은 농촌 공동체에까지 확산된다.

두 번째 대전환은 19세기에 형성된 토대 위에 지어졌다. 남북전쟁 전에 생겨난 과거의 미덕이 20세기에 모든 수준에서 교육의 대중화를 가져왔다. 이러한 미덕이 오늘날에도 계속해서 긍정적인 효과를 내는지, 혹시 이제는 교육의 탁월성을 달성하는 데 방해가 되고 있지는 않은지는 물론 살펴보아야 할 중요한 문제이고 우리도 9장에서 이 문제를 다룰 것이다. 하지만 먼저 20세기 초의 고등학교 운동을 살펴보기로 하자.

5장
고등학교 운동의 경제적 토대

　　19세기 중반에 미국은 세상에서 교육 수준이 가장 높은 젊은이들이 있는 나라였다.[1] 초등 교육 대중화가 미국 대부분을 휩쓸었고 많은 주에서 지역 당국이 자금을 전적으로 충당하기 전에도 이미 대중 초등 교육이 이뤄지고 있었다. 산업화되고 있던 다른 국가들은 1860년의 미국과 같은 초등학교 등록률을 달성하려면 30~40년은 더 있어야 했다. 차차 유럽에도 공적으로 자금이 지원되는 대중 초등 교육이 도래하는데, 이는 종종 선거권이 확대되고 나서 달성되었다.[2] 19세기 말에 오스트리아, 덴마크, 프랑스, 스웨덴, 그리고 특히 영국에서 초등학교 등록률이 급등했다.[3]

　　하지만 초등 교육에서 유럽이 미국과의 격차를 좁히던 바로 그 시점에 미국에서는 교육의 두 번째 대전환이 시작되었다. 이 대전환은 미국과 유럽 젊은이들의 학력 격차를 더 벌리게 되며 유럽은 꽤 한동안 교육에서 훨씬 후미진 자리에 머물러 있게 된다. 미국과 유럽의 학력 격차는 20세기 후반이 되어서야 좁혀지기 시작한다.

　　미국 교육의 두 번째 대전환은 또 한 차례 교육 대중화의 파도를 일으켰고[4] 이때 달성된 수준이 20세기의 상당 기간 동안 유지되었다. 이 대전환은 '고등학교 운동high school movement'이라고 불리는데, 되돌아보는 오늘날의 시점에서만이 아니라 그 당시 사람들 사이에서도 이렇게 불렸다. 5장은 이 두 번째 대전환의 기원을 살펴본다.

미국 교육의 두 번째 대전환

　　고등학교 운동은 미국 젊은이들의 교육 수준을 빠르게 변화시켰다. 1900년에 전형적인 미국 출생 젊은이는 보통학교 학력을 가지고 있었고 이는 6~8학년에 해당했다. 하지만 1940년의 평균적인 젊은이는 고등학교를 졸업했다(그림 5.1). 남부를 제외하면 이 전환은 더 빨랐다. 이르게는 1930년부터도 뉴잉글랜드의 주들과 서부의 일부 지역은 젊은 층 인구의 학력 중앙값이 고등학교 졸업이었다.

　　미국의 고등학교 운동은 교육의 첫 번째 대전환보다 속도가 빨랐고, 2차 대전이 끝났을 무렵에는 [두 번째 대전환이 마무리되어] 세 번째 대전환인 고등 교육 대중화에 나설 수 있는 상태가 되어 있었다. 서구 유럽에서는 1970년대까지 고등 교육이 대중화되지 못하고 있었다.

　　고등학교 운동의 핵심 동인은 적어도 1910년이면 분명하게 존재했던, 초등학교(보통학교) 수준을 넘는 교육이 가져다주는 상당한 금전적 수익이었다. 우리는 2장에서 학력과 소득 데이터를 통해 직종별

그림 5.1 미국 전체 및 3개 지역의 공립 및 사립 중등 학교 졸업률

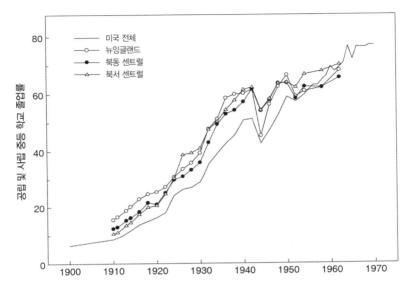

사립 중등 학교에는 교구 고등학교, 아카데미, 대학의 예비과정이 포함되어 있다. 졸업률은 17세 인구 수로 나누어 계산했다. 10년마다 진행되는 센서스 연도 사이의 연도들은 외삽으로 17세 인구를 추정했다. 출처: 부록 B를 참고하라.

소득을 살펴보면서 이를 확인한 바 있다. 하지만 [중등 교육의] 높은 수익만으로는 고등학교 운동을 촉발시키기에 충분하지 않았다. 또 하나의 중요한 요인은 보통학교나 초등학교 수준을 넘는 교육을 받은 노동자에 대한 수요의 증가였다. 중등 학교 교육이 주는 금전적인 이득은 19세기 중반에도 높았던 것으로 보이지만, 교육받은 노동자들은 흩어져 있었고 20세기 초가 되기 전까지는 다수 대중이 자신의 지역에 고등학교를 짓고 교사를 확충하라고 요구하기에는 수요가 충분히 집중적으로 존재하지 않았다.[5]

공립 고등학교가 아직 없던 지역에서는 젊은이들이 보통학교에서 8년을 마친 후에도 계속해서 초등학교나 보통학교를 다니며 공부했다. 하지만 초등학교나 보통학교에서 추가로 한두 해를 더 보내는 것은 같은 기간을 고등학교에서 보내는 것에 비해 노동시장에서 가치가 적었다. 중등 학교는 채워지지 않던 교육의 빈 부분을 메우기 위해 생겨난, [초등 교육과] 구별되는 별개의 교육기관이었다.

　　　젊은이들은 '아카데미'라고 불리는 준사립 중등 학교나 구체적인 숙련기술을 가르치는 학교에 다니기도 했다. 공립 고등학교가 퍼지기 전에 아카데미 및 기타 유사한 교육기관들이 미국의 도시와 타운에 속속 생겨났다. [사립] 아카데미에서 공립 고등학교로 전환하는 데는 자녀가 교육을 더 받게 하려는 일부 부모들로부터 수요가 늘어나는 것 이상의 것이 필요했다. 공립 고등학교 운동은 충분히 많은 규모의 시민이 자신의 지역에 공립 고등학교가 있는 것이 자신에게도 득이 되리라고 확신하게 되어야만 가능한 일이었다. 그들은 자신의 자녀가 중등 교육에서 이득을 얻을 수 있고 성공의 길이 더 이상 사무실이나 가게나 가족 농장에서 비공식적인 과정을 통해 열리는 것이 아님을 깨달으면서 고등학교 운동의 참여자가 되었다.

　　　미국 교육 시스템이 고도로 탈중심적이었으므로 중등 학교 확대를 요구하는 시민들이 전국적으로 규모가 클 필요는 없었고, 주 단위에서조차도 규모가 클 필요가 없었다. 교육의 확대를 성취하는 데는 각자가 속한 작은 공동체에서만 목소리가 충분히 크면 되었고 수요의 집중도 지역적으로만 충분하면 되었다. 따라서 적어도 한동안은 미국 교육 시스템이 지극히 탈중심적이라는 점이 미국 젊은이들에게 공적인 학교 교육의 제공을 더 진전시키는 데 유리하게 작용했다.

이 장은 미국의 교육에서 두 번째의 대전환이 **왜 그때** 일어났는지를 주로 다룬다. 앞에서 우리는 중등 학교를 다니고 졸업하는 것이 가져다주는 금전적 수익이 19세기 중반에도 상당했음을 살펴보았다. 하지만 19세기 중반에는 고등학교 운동이 느리게 시작되었고, 20세기 초가 되어서야 빠르고 맹렬하게 진행되었다.

19세기 말을 향해가면서 교육을 더 받은 노동자에 대한 수요가 급격하게 증가했다. 하지만 중등 교육을 제공하는 데는 비용이 많이 들었으므로 대부분의 공동체는 중등 교육에 대한 수요가 충분히 많기 전까지는 공동체가 자금을 대는 중등 학교를 제공하지 못했다. 물론 학교 규모가 커지면 학생 1인당 운영 비용이 낮아질 수 있다는 점에서도 중등 학교의 규모가 커지는 것은 중요했지만 우리는 돈이 많이 드는 공공재[즉 공립 고등학교] 공급을 대중이 지지하게 된 것이 더 중요한 요인이었다고 생각한다. 돈이 많이 드는 공공재의 공급은 그 공동체에서 충분히 많은 시민들이 그 공공재를 공급하기 위해 스스로에게 과세를 해서 돈을 충당할 의사가 있어야만 실현될 수 있다.

미국의 큰 도시들에서는 19세기 초부터 공립 고등학교가 생겨났지만 인구가 덜 조밀한 곳들에는 공립 고등학교가 거의 없었다. 그런데 당시 미국은 대체로 [인구가 조밀하지 않은] 농촌 국가였으므로 1900년대 초까지는 공립 고등학교 수가 비교적 적었다. 교육받은 노동자에 대한 수요가 제조업 등 경제의 주요 부문에서 증가하고 나서야 젊은이들을 위해 중등 학교를 짓고 교사를 확보하라고 요구하는 광범위한 운동이 생겨날 수 있었다. 초기에 성장이 느렸던 이유 중 하나는, 고등학교는 효율적으로 운영할 수 있는 최소 규모가 보통학교보다 훨씬 컸기 때문일 것이다. 고등학교는 교과과정이 더 폭넓고 수업에 특별한 장비가 필요한 과목들도 있다. 또한 학교 규모가 더 크다는 말은 농촌 지역에서는 학생들이 더 먼 거리를 통학해야 하고 따라서 교통비도 더 든다는 의미이기도 했다. 1900년대 초에 큰 도시가 아닌 곳들까지 고등학교가 빠르게 확산된 데는 자동차, 스쿨버스, 더 나은 도로의 등장 등으로 교통 비용이 줄어든 것도 일조했다.

미국 교육사 문헌의 많은 설명과 달리, 고등학교 운동은 아동노동을 금지하고 아이들을 학교에 보내기 위한 주 의회의 입법화로 촉발된 것이 아니었다(6장에서 우리는 1900~1940년 기간에 고등학교 등록률이 크게 증가하는 데 이러한 법의 통과가 크게 영향을 미치지 않았음을 보여줄 것이다). 고등학교 운동은 더 큰 계층 이동성을 위한 풀뿌리의 열망에서 생겨났다. 이러한 깊은 이해관계에서 나온 결과가 다종다양한 사립 아카데미와 직업 학교들이었다. 그리고 뒤이어, 교육받은 노동자에 대한 수요가 증가하면서 공적으로 자금이 충당되는 고등학교들이 생겨나게 된다. 고등학교 운동 자체는 6장에서 다룰 것이다.

달라진 일자리, 달라진 숙련 수요

19세기의 대부분 동안 미국 노동자 대다수는 정규 교육을 그리 많이 요구하지 않는 일자리를 가지고 있었다. 늦게는 1870년에도 노동력의 53%는 농업에 종사했고 10%는 가내 노동자이거나 개인 서비스 노동자였다. 제조업은 단순기계작동원과 단순노무자가 13%를 차지했고 7%만 수작업 기능공이거나 현장 관리자였다. 대부분의 제조업 노동자들은 면, 견, 모직물이나 신발 등 1차 산업혁명에서 태동된 옛 산업에 종사했다. 교통 통신 분야에 종사하던 약 4%의 노동자들 정도가 중등 교육을 요구하는 일자리를 가진 사람들이었다. 종합하면, 노동력의 10% 정도만 초등학교 이상의 교육을 요구하는 일자리에 종사하고 있었고 90%는 그렇지 않은 일자리에서 일하고 있었다.[6]

대조적으로, 1920년에는 미국 노동자의 4분의 1 이상이 고등학교나 대학 수준의 학력이 요구되는 일자리에 종사했다. 그 이전 50년 동안 경제의 몇몇 분야가 크게 성장했고 이 분야들은 노동자에게 상당한 교육 수준을 요구했다. 대표적인 사례가 사무직과 판매직인데, 이 직종 종사자가 전체 노동력에서 차지하는 비중이 1870~1920년 동안 4배로 늘었다(표 5.1). 적어도 19세기 중반이면 사무원, 부기계원, 관리자 등 사무직 노동자들이 그들이 받은 교육으로 상당한 프리미엄을 누리고 있었고, 수가 증가하는 동안에도 이들의 프리미엄은 상당히 꾸준하게 유지되었다(이에 대해서는 곧 다시 살펴볼 것이다). 높은 교육 수준을 요구하는 또 다른 직종은 교사, 변호사, 의사, 경영자 등 전문직이었는데, 1870~1920년에 이들은 다른 모든 노동자보다 50% 빠르게 증가했다(표 5.1).

교육을 더 많이 받은 노동자를 필요로 하는 직종의 팽창은 남녀 모두에게 해당했지만 여성에게서 훨씬 더 두드러졌다. 여성은 사무직과 판매직 비중이 1870~1920년에 20배나 증가했고 1900~1920년에는 3배 이상 증가했다. 남성의 경우에는 이 숫자가 1870~1920년에 2.6배, 1900~1920년에는 1.3배였다. 여성은 모든 화이트칼라 직종(전문직, 관리자, 사무직, 판매직 모두 포함)의 비중이 1900~1920년 사이에 2배가 되었지만 남성은 1.25배가 되었을 뿐이었다(표 5.1). 표 5.1에서

표 5.1 여러 화이트칼라 직종의 고용 비중: 1870~1990년

연도	남성과 여성		남성		여성	
	전문직과 경영직	사무직과 판매직	전문직과 경영직	사무직과 판매직	전문직과 경영직	사무직과 판매직
1990	0.332	0.256	0.333	0.147	0.331	0.384
1980	0.278	0.260	0.299	0.140	0.250	0.420
1970	0.234	0.252	0.256	0.146	0.199	0.425
1960	0.197	0.216	0.211	0.137	0.168	0.377
1950	0.178	0.195	0.182	0.130	0.169	0.365
1940	0.151	0.166	0.147	0.127	0.163	0.285
1920[a]	0.124	0.131	0.119	0.099	0.141	0.256
1910	0.116	0.099	0.115	0.089	0.118	0.136
1900	0.100	0.075	0.099	0.075	0.105	0.074
1880[a]	0.085	0.042	0.084	0.047	0.092	0.017
1870	0.080	0.034	0.083	0.038	0.065	0.012

출처: 《장기 통계, 새천년판》 (2006), 표 Ba 1033~1074.
주: 소유주는 전문직과 경영직에만 포함되어 있다.
a: 우리가 사용한 원데이터에 1890년과 1930년은 데이터가 없다.

얻을 수 있는 또 하나의 중요한 정보는 1870년 이후에 발생한 고학력 직종 고용 증가의 대부분이 1870~1920년에 벌어졌다는 것이다. 여성에게서도 교육 수준이 높은 직종의 상당한 증가가 그 50년 동안 벌어졌다. 전체 노동자의 경우에는 1870~1970년에 발생한 화이트칼라 고용 증가분 중 38%가 1920년 이전에 발생했고, 여성의 경우에는 59%가 1920년 이전에 발생했다.

화이트칼라 부문에서의 변화에 더해, 19세기부터 1920년까지 제조업 부문 중에서 일부 업종의 고용이 다른 업종에 비해 빠르게 팽창했다. 이러한 업종에는 화학, 기계, 자동차 등 새로 등장한 산업과 더 발달된 테크놀로지를 사용하는 산업이 압도적으로 많았다. 이 업종들

은 심지어 단순노무직과 단순 직공에 대해서까지도 교육 수준이 높은 노동자에 대한 수요가 가장 큰 업종들이었다(3장 참고).

직종과 학력의 관계에 대한 더 구체적인 증거를 1915년 아이오와주 센서스에서 찾아볼 수 있다. 이 데이터는 직종과 학력 정보를 담은 최초의 대표성 있는 대규모 표본을 제공하는데, 이 데이터를 통해 더 높은 교육 수준을 요하는 직종이 팽창했음을 확인할 수 있다.

전문직 및 관리직에 종사하는 25~34세 남성 중 72%가 고등학교 교육을 적어도 일부라도 받았고 평균적으로는 12년의 학교 교육을 받았다(표 5.2). 판매직과 사무직에서는 62%가 적어도 일부는 고등학교 교육을 받았다. 하지만 생산직 블루칼라 노동자, 단순노무자, 농민, 서비스 노동자 등을 포함한 블루칼라 노동자 중에서는 고등학교를 일부라도 다닌 사람의 비중이 20%가 채 되지 않았다. 35~44세 남성 표본도 비슷한 경향을 보여준다. 직종에 따라 종사자들의 학력에 큰 차이가 있었고, 그 차이의 대부분은 고등학교를 다녔느냐였다.

고용 상태인 여성은 표본이 더 작기 때문에 연령 집단을 결합해서 살펴보았다. 여성은 남성보다 교육 수준이 더 높았고, 특히 교사를 포함한 전문직 범주와 블루칼라 집단에서 높았다.[7]

이 데이터가 보여주는 중요한 점은 남녀 모두에서 전문직, 관리직, 일반 화이트칼라 직종이 다른 범주보다 교육 수준이 높았다는 점이다. 교육은 화이트칼라 직종으로 진입할 수 있게 해주는 티켓이었다. 25~34세의 미국 출생 남성 중에서 고등학교를 일부라도 다닌 사람은 53%가 화이트칼라 직업에 종사했던 반면 고등학교를 다니지 않은 사람들 사이에서는 이 숫자가 13%에 불과했다. 즉 고등학교 교육을 받은 남성이 화이트칼라 직종을 가질 가능성이 8학년까지만 학교

표 5.2 학력과 직종: 1915년 아이오와주

직종 분류	미국 출생 남성 25~34세			미국 출생 남성 35~44세		
	최종 학력 (교육 연수)	고등학교 일부 이상 비중(%)	고졸 비중 (%)	최종학력 (교육 연수)	고등학교 일부 이상 비중(%)	고졸 비중 (%)
전문직과 경영직	12.1	71.6	50.0	11.5	59.5	41.8
일반 화이트칼라	10.7	62.5	39.2	10.6	57.9	38.9
블루칼라	8.4	20.2	8.3	8.2	17.5	9.2
농민	8.8	18.1	6.9	8.7	16.4	7.6
농업 노동자와 하인	8.2	17.9	6.6	7.8	9.5	5.2
모든 직업	9.2	30.2	16.3	9.2	28.1	17.1

직종 분류	미국 출생 여성 25~44세		
	최종 학력 (교육 연수)	고등학교 일부 이상 비중(%)	고졸 비중 (%)
전문직과 경영직	12.9	88.1	67.6
일반 화이트칼라	10.8	67.4	47.4
블루칼라	9.0	33.0	13.5
농업 노동자와 하인	8.5	21.0	9.7
모든 직업	10.3	48.5	36.1

출처: 1915년 아이오와주 센서스. 부록 A 참고.
주: 직종은 전체를 다 포함하고 있지는 않다. 남녀 모두에서 준전문직을 제외했고 여성에서 농민을 제외했다. '일반 화이트칼라'에는 사무원과 판매직이 포함되어 있다. '블루칼라'에는 수작업 기능인, 단순기계작동원, 비농업 단순노무직이 포함되어 있다. 최종 학력은 18년에서, 보통학교는 9년에서 절삭했다. 대학을 다녔지만 고등학교를 다니지 않은 사람은 대학에 개설된 예비과정을 다닌 것으로 가정했다. '최종 학력'은 각 집단의 교육 연수의 평균이다. '고등학교 일부 이상 비중'은 각 집단에서 고등학교를 한 해라도 다닌 사람의 비중을 의미한다. '고졸 비중'은 고등학교 4년을 마친 경우를 의미하며 대학에 진학한 사람도 포함된다.

를 다닌 남성의 4배였다.

교육 수준이 높은 사람은 사무직에 압도적으로 많이 종사했지만, 블루칼라 노동자들 중에도 중등 교육을 받은 사람들이 있었다. 앞에서 보았듯이, 25~34세 남성 집단에서 블루칼라 노동자의 20%가 고등학교를 일부라도 다녔고 8%는 고등학교를 졸업했다. 교육을 더 많이 받은 블루칼라 노동자들은 당대의 새로운 업종에 평균보다 많이 종사했다. 그들은 전기공, 선로공, 배관공, 자동차 기계공, 자동차 수리공이었다. 또한 그들은 인쇄공, 식자공, 철도 엔지니어, 고정기계 기사, 시계공, 판각공, 보석세공사, 기계공, 정비공, 공장 점검원과 감독관 등을 포함하는 엘리트 집단이었다. 교육을 더 많이 받으면 사무직이 아니라 생산직으로 가더라도 이득을 얻었다.

하지만 젊은 여성들은 고등학교를 다녔더라도 전문직이나 화이트칼라에 진입하지 못하면 남성보다 훨씬 처지가 좋지 못했다. 물론 교육받은 여성 중 일부는 엘리트 범주인 인쇄출판 분야와 공장의 관리직 지위로 갔지만, 대부분은 사무직에 진입하지 못할 경우 침모, 재봉, 모자 제조 등 가내에서 일하는 일반적인 여성 일자리에 종사했다. 고용 상태인 여성 중 고등학교를 일부라도 다닌 여성은 압도적 다수가 화이트칼라 노동자였던 반면, 남성은 다른 영역에서도 합리적인 기회를 가질 수 있었기 때문에 화이트칼라 노동자 비중이 이보다 훨씬 적었다. 25~44세의 미국 출생 여성 노동자는 고등학교를 일부라도 다닌 사람의 81%가 화이트칼라 노동자였지만 남성은 이 숫자가 54%였다.

1915년에 25~44세였던 인구는 1880년대와 1900년대 초 사이에 10대였다. 따라서 이 데이터는 19세기의 마지막 20~30년 동안 고등학교 교육을 받았을 때 얻을 수 있었던 직업적 이득을 보여준다. 이들이 얻은 이득 중 일부는 더 저명한 집안 출신이라거나 그 밖의 가족 배경에서 나온 것일 수도 있지만, 많은 부분은 고등학교에서 '무엇을 배웠느냐'와 관련이 있었지 '누가' 고등학교에 갔느냐와는 관련이 덜 했을 것이다.

아이오와주 센서스가 있었던 1915년은 고등학교 운동이 막 시작된 시점이다. 따라서 이 센서스에서 나이가 더 많은 사람들은 미국 농촌에 공립 고등학교가 대대적으로 확산되기 **전에** 학교에 다닌 사람들일 것이다. 45~54세의 미국 출생 남성은 평균 교육 연수가 8.8년이었고 고등학교를 일부라도 다닌 사람은 18%였다. 25~34세의 미국 출생 남성은 평균 교육 연수가 9.2년이었고 고등학교를 일부라도 다닌 사람은 4분의 1이 조금 넘었다.[8] 공립 고등학교가 널리 확산되기 전에는 고등학교에 다니려면 많은 이들이 자신의 마을을 떠나 가장 가까운 타운의 기숙학교를 다녀야 했으므로, 이들이 고등학교 교육을 받았다는 사실은 보통학교 이상의 교육을 받고자 했던 강한 열망의 증표라고 볼 수 있다.

20세기 초의 일반 사무직

20세기 초 화이트칼라 직종의 막대한 팽창에는 몇 가지 요인이 있었다. 이러한 팽창은 제조업, 공공 유틸리티, 통신, 교통 부문에서 기업들의 규모가 커지고 활동이 복잡해진 데서 추동되었다. 방대한 기업 활동 범위와 훨씬 복잡한 분업 구조를 가진 대규모 기업은 정보를 처리하고 생산을 조율하고 고객과 상호작용을 하는 데 일반 사무직, 판매직, 관리직 직종의 노동자가 필요했다.[9] 정보기술의 진전과 사무기기(타자기, 가산기adding machine, 개선된 파일 시스템 등)의 발달, 그리고 전화와 전신 네트워크를 통한 통신 비용의 감소는 화이트칼라 노동자에 대한 수요를 한층 더 높였다. 또한 은행, 보험, 부동산, 통신, 유통과 같은 특정 영역이 평균 이상으로 팽창하는 형태의 경제 구조 변화도 화이트칼라 노동자 수요 증가에 일조했다. 이러한 영역의 일자리가 거의 전적으로 화이트칼라 일자리였기 때문이다. 소매 유통 매장들은 규모가 커졌고 여기에서도 소유주이자 운영자인 사람보다 판매 직원이 크게 늘어야 했다.

20세기로 접어드는 시기에 사무직종 규모가 가장 크게 증가한 부문을 하나만 꼽으라면 단연 제조업이다. 화이트칼라 노동자만 거의 전적으로 고용하는 부문에서도 고용이 크게 증가하긴 했지만, 화이트칼라 노동자가 가장 많이 늘어난 곳은 제조업 부문이었다. 이유는 꽤 간단한데, 제조업 자체가 매우 규모가 큰 부문이었고 20세기 초에 제조업의 비생산직 노동자 비중이 크게 늘었기 때문이다. 여기에서 '비생산직' 노동자에는 주로 사무직, 판매직, 관리직 노동자들이 포함된다.

1899년에는 제조업에서 비생산직 노동자 비중이 7%밖에 되지 않았지만 1909년에는 14%로 늘었다. 10년 만에 2배가 된 것이다. 21%로 다시 7%포인트가 증가하는 데는 1909년부터 무려 반세기가 걸렸다(1954년).[10] 20세기 초입에 발생한 비생산직 노동자의 대대적인 증가는 절대적으로도 놀라운 규모였고 이후의 50년과 비교해서도 놀라운 규모였다.[11]

처음에는 사무직 노동자에 대한 수요 증가가 기존의 직종에 더 많은 노동자를 채용함으로써 채워졌다. 가령 사무실들에서 비서, 부기계원, 속기사, 타자수, 사무원을 더 뽑았다. 이러한 기존의 사무직종들은 종종 높은 숙련 수준과 교육 수준을 요구했다. 예를 들어, 19세기의 비서secretary는 '사무실의 비밀secret을 지키는 사람'이었고 사장의 오른

팔이었으며 다양한 업무에 능통한 만능 해결사였다. 19세기의 부기 담당자도, 전체 장부는 보지 못하고 한 부서의 기다란 열에 있는 숫자를 더하기만 하는 사람이 아니라 회사 전체에 돈이 들어오고 나가는 것을 관리하는 사람이었다.[12] 사업이나 제품의 **전체**를 꿰고 있었다는 점에서 이들은 공방에서 일하는 장인과 비슷했다.

경제의 상당 부분을 포괄하는 제조업, 상업, 보험업에서 1895년의 전체 사무직종 목록을 보면 고용 비중 면에서 중요한 직종은 15개가 채 되지 않았다. 제조업과 상업에는 부기, 출납, 사무원(대금 계산과 선적 담당 포함), 송달원, 사환, 판매원, 속기사, 타자수가 있었고, 보험 업계에 추가적으로 수석 사무원, 대출 심사원, 보험 설계사가 있었다.[13]

사무직 노동자에 대한 수요가 증가하는 한편으로 이들이 수행하는 업무의 많은 부분이 합리화, 루틴화, 세분화되었다. 사무기기 제조업체들은 사무 노동에 대한 수요 증가에 부응해 제품군을 방대하게 확대했다. 1890년대부터 1920년대 사이에 전형적인 사무실에서 사용하는 사무기기가 크게 확대되었다.[14] 1910년대 사무실의 표준적인 사무기기에는 타자기, 받아쓰기 장비, 가산기, 먹지, 파일 시스템이 있었다. 1924년의 전형적인 사무실에는 훨씬 더 많은 것이 있었는데, 받아쓰기, 부기, 계산, 주소 기입, 복사, 자동 타이핑 등에 쓰이는 기계가 있었고 타자기, 가산기, 파일 시스템 등 이전부터 있던 것들도 있었다. 어떤 사무실은 컴퓨터 시스템의 전조인 계산 기계를 사용했다.[15] 1924년의 사무기기 카탈로그를 보면 사무실의 기계화가 이 시점이면 사실상 완료되었음을 알 수 있다. 사무실에서의 테크놀로지 변화는 1915년경부터 1920년대 초까지 일어났고, 화이트칼라 직종을 변혁했으며, 특히 젊은 여성들에게 큰 영향을 미쳤다. 1895년에는 별도 직종으로 기

록된 사무직종이 15개뿐이었지만 1922년에는 45개가 있었고 1940년에는 100개가 넘었다.[16]

즉 산업혁명의 물결은 사무실도 휩쓸었다. 19세기에는 비서가 되는 것이 경영자로 올라가는 수순이었고 부기 담당자는 회사 전체의 회계를 담당했다. 하지만 20세기 초에 사무직 노동자는 회사 전체의 운영을 꿰고 있는 것이 아니라 더 좁은 범위의 업무를 했다.

이렇듯 사무직 노동의 분업으로 인해 각 업무에 요구되는 숙련 수준이 전보다 낮아졌지만, 그럼에도 사무직 노동은 대부분의 생산직이나 농업에서 요구되는 것보다 훨씬 높은 숙련 수준을 요구했다. 따라서 사무기기 사용의 확산과 사무직 노동의 분업화는 고등학교 교육을 받은 노동자에 대한 수요를 크게 증가시켰다. 요컨대, 19세기 사무실의 만능 해결사가 20세기 사무실에서 좁은 범위의 특화된 업무를 하는 노동자가 되면서 평균적인 사무직 노동자에게 요구되는 숙련 수준은 낮아졌지만 숙련에 대한 전반적인 수요는 사무직 일자리 수 증가로 감소 폭이 상쇄되고도 남았다. 이러한 사무직 일자리에는 어느 정도의 교육이 필요했기 때문이다.

이러한 직종이 요구하는 수준의 교육을 바로 중등 학교가 제공했다. 사무직 노동자는 적합한 문법과 정확한 철자 등의 필수적인 문해력을 갖추어야 했다. 받아쓴 서신은 종종 속기사가 다시 작성해야 했다. 외국어를 한두 개 하는 것도 유용했고, 많은 일자리에서 수리력도 유용했다.[17]

19세기 말에는 사무직 노동자의 대다수가 남성이었고, '일반 사무직' 범주에 속하는 사무원, 타자수, 속기사, 비서도 그랬다. 예를 들어 1890년에 일반 사무직 노동자의 81%가 남성이었다.[18] 하지만 곧

이들 직종 각각에서 여성이 절대 수로도, 비중으로도, 빠르게 증가했다. 1890년에는 일반 사무직의 19%가 여성이었지만 1900년에는 24%, 1910년에는 35%가 되었으며, 1920년에는 모든 사무직 노동자의 거의 절반(48%)이 여성이었다.[19]

1890~1930년에 사무직종에서 여성이 증가한 것이 여성의 경제활동참가율이 전반적으로 높아졌기 때문이리라고 예상하기 쉬울 것이다. 하지만 그렇지 않다. 1900년에 여성은 전체 노동력 중 18%밖에 차지하지 않았고 1930년에도 22%밖에 차지하지 않았다. 화이트칼라 직종에서 여성 고용의 증가는 일하는 여성들 중에서 화이트칼라 비중이 어마어마하게 증가했기 때문이었다. 1900년에는 일하는 여성 전체 중 4%만 일반 사무직이었는데 1920년에는 거의 20%로 늘었다. 또한 1900~1930년 사이 일반 사무원 노동자가 5배가 되었는데 이 중 60%가 여성 노동자가 증가해서였고, 같은 기간 모든 화이트칼라 노동자는 3배가 되었는데 이 중 41%가 여성 노동자가 증가해서였다.

20세기 초에 가장 크게 증가한 직종들이 가장 높은 학력을 요구한 직종은 아니었지만 거의 모두가 고등학교를 졸업했거나 고등학교 교육을 일부라도 받았을 것을 요구했다. 20세기 초에 사무직 노동자 수요가 증가하면서 젊은 여성들이 대거 고등학교에 진학했다. 젊은 여성은 젊은 남성보다 높은 비중으로 중등 교육기관에 들어갔고 훨씬 높은 정도로 졸업도 했다(상세한 내용은 6장 참고). 고등학교 교육을 받지 않은 젊은 여성은 직업 전망이 암울했다. 제조업에서 단순기계작동원이 되거나 아니면 가내 노동자가 될 수 있었는데 둘 다 존중받을 만한 여성 일자리는 아니었고 보수가 적었다. 이와 달리 젊은 남성은 고등학교를 나오지 않아도 블루칼라 노동자가 되어 사무직 노동자보다 그리 많이 낮지는 않은 소득을 올릴 수 있었다. 1915년 아이오와주 센서스는 상업 학교를 다니는 것의 수익이 젊은 남성에게보다 젊은 여성에게 더 높았고 고등학교를 일부라도 다니는 것은 종종 '상업 학교'나 (당시에 불리던 이름으로) '상업 칼리지'의 보완재가 되었음을 말해준다.

20세기 초의 대중 문학에는 말쑥한 화이트칼라 노동자가 비중 있는 등장인물로 나오곤 한다. 사무직 노동자들은 종종 잡지 연재 소설의 주요 등장인물이었다. 20세기 초의 인기 작가들은 새로이 나타난 중산층 사무직 노동자를 소설에 등장시켰다. 오 헨리O. Henry는 여성 타이피스트에 대한 이야기를 썼고, 존 더스 패서스John Dos Passos는 《1919》라는 소설에 속기사를 등장시켰다. 싱클레어 루이스Sinclair Lewis의 《일자리 The Job》에도 여성 속기사가 나온다.[20] 이들은 이전 시기 문학의 여주인공이었던 가련한 여공이 아니었다. 이 시기의 문학에 등장하는 남녀는 새로운 중산층의 모습을 보여주었고 당대의 많은 젊은이들이 이를 갈망했다. 그리고 이를 성취하려면 젊은이들은 고등학교에 가야 했다.[21]

20세기 초의 블루칼라 일자리

정규 교육과 블루칼라 일자리

20세기로 접어드는 시점이면 대부분의 화이트칼라 노동자들은 첫 직장을 잡을 때 고등학교에서 배우는 범용 숙련기술을 가지고 있었다. 동시에, 당대의 더 새로운 업종에서는 **블루칼라 노동자**들에게도 중등 학교에서 제공하는 범용 숙련기술을 요구하기 시작했다. 20세기의 첫 10년 무렵에 몇몇 블루칼라 직종은 노동자들에게 고등학교 교육을 일부라도 받을 것을 요구했고 어떤 곳들은 고등학교 졸업 학력을 요구했다.

일례로 기계 제조 같은 산업에서 교육이 어떤 역할을 하는지에 대해 1908년의 한 기록은 이렇게 언급하고 있다. "공장에서 일자리를 잡으려는 젊은이는 … 기계 제도製圖, 대수, 기하를 알아야 하고 영어에 능숙해야 한다."[22] 생산 공정에 과학 지식의 요소들이 포함되어 있는 기업은 생산직에도 범용 숙련기술을 갖춘 노동자를 뽑으려는 경향이 강했다. 1910년대 무렵이면 이러한 기업은 생산직 노동자를 뽑을 때 매뉴얼을 해독할 수 있고, 대수에 대한 지식이 있고, 도면을 판독하고 그릴 수 있는 기계 제도 능력이 있고, 화학과 전기에 대한 기초 지식이 있는 노동자를 명시적으로 선호했다.[23]

이러한 요구 사항은 이민자를 많이 고용하는 업종에서 단순기계작동원에게 요구하던 것과 크게 달랐다. 그런 일자리에서는 인지적 기술이 아니라 근력이나 힘 같은 신체적 특징만이 중요했다. 하지만 이제 화이트칼라와 블루칼라 사이의 숙련 간극이 약간이나마 흐릿해지기 시작하고 있었다.[24]

20세기 초의 기술변화는 면직물 같은 옛 산업에서 화학 같은 새로운 산업 쪽으로 경제를 이동시켰다. 저숙련의 단순기계작동원을 방대하게 고용했던 옛 업종들은 숙련 수준이 높은 노동자를 필요로 하는 연속공정과 회분공정 업종들보다 중요성이 낮아졌다. 당대의 새로운 업종이던 석유정제, 사진, 자동차, 알루미늄, 그리고 옛 업종 중에서 기술변화가 있었던 강철, 설탕 정제, 캔, 비누, 도료 등은 다른 업종보다 교육 수준이 높은 노동자를 더 많이 필요로 했다. 내셔널 캐시 레지스터National Cash Register나 디어 트랙터 워크Deere Tractor Works 같은 회사들은 기계를 설치, 사용, 유지관리할 수 있는 능력을 확보하기 위해 고등학교 교육을 받은 젊은이를 뽑고자 하는 기업들의 선두 주자였고 그러한 기업은 점점 더 늘어났다.[25]

1902년에 디어 트랙터 컴퍼니의 관리자는 "적어도 고등학교를 졸업한 청년이 아니면 사무실에 채용하지 않을 것"이라고 밝혔다. 내셔널 캐시 레지스터의 채용 담당 부서장은 "사무직 청년들은 … 고등학교 교육을 마쳤거나 적어도 2년의 고등학교 교육을 받았어야 한다"며 이렇게 덧붙였다. "공장에서도 우리는 가능하면 고등학교 교육을 받은 청년을 원한다."[26] 사무직에서는 고등학교 학력을 가진 사람을 뽑는 것이 일반화되어 있었지만, 생산직에서 그 정도의 교육을 받은 노동자를 요구하는 것은 아직 이례적이었다. 하지만 1910년대와 1920년대 무렵이면 새롭고 더 발달된 테크놀로지를 사용하는 업종에서는 생산직 노동자들에게도 이것이 일반화된다.

미국의 기계 장비 산업을 연구한 한 역사학자에 따르면, "19세기 말이면 기계 장비 산업은 공학적인 설계를 판독하고 지시문을 읽기에 필요한 숙련기술을 갖춘 노동자들이 안정적으로 공급되어야 할 정도로 발달했다."[27] 또한 직업의 역사를 다룬 한 저명한 역사학자에 따르면, 기계 엔지니어들은 점점 더 "공방이 아니라 고등학교에서 배출되었고 이들은 종종 공방의 투박함과 지저분함에 질색했다."[28]

미국은 영국과 일부 유럽 대륙 국가처럼 제조업과 수공업에서 방대한 견습 시스템을 발달시킨 적이 없다. 그나마 미국에 있었던 견습 프로그램도 19세기 말이면 상당히 줄어들었다.[29] 20세기 초에는 제조업 노동자 중 견습을 거친 노동자의 비중이 아주 작았다. 하지만 일부 견습 프로그램은 20세기 초까지 살아남았다.

　　1900년대부터 1920년대 사이에 테크놀로지 면에서 발달된 일부 기업들은 견습생에게도 고등학교를 졸업했거나 고등학교 교육을 일부라도 받았을 것을 요구했다. 제너럴 일렉트릭 컴퍼니General Electric Company는 자사의 견습 프로그램에서 제도사, 설계사, 전기 터빈 및 스팀 터빈 검사원, 기술 사무원, 제작 및 설치 엔지니어 등으로 훈련받을 젊은 남성에게 고등학교 졸업 학력을 요구했다. 고등학교를 마치지 못했어도 기계에 대한 지식이 있으면 견습생이 될 수 있었지만, 가장 보수가 좋고 대우가 좋은 기능직 훈련은 받을 수 없었다. 이들은 그런 자리보다는 기계 수리, 도구와 주형 제조, 패턴 제작, 증기 파이프 수리, 철제 단조, 철, 강철, 청동 몰드 제작 등의 훈련을 받았다. 또한 내셔널 캐시 레지스터 컴퍼니는 적어도 2년의 고등학교 교육을 받은 사람이어야 견습생으로 뽑았다. 이곳에서 젊은 남성 견습생들은 도구 제작, 모형 제작, 캐비닛 제작, 패턴 제작, 전기, 프레스, 설계, 식자, 전기제판 등의 업무를 훈련받았다.[30]

　　제너럴 일렉트릭의 모든 견습 프로그램에는 학교 교육의 요소가 있었다. 그래머스쿨밖에 졸업하지 못한 젊은이는 대수, 기계 제도, 기하, 평면 삼각 측량, 기초 물리, 실용 전기 등을 배워야 했는데, 이것들은 1910년대면 대부분의 고등학교에서 표준적으로 배우는 내용이었다. 즉 고등학교를 나오지 못한 노동자를 위한 견습 프로그램은 당대의 고등학교 교과과정을 모방하고 있었다. 고등학교를 졸업한 사람은 견습 과정에서 고등 대수, 고등 전기, 열역학, 기계 설계 등을 배웠다.

　　농민들도 중등 교육이 새로운 품종, 가축 건강, 비료, 기계, 회계 기법 등을 습득하는 데 매우 가치가 있다는 것을 깨달았다. 이러한 지식은 현대적인 농장을 경영하는 데 꼭 필요했다. 1905년에 《20세기 농민Twentieth Century Farmer》은 이렇게 언급했다. "불과 10년 전에 비해서도 오늘날에는 성공적인 농민과 사업가가 되는 데 더 많이 교육받은 정신이 필요하다. … 농장의 새로운 조건은 농촌의 소년 소녀들에게 일반 범용 교육의 향상을 요구하고 있다."[31] 교육을 많이 받은 농민은 그렇지 않은 농민보다 개량품종 옥수수 같은 발달된 테크놀로지를 더 빨리 받아들였다.[32] 신교배 품종 옥수수가 널리 퍼지기 시작한 것은 우리가 사용한 표본들보다 10년도 더 뒤인 1920년대 말의 이야기지만, 이것은 농업에서 교육이 가져다줄 수 있는 이득을 보여주는 훌륭한 사례다.

범용 교육: 전신원의 사례

19세기 중반에는 학교 교육을 받지 않아도 얻을 수 있는 특정한 직능의 연마가 비즈니스의 세계에서 성공하는 데 디딤돌이 되는 경우가 많았다. 그러한 디딤돌 중 하나가 전신을 다루는 능력이었다.

전신원은 똑똑하고 열정적인 젊은 남녀였고 전신 업무를 하는 선배들로부터 일을 배웠다. 1840~1860년대 사이에 전신원은 "사무원, 경리, 배터리 맨"으로 사무실에서 종종 만능 일꾼이었다. 심지어 "급할 때는 글도 고칠 수 있었다".[33] 전신원들이 높은 자리까지 올라가는 경우도 꽤 많았다. 전신원으로 시작해 자수성가한 가장 유명한 사례는 앤드루 카네기Andrew Carnegie일 것이다. 그는 14세이던 1845년에 전신원으로 일을 시작해 펜실베이니아 철도의 높은 자리까지 올라갔다. 또 다른 입지전적인 인물은 토머스 에디슨Thomas Edison이다. 그는 '[전신] 키 보이'로 일을 시작해 16세이던 1863년에 전신원이 되지만 카네기처럼 회사 내에서 승진을 하지는 않았고 전신 테크놀로지를 향상시키는 데 자신의 재능을 사용했다.[34]

하지만 20년 뒤인 1880년대의 전신원들은 "그저 키를 다루는 단순작동원"일 뿐이었다.[35] 일부는 전처럼 승진을 했지만 대부분은 이 자리가 마지막 직위였다. 또한 이제 전신원은 견습을 통해 일을 배우지 않았고 전신을 가르치는 주간, 야간학교들이 미국 전역에 빠르게 확산되어서 전신 키를 다루는 데 능숙한 젊은 남녀를 배출했다. 다른 교육을 더 받는다면 모를까, 그렇지 않으면 이례적으로 뛰어난 전신원만이 위로 올라갈 수 있었다.[36] 전신이라는 매우 특화된 직능은 고등학교나 대학에서 배울 수 있는 범용적이고 이동 가능하고 유연한 숙련 기술보다 중요성이 작아졌다.

우리가 말하려는 바는, 19세기의 전신이나 최근의 컴퓨터 프로그래밍처럼 특정한 직능을 가르치는 역할이 직업 학교들로 넘어가 별도의 업으로서 교육되었다는 점이다. 어떤 직능이 별도의 업이 되면 쉽게 막다른 골목이 된다. 높은 자리로 가는 관문이 되지 않는 것이다. 이제는 더 범용적이고 유연한 교육을 받아야 젊은이가 자신을 증명하고 더 높은 자리로 올라갈 수 있었다.

정규 교육을 추동하는 촉매로서의 이민자들

1900년대 초부터 1차 대전의 발발로 갑자기 끊길 때까지 미국에 이민자가 막대하게 증가한 것도 미국 부모들이 자녀를 학교에 더 많이 보내려 하게 된 요인 중 하나였다. 남부, 동부, 중부 유럽에서 밀려들어오는 이민자들이 도시 제조업의 일자리를 채우면서 임금을 내리눌렀다. 경쟁은 저숙련 생산직 직종에서만이 아니라 수작업 기능직 직종에서도 발생했다.[37] 이들 유럽 이민자들은 특정한 업종의 직능기술과 미국 젊은이들이 쉽게 경쟁하기 어려운 수작업 기능직의 직능기술을 가지고 들어왔다.

　　일부 업종에서는 외국 출신들이 사실상 독점을 형성하면서 강세를 보였다. 아마도 미국에 오기 전에 본국에서 견습을 했을 것이고 일도 했을 것이다. 북동부 주들에서는 제조업 노동자 전체의 42%가 외국 출신이었지만 세부적으로 보면 제빵의 80%, 직물 염색의 67%, 가구 제작의 65%, 직조의 61%, 대장장이의 55%, 보석 세공의 50%가 외국 출신이었다. 출신 국가마다 각기 다른 업종에서 강세를 보였다. 영국 출신은 다른 제조업보다 보석 분야에 3배 많았고, 이탈리아 출신은 다른 분야보다 직물 염색 분야에 3.3배 많았으며, 스칸디나비아 국가들 출신은 다른 분야보다 가구 제조에 3.5배 많았다.[38]

　　부모들은 고등학교 교육이 자녀가 화이트칼라 직종에 진입하게 하는 길이며 설령 화이트칼라 직종(그들은 '비즈니스 직종'이라고 불렀다)에 들어가지 못한다 하더라도 고등학교 교육을 받으면 블루칼라 직종 중 고등학교에서 익힌 숙련기술을 사용하는 일자리를 얻을 수 있다는 것을 깨달았다. 대부분의 유럽계 이민자들은 보통학교를 몇 년 다녔을 뿐이었으므로 이것은 이민자와 덜 경쟁하는 일이었다.

　　1920년에 외국 출신 블루칼라 노동자들에 비해 미국 출신 블루칼라 노동자들은 제조업 중 '새롭고' 오늘날의 표현으로 '하이테크'라고 불릴 만한 업종에 비례적인 수준 이상으로 많이 종사했다. 또한 영어 능력을 사용하는 직종에도 많이 종사했다. 미국 출생자(외국 출생인 부모에게서 태어난 미국 출생자도 포함)는 조판공, 식자공, 그리고 화이트칼라(부기계원, 사무원, 관리자 등)인 경우가 많았다. 이 중 어느 것도 예상치 못할 만한 일은 아니다. 이보다 훨씬 더 놀라운 것은 미국 출생자들이 건설 업종 중에서 전기, 배관, 파이프 설치, 금속 업종 중에서 강철판 롤러, 양철공, 구리공, 도구 제작, 건설용 금속 업무, 그리고 여러 업종에서 기계와 고정기계 엔지니어 업무와 같은 직종에도 훨씬 많이 고용되었다는 점이다.[39]

　　미국 출생인 블루칼라 노동자들은 금속 등 몇몇 업종과 20세기 초의 새로운 경제에서 중요한 일부가 되는 현대적인 건설 직종에 상대적으로 더 많이 고용되었다. 반면 외국 출생 노동자들은 더 옛 업종인 목재, 의류, 식품 가공 분야에 주로 고용되었다. 미국 출생 노동자들은 영어 능력과 미국에 대한 일반적인 지식이 필요한 직종에서만이 아니라 정규 학교 교육을 통해 배울 수 있는 종류의 숙련기술을 사용하는 직종에서도 더 많이 고용되었다.[40]

고등학교 운동 이전의 교육 수익

직종에 따른 임금 프리미엄, 1820년대~1910년대

　　2장의 표 2.2에서 보았듯이 1890~1914년 사이 제조업에서 생산직 노동자 대비 사무직 노동자의 소득은 여성의 경우 약간의 상향 추세를 보였고 남성의 경우에는 대체로 안정적이었다. 이 데이터에서 우리가 끌어냈던 주요 결론은 추세보다는 수준과 더 관련이 있었다. 즉 우리의 결론은 19세기 말과 20세기 초인 1890년대와 1910년대 사이에 남녀 모두에게 직종에 따른 임금 프리미엄이 상당했고 여기에서 유추해볼 때 고등학교 교육에 대한 수익 또한 상당했으리라는 것이었다. 이제 우리는 19세기 초에도 교육의 수익이 그만큼 높았음을 보이고자 한다.

여성의 경우 1890년에는 생산직 노동자에 비해 사무직 노동자가 85%를 더 벌었고 1914년에는 100%를 더 벌었다. 남성의 경우에는 1914년에 사무직 노동자가 70%를 더 벌었다. 평균적으로 생산직 노동자가 8학년까지 교육을 받았고 사무직 노동자가 12학년까지 받았다고 가정하면, 학교 교육 1년의 수익이 20%가 넘는다. 20세기로 접어드는 시기에 사무직이 되는 것이 주는 수익은 남녀 모두에게 지극히 높았다.[41]

19세기 말 20세기 초인 이때의 임금 프리미엄을 19세기의 다른 시기와 비교해보면 어떨까? 19세기를 거치면서 교육받은 노동자에 대한 수요가 늘어서 교육의 수익이 증가했을까? 19세기 화이트칼라 노동자의 소득 데이터가 많지 않기 때문에 이것을 알아내기는 쉽지 않다. 하지만 다행히 1820~1860년에 대해 로버트 마고(Robert Margo 2000)가 수집한 데이터가 존재한다.[42] 이 표본에서 화이트칼라 노동자는 미국의 군 기지에서 일하는 민간인 '사무원'들이었다. 저숙련 사무원과 상대적으로 고숙련인 부기계원, 그리고 군 기지의 구매를 담당하는 관리자가 포함되어 있다. 군 기지들은 인구가 많은 정착지에 주로 있었지만 변경 지역에 있는 곳도 있었다. 마고가 이 데이터에서 연평균 값들을 구하기 위해 사용한 방식(헤도닉 회귀분석)은 직업이나 장소와 같은 관찰 가능한 차이들을 일정하게 통제할 수 있게 해준다. 또한 군 기지에는 단순노무자도 고용되어 있었으므로 이 데이터로 숙련 수준에 따른 소득 차분, 즉 단순노무자 대비 일반 사무직의 소득 비를 구할 수 있다. 이에 따르면 19세기 초중반인 이 시기에 이 숙련 수준에 따른 소득 차분은 2장에서 살펴본 19세기 말 20세기 초와 비슷했다.

　　단순노무직 대비 사무직의 소득 비는 1826~1830년에 1.93이었고 1856~1860년에는 1.99였다.[43] 1900년경의 데이터와 비교를 하려면 1900년경의 소득 비 계산을 약간 수정해야 한다. 앞에서 우리가 1890년대와 1900년대 초 시기에 대해 사무직 노동자의 소득을 '생산직' 노동자와 비교한 이유는 당시에 생산직 노동자가 수적으로 비중이 큰 집단이었기 때문이다. 이와 달리 남북전쟁 이전 시기에 대해서는 사무직 노동자를 '단순노무자'와 비교했는데, 이 역시 경제 전체적으로나 마고가 분석한 군 기지에서나 단순노무자가 수적으로 비중이 큰 집단이기 때문이었다.

　　20세기로 접어드는 시점의 남성 사무직 노동자의 상대적 소득을 생산직 노동자 대비 비율 말고 단순노무자 대비 비율로 계산하면, 1895년에는 2.50, 1914년에는 1.96이 나온다.[44] 따라서 단순노무자 대비 일반 사무직의 소득은, 19세기 말(1895년)과 남북전쟁 이전 시기를 비교하면 19세기 말이 높았고 1914년과 남북전쟁 이전 시기를 비교하면 대략 비슷했다. 1895년부터 1914년 사이에 단순노무자 대비 일반 사무직의 소득 비가 줄어든 것은 제조업 부문에서 저소득 노동자 임금이 상대적으로 크게 올랐기 때문이다. 이 시기에 수적으로 비중이 큰 노동자가 생산직 노동자였고 생산직 노동자와 사무직 노동자의 임금 비는 1895년부터 1914년까지 대체로 일정했으므로, 전체적으로 숙련에 대한 수익은 20세기로 접어드는 시점이 남북전쟁 이전 시기보다 약간 높았을 것이다.

19세기를 거치면서 숙련 노동자와 저숙련 노동자의 소득 비가 어떻게 달라졌는지를 정확히 알 수는 없으므로 어느 정도는 계속해서 미지의 상태일 수밖에 없을 것이다. 그렇더라도 저숙련 노동자 대비 숙련 노동자의 소득 비가 크게 오른 것 같지는 않으며, 분명히 줄지는 않았다. 그런데 이 시기에 사무원, 판매원, 관리직, 전문직 등 숙련 노동자의 수가 크게 늘었다(표 5.1). 즉 숙련 노동자의 임금 프리미엄이 안정적이거나 아주 약간만 오르는 동안 숙련 노동자의 수가 크게 늘었다. 이 사실들을 모두 종합해 3장에서 소개한 수요-공급 이론 체계에 넣어 보면, 숙련에 대한 수요가 공급보다 빠르게 증가했거나 둘이 비슷한 수준으로 증가했으리라는 이야기가 된다. 어쨌든, 우리가 발굴한 실증근거 중 가장 관련성이 크고 강건성이 있는 것은 이 시기 내내 숙련 프리미엄이 비교적 컸다는 사실이다.

1915년경 정규 교육의 수익

우리의 추정에 따르면, 20세기 초에 다양한 화이트칼라 직종 노동자들의 상대적 소득은 높은 수준이었고, 교육 수준이 더 높은 업종에서 일하는 노동자 수가 다른 업종 대비 더 크게 증가했다. 우리가 살펴본 실증근거는 교육을 많이 받은 노동자를 더 많이 고용한다고 알려진 사무직 및 관리직 직종을 여러 생산직 직종과 비교한 것이었다. 우리가 특정 직종들을 가지고 분석한 이유는 1940년까지는 학력과 임금에 대한 정보를 담고 있는 전국 표본이 없기 때문이다(1940년에 연방 센서스가 학력과 임금 정보를 수집하기 시작했다). 하지만 앞에서 언급했듯이 주 단위에서는 1915년의 아이오와주 센서스가 학력과 임금 정보를 담고 있어서 여러 연령대의 남녀 노동자들에 대해 교육 수준별 소득 차분을 알아볼 수 있는 독보적인 스냅샷을 제공한다. 또한 이 데이터는 교육 수준이 높은 직종과 낮은 직종의 차이 및 고등학교의 특별한 역할에 대해서도 시사하는 바가 있다. 2장에서 우리는 직종 간에, 그리고 직종 내에서 교육이 가져다주는 수익을 알아보았다. 이제 이 장의 질문인 고등학교 운동이 왜 20세기 초에 시작되었으며 그것이 임금 구조에 어떤 영향을 미쳤는지와 관련된 실증근거를 살펴보자.

1915년에 18~65세의 민간 부문 남성 노동자에게 중등 교육 1년이 개인에게 가져다주는 금전적 수익은 10.3%였다(2장 표 2.5 참고). 18~34세의 젊은 남성 사이에서는 12.0%, 젊은 미혼 여성 사이에서는 10.1%였다. 남성 노동자에게 고등학교 교육 1년의 수익은 직종 간에도 상당했을 뿐 아니라 직종 **내에서도** 높았다. 또한 18~34세의 경우 '모든 블루칼라' 내에서 고등학교 교육 1년의 수익이 '모든 화이트칼라' 내에서보다 약간 더 높았다(각각 0.091과 0.083). 즉 교육의 수익은 능력 있는 개인이 화이트칼라 직종으로 옮겨간 데서도 발생했지만 블루칼라 직종 내에서도 발생했다. 고등학교 1년을 더 다니는 것의 수익은 모든 비농업 직종의 경우 11.4%, 블루칼라 직종의 경우 9.1%로, 블루칼라 직종이 그리 더 낮지 않았다. 고등학교 교육은 젊은 남성들이 부기계원이나 사무원, 또는 관리자가 되게 해주기도 했지만, 전기공이나 자동차 기계공이 되는 데 필요한 숙련기술을 갖추게 해주기도 했다.

1915년에 젊은이들은 고등학교로 학업을 이어갈 막대한 이유가 있었다. 하지만 아이오와주처럼 교육 수준이 높은 주에서조차 1915년에 대부분의 성인은 고등학교에 갈 나이였을 때 자신이 사는 학교지구나 타운십에 공립 고등학교가 없었다. 교육을 지속하고 싶으면 자신의 지역에 있는 보통학교를 더 다녀야 했다. 아이오와주에서는 이러한 관행이 1912년에 법적으로는 종식된다. 이때 통과된 주 법으로 보통학교에서 중등 교육을 제공하는 것이 금지되었고 보통학교 이후의 학년은 교사를 1명 이상 둔 별도의 고등학교에서만 가르칠 수 있었다.[45]

1912년 이전에는 많은 청소년이 초등 교육 8년을 마친 후에도 보통학교를 더 다니면서 중등 교육을 받았다. 하지만 아이오와주 센서스 데이터에 따르면 보통학교에서 보내는 추가적인 교육 연수는 수익이 꽤 낮았다. 보통학교에서 [8학년 이후에] 추가적인 교육을 1년 더 받는 것의 수익은 9학년까지는 4.5%, 9학년이 지나면 2.9%로 떨어졌다 (2장 표 2.5 2열 참고). 반면 고등학교를 1년 다니는 것의 수익은 11%나 되었다. 보통학교를 계속 다닐 때의 3배나 되는 것이다.

아이오와주의 많은 고등학교가 규모가 작았지만(학생 수가 40~60명밖에 안 되는 곳도 많았다), 젊은이들이 고등학교에서 배울 수 있는 것들은 보통학교를 오래 다니면서 배우는 것보다 훨씬 가치가 있었다. 작은 마을에 있는 작은 고등학교라 해도 고등학교 교과과정은 초등학교나 보통학교에서 제공되는 것과 달랐고 교사들도 훨씬 더 높은 수준의 자격을 갖추고 있었다.

우리가 말하려는 바는, 19세기에 중등 교육의 수익이 상당했지만 교육을 더 많이 받은 노동자에 대한 수요는 인구가 아주 많은 큰 도시들을 제외하고는 공동체가 공립 고등학교를 설립하게 할 정도까지는 미치지 못했다는 점이다. 공립 중등 학교의 빈 자리를 사립 아카데미, 세미너리, 교육원 같은 곳들이 메우고 있었다. 이러한 곳들은 일반적으로 오래 지속되지 않았고 이곳들의 역사는 알려지지 않은 부분들이 많지만, 이제 우리는 미국 교육사에서 굉장히 중요한 이 시기를 파고들어야 한다. 아카데미는 공립 고등학교의 전조였고, 아카데미의 등장은 고등학교 운동의 풀뿌리적 기원을 드러낸다.

아카데미: 공립 고등학교의 전조

다양한 아카데미들

남북전쟁 이전, 미국에서 보통학교가 확산되고 북동부와 중서부에 널리 퍼지던 동안 그 다음 단계의 교육에 대한 수요도 생겨나고 있었다. 19세기에 그 단계는 여러 형태를 띠었고 진화해가면서 이름도 바뀌었다. 지금은 중등 교육기관이나 고등학교라고 불리지만 한때는 그래머스쿨, 예비과정, 아카데미, 인스티튜트, 세미너리(주로 여학생을 위한 학교였다) 등으로 불렸다.

20세기 초가 되기 전에는 대학에 다니려면 특별한 종류의 준비가 필요했고, 보스턴 라틴스쿨 같은 그래머스쿨이나 필립스 아카데미, 앤도버 아카데미 같은 아카데미, 혹은 대학에 개설된 예비과정이 이 교육을 담당했다. 하지만 19세기 중반에 중등 교육에 대한 수요가 증가한 것은 대학 진학과는 매우 다른 목적에서인 경우가 많았다. 중등 교육은 남녀 청소년들을 대학이 아니라 직업 세계를 위해 준비시키는 길이기도 했고 젊은이가 일반적으로 삶을 더 잘 꾸려갈 수 있게 준비시키기 위한 것이라고 여겨졌다.

19세기에 미국의 큰 도시에서는 초등학교 이후의 학교 교육에 대한 수요가 공립 고등학교의 설립으로 이어졌지만 인구가 적은 곳에서는 수요가 공립 고등학교를 세울 정도에 미치지 못했다. 그 때문에 초등학교 이후의 교육에 대한 수요의 증가는 사립 중등 학교들의 증가로 이어졌고, 이곳들은 흔히 아카데미라고 불렸다. 1850~1870년 센서스가 카운티 단위로 학교들을 조사하긴 했지만, 과거에 아카데미가 정확히 몇 개 있었는지는 알 수 없다. 1870년 센서스에는 대학 진학을 위한 준비를 시키는 고전 아카데미들만 기록되어 있고, 1850년과 1860년 센서스는 고전 아카데미와 비고전 아카데미를 둘 다 기록한 것으로 보인다. 또 한 가지 주의해야 할 것은 1850년 센서스에는 많은 사립 초등학교도 아카데미 숫자에 포함되었다는 점이다. 이와 같은 데이터상의 문제가 있지만 중등 교육기관으로서 아카데미가 가졌던 양적인 중요성을 어느 정도 파악하는 것은 가능하다.

도시에서는 평균적으로 공립 고등학교가 아카데미보다 학생 수가 많았지만, 19세기 중반의 미국은 인구가 듬성듬성하게 분포되어 있었으므로 공립 고등학교보다 고전 아카데미의 수가 더 많았다.[46] 공립 고등학교 수는 아마도 1880년대까지도 사립 중등 학교에 미치지 못했을 것이다. 그리고 1890년대까지는 공립 고등학교에 다니는 총 학생 수도 모든 유형의 사립 중등 학교와 대학의 예비과정에 다니던 총 학생 수에 미치지 못했을 것이다.[47]

사립 중등 학교에는 많은 유형이 있었다. 스펙트럼의 한쪽 끝에는 젊은 남녀를 대학에 준비시키기 위해 고전적인 과목들을 가르치는 기관이 있었다. 이 중 어떤 곳들은 명문 엘리트 교육기관이었고 특정 대학과 느슨하게나마 연계되어서 그 대학의 입학 시험을 위해 학생들을 가르쳤다. 다른 곳들은 이보다는 덜 명문이었지만 고전 과목들을 가르쳤고 남녀 공학도 없지는 않았지만 일반적으로는 남학교와 여학교가 따로 있었다. 스펙트럼의 다른 쪽 끝에는 학술적인 과목과 상업적인 과목을 혼합해서 가르치는 곳들과 직업 분야나 음악, 미술에 특화한 곳들이 있었다. 작은 아카데미들은 종종 교장 1명과 학생들로 이루어져 있었고 학생들은 교장의 집에 묵으면서 공부했다.

　　아카데미에 대해 존재하는 정보는 희박하고 많은 것이 모호하다. 우선, 비고전 아카데미들은 중요성이 작았고 대부분은 한두 해 정도밖에 유지되지 못했다. 이곳들은 영구적인 기록을 거의 남기지 않은 일시적인 기관이었다. 고전 아카데미들도 추적하기가 쉽지 않다. 하지만 뉴욕주에는 19세기 초부터도 고전 아카데미에 대해 꽤 완전한 정보가 존재한다. 뉴욕주에서는 교육기관을 관장하는 주 교육위원회가 학생 1인당 기준으로 고전 아카데미에 공공 자금을 지원했기 때문에, 고전 아카데미와 그곳의 교과과정에 대한 정보를 가지고 있어야 했다.[48]

　　아카데미가 제공했던 교과목들을 보면 당대의 젊은이들이 받고 싶어 했던 교육이 무엇이었는지(혹은 적어도 부모들이 자녀가 받게 하고 싶었던 교육이 무엇이었는지) 짐작해볼 수 있다. 우선 아카데미들은 영어, 역사, 수학, 지리, 외국어, 자연과학, 물리학, 동물학, 천문학 같은 학술적 과목들을 가르쳤다. 1840년대 무렵이면 고전 아카데미에서 부기, 측량, 속기, 제도, 광학, 법학, 토목, 항법 같은 직업 과목도 가르쳤는데 종종 학술적인 과목을 토대로 하는 것들이었다. 그리고 학술 과목이 아닌 댄스, 체조, 음악 같은 과목도 있었다.[49]

아카데미의 양적 중요성

아카데미의 역사를 다룬 많은 연구가 1800년대 중반에 미국 센서스국이 수행한 특정한 서베이 하나를 사용하고 있다.[50] 세 개의 센서스 연도(1850년, 1860년, 1870년)에 센서스국은 인구 센서스, 농업 센서스, 제조업 센서스에서 수집하는 개인, 농장, 기업 단위 조사 외에 카운티 단위의 '사회통계' 서베이를 실시했다.[51] 여기에서 수집된 정보에는 카운티의 자산, 교회, 도서관, 빈곤, 다양한 직종의 임금, 그리고 학교 정보가 있었고, 학교와 관련해서는 모든 공립 및 사립 학교와 대학교의 학생 수와 교사 수, 재정 정보 등이 조사되었다.

이 데이터는 미국 센서스 발간물에 주별로 요약되어 게재되었다. 다른 자료가 적다보니 이 발간물에 요약된 통계가 아카데미의 역사를 연구할 때 널리 쓰인다. 하지만 이 요약은 종종 부정확하기 때문에 원자료와 비교해서 해석해야 하고, 우리도 그렇게 했다.[52] 해석을 잘못해 19세기 중반에 아카데미에 다닌 학생 수를 상당히 과대평가했던 사례가 자주 있었다. 우리가 데이터의 오류를 보정한 결과를 보면, 보정된 학생 수가 흔히 인용되는 숫자보다 훨씬 작긴 하지만 그럼에도 아카데미 학생 수는 공립 고등학교가 드물고 큰 도시에만 있던 시절에 중등 교육에 대한 사람들의 수요가 상당했음을 말해준다.

아카데미의 역사에 대한 연구들이 가장 많이 사용하는 데이터는 1850년 사회통계 데이터다.[53] 1850년의 센서스국 발간물에는 당시 전국에 6,032개의 '아카데미와 **기타 사립 학교**'가 있었고 여기에 교사 1만 2,297명과 학생 26만 1,362명이 있었다고 기록되어 있다.[54] 이 데이터가 정확하다면 아카데미가 4년제일 경우 1850년에 아카데미에 다니는 15~18세 청소년 비중이 15%가 넘는다는 이야기가 된다(2년제였다면 이 숫자는 다시 2배가 된다). 하지만 이 숫자는 정확하지 **않다**. 아카데미 학생들로만 한정된 숫자가 아니기 때문이다. 1850년의 사회통계 응답지 원본 중 남아 있는 것을 살펴보면, 학생 대부분이 낮은 학년에 표시된 것을 볼 수 있으며 남부에서는 거의 모두가 그렇다.[55] 명백히, 이들 대부분이 다닌 곳은 '기타 사립 학교'였지 아카데미는 아니었다.

1850년 사회통계와 1860년 사회통계 둘 다 아카데미 학생을 더 낮은 학년의 사립 학교 학생들과 섞어서 제시하고 있다. 그래서 우리는 이 두 연도의 데이터를 사용하기보다 그렇지 않은 1870년 데이터를 사용했다. 1870년의 사회통계 조사에서는 다양한 종류의 사립 학교 목록 중에서 표시를 하게 되어 있었고, 상업 학교, 음악 및 미술 학교, 기술 학교, 교구 학교, '비기숙 학교 및 기숙 학교'와 더불어 '고전 아카데미'도 별도의 보기 항목으로 제시되어 있었다. '고전 아카데미'에 표시한 사람들만 사립 중등 학교로 간주하면 과소집계가 되겠지만(이 문제는 아래에서 다시 논의할 것이다)[56] 과소집계 편향은 초등 교육 이상의 교육을 공립 고등학교보다 사립 아카데미가 더 많이 담당했고 이는 공립 고등학교에 대한 잠재적 수요가 많았음을 시사한다는 우리의 결론을 더 강하게 뒷받침한다.

1870년 사회통계에 따르면 전국적으로 15~18세 청소년의 약 6.5%가 공립 고등학교나 고전 아카데미에 다녔다. 이 숫자는 1850년과 1860년 사회통계 데이터에서 잘못 도출되곤 하는 숫자보다 상당히 작다.[57] 하지만 19세기 기준으로는 큰 것이고 남부와 서부가 포함되어 있다는 점을 감안하면 상당히 큰 것이라고 볼 수 있다. 북동부만 보면 공립 고등학교와 고전 아카데미에 다니는 청소년 비중이 거의 8%였다.

마찬가지로 주목할 만한 점은, 1870년에 미국 중등 학교 학생 전체 중 공립 학교를 다니는 학생의 비중이 38%밖에 되지 않았다는 점이다. 비고전 사립 학교까지 합하면 공립 학교 학생 비중은 더 낮아진다. 아이오와주는 공립 학교 학생 비중이 55%였는데, 아이오와주는 이미 꽤 많은 공립 학교가 있었고 곧 고등학교 교육의 선두 주자가 되는 주다. 우리가 말하려는 핵심은, 청소년 중 상당 비중이 중등 학교를 다니고 있었지만 그중 공립 학교를 다니는 경우는 5분의 2도 되지 않았다는 것이다. 고전 아카데미 같은 사립 학교들이 청소년들을 [초등 과정 이상으로] 교육하는 데 중요한 역할을 하고 있었다는 의미이고, 이는 **공립** 고등학교에 대한 수요가 있었다는 의미다.

1870년에는 고전 아카데미와 공립 고등학교 모두 더 나중의 기준으로 보면 학교 규모가 작았다. 큰 도시에는 큰 학교들이 있었지만 북동부 지역의 자료를 보면(가장 양질의 응답지 원본이 존재하는 곳이다) 학교당 평균 교사 수는 3~5명이었고 학생 수는 60~90명 정도였다.

1870년 센서스에 기록된 비교적 크고 명문인 학교들 외에 기록되지 않은 더 작은 곳들도 존재했다. 고전 아카데미 중 어떤 곳은 별도 기관으로 법인화되지 않았고, 어떤 아카데미는 학술적, 상업적, 실용 기술적 과목들을 혼합적으로 가르쳤다. 이러한 곳들이 몇 개였는지는 정확하게 알 수 없지만, 존재했다는 데 대해서는 많은 증거가 있다. 예를 들면 뉴욕주의 경우 1870년 사회통계에는 주 교육위원회가 승인한 아카데미만 기록되어 있지만 19세기의 신문 광고들을 보면 서베이에서는 집계되지 않았을 더 작은 학교들의 존재를 확인할 수 있다.

작은 학교들의 상당수가 교사의 집에서 수업을 하는 형태였다. 뉴욕 프래츠빌의 '소년들을 위한 가족 학교'는 "그레이스 교회의 라이트 목사가 자신의 가족이 사는 집에 몇몇 소년들을 받아 자신의 아들

들과 함께 가르치면서 "대학이나 비즈니스에 적합한 교육"을 했다고
한다. 미스 헤이븐스의 학교도 마찬가지여서, 미스 헤이븐스가 "자신
의 아버지 집에서 젊은 숙녀들을 위한 학교를 다시 열었다"고 한다.[58]
또한 미스터 빙엄의 학교는, 광고에 따르면, "하버드나 예일에 갈 수
있게 학생들을 준비시키고" 비즈니스에 잘 준비될 수 있게도 교육시
켰다고 하며, 조지 S. 파커와 존 맥멀런의 학교는 "학생들이 대학이나
법정직에 갈 수 있게 준비시키는" 곳이었다고 한다.[59] 광고를 낸 학교
중에는 상업 교육만 했거나 음악이나 미술에 특화된 곳도 있었지만,
대개는 학술적인 과목을 가르쳤다. 19세기 중반에 아카데미를 비롯해
초등 과정 이후 단계를 가르치는 사립 중등 학교들이 확산되었으며
이러한 곳에 다니는 학생 수도 상당했다는 것은 분명한 사실로 보인
다. 숫자를 정확히 추정하기는 어렵지만, 1870년 사회통계상의 숫자
를 사립 중등 학교 학생 수에 대해 가장 낮게 잡은 추정치로 삼을 수는
있을 것이다.

아카데미와 공립 고등학교의 중요한 차이 하나는 아카데미는
거의 언제나 학생에게 수업료를 청구했고 공립 고등학교는 일반적으
로 그렇지 않았다는 점이다.[60] 아카데미들은 종종 공적인 자금을 지원
받았고 공여받은 자산에서 나오는 소득도 있었지만 이러한 지원금은
비중이 작았다. 사립 학교들은 거의 전적으로 수업료로 운영되었고 수
업료는 학교마다 달랐다.

명문 예비 학교들과 군사 아카데미들은 수백 달러씩을 수업료
로 받았지만 대부분은 그보다 훨씬 저렴했다. 뉴욕주 아카데미들의 수
업료 중앙값은 학생 1인당 1년에 35달러였고,[61] 매사추세츠주는 54달
러, 아이오와주는 25달러였다. 그렇더라도, 1870년의 1인당 소득이 숙

련 노동자의 경우 약 800달러였고 부기계원 같은 사무직 노동자의 경우 900달러였으므로[62] 아이 1명의 수업료는 숙련 노동자에게도 총 소득의 5% 정도나 되었다. 이에 더해, 아카데미에 자녀를 보내는 총 비용 중 수업료는 절반 정도, 또는 그보다도 더 적었다. 대부분의 경우 기숙사에 살아야 했기 때문이다. 일반적으로 기숙사는 1년에 150~200달러를 부과했고 학생들이 교장의 집에서 숙식을 하는 더 작은 학교들에서는 이보다 약간 더 낮았을 것이다.[63] 요컨대, 아카데미에 자녀를 보내는 비용은 19세기 말 미국 가구의 평균 소득에 비추어 볼 때 상당히 비싼 편이었다.

사립 학교에서 공립 학교로의 전환은 학생 1인당 꽤 높은 수업료를 부과하던 학교에서 학생의 가족에게 아무 비용도 부과하지 않는 학교로의 전환이었다. 또한 학교가 너무 멀어서 학생들이 기숙사에 살아야 했던 학교에서 학생들이 사는 지역공동체에 속한 학교로의 전환이기도 했다(일부는 여전히 기숙사 생활을 했겠지만 말이다). 그렇다면, 아카데미는 어떻게 되었을까? 공립 고등학교가 확산되면서 어떤 경우에는 지역의 학교지구가 아카데미 건물을 매입하거나 장기 임차해 그 지역의 고등학교로 바꾸었다.[64] 그리고 어떤 경우에는 아카데미가 흔적을 남기지 않고 사라졌다.[65]

아카데미들은 일반적으로 주 정부에 의해 조율되지도 않고 보통학교 부흥 캠페인 시절의 '학교 인사'들처럼 교육을 설파하는 옹호자들의 영향도 받지 않은 채로, 순전히 풀뿌리의 움직임에서 생겨났다. 큰 도시에서는 공립 고등학교가 아카데미와 공존하다가 점차로 아카데미를 대체하게 되는데, 공립 고등학교들 역시 대체로는 풀뿌리에서 생겨난 기관이었다. 아카데미와 공립 고등학교 모두 학부모들의 요구로 생겨나고 확산되었다. 가게 주인, 상인, 다양한 유형의 전문직 종사자 등은 자녀가 더 나은 문해력과 수리력 같은 숙련기술을 갖추고 자신의 사업을 잇거나 다른 사업을 시작할 수 있기를 원했다.[66] 단순노무자인 부모들은 자녀가 육체노동의 고단함을 피하게 하고 싶었고, 농민인 부모들은 자녀 중 일부는 가족의 땅에서 농사를 지을 수 없을 것이고 농사를 지으려 하지도 않으리라는 것을 알고 있었다.

따라서 19세기 중반의 아카데미들은 양적으로 중요한 교육기관이었다. 부모들은 자녀를 아카데미에 보냄으로써 중등 학교에 대한 열망을 확실히 드러냈다. 아카데미 운동의 규모와 정도는 공립 중등학교에 대한 잠재적 수요가 막대했음을 보여준다. 이렇듯 공립 고등학교 확산을 추동한 추진력의 기원은 개인들이었고 뚜렷하게 풀뿌리였지만, 단지 풀뿌리의 행동만으로는 충분치 않았고 그 이상의 것이 필요했다. 공립 고등학교가 생기려면 이를 위해 공공의 자금을 조달하는 것을 정당화할 수 있는 합리적인 토대가 필요했다.

의무교육법의 영향

우리는 19세기부터 일련의 근본적인 변화가 발생해 교육 수준이 높은 노동자에 대한 수요가 늘어났고 이에 따라 더 높은 수준의 정규 교육을 받고자 하는 젊은이들의 열망도 높아졌음을 살펴보았다. 교육에 대한 수요의 증가는 처음에는 주로 아카데미를 비롯한 사립 학교들을 통해 민간 부문에서의 공급으로 충족되었다. 19세기에 중등 교육이 개인에게 가져다주는 수익은 상당했다. 하지만 공적으로 제공되는 고등학교가 생길 만큼 수요가 두터워지려면 아직 더 기다려야 했다. 차차 교육을 더 많이 받은 노동자에 대한 수요가 증가했고 점점 더 많은 지역공동체가 공립 고등학교를 지었다. 이것이 바로 고등학교 운동이다.

공립 중등 학교가 확산된 데 대해 이와는 매우 다른 설명도 존재한다. 이 설명은 주 정부가 입법을 통해 청소년의 비행을 막고 미국의 큰 도시들에서 수가 늘고 있던 이민자의 자녀를 통제하는 데 관심이 있었으리라고 본다. 19세기 중반부터 많은 주에서 의무교육법과 아동노동법이 통과되었는데, 어떤 이들은 이것이 공립 고등학교 확산의 직접적인 원인이라고 본다. 매사추세츠주가 1852년에 의무교육법을 통과시킨 최초의 주가 된 이후 1890년이면 27개 주가, 1910년이면 41개 주가 의무교육법을 통과시켰다.[67] 또한 1910년이면 다양한 유형의 아동노동법이 40개 주에서 발효되어 있었다.

하지만 1910년까지 이 법들은 큰 영향을 미칠 수 있을 만큼 엄격하지 못했다.[68] 집행이 약했고, 종종 아동이 최소한의 교육만 받았으면 의무교육을 면제해주었다. 20세기로 접어드는 시기에 공립 중등 교육이 급격히 확산되는 데 의무교육법과 아동노동법은 주된 추동력이 아니었다. 이때의 주된 추동력은 자녀를 사립 중등 학교에 보낸, 그리고 사립 학교들을 공립 중등 학교로 전환시킨 중산층 부모들이었다.

이러한 법들이 고등학교 운동을 '촉발한' 추동력은 아니었더라도 더 나중 시기에 중등 학교의 출석률을 한층 더 높이고 고등학교 운동이 한층 더 확산되는 데는 영향을 미치지 않았을까? 일단, 의무교육법과 아동노동법들이 중등 학교 확산에 영향을 미칠 만해지는 것은

20세기 초 이후였다. 1910년 이후에서야 법정 의무교육 연수가 길어 졌고 법을 집행하는 행정력도 커졌다. 또한 이 시기부터는 의무교육법 과 아동노동법의 교육 부분과 노동 부분 사이에 조율도 더 잘 이루어 졌을 것이다. 그러니 이러한 변화가 생기면서 아동노동법과 의무교육 법이 중등 학교 연령대 청소년의 행동을 규율하는 데 새로이 효과를 발휘하게 되었으리라고 예상해볼 수도 있을 것이다. 하지만 6장에서 우리는 1910~1940년에 의무교육법이 고등학교 등록률 증가에 실제 로 기여한 정도는 미미함을 보여줄 것이다.[69]

경제적 필요성에서 교육적 성과로: 요약

20세기 초의 첫 10년간 부모들이 자녀를 초등학교를 넘어 고등 학교까지 공부를 시키려 했던 데는, 그리고 청소년들이 계속 학교를 다녀야 했던 데는 많은 이유가 있었다. 교육받은 노동자에 대한 수요 가 증가했고 사무직 등에서 교육받은 노동자가 얻는 소득이 높았기 때문이다. 새롭고 테크놀로지 면에서 더 발달된 업종들은 생산직 노동 자들에게도 더 높은 교육 수준을 요구했다. 농민들도 자녀의 삶에 교육 이 중요하다는 것을 깨달았다. 1915년 아이오와주의 데이터는 8학년 이 후에 지역의 보통학교나 초등학교를 계속 다니는 것보다 중등 학교를 다 니는 것의 수익이 상당히 더 컸으며 중등 교육이 젊은이들에게 노동시 장에서 더 인정받는 숙련기술을 습득하게 해주었음을 말해준다.

'성공'은 단지 소득을 더 올릴 수 있는 능력보다 많은 것을 의미했다. 부모는 자녀가 더 많은 교육을 받게 함으로써 삶에서 여러가지 고됨을 피하게 해줄 수 있었다. 자녀가 생산직 노동자가 될 경우에는, 더 많은 교육이 옛 산업에서 열악한 노동 조건 아래 장시간 일하는 것을 피하게 해줄 수 있었다. 자녀가 사무직 노동자가 될 경우에는, 더 많은 교육이 산업 분야를 막론하고 더 나은 노동 조건에서, 그리고 장시간 노동에도 덜 시달리면서 일하게 해줄 수 있었다. 교육은 일종의 보험과 같은 역할도 했다. 더 많은 교육을 받은 사람은 경제적 변화에 더 기민하게 적응할 수 있으므로 실업으로부터 어느 정도 보호되는 효과를 가질 수 있었기 때문이다.

도시에서는 중등 교육에 대한 수요의 증가를 기존 고등학교들이 더 많은 학생을 받음으로써 일부나마 충족시킬 수 있었다. 1915년에 인구 1만 이상인 도시는 거의 모두가 적어도 하나 이상의 고등학교를 가지고 있었고 인구가 5,000명 이상인 도시도 대다수가 그랬다.[70] 하지만 1910년에 미국 청소년 다수는 자신이 사는 학교지구나 타운십에 고등학교가 없었고 인종적으로 분리된 남부에 사는 흑인 청소년은 갈 수 있는 중등 학교가 하나도 없었다. 또 공립 고등학교가 있는 도시에서도 많은 청소년이 그곳에 다니기에는 너무 먼 곳에 살았다.

이후 몇십 년 동안 중등 교육의 학교 수와 학생 수가 폭발적으로 증가했다. 미국 전역의 수많은 작은 공동체들에서 공립 중등 학교에 대한 요구가 충분히 강하게 존재했고 사람들은 기꺼이 스스로에게 세금을 부과해 자신의 지역공동체에서 공립 중등 교육을 제공하고자 했다. 지역공동체에서 교육을 진전시키는 데 동참하고 싶지 않은 사람은 다른 지역으로 이사할 수 있었지만, 많은 이들이 자신의 공동체에 좋은 중등 학교가 있으면 부동산 가격이 올라간다는 것을 알고 있었고 따라서 자신의 공동체에 남아 학교 설립을 지지했다.

　　비싼 준사립 재화에 공공 자금을 지원한다는 개념이 어떻게 지지를 얻을 수 있었는지는 고등학교 운동 초기에 교육의 확대를 설파한 다음의 언명이 잘 보여준다.

> 타운에 사는 토지 소유자들은 … 자신의 농장을 매각하려고 내놓았을 때 "학년별로 제공되는 좋은 학교에 가는 교통편이 무료임"이라고 광고할 수 있으면 이득이 된다는 이야기를 상기하면 좋을 것이다. 학교에 보낼 자녀가 없는 사람들도 … 공동체 전체의 아이들이 가장 좋은 교육의 혜택을 얻게 하는 데 관심을 가져야 한다. … 나이가 들었을 때 자녀 없이 노년이 되면 누군가에게 의존해야 할 텐데, 그 누군가는 자신이 알지 못하는, 오늘 공립 고등학교에 다니고 있는 학생들일 것이기 때문이다. 그들의 유일한 안전망은 모든 아동에게 가능한 한 가장 좋은 혜택을 주는 것이다.[71]

　　도시의 자산 소유자들은 고등학교가 자신의 토지, 주택, 사업에 대해 수요를 키워줄 사람들을 더 많이 동네로 끌어올 수 있기를 원했다. 리드 우에다Reed Ueda는 "서머빌은 고등학교를 꽤 일찍[1850년경] 시작했는데, 부분적으로는 비교적 부유한 교외 지역인 이곳에 이사를 와서 거주할 사람들을 더 많이 끌어오기 위해서였다"고 언급했다.[72]

　　중등 학교는 학부모, 청소년, 교사, 지역 당국자, 주 의원 등등에 의해 촉진되었다. 캘리포니아주의 한 학교 보고서는 "이 개념은 사람들에게 호소력이 있었고 사람들은 너그럽고 신속하게 이에 반응했다"고 언급했다.[73] 또 1890년대에 아이오와주의 한 학교 보고서는 이렇게 언급했다. "많은 소년이 멀리 대학을 갈 수는 없지만 자신의 고향에서 고등학교를 다니면서 행복한 삶을 위한 역량을 키우고 삶에서 필요한 일들을 잘 준비할 수 있다."[74] 이 보고서는 이러한 학교들을 "보통 사람들을 위한 대학"이라고 불렀다.

납세자에게는 비용이지만 사용자에게는 무료인 학교들이 확산되면서 보통학교 이후 단계의 교육에 대해 커져가던 수요가 채워졌고 다수의 청소년이 중등 학교에 들어가게 되었다. 중등 학교의 수와 중등 학교 학생 수의 빠른 증가는 1910년부터 1940년까지 30년간 지속된다. 이것이 고등학교 운동이며, 이는 다양하고 광범위한 경제적 변화에 부응한 제도적 대응이었다. 이제 미국 교육의 이 두 번째 대전환을 자세히 살펴볼 차례다.

6장
미국인들, 고등학교를 졸업하다

"고등학교의 부상은 현대의 가장 놀라운 교육 운동 중 하나다."

– 캘리포니아주 공공교육국(1913/14)

20세기의 첫 절반 동안 미국 젊은이들의 교육 수준이 크게 높아졌다. 그리고 그 증가분의 거의 60%가 고등학교 교육이 확대된 덕분이었다. 중등 교육 대중화는 과연 '놀라운 교육 운동'이었고 미국이 부유한 유럽 나라들도 포함해 다른 나라들보다 교육에서 수십 년을 앞서가게 해주었다. 교육 수준이 높아지면서 경제성장도 빨라졌고 경제성장의 이득도 더 균등하게 분배되었다.

6장에서 우리는 이러한 교육 수준의 상승이 어떻게 발생했는지 살펴볼 것이다. 중등 교육의 확대는 지역마다 크게 달랐으므로 우리는 선도적인 곳과 뒤처진 곳을 가른 요인이 무엇이었는지 탐구할 것이다. 경제적 요인이 개인에게 교육의 가치를 증가시켰지만(2장과 5장에서 살퍼보았다), 중등 교육이 확대되기 위해서는 공동체가 공립 고등학교를 지원하기로 결정해야 했다.

　　미국인들은 20세기 초에 현대적인 중등 교육을 개척했고 그것이 대중에게 적합한 것이 되도록 만들었으며 유럽의 엘리트주의를 거부했다. 우리는 20세기 미국에서 고등학교가 미친 영향과 고등학교 교과목의 변천이 미친 영향을 살펴볼 것이다. 20세기 전반기에 미국의 중등 교육 대중화는 교육의 세 번째 대전환, 즉 대학 교육 대중화로의 길을 닦았다. 하지만 먼저 고등학교 운동을 살펴보아야 한다. 6장은 1950년까지(때로는 1970년까지)를 다루며, 최근의 고등학교 졸업률 추이는 9장에서 다룬다.

고등학교 운동

　　1910년에 18세 미국인 중 중등 학교를 졸업한 사람은 9%가 채 되지 않았고 15~18세 인구 중 중등 학교(공립 사립 모두)에 등록되어 있는 사람은 19%에 불과했다.[1] 그런데 1940년에는 미국 청소년의 학력 중앙값이 고등학교 졸업이 되었고 미국 청소년의 73%가 고등학교에 등록되어 있었다(그림 6.1 참고).

　　1910~1940년 사이에 중등 교육의 증가는 지극히 빠르게 벌어졌고 남부가 아닌 곳들에서는 더욱 그랬다. (산업화된 대서양 중부 지역을 예외로 하면) 1935년경이면 남부가 아닌 모든 지역에서 젊은이의 학력 중앙값이 고졸이었다. 25년 전에는 고등학교를 졸업한 사람이

그림 6.1 중등 학교 등록률과 졸업률: 미국 전체, 1890~1970년

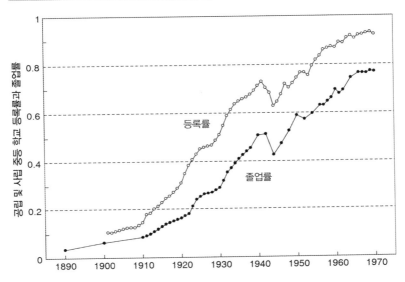

등록률은 14~17세 인구로 나누어 구했고 졸업률은 17세 인구로 나누어 구했다. 남성과 여성, 공립 및
사립 학교 학생이 포함되었다. 그래프에 주어진 연도는 학년도의 끝 해다.
출처: 미국 교육부(1993). 1910~1930년 졸업률은 다음을 참고하라. Goldin (1998).

12%뿐이었는데 말이다. 이 시기에 많은 주에서 고등학교 등록률이 너
무나 크게 증가해서, 1940년의 등록률이 다시 초과되는 것은 1950년
대 중반이 되어서였다.

　　이 시기에 미국 청소년들 사이에서 벌어진 교육의 놀라운 증가
를 일컬어 '고등학교 운동'이라고 부른다.[2] 이 운동은 농촌 지역에서
추동력을 얻은 1910년대에 시작되었으며 18세의 학력 중앙값이 고졸
이 된 1940년에 마무리된다(1970년대까지도 거의 모든 곳에서 고등학교 등
록률과 출석률은 계속해서 증가했지만 가장 큰 폭의 증가는 이 시기에 끝난다).

　　'고등학교 운동'은 후대의 역사학자들이 붙인 이름이 아니라 당

대 사람들이 자신의 시대에 벌어지던 교육의 변화를 목도하면서 사용한 말이다. 1910년에 캘리포니아주 공공교육국은 "고등학교의 성장"이 "의문의 여지없이 현대의 가장 새롭고 가장 놀라운 교육 운동"이라며 "이 개념은 사람들에게 호소력이 있고 사람들은 여기에 너그럽고 신속하게 반응하고 있다"고 언급했다.[3] 남부에서 교육적으로 가장 진보한 주라고 볼 수 있었던 노스캐롤라이나주 교육국도 1910년에 이렇게 언급했다. "지금 벌어지는 새로운 공립 고등학교 운동은 4, 5년 전까지만 해도 남부에서는 일반적이지 않았고 성격이 뚜렷하지도 않았다."[4]

맹렬히 학교를 세우고, 교사를 채용하고, 아이들을 학교에 등록시키고, 세금을 걷고, 고등학교 교과목을 바꾼 움직임의 중요성은 뒤돌아보는 지금 시점에서만큼이나 당대 사람들에게도 명백했다. 당대의 미국인들은 자신이 역사적인 성취를 달성하고 있다는 것을 잘 알고 있었고, 자신이 다른 곳들이 가고 있는 경로와는 매우 다른 경로를 가고 있다는 것도 잘 알고 있었다. 미국인들은 미국 역사상 어느 것에도 뒤지지 않는 큰 실험을 하고 있었다. 이후 수십 년 동안 다른 어떤 나라도 국민을 중등 교육에 이렇게 많이 진입시킨 나라는 없었다.

20세기 초에 고등학교 교육은 미국 전역에서 빠르게 확산되었다. 농촌과 외진 곳의 청소년들도 1920년대면 근처에 고등학교가 있는 곳에 살았다. 학교가 일단 세워지고 나면 인구 밀도가 듬성듬성한 곳에서도 등록률이 치솟았다. 하지만 고등학교의 진전이 나라 전체적으로 똑같지는 않았다. 북동부, 서부, 그리고 중부의 상당 지역에서는 고등학교가 들불처럼 퍼져서 젊은이들이 대거 학교에 들어갔지만, 다른 곳들은 이 움직임이 더뎠다. 이 운동에는 지리적, 인종적, 민족적인 불균등이 있었다. 젠더 불균등에 대해 말하자면, 특이하게도 여성이 우위에 있었다. 적어도 1930년대 대공황기까지는 여성이 남성보다 상당히 더 높은 비중으로 고등학교를 다니고 졸업했다.

지리적으로는 뒤처진 지역이 두 곳 있었는데, 산업화된 북부와 대부분의 남부였다. 미국의 몇몇 큰 도시에서, 그리고 산업화된 북부의 도시에서 고등학교 등록률은 비교적 낮았고 1930년대까지 느리게 성장했다. 대부분의 큰 도시에 19세기부터도 공립 중등 학교가 이미 존재했던 지역임을 생각하면 이곳들의 낮은 등록률은 흥미롭다. 미국 농촌 지역의 작은 타운들과 달리 큰 도시에는 이미 고등학교가 있었다. 20세기 초에 유럽 이민자들이 미국의 도시들로 대거 들어온 것이 도시의 고등학교 등록률이 낮았던 한 가지 이유일 것이다. 하지만 다른 이유도 있는데, 청소년에게, 특히 도시의 남성 청소년에게 고등학교를 가지 않고 바로 취업할 수 있는 좋은 일자리 기회들이 있었던 것이다. 또한 고등학교에 가지 않기로 한 의사결정이 자본시장 제약 때문이었는지, 고등학교 교과과목이 학생들의 관심을 끌 만하지 않았기 때문이었는지, 개인적으로 [당장의 돈 벌 기회를 포기하고 교육에 더 투자할 만한] 장기적인 인내심이 없었기 때문이었는지 등도 고려해보아야 할 요인들이다.

뒤처졌던 또 다른 지역은 남부다. 남부 대부분의 지역이 전국에서 가장 낮은 고등학교 등록률을 보였다. 학교 등록률이 비참하게 낮았던 흑인 인구를 제외해도 마찬가지였다. 남부 지역의 낮은 등록률에 대해 생각해볼 수 있는 한 가지 이유는 농촌 지역이었다는 점이 있지만, 북부와 서부에서는 남부와 비슷하게 인구가 조밀하지 않은 농촌 지역에서도 훨씬 높은 중등 교육률을 보였다. 흑인의 등록률이 낮은 이유는 비교적 설명하기 쉽다. 학교의 인종 통합이 달성되기 전까지 흑인은 인종적으로 분리된 학교에 다녔고 1930년대까지 흑인을 위한 공립 중등학교는 존재하지 않았다. 큰 도시에는 학교가 있었어도 흑인이 많이 사는 농촌에는 없었다.

중등 교육의 확산에 영향을 미친 요인에는 여러 가지가 있는데, 그중 중요한 것은 과세 가능한 자산, 주민들의 소득 분포, 청소년의 고용 가능성에 따른 기회비용 등이다. 유권자들이 동질적이면 공립 중등학교를 세우는 데 동의할 확률이 높아지므로, 탈중심성은 고등학교의 확산을 촉진했다. 실제로, 비교적 작고 재정적으로 독립적이며 서로 경쟁하는 수많은 학교지구들의 존재는 고등학교 운동이 탄력을 받아가던 동안 교육에 대한 지역공동체의 지출을 크게 늘렸다.[5] 학교 관련 의사결정의 이러한 탈중심성(연방 정부와의 관계에서도 그랬고 주 정부와의 관계에서도 그랬다)은 훨씬 더 중앙집중적이었던 유럽과 대조적이다.

지역에 따라 중등 교육률에 차이가 크긴 했지만, 그럼에도 미국의 고등학교 운동은 매우 놀랍고 흔치 않은 교육의 대전환이었다. 이 대전환으로 미국은 세계 최초로 중등 교육의 대중화를 달성한다. 제도를 지어가는 과정 자체는 새로운 것이 아니었다. 주 당국과 지역공동체들은 그전에 초등 교육 대중화에서 했던 일을 중등 교육에서도 이어가고 있었다.[6]

19세기 초 보통학교 운동과 19세기 중반 아카데미 운동도 그랬듯이, 미국 교육의 두 번째 대전환인 고등학교 운동도 풀뿌리 운동이었다. 고도로 탈중심적이라는 특징을 가진 고등학교의 확산은 대체로 조율되지 않은 행동이었다. 연방 정부의 통제에서는 거의 전적으로 벗어나 있었고 주의 의무교육법이나 아동노동법도 그리 영향을 미치지 않았다. 다만, 학교지구의 재정적인 책임을 규정하는 주 법들은 새로

이 학교가 지어지고 등록률이 높아지는 데 더 중요한 역할을 했을 것이다. 주 정부는 종종 가난한 학교지구에 학교 건축과 교사 봉급 지출 등을 위해 보조금을 지원했다. 지역에서 자체적으로 조달하는 자금에 비해 액수가 크지는 않았지만 말이다. 이에 더해, '무료 수업료 법'이라고 불린, 다소 덜 알려진 주 법들이 있었는데, 더 많이 알려진 의무교육법보다 무료 수업료 법이 고등학교 확산에 훨씬 더 중요했을 것이다. 무료 수업료 법은 고등학교가 없는 학교지구가 자신의 학교지구에 거주하는 학생을 근처 학교지구에 있는 고등학교에 보낼 때 그 수업료를 대도록 의무화했다.

고등학교 등록생 증가의 뿌리는 교육의 법적인 의무화나 [아동 노동 제한 등] 여타의 제한, 또는 보조금 등에 있다기보다 교육받은 노동자에 대한 수요, 더 일반적으로 학교 교육에 대한 수요에 영향을 미친 더 근본적인 요인들에서 찾을 수 있다. 이러한 요인들이 젊은이들이 학업을 지속하게 했고 부모들이 자녀를 위한 교육의 제공을 공동체에 요구하게 했다.

고등학교 운동이 미국의 여러 지역에서 일어나기 시작했던 1890년대에는 중등 학교가 지역마다 매우 다른, 매우 비동질적인 교육기관이었다. 하지만 1920년대 무렵이면 미국의 고등학교들은 꽤 동질적인 교육기관이 된다. 인디애나주 농촌의 고등학교에서 가르치는 교과목은 도시인 시카고에서 가르치는 것과 그리 다르지 않았고 북부의 메인주에서 가르치는 교과목은 서부의 로스앤젤레스에서 가르치는 것과 그리 다르지 않았다. 오늘날의 미국인에게 1920년대의 고등학교는 익숙하게 여겨지겠지만 19세기 말의 중등 학교는 훨씬 더 낯설 것이다.

1920년대 무렵이면 현대적인 고등학교의 모양이 잡혔고 이곳은 대학 교육을 위한 준비, 일반적인 범용 교육, 직업 교육, 상업 교육 등 다양한 기능을 수행했다. 교과목이 확대되면서 공립 고등학교는 더 많은 청소년과 더 광범위한 납세자에게 호소력을 갖게 되었다.

고등학교 운동은 1940년경에 끝난 것으로 여겨진다. 가장 큰 폭의 증가가 이때면 마무리되었기 때문이다. 미국 젊은이들의 교육에서 커다란 확대가 완료된 시기는 미국 역사에서 결정적인 순간이기도 했다. 미국은 젊은이들의 학력 중앙값이 고졸이 된 시기에 2차 대전에 돌입했다. 노동력 중 교육받은 사람이 많았다는 말은 전쟁에 더 잘 준비되어 있었다는 의미였다. 또한 전쟁이 끝났을 때 [대부분의 젊은이가 이미 고등학교를 마쳤으므로] 대학 교육의 대중화라는 다음 번의 대전환에 곧바로 돌입할 수 있었다는 의미이기도 했다.

전국 데이터가 보여주듯이 2차 대전은 고등학교 졸업률과 등록률을 크게 감소시켰다. 모든 지역과 모든 주에서 졸업률이 급감했고 나이가 많은 학생들 사이에서 등록률이 현저하게 떨어졌다. 고등학교 연령대의 여성에게서도 졸업률과 등록률이 급감한 것을 보면,[7] 징집 때문만은 아니었다. 주목할 만한 점은, 나이가 많은 학생들 사이에서 고등학교 교육이 가장 크게 줄어든 곳들이 1인당 국방 계약을 가장 많이 수주한 주들이었다는 점이다. 뉴잉글랜드와 태평양 지역의 주들이 그런 사례다. 태평양 지역의 3개 주는 남성 졸업률이 절대적으로 가장 크게 감소한 5개 주에 속하며 1인당 국방 계약 지출이 가장 많은 12개 주에 속한다.[8] 한편, 지역적 차이와 별개로 1940년대에 저숙련 노동자와 젊은 노동자의 소득이 고숙련, 고경력 노동자에 비해 급증했다. 학교를 떠나 노동시장에 들어간 젊은이들은 나중에 학교로 돌아올 것이라고 생각했을지 모르지만 대부분은 그렇게 되지 않았다. 이들보다 약간 더 나이가 많은 세대는 전쟁 때 군에 갔다가 이후에 제대군인원호법의 보조를 받아 학업을 지속했지만 이 젊은이들은 잃어버린 세대가 되었다.

지역별, 주별 고등학교 등록률 및 졸업률

측정과 관련된 이슈들

고등학교 운동이 가져온 교육의 변화를 이해하기 위해 우리는 등록률과 졸업률 데이터를 살펴볼 것이다. 우리의 데이터는 9~12학년 과정의 교육을 제공하는 공립 및 사립 학교의 학생, 그리고 1920년대까지는 비중이 작지 않았던 대학의 예비과정 학생을 **모두** 포함한다.[9] 우리는 다양한 자료원과 방법론을 사용했으며 이에 대해서는 부록 B에서 상세히 설명했다. 간단히 말하면 미국 교육청의 행정 정보 데이터를 주로 사용했다.[10] 1916년까지 《교육청장 보고서Report of the Commissioner of Education》(《연간 보고서Annuals》로 표기), 이후에는 《격년간 교육 서베이Biennial Survey of Education》(《격년간 보고서Biennials》로 표기) 데이터를 사용했으며, 이 발간물들은 1962년에 《교육통계요약Digest of Education Statistics》으로 대체되었다.[11]

우리가 살펴볼 주요 지표는 고등학교 등록률과 졸업률이다. 둘 다 교육의 '질'에 대해서는 의미하는 바가 많지 않을 것이다. 등록한다고 해서 출석을 하리라는 보장은 없으므로, 둘 중에서는 졸업률이 더 나은 지표다. 대개 수업일수를 채우고 시험을 통과해야만 다음 학년으로 진급할 수 있고 따라서 졸업도 할 수 있기 때문이다. 우리는 졸업률을 교육 성취의 주요 지표로 삼았다. 주별 졸업률과 등록률은 상관관계가 매우 높다. 과거에는 각 주마다 고등학교 졸업 기준이 서로 달랐고(오늘날에도 그렇다), 기준을 주 정부가 아닌 지역 당국이 결정하는 곳도 있었다.[12] 졸업과 등록 데이터가 학생 수로 집계되어 있기 때문에 우리는 고등학교 연령대의 주별 인구 수로 나누어 비율을 구했다.[13]

　　등록률과 졸업률의 전국 추이를 그림 6.1에서 볼 수 있다. 미국의 공립 및 사립 중등 학교 전체의 졸업률을 1890년부터, 등록률은 1900년부터 1970년까지 그래프로 나타낸 것이다.[14] 이 데이터는 고등학교 운동의 전국적인 추세에 대해 몇 가지를 말해준다. 가장 중요한 것은 1910~1930년대 기간 중의 놀라운 증가다. 이어서 2차 대전과 함께 크게 감소했다가 1940년대 말에 증가세를 회복한다. 이 그래프에는 나오지 않았지만 1970년 이래로 등록률과 졸업률은 안정적이다(9장에서 살펴볼 것이다).

　　미국은 다양성이 매우 큰 나라이므로 전국이 동시에 같은 변화를 밟아갔다고 볼 이유는 없다. 어떤 주들은 1920년대에 고등학교 졸업률과 등록률이 빠르게 증가했지만 어떤 주들은 고등학교 운동이 더뎠고 남부가 아닌 곳들 중에도 그런 곳이 있었다. 이를 더 간단히 드러내기 위해, 우리는 주별 데이터를 센서스지역별로 통합했다. 센서스지역 내에서도 어떤 주는 다른 주보다 훨씬 앞서 있었다. 우리는 센서스지역 내에서의 주별 차이를 지도로 나타내 알아보았다. 이 장에서 우리는 먼저 지역별, 주별 변화를 다루고, 이어서 도시의 크기, 인종, 성별, 민족 등에 따른 차이를 살펴볼 것이다.

그림 6.2 공립 및 사립 고등학교 졸업률, 1910~1970년

패널 A: 북부와 서부의 4개 지역

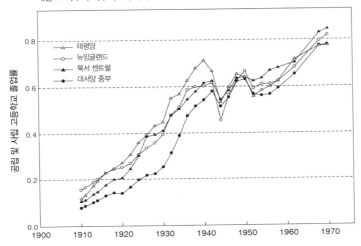

패널 B: 남부의 두 지역과 북동 센트럴

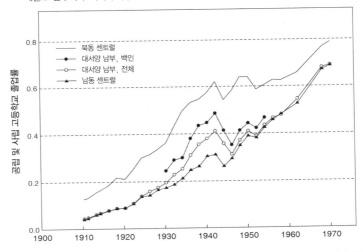

주: 공립과 사립 중등 학교, 그리고 대학의 예비과정에 다니는 남녀 학생이 모두 포함되어 있다. 졸업생
   수를 각 주의 약 17세 인구 수로 나누었다. 10년마다 이루어지는 센서스 연도들 사이에 있는 연도
   들의 값은 일정한 인구 증가율을 적용해 추정했다.
출처: 부록 B 참고.

우리는 데이터를 9개 센서스지역(뉴잉글랜드, 대서양 중부, 대서양 남부, 남동 센트럴, 남서 센트럴, 북동 센트럴, 북서 센트럴, 산악, 태평양)으로 나누었다.[15] 1910~1970년의 센서스지역별 졸업률이 그림 6.2에 나와 있다. 패널 A는 대서양 중부, 뉴잉글랜드, 태평양, 북서 센트럴이다. 패널 B는 대서양 남부(1930~1954년에는 백인만 따로도 나타냈다)와 남동 센트럴이고, 비교를 위해 북동 센트럴을 포함했다(모든 등록률과 졸업률 데이터는 부록 B, 표 B.1과 표 B.2에 나온다). 그림 6.3에서는 고등학교 운동의 시작(1910년), 중간(1928년), 끝(1938년) 시점의 주별 차이를 볼 수 있다.

고등학교 운동의 선두 주자와 후발 주자

1910~1940년 사이 북부와 서부 4개 지역의 졸업률 증가는 국가 전체보다 상당히 더 인상적이다. 고등학교 운동의 시작 시점에 뉴잉글랜드 지역의 고등학교 졸업률은 미국의 다른 곳들을 능가했다. 초기에 교육 수준이 높았던 또 다른 지역은 뉴잉글랜드 사람들이 이주를 한 북동 센트럴 지역이었다. 한동안 뉴잉글랜드가 교육의 최전선에 있었지만 1920년대에는 다른 지역들이 격차를 좁혔다. 1924년이면 남부가 아닌 몇몇 주의 졸업률이 뉴잉글랜드를 앞서게 된다. 뉴잉글랜드 젊은이들이 뒤처진 것이 아니라 다른 지역들이 교육에 많이 투자해서 빠르게 선두를 따라잡은 것이었다. 태평양 지역과 북서 센트럴 지역 등은 학교 신축과 교사 채용에 상당히 투자를 해서 고등학교 졸업률이 크게 올랐다.

1920년대에 교육에 크게 투자하기 시작한 곳들은 얼핏 보면 하나의 범주로 말하기 어려워 보인다. 여기에 속하는 곳들은 북서 센트

럴 지역의 핵심인 대평원 주들(아이오와주, 캔자스주, 네브라스카주), 그리
고 태평양 주들(캘리포니아주, 오리건주, 워싱턴주)인데, 서로 달라 보이
지만 비슷한 점들도 있다. 가장 중요한 공통점은 1인당 과세 가능한
자산이 많았다는 점이다. 고등학교 교육은 초등학교나 보통학교보다
비용이 훨씬 많이 든다. 학생 1인당 연간 비용이 2배다. 과세 가능한
자산이 더 많다는 말은 납세자들이 비싼 공공 교육 지출을 감당하기
가 더 용이할 수 있다는 뜻이다. 또 중요한 것은 이 주들이 제조업 비
중이 낮았다는 사실이다. 산업이 적다는 것은 젊은이가 미래를 위해
학교를 다니기보다 당장 돈을 벌 수 있는 일자리로 가는 경우가 더 적
다는 의미다.

주들 간의 차이를 살펴보는 가장 좋은 방법은 그림 6.3의 지도
다. 각 지도에서 짙은 색으로 표시된 곳이 등록률과 졸업률이 높은 곳
이다. 1910년에는 짙은 주들이 (일부는 중부와 서부에도 있었지만) 거의
모두 뉴잉글랜드에 있었다. 하지만 1928년에는 중부 지역과 태평양
지역의 주들이 교육의 선두 주자가 되어 있었다.

1928년에 높은 등록률과 졸업률을 보인 주들은 미국의 중부 지
대를 가로지르는 '교육 벨트'를 형성하는 것처럼 보인다. 여기에는 모
든 태평양 지역 주와 일부 산악 지역 주, 북동 센트럴과 북서 센트럴의
여러 대평원 주, 그리고 뉴잉글랜드의 상당 부분이 포함된다. 뉴잉글
랜드에서 시작된 움직임이, 대서양 중부 주들(뉴욕주, 뉴저지주, 펜실베
이니아주)은 건너뛰고서, 서부 끝의 부유한 주들에 퍼졌으며 이어서 그
다음에는 중서부의 심장부 지역으로 퍼진 것으로 보인다. 명백한 아웃
라이어 지역인 남부는 이 벨트에서 빠져 있고, 정도는 덜하지만 북부
의 더 산업화된 주들도 빠져 있다.

그림 6.3 주별 공립 및 사립 고등학교 졸업률: 1910년, 1928년, 1938년

색이 짙은 주일수록 졸업률이 높다. 각 연도 각 집단에 대략 같은 수의 주가 포함되어 있다.
출처: 부록 B 참고.

왜 북부의 몇몇 주들이 등록률과 졸업률에서 상대적으로 뒤처졌을까? 그런 주들에는 미시간주, 일리노이주 등 북동 센트럴의 몇몇 주, 뉴잉글랜드의 로드아일랜드주, 대서양 중부의 뉴저지주, 뉴욕주, 펜실베이니아주가 있다. 북부의 뒤처진 주들과 선도 주들의 졸업률 차이는 현저하다. 1928년에 교육 수준이 높은 순으로 1, 2, 3위인 아이오와주, 캔자스주, 네브래스카주는 중등 학교 등록률이 각각 44%, 48%, 46%이었다. 낮은 순으로 1, 2, 3위인 뉴저지주(23%), 뉴욕주(20%), 펜실베이니아주(24%)의 2배다.

북부에서 고등학교 등록률과 졸업률이 낮은 주들은 공통점이 하나 있다. 그 주의 도시들이 주로 제조업에 의존하고 있고 매우 산업화되어 있었다는 점이다. 산업화된 지역의 주들은 고등학교 운동의 밴드왜건에 늦게 합류했다. 북부에서 명백한 후발 주자는 대서양 중부 지역 주들이다. 미시간주도 교육 수준이 높은 북동 센트럴 지역에서 예외적으로 후발 주자다. 하지만 대공황이 산업화된 지역들에서 실업률을 막대하게 높인 1930년대에는 이 주들 모두가 교육 격차를 좁힌다. 이들 주에서는 인구 중 많은 비중이 산업화된 도시에 살았는데, 1910년대와 1920년대에는 젊은이들이 14세나 16세에 학교를 그만두고 일을 하는 편을 선호했지만 1930년대에 많은 산업에서 실업률이 높아지면서 그렇지 않게 된 것이다.

곧 대공황으로 비화하게 될 경기 침체는 대서양 중부 주들의 졸업률이 22%이던 1929년 시점에는 아직 작은 요동에 불과했다. 하지만 1932년에 대공황이 실업률을 전국적으로 거의 24%로 올리자 대서양 중부 지역 주들에서 졸업률이 급증해 32%가 되었다.[16] 불황이 7년이나 전개된 1936년 시점에는 졸업률이 47%가 되었다. 1929~1936

년 사이 대서양 중부 주들의 졸업률은 2배가 되었고, 이곳들도 고등학교 운동에 올라탔음이 명백했다.

고등학교 등록률의 증가는 1930년대에 고용 전망이 낮아진 것만으로 설명되는 정도보다 다소 더 컸다. 뉴딜 첫 시기의 몇몇 법제화도 고등학교 등록률을 높이는 데 기여했다. 이를테면, 전국산업부흥법 National Industry Recovery Act, NIRA은 제조업에서 16세 미만 아동의 고용을 금지했다. 하지만 학교 등록률과 졸업률이 NIRA가 통과된 1933년 이전에 증가하기 시작했으므로, 이 법은 대공황 시기의 높은 실업률로 인한 직접 효과를 단지 추가적으로 강화하는 역할을 했을 것이다. 경제가 안 좋은 시기는 종종 교육에 좋은 시기다. 그리고 1930년대에 이들 지역에서는 분명히 그랬던 것으로 보인다(다른 지역들에서는 고등학교 운동이 1930년대보다 훨씬 이전에 시작되었지만 말이다).

남부는 고등학교 운동에서 두드러진 후발 주자였고 1970년대까지 계속해서 북부와 서부 주들보다 뒤처져 있었다. 남부 안에서는 남동 센트럴이 고등학교 운동 시기에 학교 등록률과 졸업률이 가장 낮았다. 대서양 남부가 그다음이었고, 남서 센트럴이 그중 가장 높았다. 남서 센트럴의 인구는 대부분 텍사스주에 있었고, 오클라호마주도 여기에 속한다.

남부의 고등학교 운동이 뒤처진 데는 여러 가지 요인이 있다. 남부의 모든 주에 인종적으로 분리된 학교가 존재했고, 흑인의 압도적 다수가 남부에 살았다. 1910년에 흑인의 거의 90%가 남부에 살았고 1930년에도 79%가 남부에 살았다.[17] 이 지역에서 흑인의 중등 학교 등록률은 1930년대까지 0을 거의 넘지 못했다가 1930년대에야 겨우 6%에 도달했다.[18] 1920년대까지는 8학년을 마친 뒤 사립 중등 과정에서 학업을 이어가는 흑인 청소년 대부분이 북부의 자선가들이 세운 학교에 다녔다.[19] 1929년이면 상황은 다소 덜 암울해져서 남부에 흑인 고등학교가 1,000개 이상 세워졌고 이에 더해 사립 고등학교도 110개가 있었다. 주로는 직업 교육을 시키는 곳이었지만 말이다.[20]

하지만 남부의 **백인**들도 학교 등록률과 졸업률이 미국의 다른 곳들보다 훨씬 낮았다(그림 6.2 패널 B에서 대서양 남부 지역 백인들의 1930~1954년 학교 졸업률과 등록률을 볼 수 있다). 따라서 흑인의 고등학교 등록률과 졸업률이 지극히 낮은 수준이었다는 것만으로는 남부의 낮은 교육 수준을 다 설명하지 못한다.

남부가 뒤처진 데 대해 제시되곤 하는 또 다른 가설은 이곳이 농업 지역이었고 인구 밀도가 낮았다는 점이다. 하지만 비슷하게 농업 지역이고 인구 밀도가 낮은데도 교육에서 선도적이었던 다른 곳들도 존재한다. 가령 아이오와주와 조지아주를 비교해보면, 1930년에 둘 다 인구 밀도가 비슷하게 낮았고 둘 다 꽤 같은 비중으로 남성 성인 노동력이 농업에 많이 종사했다.[21] 하지만 아이오와주는 1928년에 공립 및 사립 고등학교 졸업률이 44%였고 조지아주는 3분의 1인 14%에 불과했다. 백인으로만 한정해도 조지아주의 중등 학교 졸업률은 17%로 아이오와주보다 훨씬 뒤처져 있었다.

북서 센트럴 지역의 모든 주를 통틀어 1930년에 남성 노동력 중 농업 종사자 비중이 40%였고 인구 밀도는 제곱마일당 29.3명이었다. 남부의 7개 주(면화가 주요 작물이고 토지가 비옥해 '블랙 벨트'라는 별명이 있었다)에서는 남성 노동력의 52%가 농업에 종사했고 인구 밀도는 제곱마일당 52.8명이었다.[22] 북서 센트럴 지역의 1930년 졸업률은 41%였고 남부의 7개 면화 주의 백인 졸업률은 24%였다.

남부가 중서부의 농업 지역보다 인구 밀도는 더 높았지만 도시나 타운에 사는 인구 비중은 훨씬 작았다. 북서 센트럴에서는 인구의 42%가 (센서스의 도시 인구 기준인) 인구 2,500명 이상인 도시와 타운에 살았다. 반면 남부의 7개 면화 주들에서는 27%만 도시와 타운에 살았다. 그리고 북서 센트럴 인구의 상당 비중이 센서스의 도시 기준보다는 작지만(인구 2,500명 미만) 타운이라고 불릴 수 있는 곳에 살았다. 예를 들어, 아이오와주를 살펴보면, 1910년에 아이오와주의 인구는 222만 5,000명이었고 68만 명이 인구 2,500명 이상인 도시에 살았다. 46만 명은 센서스 기준으로 도시가 아닌 인구 2,500명 이하인 타운에 살았고, 이 중 대다수(82%)는 인구 1,500명 이하인 830개의 작은 타운['마을']에 살았다.[23] 센서스의 공식 정의를 사용하면 도시 인구 비중은 31%였지만, 도시, 타운, 그리고 규모에 상관없이 행정구역으로 존재한 모든 마을을 합해서 도시라고 치면, 1910년에 인구의 51%[(68만+46만)/222만=51%]가 도시에 살고 있었다고 볼 수 있다.[24]

남부와 남부가 아닌 농업 지역은 생산된 작물을 가공하는 과정이 달랐다. 남부의 주요 작물인 면화와 담배는 농장 주변에서는 처리와 가공이 많이 필요하지 않았기 때문에 조면繰綿을 하고 나면 곧바로 작물을 상업 도시나 대서양, 미시시피강, 오하이오 강 같은 큰 수상로가 있는 곳으로 보내 유럽이나 북부로 운송했다. 대조적으로, 중서부의 작은 타운들은 작물을 가공해 부가가치를 더하는 시스템의 일부로 통합되어 있었다. 타운에는 곡물저장소가 있었고 기차가 들어왔다. 학교의 확산에서 가장 중요했던 요인은 이러한 작은 타운들이 과세 권한을 가지고 있었다는 점이었고, 이러한 타운들이 지역의 학교지구에 고등학교를 신축하고 교사를 채용하는 것과 관련한 의사결정을 했다.

이와 달리, 남부에서는 교육 재정에 대한 의사결정 단위가 카운티였고 고등학교를 짓고 교사를 채용하는 곳도 카운티였다. 중서부의 타운들, 특히 소규모 타운들은 사회적 자본의 샘물이었고, 따라서 학교와 인적 자본의 샘물이었다.

고등학교 졸업률이 차이 나는 이유

고등학교에 가는 이유와 고등학교에 가는 학생이 증가한 이유

왜 어떤 주는 선도적이었고 어떤 주는 뒤처졌는지 알려면 주의 공립 및 사립 고등학교 졸업률의 결정 요인을 알아보아야 한다. 이를 위해 우리는 고등학교 운동이 막 시작된 1910년의 졸업률을 살펴보고 이어서 1910~1928년 사이 교육의 전환을 탐구함으로써 고등학교 운동 초창기의 급격한 확대를 알아볼 것이다. 그다음에 대공황 직전부터 2차 대전 직전까지인 1928~1938년의 변화를 살펴볼 것이다.

우리의 모든 추정은 교육의 수익, 기회비용, 자본 제약이 민간 행위자의 의사결정에 영향을 미친다는 표준적인 인적자본 투자 모델에 기반을 두고 있다. 하지만 이 간단하면서도 잘 알려진 교육 투자 결정 공식은 학교가 공공재적 속성을 갖는다는 점을 잘 감안하지 못한다. 19세기에 초등 교육을 공적으로 지원하는 것은 [민주 사회에 적합한] 문해력 있는 시민을 창출한다는 목적에서 정당화될 수 있었지만, 중등 교육을 공적으로 지원하는 것은 이 논리로 정당화되기 어려웠다. 그보다, 고등학교는 자본-시장의 불완전성 논리로 정당화되는 경우가 많았다. 이 논리에 따르면, 공동체는 서로 다른 라이프사이클에 있는 가구들로 구성되어 있고, 공적으로 자금이 지원되는 교육은 세대간의 대출처럼 기능한다. [각 가구의 자본 제약의 등락이 있더라도 해당 재화에 대한] 소비에 충격이 가지 않도록 해주는 수단인 것이다.[25]

여러 합리적인 시나리오에서, 평균이 동일하게 주어져 있을 때 소득 분포의 산포가 클수록 공립 학교 지출에 대한 그 공동체 사람들의 지지가 줄어든다. 부유한 사람은 공공재 제공에 참여하지 않을 여력이 있고 가난한 사람은 공립 학교에 대한 수요가 낮을 것이기 때문이다.[26] 하지만 사람들이 동일한 공동체의 일원이라고 느끼는 정도가 크다면 공공 선택이 확대될 수 있다. 사회적 응집이 클수록, 세대간의 거리가 가까울수록, 그리고 공동체의 안정성이 높을수록, 공적으로 자금을 지원해 공동체의 모든 청소년에게 교육을 제공한다는 개념에 대해 사람들의 지지를 끌어내기가 더 쉬울 것이다.[27]

다음 절에서 우리는 두 해(1910년과 1928년)와 두 시기(1910~1928년과 1928~1938년)에 대해 주의 공립 및 사립 고등학교 졸업률과 여러 독립변인들의 상관관계를 살펴볼 것이다. 우리가 포함시킨 독립변인들은 가족 단위에서 교육에 대한 의사결정을 할 때 고려하는 핵심 요인들이며 공공 선택에 대한 이론들에서 상정하는 요인들이기도 하다.

분석을 위해 고등학교를 졸업한 모든 젊은이는 전국적으로 동일한 화이트칼라 고용 시장에 직면한다고 가정하자.[28] 청소년들에게 보수가 좋은 고용 기회는 주로 제조업 분야에 있었을 것이므로, 우리는 고등학교 교육을 선택할 때 잃게 되는 기회비용으로 해당 주의 제조업 노동력 비중과 제조업 임금을 사용했다. 가계가 직면한 자본 제약과 교육 소비에 대한 수요를 측정하는 데는 소득과 자산에 대한 여러 추정치(1인당 소득, 과세 가능한 1인당 자산, 농업 노동자 1인당 농업 소득 등)를 사용했다. 이 시기는 소득과 자산의 '분포'에 대한 정보를 획득하기가 더 어려운데, 우리는 1인당 자동차 등록 대수가 비용이 많이 드는 공공재(가령 고등학교)에 대한 재정 지원을 지지하기에 충분할 정도로 부유한 유권자가 얼마나 되는지에 대해 합리적인 대용지표가 되리라고 가정했다.

공적으로 지원되는 대학이 근처에 있으면 고등학교에 가는 것이 주는 수익이 더 클 것이므로 우리는 1910~1928년 사이의 변화분에 대한 회귀분석에 기준년의 공립 대학 등록률도 변수로 포함했다. 공동체의 사회적 안정성은 그 주의 65세 이상 인구 비중을 대용지표로 삼았다. 사회적 거리는 외국 출생자 비중이나 가톨릭 인구 비중을 대용지표로 사용했다. 둘 다 어느 정도 범위 안에서 사회적 이질성을 증가시켰기 때문이다.[29]

우리가 포함시킨 변수들은 당대 사람들이 고등학교 운동 시기에 중요하다고 인식했던 것들이다. 1910년대에 오리건주 포틀랜드에서 고등학교 등록률 증가의 이유를 설명한 다음의 언명에서 이를 확인할 수 있다.

우선, 포틀랜드는 제조업 도시가 아니어서 학교를 중퇴하려 하는 소년 소녀들에게 매력적인 선택지가 없다. 둘째, 부가 증가하면서 부모들이 자녀를 학교에 더 오래 보낼 수 있다. 셋째, 포틀랜드 도시 인구의 속성이 아이들을 학교에 계속 보내게 하는 경향이 있다. 의미는, 포틀랜드 사람들은 … 교육에 대해 높은 기준을 요구하며 … 그 기회의 이득을 누린다. 네 번째 이유는 … 고등학교의 속성에서 찾을 수 있다. 협소한 대학 준비 과정만 제공하기보다 … 이제 고등학교는 더 일반적이고 산업적인 속성을 갖는 다양한 과목을 제공한다.[30]

주 단위의 고등학교 졸업률에 대한 설명 모델의 추정

고등학교 졸업률을 종속변수로 놓고 수행한 우리의 추정은 (환원적으로 축소된 모델이기는 하지만) 중등 교육을 촉진한 요인과 저해한 요인 모두에 대해 실마리를 준다. 표 6.1은 우리가 추정한 주요 결과를 요약한 것이다. 세 개의 열(1, 2, 3열)은 실제값을 가지고 돌린 회귀분석 결과이고(하나는 1910년 것, 두 개는 1928년 것이다), 세 개의 열(4, 5, 6열)은 변화분을 가지고 돌린 회귀분석 결과다.[31] 마지막 두 열은 평균이다.

주의 개수가 48개뿐이기 때문에 어떤 변수를 포함할지를 신중하게 선택해야 했고 몇몇 변수들은 이들끼리 상관 정도가 높은 공선성이 있다는 제약도 있었다.[32] 언급된 변수들 중 하나만 포함한 경우 다른 것을 포함해도 결과의 강건성이 유지되었다.

고등학교 운동의 시작점인 1910년의 주요 결정 변인과 고등학교 졸업률 사이의 상관관계가 1열에 요약되어 있다. 1인당 자산(1912년), 65세 이상 인구 비중(1910년), 제조업 노동력 비중(1910년), 가톨릭 인구 비중(1910년), 그리고 '남부'와 '뉴잉글랜드' 더미 변수가 고등학교 졸업률의 강한 예측 변수였고, 모두 함께 이 변수들은 주들 사이의 차이 중 90% 가까이를 설명할 수 있었다.

예상되다시피 주별 1인당 자산(또는 1인당 소득이나 1인당 농업 종사자 소득)은 고등학교 졸업률과 양의 상관관계가 있었고 이 효과는 예상되는 만큼 컸다. 1910년에 25퍼센타일에 있는 주가 75퍼센타일에 있는 주로 이동할 경우 1.5%포인트가량 졸업률이 높아지는 것으로 나타났다(1.5%포인트는 평균의 16%에 해당한다). 다음으로, 제조업 비중이 크면 교육을 저해하는 것으로 나타났다. 1910년에 25퍼센타일에 있는 주가 75퍼센타일에 있는 주로 이동하면 졸업률이 1%포인트(평균의 12%) 낮아졌다. 65세 이상 노인 인구 비중이 크면 고등학교 졸업률이 높아졌다. 노인 인구 비중과 고등학교 졸업률은 고등학교 운동 초기에 놀라울 정도로 강한 상관관계(단순상관계수 0.79)를 보였다. 그림 6.4의 패널 A가 이를 잘 보여준다. 우리는 이 효과가 이민이나 출산율의 차이 때문이 아니라 공동체의 안정성 때문이라고 해석했다. 이민이나 출산율 모두 교육에 대한 양의 효과를 줄이지 않았기 때문이다.

    1910년에 주의 교육 수준과 노인 인구 비중이 양의 상관관계가 있었다는 사실은 최근 시기에 발견되는 결과와 반대다(예를 들어 다음을 참고하라. Poterba 1997). 더 최근의 연구들에서는 노인들이 공동체의 교육 지출을 덜 지지하는 것으로 나타난다. 시기에 따른 이러한 차이에는 그럴 만한 이유가 있다. 오늘날의 노인층은 이동성이 매우 높은 집단이다. 많은 노인들이 자신의 원래 공동체가 아닌 곳에 살고 있고, 따라서 정치 집단으로서 오늘날의 노인층은 평생 같은 공동체에서 살았던 20세기 초의 노인층보다 공동체의 교육 향상에 공공 자원을 사용하는 데 이해관계가 훨씬 적을 것이다.[33]

    우리는 1928년 고등학교 졸업률과 주요 결정 요인들 사이의 관계도 추정했는데(표 6.1, 2열), 탄력성으로 변환했을 때 1910년과 비슷한 결과가 나왔다. 1928년에 대한 분석에는 1910년 분석에 포함할 수 없었던 변수들을 포함했고, 여기에서 추가적인 정보를 많이 얻을 수 있

표 6.1 주별 공립 및 사립 중등 학교 졸업률에 대한 설명 요인

	(1)	(2)	(3)	(4)	(5)	(6)	(7)	(8)
	실제값				변화분		평균(표준편차)	
	1910	1928	1928	Δ1928-1910	Δ1938-1928	Δ1938-1928	1910	1928
1인당 과세 가능한 자산 로그값, 1912년 또는 1922년	0.0236 (0.00901)	0.0852 (0.0368)		0.0857 (0.0260)	0.125 (0.0345)		7.471 (0.451)	7.926 (0.386)
65세 이상 인구 비중, 1910년 또는 1930년	2.13 (0.260)	1.423 (0.788)	1.846 (0.774)	-1.749 (0.737)	-0.527 (0.866)		0.0414 (0.0143)	0.0547 (0.0142)
제조업 노동력 비중, 1910년 또는 1930년	-0.0673 (0.0335)	-0.144 (0.0972)	0.989 (0.481)	-0.0495 (0.0947)	0.126 (0.0934)	0.203 (0.0723)	0.248 (0.124)	0.255 (0.103)
가톨릭 인구 비중, 1910년 또는 1926년	-0.0913 (0.0305)	-0.377 (0.0867)	-0.274 (0.0849)	-0.265 (0.0900)	0.0595 (0.0841)		0.150 (0.121)	0.151 (0.123)
남부	-0.0449 (0.00932)	-0.0935 (0.0272)	-0.131 (0.0294)	-0.0735 (0.0267)	0.0375 (0.0306)			
뉴잉글랜드	0.0444 (0.0121)	0.100 (0.0310)		0.0811 (0.0333)				
대서양 중부			-0.0635 (0.0338)		0.0620 (0.0188)			
17세 인구 중 남성 공립 대학생 비중, 1910년				1.09 (0.384)				
제조업 임금, 1929년			0.241 (0.0974)					
제조업 임금 × 제조업 비중			-0.827 (0.375)					
1인당 자동차 등록 대수, 1930년		0.568 (0.230)	0.449 (0.218)					0.224 (0.0648)

						농업 종사자 1인당 농업 소득 로그값, 1920년
농업 종사자 1인당 농업 소득 로그값, 1920년						0.0985 (0.0174)
실업률 변화, 1930~1940년						0.900 (0.306)
상수	-0.136 (0.0709)	-0.468 (0.273)	-0.0962 (0.115)	-0.324 (0.199)	-0.814 (0.276)	-0.541 (0.104)
R^2	0.895	0.874	0.864	0.758	0.679	0.708
평균제곱근 오차(r-MSE)	0.172	0.0451	0.0476	0.0474	0.0400	0.0368
종속 변수 평균(가중치 미적용)	0.0882	0.291	0.291	0.212	0.204	0.204

출처: 출처에 대한 상세한 내용은 이 표 자료의 출처인 다음을 참고하라. Goldin and Katz (2005). 이 표는 그 저술에서 도출했다.

주: 보통최소제곱법ordinary least squares, OLS을 통한 회귀분석의 결과이며 표준오차는 괄호 안에 표시했다. 1928~1938년의 변화된 회귀분석(5열과 6열)만 가중치를 적용했고 나머지에는 적용하지 않았다. 5열과 6열에서 주 i의 가중치는 $(S_{2,8}, S_{3,8})/(S_{2,8}+S_{3,8})$로 적용했다. S_s는 연도 t에 미국 전체 인구 대비 주 i의 17세 인구 비중이다. 이 가중치를 1열부터 4열까지에 적용해도 결론에는 영향을 주지 않는다. 1928~1938년의 변화된 회귀분석에는 두 개의 아웃라이어(델라웨어와 네바다주) 때문에 가중치를 부여했다. 모든 열에서 관찰값은 48개 주다. 워싱턴DC는 제외했고 애리조나와 뉴멕시코는 1912년까지는 준주였지만 1910년 분석에서 주에 포함했다.

종속변수: 주별 공립 및 사립 고등학교 졸업률: 부록 B를 참고하라.

독립변수: '비중'으로 되어 있는 변수들은 %값이다. 4, 5, 6열의 변화된 분석에서의 변수들은 해당 시기 시작점의 것으로, 시작점에서의 조건을 반영함에 주의하라.
1인당 과세 기능한 자산(1912년 또는 1922년): 과세 기능한 자산/인구, 미국 상무부(1926), 《통계요람Statistical Abstract》.
65세 이상 인구 비중(1910년 또는 1930년): 미국 센서스국(1912, 1932)
제조업 노동력 비중(1910년 또는 1930년): 미국 센서스국
가톨릭 인구 비중(1910년 또는 1926년): 미국 상무부(1930), 《종교 기관Religious Bodies: 1926》, Vol 1, 표 29. 1910년 숫자들은 1906년 것과 1916년 데이터로 외삽한 것이다. 모든 데이터는 주의 거주자 1인당으로 표시했다.
남부: 센서스지역으로 대서양 남부, 남동 센트럴, 남서 센트럴이 해당된다.
17세 인구 중 남성 공립 대학생 비중(1910년): 미국 교육국(1910), 표 31, p. 850. 공공 자금으로 운영되는 군사 아카데미는 제외했다. 분모는 남성과 여성을 모두 포함한다.

제조업 임금(1929년, 단위 1,000달러): Kuznets et al. (1960), 표 A. 3.5, p. 129.
1인당 자동차 등록 대수(1930년): 미국 상무부(1940), 《통계요람》, 표 467.
농업 종사자 1인당 농업 소득(1920년, 평균=943달러): Kuznets et al. (1960), 표 A 4.3, p. 187. 농업 종사자 1인당 농업 서비스 소득을 말한다.
실업률(1930년대와1940년대, 1930년 평균=0.0574, 1940년 평균=0.0883): 미국 상무부(1932), 표 341: 1948, 표 203. 1930년 실업률은 1930년 4월 것이며 1930년대와 1940년대 B그룹(비해고자)과 B그룹(해고자) 모두 포함되어 있다.

었다. 추가된 변수 중 가장 흥미로운 것은 1인당 자동차 등록 대수(1930년)다.

1920년대에 자동차를 소유할 수 있으려면 평균보다 자산이나 소득이 높아야 했고, 오늘날보다 훨씬 더 그랬다. 평균은 같지만 분산이 다른 두 개의 대칭적인 소득 분포를 생각해보자. 그리고 자동차를 소유할 수 있는 소득의 문턱값이 평균보다 약간 아래라고 가정하자. 그렇다면, 분산의 폭이 더 좁은 쪽에서 인구 중 더 많은 비중이 자동차를 가지고 있을 것이다. 따라서 특정한 조건하에서, 그리고 소득이나 자산의 평균이 주어져 있을 때, 1인당 자동차 등록 대수는 소득이나 자산의 분산에 대한 좋은 대용지표가 된다.

1인당 자동차 등록 대수는 고등학교 졸업률과 상당한 양의 상관관계를 보였고, 1인당 자산 변수를 포함해도 마찬가지였다. 표 6.1의 2열은 1인당 자동차 등록 대수에서 25퍼센타일에 있는 주가 75퍼센타일에 있는 주로 이동하면 졸업률이 5%포인트(1928년 평균의 17%) 증가함을 보여준다.[34] 1인당 자동차 등록 대수는 강한 설명력을 가지며, 자산의 평균이 동일하게 주어져 있다면 자산의 분포가 평등하고 유권자 중 중산층의 비중이 큰 것이 공공재로서 교육이 제공되는 데 매우 중요함을 말해준다.[35] 1930년에 1인당 자동차 등록 대수가 많은 주(캘리포니아주, 네바다주, 캔자스주, 아이오와주, 네브래스카주) 모두 1928년에 교육 성과가 좋았다(그림 6.4의 패널 B 참고).[36]

그림 6.4 고등학교 졸업률과 주별 특성: 1910~1930년

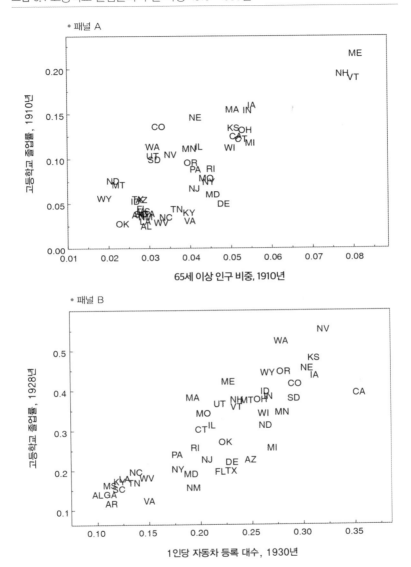

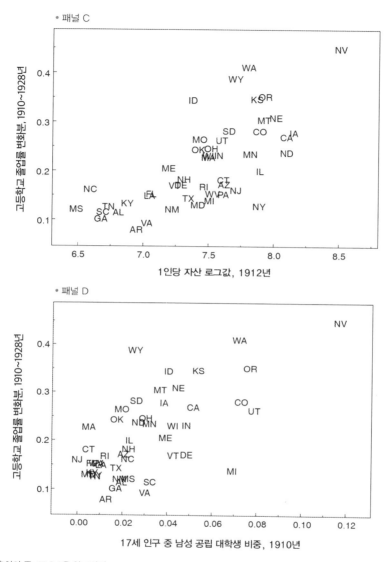

• 패널 C

세로축: 고등학교 졸업률 변화분, 1910~1928년

가로축: 1인당 자산 로그값, 1912년

• 패널 D

세로축: 고등학교 졸업률 변화분, 1910~1928년

가로축: 17세 인구 중 남성 공립 대학생 비중, 1910년

출처와 주: 표 6.1을 참고하라.

또 흥미로운 것은 전체 고용 중 제조업 비중, 제조업 임금, 그리고 이 둘의 상호작용이 미친 영향이다(표 6.1, 3열). 제조업 임금을 일정하게 통제했을 때, 노동력 중 제조업 고용 비중이 더 높으면 교육이 저해되었다. 이는 1910년 데이터 분석에서 본 바와 같다. 하지만 1928년 분석에서 제조업 임금과의 교차항은 이 관계가 제조업 임금이 평균보다 높을 때만 성립한다는 것을 보여주었다. 마찬가지로, 제조업 임금이 높아져도 제조업 노동력 비중이 평균을 넘지 않으면 교육을 저해하지 않았다. 남부를 제외하고 가장 낮은 졸업률을 보인 주들은 제조업 임금이 상대적으로 높은, 산업화된 주들이었다. 대서양 중부 주들이 여기에 해당하는데, 이들 주에서는 교육을 밀어내기에 충분할 정도로 교육의 기회비용이 높았고 제조업 일자리 기회가 많았다.[37]

1910년과 1928년 사이의 변화분에 대한 회귀분석(표 6.1의 4열)은 실제값 회귀분석에서 발견한 결과를 한층 더 뒷받침해주고 인과관계 해석의 타당성을 한층 더 높여준다.[38] 변화분 회귀분석의 독립변수들은 그 주의 **초기 조건**을 나타낸다. 예를 들어 1910년에 자산이 더 많은 주는 1910년부터 1928년 사이에 고등학교의 확산이 더 빨랐다. 1910년에 제조업 노동력 비중이 더 크면 이후 시기에 교육 성장이 더 느렸다. 고등학교 운동 시작점에서의 1인당 자산(로그값)은 1910년부터 1928년 사이의 고등학교 확산 정도와 양의 상관관계가 있었다(그림 6.4의 패널 C). 1910년에 주의 젊은이 중 공립 대학에 다니는 사람의 비중이 큰 것도 고등학교 졸업률과 강한 양의 상관관계가 있었다(그림 6.4, 패널 D). 아마도 근처에 자금이 풍부하게 지원되는 공립 대학이 있으면 고등학교를 다니는 것의 수익이 더 높아졌기 때문이었을 것이다.

마지막으로, 우리는 1930년대의 변화를 분석했다. 표 6.1의 5열에서 그 결과를 제시했다(4열에서 제시한 방식과 비슷하다). 1930년대에는 많은 것이 달라진 것으로 보인다. 자산은 여전히 중요한 결정 요인이지만 제조업 노동력 비중은 더 이상 강한 음의 효과를 내지 않았다. 사실 '제조업'은 약하게나마 양의 효과를 냈으며 '대서양 중부' 변수도 별도로 양의 상관관계를 보였다. 6열은 변수의 개수가 더 적은데, 대공황 시기에만 존재했던 요인들에 초점을 맞추었고 1930년부터 1940년까지의 실업률 변화를 추가했다.[39] 초기 소득이 주어져 있을 때, 제조업 비중이 컸던 주들 중 1930년대에 실업률이 가장 크게 증가한 주들에서 대체로 고등학교 졸업률이 가장 크게 증가했다.

　　종합하면, 우리는 주들 사이에 발견되는 고등학교 확산의 차이를 설명할 수 있는 몇몇 요인들을 찾을 수 있었다. 이러한 요인에는 자산, 소득, 인구의 상대적 동질성, 소득의 분포, 젊은이의 고용 가능성에 따른 교육의 기회비용, 주의 고등 교육 지원, (노인들이 주에 계속 머무는 것을 통한) 공동체의 안정성 등이 있었다. 그렇다면, 주의 입법화로 부과된 중등 교육 의무화는 1910~1940년에 미국의 중등 교육이 확산되는 데 얼마나 영향을 미쳤을까? 영국 같은 나라에서는 이러한 법제의 도입이 명백하게 효과가 있었다. 영국에서는 법이 도입되고서 교육 접근성과 교육에 대한 공공 지출이 크게 증가했다.[40]

의무교육법과 아동노동법의 역할

　　5장에서 언급했듯이, 의무교육법과 아동노동법은 미국에서 19세기 중반에 처음 통과되었다.[41] 하지만 의무교육법과 아동노동법이 더 강화되어서 중등 교육에 유의미한 영향을 미칠 가능성이 생기는 것은 20세기 초가 되어서였다. 젊은이들이 훨씬 더 많이 고등학교에 들어가기 시작하던 바로 그 시기에 이러한 법들도 더 엄격해졌다. 이 같은 시기적 일치를 보면서 많은 이들이 주에서의 법적 변화가 고등학교 등록률의 증가를 촉발한 원인이라고 주장했다.[42] 하지만 정말 그런가?

　　1910년에서 1940년 사이에 미국에서 공립 및 사립 중등 학교에 등록한 청소년 비중은 18%에서 71%로 증가했다. 졸업률도 9%에서 51%로 증가했다. 이러한 중등 교육 확산에 주의 의무교육법과 아동노동법이 어느 정도 기여했는지 알아보기 위해 우리는 우리가 수집한 고등학교 등록률 데이터에 의무교육법, 아동노동법에 대한 정보를 추가했다. 우리는 주별로 의무교육법과 아동노동법에 변화가 있었던 시점의 차이, 주의 고정효과에 대한 통제변인, 연도 고정효과, 그 밖에 중등 교육과 관련해 시간에 따라 달라지는 주 단위의 통제변인을 회귀방정식에 포함했다.

법제에 대한 설명

　　전형적인 의무교육법은 아동이 학교에 있어야 하는 연령대를 규정한다. 20세기 초에 많은 주에서 최대 연령이 높아지면서 이 법들은 더 복잡해졌다. 그다음에는 [몇 년 이상 교육을 받았으면 최대 연령까지 안 채워도 되도록] 최대 연령에서 면제될 수 있는 교육 연수를 포함해서 다시 변경되었다. 그리고 이것이 대부분의 주에서 실질적으로 구속력 있는 기준이 되었다.

아동노동법은 의무교육법을 변형한 것으로, 일반적으로 의무교육법에 의해 노동이 제약된, 하지만 나이가 비교적 많은 노동청소년이 노동을 할 수 있도록 했다. 이 법들은 이러한 청소년들이 의무교육 연수를 채우지 않아도 노동 허가를 받을 수 있는 면제 기준을 정했고, 종종 그 기준은 적어도 몇 해 이상의 학교 교육을 받았어야 한다는 최소 교육 연수로 주어졌다. 아동노동법은 거의 언제나 법적으로 구속력이 있었다. 의무교육법과 아동노동법에 더해, 진보시대에 학교 교육의 지속을 의무화하는 법들이 추가되었다. 의무교육 연수를 채우지 못한 채로 일하고 있는 청소년들에게 근무 시간인 낮 시간대에 일정 시간 학교에 가게 하는 법이었다.[43]

우리는 48개 주 모두에서 1910년부터 1939년까지 이러한 법들의 여러 요소들을 종합했다(Goldin and Katz 2003, 데이터 부록 참고). 가장 중요한 요소들은 의무교육 시작 연령, 의무교육 최대 연령, 최대 연령에서 면제되는 교육 연수, 노동 허가 연령, 노동 허가를 받을 수 있기 위해 필요한 교육 연수, 학교 교육의 지속을 의무화하는 법의 유무다. 이 데이터를 통해 우리는 다음과 같이 두 개의 설명 변수를 구성했다. 여기에서 s는 주를 의미하고, t는 고등학교 입학 연령(14세)인 젊은이에게 적용된 법이 무엇이었는지를 근사할 수 있는 연도를 의미한다.

노동청소년 교육 연수$_{st}$ = max{(노동 허가를 받을 수 있기 위해 필요한 교육 연수)$_{st}$, (노동 허가 연령$_{st}$ – 학교 입학 연령s, t–8)}

이 변수는 주의 아동노동법에 의거해 일자리를 가질 수 있기 전에 의무적으로 학교에 다녀야 하는 기간을 뜻한다.

의무교육 연수$_{st}$ = min{(면제 받기 위해 필요한 교육 연수)$_{st}$, (의무교육 최대 연령st – 학교 입학 연령s, t–8)}

이 변수는 주의 의무교육법에 의거해 학교를 다녀야 하는 최소 기간을 뜻한다.[44]

1910년에서 1940년 사이에 이러한 법들은 새로 법을 통과시킨 주의 수 면에서나 기존에 존재하던 법의 엄격성 면에서나 더 강화되었다. 변화는 이 시기 내내 대체로 상당히 꾸준하게 이루어졌다. 최대 연령은 1930년경까지 지속적으로 증가해서 이 무렵이면 42개 주가 최대 연령을 14년, 또는 더 높은 연령으로 정하고 있었다. 입학 연령은 이 기간 중 지속적으로 낮아졌다. 최대 연령에서 면제되는 교육 연수는 이 기간 중 지속적으로 증가했다. 청소년이 노동 허가를 받을 수 있는 연령은 1차 대전 시기에, 그리고 1935년 이후에 크게 높아졌다. 노동 허가를 받기 위해 필요한 교육 연수는 1930년까지 증가해서 18개 주가 8년, 31개 주가 적어도 6년을 요구했다. 또한 대다수의 주는 1차 대전 시기 즈음에 학교 교육의 지속을 의무화하는 법을 통과시켜서 고용 상태인 젊은이가 의무교육 연수를 채우지 못했을 경우 주중 낮 시간대에 일정 시간 학교에 가게 했다.

법적 변화가 미친 영향

　　고등학교 등록률의 증가 중 어느 정도가 이러한 법 제도의 강화로 설명될 수 있을까? 우리는 주의 아동노동법 및 의무교육법이 당대에 고등학교 등록률에 미친 영향을 앞에서 제시한 9~12학년 공립 및 사립 학교 등록률 데이터로 알아보았다. 표준적인 패널 데이터 모델로 추정했고 변수로는 주와 연도 고정효과, 주의 법 관련 변수(학업의 지속을 의무화한 법이 있는지에 대한 더미 포함), 그 밖에 시간에 따라 달라지는 주의 경제적, 인구통계학적 변수들을 포함했다. 시간에 따라 달라지는 주의 변수들(표 6.1에서도 사용한 변수들이다)을 통제한 상태에서, 주마다 아동노동법과 의무교육법의 요소들이 어떻게 달랐는지를 통해 이 법이 등록률에 미친 효과를 알아볼 수 있다. 센서스지역 단위의 시간에 따른 변화들도 통제변인으로 포함했다.[45]

　　표 6.2의 1열에 나와 있는 추정치는 의무교육법과 아동노동법 둘 다 작지만 통계적으로 유의한 효과를 냈음을 보여준다. 의무교육 연수가 1년 증가하면 고등학교 등록률이 0.45%포인트 증가했고 노동 청소년 교육 연수가 1년 증가하면 등록률이 0.78%포인트 증가했다.[46] 학업 지속을 의무화한 법이 있는 주는 고등학교 등록률이 2.5%포인트 증가했다.

　　아동노동법과 의무교육법의 기여분은 1910~1938년 사이의 등록률 변화분인 50.4%포인트 중에서 어느 정도를 차지할까? 두 법의 결합 효과(연수 변화와 해당 법의 존재 여부 변화 모두)는 1.8%포인트의 영향을 미친 것으로 나타났다. 또한 학업 지속을 의무화한 법이 있는 주에서 이 기간 중에 등록률이 60%포인트 증가했는데 이 중 1.5%포인트를 이 법의 도입이 설명할 수 있었다. 전반적으로 1910~1938년 사이 중

표 6.2 주의 의무교육법과 아동노동법이 중등학교 등록률에 미친 영향, 1910~1938년

종속변수: 주의 14~17세 인구 중 공립 및 사립 중등 학교 등록생 비중 (평균=0.441; 표준편차=0.204)	(1) 상관계수 (표준오차)	(2) 평균 (표준편차)
학업 지속법	0.0249 (0.00940)	0.530 (0.499)
노동청소년 교육 연수[a]	0.00777 (0.00265)	6.51 (2.00)
의무교육 연수[b]	0.00453 (0.00209)	6.91 (2.67)
아동노동법 없음	0.0217 (0.0185)	0.299 (0.170)
의무교육법 없음	0.0563 (0.0167)	0.102 (0.303)
1인당 자동차 등록 대수	0.865 (0.187)	0.136 (0.093)
1인당 제조업 고용	0.134 (0.409)	0.0662 (0.0389)
65세 이상 인구 비중	3.06 (1.39)	0.0511 (0.0128)
14세 이상 인구 비중	−2.10 (0.583)	0.305 (0.0474)
기타 주의 인구통계학적 통제변인[c]	포함	
주 더미	포함	
연도 더미	포함	
센서스지역 추이	포함	
R^2	0.978	
표준오차	0.0321	
관찰값 수	720	720

출처: 격년간 주별 중등 학교 등록률: 부록 B

의무교육법 및 아동노동법: Goldin and Katz (2003), 데이터 부록

인구통계학적 데이터들: 아드리아나 예라스−무니Adriana Lleras-Muney가 제공했으며 1910년, 1920년, 1930년, 1940년 센서스 자료를 토대로 했다(중간의 빈 연도는 선형보간법으로 추정). 그 밖의 변수들은 표 6.1을 참고하라.

주: 회귀분석과 표본 평균은 각 주의 14세 인구로 가중치를 두어 조정했다. 1열의 표준오차는 주별 군집을 허용한 강건표준오차다.

a: t시점의 노동청소년 교육 연수는 t시점에 '노동 허가를 받을 수 있기 위해 필요한 교육 연수'와 '노동 허가 연령에서 학교 입학 연령을 뺀 것' 중 큰 값을 취했다.

b: t시점의 의무교육 연수는 '면제 가능한 최대 교육 연수'와 't시점의 의무교육 최대 연령에서 t-8 시점의 학교 입학 연령을 뺀 것' 중 작은 값을 취했다.

c: 흑인 비중, 외국 출생자 비중, 도시 인구 비중이 포함되어 있다.

등 학교 등록률의 증가분 중 3.3%포인트(5~6%)를 아동노동법과 의무교육법으로 설명할 수 있었다. 그런데, 1인당 자동차 등록 대수의 증가분(1910년에 0.01대 이하에서 1939년에 0.22대로 증가했다) 하나만으로도 고등학교 등록률 증가분 중 19%포인트를 설명할 수 있었다. 주의 아동노동법 및 의무교육법은 1910~1938년 사이의 고등학교 등록률 증가에 약간의 영향을 미쳤지만, 이 효과는 고등학교 운동 시기 중등교육의 급증을 설명하기에는 미미해 보인다.[47]

도시와 고등학교 운동

앞에서 보았듯이 미국의 큰 도시 다수에서 공립 고등학교는 19세기 초에 생겼다. 미국 교육청의 서베이에 따르면 1903년경에는 미국의 도시와 타운에 7,200개의 공립 고등학교가 있었다. 20세기로 접어드는 시점이면 인구가 3,000명 이상인 거의 모든 미국 도시에 하나 이상의 공립 고등학교가 있었고, 더 작은 타운들도 많은 수가 공립 고등학교를 가지고 있었다.[48] 예를 들어 1903년에 아이오와주에서는 인구 3,000명 이상의 모든 도시에 적어도 하나의 공립 고등학교가 있었고 1910년 기준으로 인구 1,500~3,000명이었던 타운 63개 중 90%인 57개가 1903년에 하나 이상의 공립 고등학교를 가지고 있었다. 가장 작은 타운('마을') 중에도 공립 고등학교가 있는 곳이 있었다. 1910년에 아이오와주에는 인구 1,500명 이하인 행정 단위가 830개 있었는데 이 중 230곳(28%)이 1903년에 공립 고등학교가 있었다. 1900년에 아이오와주의 농촌 젊은이들 대다수가 가까이에 공립 고등학교가 없는 곳에 살았지만, 도시와 타운, 심지어는 상당수의 마을에서도 대부분의 젊은이들이 중등 학교에 충분히 닿을 수 있는 곳에 살고 있었다.

고등학교 운동 초기에 공립 고등학교 학생 통계가 존재하는 타운 중 많은 곳이 사실은 독립된 고등학교 건물을 가지고 있지 않았다.[49] 많은 작은 도시와 타운들이 초등학교의 일부(종종 위층)를 중등 교육에도 사용했다. 하지만 고등학교 운동이 진전되면서 작은 타운들도 차차로 별도의 고등학교 건물을 지었다. 5장에서 언급했듯이, 몇몇 주는 초등학교 건물에서 고등학교 수업을 제공하지 못하게 하는 법을 제정했고 고등학교가 갖추어야 할 교실 수와 교사 수 등에 대해 더 엄격한 기준을 설정했다.[50]

20세기 초에 공립 중등 교육이 확산되면서 고등학교 등록생 수와 도시 및 타운의 규모 사이에 흥미롭고 유의한 상관관계가 발견되었다. 도시와 타운의 규모가 커지면 고등학교 등록률이 높아지리라 예상하기 쉽겠지만(고등학교가 존재하는 데 일정 규모 이상의 인구가 필요하다고 보았을 때), 중등 학교에 다니는 청소년 비중은 도시 규모가 커지면 **감소했다**. 그뿐 아니라 도시나 타운의 규모에 따른 고등학교 등록률의 감소는 도시 규모의 분포 전반에 걸쳐 '단조 감소'를 보였다.

인구가 1,000~2,500명인 가장 작은 타운들은 인구가 2,500~1만 명인 타운들보다 고등학교 등록률이 높았다. 다시 이들 큰 타운들은 인구가 더 많은 작은 도시들보다 고등학교 등록률이 높았다. 다시 이들 작은 도시들은 큰 도시들보다 등록률이 높았고, 큰 도시들이 가장 등록률이 낮았다. 1910년에 16~17세의 중등 학교 출석률은 가장 작은 타운부터 가장 큰 도시까지 46%에서 21%까지의 차이를 보였다.

무려 25%포인트나 차이가 나는 것이다. 믿기지 않는 일로 보일지 모르지만 지금도 학교 출석률은 1,000명 이하인 농촌 지역의 '아주 작은' 타운들이 더 높다.[51] 도시 규모와 출석률 사이에 역의 상관관계가 나타나는 이유는 규모가 작은 지역에서 교육의 이득이 더 높고, 큰 도시들에서는 교육의 기회비용이 더 크며, 작은 지역들이 교육에 대한 수요가 더 동질적이기 때문이다.

중등 교육을 확산시킨 주력은 타운 규모의 공동체들이었다. 이들 작은 공동체들은 소득, 종교, 인종, 민족이 꽤 동질적이었으므로 주민들이 공동체가 제공해야 할 교육 유형과 지출 금액에 대해 합의하기가 더 쉬웠을 것이다.

스펙트럼의 반대쪽 끝의 인구 50만 명 이상의 큰 도시들은 학교 등록률이 가장 낮았다. 큰 도시들은 이민자가 많고, 부유한 사람과 가난한 사람 사이에 소득 격차가 크며, 비교적 보수가 좋은 제조업 일자리에서 젊은 층 노동력에 대한 수요가 컸다. 그렇지만 이러한 요소들을 통제한 뒤에도 도시 규모와 등록률 사이에는 여전히 음의 상관관계가 존재했다.

1923년과 1927년에 약 220개 도시를 대상으로 수행한 회귀분석(표 6.3)에서 이민자 비중, 가톨릭 비중, 1인당 과세 가능한 자산, 제조업 고용 비중, 제조업 안에서 숙련 수준별 직종 카테고리의 고용 비중 등을 통제했는데도 도시 규모와 공립 중등 학교 출석률 사이에 음의 상관관계가 발견되었다.[52] 여기에서는 표본에 포함된 가장 작은 도시가 인구 3만 명 이상이었지만(앞에서 이야기한 타운 규모보다 훨씬 큰데, 타운에서는 출석률이 이 표본에서의 작은 도시보다 더 높았다), 도시 규모에 따른 음의 상관관계는 명백하다.

표 6.3 공립 중등 학교 출석률과 도시 규모

| | 공립 중등 학교 출석률 | | | | |
| | 1923년 | | | 1927년 | |
	상관계수	표준오차	평균	상관계수	표준오차
도시 인구 변수					
3만 명에서 3만 5,000명	0.221	0.0398	0.123	0.209	0.0365
3만 5,000명에서 5만 명	0.169	0.0361	0.283	0.157	0.0331
5만 명에서 10만 명	0.103	0.0356	0.320	0.0980	0.0328
10만 명에서 50만 명	0.0798	0.0358	0.224	0.0674	0.0329
도시 경제 변수					
1인당 과세 가능한 자산 로그값(1926년)	0.0621	0.0245	7.396	0.0404	0.0225
인구 중 생산직 노동자 비중(%)	-0.239	0.143	0.153	-0.110	0.131
제조업 여성 노동자 비중(%)	-0.267	0.101	0.210	-0.240	0.0927
제조업 준숙련 노동자 비중(%)	0.106	0.116	0.230	0.163	0.107
제조업 수작업 기능직 노동자 비중(%)	0.171	0.108	0.473	0.230	0.0990
제조업 관리자 비중(%)	0.597	0.279	0.0710	0.440	0.257
도시 인구통계학적 변수					
가톨릭 인구 비중(%) (1926년)	-0.248	0.0785	0.256	-0.323	0.0722
외국 출생 부모에게서 태어난 미국 출생자 비중(%)	-0.135	0.132	0.194	-0.0380	0.122
상수	0.104	0.210		0.269	0.193
R^2	0.604			0.632	
관찰값 수	219			220	
종속변수 평균	0.425			0.469	

출처: 부록 C.
주: 종속변수는 9~12학년에 해당하는 교육을 제공하는 공립 학교의 일평균 출석생을 1923년과 1927
년 각 도시의 14~17세 인구로 나눈 것이다. 1920년 표본에는 인구가 3만 명 이상인 도시만 포함
했지만, 1인당 과세 가능한 자산 데이터가 제한적이었기 때문에 인구 3만 명이 약간 안 되는 일리노
이주 엘긴도 포함했다.
도시 인구: 1920년의 도시 인구다. 미국 센서스국 (1923).
1인당 과세 가능한 자산 로그값, 1926년: 미국 센서스국 (1927).
생산직 노동자 비중(%): 제조업 생산직 노동자를 도시 인구로 나눈 것이다. 생산직 노동자 데이터
는 다음에서 가져왔다. 미국 센서스국 (1923a).
여성 노동자, 준숙련 노동자, 수작업 기능직 노동자, 관리자 비중(%): 로버트 웨이플스Robert
Whaples의 데이터다.
외국 출생 부모에게서 태어난 미국 출생자 비중(%): 1920년 도시 인구 중 외국 출생자 부모에게
태어난 미국 출생자 비중이다.
가톨릭 인구 비중(%): 도시 인구(1920년과 1930년 평균) 중 1926년에 가톨릭을 종교로 가진 사
람 비중이다. 미국 상무부(1930).
전체 지역 더미가 포함되었다. 모든 변수는 별도의 언급이 없으면 1920년 것이다. 제외된 범주는
인구 50만 명 이상인 도시와 태평양 지역 도시들이다.

1923년에 표본에서 가장 작은 도시(인구 3만~3만 5,000명)는 가장 큰 도시(인구 50만 명 이상)보다 공립 중등 학교 출석률이 17%포인트 높았고 중간 규모의 도시들(인구 10만~50만 명)보다는 10%포인트 높았다. 1923년에 표본 전체의 평균 중등 학교 출석률이 43% 정도였으므로, 도시 규모에 따른 차이는 매우 큰 것이다. 작은 도시들이 출석률에서 보이는 우위는 도시 단위의 경제, 인구통계학, 지역 변수를 고려하면 [17%포인트에서 21%포인트로] 약간 확대된다. 1923년뿐 아니라 1927년에도 (평균 대비 효과가 약간 더 작아지긴 하지만) 다른 변수들을 통제했을 때 도시 규모에 따라 출석률이 단조 감소하는 비슷한 결과가 나왔다.

　　도시의 교육 데이터는 고등학교 운동이 정점이던 시기에 도시 당국들이 막대하게 증가한 중등 교육 수요를 어떻게 감당했는지도 보여준다. 한계선은 여러 방식으로 확장할 수 있다. 더 많은 학교를 짓고 더 많은 교사를 고용해 '외연 확장extensive margin' 방식으로 한계선을 밀어낼 수도 있고, 각 교실에 더 많은 학생을 수용하고 기존 학교에 더 많은 교사를 고용해 '심도 강화intensive margin' 방식으로 한계선을 밀어낼 수도 있다.[53]

　　미국 도시에 대한 우리의 대규모 표본(원출처는 교육청 데이터다)이 암시하는 바는, 고등학교 운동의 초기 국면인 1915년부터 1920년대 말까지는 외연 확장이 크게 벌어졌다는 것이다. 이 시기에 심도(교실당 학생 수, 학교당 교사 수 등)는 대체로 비슷했다. 즉 도시 당국은 1910년대와 1920년대에 증가하는 중등 교육 수요에 대해 학교를 더 짓고, 교실을 더 늘리고, 교사를 더 채용해서 대응했다.

　　더 많은 학교가 새로 지어지면서 더 많은 아이들이 집에서 다닐 수 있는 거리에 학교가 생겼고 학교에 가는 비용이 낮아졌다. 미국의 큰 도시들 모두가 20세기로 접어드는 시점이면 중등 학교를 가지고 있었지만 그곳에 다니려면 많은 아이들이 먼 거리를 통학해야 했다. 일례로, 1910년대에 브롱크스 전체에 고등학교가 딱 하나 있었다. 1897년에 문을 연 모리스 고등학교인데, 이 학교 자체는 규모가 컸지만(1911년에 학생이 4,000명이었다) 브롱크스의 10대 청소년 중등 학교 등록률은 학생들의 집 가까이에 학교가 더 많이 있는 뉴욕시의 다른 지구들보다 훨씬 낮았다.[54] 이에 대해 뉴욕시 교육국은 "꽤 가능성 있는 설명은 브롱크스에 고등학교가 하나밖에 없기 때문일 것"이라고 언급했다. 그것이 "가장 좋은 고등학교 축에 들긴 해도 말이다"(New York City, 1911).

중등 교육의 수요 확대에 부응하는 방식은 대공황이 시작되면서 빠르게 달라졌다. 경제적으로 어렵던 1930년대에 [외연 확장보다는] 심도 확장이 크게 늘었다. 추가적인 학교 건설과 교사 채용을 위한 자금 집행이 중단되거나 미뤄지는 와중에, 노동시장에서 일자리가 사라지면서 학교에 대한 수요가 늘었다. 교실이 과밀화되는 것은 불가피했고, 우리의 데이터에도 이것이 잘 드러난다.

표 6.4는 이러한 이슈들에 대한 몇 가지 통계를 보여준다. 우리의 도시 패널 데이터(부록 C 참고)는 1920년 기준 인구 2만 명 이상의 모든 미국 도시와 5개 연도(1915년, 1923년, 1927년, 1933년, 1937년), 즉 고등학교 운동의 초기, 중기, 후기를 포괄한다. 이 데이터는 공립 학교에 대해(사립 학교는 포함되지 않았다) 등록생 수, 출석생 수, 학교 유형별 교사 수, 교사의 평균 봉급, 교장, 장학사 등의 정보를 담고 있다.

표본에 포함된 약 290개 도시 대부분이 1915년에 통합 학교지구였고 1920년대와 1930년대에 공립 중등 학교에 다니는 전국 인구의 35%를 포괄하고 있었다.[55] 정보를 교육청에 보고한 도시 수는 연도마다 다르다. 1910년대에 표본의 최소 인구 기준을 충족시키는 도시수가 늘었고 1920년대에는 교육 정보를 보고하는 도시 수도 늘어서, 표본 크기가 커졌다. 하지만 1930년대에는 많은 남부 도시들이 교육정보를 연방 정부에 보고하지 않아서 표본 크기가 줄었다.[56] 우리는 균형 배분 패널 표본에 215개 도시를 선정했다. 하지만 비균형 패널 표본으로 분석해도 결론은 달라지지 않았다.

　　1915년에서 1927년 사이에 등록생이 2배 이상 증가했는데 (0.78로그포인트 증가, 표 6.4, 1행) 이 중 87%는 학교 수의 증가로 해소되었고(6행) 12%는 학교당 교사 수의 증가로 해소되었으며(7행) 1%만학급 수의 증가로 해소되었다(5행). 등록생의 급격한 증가는 인구 증가도 반영하지만 전형적인 도시에서 일평균 출석률이 1915년과 1927년 사이에 29%에서 48%로 60%나 증가한 데서도 기인했다(10행).

　　미국 경제가 호황이다가 1933년에 깊은 위축으로 들어가면서 상황은 급격하게 달라졌다. 등록생은 1927년부터 1933년 사이에 1.5배 증가했다. 연간 증가율이 1915년부터 1927년까지보다 더 가팔랐다. 등록생은 빠르게 증가했지만 도시들은 현금이 부족했다. 학교들이 계속 지어지긴 했지만 외연 확장으로는 수요 증가의 33%밖에 메울 수 없었다. 앞선 시기에는 심도 강화의 규모가 미미했지만, 이제는 전체 증가 중 교실당 학생 수의 증가가 39%를, 학교당 교사의 증가가 28%를 차지하게 되었다. 이 시기에 학교들은 재정적으로 심각하게 쪼들리고 있었다.[57]

　　1915년부터 1937년 사이에 등록생이 급증했지만 등록 대비 출

표 6.4 도시의 공립 고등학교와 학생 특성: 1915~1937년

고등학교 특성	215개 도시의 균형 패널				
	1915	1923	1927	1933	1937
1. 평균 등록생 수	2500	4403	5436	8189	8550
2. 평균 출석생 수[a]	2022	3683	4695	6988	7561
3. 출석/등록	0.809	0.837	0.864	0.853	0.884
4. 평균 고등학교 교사 수	96.1	162.8	206.7	265.0	285.5
5. 학생/교사	26.0	27.0	26.3	30.9	29.9
6. 평균 고등학교 수[b]	1.89	3.09	3.71	4.24	4.48
7. 교사/학교	50.9	52.7	55.7	62.5	63.6
8. 평균 수업일수	184.8	184.7	184.4	182.0	182.1
9. 수업료/학생(2000년 현행 달러)[c]	325.9 [55.4]	368.7 [106.1]	390.7 [114.4]	387.6 [84.8]	397.7 [96.4]
10. 평균 공립 고등학교 출석률[d]	0.289	0.437	0.476	0.625	0.674

출처: 부록 C 참고.
주: 출석/등록 비율, 교사/학교 비율, 학생/교사 비율은 표본 전체 평균으로 구했다. 다른 열들은 균형 패널 표본에 있는 215개 도시의 각 변수에 대한 도시 단위의 평균이다.
　a: 1915년의 출석 데이터는 207개 도시 것만 존재한다. 1915년의 데이터가 없는 8개 도시에 대해서는 데이터가 있는 207개 도시의 출석/등록 비율인 0.809와 동일하다는 가정 아래 출석 일수를 추정했다.
　b: 학교 수는 1915년 것이 없어서, 1915년 표본에 포함된 도시들에 대해 도시별 중등 학교 교장 수에 1923년의 학교당 교장 수로 곱해서 추정했다. 이 과정을 거치면 표본의 도시가 206개로 줄게 된다.
　c: 《장기 통계, 새천년판》의 표 Cc1 숫자를 인플레율로 할인해 현행 달러로 환산했다. 연도별 관찰 값 수는 1915년 124개, 1923년 214개, 1927년 215개, 1933년 214개, 1937년 211개다.
　d: 고등학교 학년에 해당하는 과정의 일평균 출석생을 14~17세 인구 수로 나누었다.

석(3행)이 줄어들지는 않았고 오히려 증가했다. 즉 등록생의 증가는 이전의 집단보다 출석률이 낮은 '한계 학생marginal student'들이 학교에 등록해서 발생한 것이 아니었다. 1915~1920년에 한 학년도의 평균 수업일수(8행)는 거의 185일이었고 대공황이 시작되고서 감소했지만 감소 폭은 미미했다. 마지막으로, 학생 1인당 실질 평균 지출(9행)은 1915~1927년 사이에 20% 증가했고, 1930년대 초에 정체되지만 1933년부터 1937년 사이에 다시 약간 증가했다.

공립 학교와 사립 학교

　　5장에서 보았듯이, 고등학교 운동은 그 이전에 있었던 또 하나의 풀뿌리 운동에 이어 나타났다. 아카데미 운동이라고 불리는 그 운동은 학교에서 받을 수 있는 교육을 보통학교나 초등학교 수준 이상으로 높이려는 열망에서 추동되었다. 아카데미는 거의 언제나 사립이었고 종종 공적인 보조금을 일부 받긴 했지만 학생에게 수업료를 받았다. 공적으로 교육이 제공되고 공적으로 자금이 충당되는 학교가 확산되면서 19세기 말에 아카데미는 빠르게 대체되어 사라졌다. 그렇긴해도, 여러 다양한 지역에서 상당한 비중의 미국 젊은이가 1910년(우리의 주별 데이터가 시작하는 시점)에 사립 중등 학교에 다니고 있었다.

　　우리가 사립 학교 학생이라고 분류한 학생 중 일부는 대학의 예비과정에 속해 있었다. 이들은 1910년에 모든 사립 학교 학생 중 31%를 차지했는데, 1920년에는 22%로, 1930년에는 10%로 줄어든다(부록 B, 표 B.6 참고).[58] 1880년에 예비과정 학생의 약 절반 정도가 대학에 진학하기 위해 공부하고 있었다.[59]

　　많은 대학이 자신의 학교에 들어올 학생들을 대학에 들어오기 전부터 준비시켰고, 고등학교 수가 적은 지역에서는 대학의 이러한 역할이 더 중요했다. 일례로, 네브래스카주에는 공립 고등학교가 거의 없었는데 1871년에 설립된 네브래스카 대학이 있었다. 네브래스카 대학은 1900년에도 대학 과정보다 예비과정에 학생 수가 더 많았다. 더 일찍 정착된 곳들, 특히 동부에서는 학생들이 대학 교육을 받을 수 있을 만큼의 준비를 갖추게 하는 데 사립 중등 학교들에, 그리고 일부 공립 고등학교들에 의존할 수 있었다. 그럼에도 이러한 곳들에서도 많은 대학이 직접 예비과정을 운영했고 종교 단체와 연계가 강한 대학들은 더욱 그랬다. 전국적으로 대학의 예비과정생 1인당 대학 과정생은 2.4 명밖에 되지 않았다(북동부 주들은 예비과정생 1인당 대학 과정생 4.6명으로 더 많기는 하다).

중등 학교 등록생과 졸업생 중 사립 학교(모든 형태의 사립 학교 포함) 비중은 공립 고등학교가 아직 들어서지 않은 곳들에서 가장 높았다. 아직 정착이 덜 된 곳들과 남부 지역이 그렇다. 또한 중등 학교 학생 중 사립 학교 학생 비중은 뉴잉글랜드에서도 비교적 높았는데, 이곳은 전통적으로 가톨릭 학교들이 융성했다. 그러다가 1920년대에 공립 고등학교가 확대되면서 중등 학교 학생 중 사립 학교 학생 비중이 크게 감소했고 이 추세는 대공황 때 공립 고등학교 등록생이 증가하면서 더욱 강화되었다. 하지만 1950년대에 동부 지역에서는 사립 고등학교 졸업자 비중이 다시 크게 증가해 1910년대 수준으로 돌아갔다(센서스지역별 사립 학교 졸업자 비중은 부록 B, 표 B.3을 참고하라).

미국 전체적으로 사립 학교 등록생 비중은 1910년에 16%였다가 1940년에는 겨우 6.5%가 되었다. 이러한 감소 폭 중 일부는 대공황이 미친 이중적인 영향 때문이었다. 대공황으로 인해 전체적으로 고등학교 등록생은 늘어났지만 사립 고등학교 등록생은 절대 수가 줄어들었기 때문이다.[60] 주식시장 붕괴 직전에 사립 학교 등록생 비중은 9%를 약간 밑돌았다. 하지만 1910~1940년의 긴 기간을 보면 감소 폭의 대부분은 공립 고등학교 학생 비중이 늘었다는 단순한 이유에서 나타난 현상이었다. 1930년대 초를 제외하면 사립 학교에 다니는 학생의 절대 수는 어느 지역에서도 줄지 않았고 오히려 거의 언제나 증가했다. 다만 공립 학교 학생 수의 증가 속도를 따라가지 못했을 뿐이다.

2차 대전 이후에 사립 중등 학교 학생 비중은 다시 증가하기 시작한다. 이르게는 1950년대 초에도 사립 학교 학생 비중은 11%로 이미 1920년대 수준에 도달했고, 뉴잉글랜드와 대서양 중부 지역은 사실 전후 시기가 1910년보다 사립 학교 학생 비중이 높았다(서부와 남부는 훨씬 더 낮았다).

성별 차이

고등학교 운동이 도약하던 시기 동안, 모든 주에서 여성의 졸업률이 남성을 앞질렀다. 여성의 우위는 고등학교 운동 초기에 상대적으로 더 컸지만 고등학교 운동이 완료되고 한참 뒤까지도 여성이 우위를 유지했다. 등록률도 여학생이 일반적으로 남학생보다 높았다. 대공황 초기인 1930년대 초에만 이 격차가 상당히 줄어든다. 대서양 중부 지역에서는 대공황 초기에 이 격차가 완전히 사라지는데, 젊은이들, 특히 젊은 남성들을 위한 일자리가 사실상 증발했기 때문이었다.

고등학교 운동의 첫 20년 동안 전국적으로 여성의 중등 학교 졸업률이 남성보다 5.6%포인트가량 더 높았고, 1차 대전 시기에는 격차가 약간 더 컸다.[61] 졸업률도 여학생이 남학생보다 39% 높았다. 성별 격차는 지역에 따라 차이가 있었다. 1910~1928년 기간에 뉴잉글랜드에서는 여학생의 졸업률이 남학생보다 6.8%포인트(35%) 높았고, 태평양 지역에서는 7.2%포인트(31%), 대서양 중부 지역에서는 3.3%포인트(30%), 대서양 남부 지역에서는 3.9%포인트(52%) 높았다.[62] 그

그림 6.5 미국의 성별 고등학교 졸업률

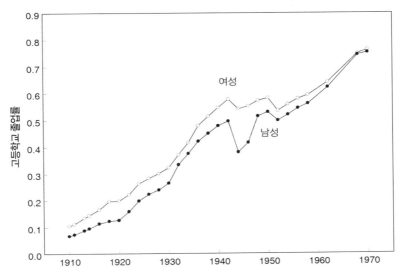

교육청 발간 자료에 성별 졸업생 데이터는 공립 고등학교에 대해서만 나와있다. 우리는 17세 인구수로 나누어 공립학교 졸업률을 구했고, 전체 졸업률과 공립학교 졸업률 사이의 비율만큼 올려 스케일을 조정했다.
출처: 부록 B를 참고하라.

림 6.5는 1910~1970년 기간 동안 미국 전체적으로 남성과 여성의 고등학교 졸업률을 보여준다.

오랫동안 여학생이 남학생보다 고등학교 등록률과 졸업률이 높았다는 것은 놀랄 일이 아니다. 고등학교를 졸업하느냐 아니냐가 수익 면에서 주는 차이는 젊은 여성에게나 젊은 남성에게나 비슷하게 컸지만, 직종의 경제적 위치까지 생각하면 여성에게 더 컸다. 사무원, 속기사, 더 좋게는 비서직에 종사할 수 있는 여성은 공장에서 건당으로 보수를 받으며 고된 일을 하지 않을 수 있었고 그보다도 더 안 좋은 가내 노동자가 되는 것도 피할 수 있었다. 또한 아마도 당대로서는 가장 중요하게, 화이트칼라 직종에 종사하는 여성은 고소득자 남편감을 만날 수 있는 가능성이 더 컸을 것이다.

현대적인 고등학교의 탄생

1900년에 버몬트주의 고등학교들은 "모호하고 두드러진 특징이 없는, 개별적이고 독립적인" 기관이라고 묘사되었다. 19세기에 버몬트주가 교육의 선두 주자였던 뉴잉글랜드 지역 주 중 하나였는데도 말이다.[63] 1893년에 아이오와주의 학교 보고서도 "고등학교의 특징을 구성하는 요소가 무엇인지는 규정된 바가 없다"고 언급했다.[64]

미국 교육청 서베이에 따르면 20세기로 접어드는 시기에 미국의 공립 고등학교는 규모, 교과목, 건물 유형 등의 면에서 아주 다양했다.[65] 1904년에 보고된 7,200개의 공립 고등학교 중에서 72%는 교사가 4명이 되지 않았고 30%는 교사가 1명뿐이었다. 70%의 공립 고등학교 학생은 교사가 10명 이하인 학교에 다녔고 37%는 4명 이하인 학교에 다녔다. 20세기 초의 교육심리학자이자 시험에 대한 권위자였던 에드워드 손다이크Edward Thorndike는 1905년경의 고등학교에 대해 "교육 내용이나 행정적, 교육적 역량 면에서 엄청나게 다양한 기관"이라고 묘사했다.[66] 1930년에도 I. M. 캔델I. M. Kandel(20세기 초에 교육에 대해 방대한 저서를 남긴 인물이다)은 이렇게 언급했다. "현재의 형태로서의 … 미국의 공립 고등학교는 … 최근에야 생겼으며 여전히 변화하는 단계에 있다"(1930, p. 496). 그렇지만 공립 고등학교는 그 이전 30년 동안 결정적인 변화의 국면들을 밟아오고 있었다.

　　그 30년 동안 공립 고등학교는 주된 목적(유일한 목적은 아니더라도)이 젊은이들을 대학에 갈 수 있게 준비시키는 것이던 곳에서[67] 9~12학년 사이의 어느 시점에 학교 교육을 끝내고 대학으로 진학하지 않는(한동안이든 아니면 아예 진학하지 않든) 학생들을 위해 교육을 제공하는 곳이 되었다. 고등학교 운동은 학교 수, 교사 수, 학생 수만 급격히 늘린 것이 아니라 고등학교라는 교육기관 자체를 전체적으로 변모시켰다.

　　1900년대 초에 공립 고등학교는 개방적이고, 관용적이고, 젠더 중립적이고, 학술적이되 실용적이고, 보편적이고 종종 평등주의적인, 독특하게 미국적인 교육기관으로 재탄생했고, 이로써 미국의 고등학교는 19세기의 엘리트주의적이던 유럽 기원의 모델에서 멀어졌다.[68] 고등학교 교과 과정의 변모 중 많은 부분은 더 일반적으로 학계에서 학문 분과가 급격히 분화되고 증가하던 데 따른 불가피한 결과였다. 7장에서 보겠지만, 미국에서 학계의 학과 수가 1890년대에 폭발적으로 증가했다. 예를 들어, 사회과학은 1890년대에 생겨났다고 말할 수 있으며 많은 현대적인 과학 분야도 그렇다. 하지만 고등학교에서의 변화가 모두 다 학문의 세계에서 벌어지던 구조적인 변화에 뿌리를 두고 있는 것은 아니었다. 그보다, 의도했든 아니든, 고등학교의 재발명은 고등학교가 이렇게 변모하지 않았더라면 학교가 아니라 일터에 갔을 젊은이들이 학교에 오게 하는 효과를 낳았다. 20세기 초에 미국의 고등학교는 '현대적인' 학교가 되었고 중등 교육은 대중 교육이 되었다.

달라진 임무

고등학교 등록생이 급격히 늘어나면서 나타난 중요한 결과 하나는 고등학생 중 그후에 계속해서 대학에 진학하고자 하는 학생의 비중이 줄어든 것이었다. 20세기 초중반에 고등학교 졸업반 학생들을 대상으로 진행한 설문조사들을 보면(표 6.5) 고등학교를 졸업하고 이어서 대학이나 전문직 학교에 진학하고자 하는 학생의 비중이 1970년대보다 1910년대에 더 높았다는 것을 알 수 있다.[69] 일견 의아해 보이지만, 이 현상은 고등학교 교육이 대중화되는 과정에서 나타나는 논리적인 결과다.

대학까지 대중 교육이 되기 전에는 [대중화되고 있던] 중등 학교 졸업자 중 대학으로 진학하는 사람의 비중이 줄었다. 이와 달리 [중등 학교가 대중화되기 전인] 19세기에는 중등 학교에 가려 하는 가장 설득력 있는 이유가 대학에 가기 위해서였다.

1910년대부터 고등학교 졸업자 중 대학으로 학업을 더 이어가는 사람의 비중이 떨어졌다는 사실은 사소한 일로 보일 수 있지만 사실은 미국 교육사에서 상당히 중요한 일이다. 고등학교 졸업자의 즉각적인 목적지가 어디인지에서의 변화는 현대적인 고등학교로의 전환에서 핵심적인 부분이며 이는 20세기 초의 중등 교육에서 미국과 유럽의 중요한 차이이기도 하다.

표 6.5의 숫자들은 1940년대 이전에는 대학에 가는 사람이 적었다는 사실과 모순되는 것처럼 보인다.[70] 하지만 이 숫자들은 고등학교 졸업자 중 대학 진학 의사가 있는 사람에 대한 정확한 집계다. 물론 1940년대 이전에는 [전체 인구 중] 대학에 가는 사람의 비중이 **작았다**. 1900년에 태어난 남성의 10% 정도가 대학에 갔다. 하지만 1920년대

표 6.5 학업을 계속 이어갈 의향이 있는 고등학교 졸업자: 1901~1937년

	고졸자 중 학업을 이어갈 의향이 있는 사람 비중(%)					
	1901년	1910년	1914년	1923년	1933년	1937년
다음으로부터 대학으로						
공립 고등학교	31	34	35	31	21	24
공립 고등학교, 남성만	40	45	45	37	23	26
공립 및 사립 고등학교	33	35	35	32	23[a]	—
다음으로부터 대학이나 기타 기관[b]으로						
공립 고등학교	—	49	50	44	25	29
공립 고등학교, 남성만	—	55	55	49	25	30
공립 및 사립 고등학교	—	49	50	46	25[a]	—

출처: 미국 교육청, 《연간 보고서》 (여러 연도); 미국 교육청, 《격년간 보고서》 (여러 연도).
주: 미국 교육청이 각 학교 교장들로부터 수집한 정보다. 고등학교 졸업 후에 (아마도 곧바로) 학업을
  지속하고자 할 의사가 있는 학생의 비중이므로, 이 중 일부는 실제로는 대학에 진학하지 않았을 것
  이고, 일부는 원래는 교육을 지속할 의도가 없었는데 나중에 대학에 진학하기도 했을 것이다. 이 숫
  자들은 아마도 대학의 예비과정 학생들은 포함하지 않았을 것이고 그들을 포함하면 대학으로 학업
  을 이어가는 학생의 비중이 더 높아질 것이다.
a: 사립 학교 졸업자 수는 1932년 것이다.
b: '기타 기관'은 아마도 노멀스쿨, 간호 학교, 도서관 학교를 의미했을 것이다.

이전에는 고등학교를 졸업하는 사람의 비중도 작았다. 따라서 1920년
대 무렵에 고등학교 졸업자 중에서 대학에 가는 사람의 비중은 [분모
가 작았으므로] 꽤 높았다. 이 데이터가 고등학교 교장들이 교육청에 보
고한 '대학에 진학할 의사가 있다고 밝힌 고등학생'이므로 이 중 실제
로는 (한동안 가지 않았든 아예 가지 않았든) 대학에 가지 않은 경우도 있
었겠지만, 대다수는 실제로 대학에 갔다.

　　이와 관련해 유의미한 정보를 주는 실증근거를 1915년 아이오
와주 센서스에서 찾아볼 수 있다(부록 A 참고).[71] 이 센서스는 아이오와
주의 모든 주민에게 다양한 유형의 학교에 대해 몇 년을 다녔는지 질
문했다. 우리는 1915년 시점에 20~29세였던 남성 중 4년제 고등학교
를 졸업했거나 총 12년의 교육을 받고서 대학에 간 사람들을 표본으

로 잡았다. 이들은 1904~1913년에 고등학교를 마쳤을 것이다. 이 데이터의 유일한 문제는 대학에 갔지만 '고등학교'라고 불리는 곳을 다니지 않은 사람들이 있었다는 점이다. 어떤 이들은 아카데미를 다녔고 어떤 이들은 대학의 예비과정을 다녔으며 어떤 이들은 집에서 가정교사 등을 통해 공부한 뒤 대학에 진학했다. 우리는 몇 가지 가정을 적용해서 고등학교나 예비과정을 마치고 곧바로 또는 10년 이내에 대학에 간 사람의 비중이 43~57% 사이의 어느 숫자일 것이라고 추정했다. 아이오와주의 큰 도시로만 표본을 한정하면 49~61%의 범위가 나온다.

아이오와주는 미국의 다른 주에 비해 큰 도시에 사는 인구 비중이 훨씬 낮았고 아이오와주에서 가장 큰 도시(디모인)도 1910년에 미국 전체에서 도시 규모로 순위가 62번째 밖에 되지 않았다.[72] 따라서 아이오와주의 데이터는 대학에 진학하는 고등학생의 비중을 과소계상하게 되는 편향이 있을 것이다. 대학에 진학하는 사람은 상당수가 큰 도시에 살았기 때문이다. 하지만 이러한 문제가 있더라도, 아이오와주의 데이터가 표 6.5에 제시된 학교장 설문에서 나오는 범위 안에 있다는 것은 분명하다.

표 6.5의 데이터는 현대적 고등학교 탄생의 기저에 있는 요인들을 이해하는 데 결정적으로 중요하다. 1920년대를 시작으로 고등학교에서 가르치는 교과목에 중대한 변화가 생겼다(전조는 19세기 중반부터도 있었다). 고등학교 교과목이 달라진 이유를 두고 그 이후 계속해서 논쟁이 있었다. 어떤 학자들은 교과목의 변화가 고등학교를 다니는 학생들의 구성이 달라진 데 따른 것이라고 보았고, 어떤 학자들은 교과과정을 희석시키고 미국의 학교들이 잘못된 경로를 가게 한 진보시대 개혁가들의 잘못된 지향 탓이라고 보았다.[73] 앞으로 살펴보겠지만, 거

의 대부분의 고등학교 학생에게 교과과정이 달라졌다. 하지만 변화의 동기는, 이러한 변화가 없었더라면 학교가 아니라 곧바로 일자리를 잡아 노동시장으로 갔을 학생들이 학교 교육을 더 오래 받도록 하기 위해서였다. 고등학교 등록생, 출석생, 졸업생을 대대적으로 증가시키면서, 고등학교의 재발명은 고등학교 교육의 대중화로 이어졌다.

교과목의 변화는 미국에서 공립 고등학교 증가의 원인이자 결과였다. 현대적인 고등학교의 탄생은 중등 교육이 젊은이들에게 더 매력적인 선택이 되게 해주었다. 하지만 5장에서 보았듯이 초등학교 수준을 넘어서는 교육에 대한 수요의 증가가 꼭 대학에 가기 위한 준비를 하는 데 필요한 지식에 대한 수요 증가인 것은 아니었다.

대중 시장에서 호소력을 갖추기 위해 고등학교는 여러가지 면에서 변모했다. 이러한 변화가 미국 전체적으로 동질적이지는 않았다. 가령, 도시 청소년들과 농촌 청소년들은 니즈와 열망이 서로 달랐다. 이 전환을 하나로 아우르는 사실은, 이제 고등학교가 다양한 기능에 복무하게 되었다는 점이었다. 이제 고등학교는 청소년에게 다양한 학술적 과목과 다양한 비학술적 과목을 가르칠 것이었다. 1900년의 '모호하고 두드러진 특징이 없는' 학교였던 고등학교는, 이제 '무엇이든 가르치는' 혼합적인 교육기관이라는 점에서, 그리고 오로지 이 점에서만 잘 규정된 특징을 가진 기관이 되었다.[74]

교과목의 변화

19세기 말과 20세기 초에 학부모들과 청소년들이 중등 교육의 확대를 요구하는 목소리를 냈을 때, 이는 전에도 고등학교에서 가르치고 있던 과목들에 대한 수요의 증가이기도 했고 고등학교 교과목을 더 폭넓게 확대하라는 요구이기도 했다. 물론 많은 부모들이 자녀가 당시에 '고전' 또는 '영국식' 교과목이라고 불리던 전통적인 중등 과정의 과목들을 배우기를 원했다.[75] 즉 이들은 자녀가 영어와 역사를 더 배우고, 외국어를 시작하며, 또 기하와 대수를 포함한 수학 지식을 더 많이 갖추기를 원했다. 하지만 또 다른 부모들은 자녀가 앞으로 갖게 될 일자리와 관련 있는 교과목들을 배울 수 있게 교육이 확대되기를 원했다. 큰 도시에 사는 사람들은 이미 상업, 부동산, 속기 등 다양한 상업기술과 직업기술을 갖추어주기 위해 수업료를 내고 자녀를 아카데미에 보내고 있었다. 20세기 초에 큰 도시와 작은 타운 모두에서 고등학교 교과목은 더 폭넓은 학술적 과목들과 훨씬 더 광범위한 비학술적 과목들로 폭이 넓어졌다.

　　비학술적 과목에는 상업 과목, 기술 과목, 생활 과목이 있었다. 상업 과목에는 타자, 속기, 부기, 그리고 영어, 법학, 지리학을 상업에 적용한 과목들이 있었다. 기술 과목에는 남학생을 위한 목공, 전기, 금속, 그 밖에 다양한 수작업 기능직 교육과 여학생을 위한 요리, 재봉, 그 밖의 가정 가사 과목이 있었다. 생활 과목에는 음악, 댄스, 연극, 미술, 위생, 체육 과목이 있었다. 농촌 지역의 고등학교에서는 가축 관리, 농기계, 식물학, 회계 기법 등도 교과목에 포함되었다. 공립 고등학교에서의 변화는 이르게는 19세기 말부터 시작되었지만, 그 전인 19세기 중반에 아카데미에서도 많은 비학술적 과목들을 가르치고 있었다. 고전 학술 과목을 주로 가르치는 아카데미들도 실용적인 과목으로 교과목을 확대하곤 했다.[76]

　　학술적 과목도 새로운 영역이 더해지기도 하고 기존 과목이 세

분화되기도 하면서 확대되었다. 언어 교육에는 현대 언어도 포함되었고 과학에는 실험 과학도 포함되었다. 작은 타운과 마을에서는 종종 학교 규모가 커지면서 과목 수가 늘었다. 학생 60명에 교사 3명뿐인 규모라면 다룰 수 있는 과목이 제한적일 수밖에 없었을 것이다. 하지만 1920년대에는 작은 학교들에서도 다양한 과목들이 생겨났다. 큰 도시의 큰 학교에서는 늘 다양한 과목을 제공할 수 있었지만 여기에서도 고등학교 운동 시기에 교과목이 한층 더 확대되었다.

　　고등학교 교과목의 확대에서 터닝포인트는 1차 대전을 즈음한 시기였다. 1922년에 워싱턴주의 한 고등학교 장학관은 "현대의 고등학교 프로그램은 예전의 대학보다도 진실로 더 종합적이 되었다"고 말했다.[77] 이 전환은 전부터도 많은 교과목을 제공하고 있었던 아주 큰 학교를 제외하고는 거의 모든 학교에서 벌어졌다. 1910년 이전에는 규모가 작은 학교들은 전통적인 교과목만 제공했지만 1920년대에는 동일한 학교가 2배도 넘는 수의 과목을 제공하고 있었고 여기에는 비전통적인 학술 과목과 비학술 과목들도 다양하게 포함되었다. 물론 이 때는 학교 규모도 대부분 더 커졌지만 1920년대의 데이터는 작은 학교들도 다양한 교과목을 제공하기 위해 학교의 자원을 최대한 사용하고 있었음을 말해준다.[78]

　　새로운 과목 중 어떤 것들은 옛 과목에서 분화되었다. 1920년 경까지만 해도 영어는 '영어'로 통칭되는 하나의 일반적인 과목이었지만 1920년대에는 전에 영어만 가르치던 교사가 연설, 저널리즘, 토론 과목도 가르쳤다. 마찬가지로 수학도 기하, 대수, 상업 응용 수학 등으로 분화되었다. 한편 어떤 것들은 전적으로 새로운 과목들이었다. 상업 과목과 기술 과목, 또 다양한 '생활' 과목들이 그런 사례다.

예를 들어 아이오와주 오툼와를 보면, 1900년에 오툼와는 인구가 약 2만 명이었고 이곳의 고등학교에서는 교사 10명이 10개 과목을 가르쳤다. 오툼와 중학교가 개교하기 직전이던 1917년에는 오툼와 고등학교에서 교사 29명이 18개 과목을 가르쳤다. 추가된 8개 과목 중 2개는 기존의 학술적 과목에서 갈라진 것이었고 6개는 상업 과목, 기술 과목(기계 제도 등), 생활 과목(음악, 미술 등)이었다. 그리고 1925년에는 교사 52명이 35개 과목(상업 과목 5개와 생활 과목 2개, 음악 과목 2개를 각각 하나로 묶으면 29개 과목)을 가르치고 있었다(그리고 이에 더해 오툼와 중학교도 있었다).[79]

아이오와주의 타운과 소도시들에 대한 횡단 분석을 수행하기 위해 우리는 1924년 데이터에서 인구 200명인 곳(로렐)부터 1만 8,000명인 곳(무스카틴)까지, 그리고 고등학교 등록생 수가 60명인 곳부터 600명인 곳까지 20개의 표본을 선정했다.[80] 작은 타운들의 고등학교에는 해당 타운 학생뿐 아니라 인근 농촌 지역의 학생도 다녔다. 1924년에 이들 타운과 소도시의 학교에서 제공되는 과목 수의 중앙값은 13개였다(평균은 13.6개였다). 이 표본 중 가장 작은 타운의 고등학교도 교사는 4명밖에 안되었지만 13개의 과목을 제공했다. 이 학교의 과학 교사는 물리학, 일반 과학, 기하, 대수, 심지어 가정 과학도 가르쳤다. 교사 1인당 담당 과목 수는 학교 규모가 커지면서 줄어들고 등록생 수가 200명이 넘으면 각 교사가 한 과목씩만 가르치게 된다. 20년 전에는 학교 규모에 상관없이 각 교사가 한 과목만 가르쳤을 텐데 말이다.

목록에 있는 과목을 학생들이 꼭 다 들었다는 말은 아니다. 이와 관련해, 교과 과정에 대해 정보를 줄 수 있는 보충적인 데이터가 있다. 1890년경부터 미국 연방 교육청은 몇몇 과목들에 대해 수강생 수 정보를 공립 고등학교로부터 수집했다. 이 데이터는 장기간에 걸쳐 존재하고 매년 상당한 규모의 학교와 학생을 포함하고 있다. 각 과목의 주당 수업 시간이 몇 시간이었는지는 기록이 없는데, 학술 과목들은 날마다 한 시간 정도씩 수업이 있었을 것이고 비학술 과목들은 이보다는 수업이 적었을 것이다. 이 데이터에는 그 과목들을 듣는 학생들의 학년도 표시되어 있지 않다. 또한 어떤 과목들은 때로는 별개 과목으로 표시되어 있고 때로는 하나로 묶여 있어서 이 점에도 주의해야 한다.[81] 비교적 완전한 보고가 이루어진 가장 첫 해는 1915년이다.

상업 과목을 듣는 학생 수 데이터는 1915년부터 수집되기 시작했고(그 해에 15%의 학생이 적어도 하나의 상업 과목을 들었다) 2차 대전 이전에 교과목이 조사된 마지막 해는 1934년이다.[82] 따라서 고등학교 운동이 있었던 기간 중 4개 연도(1915년, 1922년, 1928년, 1934년)를 골라 변화를 살펴볼 수 있다. 전체 청소년 중 고등학교에 다니는 학생 비중은 이 시기를 거치면서 급증했다. 하지만 이들 중에서 고등학교 졸업 이후에 대학에서 학업을 지속할 의향이 있는 학생의 비중은 감소했다(표 6.5에서 보았듯이 1914년에는 50%였는데 1923년에는 44%로, 1933년에는 25%로 줄었다). 따라서 이 시기에 학생들이 평균적으로 듣는 학술 과목수가 줄고 비학술 과목 수가 는 것은 놀랄 일이 아니다.

1915년부터 1934년 사이에 학생 1명이 1년에 듣는 학술 과목은 3.83개에서 3.04개로 줄었고 1922년부터 1934년까지는 3.47개에서 3.04개로 줄었다.[83] 학생들이 듣는 평균 학술 과목 수의 감소는 과목 전반에 걸쳐 벌어졌지만 수학 과목이 가장 크게 줄었다. 1915년부터 1934년 사이의 감소분 중 절반 정도가 수학 때문이었고 1922년부터 1934년의 감소분은 모두 수학 때문이었다.

학생들이 듣는 평균 학술 과목 수가 줄어든 것은 학년별 학생 분포가 달라져서인 면이 있다. 고등학교 운동이 퍼지면서 청소년들이 더 많은 햇수를 학교에서 보내게 되었고 따라서 전보다 고등학생 중 고학년 비중이 많아졌다. 가령 1915년이 1934년보다 저학년 학생 비중이 컸는데, 당시에는 저학년 학생이 고학년 학생보다 학술 과목을 더 많이 듣는 경향이 있었다.[84] 1915년에는 고등학생의 71%가 저학년 (9학년과 10학년)이었고 1934년에는 60%가 저학년이었다.[85] 하지만 학년별 학생 분포의 변화가 학술 과목을 듣는 학생이 감소한 것의 일부는 설명할 수 있어도 전체를 다 설명하지는 못한다. 1915년부터 1934년까지 전체 학생 중 수학을 듣는 학생의 비중은 27% 감소했고, 학년으로 가중치를 두면 [학년별 분포로 설명될 수 있는 부분만큼] 감소 폭이 작아질 것이다. 교육청 데이터로 정확한 숫자를 계산할 수는 없지만 [학년별 분포로 설명되지 않는 부분인 학년 내에서의 감소폭이] 작게 잡으면 9%, 많게는 전체 학생 중의 실제 감소 폭인 27% 사이의 범위이리라고 추정해볼 수 있다.[86]

학생들이 듣는 학술 과목 수가 줄었으니 무언가 다른 것이 늘었어야 한다. 확대된 과목들은 주로 상업 과목이었다. 다양한 비학술 과목들이 있었지만 일주일에 몇 시간이나 수업이 있었는지 알 수 없어서 총계를 내기는 쉽지 않다. 이러한 해석상의 문제가 있지만, 비학술 과목이 다양하게 증가한 것만큼은 분명해보인다.[87]

교과목 데이터는 모든 유형의 장소에서 모든 크기의 학교에 영향을 준 광범위한 변화가 있었음을 시사한다. 사무직 업무에 직접 적용할 수 있는 과목이 크게 증가했고 교직처럼 전문직으로 가는 데 유용한 과목들도 그랬다. 하지만 이러한 변화는 공립 고등학교에서만의 변화가 아니었다. 고전 과목을 가르치던 아카데미들도 상업 기술을 강조했다. 19세기 말에 미국의 큰 도시들에서는 수업료를 받고 속기, 타자, 회계 등 상업 과목들을 가르치는 영리 학교가 급증했다. 점차로 이러한 학교들은 공립 고등학교에 빠르게 대체되어 사라진다.

영리 학교와 공립 고등학교의 상업 과목에 대해 우리가 데이터를 가지고 있는 첫 해인 1894년에 공립 고등학교 학생은 중등 과정 학생 전체 중 12%에 불과했다. 하지만 1910년에는 38%가 되었고 1924년에는 70% 가까이가 되었다.[88] 공립 고등학교는 영리 학교들과 비슷한 과목들을 훨씬 낮은 비용으로 가르쳤다. 공립 고등학교가 영리 상업 학교들을 대체하면서, [영리 학교와 공립 고등학교 통틀어서] 상업 과목을 듣는 모든 학생 중 여성 비중이 늘었다. 1875년에는 상업 과목 학생의 9%가 여성이었는데 1900년에는 36%, 1930년에는 67%로 거의 선형으로 증가했다.[89]

고등학교 교과목의 변화는 톱다운 캠페인이 학술 과목들을 희석하려 한 데서 추동된 것만은 아니었다. 그보다는 풀뿌리 운동이 고등학교 교육을 젊은이들에게 현대 경제에서 살아가는 데 적합한 역량을 갖추어줄 수 있는 과목들로 확대하도록 요구해서 일어난 변화였다.

1910년대와 1920년대에 고등학교 교과목을 확대하는 이유로 제시되었던 것 중 하나는 중등 학교 교육을 14세나 15세에 학교를 그만두었을지 모르는 학생들에게 더 매력 있어지게 하기 위해서라는 것이었다. 몇몇 진보시대 개혁가들은 이 목적을 달성하는 또 다른 방법으로 '중학교'의 설립을 주창했다. 초등 과정[8학년] 이후에 학생들이 적어도 한 해라도 학교를 더 다니게 할 수 있을 테니 말이다[중학교가

7~9학년 과정으로 설립될 경우, 중학교를 마치면 통상적인 초등 과정인 8학년보다 학교 교육을 1년 더 받게 된다]. 첫 중학교는 1909년에 두 개의 대학 타운에 세워졌고(캘리포니아주 버클리와 오하이오주 컬럼버스), 이 개념은 빠르게 확산되어서 1923년에는 인구 2만 5,000명 이상인 미국 도시 전체 중 48%가 적어도 하나의 중학교를 두고 있었고 1927년에는 69%가 중학교를 두고 있었다.[90]

교사의 질

1910년부터 1930년까지 고등학교 등록률의 급격한 증가는 미국 전역에서, 특히 고등학교 운동을 선도하던 주들에서 중등 학교 교사에 대한 수요를 크게 늘렸다. 미국 전체적으로 [고등학교] 교사 수가 연평균 7.6%씩 증가했다. 반면 초등학교 교사 수는 연평균 1.6%씩 증가했다.[91] 1910년부터 1930년까지 중등 학교 교사 수는 4.6배 증가했는데 초등학교 교사 수는 1.4배 증가했다.

캘리포니아주에서는 공립 고등학교 교사 수가 1911~1930년에 연간 9%씩 증가했다. 같은 기간 초등학교 교사 수는 4%씩만 증가했다. 캔자스주에서는 같은 기간에 고등학교 교사가 연간 6%씩 증가했다. 전국의 큰 도시들에서는 1915~1927년 사이에 고등학교 교사가 연평균 6.6%씩 증가했다.[92] 모든 경우에서 고등학교 교사는 초등학교 교사보다 크게 증가했다.

중등 학교 교사의 수가 전국적으로 매우 빠르게 증가했고 몇몇 지역에서는 실로 폭발적으로 증가했으므로, 적어도 한동안은 교사의 질이 떨어지지 않았을까 싶을 수 있을 것이다. 중등 학교 교사 중 여성 비중, 교사 자격 조건, 교사 소득도 크게 달라지지 않았을까 예상하기 쉬울 것이다. 그런데 이상하게도 중등 학교 교사 수요의 막대한 증가는 위와 같이 흔히 예상되는 효과를 가져오지 않은 것으로 보인다.[93] 중등 학교 교사에 대한 수요가 증가했지만 초등학교 교사 대비 중등 학교 교사의 소득이 높아지지도 않았고 교사의 자격 기준이 낮아지지도 않았으며 중등 학교 교사 중 여성 교사 비중이 즉각적으로 높아지지도 않았다. 양질의 교사가 공급탄력성이 매우 커서 수요에 큰 증가가 있었어도 교사의 질이 떨어지지 않은 것으로 보인다. 사실 고등학교 운동이 순탄하게 진행될 수 있었던 중요한 한 가지 이유는 고등학교 교사의 공급탄력성이 매우 컸기 때문이었을 것이다. 또한 고등학교 운동이 진전되면서 더 많은 여성이 고등학교 졸업 후 교대에 진학했고 이에 따라 양질의 교사 공급은 한층 더 탄력성이 높아졌다.

우리는 1910년경부터 1940년 사이의 공립 중등 학교 교사 중 여성 비중과 초등학교 교사 대비 중등 학교 교사의 소득을 캘리포니아주와 캔자스주가 각각 조사한 데이터에서 얻을 수 있었고, 고등학교 운동 시기 연방 교육청이 수집한 전국 데이터의 대규모 표본에서도 얻을 수 있었다. 또한 전국적으로 고등학교와 중학교 교사 중 여교사 비중을 구할 수 있었고, 교사 자격 조건에 대해서는 캔자스주와 오리건주의 1920년대 자료를 성별로 구할 수 있었다.

전국 데이터와 캘리포니아주, 캔자스주 데이터 모두에서 고등학교 교사 중 여교사 비중은 1910년대 중 미국이 1차 대전에 들어가기 전까지의 시기에 0.60~0.65 정도였다(표 6.6). 전쟁 중에는 0.70으로 증가하는데, 군 징집 시기에 예상되는 바대로다. 그다음에 여성 비중은 캔자스주의 대도시를 제외한 모든 데이터 계열에서 거의 즉각적으로 감소했다.[94] 하지만 모든 데이터에서 대공황 직전의 공립 중등학교 교사 중 여성 비중은 1910년대 초와 같은 수준이었다. 대공황 중에 여성 비중이 크게 감소하는데, 이는 1930년대에 교대에 진학하는 남성이 증가한 것과 부합한다(7장 참고). 또한 많은 학교지구가 대공황 때 '기혼 여성 고용 금지' 제도를 만들었거나 기존에 있던 이 제도를 실제로 적용해 기혼 여성을 채용하지 않았고 미혼 여성이 결혼을 하면 고용을 중지했다.[95] 따라서 1930년대에 고등학교 교사 중 여성 비중이 줄어든 것은 놀라운 일이 아니다. 놀라운 일은, 그 전에 그리 많이 증가하지 않았었다는 점이다.

마찬가지로 초등학교 교사 대비 고등학교 교사의 소득도 고등학교 운동 기간에 그리 증가하지 않았다(표 6.7). 남성과 여성 모두에서 고등학교 교사의 상대적 소득은 1910년대와 1920년대에 다소 감소했고 1930년대에는 훨씬 빠르게 감소했다. 고등학교 교사의 상대적 소득은 같은 성별 안에서도 증가하지 않은 것으로 보인다. 고등학교 교사의 수요가 초등학교 교사의 수요보다 훨씬 빠르게 증가했는데도 말이다. 고등학교 교사의 상대적 소득이 증가하지 않은 것은 어쩌면 고등학교 교사의 자격 조건이 낮아져서는 아니었을까? 초등학교 교사가 더 높은 학년도 가르치도록 허용되어서는 아니었을까? 하지만 자료를 보면 고등학교의 교사 자격 조건이 낮아지지 않았음을 알 수 있다. 오히려 많은 학교지구가 고학년을 가르칠 수 있는 교사의 자격 조건에 대한 규칙을 만들고 집행하면서 교사 자격 기준이 높아졌다.

표 6.6 공립 중등학교 교사 중 여성 비중: 1910~1940년

| 연도 | 공립 중등학교 교사 중 여성 비중 | | | | |
| | (1) | (2) | (3) 캔자스주 | | |
	미국 전체	캘리포니아주 전체	도시	타운	마을
1910	0.535	—			
1911	—	—	0.659	0.777	0.549
1912	—	—	0.644	0.766	0.632
1913	—	—	0.625	0.661	0.725
1914	—	—	0.622	0.656	0.651
1915	—	—	0.640	0.708	0.632
1916	—	0.665	0.645	0.711	0.600
1917	—	0.659	0.658	0.669	0.586
1918	—	0.693	0.678	0.724	—
1919	—	0.718	0.711	0.755	—
1920	0.685	0.708	0.682	0.726	—
1921		0.672	0.696	0.708	—
1922		0.673	0.711	0.730	0.567
1923		0.669	0.727	0.702	0.586
1924		0.668	0.720	—	—
1925		0.670	0.713	0.706	—
1926		0.664	0.720	0.691	—
1927		0.673	—	—	—
1928		0.667	0.703	—	—
1929		0.656	0.689	0.663	0.621
1930	0.651	0.654	0.680	0.653	0.628
1931	—	0.614	0.674	0.648	—
1932	—	0.615	0.666	0.644	—
1933	—	—	—	—	0.564
1934	—	—	—	—	0.549
1935	—	—	0.660	0.593	0.549
1936	—	—	0.642	0.577	0.632
1937	—	—	—	—	0.725
1938	—	—	—	—	0.651
1939	—	—	0.615	0.544	0.632
1940	0.578	—	0.600	0.550	0.600

출처: 1열: 미국 교육청,《격년간 보고서》, (1938~1940), p. 35, 표 31, 1행과 2행.
　　2열: 캘리포니아주 공교육 교육감실,《격년간 보고서》(1915/16~1931/32).
　　3열: 캔자스주 공교육 교육감,《격년간 보고서》(1911/12~1939/40). 캔자스주 데이터는
　　　　 Frydman (2001)도 참고하라.
주: 미국 전체: 이 데이터에는 중학교 교사도 포함되어 있다. 주어져 있는 연도들 중 마지막 두 해에 대
　　해 중학교 학년 교사를 제외하고 9~12학년 교사만으로 계산했을 때와 비중이 거의 비슷했다.
　　캔자스주: 1924년부터는 중학교가 별도로 보고되어 있고 그 전에는 고등학교 숫자에 중학교가 합해져

있다. 1923년 이후에 성별로 고등학교 교사에 중학교 교사의 3분의 1이 포함되어 있다고 가정하고 계산했다.

도시: 도시('1급 도시')는 인구 1만 5,000명 이상, 타운('2급 도시')은 인구 2,500명 이상, 마을은 행정 단위를 구성하고 있는 나머지 곳들을 말하고 카운티 고등학교도 포함했다.

표 6.7 성별 초등학교 교사 임금 대비 고등학교 교사 임금: 캔자스주, 캘리포니아주, 미국 도시

연도	(고등학교 교사/초등학교 교사) 연간 임금				
	캔자스주 도시들		캘리포니아		180개 미국 도시
	여성	남성	여성	남성	균형 패널
1911	1.376	1.286	—	—	—
1912	1.420	1.210	—	—	—
1913	1.443	1.305	—	—	—
1914	1.393	1.295	—	—	—
1915	1.395	1.268	—	—	1.560
1916	1.339	1.325	1.557	1.729	—
1917	1.377	1.362	1.555	1.739	—
1918	1.364	1.299	1.492	1.603	—
1919	1.307	1.416	1.505	1.443	—
1920	1.333	1.225	1.407	1.527	—
1921	1.246	1.277	1.382	1.597	—
1922	1.275	1.265	1.353	1.395	—
1923	1.221	1.309	1.339	1.402	1.398
1924	—	—	1.365	1.376	—
1925	1.259	1.343	1.343	1.373	—
1926	1.251	1.294	1.304	1.380	—
1927	—	—	1.348	1.469	1.453
1928	—	—	1.354	1.458	—
1929	1.238	1.318	1.348	1.463	—
1930	1.048	1.138	1.348	1.435	—
1931	1.200	1.229	1.357	1.388	—
1932	1.171	1.240	1.342	1.394	—
1933	—	—	—	—	1.222
1934	—	—	—	—	—
1935	1.130	1.145	—	—	—
1936	1.129	1.135	—	—	—
1937	—	—	—	—	1.187
1938	—	—	—	—	—
1939	1.145	1.159	—	—	—
1940	1.136	1.166	—	—	—

출처: 캘리포니아주 공교육 교육감실,《격년간 보고서》(1915/16~1931/32).
캔사스주 공교육 교육감,《격년간 보고서》(1911/12~1939/40). 도시 데이터는 부록 C와 표 6.3

주: 캔자스주: '1급 도시'들만 포함되어 있다. 일반적으로 1920년에 인구 1만 5,000명 이상인 곳들이
해당된다. 캔자스주 데이터는 1924년부터 중학교를 포함한다. 고등학교 데이터를 중학교의 9학년
교사를 포함해 조정했다. 7학년과 8학년은 초등학교에 포함시켰다. 임금이 월급으로 주어진 곳은
9를 곱해 연소득으로 환산했다.
캘리포니아주: 주 전체의 교사가 포함되어 있다.
미국 도시: 1920년 기준 인구 2만 이상인 모든 도시가 포함되어 있다.

1912~1922년에 걸친 캔자스주 도시 데이터는 이 시기에 4년
제 대학을 나온 교사 비중이 증가했음을 보여준다. 1912년에는 캔자
스주의 가장 큰 11개 도시에서 68%의 고등학교 교사가 4년제 대학 졸
업자였는데 1922년에는 71%가 4년제 대학 졸업자였다.[96]

오리건주의 데이터도 고등학교 운동 기간에 중등 학교 교사의
자격 조건이 높아졌음을 보여준다. 1923년의 오리건주 고등학교 교사
데이터는 성별, 대학 교육 여부, 졸업 연도, 고등학교 교과목, 교사 경
력 연수 등의 상세한 정보를 담고 있다.[97] 이 데이터는 경력 연수가 짧
은 고등학교 교사들이 경력 연수가 긴 교사들보다 대졸자 비중이 많
았음을 보여준다.[98] 이 기간에 기술 과목이 크게 확대되었고 이러한 과
목을 가르치는 교사들은 대졸 학위를 가지고 있지 않았는데도 그랬
다. 기술 과목 교사들을 제외하면 대졸자 비중의 증가 폭은 더 커진
다. 교사 경력이 10년 미만인 남성 교사 중에서는 82%가 대학을 졸
업했고 기술 교사를 제외하면 92%가 대학을 졸업했다. 10년 이상 경
력이 있는 교사 중에서는 68%가 대학을 졸업했고 기술 교사를 제외
하면 85%가 대학을 졸업했다. 여성의 경우 젊은 집단은 94%(기술 교
사를 제외하면 97%), 더 나이가 많은 집단에서는 74%(기술 교사를 제외
하면 80%)였다.

따라서 고등학교의 확대가 정점이던 기간에 고등학교 교사의

질이 떨어졌다는 증거는 없다. 미국의 모든 지역에 대한 정보가 있는 것은 아니지만, 우리가 수집한 데이터는 고등학교 교사의 공급이 상당히 탄력적이었음을 보여준다. 수요가 증가했지만 교사 수도 증가했으므로 교사의 소득에는 그리 영향이 없었다.[99] 대공황이 닥쳤을 때 고등학교 교사들도 실업을 경험했지만 미국 전체 노동력에 비해서는 훨씬 덜 경험했다. 많은 여성 교사가 대공황 때 기혼 여성 고용 금지로 일자리를 잃은 것을 감안하면 교사들이 경험한 실업의 정도가 크게 덜하지는 않았겠지만 말이다.

왜 미국이 선도했는가: 요약

1910년경에 시작된 미국의 고등학교 운동은 1940년이면 거의 마무리된다. 중등 교육 대중화로의 이 대전환은 빨랐고, 뉴잉글랜드, 중서부, 태평양 지역 주들처럼 몇몇 지역에서는 놀랍도록 빨랐다. 미국의 교육 수준은 20세기 중반부에 급격히 높아졌고 이는 대체로 고등학교 운동 덕분이었다.

마찬가지로 주목할 점은, 이 시기에 미국이 중등 교육 대중화에서 세계의 선도 국가였다는 점이다. 20세기 말이 되기 전까지는 어떤 나라도 중등 학교에 가는 청소년의 비중이 미국에 근접조차 하지 못했다. 왜 미국이 선도했는가? 우리는 미국에서 왜 어떤 곳은 앞섰고 어떤 곳은 뒤처졌었는지 알아봄으로써 이 질문에 답을 찾아보았다.

고등학교 운동 초기에 선도 지역들은 몇 가지 공통적인 특징을 가지고 있었다. 경쟁하는 수많은 학교지구들이 있었고 인구가 상당히 동질적이었으며 높은 수준의 (과세 가능한) 1인당 자산이 있었고 불평등 수준이 낮았다. 노년층 시민들이 지역에 계속 머물면서 공동체 감각이 유지된 것도 주효했다. 또한 우리는 규모가 더 작은 마을들이 큰 도시 지역보다 고등학교 등록률이 훨씬 높다는 사실을 관찰했다. 큰 도시에서는 청소년들에게 일자리 기회가 더 많았으므로, 교육의 수익이 높긴 했지만 멀리 보지 않는 젊은이는 즉각적인 노동 기회를 잡는 쪽으로 기울었을 것이다. 한편, 고등학교 운동 초기에 여아들이 남아들보다 고등학교에 더 많이 진학했고 더 많이 졸업했으며 고등학교 운동 시기가 끝난 뒤에도 이 우위는 오랫동안 유지되었다.

고등학교 운동은 무엇보다도 풀뿌리 운동이었다. 이 운동은 평범한 사람들로부터 생겨난 것이었지 톱다운 캠페인으로 그들에게 부과된 것이 아니었다. 그런 면에서, 고등학교 운동은 19세기에 청소년들의 중등 교육 수요를 채워주었던 아카데미와 여타 사립 학교들의 성장에서 이어진 직접적인 연장선이었다. 19세기에 부모가 수업료를 내서 자녀의 교육을 지속시킬 의향이 있는 곳이면 어디든지 이러한 사립 교육기관들이 우후죽순 생겨났다. 하지만 곧 공적으로 자금이 지원되는 고등학교가 아카데미를 밀어내게 되며, 이는 공립 고등학교가 세워진 모든 곳에서 펼쳐진 일이었다.

고등학교의 확산은 법적으로 고등학교 교육이 의무화되어서 추동된 것도 아니었다. 우리의 실증분석 결과인 표 6.2에 요약되어 있듯이, 주에서 의무교육법과 아동노동법이 통과된 것은 1910~1938년 사이에 급등한 고등학교 등록률 중 겨우 5% 정도만 설명할 수 있다. 이 법들이 통과되거나 확대된 것은 고등학교 운동이 시작되고 나서의 일이었고 고등학교 운동이 이미 너무나 막대한 속도로 전개되었기 때문에 애초부터 이러한 법에 어긋나는 청소년이 별로 없을 정도였다. 아동노동법과 의무교육법 중 노동을 하고 있는 청소년과 관련된 부분만 어느 정도 효과가 있을 수 있었다. 주에서 통과된 법들 중 가장 영향을 많이 미친 것은 '학업 지속'을 의무화한 법들이었는데, 이 법들은 노동하는 청소년이 의무교육 연수를 채우지 못하고 학교를 떠났을 경우 주중에 일정 시간을 학교에 갈 수 있게 했다.

대공황 이전에는 고등학교 교육이 확대된 주된 방식이 공공 자원 지출을 늘린 것이었다. 즉 '외연 확장'이 상당히 많이 이루어졌다. 더 많은 학교가 지어졌고 더 많은 교실이 생겼으며 더 많은 교사가 채용되었다. 그와 동시에 교사 자격 조건이 (낮아진 것이 아니라) 높아졌다. 고등학교 교사 중 여성 비중은 비슷하게 유지되었다. 고등학교 교사의 임금도 초등학교 교사에 비해 그리 증가하지 않았는데, 훈련받은 교사 인력의 공급이 지극히 탄력적이었기 때문이다.

놀라운 일은 아니지만, 이 시기에, 특히 1920년대에, 고등학교의 교과목도 크게 바뀌었다. 평균적인 학생은 학술 과목은 전보다 덜 들었고 비학술 과목을 더 많이 들었다. 하지만 '평균적인 학생'의 의미 역시 달라졌다. 미국 전체 인구 중 대학에 가는 사람의 비중은 늘었지만 고등학교 졸업자 중 대학에 가는 사람의 비중은 줄었다. 고등학교의 확대가 너무나 큰 규모로 일어났기 때문에 이 두 가지 효과가 동시에 일어날 수 있었다.

이 장에서는 20세기 중반까지만 다루었으므로 9장에서 우리는 고등학교에 대한 논의로 돌아올 것이다. 하지만 그 전에 세 번째 대전환, 아직 미완인 대학 교육 대중화로의 대전환을 살펴보아야 한다.

7장
20세기의 대학 교육 대중화

    1944년 1월 11일 연두교서에서 프랭클린 루즈벨트 대통령은 '두 번째 권리장전'을 달성하자고 촉구했다. 모든 미국인에게 경제적 안전성이 보장되어야 한다는 경제 권리장전이었다. 그는 "좋은 교육의 권리"도 "자명해진" "경제적 진실" 중 하나라고 말했다. 그리고 1944년에 대부분의 미국 젊은이들에게 '좋은 교육'이 의미하는 것은 대학이었다. 대부분의 젊은이들은 이미 고등학교를 졸업했고 미국은 대학 교육의 대중화로 세 번째 대전환에 나설 태세가 되어 있었다.[1]

    루즈벨트 대통령이 그해 연두교서에서 교육과 새로운 권리장전을 이야기한 것은 미국이 2차 대전에 관여하기 시작하면서부터 계획 중이었던 어떤 법을 통과시키기 위한 서곡이었다. '좋은 교육'은 1945년 5월에 통과된 복무군인재적응법Serviceman's Readjustment Act(이후에는 제대군인원호법GI Bill of Rights이라고 불린다)의 핵심이었다.[2] 제대군인원호법은 대학 교육 대중화를 상당히 촉진하지만, 이것이 대학 교육 대중화를 '일으킨' 것은 아니다. 1944년의 제대군인원호법이 교육에 직접적으로 큰 영향을 미친 요인이었는지, 아니면 젊은이들이 군에 안 갔으면 받았을 대학 교육을 전쟁 때문에 못 받아서 군에 갔다 온 이후에 받을 수 있게 해준 것이었을 뿐인지를 두고는 지금도 상당한 논쟁이 있다.[3]

　　미국에서 대학 교육은 1940년대보다 훨씬 전에 시작되었다. 하지만 프랭클린 루즈벨트 대통령이 "좋은 교육의 권리"를 말한 1940년대 무렵에 미국의 대학 교육 시스템은 현대적인 형태가 된 지 얼마 되지 않았고 이제 막 영광과 위대함의 길을 올라가기 시작하고 있었다. 우리가 오늘날 알고 있는 형태로의 대학 교육 시스템은 루즈벨트가 연설을 하기 전의 반세기 동안 형성되었고, 그 이후 수십 년 동안 세계에서 가장 좋은 시스템이 되었다. 7장에서는 20세기 대학 교육 시스템의 변천을 살펴본다. 누가 대학에 갔으며 언제 갔는가? 대학의 규모와 범위는 어떠했는가? 미국 대학은 어떻게 탁월함에서 세계 최고의 자리에 오르게 되었는가? 공립 영역의 상대적 규모와 역할은 어떠했는가? 20세기 중반이면 중산층에게는 대학 교육이 당연한 것이 되지만 20세기 말에도 대학 교육 대중화로의 세 번째 대전환은 아직 완성되지 않았다.[4] 따라서 우리는 왜 세 번째 대전환이 여전히 미완성인지도 알아볼 것이다.

대학에 가다

한 세기 간의 대학 진학 추이

미국에는 다수 사람들이 고등학교를 졸업하기 한참 전부터 대학에 가는 사람들이 있었다. 교육 시스템이 위계적이었기 때문에 가장 초급 수준의 학교와 가장 높은 수준의 학교가 종종 같은 시기에 생겨났다. 일례로 하버드 대학은 식민지 초창기 시절이던 1638년에 설립되었다. 연방에 편입되었을 때 인구가 희박하고 퍼져 있었던 주들에서는 중등 학교가 세워지기 전에 대학이 먼저 세워지기도 했다. 이러한 대학들은 자체적으로 예비과정을 두어서 장래의 학부생에게 중등 과정을 교육했다.

대학 교육 대중화는 고등학교 교육이 먼저 대중화되어야 가능하다. 미국 대학의 역사를 알아보기 위해 우리는 연방 센서스에서 1876년생부터 1975년생까지의 코호트 중 (30세 시점에) 대학을 일부라도 다닌 사람과 4년제 대학을 마친 사람들에 대해 방대한 시계열 데이터를 수집했다.

20세기 시작 시점에 태어난 코호트들 사이에서 대학을 일부라도 다닌 사람의 비중은 10%였고 남성 중 대학을 졸업한 사람의 비중은 5%였다(그림 7.1과 7.2). 낮은 비중 같아 보일지 모르지만 당시 다른 나라들에 비하면 매우 높은 것이었다. 미국 남성의 대학 교육률은 이후 20년간 느리게 증가하다가, 1910년대 말과 1920년대 출생 코호트들 사이에서 급증했다. 1920년생 코호트들에서는 졸업률이 10%로 높아졌고 1940년생 코호트들에게서는 20%로 다시 2배가 되었다. 1940년대 말 출생 코호트들은 거의 30%가 대학을 마쳤다. 1940년대생 코

그림 7.1 남성과 여성 대학 졸업률: 1876~1975년생 코호트(30세 시점)

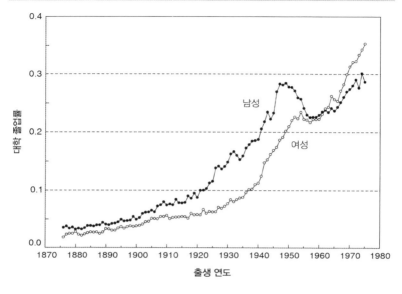

이 그래프는 미국 출생자들 중 30세 시점에 4년 이상의 대학 교육을 완료한 사람의 출생 코호트별 비중을 표시한 것이다. 남성 그래프와 여성 그래프를 따로 표시했다. 미국 센서스가 학력 데이터를 처음 수집한 것이 1940년이기 때문에 1910년 이전에 태어난 사람들의 30세 시점 학력은 그들이 30세보다 더 나이가 많았을 때 답변한 학력을 토대로 추정했다. 1910년 이후 출생 코호트들도 모두 딱 30세 시점에 관찰한 것이 아니기 때문에 센서스에 응답된 각 코호트의 학력에 전형적인 생애주기에 따른 학력의 비례적 증가를 반영해 30세 시점으로 조정했다. 연령 조정 방식에 대한 상세 내용은 다음을 참고하라. DeLong, Goldin, and Katz (2003), 그림 2-1. '대학 졸업'은 1940~1980년 표본에서는 교육 연수 16년 이상을 말하고 1990~2005년 표본에서는 학사 학위 취득 이상을 말한다. 기저의 표본은 25~64세의 미국 출생 인구다.
출처: 1940~2000년 센서스 IPUMS; 2005년 CPS MORG.

호트들 사이에서 대학 졸업률이 매우 증가했지만 1950년대생과 1960년대생 코호트들 사이에서는 상당 폭 감소했기 때문에, 남성의 대학 졸업률은 1970년생 코호트가 1950년경에 태어난 코호트들보다 낮다.

　　　　대학 교육률이 장기적으로 증가 추세를 보인 것은 주로 대학 교육의 금전적 수익이 높았기 때문이었지만 다른 요인들도 있었다. 대

그림 7.2 대학에 다닌 사람 비중: 1876~1975년생 코호트(30세 시점)

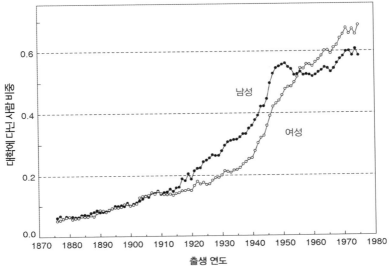

출처와 주: 그림 7.1을 참고하라. 1940~1980년 표본에서 '대학에 다닌 사람'은 교육 연수가 13년 이상인 사람을 말하고 1990~2005년 표본에서는 대학을 일부라도 다닌 사람을 말한다.

학 교육률의 변화 중 일부는 20세기 중후반에 미국이 관여한 전쟁 및 제대군인들에 대한 보상으로 연방 정부가 취한 정책과도 관련이 있다. 1910년대 말과 1920년대생 코호트들은 2차 대전에서 싸웠다. 그들의 교육은 전쟁으로 중단되었지만 나중에 제대군인원호법으로 지원되었다. 1930년대생 코호트들은 한국전쟁에서 싸웠고, 이들도 제대군인원호법과 비슷한 법으로 지원을 받았다. 그다음에 대학 졸업자가 크게 증가한 코호트는 1940년대생인데, 대체로 이는 베트남전 당시의 대학생 징병 유예 때문이었다. 베트남전 이후에는 남성의 대학 진학률과 졸업률이 모두 감소하며 1960년대생 코호트에서야 다시 증가한다.

성별 차이

여성의 대학 교육률 추이도 남성과 비슷하지만 중요한 차이가 있다. 여성 대비 남성 대학 교육률 비를 나타낸 그림 7.3을 보면 이 차이를 알 수 있다.

20세기 초에 여성들은 남성들과 비슷한 비중으로 대학에 갔다. 하지만 많은 여성들이 교직 대학을 다녔기 때문에(교직 대학은 2년제가 많았다) 4년제 졸업률은 남성이 여성보다 다소 높았다. 이어서 1910년대생 사이에서 여성의 대학 교육률은 남성보다 느리게 증가했고, 그

그림 7.3 여성 대비 남성 교육률 비: 1876~1975년생 코호트별(30세 시점, 3년간의 중심이동평균으로 추정)

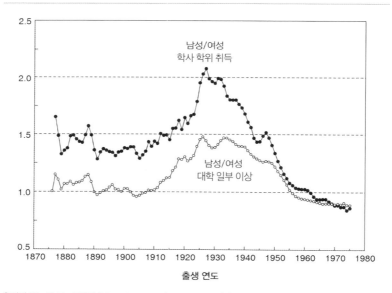

출처와 주: 1940~2000년 IPUMS; 2005년 CPS MORG. '학사 학위 취득'은 1940~1980년 표본에서는 교육 연수 16년 이상을 말하고 1990~2000년 표본에서는 학사 학위 취득 이상을 말한다. '대학 일부 이상'은 1940~1980년 표본에서는 교육 연수 13년 이상을 말하고 1990~2000년 표본에서는 '대학 교육을 일부라도 받은 사람'을 말한다. 연령 조정 방법은 그림 7.1의 주석을 참고하라. 동일한 연령 조정 방식이 '대학 일부 이상'에도 사용되었다.

결과 대학 교육에 큰 젠더 격차가 생겼다. 1920년대 중반 출생 코호트들 사이에서 남성 대졸자 비중은 여성 대졸자 비중의 거의 2배였다. 여성 대비 남성 대학 졸업률 비는 2차 대전 참전자에 대한 제대군인원호법이 수명을 다하고 한국전쟁으로 남성이 징집되면서 줄어든다. 하지만 한국전쟁 참전자가 돌아와 제대군인원호법의 지원으로 대학에 가면서 남성의 대학 교육률이 다시 여성보다 더 빠르게 증가한다.

1930년대 중반 출생 코호트까지는 젠더 격차를 줄이기에 충분할 만큼 여성의 대학 교육률이 빠르게 증가하지 못했다. 그 이후에는 여성의 대학 등록률과 졸업률이 절대적으로도 상대적으로도 상당히 증가했다. 베트남전 징병 유예가 끝나고 남성의 대학 교육률은 다시 낮아졌지만 여성의 대학 교육률은 비슷하게 유지되다가 1960년대생 코호트부터 다시 급증했다. 여성의 대학 교육률 증가 속도가 남성보다 훨씬 빨라서 이제 '새로운 젠더 격차'가 나타났다. 1980년대에 (여성이 남성보다 뒤처지는 게 아니라) 대학생 중 여성이 더 많아진 것이다. 이 추세는 지속되어서 21세기 초 현재 여성이 전체 학부생 중 56%를 차지하며, 1960년에는 여성 대학생 1명당 남성이 1.55명이었는데 40년 후인 지금은 남성 대학생 1명당 여성이 1.26명이다.[5]

대학에 대한 행정 정보 데이터도 여기에서 살펴본 센서스 데이터와 완전히 부합한다(두 계열 모두에 대해 그림 7.4를 참고하라). 이 데이터는 센서스상의 코호트 연도가 아닌 당해 연도 대학생 수를 나타내는데, 1930년대에 대학생 성비가 대략 1대 1이었음을 보여주며 이는 센서스상의 데이터와 비슷하다. 그러다가 남성이 2차 대전에 징집되면서 성비(남성/여성)가 크게 떨어진다. 이어서 전쟁이 끝나고 1946~1949년에는 성비가 치솟는다. 그 다음에는 또 하나의 전쟁(한국전쟁)

그림 7.4 코호트별과 연도별 대학생 성비(남성/여성): 센서스(출생 연도+20년)와 행정 정보(당해 연도)

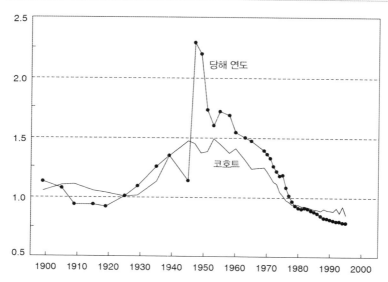

출처와 주: 코호트: 그림 7.2를 참고하라.

당해 연도: 《격년간: 가을 학기 등록률Biennials: Opening Fall Enrollments》.

1946년 이전의 대학 등록 여부는 연말에 질문한 것이고 1946년 이후는 가을학기 시작 시점에 질문한 것이다. 대학원, 전문직 과정, 예비과정 학생들, 그리고 중복된 학생들은 학부생 총수에서 제외했다. 전문직 과정 학생의 경우 일부는 학부 학위 없이 전문직 과정에 들어와서 이것이 첫 학사 학위 과정이었기 때문에 이들을 제외한 것이 학부생 수가 더 적어 보이게 하는 편향을 일으켰을 수 있다. 노멀스쿨 학생들은 일반적으로 교직 교육을 받았지만 그렇지 않은 경우도 있었다. 1930년까지는 교직 교육을 받고 있는 학생들만 정보가 보고되었다. 이 누락은 전체 등록생 수를 많게는 10%가량 과소집계했을 것이고 1930년 숫자는 많게는 5%가량 과소집계되었을 것이다. 1955/56년 데이터는 '학위 과정 등록생'이다. 1963년부터는 학위 과정이 아닌 등록생도 보고되었다. 등록생 수는 전일제와 반일제로 나뉘어 집계되었다. 이 그래프에서는 전일제와 반일제 모두 포함했다. 하계 강좌는 어떤 집단에서도 포함하지 않았고, 부설 과정이나 통신 과정도 포함하지 않았다. 코호트[센서스 데이터] 계열과 당해 연도 계열은, 20세보다 더 늦은 나이에 대학에 다니는 사람들도 있고 당해 연도의 대학생 수는 각 집단이 학교에 다닌 햇수로 암묵적인 가중치를 두게 되므로 서로 차이가 있다.

으로 도중에 교란이 생기긴 하지만 하향 추세를 보인다. 그러다 1970년대에는 성비가 급격히 감소해서 1980년경에 1대 1 아래로 내려가며, 그 이래로는 계속해서 여성 대학생 수가 남성 대학생 수보다 많다.

지난 세기에 미국에서는 많은 인구가 고등[대학] 교육 시스템에 들어왔다. 다른 나라에서는 그렇게 되기 한참 전부터도 그랬다. 미국이 다른 나라들보다 상당히 더 높은 대학 등록률을 보인 한 가지 이유는 20세기 중반에 다른 나라들과 달리 중등 교육이 이미 대중화되어 있었기 때문이었다. 하지만 다른 이유들도 있는데, 이 이유들은 독특하게 미국적인 대학 시스템을 형성한 요인들과 관련이 있다.

미국 특유의 고등 교육

미국 고등 교육의 성장

21세기 초인 오늘날, 대학을 가고자 하는 고등학교 졸업반 학생은 학사 학위를 수여하는 1,400개 정도의 교육기관 중에서 선택할 수 있다.[6] 이 중 64%인 900개는 사립이고 600개는 자유교양 칼리지다. 이에 더해 1,500개 이상의 2년제 교육기관이 있어서 구체적인 숙련기술에 대한 자격증을 따거나 4년제 편입으로 두 번째 기회를 노려볼 수도 있다.[7]

세계 어느 나라도 미국만큼 대학생, 대학원생, 연구자, 교수가 되고자 하는 사람에게 방대한 기회를 주는 곳은 없다. 2005년 현재 영국에는 102개의 학부 교육기관이 존재한다. 학부 인구 연령 집단에 대해 1인당으로 나누면 미국의 절반 정도다. 독일은 2005년 현재 100개 가량의 학부 교육기관이 있고 인구로 조정하면 미국의 3분의 1 정도다. 오늘날 여타의 부유한 국가들에 비해 미국의 대학들이 제공하는 선택지는 진정으로 어마어마하다. 그리고 과거에는 이보다 더 놀라웠다.

1950년에 영국은 고등 교육기관이 불과 30개였고 인구로 조정하면 미국의 8분의 1이었다. 독일은 38개였고 인구로 조정하면 미국의 13분의 1이었다. 1900년으로 더 거슬러 가보면, 영국에는 고등 교육기관이 14개밖에 없었고 인구로 조정하면 미국의 17분의 1이었다. 독일은 32개가 있었고 인구로 조정하면 미국의 12분의 1에 불과했다.[8]

미국의 고등 교육 시스템은 처음부터도 독특하게 미국적이었다. 지리적으로 사람들에게 가까웠고, 여러 면에서 개방적이었으며, 다양성과 경쟁이 가득했다.

사립 영역을 보면, 수많은 경쟁하는 집단이 대학을 설립했다. 유럽 국가들에서 종종 그랬던 것과 달리 하나의 종교가 대다수의 대학을 세우는 게 아니라 미국에서는 수십 개의 종교 종파가 서로 경쟁하는 대학들을 세웠다. 대부분의 미국 사립 대학은 종교 집단들의 열정과 자금 덕분에 세워질 수 있었다고 해도 과언이 아니다. 1930년대에 존재했던 모든 4년제 사립 대학 중 거의 4분의 3이 종교 단체가 운영하는 학교였다.[9]

공립 영역의 대학들도 1862년에 연방 정부의 토지를 공여받아 대학을 세울 수 있게 한 모릴법Morrill Act이 통과되기 한참 전부터 중요한 고등 교육기관이었다. 1693년에 윌리엄 앤드 메리 대학이 [영국] 왕실의 특허장에 의해 공립 대학으로 설립되었고, 식민지 시기 아메리카에 세워진 두 번째 고등 교육기관이었다. 최초로 주의 설립장으로 법인이 만들어진 대학은 조지아 대학으로, 1785년에 법인이 설립되었고 1801년에 대학이 문을 열었으며 1804년에 첫 졸업생이 배출되었다.[10] 오하이오 대학은 1804년에 오하이오 컴퍼니에 의해 세워졌는데, 오하이오 컴퍼니는 오늘날의 오하이오주에 있는 상당한 땅을 연방 정부로 부터 매입했다.[11] 모릴법 통과 이전에 주립 대학을 세운 다른 주로는 앨라배마주, 델라웨어주, 인디애나주, 아이오와주, 미시간주(미시간 대학과 미시간 스테이트 대학 둘 다), 사우스캐롤라이나주, 버몬트주, 위스콘신주가 있다. 1860년까지 세워진 고등 교육기관 중 공립은 24%를 차지했다. 이 비중은 점차 증가해 1900년에는 38%, 2005년에는 40%가 되지만, 남북전쟁 이전 시기에는 24%도 굉장히 높은 것이었다.[12]

요컨대, 미국의 주들에는 공립과 사립 모두를 아울러 많은 대학이 있었다. 어떤 다른 나라도 이렇게 많은 공립과 사립 대학들이 서로 경쟁하면서 사람들에게 다양한 선택지를 제공하지 못했다. 이러한 폭과 선택지, 그리고 사립 대학들의 존재가 많은 주의 초창기 역사에 반영되어 있다.

예를 들어 오하이오주에는 1930년에 40개의 사립 대학이 있었는데 절반은 1870년 이전에 세워진 곳이었다. 그때 공립 대학도 8개가 있었는데 6개는 1875년에 설립되었고 2개(오하이오 대학과 마이애미 대학)는 1825년 이전에 세워졌다. 즉 오하이오주의 고등 교육 시스템은 오하이오주 역사의 초창기에 설립된 사립 학교들과 주로 1875년 이전에 세워진 다양한 공립 학교들로 구성되어 있었다. 오하이오주뿐 아니라 대부분의 주에서 19세기 내내 사립 대학과 공립 대학이 공존했다. 단 인구 밀도가 희박한 서부의 몇몇 곳들은 예외였는데, 이런 곳들에는 잘 기능하는 사립 대학이 없었다. 또 다른 예외인 동부의 여러 주들은 오래된 명문 사립 대학들이 있어서 공립 대학이 거의 없었다.

미국의 고등 교육 시스템이 공립과 사립이 섞인 방대한 시스템이었음을 말해주는 또 다른 증거는 20세기 말까지 존재하고 있는 4년제 대학들의 설립 시기다.[13] 그림 7.5는 5년 간격으로 그 기간에 설립된 대학 수를 나타낸 것이다. 막대의 짙은 부분은 공립 대학이고 나머지는 사립 대학이다. 이 그래프는 미국에서 대학 설립의 정점이 19세기 말, 1865~1895년이었음을 보여준다. 공립과 사립 모두 이 시기가 정점이므로, 토지 공여 [공립] 대학의 설립을 가능하게 한 1862년과 1890년 모릴법만의 영향이었다고는 볼 수 없다.[14] 20세기 말까지 계속해서 존재하고 있는 모든 4년제 대학 중 60%는 1900년 이전에 설립되었고 20세기 말까지 계속해서 존재하고 있는 모든 공립 대학 중 50%

그림 7.5 고등 교육기관 설립 시점, 1790~1990년

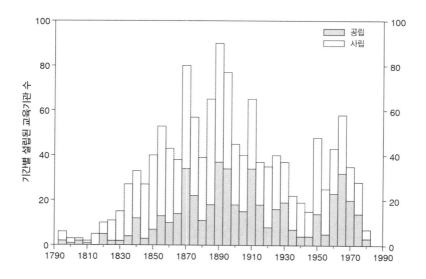

1789년 이후 설립되고 1992년에도 존재하고 있는 고등 교육기관이며, 시각적으로 간단하게 보이도록 분포에서 [1789년 이전인] 왼쪽의 얇은 꼬리를 절삭했다. 설립 일자는 개교 일자와 다를 수 있고 학부 학위를 수여하기 시작한 일자와도 다를 수 있다. 기존 대학에서 분화되어 나온 경우에는 일반적으로 새로 만들어진 곳의 설립 일자가 주어져 있는데, 이는 분포가 오른쪽으로 다소 치우치게 만들었을 것이다.
출처: Higher Education Publications (1992).

이상이 역시 1900년 이전에 설립되었다(공립 대학은 더 최근인 1960년대에 대학 설립의 작은 피크가 한 번 더 있었다).

스탠퍼드 대학, 시카고 대학, 캘리포니아 공과대학 등 몇몇 명문 사립 대학은 1890년대에 세워졌다. 하지만 사립 대학 중 20세기로 접어든 시기 이후에 생긴 곳은 거의 없고, 그런 곳 중에 그만큼 명문인 곳도 없다. 2006년에 《US 뉴스 앤드 월드리포트US News and World Report》가 집계하는 미국 대학 순위에서 상위 50개 대학 중 35개가 사립 대학이었는데 이 중 4개만 20세기에 대학 교육을 시작한 곳이고 1개만 1900년 이후에 세워진 곳이었다. 20세기에 대학 교육을 시작한 4개는 카네기 공대(나중의 카네기 멜론 대학, 1900년에 설립되어 1905년에 강의 시작), 라이스 인스티튜트(나중의 라이스 대학, 1891년에 설립되었고 대학 수준의 교육은 1912년에 시작), 뉴욕시의 예시바 대학(1886년에 설립, 대학 교육은 1928년에 시작), 브랜다이스 대학(1948년에 설립)이다.[15] 《US 뉴스 앤드 월드리포트》가 집계하는 35개의 자유교양 칼리지(모두 사립이다) 중에서도 3개만 20세기에 설립되었다. 클레어몬트 매케나 칼리지(1946년), 하비 머드 칼리지(1955년), 스크립스 칼리지(1926년)이며, 모두 1888년에 설립된 포모나 칼리지의 계열 학교다.

20세기로의 전환기에, 훌륭한 대학을 새로 설립하는 것이 더 어려워지고 특히 사립 영역에서 더 그렇게 되게 만든 근본적인 변화가 있었다는 의미다. 우리는 이 변화가 대학이 경쟁력을 갖기 위해 갖추어야 할 범위와 규모가 커지면서 진입 장벽이 생겼기 때문이라고 본다. 재정적 자원과 대학의 명성이 더 중요해졌고, 따라서 신규 대학은 이러한 환경에서 성장하고 경쟁하기 어려웠을 것이다.

다양성과 경쟁이라는 미국 시스템의 특징은 처음부터 존재했지만, 미국이 세계의 여러 학문 중심지들 사이에서 탁월함으로 두드러진 우위를 갖게 되기까지는 시간이 걸렸다. 미국 대학들의 탁월함은 2차 대전 이후 시기가 되어서야 분명하게 형성된다.

세계에서 가장 좋은

최근에 미국의 K-12[유치원부터 12학년까지] 교육의 질에 대해 심각하게 문제가 제기되고 있지만, 고등 교육 시스템만큼은 미국이 여전히 세계의 부러움의 대상이다. 2차 대전 이전에는 가장 뛰어난 학생과 연구자들이 미국을 떠나 유럽에서 공부했다. 오늘날에는 가장 뛰어난 사람들이 미국의 대학과 연구기관에 공부하러 온다. 2005년 세계 상위 20개 대학 중 3개만 미국 대학이 아니었고 상위 50개 중에서는 13개만 미국 대학이 아니었다.[16]

전 세계 학생들이 미국의 대학에 온다. 2000년에 미국 고등 교육기관 학부생의 50명 중 1명이 미국 사람이 아니었고 대학원생 중에서는 8명에 1명이 미국인이 아니었다. 과학과 엔지니어링 분야는 거의 4분의 1이 외국 국적자다.[17]

미국 대학이 늘 세계에서 가장 훌륭한 연구기관이었던 것은 아니고 세계 사람들이 늘 미국에서 공부하고 싶어 했던 것도 아니다. 사실, 가장 뛰어난 미국 학생들이 다른 나라로 유학 가던 시절이 있었고 특히 과학 분야에서 그랬다. 2차 대전 이전에 뛰어난 미국 과학자들은 (그리고 다른 학문 분야 연구자들도) 일반적으로 유럽의 대학과 연구기관에서 커리어의 적어도 일부를 보냈다.

그런데 1950년대 이후에 뛰어난 업적을 낸 미국 사람들은 주로 미국에서 공부한 사람들이다. 미국 출생의 화학, 물리학, 의학 분야 노벨상 수상자 중 1935년까지 박사학위를 딴 사람들은 44%가 공식 교육의 일부를 유럽에서 받았지만 1936년부터 박사 학위를 딴 사람들 중에서는 12%만 공식 교육의 일부를 유럽에서 받았다. 유럽 대학들이 전쟁에서 회복되어 비교적 정상화되었을 1956년부터 박사를 받은 사람 중에서도 해외에서 공부한 미국인 노벨상 수상자는 13%에 불과했다.[18] 이 데이터는 그림 7.6에 나와 있다.

과학과 의학 분야 노벨상 수상자 중 미국인의 비중은 1955년 이후에 박사학위를 받은 사람들 중에서가 1935년까지 박사학위를 받은 사람들 중에서보다 크다. 모든 과학 및 의학 분야 노벨상 수상자 중에서 1935년까지 박사학위를 받은 사람 중 미국 출신은 18%뿐이지만 1956년부터 박사학위를 받은 사람 중에서는 48%가 미국 출신이다. 그리고 방금 보았듯이 미국인 노벨상 수상자 중 교육 전체를 미국에서 받은 사람들이 점점 많아졌다.

마지막으로, 외국인[비미국인]인 과학과 의학 분야 노벨상 수상자들 중 미국에서 공부한 사람이 2차 대전 이전보다 이후에 더 많다는 점도 20세기 중반 이후 미국 대학의 탁월함을 보여준다. 미국인이 아닌 노벨상 수상자 중 1935년까지 박사학위를 받은 사람들 사이에서는 10%만 미국에서 초기 커리어의 일부를 보냈지만 1936년부터 박사학위를 받은 사람들 중에서는 53%가, 1956년부터 박사학위를 받은 사람 중에서는 66%가 그랬다.

그림 7.6 과학 및 의학 분야 노벨상 수상자, 1901~2005년: 해외에서 공부한 미국인, 미국에서 공부한 외국인, 미국 출생자 비중

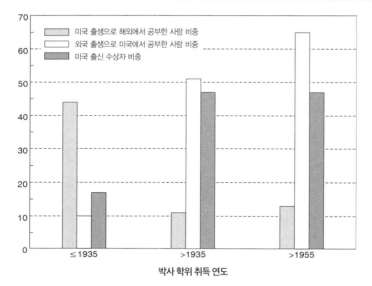

노벨상 분야는 화학, 물리학, 의학만 포함했다. 박사학위가 없는 사람은 최종 학위를 받은 연도를 취했다. 미국 출신 수상자는 미국에서 태어난 사람들로만 한정했지만 어렸을 때 미국으로 이민 온 사람을 포함해도 결과는 비슷하다.
출처: 노벨상 수상 정보와 인물 정보는 다음에서 검색할 수 있다. http://nobelprize.org/.

1950년대 이래로 미국의 가장 뛰어난 연구자들은 점점 더 세계에서 필적할 곳이 없을 만큼 부상하고 있던 미국의 고등 교육기관에서 공부하고 연구하기 시작했다. 한편, 걸출한 과학자들을 배출하는 역량이 커지던 동시에, 미국의 대학은 중산층 청년들에게도 접근성이 크게 확대되었다.

미국 고등 교육을 발달시킨 '미덕'들

어떻게 해서 미국의 고등 교육 시스템은 세계 최고가 되었을까? 20세기에 미국을 중등 교육에서 선도 국가로 만든 미덕들이 고등 교육에서도 효과를 발휘했다. 과거에 중등 교육에서 중요했던 경쟁과 자유방임, 탈중심화된 권한, 공적인 자금 제공, 젠더 중립성, 개방성, 관용성은 오늘날까지도 이러저러한 방식으로 중등 교육에서 중요하고, 고등 교육에서도 여전히 중요하다.

자유방임 시스템이었던 덕분에 고등 교육기관들이 공립으로도 사립으로도, 또 세속적으로도 종교적으로도 다양하게 세워질 수 있었다. 미국의 거의 모든 지역에서 학생들은 자신이 나고 자란 주 밖으로 모험을 떠나지 않더라도 굉장히 많은 선택지를 가질 수 있었다. 의사 결정 권한이 탈중심화되어 있고 연방 정부가 대학에 행사하는 권한이 없었으므로, 다양한 주들 사이에 경쟁이 존재했고 주 내에서도 많은 경쟁이 존재했다.

중등 교육에서와 마찬가지로 고등 교육에서도 공적인 지원이 매우 중요했다. 중등 교육과 고등 교육 모두에 적용될 수 있는 정당화 논리는 자본시장이 불완전해서 공공 지출을 통한 공적인 보조 없이는 최적 수준보다 적은 수의 학생이 대학에 들어가게 된다는 것이다. 아래에서 보겠지만, 실제로 공공 자금이 많이 지원되면 대학에 들어가고 졸업하는 사람이 증가했다. 그뿐 아니라 공적으로 자금이 지원되는 공립 대학들은 더 젠더 중립적이기도 했다. 또한 더 일찍 더 공립 대학을 세우고 더 많은 자금을 지원한 주들에서 대학생 중 여성 비중이 높았다.

개방성은 각급 학교 모두에서 미국 교육의 특징이지만, 가장 높은 수준인 대학 교육에서 가장 분명한 특징이었다. 한때는 거의 모든 주에서 고등학교만 졸업하면 주립 대학에 들어갈 수 있었다. 그러다가 전국 시험이 시행되면서 많은 주립 대학이 더 선별적이 되었고, 그 결과 몇몇 주에서는 종합대학과 칼리지들의 위계적인 시스템이 구축되었다. 위계적 시스템의 가장 대표 사례를 꼽으라면 캘리포니아주이지만, 뉴욕주 등 다른 주들도 법적으로 제도화된 위계적 시스템을 만들었다. 많은 주들이 적어도 두 개의 공립 대학(플래그십 대학flagship university과 스테이트 대학state university)을 가지고 있고 거의 모든 주에 커뮤니티 칼리지community college가 있다. 커뮤니티 칼리지는 최후의 보루와 같은 곳으로, 사람들이 대학을 가장 가까이에서 접하게 해주는 곳들이다.[19] 또한 20세기 초에는 몇몇 종합대학과 칼리지가 (심지어 시카고 대학도) 오늘날의 인터넷 강좌와 비슷한 통신 강좌를 운영했고 많은 곳이 하계강좌 프로그램을 운영했다. 이러한 모든 방식으로, 미국에서 고등 교육은 예전에도 지금도 이례적으로 개방적이다. 또한 중등 교육에서도 그랬듯이 매우 관용적이고 두 번째 기회를 허용한다.

　　테크놀로지(이 경우에는 지식)가 빠르게 발달하면 하나의 자금원에 매이지 않은 유연하고 비관료적이며 탈중심적인 교육기관이 변화에 부응하기에 더 유리하다. 2차 대전 이후로 과학 분야의 학문이 폭발적으로 발달하면서 미국의 교육기관들은 덜 유연한 유럽의 교육기관들보다 적응에 더 유리한 조건을 가지게 되었다. 독점적이고 관료적인 기업도 그렇듯이, 독점적이고 관료적인 대학은 게을러질 수 있다.

　　또한 미국의 고등 교육 시스템은 미국이 가진 대규모의 인구, 지리적으로 방대한 크기, 초창기의 비교적 동질적이었던 소득 분포,

역사 내내 비교적 높았던 소득 수준이라는 특징에서도 득을 보았다. 지리적인 크기가 미국의 산업적 성공과 대량생산 시스템의 형성에 중요했듯이, 규모와 범위는 미국에서 처음에는 고등 교육 시스템의 형성에 중대하게 기여했고 이후에는 미국의 고등 교육 시스템이 탁월해지는 데 중대하게 기여했다.

고등 교육의 형성

규모

미국의 고등 교육은 1900~1940년에 현대적인 형태를 갖추었다. 가장 중요한 변화 중 하나는 고등 교육기관의 규모가 커진 것인데, 특히 공립 대학의 규모가 압도적으로 커졌다. 1900~1933년 사이에 공립과 사립을 포함해 대학 수는 1.4배 증가했지만 학생 수는 거의 5배 증가했다. 그리고 그 이후 70년 동안 4년제 교육기관 수는 2배가 되었지만 4년제 교육기관에 다니는 학생 수는 거의 10배가 되었다.[20] 고등 교육기관의 규모가 평균 5배씩 커졌다는 뜻이다. 20세기 동안 고등 교육 시스템의 팽창에는 개별 교육기관들의 규모가 커진 것이 가장 중요하게 기여했고, 특히 많은 공립 대학들이 거대 규모의 교육기관이 되었다.

이와 달리, 더 앞 시기인 20세기 초에는 많은 사립 대학이 당시 가장 큰 주립 대학들보다 규모가 컸다. 1900년에 하버드와 예일 모두 공립 대학 중 가장 큰 곳이었던 미시간 대학이나 미네소타 대학보다 학부생이 많았다. 스미스 칼리지는 일리노이 대학보다 학부생이 많았다. 1900년에 평균적으로는 공립 대학이 사립 대학보다 규모가 컸지만 절대 수로 그리 큰 차이는 아니었다. 사립 교육기관의 학생 수 중앙값은 130명 정도, 공립의 중앙값은 240명 정도였는데, 나중에 벌어지게 되는 차이에 비하면 작은 차이다.[21]

공립 대학과 사립 대학의 규모가 어떻게 달라졌는지는 꽤 간단하게 요약할 수 있다. 사립 대학 학생 수 중앙값 대비 공립 대학 학생 수 중앙값의 비는 1900년에 1.8이었고 1923년에 3.4로 증가했다가 1933년에는 4.1로 증가했다.[22] 즉 사립과 공립 사이의 상대적 규모는 1900~1920년대 사이의 어느 시점에 크게 벌어졌다. 1923년이면 공립 고등 교육기관 중에는 이미 규모가 크고 연구 중심인 종합대학이 많았다.[23] 흥미롭게도, 더 최근의 데이터를 보면 교육기관들의 절대 규모는 계속 증가했지만 사립 대비 공립의 학생 수 비는 그리 달라지지 않았다. 1990년대 초의 학생 수 중앙값은 사립 대학이 1,579명, 공립 대학이 8,181명으로, 비는 5.2였다.[24]

공립 교육기관은 1900년부터 1933년까지 상당히 규모가 커졌지만 나중에 비해서는 아직 거대한 교육기관들은 아니었다. 1933년에 학부생 수 기준으로 가장 큰 25개의 고등 교육기관 중 거의 절반이 사립이었다. 20세기에 공립 영역의 상대적인 성장은 1900~1940년에 가장 컸지만 가장 큰 규모의 공립 대학들의 성장은 한참 뒤까지도 계속되었다. 21세기 초입 무렵이면 공립 영역의 규모가 압도적으로 팽창해서, 이제 학부생 수 기준으로 가장 큰 25개 대학 중 24개가 공립이 되었다.[25]

범위

　　미국 고등 교육의 형성기에 대학의 규모뿐 아니라 범위에서도 큰 변화가 있었다. 여기에는 연구 대학의 등장, 독립된 전문직 대학의 쇠퇴, 독립된 신학교 및 더 일반적으로 교리 학교의 쇠퇴 등이 포함된다. 19세기의 대부분 동안 미국의 고등 교육기관은 교육과 배움의 중심이었지 연구와 혁신의 중심은 아니었다. 그러다가 미국 최초의 대학 과정 및 연구 중심 대학으로 존스 홉킨스 대학(1876)이 설립되고 클라크 대학(1889), 시카고 대학(1892) 등이 뒤를 이으면서 19세기 후반에 대학의 역할이 확대되기 시작했다.[26]

　　유럽 대학의 교육과 연구에는 영국의 고전적인 모델, 프랑스 그랑제콜에서의 과학 교육, 독일의 대학원 및 연구 대학 등 몇 가지 형태가 있었다. 신대륙의 현대적인 대학들은 광범위한 학생들을 끌어오는 데에 촛점이 맞추어져 있었고 각 주의 실용적인 필요에 복무했다는 점에서 유럽의 대학들과는 종류가 완전히 달랐다. 하지만 점점 더 연구의 핵심 장소로서 역량을 키워가고 있었다.

　　미국의 대학은 '고등 교육의 백화점'이 되었다. 핵심에는 자유 교양 학부가 있고 연구 과정 대학원이 있는 전공 학과들이 있으며 법학, 의학, 치의학, 약학, 신학, 경영 등의 전문직 대학원도 포진해 있다. 하지만 현대의 대학은 단순히 각종 고등 교육 서비스를 한군데 모아 놓은 것을 훨씬 넘어선다. 현대의 대학은 한 부분에서의 연구가 다른 부분에서의 교육과 연구를 증강시키는 지식 생산의 중심지다. 종합대학이라는 형태는 다양한 구성 요소들이 서로를 기술적으로 보완해서 서로의 발달에 득이 될 수 있게 한, 조직 구조상의 혁신이었다.

　　공립 대학이 종합대학이 되기에 딱히 더 우위가 있었던 것은 아니지만 20세기의 대부분 동안 종합대학 중 공립의 비중이 전체 대학 중 공립의 비중보다 훨씬 높았다. 예를 들어 1900년경에 종합대학 중 43%가 공립이었다. 종합대학과 칼리지를 다 합한 전체 대학 중에서는 공립이 13%에 불과했는데 말이다. 공립 영역에서 종합대학이 비례적인 정도 이상으로 많이 세워지면서, 연구에 중점을 두는 요소들을 갖추었다는 점 덕분에 공립 영역은 1940년까지의 시기에 사립 영역에 비해 상당히 유리해질 수 있었다. 이 시기에 종합대학에 다니는 학생이 크게 늘어서, 고등 교육기관 학생(예비과정 제외) 중 칼리지가 아닌 종합대학에 다니는 학생 비중이 1900년에 42%였던 데서 1933년에는 59%가 되었다.[27]

이에 더해 몇몇 종합대학은 경영학처럼 전에 시도되지 않았던 학문, 그리고 때때로 '사기'라는 오명을 쓰기도 했던 의학 같은 옛 학문에 명성을 부여해줄 수 있었다. 19세기 말에 독립된 의학교들은 주의 의사 면허 제도가 점점 더 엄격해지면서 입지가 약해졌다. 주의 의사 면허 강화는 '치유술'을 과학적인 의료 방법으로 바꾸려는 시도였다. 독립된 의학교의 수는 1910년에 카네기 재단에 의뢰한 보고서(저자의 이름을 따서 플렉스너 보고서Flexner Report라고 불린다)가 나온 뒤 크게 줄어들게 된다. 이 보고서는 미국과 캐나다에 있는 155개의 독립 의학교들 대부분을 맹렬히 비판했다.[28] 이렇게 해서 종합대학은 모든 요소를 두루 갖춘 백화점 같은 특성과 지식 생산 공장이라는 특성, 그리고 브랜드 네임을 결합했다.

독립된 전문직 대학들은 쇠퇴했고 대신 종합대학의 일부로 포함된 전문 대학원이 증가했다.[29] 20세기로 접어드는 시기에는 법학, 치의학, 약학, 의학, 수의학 교육을 받는 학생의 48%가 어떤 고등 교육기관과도 연계되지 않은 독립된 전문직 학교를 나왔다. 이 시기에 이러한 전문직 학교들은 입학생이 학사 학위 소지자일 것을 요구하지 않는 경우가 많았고 많은 학생들이 그 전에 대학을 다닌 적이 없었다.[30] 하지만 1930년대에는 전문직 교육을 받는 학생의 19%만 독립된 전문직 학교를 다니고 있었다.

과거의 비공식적이고 견습 위주이던 교육 과정은 쇠퇴했고 거의 모든 전문직 교육이 과학적이고 공식적인 교육기관을 통해 이루어지는 시스템으로 바뀌었다. 게다가 그러한 교육을 하는 학교들은 독립적으로 존재하기보다 점점 더 종합대학의 일부가 되었다. 연구 중심 종합대학은 생산성 면에서 매우 유리했고, 때때로 오명을 쓰기도 했던 전문직 집단에 학교의 명성을 얹어줄 수 있었다.

지식 산업의 변화

왜 20세기의 첫 20~30년 사이에 고등 교육기관이 규모, 범위, 공립 대학생 수, 주 정부의 지원 면에서 크게 성장했을까? 고등 교육기관의 전환이 왜 이때 이루어졌는지에 대한 우리의 답은 '지식 산업'을 휩쓴 19세기 말과 20세기 초의 테크놀로지 충격과 관련이 있다.

19세기 후반에 대학에서 가르치는 과목이 점점 더 세분화, 전문화되었고 교수들은 전문화된 분야로 스스로를 규정하기 시작했다. 학과마다 변화는 약간씩 다른 요인들에 의해 약간씩 다른 시기에 추동되었다. 하지만 학과가 세분화되고 늘어나는 데는 비슷한 요인들이 작용했다. 과학 지식의 산업적 적용의 증가, 과학적이고 실험에 기반을 둔 방법론의 발달, 점점 더 산업화되고 도시화되는 사회에서 사회적 문제들에 대한 우려의 증가 등이 그러한 요인들이다.

　　19세기 말에 화학이나 물리학 지식에 의존하는 산업들이 떠올랐다. 철강, 고무, 화학, 설탕, 약품, 비철금속, 석유, 그리고 전기의 생산이나 사용과 관련된 제품의 제조 등이 대표적이다.[31] 전에는 전문 교육을 받은 화학자와 물리학자를 고용하지 않았던 기업들이 과학자를 점점 더 많이 고용했고, 연방 정부와 주 정부들도 마찬가지였다. 미국 경제에 고용된 화학자의 수는 1900~1940년 사이에 6배가 되었고 노동력 중 비중으로는 3배 넘게 증가했다. 엔지니어의 수도 7배 넘게 증가했다.[32] 생산에서 과학이 기예를 대체했고, 공식 교육을 받은 전문가들이 이리저리 만져보고 고쳐보면서 지식을 터득하는 사람들을 대체했다.

　　공식 교육을 받은 과학자에 대한 수요가 증가하면서 대학들은 그러한 과학 인력을 배출할 수 있는 과정을 점점 더 많이 제공했다. 새로운 과학 연구와 발견들이 나오면서 고전적인 과학 분야가 점점 더 세분화되고 전문화되었다. 생물학의 세분화는 앞 시기에 찰스 다윈의 《종의 기원》으로 실증주의와 실험주의가 확산되면서 추동되었다. 비슷한 변화가 농업 과학에서도 벌어졌다. 철도로 농업의 전문화가 촉진되면서 미국에서 작물의 다양성이 확대된 것이 중요한 계기 중 하나였다. 사회과학도 19세기 말과 20세기 초에 세분화되었다. 사회과학은 1870년대에 (그리고 1890년대에도) 산업화, 도시화, 이민자 유입, 경제 불황 등으로 사회적 문제가 증가하면서 새로이 임무가 생겼다. 대학의 학과들은 다윈주의와 멘델의 유전학에 의해, 더 나중에는 일반적으로 연구에서 통계, 검증, 실증주의의 역할이 커지면서 새롭게 모양이 잡혔다.[33]

학문의 전문화, 세분화 추세는 '학회'의 설립에서 단적으로 볼수 있다.[34] 미국의 첫 학회인 전미철학학회American Philosophical Society는 1743년에 생겼고 이후 100년 동안 추가적으로 생긴 학회는 5개뿐이었다. 그리고 1880년까지 6개가 더 생겨서 12개가 되었다. 그런데 이속도가 빨라져서 1880~1899년 사이에는 16개가 생겼고 이후 20년 안에 추가로 28개가 생겼다. 1920~1939년에는 새로 생긴 학회가 10개뿐이었지만 1940~1959년에는 20개가 새로 생겼다. 그리고 우리의데이터에서 마지막 20년인 1960~1979년에 12개가 더 생겼다. 학회가많이 생긴 20세기의 첫 20~30년은 미국 학계에서 학문의 분화와 확대가 크게 일어났던 시기와 일치한다.

고등 교육에 분업의 시대가 도래했다. 명문 칼리지들은 더 이상소수의 교수진으로는 살아남을 수 없었다. 이 시기 대부분의 변화는고등 교육 서비스의 생산에서 규모의 경제를 증가시켰고 대학이 생명력을 유지하기 위한 최소 규모의 교수 수와 학생 수를 증가시켰다. 또한 중요한 것으로, 점점 더 교수들은 지식을 전달하는 사람이자 지식을 생산하는 사람이 되었다. 오늘날 일반적으로 인식되는 것처럼, 좋은 연구가 이루어져야 양질의 강의도 이루어질 수 있었다.[35]

주 정부의 지원

공립 영역의 상대적 규모와 달라진 역할

앞에서 언급했듯이 20세기를 거치면서 고등 교육에서 공립의 비중이 크게 확대되었다(그림 7.7 참고). 1900~1940년 사이 4년제 대학생 중 공립 대학에 다니는 학생의 비중은 0.22에서 0.5로 증가했고 2차 대전 직전부터 1975년까지 다시 증가해 0.5에서 0.7이 되었다. 하지만 1970년대 이후로는 4년제 대학생 중 공립 대학생 비중이 다소 낮아졌다. 한 세기 전체적으로는 4년제 대학생 중 공립 대학생의 비중이 0.22에서 0.65로 증가했다.[36]

　　그림 7.7에 나와 있는 세 개의 선은, 공립 대학의 기능과 유형이 시간에 따라 달라졌기 때문에 포함된 학교들이 각각 다르다. 가장 중요한 변화는 교직 대학과 2년제 칼리지에서 나타났다. 1940년 이전에는 교직 교육기관이 종종 2년제인 노멀스쿨이거나 교육 대학이었는데

그림 7.7 공립 고등 교육기관 학생 비중: 1897~2003년

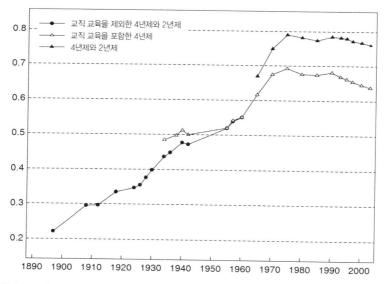

출처와 주: 다음을 참고하라. Goldin and Katz (1999a), 그림 2, 2003년에 업데이트됨.

이곳들이 4년제 주립 대학이 되었다. 또한 2년제 교육 대학의 수가 줄어드는 동안 2년제 커뮤니티 칼리지가 증가했다. 커뮤니티 칼리지와 주니어 칼리지를 포함해 2년제 칼리지들은 1935년에 모든 대학과 칼리지 중 4분의 1을 차지했는데, 1917년에는 겨우 5%에 불과했다. 2년제 칼리지들은 1960년대 말부터 1990년까지도 상대적으로 계속 증가해 20세기 말이면 전체 고등 교육기관의 40%를 차지하게 된다.[37] 2년제 교육기관까지 포함하면 대학생 중 공립 대학생 비중이 더 늘어난다. 2년제 칼리지의 70%가 공립이기 때문이다. 2년제와 4년제를 모두 포함한 전체 대학생 중 공립 대학에 다니는 학생의 비중은 1980년에 약 80%로 20세기의 정점을 찍었다(그 이후에는 약간 감소한다).

　　역사적인 1862년 모릴법이 통과되기 전에도 당시에 존재하던 33개 주 중 3분의 2는 주립 고등 교육기관을 하나 이상 가지고 있었고 북동부를 제외하면 33개 주 중 5분의 4가 그랬다.[38] 초기에는 많은 주립 대학들이 저학년 학생들을 가르치는 교사를 양성하기 위해 세워졌지만, 점차 자신의 주에 더 큰 '공공재'를 제공하는 방향으로 발달해 갔다.[39] 19세기의 주립 고등 교육기관은 사립 대학들보다 종종 더 실용적이고 과학 지향적이었다. 주의 거주민과 지역 산업의 이해관계에 비추어 유용한 공공재와 공공 서비스를 제공하는 역할이 중요했기 때문이다.

　　공적으로 운영되고 주의 자금이 지원되는 고등 교육기관들이 설립되었지만, 19세기 말까지는 주민 1인당, 혹은 학생 1인당 주 정부의 자금 지원이 미미했다. 그러다 19세기 말에 농업, 광업, 석유 탐사, 제조업, 건설업 등에서 과학 지식이 중요해지면서 이것이 달라졌다. 특정 산업이나 제품과 관련된 경제 활동이 집중되어 있는 주는 그 산업 분야에 대한 연구와 교육을 위해 주립 대학에 상당히 많은 투자를 했다. 위스콘신주는 낙농 제품 연구에 자금을 지원했고 아이오와주는 옥수수, 콜로라도주와 그 밖의 서부 주들은 광산, 노스캐롤라이나주는 담배, 오클라호마주와 텍사스주는 석유 탐사 및 정제와 관련된 연구에 자금을 지원했다.[40] 주립 대학들은 엔지니어링 같은 전문적인 학과를 두고 있었고 농업 관련 학과들도 포함해 다양한 과학 학과에 연구를 위한 대학원 과정을 두고 있었다. 이처럼 폭넓은 포트폴리오를 가지고 있어서 주립 대학은 사립 대학보다 더 많이 '종합대학'이 되었다. 종합 대학은 자유교양 학부, 연구 과정을 위한 대학원 프로그램, 전문직 대학원 과정 등 고등 교육의 모든 요소를 가지고 있었고, 달리 자금을 구하기 어렵던 시절에 주 정부의 연구 지원금에도 접근할 수 있었다.

현대적인 고등 교육의 형성기에 공립 대학과 사립 대학이 교과 과정에서 가장 큰 차이를 보인 분야는 엔지니어링이었다. 1908년에 모든 공립 대학 학생의 30%가 엔지니어링 과정을 공부했고 모든 엔지니어링 전공 학생의 60%가 공립 대학생이었다. 1930년이면 공립 대학생 중 엔지니어링 전공자의 비중은 1908년의 30%에서 15%로 떨어지지만, 모든 엔지니어링 전공자 중 공립 대학생 비중은 1908년의 60%에서 66%로 증가했다. 엔지니어링 전공 학생들은 주로 공립 대학에서 배출된 것이 분명하다. 사립 대학도 엔지니어를 배출했지만 소수의 주에만 집중되어서, 1930년에 3개 주(매사추세츠주, 뉴욕주, 펜실베이니아주)가 사립 대학의 엔지니어링 전공생 중 62%를 차지했다. 그해에 엔지니어링 전공생의 3분의 2가 공립 대학생이었으므로, 엔지니어링 전공자의 지리적인 분포는 공립 대학에 다니는 엔지니어링 학생 수와 관련이 있었다. 엔지니어들은 주로 정부에 채용되었다. 1940년에 모든 엔지니어 중 거의 25%가 각급 정부에 직접 채용되었다.[41] 따라서 공립 대학은 엔지니어들을 훈련시키고 배출해야 할 이유가 있었다.

주 정부 지원의 지역별 차이

미국은 지역마다 고등 교육 지원에 큰 차이를 보였고, 대략 세 개의 구별되는 모델이 있었다. 북동부 지역의 미국식 엘리트주의 모델, 서부의 평등주의 모델, 남부의 유럽식 엘리트주의 모델이다. 북동부 주들에는 미국 역사의 이른 시기에 사립 대학들이 세워졌고 공립 대학들은 상대적으로 늦게 생겼으며, 공립 대학이 생겼을 때도 미국의 다른 지역에 비해 지원이 많지 않았다. 남부 주들은 초기에 공립 대학이 압도적으로 많았다. 남북전쟁 이전에 생긴 공립 대학 중 57%가 남부에 있었다. 반면 사립 대학은 이 숫자가 36%였다.[42] 서부(중서부 포함) 주들은 공립 대학들이 활성화되어 있었다. 그에 못지않게 활발한 사립 대학들이 있는 곳도 없지는 않았지만, 인구가 희박했던 서부 주들에서는 종종 공립 대학만 생존할 수 있었다.

공립 대학에 대한 주 정부의 지원은 1900~1940년에 크게 증가했다. 주 정부의 지출 대비 비중으로도 그렇고 전체 대학생 중, 혹은 전체 대학 연령대 인구 중 공립 대학생 비중의 증가로도 그렇다. 예를 들어 1902~1940년에 주립 대학에 들어간 주 정부와 지방 정부 지출이 5.1%에서 11.0%로 증가했다.[43] 하지만 공공 자금의 지원과 공립 대학에의 접근성은 주마다, 또 시기마다, 상당한 차이가 있었다. 가장 지원이 많았던 곳은 태평양, 산악, 북서 센트럴 지역의 주들이었고 가장 적었던 곳은 뉴잉글랜드와 대서양 중부 지역 주들이었다.

그 당시 주 정부의 대학 지원에서의 차이는 상당 부분 지금까지도 이어지고 있다. 1929년과 1990년대의 주 정부 및 지역 정부의 1인당 고등 교육 지출(로그값)의 상관관계를 살펴보면 상관계수가 0.45다(2000년대 초에는 상관계수가 약간 줄어든다). 따라서 연방 정부가 중앙 차원에서 고등 교육 지원을 확대하기 전, 또한 대공황으로 주 정부와 지방 정부의 예산이 타격을 받기 전인 고등 교육 형성기에 주 정부의 고등 교육 지원에 영향을 미친 요인이 무엇이었는지 살펴보는 것은 유용하다. 이를 위해 우리는 1929년을 조사해보았다.[44]

1929년에 주 정부와 지방 정부가 고등 교육에 지원한 금액은 48개 주 평균 100명당 1,230달러였고(2005년 달러 기준) 이는 주 정부와 지방 정부 총지출의 6%에 해당했다. 주 정부와 지방 정부의 고등 교육 지원금 중 95%는 공립 대학으로 들어갔다. 뉴욕주(코넬대)와 뉴저지주(럿거스대)만이 사립 대학에 상당한 지원을 했다. 거주자 100명당 주 정부와 지방 정부의 고등 교육 관련 지출은 가장 낮게는 뉴잉글랜드 지역 주들의 518달러부터 많게는 산악 지역 주들의 2,324달러까지(모두 2005년 달러 기준) 편차가 컸다.[45] 공립 대학 등록생 수도 평균은 인구 1,000명당 3.19명이었지만 뉴잉글랜드 지역 주들은 0.82명, 산악 지역 주들은 6.04명, 태평양 지역 주들은 6.09명으로 차이가 컸다. 무엇이 지역별로, 주별로, 이렇게 큰 차이를 가져왔을까?

고등 교육기관 지원에 대한 공공 선택 결정에는 주의 소득과 자산, 공동체의 안정성과 동질성, 주의 대학이 산출하는 연구들로부터 (다른 지역 기업은 얻을 수 없는) 이득을 얻을 수 있는 지역 산업의 중요성 등이 영향을 미칠 것이다.

1900년에 사립 대학 등록생이 많으면 1929년에 주의 공립 대학 지원에 상당한 억압 효과가 나타났다.[46] 1929년 시점의 주의 고등 교육 지출과 1900년 시점에 그 주의 사립 대학이 가졌던 중요성 사이의 단순 상관계수는 무려 -0.69였다. 1900년에 매사추세츠주와 아이오와주의 거주민 1,000명당 사립 대학 등록률 차이(3.35-0.99)는 두 주의 1인당 고등 교육 지출 차이의 84%를 설명할 수 있었다. 1900년의 초기 조건들(가령 거주민 1,000명당 사립 학교 등록률)은 그 자체로 1929년의 고등 교육 지원 수준을 가늠할 수 있는 강한 예측 변수였다.

요약하자면, 1900년에 부유한 가구의 비중이 높고 사립 대학이 많지 않았던 더 새로운 주들이 1930년에 공립 고등 교육의 선도적인 주가 되었고 오늘날까지도 그렇다. 전통적으로 사립 대학들이 강했던 북동부 주들은 지금까지도 사립 대학들이 강하다. 20세기 말의 1인당 공립 대학 등록률과 1900년의 1인당 사립 대학 등록률 사이의 상관계수는 -0.56이나 되었다.[47]

주의 지원이 미친 영향

20세기의 상당 기간 동안 더 강하고 더 너그러운 공립 분야가 **전반적인** 대학 진학률을 높였고 그것의 부수효과로 대학에 가는 여성의 상대적인 비중이 증가했다. 자신이 사는 주의 대학을 가는 경우와 주 밖의 대학을 가는 경우 모두 있을 수 있으므로 우리는 주별 대학 등록률을 대학이 소재한 곳 기준이 아니라 학생의 거주지 기준으로 계산했다.[48]

우선, 그리고 놀랍지 않게도, 1930년경에 주의 공립 및 사립 고등학교 졸업률과 18~21세 주 거주민 중 대학에 진학하는 사람 비중 사이에는 강한 양의 상관관계가 있었다(그림 7.8의 위쪽 그래프). 1920년 대에 고등학교 운동을 선도했던 주들은 거주민들이 대학에 많이 진학 하는 주들이기도 했다. 1931년에 젊은 층 거주민 중 대학에 진학하는 비중이 가장 높은 15개 주는 서부 지역(북서 센트럴, 산악, 태평양 지역) 주들과 오클라호마주였다. 북서 센트럴과 태평양 지역의 **모든** 주(대부 분 고등학교 운동을 이끌었던 주다)가 1930년경 대학 진학에서도 상위 15 위 안에 있었다. 비슷하게, 대학에 가는 비중이 낮은 주들은 남부 주들 이거나 동부의 산업화가 많이 된 주들이었는데, 두 지역 모두 고등학 교 운동에서도 뒤처졌던 주들이다. 우리가 주 거주민의 대학 진학률을 살펴보고 있으므로, 주 거주민이 아닌 사람에게도 너그럽게 학비를 제 공하는 주들은 다른 주들의 대학 진학률을 높이게 될 것이고, 다른 곳 들에서 학생들이 오는 명문 사립 대학들이 있는 주도 그럴 것이다.

대학 진학은 대학 교육을 받을 준비가 된 사람[고등학교 졸업자] 이 얼마나 되느냐 외에 공적인 지원 여부 같은 금전적인 요인과 대학 의 질에도 영향을 받는다. 학자금 대출이나 장학금 등의 보조가 없으 면 대학에 갈 수 있는 사람이 적어질 것이다. 앞에서 언급했듯이, 거주 민의 고등학교 졸업률 대비 대학 교육에 대한 공적인 보조가 적었던 많은 주들이 동부에 있었다. 뉴잉글랜드의 6개 주 모두가 그림 7.8에 서 단순회귀 추세선의 아래쪽에 있다. 이 주들의 1930년 대학 진학률 은 1928년의 고등학교 졸업률로 예측되는 수준보다 훨씬 낮았다. 그 리고 1930년에 이 주들은 학비와 등록금이 가장 비싼 축에 드는 곳들 이었다.

공적인 지원과 주 거주민의 대학 진학률 사이의 관계는 그림 7.8의 아래쪽 그림에서 더 잘 볼 수 있다. 이 그래프는 공립 대학 학생

그림 7.8 대학 등록률, 고등학교 졸업률, 주별 등록금과 기타 비용; 1930년경

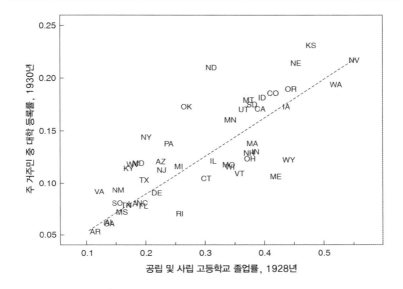

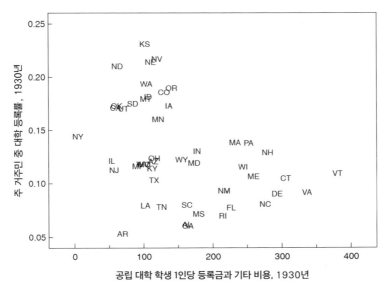

출처와 주: 주 거주민 중 대학 등록률: Kelly and Patterson (1934). 분자는 해당 주 출신 중에서 미국의 어디에 있는 대학이든지 대학에 다니는 사람이다. 분모는 해당 주의 대략 18~21세 인구다.

공립과 사립 고등학교 졸업률: 6장을 참고하라. 학생 1인당 공립 대학 등록금과 기타 비용(1930년):《격년간 보고서》(1928~1930), 표 3b와 6b. 분자는 공립 대학 학생이 내야 할 모든 비용(등록금, 기숙사비, 기타 학생이 내야할 요금)의 총합이다. 분모는 공립 대학 등록생 수다.

1인당 등록금, 기타 학생이 내야 하는 요금, 그리고 거주 비용을 주 거주민의 대학 진학률과 함께 나타낸 것이다. 이 관계는 음의 상관관계를 보인다. 등록금과 기타 비용이 높은 주들은 공립 대학만이 아니라 전체적으로도 대학에 진학하는 비중이 낮았다. 대학이 지리적으로 가까운지도 중요한 요인이었고 주거를 제공하지 않는 대학은 더욱 그랬다. 가령 아래쪽 그래프에서 명백한 아웃라이어인 뉴욕주를 보면, 1930년에 주립 대학은 없었지만 뉴욕시의 보조를 많이 받는 시립 대학들이 있었다. 하지만 뉴욕시에 있는 대학의 학비가 저렴한 것이 뉴욕주의 다른 곳에 사는 거주민들에게는 그리 이득이 되지 못했다.

우리는 방금 언급한 요인들을 1인당 소득 등 그 밖에 영향을 미칠 수 있는 공변량들을 추가해 다항회귀분석으로 알아보았다.[49] 종속변수는 주의 18~21세 거주민 중 대학에 간 사람의 비중이다(그림 7.8). 우리는 1930년의 공립 대학 수업료 및 기타 요금이 대학 등록률에 미치는 영향을 추정할 수 있었는데, 1930년에 공립 대학 수업료 및 기타 요금이 1표준편차만큼 감소하면 대학 등록률이 1.2%포인트(평균의 9%) 증가하는 것으로 나타났다. 이 추정치는 주의 중등학교 졸업률을 일정하게 통제해도 강건성이 유지되었다. 고등 교육에 자금을 지원하는 데 인색한 주들은 중등 교육에서도 그랬겠지만, 주의 중등 학교 졸업률이 같더라도 대학의 비용이 높으면 전반적으로 대학 등록률이 낮아지는 것으로 나타났다.

왜 어떤 주들은 다른 주들보다 공립 교육 시스템이 더 너그러운지는 그 주의 사립 대학의 역사와 관련이 있다. 미국은 일반적으로 동부에서 서부 방향으로 정착했고, 초기 정착 주들에는 강한 사립 대학과 약한 공립 대학이 있었다.

연방에 더 나중에 들어온 주들은 먼저 들어온 주들보다 1930년 시점에 더 높은 대학 등록률(공립과 사립 모두)을 보였다.[50] 우리는 그림 7.9에서 연방에 초기(1845년까지)에 들어왔는지 후기(1846년부터)에 들어 왔는지를 한 축으로 하고 대학 등록률이 0.15보다 큰지 작은지를 또 한 축으로 해서 주들을 4개의 사분면에 표시했다. 초기 주들은 모두 남서사분면에 위치해 있고 후기 주들은 대부분 북동사분면에 위치해 있다. 즉 거의 모든 초기 주들이 '낮은' 대학 등록률을 보이고 거의 모든 후기

그림 7.9 1930년 대학 등록률과 주가 연방에 편입된 해

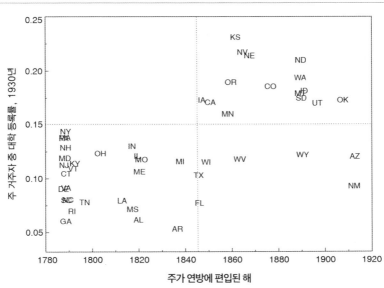

출처와 주: 그림 7.8을 참고하라.

주들이 '높은' 대학 등록률을 보인다. 연방에 일찍 들어온 인디애나주, 메인주, 메사추세츠주, 뉴햄프셔주는 상당 비중의 젊은이들을 대학 교육을 받기에 충분할 만큼 잘 준비시키긴 했지만(즉 중등 교육률이 높았지만) 일반적으로 주립 고등 교육기관의 수가 적었고 나중에 생겼으며 학비가 비교적 비쌌다.

　　대평원 지역과 서부 주들 등 늦게 연방에 들어온 주들은 거의 모두 대학 등록률이 높았다. 오클라호마주만 빼고 북동사분면의 모든 주가 태평양, 산악, 서북 센트럴 지역 주들이다. 많은 곳이 고등학교 운동의 선도적인 주였다. 대학 등록률에서 선도적인 주와 뒤처진 주의 차이는 중등 교육에서보다 더 크다. 가장 늦게 연방에 들어온 주들이 더 많은 젊은 층 인구가 대학에 갈 준비가 되어 있었을 뿐 아니라 주의 자금 지원도 더 많았기 때문에, 이들 주에서 대학에 가는 비중은 평균적으로 남서사분면 주들의 2배였다.

　　늦게 연방에 편입된 주들이 대학 등록률이 높았던 것은 주가 고등 교육에 자금 지원을 더 많이 했고 학비가 저렴한 편이었기 때문이다. 늦게 편입된 주들은 사립 대학이 거의 존재하지 않았고 따라서 먼저 편입된 동부의 주들보다 사립대 비중이 훨씬 작았다. 정확히 왜 동부 주들이 서부 주들보다 공립 대학에 지원을 덜했는지는 알 수 없지만, 아마도 인식된 필요성이 적었고 주 의회가 기존 사립 대학을 선호하는 편향이 있었을 것이다.

　　공립 대학이 학비가 비교적 비싸고 학교 수가 적으면 고등학교 졸업자들의 대학 등록률만 낮추는 것이 아니었다. 취약한 공립 부문은 대학생 중 여성의 비중도 줄였다. 1920년대 초 공립 대학 학비와 대학생 성비(남성/여성)는 강한 양의 상관관계가 있었고 전체 대학 등록률과 대학생 성비(남성/여성)는 강한 음의 상관 관계가 있었다. 1920년대에 뉴잉글랜드와 대서양 중부 주들은 공립 대학이 적었고 남성만 받는 전통적인 대학들이 있어서(19세기 말에 여성 대학이 세워지긴 했지만) 대학생 중 여성 비중이 상당히 낮았다. 1923년에 대학생 성비(남성/여성)가 가장 높았던 5개 주 중 4개가 북동부 주였고 북동부의 9개 주 모두가 대학생 성비가 높은 16개 주에 들었다.[51] 이 점에서 보자면 1930년대에 뉴잉글랜드는 다른 지역보다 뒤쳐져 있었고 이 격차는 1950년대 후반에서야 좁혀지기 시작한다.

1930년대 말이면 미국의 고등 교육 시스템에는 규모와 범위가 매우 큰 종합대학들이 있었다. 공립 대학과 사립 대학은 건전한 경쟁을 했다. 하지만 미국의 고등 교육기관은 아직 뛰어난 연구 기관은 아니었다. 그리고 연방 정부는 아직 고등 교육에서 행위자가 아니었다. 2차 대전 직전인 1940년에는 연방 정부가 고등 교육기관의 경상 수입 중 7%를 기여했지만 1950년 이후로는 매년 15~20%를 기여하고 있다.[52]

2차 대전 이후의 확대

공립 영역의 성장

주립 대학은 늘 상대적으로 비용이 저렴했다. 주립 대학은 상당히 더 많은 보조를 받았기 때문에 학비가 사립 대학보다 훨씬 쌌다.[53] 공립 대학과 사립 대학의 학비 데이터가 처음 수집되기 시작한 1934년에 공립 학교의 학비는 사립의 3분의 1이었다. 그리고 1950년대 이후에는 대부분의 해에 공립 대학에 다니는 비용이 사립의 5분의 1 정도밖에 되지 않았다.[54] 대학에 다니는 데 드는 비용(실질 기준)의 '추이'는 2000년 이후를 제외하면 공립 대학과 사립 대학이 상당히 비슷했다(그림 7.10의 위쪽 그래프 참고). 2000년 이후에는 공립 부문의 학비가 약간 더 빠르게 증가한다. 그림 7.10의 위쪽 그래프가 로그값이기 때문에 선의 기울기는 변화율을 나타낸다.

1900년경 공립 영역은 전체 대학생 중에서 20% 정도를 차지했지만 1970년에는 4년제 대학생 중에서 70%를 차지했다(이때가 20세기 중의 정점이었다. 그림 7.7 참고). 공립 부문이 상대적으로 빠르게 확대된 핵심 요인은 저렴한 학비였다. 전국적으로 고등학교 졸업률이 높아져 20세기 중반에 50%를 넘어섰는데, 고등학교 졸업생들은 공립 대학을 압도적으로 선호했다. 가족소득 중앙값에서 대학 학비가 어느 정도를 차지하는지 살펴보면 이유를 명백히 알 수 있다.

대학의 등록금과 기타 비용은 늘 가정에 묵직한 지출이었다. 가족소득 중앙값 대비 비중으로 나타낸 대학의 비용은 공립과 사립 모두 1980년대 중반 전까지는 1934년이 가장 높았다(그림 7.10의 아래쪽 그래프 참고). 이후 1940년대와 1950년대에는 가족소득 중앙값 대비 대학의 비용이 급격히 감소했다. 가족소득은 빠르게 올랐고 대학 학비는 천천히 올랐기 때문이다. 1950년대부터 1980년까지는 소득과 학비 모두 비슷한 속도로 증가해서 가족소득 대비 학비의 비중은 일정하게 유지되었다.

대학 진학이 크게 증가하던 1950년대부터 1970년대 사이에 공립 대학의 학비는 중위 가족소득의 4% 정도였고 사립은 약 20%였다. 1950년대 이전 및 1980년 이후와 비교하면 이 시기에 대학에 가는 비

그림 7.10 공립과 사립 대학 학비, 중위 가족소득 대비 비중

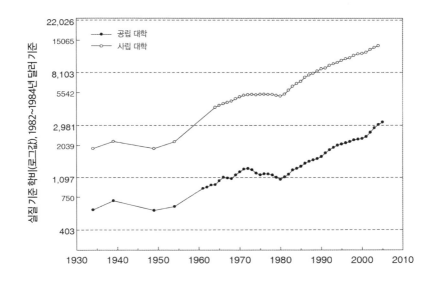

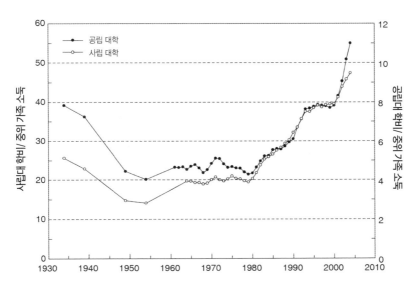

학비는 지출해야 할 모든 비용을 말한다. 몇몇 해에는 몇몇 주에 등록금이 없었지만 학생들이 내야 하는 그밖의 요금이 있었다. 가능하면 주의 플래그십 대학의 학비만 포함했다. 1964~2005년에 주의 플래그십 대학 학비와 및 주의 모든 대학의 평균 학비는 거의 동일했다. 사립대학은 종합대학만 포함했다.

출처: 1934~1954년 공립 및 사립 대학 등록금과 기타 요금:《대학 블루북College Blue Book》(1933);
　　Conrad and Hollis (1955).
　　1961~1963: 미국 교육청(1961); D'Amico and Bokelman (1963).
　　1964~1971:《교육통계요약 2005년Digest of Education Statistics 2005》
　　1972~2005: 워싱턴 고등교육 조정위원회Washington Higher Education Coordinating Board (여러 연
　　도).
　　1964~2005년 사립대 등록금과 기타 요금:《교육통계요약 2005년》.
　　가족소득 중앙값, 1949~2005년: 명목 세전 가족소득 중앙값,《장기 통계, 새천년판》, 표
　　Be67~84;《대통령 경제자문위원회 2005년Economic Report of the President 2005》. CPI를 사용해 실
　　질 가치를 명목 가치로 환산
　　가족소득 중앙값, 1934, 1939년:《장기 통계, 새천년판》의 표 Ca20-27에서 전국 소득, 표 Ae1-
　　18에서 가족 수(1934년은 추정)를 취했다. 근사치는 (가족당 국민소득)×0.58을 사용했으며
　　0.58은 1949~1964년 중 선택된 해들의 (가족소득 중앙값)/(가족당 국민소득)의 평균을 토대로
　　한 것이다.

용은 싼 편이었고 공립은 더욱 그랬다. 하지만 1980년 이후로는 대학이 많은 가정에 훨씬 큰 재정적 부담이 되었다. 평균적으로 공립 대학의 학비는 2005년이면 중위 가족소득의 10%를 넘고 사립은 무려 45%가 된다.

　　물론 공립과 사립 대학 모두에서 많은 대학생들이 '명목상의 등록금'을 다 내지는 않았다. 장학금, 장려금, 기타 여러 가지 지원이 있어서 학생이 내야 할 비용의 액수와 증가율을 낮춰주었다. 하지만 실질 기준으로 등록금이 증가한 것은 사실이다. 게다가 등록금은 대학에 가는 데 드는 비용 중 일부일 뿐이다. 다른 비용들(기숙사비, 교통비, 교재비 등)은 공립과 사립이 대체로 엇비슷한 수준이었다. 중위 가족소득 대비 학비가 오르는 동안에도 공립 및 사립 대학에 대한 수요는 대학 교육이 주는 임금 프리미엄과 함께 증가했다.

　　학생 1인당 기준으로 고등 교육은 가장 비싼 교육의 형태다. 그런데 고등 교육의 이득은 대부분 사적으로 개인에게 돌아가므로 주의회는 대학 교육에 자금을 지원해야 할 이유를 정당화할 필요가 있

다. 게다가 개인들은 이동성이 있으므로 우리 주가 고등 교육에 큰 투자를 하면 남의 주에 좋은 일을 하는 격이 될 수 있다. 지역 산업과 관련된 연구, 농업 생산 증대, 교원 교육과 같이 그 주에 가치 있는 서비스를 대학이 제공할 수 있으면 주 의회에 자금 지원의 필요성을 설득하기 더 쉬울 것이다. 이와 달리 주의 대학이 그 주에 특별히 필요한 서비스를 덜 제공하면, 그리고 고등학교 졸업자 중 더 많은 수가 대학에 가려 한다면, 대학은 추가적인 자금원을 찾아야 한다. 해결책은 대학의 접근성을 늘리는 데서 나왔다. 중위 소득을 올리고 있는 유권자가 자녀가 고등학교를 마치면 대학에 가려 할 것이라고 합리적으로 예상할 수 있다면 주 의회는 대학이 더 많은 사람들에게 접근 가능해지도록 자금을 지원하는 법을 더 잘 통과시킬 수 있을 것이다. 여기에서 핵심적인 문제는, 어떻게 이 목적을 납세자에게 합리적인 비용으로 달성할 것이냐다.

　　이 문제에 대해 많은 주들이 발견한 해법은 위계적인 시스템을 만들어 전체 규모를 확대하는 것이었다. 꼭대기에는 소수의 상위 대학을 두고 바닥에는 다수의 커뮤니티 칼리지를 두는 것이다. 가장 잘 알려진 위계적 시스템의 사례는 캘리포니아주다. 1950년대에 캘리포니아는 위에서 묘사한 것과 같은 정책적 문제에 직면했고, '캘리포니아 마스터플랜California Master Plan'이라고 불리는 해법을 고안했다.

　　클라크 커Clark Kerr가 1950년대 말에 주창하고 1960년에 발효된 캘리포니아 마스터플랜은 학생이 캘리포니아 주립 종합대학, 칼리지, 커뮤니티 칼리지에 들어갈 수 있는 자격 조건을 정식화했다. 이 전에는 캘리포니아주의 대학생 절반이 주에서 상당한 보조를 받는 대학에 다녔다. 그런데 대학에 가는 사람이 늘어나면서 이 시스템은 주의 재

정을 파탄낼 지경이 되었다.[55]

캘리포니아 마스터플랜은 지원자의 상위 12.5%(마스터플랜 이전 기준으로는 상위 15%)에게 가장 상위 주립 대학들에 들어갈 수 있는 자격을 주도록 되어 있었다. 그다음 20%(이전 수준으로는 35%)는 주립 칼리지들에 들어갈 수 있었다. 전체의 3분의 2 정도 되는 나머지 모두는 주립 커뮤니티 칼리지에 들어간 다음, 자격이 되면 4년제로 옮겨갈 수 있게 했다. 도입 이후 실제로 이 기준이 계속 유지되었다.[56] 이렇게 해서, 마스터플랜은 고등 교육을 지지하는 유권자 기반은 유지하되 비용을 줄일 수 있었다.

거의 모든 주가 캘리포니아주의 선례를 따라 고등 교육기관을 위계적인 시스템으로 만들었다. 그 결과 중 하나가 커뮤니티 칼리지의 증가였다. 1960년대 초에는 2년제 대학생이 모든 공립 대학생의 4분의 1에 불과했는데 2005년에는 거의 절반이 되었다. 캘리포니아주만큼 대학과 칼리지의 순위를 엄격하게 규정한 주는 거의 없었고 인구가 더 듬성듬성한 주는 일반적으로 플래그십 주립 대학이 최고의 자리에 있는 체제를 유지했다. 하지만 2차 대전 이후 시기에 주 정부들은 납세자들과 그들의 자녀에게 주의 지원을 받는 모종의 대학에 접근성을 보장하는 정책을 대체로 다 도입했다.

'형성'에서 '탁월함'으로

　　20세기 초에 미국 대학들은 세계에서 가장 선도적인 연구기관이 아니었다. 그런데 (의학과 과학 분야 노벨상 수상자들을 살펴보았을 때 언급했듯이) 2차 대전 이후 어느 시점에 그렇게 되었다. 1930년대 이전에는 미국인 노벨상 수상자 중 유럽에서 공부한 사람들이 많았는데 1950년대 이후에는 노벨상을 받은 미국인 중 유럽에서 공부한 사람의 수가 훨씬 줄었다. 또 1930년대 이전에는 노벨상을 수상한 비미국인 중 미국에서 공부한 사람이 드물었지만 1950년대 이후로는 미국에서 공부한 사람이 크게 증가한다. 오늘날까지도 미국 대학들은 매우 높이 평가받으며, 전 세계의 학생과 연구자, 교수들이 공부하고 연구하러 미국의 대학에 온다.

　　최근 시기를 제외하면 국가 간에는 고등 교육기관들을 쉽게 비교할 만한 자료가 없지만, 미국 내에서 대학들의 탁월함이 어떻게 변천해왔는지 추적하고 20세기의 여러 시점에 공립과 사립의 상대적 우위가 어떠했는지 알아보는 것은 가능하다. 여기에 활용할 수 있는 몇 가지 방법이 있다.

　　첫 번째 방법은《미국의 과학자American Men of Science》에서 1938년 목록의 인물과 1960년 목록의 인물을 살펴보는 것이다. 이 두 연도 사이에는 선정 기준이 달라지지 않았다. 이 인물 열전은 저명한 과학 학회들에 이름을 올린 과학자들을 담고 있다.[57] 대학 교육이 공립 영역에서 크게 확대되던 시기인 1938년과 1960년 사이에《미국의 과학자》목록에 오른 사람들의 분포는 공립 대학으로의 명백한 이동을 보여준다. 1938년에는 목록에 오른 사람 중 34%가 공립 대학에 재직하고 있었는데 1960년에는 41%로 늘었다. 그런데 이 목록에서 공립 대학 비중이 느는 동안 사립 '칼리지'의 비중은 줄었지만 사립 '종합대학'의 비중은 줄지 않았다. 이 목록에 포함된 교수 수 기준으로 상위 5개 학교를 보면 공립 부문으로의 뚜렷한 이동을 볼 수 있지만 상위 25개 학교를 보면 어느 쪽이 더 우위라고 말하기 어렵다.[58] 즉 과학에서의 탁월함은 학문의 주요 중심지들에 집중되는 양상을 보였고, 그 중심지들은 공립 영역 쪽으로 이동했다.

이 방법론에 있을 수 있는 한 가지 문제는, 여기에서는 각각의 교수에게 동일한 가중치를 두고 있는데 규모가 큰 학과는 상대적으로 교수진이 많지만 탁월한 사람의 비중은 작을 수 있다는 점이다. 그래서 우리는 탁월함의 정도에 따라 학과들의 순위를 매겨보았다. 이렇게 해도 규모가 큰 학과들이 비례적인 수준보다 큰 가중치를 받게 되긴 하겠지만 앞에서 만큼은 아닐 것이다.

우리는 각 해의 박사학위자 수 기준으로 문리과 분야에서 규모가 가장 큰 16개 학과를 1928/1932년, 1969년, 그리고 1993년에 대해 뽑아보았다.[59] 1928/1932년과 1969년의 비교에는 동일한 39개 대학의 데이터를 사용했고 1969년과 1993년의 비교에는 74개 대학의 데이터를 사용했다. 이 데이터로 각 학과에 박사학위자 비중으로 가중치를 두어 대학 순위를 매겨본 결과, 3개 연도 모두 상위(상위 10개, 20개 등) 학과들에서 사립이 공립보다 우수했지만 시간에 따라 약간 공립 쪽으로 이동하는 양상을 보였다.

1928/1932년부터 1969년 사이에는 앞의 가중치를 사용하면 탁월함이 공립 분야로 약간 이동했지만 뒤의 가중치를 사용하면 변화가 없었다. 1969년부터 1993년까지는 어느 가중치를 사용해도 공립 분야로 약간의 이동이 있었다. 핵심은, 최상위대학들 중에서 공립 대

학의 비중은 첫 40년간 달라지지 않았고 나중 25년 동안에도 공립 쪽으로의 이동은 약간 정도에 불과했다는 사실이다. 65년 전체 기간 사이에 변동은 거의 없었고 사립 대학들은 강점과 활력을 잘 유지했다.

20세기 내내 대학 교육에서 공립 영역과 사립 영역은 대체로 건전한 경쟁 관계였던 것으로 보인다. 공립 대학은 막대하게 팽창했고 아마도 그것이 《미국의 과학자》에 들어가는 인물의 숫자가 상대적으로 많아진 이유일 것이다. 하지만 대학의 탁월함으로 보면 20세기에 공립과 사립 간에 명백한 변화는 없었다. 몇몇 대학(가령 스탠퍼드)이 떠올랐고 몇몇 대학(가령 컬럼비아)은 내려갔지만 공립과 사립 간의 관계는 대체로 안정적이었다.

앞에서 언급한 세계의 유수 대학 명단을 보면 세계적으로 저명한 미국 대학은 대부분 사립 대학이다. 하지만 공립 대학도 명단에 많이 올라 있고 공립 대학을 세계 유수의 대학 반열에 올린 주 정부에는 무언가 특별한 것이 있다. 이러한 주들은 고등 교육 시스템이 캘리포니아주가 개척한 강한 위계적 구조를 가진 곳이 많다. 우리는 위계적인 시스템인지 아닌지를 각 주의 2년제 커뮤니티 칼리지 등록생 비중으로 계산했다. 2005년에 세계 100대 대학 중에 미국의 주립 종합대학이 17개 있었는데, 12개가 2년제 커뮤니티 칼리지 등록생 비중이 중앙값보다 큰 주들의 대학이었다.[60] 이는 위계적인 구조를 가진 주가 그렇지 않은 주에 비해 플래그십 주립 대학의 연구와 교수진 확보에 더 많은 돈을 쓰고 있음을 말해준다. 또한 고등 교육 시스템이 더 촘촘하게 위계적인 주는 더 뛰어난 학부생을 선별할 수 있을 것이고 더 좋은 대학원 과정을 둘 수 있을 것이다. 그와 동시에, 이런 곳은 덜 비싼 고등 교육기관을 주의 거주자 다수에게 제공함으로써 납세자들의 지지를 유지할 수 있을 것이다.

미국 대학들이 20세기 후반에 어떻게 해서 세계에서 가장 좋은 대학이 될 수 있었는지를 논하면서 우리는 몇 가지 요인을 언급했다. 대학의 규모와 범위, 사립 영역이 주립 대학들에 대해 제공하는 건전한 경쟁, 또한 사립과 공립 각각의 내부에서의 경쟁 등이 중요한 요인이었다.

미국의 대학들이 1930~1950년대에 유럽의 오래된 대학들 대부분을 제치고 떠올랐기 때문에, 전쟁으로 폐허가 된 세계에서 피신하는 과학자와 학자들이 넘어오면서, 즉 유럽 대학의 손실 덕분에 떠오른 게 아니냐고 생각할 수도 있을 것이다. 유럽에서 뛰어난 사람들이 미국으로 왔고 미국이 본토에서 전투가 벌어지지 않았다는 데서 이득을 누린 것은 분명하다.

하지만 이 질문을 면밀히 연구한 학자들은 미국 대학들의 부상과 탁월함의 유지는 2차 대전의 부수효과가 아니라는 결론을 내렸다. 2차 대전 이전에 미국 대학에 존재했던 많은 특성이 전쟁으로 유럽 대학들이 훼손되지 않았더라도 미국의 대학을 탁월해지게 만들었을 것이라고 말이다. 대학의 규모와 범위가 커서 다양한 연구자 집단들 사이에 상호작용이 가능했고, 각 분야에 연구자 수가 많았으며, 이 때문에 대학 내에 세분화되고 전문화된 학과들이 생길 수 있었다는 점 등이 그러한 특성이다. 또한 미국 대학들은 다른 나라들에 비해 연구에 더 많은 지출을 했고 특히 과학에 많이 투자했다. 미국의 고등 교육 시스템은 다양성, 경쟁, 탈중심성에 힘입어 강력하게 부상할 수 있었다.[61]

미완의 전환: 요약

미국의 고등 교육은 20세기 대부분 동안 놀라운 속도로 성장했다. 1900년에 태어난 미국 출생자 중에서는 10%만 대학을 일부라도 다녔는데 1950년 출생자 중에서는 이 숫자가 50%로 늘었다. 또한 1900년에 태어난 미국 출생자 중에서는 4%가 4년제 대학을 졸업했는데 1950년에는 24%로 늘었다. 1910~1950년생 코호트에서는 여성의 대학 등록률과 졸업률이 남성보다 훨씬 낮았지만 최근의 코호트들 사이에서는 여성이 남성보다 대학에 진학하고 졸업하는 비중이 높다.

20세기를 거치면서 대학들은 규모와 범위가 크게 팽창했다. 20세기 초에는 공립 대학이 사립 대학보다 그리 더 크지 않았다. 이후 몇십 년 동안 양쪽 모두에서 종합대학이 막대하게 성장했고, 공립 부문의 종합대학들은 대부분의 사립 대학들을 훨씬 능가하는 규모의 거대 교육기관이 되었다. 이 변화는 학부 과정의 규모가 커졌고, 대학원 과정이 있는 분야가 늘었으며, [전에는 주로 독립적으로 존재하던] 다양한 전문직 과정이 대학 내로 통합되면서 나타났다. 즉 규모와 범위가 모두 커졌다.

하지만 미국 고등 교육이 다른 나라들에 비해 독특하게 갖고 있는 진정한 특징은 탈중심성, 사립과 공립 사이에서와 사립과 공립 각각에서의 풍부한 경쟁, 그리고 자유방임성이다. 이러한 특징은 학생들에게 막대한 선택지와 다양성, 그리고 두 번째 기회를 주었다. 이러한 요인들이 결합해 미국 특유의 고등 교육 제도가 생겨났다.

미국 고등 교육의 또 한 가지 특징은 세계 수위의 탁월함을 가지게 되었다는 점이다. 하지만 이는 1950년대 이후에야 일어난 일이다. 1950년대가 되어서야 가장 뛰어난 미국인들이 미국의 대학에서 공부하는 편을 선택하게 되었고 유럽 등 다른 나라 사람들이 세계에서 가장 좋은 미국 대학들에서 공부하고 싶어 하게 되었다.

20세기 말에는 미국의 종합대학과 칼리지 중 많은 수가 세계에서 가장 좋은 곳이 되어 있었다. 이 시스템은 학생, 교수, 연구자들에게 풍부한 선택지, 다양성, 경쟁을 제공하면서 규모가 막대하게 커졌다. 20세기 후반에 미국은 교육에서 세 번째 대전환에 나섰다. 전에 고등학교가 그랬듯이 이제 대학이 대중 교육기관이 되려 하고 있었다. 그런데, 이 세 번째 대전환은 왜 미완성이 되었을까? 미국이 세계에서 필적할 곳이 없는 고등 교육 시스템을 가지고 있고 방대한 선택지를 제공한다면, 왜 최근에 미국은 다수 대중이 대학에 가게 하는 데서 다른 나라들에 비해 우위를 잃고 있을까? 9장에서 이 논의를 이어가기 전에, 먼저 8장에서는 불평등, 교육, 테크놀로지 변화에 대해 우리가 발견한 내용들을 한데 모아서 왜 20세기의 상당 기간 동안에는 임금 불평등이 감소하다가 최근에 급증했는지에 대한 설명을 체계화해보기로 하자.

3부

경주

8장
교육과 기술의 경주

20세기의 두 이야기

"가난한 사람에게 가장 좋은 나라"

19세기 말에 미국은 "가난한 사람에게 가장 좋은 나라"라고 불렸다.[1] 토지는 풍부했고 농업은 풍요로운 생활수준을 제공했으며 부는 꽤 평등하게 분배되었다. 하지만 한 세기 뒤에는 많은 것이 달라져 있었다. 제임스 브라이스James Bryce가 1880년대 말에 말했듯이 "[토크빌이 방문했던] 60년 전에는 미국에 큰 부가 없었고, 대규모의 부도 없었으며, 빈곤도 없었다. 이제는 약간의 가난이 있고, 대규모의 부가 많이 있으며, 거대한 부호들이 세계의 어느 곳보다 많다"(Bryce 1889, p. 600).[2] 브라이스의 언명은 1830년대에 빈곤이 없었다고 본 데서는 명백히 틀렸지만,[3] 부의 불평등이 증가했다고 본 것은 맞았다.

생활수준은 1890년이 1790년보다 상당히 높았지만 경제 불평등은 매우 심화되어 있었다. 1940년대 이전 시기에 대해서는 소득의 전체적인 분포를 정확히 알기 어렵지만 전에 비해 부는 1870년이면 훨씬 덜 평등해져 있었고 1920년이면 굉장히 불평등해져 있었다. 1913년에 소득 분포의 꼭대기 층 사람들의 상대적 소득은 이전 어느 시기에 비해서도 높았다.[4] 20세기 초입에 더 높은 교육을 필요로 하는 직종은 교육 연수를 별로 요구하지 않는 직종보다 소득이 훨씬 높았다(2장 참고). 1915년 즈음에 고등학교나 대학 교육 1년이 가져다 주는 경제적 수익은 막대하게 높았다. 미국의 대졸 임금 프리미엄은 1915년의 수준이 가장 높았고 최근에야 1915년 수준으로 다시 돌아갔다. 19세기 중 정확히 언제 교육의 프리미엄이 증가했는지, 가령 1850년에도 교육의 프리미엄이 그렇게 높았는지는 알 수 없다. 하지만 1900년에는 고등학교나 대학 교육을 받는 것이 분명히 개인에게 매우 좋은 투자였다.

20세기 초에 더 높은 교육 수준을 요구하는 직종에 종사하는 사람들이 얻었던 커다란 프리미엄은 당대 사람들도 잘 알고 있었고 이에 대해 명민한 분석가들의 논평도 많았다. [1930년에] 경제학자 폴 더글러스는 "1890년대에 사무직 계층은 **경쟁하지 않는 집단**을 구성하고 있었다"고 언급했다.[5] 더글러스는 1920년대 초에 임금 분포가 전에 비해 크게 압축되는 것을 보면서 임금 분포 연구에 관심을 갖게 되었다. 자신의 시대에 펼쳐지고 있는 놀라운 변화를 보면서, [1926년에] 그는 이렇게 언급했다. "전에 화이트칼라 일자리가 누리던 독점적 이득이 사라질 것이고 점차로 그들에게 잉여가 남지 않게 될 것이다."[6]

더글러스에 따르면, 1910년대 말과 1920년대 초에 몇 가지 요인이 임금 분포의 압축을 가져왔다. 하나는 사무기기가 인간의 숙련을 대체하면서 사무직의 탈숙련화가 발생한 것이었다. 또 다른 요인은 이민자 유입이 줄어든 것인데, 그는 그 결과로 교육을 덜 받은 집단의 소득이 높아지는 효과가 나타났으리라고 보았다. 마지막으로, 그는 화이트칼라 직종에 적합한 교육을 받은 노동자의 공급이 막대하게 증가해 그들의 소득을 내리누르는 압력으로 작용했다고 보았다.

여러 요인들이 작용했다고 본 데서는 더글러스가 맞았다. 하지만 교육받은 노동자의 공급 증가가 탈숙련화를 가져온 수요측 요인과 이민자 유입의 감소보다 훨씬 더 중요한 요인이었다(앞으로 살펴볼 것이다). 이 시기에 탈숙련화로 인해 교육 수준이 높은 사람들의 상대적 소득이 크게 줄었을 가능성은 2장에서 이미 반박되었다. 기술변화를 많이 겪지 않은 화이트칼라 직종도 많이 겪은 직종과 임금이 비슷하게 움직였기 때문이다(둘 다에서 화이트칼라 직종은 거의 비슷하게 상대적 임금이 낮아졌다).

임금 구조는 1920년이 되기 조금 전 시점부터 압축되기 시작해서 1950년대 초까지 여러 방식으로 계속 좁혀졌다. 교육 수준이 높은 노동자들의 (교육 수준이 낮은 노동자들 대비) 상대적 소득이 줄었고, 숙련 직종의 소득이 저숙련 직종의 소득보다 느리게 증가했다. 실제로 우리가 일관된 시계열 데이터를 구할 수 있었던 모든 숙련 직종 및 전문직 직종에서 20세기의 첫 절반 동안 상대적 임금이 낮아진 것을 볼 수 있었다. 2장에서 우리는 교수(각 직급 모두), 엔지니어, 사무직 노동자, 수작업 기능직 노동자의 상대적 임금을 통해 이를 확인한 바 있다. 또한 우리는 제조업 부문에서 생산직 노동자들 사이의 임금 구조도 상당히 압축되었음을 살펴보았다. 학교 교육 1년의 수익은 1915년부터 1950년대 초 사이에 급감했다.[7] 하지만 임금 구조가 압축되기 전에 교육의 수익이 너무나 높은 수준이었기 때문에 교육의 프리미엄이 급감한 뒤에도 교육은 여전히 좋은 투자였다.

요컨대, 20세기 초입에는 불평등 수준과 교육의 금전적 수익 모두 굉장히 높았다. 하지만 미국은 여전히 "가난한 사람에게 가장 좋은 나라"였다. 다른 나라들에 비해 상당히 높은 평균 소득을 올리고 있었고 유럽보다 훨씬 더 개방적인 교육 시스템과 평등한 기회가 있었기 때문이다.[8] 몇몇 집단, 특히 남부의 흑인들은 한동안 계속해서 뒤처졌지만 이들도 20세기 중반에는 교육 접근성이 높아졌고 1960년대 무렵에는 소득이 더 높은 직종에 진입할 수 있었다.

두 이야기의 통합

1970년경이면 미국은 '다 가졌다'고 말할 수 있었다. 미국 경제는 1960년대에 기록적인 속도로 성장했다. 이 시기에 노동생산성이 연평균 2.75%씩 증가했다.[9] 미국 경제는 강했다. 임금 구조는 1940년대 말보다 약간만 더 벌어졌을 뿐이었고 소득 분포는 상당히 안정적으로 유지되었다. 미국인들은 소득 분포상의 어느 지점에 있든 비교적 평등하게 번영을 공유하고 있었다. 2장의 그림 2.2와 2.3을 상기해보면, 1947년부터 1973년까지 미국 경제는 빠르게 성장했고 미국 사람들은 '함께 성장했다'.

미국의 매 세대는 직전 세대를 훨씬 능가하는 교육 수준을 달성했고, 대개 성인이 되었을 때 부모 세대보다 훨씬 더 학력이 높았다. 20세기 초 이후로 교육 자원, 교육 수준, 경제적 결과의 면에서 인종적, 지역적 차이가 상당히 좁혀졌다.[10] 교육에서의 계층의 상향 이동성은 미국 사회의 두드러진 특징이 되었다.

하지만 미국 경제는 이 경로를 유지하지 못했다. 1970년대 말부터 2000년대 초까지 불평등이 급격히 심화되었다. 생산성 성장도 전만큼의 속도를 유지하지 못했다. 1970년대 중반이면 증가 속도가 상당히 둔화되었고 이후 20년간 낮은 수준에 머물렀다. 나중에는 이전 수준의 성장률을 회복하지만, 불평등이 증가하면서 대다수 사람들에게는 그때까지 둔화되었던 경제성장의 악영향이 오히려 증폭되었다.

따라서 20세기 전체는 두 개의 불평등 이야기를 담고 있다. 첫번째는 격차가 좁혀지는 이야기고 두 번째는 벌어지는 이야기다. 임금 불평등의 두 요소인 대졸 임금 프리미엄과 고졸 임금 프리미엄의 한 세기에 걸친 추이를 그래프로 그려보면 이를 분명하게 확인할 수 있다. 그림 8.1은 1915~2005년의 대졸 임금 프리미엄(고졸자 대비)과 고졸 임금 프리미엄(8학년까지 마친 사람 대비)을 보여준다. 이 시기 전체에 대해 소득과 임금의 완전한 분포를 알면 가장 좋겠지만 1940년 이전은 그런 데이터가 존재하지 않는다. 하지만 1915~2005년 기간의 교육 프리미엄을 일관성 있게 분석하는 것이 불가능하지는 않다.

교육 프리미엄이 임금 불평등을 일으키는 여타 요소들과 늘 함께 움직이는 것은 아니지만, 1940~2005년에는 임금 구조의 변화가 대졸 프리미엄의 변화와 밀접하게 관련이 있었다(대졸 프리미엄과 90-10 임금 차분 로그값을 나타낸 그림 2.6을 참고하라). 또한 최근 20~30년 동안 증가한 임금 불평등의 상당 부분을 교육에 따른 임금 차분의 증가로 설명할 수 있다.[11] 우리는 이 90년 동안의 교육 프리미엄이 임금 불평등의 합리적인 대용지표가 된다고 본다.

1915년부터 1950년까지는 대졸 임금 프리미엄이 크게 감소했

그림 8.1 대졸 및 고졸 임금 프리미엄: 1915~2005년

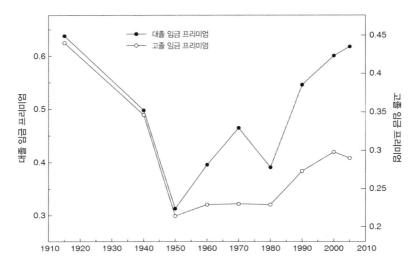

출처와 주: 대졸 임금 프리미엄: 부록 표 D.1의 대졸/고졸 임금 차분 로그값을 나타낸 것이다. 우리는
1915년 아이오와주 추정치와 1940년부터 1980년까지 연방 센서스 추정치를 사용했고, 이 데이
터 계열을 1990년, 2000년, 2005년으로 확장했다. 각 쌍의 표본 사이에 학력 코딩을 일치시키기
위해 1980년과 1990년은 CPS로, 1990년과 2000년은 센서스로, 2000년과 2005년은 CPS로
차이를 구하고 이를 더해 1980년부터 2005년까지 연결했다.
고졸 임금 프리미엄: 부록 표 D.1의 고졸/8학년 임금 차분 로그값을 나타낸 것이다. 1940~1980년
연방 센서스로 구한 추정치를 사용했고, 데이터의 일관성을 유지하면서 기간을 확장하기 위해 앞으
로는 아이오와주 데이터를 이용해 1915~1940년 사이의 변화를 연결하고, 뒤로는 1980~1990년
의 변화는 CPS, 1990~2000년의 변화는 CPS 2월 보충자료, 2000~2005년의 변화는 CPS를 사
용해 연결했다.

고 1950년부터 1980년까지는 잔잔하게 출렁이다가 1980년 이후로는
크게 증가했다. 대졸 임금 프리미엄은 한 세기 동안 한 바퀴를 돌아서,
2005년에 고등학교 운동이 벌어지기 시작하던 1915년 수준으로 되돌
아갔다. 고졸 임금 프리미엄의 경우 1950년 이전에는 대졸 임금 프리
미엄과 마찬가지로 크게 감소했지만 이후에 대졸 임금 프리미엄만큼
증가하지는 않았다.

경주

왜 20세기 전반에는 교육의 수익이 떨어졌다가 20세기의 마지막 시기에는 올랐을까? 이것이 이 장의 핵심 질문이다. 우리는 교육 수익의 변화를 교육(숙련의 공급)과 숙련편향적 기술변화(숙련에 대한 수요) 사이에 벌어지는 경주라고 보는 이론 체계를 통해 분석하고자 한다.

미국 노동력이 보유한 숙련의 양은 직접적인 데이터를 사용해 계산했고, 숙련편향적 기술변화는 간접적으로 도출한 데이터를 사용했다. 즉 숙련편향적 기술변화는 직접적인 데이터를 사용하지 않고 숙련에 대한 상대적 수요를 도출해 대용지표로 삼았다. 상대적 수요(의 변화량)는 교육 수준에 따른 상대적 임금, 교육 수준별 상대적 공급(의 변화량), 그리고 상이한 학력 집단 사이의 대체탄력성에 대해 우리가 추정한 값을 가지고 계산했다. 3장에서 우리는 숙련편향적 기술변화가 고용 기회의 변화에 매우 크게 영향을 미쳤음을 보여주는 실증근거를 살펴보았다. 그러한 실증근거 중 하나는 그 업종이 새롭고 더 자본집약적인 테크놀로지를 사용하고 있는지와 교육 수준이 높은 노동자를 어느 정도 고용하고 있는지 사이에 20세기 내내 강한 양의 상관관계가 있었다는 점이었다. 이러한 발견들을 토대로 우리는 우리가 추정한 숙련 수요 증가분의 상당 부분이 숙련편향적 기술변화에서 발생했다고 확신할 수 있었다.

우리의 분석 대상 기간 동안 '교육을 많이 받은 노동자'의 개념이 달라졌다. 오늘날에는 대졸 혹은 대학원 학력인 노동자가 교육 수준이 높다고 여겨지지만 1915년에는 고등학교를 졸업했으면 교육 수준이 높은 것이었다. 따라서 우리는 '교육 수준이 높은 노동자'에 대해 두 개의 정의를 사용했다. 20세기의 대부분에 대해서는 대졸 프리미엄에 초점을 맞추었지만 20세기 초 시기에 대해서는 고졸 프리미엄을 주로 분석했다.

기술과 교육 사이의 경주에서 20세기 중 전반기에는 교육이 앞섰고 마지막 30년에는 기술이 앞섰다. 이 경주는 경제의 확장만 가져온 것이 아니라 성장의 과실을 어느 집단이 얻을지도 결정했다.

하지만 기술과 교육, 이 두 요인 중에서 20세기의 앞에서는 불평등이 감소했다가 뒤에서는 증가하게 만든 요인은 어느 것이었을까? 기술변화의 정도와 고숙련 고학력 노동자에 대한 수요 증가는 앞 시기와 뒤 시기 모두 공통적이었다. 더 빠르게 증가한 시기와 다소 느리게 증가한 시기가 있었지만 일반적으로 (교육 수준이 낮은 노동자 대비) 교육 수준이 높은 노동자에 대한 상대적 수요의 증가율은 1915년에서 2005년 사이 내내 상당히 일정했다.

20세기 동안 추세에 크게 변화가 있었던 쪽은 수요 쪽이 아니라 공급 쪽이었다. 교육을 더 많이 받은 노동자의 공급 증가율 변화가 불평등 추세에 변화를 가져온 결정적인 요인이었던 것이다. 또한 교육을 더 많이 받은 '미국 출생' 노동자의 공급 변화가 이민자 유입의 변화보다 숙련 공급량의 변화에 더 큰 영향을 미쳤다. 즉 미국인들이 미국에서 받은 교육 수준의 변화가 미국 노동력 전체가 보유한 교육 수준 변화에서 가장 중요한 요인이었다. 저소득 및 중위소득 노동자들을 시장 요인으로부터 보호해주는 노동시장 제도의 변화도 몇몇 세부 기간들을 설명하는 데 중요한 요인이었지만, 교육에 따른 임금 격차의 변화 대부분은 단순한 수요-공급 이론 체계로 충분히 잘 설명되었다.

이제 우리는 20세기의 불평등 추이에 대해 통합적인 분석을 제시하고 1915년부터 2005년 사이 교육 수준에 따른 임금 격차를 원인별로 분해할 준비가 되었다. 이를 위해, 수요 측과 공급 측 요인들 및 이러한 시장 요인만으로는 설명이 안 되는 세부 기간들을 추가로 설명할 수 있게 해주는 제도적 요인들로 구성된 이론 체계를 제시하고자 한다.

수요-공급-제도 이론 체계

지난 한 세기간 교육의 수익을 변화시킨 요인들에 대한 실증분석 방법을 설계하기 위해 우리는 수요-공급 이론 체계에 바탕을 둔 수식을 구성했다. 이 이론 체계는 숙련편향적인 기술변화가 20세기 내내 빠르게 진전되었고 따라서 숙련에 대한 상대적 수요가 상당히 꾸준한 속도로 증가했다는 발견(3장 참고)을 토대로 하고 있다. 우리의 분석의 목적은 수요 증가율이 일정한 상태에서 교육에 따른 임금 차분의 변화 중 어느 정도가 공급 증가율의 변동으로 설명될 수 있는지 알아보는 것이다.

앞으로 살펴보겠지만, 교육에 따른 임금 차분의 변화 중 상당히 많은 부분이 이 간단한 수요-공급 이론 체계로 설명된다. 하지만 이러한 시장 요인만으로는 설명이 다 되지 않는 기간들이 있는데, 이에 대해서는 제도적 요인으로 나머지를 설명할 수 있다. 따라서 우리의 접근은 일반적인 수요-공급 이론 체계에 제도적 요인(제도의 경직성 및 제도의 변화)을 결합한 것이라고 말할 수 있다. 수요, 공급만이 아니라 제도적 요인까지 결합한 포괄적인 이론 체계는 1940년대의 변화, 그리고 1970년대 중후반과 1980년대 초의 서로 반대방향으로의 변화를 설명하는 데 특히 중요하다. 이를테면, 1940년대의 임금 구조 압축은 수요-공급의 시장 요인으로 설명될 수 있는 정도보다 훨씬 큰데, 노조의 역할이 커진 것, 전쟁 시기에 정부가 설정한 임금 정책이 남긴 효과 등 2차 대전 시기의 제도적 요인들이 여기에 영향을 미쳤다.

우리의 이론 체계에는 두 개의 핵심적인 설명변수가 있다. 하나는 교육을 더 많이 받은 노동자의 상대적 공급의 변화로, 이것은 노동시장에 진입하는 코호트들의 학력 변화와 주로 관련이 있다. 다른 하나는 교육을 더 많이 받은 노동자에 대한 상대적 수요의 변화로, 이것은 주로 숙련편향적인 기술변화와 관련이 있다.

우리는 총생산함수가 숙련 노동자와 비숙련 노동자의 양에만 의존한다고 가정하는 일반적인 노동 수요 이론을 토대로 분석 모델을 설계했다. 숙련 노동자 S는 대학 교육을 일부라도 받은 사람이고 비숙련 노동자 U는 대학 교육을 전혀 받지 않은 사람이라고 하자. 우리의 생산함수는 숙련 노동자와 비숙련 노동자 사이의 총대체탄력성이 일정하며 σ_{SU}로 주어져 있다고 가정한다. 비숙련 노동자는 다시 고등학교 졸업자 H와 고등학교를 졸업하지 못한 사람('중퇴자') O로 나뉘는데, 이들 사이의 총대체탄력성도 일정하며 σ_{HO}로 주어져 있다고 가정한다.[12]

우리의 이론 체계는 다음의 두 방정식으로 요약할 수 있다.

$$Q_t = A_t [\lambda_t \, S_t^p] + (1-\lambda_t) U_t^p]^{\frac{1}{p}} \tag{1}$$

$$U_t = [\theta_t \, H_t^\eta + (1-\theta_t) O_t^\eta]^{\frac{1}{\eta}} \tag{2}$$

방정식 (1)은 총생산함수이고 방정식 (2)는 비숙련 노동자에 대한 하위 범주의 생산함수다. 방정식 (1)에서 Q는 산출, A는 총요소 생산성이며 S는 숙련 노동자(대학을 일부라도 다닌 노동자)이고 U는 비숙련 노동자(대학을 다니지 않은 노동자)다. 방정식 (2)에서 H는 고졸 노동자이고 O는 고교 중퇴 노동자다. 매개변수 λ_t와 θ_t는 서로 다른 노동자 유형의 비중이며, 이 모델에서 테크놀로지 변화를 반영하는 매개변수로 삼았다.[13] 대체탄력성이 상수인 생산함수에서 대체탄력성 매개변수인 ρ와 η는 대체탄력성과 다음과 같은 관계가 있다: $\sigma_{SU}=1/(1-\rho)$, $\sigma_{HO}=1/(1-\eta)$.

숙련 정도에 따른 세 집단 S, H, O의 임금은 경쟁 균형의 조건, 즉 임금이 한계생산과 같아지는 지점에서 정해진다는 조건에 따라 도출했다. 이때 대학 학력 노동자의 (고등학교 학력 노동자 대비) 상대적 임금과 고졸 노동자의 (고교 중퇴 노동자 대비) 상대적 임금은 다음 수식과 같다.

$$\log\left(\frac{\omega_{S_t}}{\omega_{U_t}}\right)=\log\left(\frac{\lambda}{(1-\lambda_t)}\right)-\frac{1}{\sigma_{SU}}\log\left(\frac{S_t}{U_t}\right) \qquad (3)$$

$$\log\left(\frac{\omega_{H_t}}{\omega_{O_t}}\right)=\log\left(\frac{\theta_t}{(1-\theta_t)}\right)-\frac{1}{\sigma_{HO}}\log\left(\frac{H_t}{O_t}\right) \qquad (4)$$

즉 [각 방정식에서 교육을 더 많이 받은 집단인] 대학 학력 노동자의 상대적 임금과 고졸 노동자의 상대적 임금은 테크놀로지 변화에 따른 수요 변동을 포착하는 매개변수(λ_t와 θ_t), 교육을 덜 받은 집단 대비 더 받은 집단의 상대적 공급, 그리고 두 집단 사이의 대체탄력성(σ_{SU}와 σ_{HO})에 달려 있다. 방정식 (3)과 (4)가 우리 모델의 주된 추정 방정식 이다.

우리의 이론 체계를 실증분석에 적용할 때의 핵심 가정은 숙련 의 상대적 공급은 주어져 있으며 따라서 단기적으로 각 숙련 집단의 노동 공급은 완전히 비탄력적이라는 것이다.[14] 이에 더해 이 이론 체계 는 대학 학력 노동자의 상대적 공급 변화가 고교 중퇴자 대비 고졸자 의 임금 프리미엄에 영향을 미치지 않는다고 가정한다. 이것은 대학 학력 노동자의 공급이 비숙련 노동자들의 임금이 결정되는 데 중요하 지 않다는 가정이 아니라, 대학 학력 노동자의 공급이 고졸자와 고교 중퇴자의 임금에 동일하게 영향을 미친다는 가정이다.

또한 이 이론 체계는 각 숙련 집단들(대학, 고졸, 중퇴) 간에는 노 동생산성(효율성)이 차이가 나지만 각 숙련 집단 안에서는 노동자들이 서로 완벽한 대체재라고 가정한다. 이는 숙련 공급량(S, U, H, O)을 단 순한 노동시간이 아니라 각 집단의 생산성으로 가중치를 둔 '효율성 단위'로 환산해야 한다는 뜻이다. 우리는 연령, 성별, 교육에 따른 노동 자 효율성의 체계적인 변화를 감안하고 각 숙련 집단의 노동시간 총 량에 그 집단의 연령-성별-교육별 구성비를 반영해서 숙련 공급량을 효율성 단위로 환산했다.[15]

그림 8.2는 이 이론 체계가 임금 구조 변화를 분석하는 데 어떻 게 활용될 수 있는지 보여준다. 이 그래프는 곧 설명할 1960~2005년 시기의 추정치를 나타낸 것이다. SS*로 표시된 두 선은 연간으로 환산 한 숙련 노동자(대학 학력 노동자)의 비숙련 노동자 대비 상대적 공급 변화율을 나타낸다. 방정식 (3)에서 이 두 집단 사이의 대체탄력성

그림 8.2 공급과 수요 이론 체계

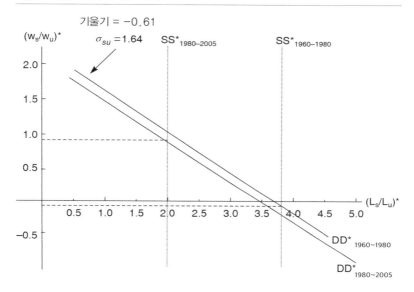

(σ_{su})이 구해지는데, 이를 통해 수요의 임금 탄력성을 구할 수 있다. 이 추정치와 대학 학력 노동자의 임금 프리미엄 변화율이 주어져 있을 때, 변화율 형태로 나타낸 수요 곡선 DD*를 그릴 수 있다. DD*가 X축과 만나는 곳이 대학 노동자에 대한 상대적 수요의 변화분이다.

　　이제 우리는 이 이론 체계로 교육의 임금 프리미엄에 공급 요인, 수요 요인, 제도 요인이 각각 얼마나 영향을 미쳤는지 측정할 것이다. 먼저 대학 교육의 임금 프리미엄부터 살펴보자.

숙련 프리미엄 변화의 설명: 1915~2005년

대학의 임금 프리미엄

이론 체계의 적용

대학 교육의 임금 프리미엄에 대한 이론 체계는 반드시 몇 가지 사실을 일관성 있게 설명할 수 있어야 한다. 그 사실들은 표 8.1에 나와 있는데(그림 8.1도 참고하라), 간단히 요약하면 다음과 같다. 대학의 임금 프리미엄(1열)은 1915~1950년에 급감했다가 그후에 차차 증가했고 1980년 이후에 특히 크게 증가해 2005년이면 1915년 수준으로 돌아갔다. 그림 8.1이 보여주듯이 대학 교육의 수익은 완전히 한 바퀴를 돌아 원점으로 돌아왔다. 이 시기의 상당 부분 동안 대학 교육을 받은 노동자의 상대적 공급(표 8.1, 2열)은 빠르게 증가했다. 최근에, 특히 1990~2005년 사이에 중대하게 둔화하긴 하지만, 전체 기간 동안 대학 학력 노동자의 상대적 공급은 연간 2.87%라는 꽤 빠른 속도로 증가했다.

20세기 말의 대학 교육 프리미엄이 20세기 초와 비슷한 수준이므로, 우리의 수요-공급 이론 체계가 암시하는 바는 20세기 전체에 걸쳐 숙련에 대한 상대적 수요가 숙련에 대한 상대적 공급과 같은 만큼 증가했으리라는 것이다. 장기적으로는 교육과 기술이 경주에서 비등비등했다는 뜻이다. 하지만 '장기'는 중요한 단기적 변화들을 가린다. 무엇이 20세기를 거치면서 교육의 수익을 감소시켰다가 다시 증가시켰을까? 우리는 등락을 보인 상대적 공급 증가율과 안정적이었던 수요 증가율을 함께 고려하면 대졸 프리미엄의 등락을 충분히 잘 설명할 수 있음을 보여줄 것이다.

표 8.1 대졸 임금 프리미엄과 대졸 노동자의 공급과 수요: 1915~2005년 (100×연간 변화 로그값)

	상대 임금	상대 공급	상대 수요 (σ_{su}=1.4)	상대 수요 (σ_{su}=1.64)	상대 수요 (σ_{su}=1.84)
1915~1940	-0.56	3.19	2.41	2.27	2.16
1940~1950	-1.86	2.35	-0.25	-0.69	-1.06
1950~1960	0.83	2.91	4.08	4.28	4.45
1960~1970	0.69	2.55	3.52	3.69	3.83
1970~1980	-0.74	4.99	3.95	3.77	3.62
1980~1990	1.51	2.53	4.65	5.01	5.32
1990~2000	0.58	2.03	2.84	2.98	3.09
1990~2005	0.50	1.65	2.34	2.46	2.56
1940~1960	-0.51	2.63	1.92	1.79	1.69
1960~1980	-0.02	3.77	3.74	3.73	3.73
1980~2005	0.90	2.00	3.27	3.48	3.66
1915~2005	-0.02	2.87	2.83	2.83	2.82

출처: 기저의 데이터는 부록 표 D.1에 나오며, 1915년 아이오와주 센서스, 1940~2000년 센서스 IPUMS, 1980~2005년 CPS MORG 표본에서 도출했다.

주: '상대 임금'은 대졸/고졸 임금 차분의 로그값이고 이것이 대졸 임금 프리미엄이다. 대졸 임금 프리미엄 데이터는 그림 8.1에 나타나 있다. 상대 공급과 수요는 고졸 등가(12년 이하의 교육을 받은 사람들+일부 대학 교육을 받은 사람의 절반) 대비 대졸 등가(대졸자 + 대학교육을 일부라도 받은 사람의 절반)의 비로 측정했다. 상대 공급 로그값은 대졸 등가의 상대 임금몫 로그값에서 상대 임금 로그값을 뺀 것이고, 다음과 같이 나타낼 수 있다.

$$\log\left(\frac{S}{U}\right) = \log\left(\frac{\omega_s S}{\omega_u S}\right) - \log\left(\frac{\omega_s}{\omega_u}\right)$$

여기에서 S는 효율성 단위로 환산한 숙련 노동력(대졸 등가), U는 효율성 단위로 환산한 비숙련 노동력(고졸 등가)이며, ω_s와 ω_u는 (구성비를 반영해 보정한) 숙련 노동자와 비숙련 노동자의 임금이다. 상대 임금의 로그값은 부록 표 D.1에 나오는 대졸 등가의 상대 임금몫 데이터를 기초로 했다. 상대 수요 지표인 $\log(D_{su})$는 σ_{su}에 따라 달라지는데, 본문 중의 방정식(3)에서 다음과 같이 도출된다.

$$\log(D_{su}) = \log\left(\frac{S}{U}\right) + \sigma_{su}\log\left(\frac{\omega_s}{\omega_u}\right)$$

표본 간 일관성을 최대화하기 위해 1980년과 1990년 사이의 변화는 CPS로, 1990년과 2000년 사이의 변화는 센서스로, 2000년과 2005년 사이의 변화를 CPS로 구했다. 1915년과 1940년 사이의 변화는 아이오와주 센서스 자료로 구했다. 변수들의 측정 방법에 대한 더 상세한 내용은 다음을 참고하라. Autor, Katz, and Krueger (1998).

우리는 1915~2005년 기간에 대해 입수 가능한 모든 데이터 (1915년, 1940년, 1950년, 1960년, 그리고 1963~2005년의 연간 데이터)를 사용해 방정식 (3)의 변수들을 추정했다.[16] 종속변수는 고졸로 학업을 마친 사람(교육 연수 12년) 대비 대졸 이상 학력자(교육 연수 16년 이상)의 임금 프리미엄이다. 임금 프리미엄은 두 학력 집단 간 임금 비의 로그 값으로 나타냈다. 숙련의 상대적 공급은 '고졸 등가'(교육 연수 12년인 사람+대학을 일부라도 다닌 사람의 절반) 대비 '대졸 등가'(대졸자+대학을 일부라도 다닌 사람의 절반)의 공급량으로 구했다. 노동 공급량은 모두 효율성 단위로 환산했다.[17]

대학 학력 노동자에 대한 상대적 수요가 장기적으로 꾸준한 속도로 증가했음을 나타내기 위해 시간에 따른 추세선을 선형으로 잡았다. 여기에 세부 시기별로 추이의 변화를 허용하기 위해 특정 연도와의 상호작용 변수를 추가했다. 이를테면, 1990년대 초에 대졸 노동자에 대한 상대적 수요의 증가 속도가 둔화되었다는 것을 우리가 알고 있으므로(3장 참고) 이 변화를 수요의 추세선이 반영할 수 있도록 1992년을 기점으로 변화가 있음을 나타낼 수 있는 변수를 추가했다.[18] 그 결과를 표 8.2와 그림 8.3에서 볼 수 있다.

이 추정에서 나타난 가장 중요한 결과는 대졸 등가 노동자의 상대적 공급의 변화가 전체 시기에 걸쳐 대졸 임금 프리미엄에 상당한 규모의 마이너스 영향을 미쳤다는 것이다. 여러 방식으로 방정식의 변수를 바꾸어보아도 대졸 등가 노동자의 상대적 공급 변화와 대졸 임금 프리미엄 사이에 비슷한 음의 상관계수가 나타났다(표 8.2, 1행). 우리가 선호하는 방정식은 3열인데, 대졸 등가 노동자의 상대적 공급이 10% 증가하면 대졸 임금 프리미엄이 6.1% 감소하며, 숙련 노동자

표 8.2 대졸 임금 프리미엄의 결정 요인: 1915~2005년

	(1)	(2)	(3)	(4)	(5)
대졸/고졸 공급	-0.544 (0.079)	-0.595 (0.093)	-0.610 (0.065)	-0.579 (0.099)	-0.618 (0.079)
대졸/고졸 공급×1949년 이후					0.0078 (0.0420)
시간	0.00378 (0.00200)	0.00970 (0.00243)	0.00991 (0.00171)	0.00973 (0.00545)	0.0103 (0.0028)
시간×1949년 이후	0.0188 (0.0013)				
시간×1959년 이후		0.0156 (0.0012)	0.0154 (0.0009)		0.0150 (0.0022)
시간×1992년 이후	-0.00465 (0.00227)	-0.00807 (0.00279)	-0.00739 (0.00196)		-0.00742 (0.00199)
1949년 더미			-0.137 (0.021)		-0.143 (0.036)
시간제곱×10				-0.00342 (0.00203)	
시간세제곱×1000				0.105 (0.034)	
시간네제곱×10000				0.00664 (0.00186)	
상수	-0.493 (0.168)	-0.645 (0.197)	-0.656 (0.138)	-0.587 (0.210)	-0.674 (0.079)
R^2	0.934	0.917	0.960	0.928	0.960
관찰값 수	47	47	47	47	47

출처와 주: 각 열은 대졸 임금 프리미엄을 종속변수로 놓고 우리가 고려한 요인들을 독립변수로 포함해 1914년, 1939년, 1949년, 1959년, 그리고 1963~2005년 각 연도의 데이터로 OLS회귀분석을 한 것이다. 표준오차는 상관계수 아래 괄호에 표시했다. 대졸 임금 프리미엄은 고졸(정확히 12년) 대비 대졸(정확히 16년 교육)과 대학원(17년 이상)의 임금 차분 로그값 추정치의 고정가중평균이다. 대졸/고졸 공급은 고졸 등가 대비 대졸 등가의 공급량 로그값이다. 공급량은 둘 다 효율성 단위로 측정했다. '시간'은 1914년 이후의 햇수를 말한다. 1963~2005년 데이터는 1964~2006년의 CPS 3월 보충자료 표본이다. 1963~2005년의 대졸 임금 프리미엄과 상대 공급량(효율성 단위로 환산)은 다음에 나온 표본 구성 원칙 및 데이터 처리 방식과 동일하다. Autor, Katz, and Kearney (2007), 데이터 부록. 1963~2005년의 대졸 임금 프리미엄은 전일제 연중고용 노동자의 주급 로 그값을 사용했다. 대졸 임금 프리미엄의 1914년, 1939년, 1949년, 1959년 관찰값은 그림 8.1에 나오는 1915~1970년(실제로는 1914~1969년)의 대졸 임금 프리미엄 변화들을 연결하며, 1969 년 데이터 포인트에서 우리의 CPS 3년 보충자료와 연결된다. 이와 비슷하게 상대 공급량(로그값) 의 1915~1959년 관찰값도 아이오와주에 대해 1915부터 1939년, 미국 전체에 대해 1939년부터 1949년, 1949년부터 1959년, 1959년부터 1969년의 IPUMS 데이터로 도출한 대졸 등가 상대 공급량 변화들을 연결한다. 표8.5와 8.6에서처럼 효율성 단위로 환산했다.

그림 8.3 대졸 임금 프리미엄 실제값과 예측값: 1915~2005년

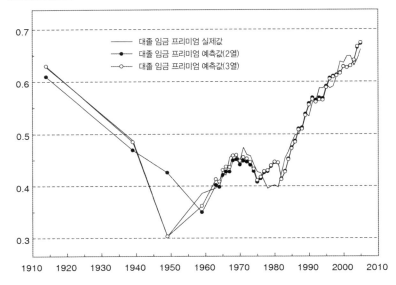

출처와 주: 대졸 임금 프리미엄 실제값은 표 8.2에서 회귀분석에 사용한 데이터 계열에서 가지고 왔으며 그 표의 주석에 설명되어 있다. 대졸 임금 프리미엄 예측값의 두 계열은 표 8.2에서 각각 2열의 회귀분석과 3열의 회귀분석에 따른 것이고 설명은 표 8.2의 주석에 있다.

와 비숙련 노동자 사이의 대체탄력성(σ_{SU})은 1.64가 나온다(방정식 (3)에서 1/0.61로 계산된다). 1915~1980년 사이에 대졸 등가 노동자의 상대적 공급이 빠르게 증가하면서 대학의 임금 프리미엄을 낮추는 압력으로 작용했다. 대졸 등가 노동자의 상대적 수요가 장기적으로 강한 증가율을 유지하고 있었는데도 말이다. 그리고 1980년 이후에는 대졸 등가 노동자의 공급 증가가 크게 둔화되면서 대졸 임금 프리미엄이 증가했다.

　　전반적으로는 간단한 수요와 공급 변수들로 대학 임금 프리미엄의 장기적인 변천을 놀랍도록 잘 설명할 수 있었다. 방정식 (2)와 (3)

에서 도출한 예측값과 대학 프리미엄의 실제값을 그림 8.3에서 볼 수 있는데, 대부분의 단기적인 등락도 잘 설명됨을 알 수 있다. 하지만 단기적 등락 중 두 시기는 이야기가 더 복잡한데, 하나는 1940년대이고 다른 하나는 1970년대 중후반이다.

1940년대를 설명하기 위해 1, 2, 3열 각각의 방정식은 우리의 일반적인 이론 체계 안에서 서로 다른 방법을 사용했다. 1열에서 사용된 방정식은 '1949년 이후' 더미와의 교차항을 포함함으로써 20세기의 앞 절반과 뒤 절반 사이에서 수요의 추세가 차이를 보일 수 있도록 했다. 이 방정식에서 도출된 추세는 대졸 등가 노동자에 대한 수요 증가가 앞 시기에는 느렸고 1949년 이후에 급격하게 가속화되었으며 1992년 이후에 다시 다소간 둔화된 것으로 나온다. 이 모델은 1915~1940년 시기의 대학 프리미엄 감소를 과대예측하고 1940년대의 급격한 감소를 과소예측한다.

2열의 방정식은 수요 추세가 1949년이 아니라 1959년에 변화하도록 했다. 그림 8.3은 2열의 방정식이 1915~1940년의 감소에 대해서는 데이터에 더 잘 적합되지만 1940년대에 대학 프리미엄이 급격하게 감소했다가 1950년대에 다시 강하게 반등하는 것은 잘 설명하지 못한다는 것을 보여준다. 1940년대와 1950년대의 단기 등락을 방정식으로 예측하기 어려운 이유는 제도적 요인과 경기순환적 요인이 작동하고 있기 때문일 것이다. 이러한 요인에는 2차 대전 시기 임금 통제 정책이 남긴 효과, 강력한 노조에 의한 저학력 노동자들의 협상력 증대, 전쟁 시기 생산직 노동자에 대한 강한 수요, 그리고 전후의 소비자 내구재 호황 등을 생각해볼 수 있고 이 모두가 대학 등가 노동자의 상대적 임금이 1950년대에 장기적 시장 균형 예측값보다 낮아지게 하

는 데 영향을 미쳤을 것이다.[19]

1940년대의 대졸 프리미엄 감소는 펀더멘털 요인[시장 요인]들의 변화로 예측되는 감소 폭보다 더 크게 감소하는 오버슈팅을 한 것이고 1950년대의 증가는 다시 제자리로 돌아온 것일 수 있다. 우리는 '1949년' 더미 변수를 추가해 1940년대에 제도적 요인이 일시적으로 임금에 영향을 미쳤을 가능성을 고려했다. 표 8.2의 3열에서 사용한 방정식이다. 이 방정식으로 추정한 값은 제도적 요인들, 혹은 일시적인 수요 요인들이 1949년에 대졸 등가의 임금 프리미엄을 14로그포인트만큼 낮추었음을 보여준다. 3열의 방정식은 데이터에 매우 잘 적합되며, 우리가 가장 선호하는 방정식이다. 4열은 시간에 따른 추세가 유연하게 변한다고 가정한 것으로, 이 방정식으로 계산해도 전체 시기에 걸쳐 상대적 공급의 상관계수는 강건성을 유지했다.

표 8.2의 방정식으로 잘 포착되지 않는 또 하나의 하위 기간은 1970년대 중후반이다. 이때 대졸 등가 노동자의 임금 프리미엄이 감소했는데, 이 시기는 1973년 이후의 생산성 둔화와 굉장히 심각했던 유가와 인플레 충격 때문에 이야기가 복잡하다. 철강과 자동차 등 비대졸 노동자를 압도적으로 많이 고용하고 있던 업종에서 많은 노조가 인플레에 완전히 연동되는 임금 계약을 해서 실질임금이 국가 전체의 생산성 성장률 예측치를 따라 움직이도록 되어 있었다. 1970년대 말의 임금 협상 때는 아직 둔화된 생산성으로 조정되기 전이어서 비대졸 노동자의 임금이 상대적으로 증가했다. 하지만 1980년대 초의 깊은 불황과 노조에 대한 고용주의 태도 변화, 특히 레이건 대통령의 항공관제사 노조와의 강경 대치에 이은 태도 변화는 노조가 1980년대의 협상에서 양보하게 만들었고, 이는 대졸 임금 프리미엄이 급격하게 반

등하는 길을 닦았다. 1980년대 동안 노조의 계속적인 약화와 연방 최저임금의 실질 가치 하락은 대졸 임금 프리미엄을 시장 요인들로 설명되는 정도보다 더 높였을 것이다.[20]

대졸 노동자에 대한 수요 증가는 1990년대에 둔화된 것으로 보인다(1992년과의 상호작용을 나타내는 교차항의 상관계수가 음수다). 1990년대와 그 이후에 정보기술이 빠르게 확산된 것을 생각할 때, 이는 숙련편향적 기술변화의 설명과 배치되는 것으로 보인다. 하지만 이를 설명할 수 있는 방법이 있다.

1990년대 이전의 컴퓨터화는 대체로 대졸이 아닌 사무직과 생산직 업무를 대체했다. 하지만 최근의 정보기술 발달은 중저위 소득의 대졸 직군을 대체하는 한편 고소득 경영관리직과 높은 문제해결 역량을 가진 사람들에 대해서는 보완재로 작용하는 방식으로 조직을 변화시키고 있다. 명문 대학을 나온 사람과 대학원 학위를 보유한 사람들에 대해서는 수요가 여전히 치솟고 있고, 이들은 소득 면에서 현저하게 성과가 좋다. 하지만 여타의 다수 대졸자들에 대한 수요는 강하지 않아서, 이들의 비대졸 노동자 대비 상대적 소득은 1990년대 이래로 그리 많이 증가하지 않았다.[21] 그럼에도, 대졸 임금 프리미엄은 학부 학위만 있는 사람에게도 여전히 역사적으로 높은 수준이고 '한계' 대졸자들도 높은 프리미엄을 얻고 있다.[22]

공급 곡선과 수요 곡선 이동의 계산

대졸 노동력의 상대적 공급에 대한 상관계수들, 즉 o_{SU}들은 상대적 수요의 변화를 계산하는 데 사용된다(그림 8.2가 이를 보여준다). 3개의 o_{SU} 추정치에 대해 수요의 이동이 표 8.1에서 마지막 3개의 열에 나타나 있다. σ_{SU}=1.4는 과거 문헌들에서 합의된 수준의 추정치이고 $\sigma$$_{SU}$=1.64는 우리가 선호하는 표 8.2, 3열에서의 추정치이며, σ_{SU}=1.84는 표 8.2의 1열에서 도출되는 추정치다. 우리가 발견한 결과는 이 중에서 어떤 값을 선택해도 강건성이 유지되었다.

앞에서 언급했듯이, 1915~2005년의 전체 기간을 보면 수요 요인과 공급 요인의 변동이 비등비등했다. 장기적으로는 교육과 기술 중어느 쪽도 이기지 못했다. 1960~1980년도 그렇다.[23] 하지만 다른 시기들은 그렇지 않다. 1915~1940년과 1940~1960년에는 공급이 수요를 연평균 1%가량 앞질렀다.[24] 최근 시기인 1980~2005년에는 수요가 공급을 앞질렀다. 중요한 사실은, 두 시기 모두에서 교육받은 노동자의 공급량 변화라는 꼬리가 교육의 임금 프리미엄이라는 개를 흔들었다는 사실이다. 수요의 변화보다 공급의 변화가 각 세부 시기에 상대적 임금의 변화를 설명하는 데 훨씬 더 중요했다.

수요 요인이 아니라 공급 요인이 불평등 증가의 범인이라는 점을 그림 8.2가 보여준다. 대졸 노동자의 상대적 공급이 1960~1980년에는 연간 3.77%씩 증가했지만 1980~2005년에는 연간 2%씩 증가했다. 한편, 상대적 수요는 기간 전체에 걸쳐 증가세가 상당히 안정적이었다. 만약 1980~2005년 사이에 대졸 노동력의 상대적 공급이 1960~1980년과 비슷한 속도로 증가했다면 대졸 노동자의 상대적 임금은 **낮아졌을** 것이다(DD*$_{1980\sim2005}$와 SS*$_{1960\sim1980}$의 교점이었을 것이다). 연간 0.9%씩 증가하는 게 아니고 말이다. 즉 1980년 이후에 대졸 임금 프리미엄이 증가한 데는 교육의 공급 증가율 둔화가 가장 중요한 요인이었다.

지난 20~30년간 기술이 경주에서 교육을 앞지른 것은 교육의

성장이 둔화되었기 때문이지 숙련편향적인 기술변화가 가속화되었기 때문이 아니다. 대졸 노동자에 대한 상대적 수요의 증가가 20세기의 후반에, 특히 1980년대에 더 빨랐던 것은 사실이지만 1990년대 이후로는 빠르게 증가하고 있지 않다.[25] 우리는 3장에서 이 점을 다음과 같이 요약한 바 있다. "테크놀로지만의 문제는 아니야, 멍청아." 뒤에서 우리는 이민자 유입도 불평등의 범인이 아님을 살펴볼 것이다. 숙련 노동자의 상대적 공급은 내국인 노동자의 변화에서도 영향을 받을 수 있고 이민자의 유입에서도 영향을 받을 수 있지만, 우리의 분석 대상 시기에는 후자보다 전자가 훨씬 더 중요했다.

20세기 후반에 '교육받은 집단'은 대졸 노동자였다. 하지만 20세기 전반에는 '교육받은 집단' 중 양적으로 가장 비중 있는 사람들이 대학을 다닌 노동자가 아니었다. 20세기 초에는 주로 고등학교를 졸업한 노동자가 '교육받은 집단'을 의미했다. 그러면, 이제 고등학교 교육의 임금 프리미엄에 대한 논의로 넘어가보자.

고졸 임금 프리미엄

이론 체계의 적용

1915~1950년에는 고등학교 학력의 임금 프리미엄도 대학 학력의 임금 프리미엄이 급감한 것과 거의 동일한 형태로 급감했다(그림 8.1과 표 8.3 참고).[26] 하지만 그 이후인 1950~1980년을 보면, 대학 임금 프리미엄은 약간의 둔화 기간은 있었어도 다시 증가한 반면, 고졸 임금 프리미엄은 평평했다. 그리고 1980년에는 두 계열이 크게 차이 나기 시작했다. 이때부터 대졸 프리미엄은 급증했고 고등학교 프리미엄은 완만

하게만 증가했다. 20세기 말의 고졸 프리미엄은 1915년보다 훨씬 낮다.

1915~1950년에 고졸 임금 프리미엄이 급감한 주 원인은 고등학교 운동을 거치면서 고졸 노동력의 상대적 공급이 크게 증가한 것이었다. 1915~2005년 전체 기간에 고졸자의 공급은 고졸 미만 노동자('중퇴자')의 공급보다 연간 4.25%씩 더 빠르게 증가했고, 고등학교 운동 시기인 1915~1940년에는 연간 5.54%씩 더 빠르게 증가했다(표 8.3 참고). 고졸자의 상대적 공급 증가가 둔화한 유일한 기간은 가장 최근인 1990~2005년뿐이다.

고졸자와 중퇴자의 대체탄력성(σ_{HO})을 구하기 위해 우리는 대졸 임금 프리미엄을 구했을 때와 비슷한 방식을 사용해(표 8.4 참고) 방정식 (4)에서 고졸 임금 프리미엄을 추정했다. 대졸 임금 프리미엄 방정식에서는 대체탄력성(σ_{SU})이 기간 내내 안정적으로 1.6~1.8 사이를 유지했다. 하지만 고졸자와 중퇴자 사이의 대체탄력성(σ_{HO})은 1950년 즈음에 상당한 변화가 있었다.

이 변화는 방정식에 상대적 공급 변수와 '1949년 이후' 기간을 나타내는 더미 변수 사이의 교차항을 추가하면 살펴볼 수 있다(표 8.4, 4열). 이 교차항이 없으면 대체탄력성의 규모는 전체 기간 동안 상당히 크다(약 5). 하지만 이 교차항을 추가하면 대체탄력성이 1949년 이후에만 크며 그 전에는 훨씬 작다(약 2).[27]

이는 고졸자와 중퇴자가 1950년대보다 오늘날 훨씬 더 가까운 대체 관계라는 것을 보여준다. 따라서 오늘날에는 중퇴자 대비 고졸자의 상대적 공급이 고졸 임금 프리미엄에 미치는 영향이 과거보다 작을 것이다. 한때는 고졸자가 고졸 미만 노동자에 비해 두드러지게 숙련 수준이 높은 노동력이었고 많은 일자리가 그들을 위해 따로 준비되어

표 8.3 고졸 임금 프리미엄과 고졸 노동자의 공급 및 수요의 변화: 1915~2005년
(100×연간 변화 로그값)

	상대 임금	상대 공급	상대 수요 (σ_{HO}=2)	상대 수요 (σ_{HO}=3)	상대 수요 (σ_{HO}=5)
1915~1940	-0.38	5.54	4.79	4.41	3.66
1940~1950	-1.32	4.38	1.74	0.42	-2.22
1950~1960	0.15	2.72	3.02	3.17	3.47
1960~1970	0.01	5.31	5.33	5.34	5.36
1970~1980	-0.01	5.65	5.63	5.62	5.60
1980~1990	0.44	4.04	4.92	5.36	6.24
1990~2000	0.25	1.87	2.37	2.62	3.12
1990~2005	0.11	1.52	1.75	1.86	2.09
1940~1960	-0.59	3.55	2.38	1.79	0.62
1960~1980	0.00	5.48	5.48	5.48	5.48
1980~2005	0.24	2.53	3.02	3.26	3.75
1915~2005	-0.17	4.25	3.91	3.75	3.41

출처: 기저의 데이터는 부록 표 D.1에 있으며 1915년 아이오와주 센서스, 1940~2000년 센서스 IPUMS, 1980~2005년 CPS MORG 표본에서 가져왔다.

주: 상대 임금은 '12년 교육'과 '8년 교육' 노동자들 사이의 임금 차분 로그값을 인구통계학적 요소들로 조정한 것이다. 고졸 임금 프리미엄 계열은 그림 8.1에 나타나 있다. 상대 공급과 수요는 정확히 고졸인 사람(12년 교육)과 고등학교 졸업 자격이 없는 사람(0~11년 교육)을 비교한 지표다. 공급과 수요 지표를 구성한 방법론은 표 8.1의 주석에 묘사된 것과 같다. 고등학교 졸업자 H를 대졸 등가자 S로, 고등학교 중퇴자 O를 고졸 등가자 U로 대체하면 된다. 상대 공급 로그값은 중퇴자 대비 고졸자의 임금비 로그값에서 고졸 임금 프리미엄 로그값을 뺀 것이다. 상대 수요 로그값($\log(D_{HO})$)은 본문의 방정식 (4)에서 도출되며 아래와 같이 주어진다.

$$\log(D_{HO}) = \log\left(\frac{H}{O}\right) + \sigma_{HO} \log\left(\frac{\omega_H}{\omega_O}\right)$$

교육 데이터의 표본 간 일관성을 최대한 유지하기 위해 1980년과 1990년의 변화분은 CPS MORG 표본으로, 1990년과 2000년의 변화분은 1990년 CPS 2월 보충자료와 2000년 CPS MORG 표본으로, 2000년과 2005년의 변화분은 CPS MORG 표본으로 구했다. 1915년과 1940년 사이의 변화분은 아이오와주의 데이터다.

표 8.4 고등학교 임금 프리미엄의 결정 요인: 1915~2005년

	(1)	(2)	(3)	(4)	(5)
(고졸/중퇴) 공급	-0.180 (0.059)	-0.193 (0.039)	-0.193 (0.039)	-0.512 (0.071)	-0.352 (0.137)
(고졸/중퇴) 공급×1949년 이후				0.322 (0.054)	
(고졸/중퇴) 공급×시간					0.00496 (0.00218)
시간	-0.00084 (0.00278)	0.00239 (0.00179)	0.00235 (0.00176)	0.0171 (0.0037)	0.0308 (0.0100)
시간×1949년 이후	0.0132 (0.0011)			-0.0032 (0.0029)	
시간×1959년 이후		0.0117 (0.0006)	0.0116 (0.0006)		
시간×1992년 이후	-0.00753 (0.00386)	-0.0109 (0.0026)	-0.0107 (0.0026)	-0.0106 (0.0029)	
1949년 더미			-0.0278 (0.0192)		
시간^2×10					-0.0084 (0.0012)
시간^3×1000					0.113 (0.025)
시간^4×10,000					-0.0055 (0.0015)
상수	0.088 (0.118)	0.049 (0.078)	0.053 (0.077)	-0.579 (0.142)	-0.282 (0.271)
R^2	0.897	0.953	0.956	0.944	0.971
관찰값 수	47	47	47	47	47

출처와 주: 각 열은 고등학교 임금 프리미엄을 종속변수로 놓고 우리가 고려한 요인들을 독립변수로 포함해 1914년, 1939년, 1949년, 1959년, 그리고 1963~2005년 각 연도의 표본으로 OLS회귀분석을 해 추정한 값이다. 표준오차는 상관계수 아래 괄호 안에 표시했다. 고등학교 임금 프리미엄은 (구성비를 조정한) 고졸자(정확히 12년 교육)와 8년의 교육을 받은 사람 사이의 임금 차분 로그값이다. 고졸/중퇴 공급은 12년의 학력을 가진 사람과 0~11년의 학력을 가진 사람의 공급량(효율성 단위로 환산) 비의 로그값이다. '시간'은 1914년 이후의 행수를 말한다. 1963~2005년 데이터는 1964~2006년의 3월 CPS 보충자료 표본에서 가져왔다. 1963~2005년의 고등학교 졸업자와 중퇴자의 임금 데이터와 상대 공급량(효율성 단위로 환산) 측정에는 다음에서와 동일한 표본 선정 원칙과 데이터 처리 방식을 사용했다. Autor, Katz, and Kearney (2007). 1963~2005년의 고졸 임금 프리미엄은 전일제 연중고용 노동자의 주간 소득 로그값이고 중퇴자 대비 정확히 12년의 학력을 가진 사람의 비로 구했다. 우리는 이 1963~2005년 고등학교 졸업 임금 프리미엄 계열에 1.44를 곱해서 12년 대 8년의 임금 격차 로그값 계열과 비교 가능하게 만들었다. 1.44는 1915년부터 1980년까지 부록 표 D.1에 있는 고졸/8년 로그값과 고졸/중퇴자 로그값 비의 평균이다. 고졸 임금 프리미엄의 1914년, 1939년, 1949년, 1959년 관찰값은 그림 8.1에 나오는 1915~1970년(실제

로는 1914~1969년)의 고졸 임금 프리미엄 변화들을 연결하며, 1969년 데이터 포인트에서 우리의 CPS 3년 보충자료와 연결된다. 이와 비슷하게 상대 공급량(로그값)의 1915~1959년 관찰값도 아이오와주에 대해 1915년부터 1939년, 미국 전체에 대해 1939년부터 1949년, 1949년부터 1959년, 1959년부터 1969년의 IPUMS 데이터로 도출한 고졸 등가 상대 공급량 변화들을 연결한다. 표8.5와 8.6에서처럼 효율성 단위로 환산했다..

있었다. 따라서 20세기의 상당 기간 동안 고졸자의 커다란 증가는 중퇴자 대비 고졸자의 상대적 공급을 늘림으로써 고졸 임금 프리미엄을 감소시켰다.

　　20세기 초에 기업들은 사무직 노동자로 고졸자를 선호했고 당대의 하이-테크놀로지 업종은 블루칼라 노동자도 고졸자를 뽑으려 했다. 채용 담당자들은 특정한 일자리에 대해 고졸이어야 한다거나 특정한 고등학교 교과목을 이수해야 한다고 요구했고 고등학교 졸업자를 중등 교육을 받지 않은 사람보다 훨씬 더 우월한 노동력으로 여겼다. 하지만 오늘날의 고용주에게는 고졸자와 중퇴자가 더 가까운 대체관계다. 역사적 자료와 우리의 추정치 모두 고졸 노동자와 중퇴 노동자가 달리 인식되는 정도가 시기에 따라 달라졌음을 말해준다.[28]

　　대학 프리미엄도 그랬듯이 1940년대에 고졸 프리미엄 변화에서 [시장 요인으로 예측되는 수준을 넘어서는] 오버슈팅이 있었다가 1950년대에 원래의 추세선으로 돌아온 것으로 보인다. 하지만 대졸 임금 프리미엄의 경우보다 제도적 요인의 중요성은 훨씬 작은 것으로 보인다. 예를 들어, '1949년' 더미는 고졸 프리미엄 회귀분석에서는 유의하지 않았다(표 8.4, 3열).

공급 곡선과 수요 곡선 이동의 계산

우리는 고등학교 교육의 임금 프리미엄에 상대적 공급과 상대적 수요가 미치는 영향을 대체탄력성에 대한 세 가지 추정값(2, 3, 5)으로 계산했다(표 8.3 참고). 우리가 선호하는 대체탄력성 값은 1950년 이전에는 2, 1950년대 이후에는 5다. 우리가 발견한 바의 핵심은, 1915~1940년 사이 고졸 임금 프리미엄의 감소는 상대적 공급의 빠른 증가 때문이라는 것이다.

이 기간에 상대적 수요도 빠르게 증가했지만 상대적 공급의 증가 속도보다는 느렸고, 따라서 임금 프리미엄이 감소했다. 1940~1960년 기간에도 상대적 공급의 증가 속도가 수요의 증가 속도를 능가했다. 증가 속도의 차이가 어느 정도인지는 더 큰 탄력성 값을 쓰느냐 더 작은 탄력성 값을 쓰느냐에 따라 다르다. 이 시기가 탄력성 값이 달라지는 기점에 걸쳐져 있기 때문이다.[29] 또한 중요한 사실은 1980~2005년 기간에 고등학교 임금 프리미엄이 완만하게 증가한 것인데, 상대적 수요도 완만하게 증가했지만 상대적 공급은 훨씬 더 느리게 증가했다.

우리가 수행한 분석에 따르면 20세기에 걸친 교육 프리미엄의 변화를 설명하는 데 공급 요인이 수요 요인보다 더 중요했다. 교육받은 노동자의 상대적 공급 변화에 영향을 미치는 원인에는 여러 가지가 있겠지만 우리는 미국 출생자들의 코호트별 교육 수준 변화에 초점을 두었다. 하지만 외국 출생 이민자들도 노동의 상대적 공급에 영향을 미칠 수 있으니 그 규모를 알아보아야 한다.

이민과 인구통계학적 요소

어쩌면 이민자의 유입이 1980~2005년 시기 비고졸 노동력의 공급을 상당히 늘렸을지도 모른다. 만약 그랬다면 비고졸 노동자 대비 고졸자의 상대적 공급이 줄었을 것이다. 또한 이민자의 유입은 대졸 노동자의 상대적 공급도 줄였을 것이고, 만약 그랬다면 1980년 이후 대졸 프리미엄 증가에 영향을 미쳤을 것이다. 20세기 초에 의회가 이민을 제한하는 법을 통과시켰을 때 이민자 유입이 줄어 교육 수준이 높은 노동자의 상대적 공급이 늘어났을지도 모른다. 모든 경우에, 이민 요인이 교육 요인과 함께 숙련 프리미엄 변화에 영향을 미쳤을지 모른다. 1915~2005년의 전 기간에 걸쳐 이민이 숙련 공급과 숙련 프리미엄에 미친 직접 효과가 어느 정도였는지를 실증근거로 알아보자.

이민과 노동력

20세기 초에 이민자 유입은 노동력의 변화에서 작지 않은 부분을 차지했다. 1915년경 18~65세 미국 노동력 중 해외 출생자 비중이 21%가 넘었다.[30] 그러다가 1920년대의 이민 제한 조치 이후 이 비중이 줄어서 1970년에는 5.4%가 되었다.[31] 더 최근 시기에는 (특히 1965년 이민법이 국가별 할당을 폐지하면서) 이민자 유입이 다시 크게 늘었고, 2005년에 노동력 중 외국 출생자 비중은 15%가 되었다. 출신 국가 구성도 최근 20~30년 사이에 달라져서, 아시아와 라틴 아메리카(특히 멕시코) 출신 이민자가 많아졌다. 우리는 20세기 전반기(1915~1940년)와 최근 시기(1980~2005년)를 중심으로 이민자가 숙련 프리미엄에 미치는 영향을 추정했다. 이 두 시기가 이민자가 미국의 노동력 성장에서 차지하는 비중이 큰 시기이기 때문이다.

평균적으로 이민자가 미국 출생자보다 학력이 계속 낮았기 때문에 20세기에 이민자 유입의 큰 변화는 숙련의 상대적 공급에 영향을 미쳤을 수 있고 이는 다시 교육의 프리미엄에 영향을 미쳤을 수 있다. 우리가 고려하는 두 시기 중 앞 시기인 1915~1940년에는 이민자 유입이 둔화되었으므로 숙련의 상대적 공급이 아마도 **증가했을** 것이다. 당시에 미국에서는 고등학교 운동이 한창 일고 있었고 이민자를 많이 송출하던 유럽은 아직 고등학교가 확산되기 전이었으므로, 이민자 유입이 이전 수준으로 계속 유지되었더라면 미국의 노동력에 학력이 낮은 노동자의 공급이 늘었을 것이다. 최근 시기인 1980~2005년에는 이민자 유입이 증가했고, 이는 숙련의 상대적 공급을 **줄이는** 효과를 냈을 것이다. 많은 이들이 오늘날 이민자 유입 때문에 숙련 사다리와 교육 사다리의 바닥 쪽에 있는 미국 출생 노동자들이 이민자들과 일자리를 놓고 경쟁하게 되었다고 말한다.

숙련 공급량의 변화 중 어느 정도가 이민자의 유입 때문이고 어느 정도가 미국 출생자의 교육 변화 때문일까? 많은 논평가들이 이민자 유입이 숙련 프리미엄 증가에 크게 영향을 미쳤다고 주장한다. 하지만 정말 그런가?

우리의 답은 우리가 고려하는 모든 시기에서 이민은 흔히 여겨지는 것보다 숙련 공급에 훨씬 작은 효과를 미쳤으며 교육 프리미엄에도 비교적 작은 영향만 미쳤다는 것이다. 1980~2005년에는 이민의 영향이 이전 시기보다 컸지만 우리가 추정한 1980년대 이후의 대졸 프리미엄 전체(23로그포인트) 중 이민으로 설명되는 부분은 겨우 10%(약 2.4로그포인트)였다. 고졸의 임금 프리미엄에 대해서는 이민의 영향이 이보다 컸지만(전체 중 이민으로 설명되는 비중이 43%), 그렇더라도 국내 인구의 교육 둔화가 미친 영향이 더 컸다(57%).

1980년대 이후의 대졸 임금 프리미엄 증가에 이민이 미친 영향이 작았던 이유는 최근에 들어오는 이민자의 교육 분포와 관련이 있다. 많은 외국 출생자들이 교육 사다리의 맨 아래에 있지만 일부는 대학이나 대학원 학위를 가지고 있다. 2005년에 외국 출생 인구 중 9년 미만의 학력을 가진 사람은 17%였고 미국 출생 인구 중에서는 9년 미만의 학력을 가진 사람이 1%가 채 되지 않았다. 하지만 스펙트럼의 다른 쪽 끝을 보면 2005년에 이민자가 미국 출생자와 비슷한 확률로 4년제 학위를 가지고 있었고 대학원 학위를 가지고 있을 확률은 더 높았다.[32]

1915년에 이민자는 고졸 노동력의 공급을 6%, 중퇴 노동자의 노동 공급을 22% 늘렸고, 대졸 등가 노동자를 11%, 고졸 등가 노동자를 20% 늘렸다(표 8.5, 1a열). 즉 각각에서 교육 수준이 더 낮은 노동자 공급을 더 많이 늘렸다. 1915년 데이터는 아이오와주 표본에서 가져온 것인데, 미국 전체에 대한 데이터가 존재한다면 각 숙련 집단에서 이민자 비중이 이보다 더 크게 나오겠지만 그렇더라도 이민자가 학력에 따라 노동 공급에 차등적으로 영향을 미치는 정도는 아이오와주나 전국이나 비슷할 것이다.[33] 한편, 이민 제한법이 거의 20년이나 시행된 1940년 시점에는 각 학력 집단 모두에서 외국 출생자 비중이 상당히 줄어 있었다.

2차 대전 이후에는 상당한 시기 동안 외국 출생자가 노동력에서 차지하는 비중이 내내 낮았고 그들의 학력 분포는 미국 출생자와 비슷했다. 하지만 더 최근에는 이민자가 숙련 공급에 더 큰 영향을 미쳤다. 1990년에 이민자는 중퇴자를 29% 늘렸지만 고졸자는 7.5%만

표 8.5 교육 수준별 노동 공급량 중 이민자 기여분: 1915~2005년

연도	미국 출생 노동자 대비 이민자 비율						이민자 고용 비중
	고등학교 중퇴/고졸			고졸 등가/대졸 등가			
	(1a)	(2a)	(3a)	(1b)	(2b)	(3b)	
	중퇴	졸업	이민자 기여분	고졸	대졸	이민자 기여분	
아이오와							
1915	0.223	0.059	0.144	0.198	0.114	0.073	0.156
1940	0.084	0.035	0.046	0.067	0.056	0.010	0.058
미국							
1940	0.169	0.075	0.084	0.140	0.088	0.047	0.111
1950	0.124	0.071	0.048	0.103	0.074	0.026	0.086
1960	0.086	0.044	0.039	0.067	0.062	0.005	0.062
1970	0.071	0.040	0.029	0.054	0.063	-0.009	0.054
1980	0.118	0.049	0.065	0.068	0.075	-0.006	0.067
1990	0.291	0.075	0.183	0.106	0.096	0.009	0.093
2005	0.762	0.146	0.430	0.190	0.151	0.033	0.151

출처: 1915년 아이오와주 센서스; 1940~1990년 센서스 IPUMS; 2005년 CPS MORG 표본. 18~65세의 고용 상태인 민간인 노동력을 대상으로 했다.

주: '이민자 기여분'은 다음의 방법론을 따라 도출했다. Borjas, Freeman, and Katz (1997). 이에 따르면, 숙련 노동자(S) 대비 비숙련 노동자(U)의 비는 다음과 같이 분해할 수 있다.

$$\log\left(\frac{L_{U_t}}{L_{S_t}}\right) = \log\left(\frac{N_{U_t}}{N_{S_t}}\right) + \left[\log\left(1 + \frac{M_{U_t}}{N_{U_t}}\right) - \log\left(1 + \frac{M_{S_t}}{N_{S_t}}\right)\right]$$

L_{jt}는 t연도에 숙련 집단 j의 노동자 공급을 말하고 $N_{jt}(M_{jt})$는 미국 출생자(이민자)의 t연도 숙련집단 j의 공급량을 말하며 L_{jt}는 N_{jt}와 M_{jt}의 합과 같다. 방정식 우변의 첫째 항은 미국 출생자의 기여분이고 괄호 안에 있는 두 번째 항은 이민자의 기여분이다. 우리는 이것을 '이민자 기여분'이라고 표기했으며, 표의 3a열과 3b열에 나와 있다. '이민자 기여분'은 1a열과 1b열로 주어지는 M_{ut}/N_{ut}와 2a열과 2b열로 주어지는 M_{st}/N_{st}로 구성된다. '숙련' 집단은 각각 고등학교 졸업과 대졸 등가이고 '비숙련' 집단은 중퇴자와 고졸 등가다. 고졸 등가는 12년 이하의 학교 교육을 받은 사람에 대학 교육을 일부라도 받은 사람의 절반을 더한 것이다. 1열부터 3열까지 노동자 공급량은 효율성 단위로 환산했다. 효율성 단위는 각 개인이 속한 인구통계학적 집단의 기준년(1940, 1960, 2005년 평균) 상대 임금으로 가중치를 둔 노동시간 총합이다. 우리는 인구통계학적 집단 60개(학력 집단 6개×연령 집단 5개×성별 집단 2개)를 고려했다. 마지막 열은 효율성 단위가 아니라 사람 수로 세었을 때의 이민자 고용 비중을 나타낸다.

늘렸다. 2005년에는 중퇴자를 놀랍게도 76%나 늘렸고 고졸자 공급은 약 15%를 늘렸다. 고졸자와 대졸 등가 노동자에서도 이민자 비중이

크게 증가했지만 이 둘은 거의 균형을 이룬다.

이민과 교육 격차

교육을 더 받은 집단과 덜 받은 집단의 공급 변화에 외국 출생자가 기여한 정도가 표 8.5에 나와 있다. '이민자 기여분'은 비숙련 노동력과 숙련 노동력의 공급 비(로그값) 중에서 이민자의 존재로 설명되는 부분의 비중을 말한다.[34] 고등학교 졸업자 대비 고등학교 중퇴자의 공급 비 중 이민자의 존재로 설명되는 비중은 1915년에 14.4%에서 1970년에는 2.9%로 떨어졌다가 그 이후의 기간에 다시 증가했다. 2005년에 이민자는 고등학교 졸업자 대비 중퇴자의 비를 43로그포인트 증가시켰다. 하지만 대졸 등가 대비 고졸 등가 노동자의 공급 비에 이민자가 기여한 바는 전체 기간 모두에서 미미하며, 1915년이 가장 크다.

앞에서 우리는 1980년 이후에 대학 교육을 받은 사람들의 상대적 공급 증가가 크게 둔화되었다고 언급했다. 그리고 대졸 임금 프리미엄 증가의 상당 부분은 이 둔화로 설명되었다. 하지만 숙련 공급 증가의 둔화 중 얼마나 많은 부분이 이민자 유입 때문일까?

답은 대학 학력 노동자의 상대적 공급 증가율 감소 중 14%만 외국 출생자의 증가에 기인했다는 것이다. 대학 학력 노동자의 상대적 공급은 1960~1980년에 연 3.89%씩 증가했지만 1980~2005년에는 증가율이 연 2.27%로 1.62%포인트 낮아졌다(표 8.6). 이 감소 중 1.40%포인트(=3.83-2.43) 즉 전체의 86%(=1.4/1.62)는 미국 출생자 중 대학에 다닌 사람의 상대적 공급이 둔화되었기 때문이었고 나머지 14%가 이민자 유입 때문이었다.

표 8.6 이민자와 미국 출생자의 상대적 숙련 공급 증가 기여분(100×연간 변화율 로그값): 1915~2005년

기간	고졸/고등학교 중퇴			대학 등가/ 고등학교 등가		
	전체	이민자	미국 출생자	전체	이민자	미국 출생자
1915~1940	4.80	0.39	4.41	2.82	0.25	2.57
1940~1960	3.49	0.22	3.26	2.96	0.21	2.75
1960~1980	5.61	-0.13	5.74	3.89	0.06	3.83
1980~2005	2.49	-1.46	3.95	2.27	-0.16	2.43

출처: 표 8.5를 참고하라.
주: 표의 각 칸은 기간의 시작부터 끝까지 효율성 단위로 환산한 상대적 숙련 공급의 연간 변화율을 %로 나타낸 것이다. '전체' 열은 상대적 숙련 공급의 전반적인 증가를 나타낸다. 이민자 열과 미국 출생자 열은 '전체'를 표 8.5의 주석에서 설명한 접근에 따라 이민자와 미국 출생자 기여분으로 나눈 것이다. 이민자 열은 표 8.5의 3a열과 3b열에 있는 '이민자 기여분'으로 계산할 수 있으며, 상대적 숙련 공급에 이민자가 기여한 정도를 나타낸다. 예를 들어 1980~2005년에 고등학교 졸업자 대비 고등학교 중퇴자 '이민자 기여분'은 0.065에서 0.430로 달라졌다(표 8.5, 3a열). 1980년에 외국 출생자가 없었다면 중퇴자 대비 고등학교 졸업자의 공급 비 로그값은 6.5로그포인트 증가했을 것이고 2005년에는 43로그포인트 증가했을 것이다. 따라서 1980~2005년 동안을 연간으로 계산하면 $\log(H/O)$에서 이민자의 기여분 변화는 $[(0.065-0.430)\times100/25]=-1.46$으로 주어진다. 고졸 등가와 대졸 등가, 그리고 효율성 단위의 의미는 표 8.5의 주석을 참고하라. 여기에 주어진 상대적 공급량 숫자는 표 8.1의 대학/고등학교 등가에서의 효율성 단위와 다소 다르고 표 8.3의 고졸/중퇴 등가에서의 효율성 단위와도 다소 다름에 주의하라. 이민자의 영향을 계산할 때는 효율성 계산에 약간 다른 방법을 사용했다. 표 8.6에서는 고정 가중치를 적용했지만(표 8.5 참고), 표 8.1과 8.3은 연도마다 다른 가중치를 적용했다.

그렇다면, 대학 임금 프리미엄 증가 중에서는 어느 정도가 이민 때문일까? 이민은 1980~2005년에 대학 등가 노동력의 상대적 공급을 3.9로그포인트 감소시켰다(표 8.5의 3b열). 우리가 선호하는 대체탄력성 추정치인 σ_{SU}=1.64를 사용하면 상대적 공급의 이 같은 변화는 대학 임금 프리미엄 증가 중 2.4로그포인트, 앞에서 언급했듯이 전체 증가의 10% 정도를 설명한다는 것을 알 수 있다. 즉 1980~2005년의 대졸 임금 프리미엄의 증가를 설명하는 데 미국 출생자들 사이에서 대학 학력 노동자의 공급 증가가 둔화된 것이 이민의 영향보다 **9배나** 더 중요하다.[35]

당연하게도 이민이 중퇴자 대비 고졸자의 상대적 공급에 미치는 영향은 고졸 대비 대졸 집단의 경우에서보다 크다. 2005년에 이민자는 중퇴자 중 상당한 비중을 차지했다(1980년 이전에는 비중이 훨씬 작았지만 말이다). 하지만 교육 수준이 낮은 이 두 집단 중에서도 이민이 상대적 숙련 공급에 미친 영향은 미국 출생 인구 중 고졸자 증가 둔화가 미친 영향보다 작다.[36]

고졸자의 상대적 공급은 1960~1980년에 무려 연간 5.61%씩 증가했지만 1980~2005년에는 연간 2.49%로 둔화되었다. 증가율이 연간 3.12%포인트씩 감소한 것이다. 이 상당히 큰 감소 폭 중 1.79%포인트(=5.74-3.95), 즉 전체의 57%(=1.79/3.12)는 미국 출생 고졸자의 상대적 공급이 둔화되어서였다. 그리고 외국 출생자가 학력이 낮은 쪽에 많다는 사실이 나머지 43%의 변화를 설명한다.

우리의 분석 대상 시기 중 가장 앞 시기인 1915~1940년은 이민 제한이 있던 시기였다. 이것이 교육받은 노동력의 상대적 공급에 미친 영향은 무엇이었을까? 19세기 중반부터도 이민은 급격하게 감소했고 이는 교육받은 노동자의 상대적 공급을 증가시켰다. 하지만 숙련 노동력의 상대적 공급이 빠르게 증가하는 데는 (따라서 숙련 프리미엄이 감소하는 데는) 미국 출생자의 학력 증가가 훨씬 더 중요한 요인이었다. 1915~1940년의 중퇴자 대비 고졸자의 상대적 공급 연평균 성장률 4.8% 중에서 4.41%포인트는 미국 출생자의 학력이 증가해서였고 0.39%포인트는 이민자의 감소 때문이었다(표 8.6). 따라서 이민 제한은 중퇴자 대비 고졸자의 상대적 공급 증가 중 10% 미만밖에 설명하지 못한다. 마찬가지로, 같은 시기 고졸 등가 대비 대졸 등가의 상대적 공급 증가 중에서도 9%가 채 안되는 정도만이 이민 제한으로 설명된다.

　이 절의 주요 결론은, 이민은 대졸 노동자의 상대적 공급에 미미한 영향만 미쳤고 1980~2005년 중퇴자 대비 고졸자의 상대적 공급에도 그리 큰 영향을 미치지 못했다는 사실이다. 1980년대 이후에 대졸 임금 프리미엄이 급등한 데는 교육받은 미국인의 증가가 둔화된 것, 즉 국내적 요인이 더 중요했지 이민은 약간의 기여밖에 하지 않았다. 이민이 크게 제약되었던 시기인 1915~1940년에 대해서도 비슷한 결론을 내릴 수 있다.

코호트 변화

　숙련 공급의 변화에 국내적인 교육 요인이 주된 영향을 미친다는 것을 알았으니, 인구통계학적 질문으로 넘어가보자. 미국 출생자의 숙련 공급 변화(표 8.6) 중 어느 정도가 코호트들의 학력이 달라져서이고 어느 정도가 노동력에 진입하는 코호트의 규모가 달라져서일까? 미국 출생자의 상대적 숙련 공급 증가분을 코호트별 학력 변화가 기여한 부분과 코호트별 규모 변화가 기여한 부분으로 분해해보면 이를 알 수 있다.[37]

　우리가 발견한 결과에 따르면 미국 출생자들의 **코호트별 학력 증가율의 변화**가 코호트 규모의 변화보다 훨씬 더 중요했다. 몇 가지 예를 들어보자.

　우선, 대학 등가의 상대적 공급이 빠르게 증가했던 1960~1980년을 생각해보자. 이때 미국 출생자들 사이에서 대학 등가 공급 증가율은 연 3.83%였다. 이 중에서 3.51%포인트는 코호트들 간에 교육의 업그레이드가 있었기 때문이고 0.32%포인트는 더 젊고 교육을 더 많이 받은 코호트가 노동시장에 대규모로 진입했기 때문이었다. 1960년대와 1970년대의 베이비부머들이 노동시장에 진입한 것이다. 요컨대, 전체의 92%가 코호트들 사이에 교육 수준이 점차로 높아진 것으로 설명 된다. 그다음으로, 1980~2005년에 국내 대졸 노동력 공급이 연 2.43%씩 증가한 것을 살펴보자. 이때는 앞 시기에 비해 증가세가 둔화되었다. 코호트들 사이에 교육이 업그레이드되어서 2.54%포인트가 증가했고 진입하는 코호트 규모가 작아져서 0.11%포인트가 감소했다.

1960~1980년 기간과 1980~2005년 기간 사이 국내의 대학 학력 노동자 공급의 총 감소 폭인 연간 1.4%(3.83-2.43) 중에서 거의 70%(연간 0.97%포인트)가 코호트들 사이에 학력의 증가가 둔화된 데 기인했다. 사실 미국 출생자의 학력 증가 둔화가 1980~2005년의 대졸 임금 프리미엄 연간 증가율 0.90% 중에서 0.59%포인트를 설명한다(o_{SU}=1.64라고 가정).

경쟁하지 않는 집단: 1890~1930년

숙련 프리미엄과 교육받은 노동자의 상대적 공급

앞에서 우리는 1915년을 교육 프리미엄 변화 분석에서 시작점으로 삼았다. 1915년부터 2005년까지 숙련의 수익과 숙련의 상대적 공급에 대해 일관성 있고 비교 가능한 추정치를 계산할 수 있기 때문이다. 하지만 그보다 이른 시기도 숙련 공급의 역사에서 충분히 중요한데, 이에 대해서는 숙련의 수익을 구할 때 다른 측정치를 사용해야 한다. 우리가 알아볼 시기는 폴 더글러스가 '경쟁하지 않는 집단'의 시대라고 명명한 1890~1915년과 그 집단이 수그러들기 시작하는 1915~1930년을 포함한다.

숙련의 수익에 대해 우리가 사용한 지표는 2장에서 소개했다. 우리는 1930년 이전에 고등학교 과정을 일부라도 다녔을 것을 요구하는 직종과 그렇지 않은 직종의 임금 비를 사용했고, 이를 통해 여러 사무직과 전문직 프리미엄이 1914년경부터 낮아지기 시작했으며 1920년대 초에도 계속해서 낮아진 것을 관찰했다. 몇몇 데이터 계열에서는 1920년대 말에 프리미엄이 약간 증가하지만 화이트칼라의 임금 프리미엄은 1914년 이전 수준으로 돌아가지 않았다. '경쟁하지 않는 집단' 시대의 높은 숙련 프리미엄은 무엇 때문이었으며 그것이 1914년 이후 빠르고 꾸준하게 감소한 이유는 무엇일까?

이를 알아보려면 먼저 숙련 수준별 임금 비와 교육받은 노동자의 상대적 공급 변화를 추정해야 한다. 시기별 비교가 가능하도록 우리는 1890~1930년을 기간이 같은 두 시기(1890~1910년과 1910~1930년)로 나누었다. 그리고 2장에서 제시한 여러 숙련 프리미엄 데이터들을 고용 비중으로 가중치를 두어 통합했다.[38] 분석 결과, 화이트칼라의 임금 프리미엄은 첫 20년간에는 꽤 일정하다가 두 번째 20년간 25.7 로그포인트(약 23%)나 감소한 것으로 나타났다. 즉 1910~1930년에 숙련 프리미엄은 연평균 1.28%씩 감소했다.

두 번째로 1940년 이전의 고등학교 졸업자 수를 알아야 한다. 우리가 선호하는 접근은 6장에서 제시한 대로 매년 전국에서 새로이 배출되는 고등학교 졸업자 행정 통계를 보는 것이다. 1890~1930년의 각 연도 행정 통계로 노동력 중 고등학교 졸업자 비중을 구하기 위해

표 8.7 14세 이상 노동력 중 고등학교 졸업자 비중

	행정 통계 (1)	센서스 (2)
연도		
1890	0.040	0.063
1900	0.044	0.080
1910	0.054	0.102
1920	0.079	0.150
1930	0.123	0.212
고등학교 졸업자 비중 변화		
1890~1910	0.014	0.039
1910~1930	0.069	0.110
상대적 공급 로그값 변화		
1890~1910	0.315	0.523
1910~1930	0.899	0.857
연간으로 환산한 상대적 공급 변화 로그값×100		
1890~1910	1.57	2.62
1910~1930	4.49	4.28

출처: 1열의 추정치는 Goldin and Katz (1995), 표 8에서 가져왔다. 2열의 추정치는 1915년 아이오와주 센서스와 1880~1940년 IPUMS 데이터를 사용했다.

주: 상대적 공급은 교육 연수 12년 미만인 사람 대비 고졸자의 비다. 1열은 그림 6.1에서 매년 새로이 고등학교를 졸업하는 사람들에 대한 행정 통계를 사용해 노동력 중 고졸 학력의 양을 구했다. 다음에 묘사된 방법론을 따랐다. Goldin and Katz (1995), 표 8의 주석.
2열은 1880년부터 1930년 사이의 각 센서스 IPUMS에서 14세 이상의 모든 경제활동참가자(소득이 있는 직업에 종사한다고 표시한 사람)의 개인 단위 데이터를 사용해 구했다. 1880년부터 1930년 사이 센서스 데이터상의 어느 경제활동참가자가 고졸자일 확률은 1915년 아이오와주 센서스의 성별, 출생 코호트별 노동력 중 고졸자 비중(1890년 이전 코호트의 경우)과 1940년 센서스 IPUMS의 성별, 출생 코호트별 노동력 중 고졸자 비중(1890년부터 1916년 사이 출생 코호트의 경우)으로 적용했다. 1890년 이전 출생 코호트에 대해 아이오와주 데이터로 구한 값들은 0.8을 곱했다. 0.8은 1940년 센서스 IPUMS 데이터상에서 1870년~1890년 출생 코호트들의 아이오와주 거주자 고졸 노동자 비율 대비 미국 전체 고졸 노동자 비율의 평균이다. 우리는 1880년부터 1930년 사이 경제활동참가율이 남성 고졸자와 남성 고졸 미만 학력자 사이에 동일하다고 가정했다. 여성의 경우에는 21세 이상 여성 고졸자의 경제활동참가율이 같은 연령대 고졸 미만 학력자의 경제활동참가율의 1.4배라고 가정했다. 이 가정들은 1915년 아이오와주 센서스 표본과 1940년 센서스 IPUMS 표본에서 구할 수 있는 학력, 성별, 코호트별 경제활동참가율을 기반으로 한 것이다. 14세에서 19세 사이에는 학교를 계속 다닐 경우 경제활동참가율이 더 낮다는 것을 감안해 이 연령대의 노동력 중 고졸자 비중을 낮춰서 조정했다. 1890년에는 센서스 IPUMS 표본이 없기 때문에 1890년의 노동력 중 고졸자 비중은 1880년과 1900년의 평균을 취했다.

우리는 1890년에 노동력 중 고졸 비중이 4%였고 매년 노동력에 신규 고졸자가 꾸준히 들어왔다고 가정했다.[39] 우리는 각 연도의 노동력 중 고졸자 비중을 고졸자와 비고졸자의 경제활동참가율이 다른 것을 감안해 보정했다. 1915년 아이오와주 센서스와 1940년 연방 센서스 데이터의 해당 코호트를 분석해서 우리는 남성 고졸자의 경제활동참가율은 남성 전체의 경제활동참가율과 비슷하고, 여성의 경우 고졸자가 비고졸자보다 경제활동참가율이 40% 더 높다는 것을 발견했다.[40]

　　미국 노동력 중 고졸자 비중을 행정 통계로 추정한 숫자가 표 8.7의 1열에 나와 있다. 미국 노동력 중 고졸자 비중은 1910년까지 서서히 증가해 이때 5.4%가 되었다. 하지만 1910년 이후로는 훨씬 빠르게 증가한다. 고등학교 운동을 생각하면 놀랄 일이 아니다. 1890~1910년에 노동력 중 고등학교를 마치지 못한 사람 대비 고졸자의 상대적 공급 변화는 31.5로그포인트였는데, 1910~1930년에는 89.9로그포인트로 거의 3배였다. 이는 1890~1919년 사이 고졸자의 상대적 공급이 연 1.57%씩 증가했고 1910~1930년 사이에는 4.49%씩 증가했음을 말해준다.[41]

　　센서스 데이터와 행정 통계 데이터 모두 1910~1930년 사이 고졸자의 상대적 공급 변화에 대해 비슷한 추정치를 보여준다. 하지만 1890~1910년은 센서스 추정치가 시사하는 증가가 상당히 더 빠르다. 1910년 이후에 대해서는 두 접근 모두 고졸자의 상대적 공급에 급격한 가속이 있었음을 보여주며, 1910년 이전에 대해서는 우리는 행정 통계 데이터를 더 신뢰한다. 따라서 우리는 다음의 분석에 행정 통계 데이터를 사용할 것이다.[42]

숙련 프리미엄 감소의 설명: 교육, 이민, 수요

더글러스는 1910년대 말부터 숙련 프리미엄이 줄어든 것을 설명해줄 수 있을 법한 몇 가지 요인을 제시했다. 교육받은 노동자의 상대적 증가, 이민의 감소(따라서 교육을 덜 받은 노동자의 감소), 다양한 사무직의 탈숙련화로 인한 숙련의 상대적 수요 감소 등이었다. 우리는 이 요인 각각을 숙련 프리미엄 변화에 대한 통합 지표, 이민자의 영향도 포함해 교육받은 노동자들의 양적인 변화, 그리고 숙련 노동자와 비숙련 노동자 사이의 대체탄력성 σ_{SU}(숙련 수요의 임금 탄력성) 추정치를 가지고 평가해보았다.[43]

1890~1910년에는 숙련 프리미엄에 변화가 없었으므로 상대적 공급과 수요가 동시에 증가했어야 한다. 고졸자의 상대적 공급은 이 시기에 연 1.6%(31.5로그포인트)씩 증가했다(표 8.7, 1열의 행정 통계 이용). 따라서 수요도 같은 속도로 증가했을 것이다. 하지만 뒤 시기인 1910~1930년에는 상대적 공급이 무려 연 4.5%(89.9로그포인트)씩 증가했고 숙련 프리미엄은 연1.3%(25.7로그포인트)씩 감소했다. 그리고 우리가 선호하는 대체탄력성 추정치 σ_{SU}=1.64를 사용하면 상대적 수요는 1910~1930년에 연 2.4%(47.8로그포인트)씩 증가했다. 우리의 추정에 따르면 1890~1910년에 비해 1910~1930년에 고졸자에 대한 상대적 수요가 연 0.8%포인트씩 더 많이 증가했다.[44]

따라서 교육받은 노동자의 임금 프리미엄이 크게 감소한 것은 공급의 막대한 증가에서 기인했다. 동시에, 상대적 수요 증가는 둔화되기는커녕 가속되었다. 하지만 고등학교 중퇴자 대비 졸업자의 증가는 고등학교 운동에 의해서만이 아니라 이민 제한에 의해서 발생했을 수도 있다. 내국인의 교육 수준 변화 외에 이민은 이 이른 시기의 숙련 공급 변화에 얼마나 큰 영향을 미쳤을까?

　　1890~1910년에 외국 출생자는 미국 노동력 중 22%를 차지했다. 1920년대에 이민제한법이 통과되었고, 그 직전의 1차 대전 동안 국제적인 노동력의 이동이 상당히 멈추었기 때문에, 미국 노동력 중 외국 출생자 비중도 작아졌다. 1930년에 이 비중은 16%였다. 이민자들이 미국 출생자보다 학력이 낮으므로 이민의 감소는 고등학교 교육을 받은 사람의 비중을 늘리게 될 것이다. 하지만 실제 영향은 어느 정도였을까? 이민에서 벌어진 큰 변화가 실제로 미친 영향은 흔히 생각되는 것보다 훨씬 작았다.

　　우리는 고졸자의 공급에 이민이 미친 영향을 1910년부터 1930년까지도 이민자 비중이 16%로 줄지 않고 22%로 그 전과 동일하게 유지되었더라면 어떻게 되었을지 시뮬레이션을 해서 알아보았다. 1915년 아이오와주 표본에서 이민자임을 나타내는 항목을 통해서 우리는 이민자의 경우 평균적으로 고등학교 졸업률이 미국 출생자의 3분의 1이라는 것을 알고 있었으므로, 이것으로 계산해 1910~1930년에 노동력에서 고졸자 비중이 증가한 것을 설명하는 데 미국 출생자들 사이에서 고등학교 교육의 확산이 이민의 감소보다 10배 이상 더 중요했음을 알 수 있었다. 우리의 행정 통계 분석에 따르면, 이민의 감소는 1910~1930년의 고졸자 비중 변화 중 겨우 0.5%포인트를 설명할 수 있었고, 반면 미국 출생자의 교육 수준 증가는 5.9%포인트를 설명할 수 있었다.[45]

　　1910년 이후에 미국 출생 노동자의 교육 수준 증가가 너무나 컸기 때문에 설령 1910~1930년에 외국 출생자의 비중이 1910년 수준으로 높게 유지되었다 하더라도 교육받은 노동자의 상대적 공급 증가는 실제 숫자인 89.9로그포인트와 크게 다르지 않은 85.2로그포인트 증가였을 것이다. 요컨대, 미국 출생자들 사이에서의 교육의 증가가 1910년 이후 숙련 공급의 빠른 증가를 설명하는 데 이민보다 **11배나** 더 중요했고. 그리고 그것이 1910~1930년 화이트칼라 임금 프리미엄이 급감한 주된 이유였다.[46]

요약: 누가 경주에서 이겼는가?

기술변화는 승자와 패자를 만들어낼 수 있다. 분배 문제는 기술변화가 숙련편향적일 때, 즉 새로운 기술이 교육 수준과 숙련 수준이 더 높은 노동자에 대한 상대적 수요를 증가시킬 때 발생하기 더 쉽다.

테크놀로지가 발달하면서 한 나라의 경제는 확장되지만 어떤 이들의 소득이 다른 이들의 소득보다 현저히 더 많이 증가할 수 있다. 노동자들이 유연한 숙련기술을 가지고 있고 교육 인프라가 충분히 발달해 있다면 숙련의 공급이 수요가 증가할 때 함께 증가할 것이다. 그러면 경제성장과 숙련 프리미엄의 균형이 맞을 것이고 경주에서 기술과 교육 중 어느 쪽도 승리하지 않은 상태에서 번영이 널리 공유될 것이다. 외부적 요인이 숙련 수요와 공급에 변화를 일으킬 수도 있다. 숙련의 분포에서 바닥 쪽에 있는 이주 노동자들이 비례적인 수준 이상으로 유입되면 그들과 가장 가까운 대체 관계인 노동자들의 소득이 큰 영향을 받을 것이다. 국제무역 패턴의 변화와 오프쇼어링도 숙련에 대한 수요를 변화시킬 수 있다.

우리는 2장에서 알아본 숙련 및 교육의 수익에 대한 논의를 요약하면서 이 장을 시작했다. 교육과 숙련이 가져다주는 임금 프리미엄은 19세기 말에 지극히 높았지만 1940년대까지 몇 단계나 낮아졌다. 1960년대면 미국은 빠르게 성장하고 있었고 경제성장의 과실은 소득 스펙트럼 전체에 꽤 균등하게 공유되었다. 하지만 1970년대 말과 1980년대 초에 이야기가 갑자기, 그리고 빠르게 달라지기 시작했다. 불평등은 급격하게 증가하기 시작했고 생산성은 기껏해야 느리게만 성장했다. 20세기는 불평등에 대해 두 개의 이야기를 담고 있고, 이 장은 그 두 개의 이야기를 일관되게 설명할 수 있는 요인을 찾아보고자 했다.

　　1장에서 숙련의 상대적 공급을 추정하면서 우리는 왜 숙련에 따른 프리미엄이 달라지는지 설명했다. 우리는 다양한 숙련 수준과 직종별로 노동자 집단의 대체탄력성을 추정해 이를 알아보았고, 그다음에 이 추정치를 가지고 노동의 상대적 수요와 공급이 이동하는 정도를 계산했다.

　　우리가 사용한 수요-공급 이론 체계는 숙련의 임금 프리미엄 변화를 설명하는 데 매우 훌륭하게 작동했다. 제도적인 요인을 불러와 설명해야 하는 시기도 있었지만 대체로 우리의 이론 체계는 20세기가 담고 있는 두 개의 불평등 이야기를 모두 설명할 수 있는 일관성 있는 틀을 제공했다. 이제 그 분석의 주요 발견을 요약해보자.

　　먼저 대학 교육의 임금 프리미엄을 보면, 2005년의 대졸 임금 프리미엄은 우리의 분석 대상 기간의 시작점인 1915년과 비슷한 수준이었다. 매우 장기간에 걸쳐서 보면 숙련 노동자의 상대적 공급이 수요와 같은 속도로 증가했다는 말이다. 하지만 이것은 20세기가 담고 있는 두 개의 서로 다른 이야기를 설명하는 데는 도움이 되지 않으며, 세부 기간을 잘라서 살펴봐야 한다. 1915년부터 1980년까지는 교육이 경주에서 기술을 한참 앞섰다. 이는 숙련 프리미엄을 줄이고 폴 더글러스가 '경쟁하지 않는 집단'이라고 부른 사람들의 경제적 권력을 줄였다. 1915년부터 1940년 사이에 숙련의 상대적 공급 증가는 수요 증가를 1.41배 능가했고(연평균 3.19% 대 2.27%) 1940년부터 1960년까지는 1.47배(연간 2.63% 대 1.79%) 능가했다. 두 기간 모두에서 공급은 수요보다 연간 1%포인트씩 빠르게 증가했다. 하지만 1980년대에 커다란 역전이 발생했다. 대졸 노동자의 상대적 공급이 1980~2005년에도 1960~1980년과 같은 수준으로 증가했다면 대학 프리미엄은 오르지 않고 떨어졌을 것이다. 20세기 말에는 경주에서 교육이 기술에 밀렸다.

비슷하게, 고졸 프리미엄도 1915년부터 1940년까지는 공급 증가가 수요 증가를 앞질렀다. 이번에도 연간 약 1%포인트(연평균 5.54% 대 4.79%, $\sigma_{HO}=2$) 정도 앞질렀고 1940년부터 1960년 사이에는 상당히 더 앞질렀다(연간 3.55% 대 1.79%, $\sigma_{HO}=3$). 고졸자의 빠른 증가로 1950년대 이전 시기에 고졸 임금 프리미엄이 급격히 떨어졌다.

우리는 우리가 측정한 공급에서의 변화가 혹시 국내적인 학교교육의 공급보다 이민자 유입의 변화 때문은 아닌가에 대해서도 논의했다. 이 이슈는 우리가 연구한 가장 이른 시기에 중요했고(그때 이민자 유입이 많았고 그다음에는 제약되었다), 또한 가장 최근 시기에도 중요하다(이때 이민자 유입이 다시 급증하기 시작했다). 우리는 1980~2005년에 대졸 프리미엄이 놀랍게도 25%나 증가했지만 이민의 증가가 설명할 수 있는 부분은 그중 겨우 10%(2.4%포인트)뿐임을 발견했다. 대부분의 증가는 미국 출생자들 사이에서 대학에 가는 사람들의 증가 속도가 둔화되었기 때문이었다. 미국 출생자들 사이에서 교육 수준의 변화가 이민의 변화보다 대졸 임금 프리미엄을 9배나 더 많이 설명할 수 있었다.

이민은 숙련 분포의 바닥에서 숙련 공급의 상대적 감소에 더 크게 영향을 미쳤다. 하지만 이 경우에도 미국 출생자들 사이에서 교육 증가의 저하가 양적으로 더 설명력이 컸다.

20세기 초기에 숙련 프리미엄이 줄어든 데는 이민 제한보다 고등학교 운동이 훨씬 더 중요한 요인이었다. 1910~1930년에 노동력에서 외국 출생자의 비중이 20세기 초처럼 높게 유지되었다 하더라도 고등학교 운동이 실제대로 똑같이 발생했다면 교육받은 노동자의 상대적 공급은 실제 수준이나 크게 다르지 않았을 것이다(85.2로그포인트 대 89.9로그포인트, 즉 실제 수준의 95%).

우리는 임금 구조와 숙련의 수익이 20세기에 몇몇 중요한 불연속을 보인다는 것을 보았다. 임금 프리미엄의 축소는 대부분 1910년대와 1940년대에 있었다. 이때는 두 개의 세계 대전이 일어난 시기였고, 저숙련 노동자에 대한 수요가 늘고 대대적인 혁신이 일어났으며 노조가 활발하던 시기였다. 임금 구조의 불연속적인 변화가 제도적인 변화를 암시하기는 하지만, 제도가 다시 변화했어도 임금 구조가 유지되었다는 것은 교육과 기술 모두에서 벌어진 근본적인 변화의 중요성을 말해준다.

우리의 핵심 결론은 임금 구조 및 숙련의 수익 변화에 대해 말하자면 공급의 변화가 결정적으로 중요했고 공급 측의 그 변화를 주도한 것은 미국 출생자들의 학력 변화였다는 점이다. 20세기 초에 고등학교 운동이 미국인들을 더 많이 교육받은 노동자가 되게 했을 때도 그랬고 2차 대전 후에 고등학교 졸업자가 대학 졸업자가 되었을 때도 그랬다. 그리고 오늘날에도 마찬가지다. 교육 성장의 둔화가 여러 수준에서 미국이 더 강하게 성장하고 더 더불어 성장할 수 있는 능력을 갉아먹고 있는 것이다. 이제 우리는 공유된 번영을 위한 경주에서 이길 방법을 알아보아야 한다.

9장
미국은 한때 어떻게 세계를 선도했는가,
또 미래에 이 경주를 어떻게 이길 수 있을까

인적자본의 세기를 선도한 미국

왕년의 선두 주자

그리 오래지 않은 과거에 미국은 교육에서 세계를 선도했고 꽤 한동안 그 지위를 유지했다. 19세기에 미국은 누구나 접근할 수 있는 무상 초등 교육을 대부분의 시민에게 제공했다. 다른 나라들이 그제야 초등 교육 대중화의 장점을 인식하기 시작한 20세기 초와 중반에는 고등학교 운동으로 리더의 자리를 이어갔다. 2차 대전 직후 시기에는 적어도 중산층이라면 대학 교육도 광범위하게 접할 수 있는 것이 되었다. 미국의 선도적인 지위는 전후 시기에 미국의 대학들이 세계 최고의 탁월함을 갖추게 되었다는 데서 한층 더 강화되었다. 1950년대 무렵이면 미국은 모든 수준에서 교육의 우위를 달성했고 이 위치는 수십 년 동안 흔들리지 않았다.

하지만 1970년대 초 어느 시점에 미국의 교육 지표들이 전과 다른 추세를 보이기 시작했다. 중등 교육 졸업률의 증가 추이는 정체를 보였다. 대학 졸업률은 미끄러졌다. 순차적인 코호트들 사이의 학력 증가도 정체되었다. 1980년대 중반 이후로는 젊은 여성들의 대학 진학이 급증한 데 힘입어 젊은 층 사이에서 교육 지표가 다시 올라가기 시작했지만, 전반적인 그림을 밝게 해주기에는 충분하지 않았다. 대학 졸업률과 고등학교 졸업률은 둔화되었고 전체적으로 교육 연수도 전보다 느리게 증가했다. 이것은 중요한 문제일까?

그럴지도 모른다. 혹은, 아닐지도 모른다. 졸업률의 증가에는 자연적인 상한이 있다(졸업률이 1을 넘을 수는 없다). 어쩌면 교육 연수에도 모종의 자연적인 상한이 있을지 모른다. 그렇다면 미국에서 교육의 진전은 자연적인 한계에 도달한 것일까? 우리는 두 가지 경로를 통해 그렇지 않다는 결론에 도달했다.

우선, 비교 가능한 수준의 다른 나라들에서 교육의 진전이 어떠한지 살펴보았는데, 교육에서 미국이 오랫동안 가지고 있었던 우위가 사라졌음을 알 수 있었다. 미국은 더 이상 고등학교 졸업률과 대학 졸업률에서 세계 1위 국가가 아니고 K-12 교육의 질에 대한 여러 지표에서도 상당히 뒤지고 있다.

둘째로, 우리는 더 많은 교육을 받는 것이 가져다주는 이득이 높은지 살펴보았다. 어쩌면 이제는 더 많은 교육이 그리 좋은 것이 아니게 되었는지도 모른다. 어쩌면 미국은 교육이 가져오는 한계 이득 곡선이 하향하는 지점에 위치해 있어서 추가로 1명을 더 교육하는 것이 경제적으로 이익이 되지 않는지도 모른다. 하지만 우리가 살펴본 실증근거는 교육이 여전히 좋은 투자임을 말해준다. 오늘날 한계선상에 있는 개인들, 즉 고등학교를 졸업하지 않기로 하는 사람, 혹은 대학에 진학하지 않기로 하는 사람, 혹은 대학을 마치지 않기로 하는 사람은 길에 떨어진 엄청난 돈을 그냥 거기 놔두고 있는 셈이다. 우리가 알아내야 할 어려운 질문은, 왜 길에 이 큰 돈이 버려져 있는지, 그리고 어떻게 미국의 젊은이들이 교육을 더 받음으로써 그 돈을 취할 수 있게 할 것인지다.

8장에서 보았듯이 교육의 진전이 둔화된 것은 1980년 이래 교육에 따른 임금 격차가 크게 증가하는 데 단일 요인으로는 가장 큰 요인이었고 소득[가족소득] 불평등 증가의 주된 요인이었다. 경주에서 기술이 계속해서 빠르게 달려간다면(이제까지의 장기적인 추세가 이어진다면 아마 그럴 것이다), 그리고 교육에서의 성취는 빠르게 높아지지 않는다면, 불평등은 앞으로 계속 더 심화될 것이다. 많은 이유에서, 미국은 사람들이 더 많이 교육받게 할 방법을 **반드시** 찾아야 한다.

국제 비교

중등 학교 졸업률 및 대학 졸업률

미국의 고등학교 졸업률은 1970년대 초 이후에 증가 추세가 갑자기 멈추었다. 바로 그 시점에 다른 나라들에서는 중등 교육이 빠르게 대중화되고 있었다. 이 두 사실이 결합해서, 한때 중등 교육의 리더였던 미국은 2000년대 초에 상급 중등 학교 졸업률이 26개 OECD 국가 중 하위 3분의 1에 속하게 되었다.[1] 미국보다 낮은 나라는 7개밖에 없었고 18개국이 미국보다 높았다. 2004년에 유럽연합 국가들의 평균 (상급) 중등 교육기관 졸업률은 83%였고, 미국은 75%였다.

당해 연도의 고등학교 졸업률 대신 여러 연령대의 고등학교 이수율로 보면 미국의 교육 수준이 조금 나아 보인다. 차이가 나는 이유는 검정고시GED로 고등학교 졸업 자격을 얻은 사람들이 포함되기 때문이다. 통상적인 고등학교 연령대에 고등학교를 졸업하지 못한 사람 중 일부는 나중에 검정고시를 치르거나 고등학교 졸업장 없이 커뮤니티 칼리지에 가기도 한다.

연령대별 고등학교 과정 이수율을 측정했을 때, 2004년에 미국은 25~34세 상급 중등 교육 이수율이 20개 OECD 국가 중 7위였다(그림 9.1).[2] 55~64세에서는 미국의 순위가 매우 높다는 점에 주목할 필요가 있다. 이들이 고등학교 졸업 연령대였을 때는 1960년대인데, 그때 미국의 교육 수준은 유럽, 아시아, 라틴아메리카 모두를 훨씬 능가했다.

세계의 다른 나라들에서 중등 교육 이수율이 증가한 시기는 1960년대부터 2000년대 초까지다. 그림 9.1이 이를 잘 보여주는데, 1960년에 미국보다 훨씬 뒤처져 있었던 많은 나라들, 가령 핀란드, 아일랜드, 일본, 스웨덴 등이 2000년대에는 격차를 좁혔거나 완전히 없앴다. 미국에서 고등학교 졸업률의 증가가 정체되는 동안 유럽 등 다른 나라들에서는 고등학교 졸업률이 급상승했다.

물론 이 시기에 미국의 20~24세 중 대학에 가는 사람의 비중은 상당히 증가했다. 1980년에는 44%였는데 2003년에는 61%가 되었다. 대체로 1980년 이후에 대학의 임금 프리미엄이 증가한 데 대한 반응이었다.[3] 하지만 대학을 **마치는** 비율은 이 속도를 따라가지 못해서, 젊은 층의 4년제 대학 졸업률은 OECD 국가 중 중간 정도다.[4] 행정 통계

그림 9.1 20개 국가의 상급 중등 학교 졸업자 비중, 연령별: 2004년

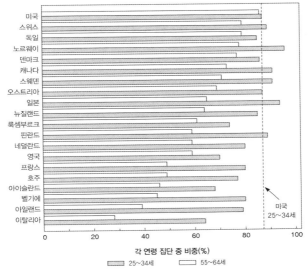

미국
스위스
독일
노르웨이
덴마크
캐나다
스웨덴
오스트리아
일본
뉴질랜드
룩셈부르크
핀란드
네덜란드
영국
프랑스
호주
아이슬란드
벨기에
아일랜드
이탈리아

미국
25~34세

0   20   40   60   80   100

각 연령 집단 중 비중(%)

▨ 25~34세   ▢ 55~64세

2004년에 적어도 상급 중등 학교 이상의 교육을 받은 사람에 대한 데이터다. 우리는 교육 데이터가 있는 30개 OECD 국가 중 2000년에 1인당 GDP 기준으로 상위 20개 국가를 뽑아 비교했다. 그래프에 나타난 국가 순서는 55~64세의 중등 학교 졸업률 순이다.
출처: 중등 학교 데이터: OECD (2006), 표 A1.2a
   1인당 GDP 데이터: 펜 월드 테이블 https://cid.ucdavis.edu/pwt

로 계산했을 때는 2004년에 미국의 젊은 층 중에서 4년제 대학을 졸업한 사람의 비중이 OECD 평균과 비슷하고 그 위로 12개 나라가 있다.[5] 약간 더 연령대가 높은 집단인 25~34세를 보면 미국보다 위에 4개 나라(이스라엘, 한국, 네덜란드, 노르웨이)가 있다.[6] 하지만 55~64세 중에서는 미국의 대졸자 비중이 단연 세계에서 가장 높다. 과거에는 미국이 대학 교육 대중화에서도 선도적인 위치였음을 말해준다.

명백히, 미국은 더 이상 젊은 성인의 학력에서 세계를 선도하고 있지 못하다. 2004년에 OECD의 각국 교육 성취 요약 지표(학교 교육 연수 평균)로 보았을 때 미국은 25~34세 인구의 학력이 30개 국가 중 남성 11위, 여성 10위였다.[7] 1950년 이후에 출생한 코호트들 사이에서 고등학교 졸업률과 대학 졸업률의 증가가 둔화된 것이 미국이 교육 성취에서 세계 선도적인 지위를 잃게 된 주요 이유다.

교육의 질

많은 국가가 중등 교육 이수율에서 미국을 따라잡으면서, 미국의 교육 제도가 가지고 있던 몇몇 거친 모서리가 드러났다. 국가들 사이에 교육의 양적 지표가 더 균등해지면서, 미국에서 K-12 교육의 **질**에 대해 비판이 제기되었다. 국제적으로 비교 가능한 표준 학업 성취 테스트 점수에서 미국의 성적이 다른 국가들보다 저조했기 때문이다.

처음에는 미국이 과학이나 수학 같은 중요한 부분에서 다른 나라들보다 뒤처진다는 결과에 대해 많은 사람들이 신빙성이 있다고 보지 않았고 테스트에 참여할 학생을 표집하는 데서 발생한 편향 때문이라고 치부했다. 다른 나라들에서는 중등 학교에 우수한 학생만 선별되어 들어가는데 미국은 그렇지 않아서 점수 차이가 나는 것일 뿐이라고 말이다. 이들에 따르면 다른 나라들의 점수가 더 높은 것은 놀라운 일이 아니었다. 그 나라들은 이미 중등 학교 이전 단계에서 우수하지 않은 학생들을 솎아냈을 테니 말이다. 이른 시기의 비교에서는 이러한 논리에 합당한 면이 있었을 것이다. 하지만 이제는 다른 나라들에서도 중등 교육이 보편화되었고 국제 시험을 주관하는 곳에서 표본에 들어오는 학생들을 선정할 때 국가 간 비교 가능성이 훼손되지 않도록 더 엄격한 점검을 거치는데도 여전히 미국은 점수가 낮다.

대표적인 국제 시험인 제3차 수학-과학 성취도 추이 변화 국제 비교연구TIMSS를 보면 1995년에 미국이 12학년 수학과 과학에서 다른 나라들보다 훨씬 뒤처진 것을 볼 수 있다. TIMSS에 포함된 20개 국가 중에서 14개국이 미국보다 일반 수학 점수가 훨씬 높았다. 미국에서 AP과정[고등학교에서 제공되는 대학 수준 과목]으로 미적분학을 듣는 학생들은 거의 모든 나라의 고급 수학 응시 학생들보다 점수가 좋았지만, 평균적인 미국의 고등학교 졸업반 학생들은 다른 나라에 비하면 낙제점에 가까운 점수를 받았다.[8] 2003년의 국제 학업성취도 평가PISA에서도 미국의 15세 학생들이 OECD 평균보다 수학, 문제해결, 과학에서 현저히 낮은 점수를 보였다.[9]

국가 간 격차의 추세가 말해주는 함의

다른 나라들 대비 미국의 교육 성장이 둔화되고 있다는 사실은 중대한 함의를 갖는다. 최근의 기술 발달은 부유한 국가들 사이에 널리 공유되어 있기 때문에, 다들 미국과 비슷하게 빠른 속도의 숙련편향적 기술변화를 겪었을 것이다. 그리고 미국에서 교육 성장이 둔화되는 동안 유럽에서는 진전되었으므로 유럽은 임금 불평등이 이 시기에 미국보다 훨씬 덜했을 것이라 예측할 수 있다. 그리고 정말로 그랬다. 1980년 이래로 대부분의 OECD 국가에서 임금 불평등이 증가했지만 미국에서 훨씬 더 많이 증가했다.[10]

1970년대에는 OECD 국가들 모두에서 대학 교육을 받은 노동자의 상대적 공급이 빠르게 늘면서 교육에 따른 임금 차분이 다 같이 줄었다. 하지만 그다음에 부유한 국가들의 임금 격차 추세가 갈라진

다. 미국, 영국 등 숙련 공급의 증가가 상당히 둔화된 나라들은 1980년
이후로 교육에 따른 임금 차분이 크게 증가했고 전반적인 임금 불평등
도 증가했다. 대조적으로, 교육의 공급이 계속해서 빠르게 증가한 나라
들, 가령 프랑스나 독일은 교육 수준이나 직종에 따른 임금 차분에 거의
증가가 없었고 전반적인 임금 불평등도 더 완만하게 증가했다.[11]

물론 제도적인 요인도 부유한 국가들이 서로 다른 불평등 추이
를 보이는 데 영향을 미쳤을 것이다.[12] 1980년 이후에 미국과 영국에
서는 레이건과 대처 시기를 거치면서, 불평등을 증가시키는 시장 요인
을 정책적, 제도적 요인이 한층 더 강화했다. 노조가 쇠퇴했고 한때 저
소득 및 중위소득 노동자들을 보호했던 여타의 노동시장 제도들도 잠
식되었다. 하지만 미국의 임금 불평등이 다른 나라들보다 컸던 데는
숙련 공급의 성장이 느렸다는 점이 가장 주효했고, 여기에 유연한 임
금 설정 제도 및 덜 너그러운 사회보장 제도가 결합했다.

미완의 전환

다시 고등학교 이야기로

6장에서 상세히 언급했듯이 대공황의 시작부터 2차 대전 시작
까지의 기간 동안 미국 대부분의 지역에서 젊은이의 중위 학력이 고
등학교 졸업이 되었다. 20세기 초에는 고등학교 등록률과 졸업률에서
더 선도적인 주들이 있었고 더 뒤처진 주들이 있었다. 제조업 중심의
북부는 1940년경이면 선도적인 주들을 따라잡았고, 남부 주들은 흑인

과 백인 청소년 모두 고등학교 등록률과 졸업률이 1950년대까지 다른 곳보다 낮았다가 1950년대부터 남부와 나머지 지역 간의 격차도 마침내 좁혀지기 시작했다. 그래서 1970년경에는 전국적인 공립 및 사립 고등학교 졸업률이 77%가 되었고 남부에서도 70% 정도가 되었다. 지역 간 차이는 여전히 있었지만 20세기의 더 앞 시기에 비하면 크지 않았다.

그런데 1970년경부터 고등학교 졸업률에서 우려스러운 추세가 명백히 나타나기 시작했다. 젊은 층 미국인들 사이에서 고등학교(공립과 사립 모두) 졸업률이 떨어지기 시작한 것이다. 이제 감소 추세는 멎은 것으로 보이지만, 1970~2004년 고등학교 졸업률은 눈에 보일 만하게 증가하지 않았다. 그림 9.2의 통상적인 고등학교 졸업률(17세 인구 중 공립 및 사립 중등 학교 졸업률)을 보면 1970년까지 꾸준히 증가하다가 그때 갑자기 추이가 달라진다.[13] 이 방식으로 통상적인 고등학교 졸업률을 측정하면, 심지어 중간중간 감소하기도 했다(고등학교를 졸업하고 계속해서 대학으로 진학하는 사람의 비중은 증가했지만 말이다).

이 측정 방식을 '통상적인' 방식이라고 부른 이유는, 고등학교에서 실제로 졸업장을 받은 경우만 집계한 것이기 때문이다. 이와 달리 검정고시에 통과해 고등학교 졸업 자격을 취득한 사람까지 포함하는 방식으로도 졸업률을 구할 수 있다. 미국에서 검정고시는 2차 대전 시기에 도입되었고 그 이후로 크게 확대되었다.

검정고시는 주 단위에서 관리하고 5개 시험을 치르며 하나 또는 그 이상 통과를 못하면 다시 치를 수 있다. 이 시험은 2차 대전 전에 입안되었고, 민간인의 삶으로 돌아온 제대군인이 세상살이의 경험에서는 아는 것이 많지만 고등학교 졸업 자격이 없는 경우의 문제를 해

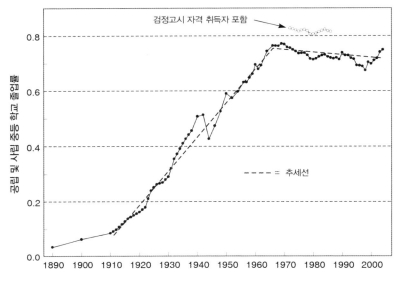

그림 9.2 공립 및 사립 중등 학교 졸업률: 1890∼2004년

검정고시 통과자는 18세였을 때의 연도로 할당했다. 즉 1990년에 25세의 나이로 검정고시에 통과한 사람은 1983년 데이터에 포함되었다. 또한 35세가 되기 전에 검정고시에 통과한 사람만 포함했다. 대부분의 해에 검정고시 취득자의 85% 이상은 35세 전에 시험을 치렀다. 중등 학교 졸업률은 공립 및 사립 중등 학교 졸업 자격을 가진 사람을 그해의 17세 인구 수로 나눈 것이다.

출처: 1890∼1970년: 6장과 부록 B를 참고하라.

1971∼2004년 공립 및 사립 중등 학교 졸업률과 17세 인구:《교육통계요약 2004년》.

1971∼2004년 검정고시 자격 취득자와 이들의 연령별 분배: 미국교육위원회American Council of Education (여러 연도).

결해줄 수 있었다. 민간인에게는 1952년에 검정고시가 처음 제공되었다.[14] 1961년에는 기록을 보고한 모든 주를 통틀어 검정고시 취득자가 모든 고졸 자격자의 4%를 차지했다. 처음으로 검정고시 데이터가 전국적으로 집계되기 시작한 1971년에는 7%를 차지했고 1995년에는 16%가 되었다.[15] 그러다가 2000년 이후로는 현저하게 줄어서 1970년대 말 수준인 10% 정도가 되었다.[16]

고등학교를 중퇴한 사람 중 일부는 나중에, 종종 18세보다 훨씬 나이가 많을 때 검정고시를 쳤다. 검정고시 통과자의 35% 이상이 25세 이상이었고, 35세 이상인 경우는 15%였다.[17] 우리는 검정고시 통과자의 연령 정보를 사용해서 그 사람이 고등학교 졸업 연령대였던 해의 고등학교 졸업률 통계에 포함시켰다. 1972~1986년에 18세였고 35세가 되기 전에 검정고시 통과한 사람으로만 한정했다.[18]

우리에게 데이터가 존재하는 1972년부터 1986년까지 검정고시는 전반적인 고등학교 졸업 자격자 수를 늘렸다. 검정고시를 고등학교 졸업과 동일하게 간주할 경우, 고등학교 졸업률은 7.2%포인트~9.5%포인트가량 높아진다. 이 시기의 전체 고등학교 졸업 자격자 비중은 그림 9.2에서 위쪽 선으로 표시되어 있다(검정고시 통과자는 그 사람이 18세였던 연도에 할당했다). 이렇게 계산하면 전체 고등학교 졸업자 및 자격자 비중은 74%에서 82%로 증가하지만, 1970년 이후로 추세가 평평하다는 사실은 달라지지 않는다.

게다가 검정고시 취득자의 수가 1대 1로 졸업자와 동일하게 계산되어야 하는지도 명확하지 않다. 그 개인의 최종 학력이나 인지 능력 점수와 같은 관찰 가능한 변수들을 통제했을 때, 노동시장에서 검정고시 통과자들이 일반적인 고등학교 졸업장을 가진 사람보다 성과가 낮다는 연구 결과들이 일관되게 나오고 있다. 하지만 고등학교를 중퇴하고 검정고시를 치르지 않은 사람보다는 검정고시 통과자의 노동시장 성과가 좋은 경향을 보인다. 검정고시 통과자들이 일반적인 고등학교를 졸업하고 더 이상의 교육은 받지 않은 고졸자에 비해 노동시장 성과가 안 좋은 이유는 시간 엄수, 책임감, 집중력 등 비인지적기술이 부족하기 때문인 경우가 많다. 하지만 수학이나 독해처럼 검정고시가 측정하는 숙련기술은 충분히 잘 습득한 것으로 나타난다.[19]

요컨대 검정고시 통과자를 고등학교 졸업자에 추가하면 전체적으로 고등학교 졸업률이 높아지고 이것이 그림 9.1의 국가 간 데이터에서 통상적인 고등학교 졸업장만 집계했을 때보다 미국의 순위가 올라가는 이유다. 하지만 어쨌거나 미국의 중등 교육 완료율은 30년 넘게 증가가 정체되어 평평했고, 이제 다른 많은 나라들의 고등학교 졸업률이 미국보다 높다.

통상적인 고등학교 졸업률로 계산하든, 검정고시 통과자까지 포함해서 계산하든, 비교 가능한 다른 국가들의 고등학교 졸업률이 미국보다 높다. 두 번째 기회를 주는 검정고시 제도가 확대되면, 참을성 없고 학업에 문제를 겪는 젊은이들이 '대안'을 갖게 함으로써 잠재적으로 즉각적인 고등학교 졸업률을 낮추는 효과가 생길지 모른다. 하지만 '대안'을 택하기로 한 젊은이 중 많은 경우가 그 대안을 제대로 활용하지 못하며 종종 영구적으로 중퇴자가 된다.

이민의 영향

무엇이 최근 20~30년간 미국 고등학교 졸업률 둔화의 요인이었을까? 교육 수준이 낮은 이민자의 유입이 많아진 것이 가능성 있는 이유로 많이 거론되곤 한다. 미국 인구 중 외국 출생자의 비중은 1970년에 5% 미만에서 2000년에 10%로, 2005년에는 약 12%로 늘었다(비합법 체류자 포함). 이 숫자는 1920년대에 이민 제한이 도입되어 이민자에게 활짝 열렸던 문이 닫히기 전, 이민자 유입이 정점이었던 시기와 비슷한 수준이다.

1장과 8장에서 우리는 외국 출생자들이 미국 노동력의 교육 수준에 미치는 영향을 살펴보았다. 외국 출생자들이 미국의 고등학교 졸업률에 미치는 영향은 두 가지 경로로 나타날 수 있다. 첫째, 10대의 나이에 미국에 들어왔지만 고등학교를 미국에서 다니지 않은 사람들은 통상적인 고등학교 졸업률을 계산할 때 분모를 늘리게 된다. 둘째, 교육 수준이 낮은 외국 출생 부모의 자녀들도 미국 출생 부모의 자녀들에 비해 교육을 더 적게 받는 경향이 있다. 인구 구성상의 이러한 변화는 미국의 고등학교 졸업률을, 그리고 그 밖의 교육 지표들을 낮추게 될 것이다.

    1970년 이후로 10대 때 미국에 들어온 젊은 이민자가 빠르게 늘었고, 이것이 고등학교 졸업률 추이에 영향을 미쳤을 수 있다(그림 9.2). 가령, 최근에 도착한 17세 이민자는 고등학교 졸업률 계산에서 분모에 포함되지만 이들 중 일부는 미국에서 학교를 다니지 않았을 것이고 그들의 교육 수준은 미국 학교 시스템에서 획득한 학력으로 잡히지 않을 것이다.

    지난 20~30년 간에 10대 때 미국에 들어오는 젊은이들이 늘었다. 1970부터 2005년 사이에 17~18세 인구 중 최근에 들어온 이민자(지난 5년 사이에 들어온 사람) 비중은 0.8%에서 4.6%로 증가했다.[20] 하지만 [위의 시나리오에서 예상되는 것과 달리] 이들의 비중이 상당히 늘었어도 졸업률에 미친 영향은 크지 않았다. 최근에 들어온 17~18세 이민자 모두를 고등학교 졸업률 계산식의 분모에서 제외해서 미국의 고등학교 졸업률을 가장 높게 잡은 경우와 비교해봐도(분자에서는 이들 중 미국 고등학교를 졸업한 사람을 제외하지 않았으므로 가장 높게 잡은 계산이 된다) 마찬가지였다.[21] 이렇게 계산하면 졸업률은 1970년 77.5%에서 2004년에 78.3%로 약간 올라가고, 일반적인 방식으로 계산하면

1970년 76.6%에서 2004년 74.9%로 약간 내려간다. 즉 이민자가 분모[유입된 이민자]는 안 늘리고 분자[유입된 이민자 중 미국 고등학교 졸업자]만 늘렸다고 가정하고 계산해도 미국의 고등학교 졸업률은 1970년 이래로 꽤 평평했다.

히스패닉 인구는 1970년대 이후로 미국에서 가장 규모가 큰 이민자 집단이었고 주로는 멕시코 출신이다. 미국 전체 인구 중 멕시코 출생자의 비중은 1970년 0.4%에서 2000년 3.3%로 증가했다. 외국 출생 인구 중에서만 보면 멕시코 출생자의 증가 폭이 더 두드러진다. 1970년에 8% 정도이던 데서 2000년에는 30% 정도가 되었다. 미국에서 히스패닉 출신 이민자들과 미국 출생인 히스패닉 사람들은 히스패닉이 아닌 사람들보다 고등학교 졸업률이 낮다.[22]

인구 중 히스패닉 비중의 증가가 1970년경부터 고등학교 졸업률 증가가 크게 둔화한 것을 설명할 수 있을까? 고등학교 졸업률이 낮은 집단이 전체 인구 중에서 차지하는 비중이 커지면 전체의 고등학교 졸업률을 기계적으로 낮추거나 구성비의 효과로 낮추게 된다.[23] 우리는 연방 센서스 데이터를 이용해 히스패닉 인구 비중 증가가 전체적인 고등학교 졸업률에 어느 정도 영향을 미쳤는지 구성비 변화의 효과를 알아보았다. 센서스 데이터에서 고등학교 졸업률을 인종, 민족, 출생 국가별로 얻을 수 있다.[24]

1970년부터 2000년 사이에 미국에 거주하는 20~22세 인구의 전반적인 고등학교 졸업률(검정고시 통과자 포함)은 79.5%에서 80.9%로 겨우 1.4%포인트 증가했다.[25] 20~22세 비히스패닉 인구의 졸업률은 80.7%에서 85.8%로 5.1%포인트 증가했고 히스패닉 인구의 졸업률은 55.8%에서 58%로 2.2%포인트 증가했다. 즉 비히스패닉과 히스패닉 **둘 다** 졸업률 증가폭이 전체 졸업률 증가폭보다 컸다.

　　같은 기간에 20~22세 히스패닉 인구 비중은 4.7%에서 17.4%로 12.7%포인트나 증가했고, 히스패닉과 비히스패닉의 고등학교 졸업률 차이는 평균적으로 26.3%포인트였다. 1970년에서 2000년까지 히스패닉 인구 비중이 늘어난 것이 고등학교 졸업률에 미친 효과는 고등학교 졸업률을 3.4%포인트(0.127×26.3) 떨어뜨린 것이다. 즉, 히스패닉 인구 비중이 1970년 수준으로 유지되었더라면 2000년에 고등학교 졸업률이 3.4%포인트 더 높았을 것이다(80.9%가 아니라 84.3%였을 것이다).[26] 히스패닉 인구의 구성비가 달라지지 않았더라도 미국의 고등학교 졸업률은 1970~2000년 사이에 그리 많이 증가하지 않았을 것이고 다른 고소득 국가들과 비교하면 여전히 낮은 수준이었을 것이다.

　　오늘날 히스패닉의 학력은 비히스패닉의 학력보다 현저히 낮다. 하지만 미국의 역사를 보면 낙관적이어도 좋을 이유를 찾을 수 있다. 과거의 이민자 집단들과 그들의 자녀들도 미국 출생자들보다 교육이 뒤처져 있었지만 세대간에 빠른 진전을 보여서 여타의 인구 집단 수준으로 학력이 수렴했다.[27] 이보다 훨씬 덜 분명한 것은, 미래의 이민 파도에서는 어떤 숙련 수준을 가진 사람들이 어떤 비중으로 들어올 것인지, 또 어떤 규모로 들어올 것인지다. 이것은 미국의 이민 정책, 그리고 멕시코와 같은 핵심 송출 국가의 경제적, 사회적 조건에 의해 결정될 것이다.

미완의 전환, 아메리칸 드림

7장에서 1950년대와 1960년대에는 4년제 대학을 졸업한 젊은 이들의 수가 급증했지만 1970년대에는 현저하게 증가가 둔화되었고 1980년대 중반 이후로 젊은 남성들에게서는 심지어 역전된 것을 살펴보았다. 이러한 둔화와 역전은 지극히 대대적이어서, 1970년대 중반에 태어난 젊은 남성의 대학 졸업률은 1940년대 말에 태어난 사람과 다르지 않은 수준이었다. 여성의 경우, 1950년대 코호트들 사이에서는 대학 졸업률의 증가가 둔화되었지만 1960년대 중반 출생자들부터 다시 증가 속도가 빨라졌다.

1980년 이래로 고등학교와 대학 모두에서 졸업률 증가가 둔화된 것은 교육 수준의 진전이 둔화되었음을 의미한다. 한때는 미국 출생인 30세 인구의 평균 교육 연수가 10년마다 약 1년씩 증가했다. 예를 들어, 1930년에서 1955년 사이에는 총 2.4년, 1955년에서 1980년 사이에는 총 2.3년이 증가했다. 그런데 1980년에서 2005년 사이에는 겨우 총 0.8년이 증가했다.[28] 미국인들의 교육 수준은 고등학교 운동을 시작한 코호트들(1900년경 출생자)부터 초기 베이비붐 코호트들(1950년경 출생자)까지 빠르게 증가했고 각각의 세대는 부모보다 훨씬 더 교육을 많이 받았다. 하지만 더 이상은 그렇지 않으며, 특히 남성들에게서는 더 그렇다.

주목할 만하게, 오늘날의 대학 졸업률은 1940년의 고등학교 졸업률보다 훨씬 낮다. 1950년대에 미국은 우리가 대학으로 가는 길에 있으며 교육에서 세 번째 대전환이 벌어지고 있다고 믿었다. 하지만 대전환은 멎어버렸다. 왜 그랬는가?

앞에서 우리는 미국의 교육 수준이 자연적인 한계에 도달한 것이 아닌지 질문해보았고, 이에 대해 아니라고 결론을 내렸다. 그러한 결론을 내린 첫 번째 근거는 비교 가능한 국가들 사이에서 실증근거가 그렇지 않음을 보여준다는 것이었다. 이 질문에 답하는 또 다른 방법은 교육의 수익을 측정하는 것이다.

교육의 수익을 측정하는 표준적인 방법, 특히 대학 졸업과 전문직 대학원 졸업의 수익을 측정하는 방법으로 살펴보면, 오늘날 교육의 수익이 매우 높다는 것을 알 수 있다. 1980년 이후 상당히 높아졌고 현재는 역사적으로 높은 수준이다. 2장과 8장에서 우리가 추정한 바에 따르면 2005년에 대학 1년의 수익은 13~14% 정도나 된다. 대학 교육에 들어가는 직접적인 비용을 제하고 보더라도 상당할 것이다. 따라서 교육에 투자하는 것은 경제적으로 매우 합리적인 결정으로 보인다. 그렇다면, 대체 무엇이 미국인들이 결승점까지 달리는 것을 가로막고 있을까?

한 가지 가능성은, 일부 젊은이들은 대학 교육을 받아도 이득을 얻지 **못한다**는 점일 수 있다. 우리가 추정한 대학 교육의 수익은 현재 대학 수업에 출석하지 못하고 있거나 졸업하지 못하는 젊은이들에게는 적용되지 않을지 모른다. 만약 그렇다면, 대학 학력 노동자와 고등학교 학력 노동자의 평균적인 임금 격차는 한계 대학생들이 얻을 수익을 과장한 것일 수 있다. [즉 이들에게는 대학 교육 1년의 수익이 그만큼이 아닐 수 있다]. 하지만 이 가능성은 사실과 다른 것으로 보인다.

대학 교육의 접근성을 높이기 위해 도입된 정책(학비 보조나 성적 기반 장학금 수여 기준의 변화, 또는 의무교육법의 개정 등)이 있었을 때를 활용한 '자연 실험'으로 교육 1년의 수익을 추산하는 연구가 최근에 많이 이루어졌다. 이와 같은 외부적 요인으로 귀인할 수 있는 학력 수준의 변화를 활용해 세심하게 추정한 연구들에 따르면, 대학 교육의 수익은 매우 높은 것으로 나타났다.[29] 이 이득은 이러한 종류의 정책 개입이 주로 영향을 미치는 한계선상의 학생들, 종종 형편이 넉넉하지 않은 가정의 학생들에게 주로 돌아갔을 것이다. 따라서 이 결과는 대학이나 심지어는 고등학교를 중퇴해야 할지 모르는 처지의 학생들이 [중퇴하지 않고] 교육을 마치는 것의 수익이 지극히 높으리라는 우리의 결론을 뒷받침한다.

그뿐 아니라, 비슷한 준실험적 실증 연구들에서 교육의 '사회적' 수익은 노동시장에서의 수익을 훨씬 능가하는 것으로 나타났다. 학교 교육을 더 많이 받으면 건강이 향상되고 범죄적 행동이 줄고 정치 참여가 높아지며, 이러한 효과는 단순한 상관관계가 아니라 인과관계인 것으로 보인다.[30] 또한 더 많은 교육은 현재 세대에만 유익한 것이 아니다. 부모의 학력이 높아지는 것은 자녀의 건강과 교육 성과에도 큰 가치를 갖는다.[31]

그렇다면, 교육 수준의 둔화는 우려스럽다. 무엇이 젊은이들이 교육을 지속하는 것을 가로막고 있을까?

이 질문에 답하기 위해, 미국에서 학교 교육의 확대를 촉진하고 대다수 아이들이 학교에 갈 수 있게 해주었던 미덕들로 다시 돌아가 보자. 과거의 미덕이 지금은 변화를 가로막고 있을지도 모른다. 과거에 훌륭히 작동했던 특징들을 다시 살펴보고 혹시 달라진 환경이 이제는 새로운 미덕을 요구하는 것은 아닌지 살펴보아야 할 때다.

과거의 미덕과 현재의 미덕

4장에서 우리는 미국의 교육 시스템이 지녔던 여섯 가지의 두드러진 미덕에 대해 논의했다. 1) 재정적으로 독립적인 수많은 학교지구들이 존재하는 탈중심성, 2) 교육의 공적인 제공, 3) 교육 자금의 공적인 충당, 4) 정교 분리, 5) 젠더 중립성, 6) 개방성과 관용성이 그러한 미덕이었다.

탈중심성과 교육의 공적인 제공

미국은 각급 교육 모두에서 세상에서 가장 탈중심화된 시스템을 가지고 있다고 해도 과언이 아니다. 대부분의 유럽 국가에서는 중앙 정부가 훨씬 더 많은 통제력을 가지며, 특히 자금과 교사에 대해 중앙 정부의 의사결정 권한이 강하다. 프랑스 같은 나라는 교과과정도 전국적으로 통일되어 있고 중앙 정부가 정한다. 미국은 유럽 어느 나라보다도 훨씬 크지만 미국의 주들은 많은 유럽 국가들보다 작다. 그런데 주들을 봐도 수입의 징수, 지출, 교과과정, 학업 성취 기준 등에 대한 의사결정에서 교육 시스템이 매우 탈중심화되어 있다.

고등학교 운동 당시 학교지구 중에는 타운십처럼 작은 규모인 곳도 있었는데, 이런 곳들도 중등 학교의 재정 문제를 자체적으로 결정할 수 있었다(그렇다보니 학교지구가 학교에 자금을 제공하지 않기로 결정하는 경우 또한 많았지만 말이다). 6장에서 보았듯이 교원 채용, 학교 건물 건축 등에 대한 의사결정 권한이 탈중심화되어 있다는 말은 주 정부는 하지 않을 프로젝트를 지역 당국은 할 수 있다는 의미였다. 가령,

어떤 학교지구의 중위 유권자는 새 학교를 짓는 데 자금을 대고 싶어 하지만 그 학교지구가 속한 주의 중위 유권자는 학교를 더 짓는 데 자금을 대고 싶어 하지 않은 경우를 생각해보라. 주 전체적으로 유권자의 성향이 상당히 다양하다면, 의사결정 권한이 탈중심화된 것이 중앙집중화된 것보다 더 많은 교육을 제공할 수 있다.

한편, 중앙집중화된 시스템이 더 빠르게 변화를 촉진할 수 있는 경우도 있다. 가령 위와 반대의 경우를 생각해보면, 주의 평균적인 유권자는 학교를 늘리기를 원하지만 몇몇 학교지구에서는 다수의 유권자가 새 학교를 짓는 데 반대하는 경우가 있을 수 있다. 이때 [주 단위의] 중앙집중화된 권한을 갖는 당국이 의사결정을 하면 빠르게 변화를 일으킬 수 있다. 1910년대와 1920년대에 '무상 수업료' 법의 도입은 아직 많은 학교지구에 고등학교가 없었을 때 여러 주에서 변화의 속도를 높일 수 있었다. 무상 수업료 법에 따르면 고등학교가 없는 학교지구는 이웃 학교지구에 수업료를 내서 자신의 학생이 이웃 학교지구의 고등학교에 다닐 수 있게 해야 했다. 무상 수업료 법이 도입되기 전에는 학교가 없는 곳에 사는 가정이 아이를 다른 학교지구의 고등학교에 보내려면 직접 학비를 내야 했다.[32]

미국의 대학 교육도 고등학교 교육처럼 다른 나라들보다 훨씬 탈중심화되어 있었고 지금도 그렇다. 미국에는 연방 대학이 없다.[33] 대부분의 공립 대학에 대한 의사결정은 주 단위에서 내린다. 또 어떤 주들에서는 커뮤니티 칼리지에 대한 의사결정을 지역공동체가 내린다. 많은 주들이 다양한 공립 대학을 가지고 있어서, 이들 학교들이 학생과 교수를 유치하기 위해 경쟁한다. 탈중심성의 또 다른 측면으로, 많은 주에서 초창기에 사립 대학들이 활발하게 기능했다.

재정과 관련된 의사결정에서의 탈중심성은 종종 매우 규모가 작은 공동체였던 지역 당국이 얼마를 세금으로 부과할지, 얼마를 학교에 쓸지, 어디에 학교를 지을지, 어떤 교재를 사용할지, 어떤 교사와 교장을 고용할지 등을 결정할 권한을 갖는다는 의미였고, 대체로 이 시스템은 잘 작동했다.[34]

미국 교육의 역사에서 상당 기간 동안 탈중심성은 각급 교육 모두에서 미덕이었고 교육 시스템이 여러 차례의 대전환을 거치며 확대되는 데 기여했다. 하지만 재정이 독립적이라는 말은 어떤 학교지구는 더 부유하고 어떤 학교지구는 더 가난하다는 사실과 늘 떼어놓을 수 없었다. 최근에 미국 교육의 탈중심화된 시스템에 대해 제기되는 비판 중 하나는 미국 사회와 경제에 부담을 지우는 불평등을 강화한다는 것이다.

부유한 사람들은 그들끼리 모여 살고 가난한 사람들은 그들끼리 모여 살며 둘 사이의 학교지구는 종종 잘 겹치지 않는다. 학생 1인당 지출의 불균등은 1970년대 초에 세라노 대 프리스트Serrano v. Priest(1971) 사건을 시작으로 맹렬하게 논쟁이 벌어진 몇몇 소송으로 이어졌고, 캘리포니아주에서 세라노 사건과 관련된 일련의 소송도 이어졌다. 이어서 법원의 판결과 주 의회의 입법으로 대부분의 주들이 주 정부가 개입해 부유한 학교지구의 수입을 가난한 곳으로 재분배하고자 했다. 학생 1인당 교육 지출을 부유한 지역에서 줄이지는 않는 채로 가난한 지역에서 늘리고자 한 것이다. 몇몇 주에서는 목적이 달성되었지만 몇몇 경우에는 학교 재정 평준화 계획의 설계가 허술해서 1인당 공공 교육 지출이 오히려 더 낮아지기도 했다.[35]

이 책에서 우리는 권한이 지역으로 분산된 것이 초기에 미국에서 학교가 확산되는 데 중요했다고 주장했다. 초기에 이러한 탈중심성이 미덕이었다면, 오늘날보다 그 시절에 학생 1인당 지출은 지역별로 덜 불평등했을까? 답은 분명히 "아니오"다. 입수 가능한 당대의 데이터를 보면 학생 1인당 교육비 지출의 지역 간 불평등이 오늘날보다 컸음을 알 수 있다. 우리가 사용한 데이터가 1인당 교육비 지출의 불평등을 상당히 낮게 잡고 있는데도 그렇다. 따라서 당시의 실제 교육 지출 불평등은 훨씬 더 컸을 것이다.[36]

　　우리가 가지고 있는 데이터는 두 종류다. 하나는 1920년대와 1930년대의 유치원~8학년, 그리고 9~12학년 학생들에 대한 도시 학교지구들의 학생 1인당 지출 자료다(부록 C 참고). 다른 하나는 1900년대 초부터 1950년대까지 유치원~12학년 학생 전체에 대한 주 정부의 학생 1인당 지출 자료다.[37] 우리는 두 데이터를 함께 사용해 최근인 1970년대~1990년대의 학교지구 데이터와 비교해보았다.

　　우리의 도시 데이터는 과거의 학교지구들 간 편차가 최근 시기와 비슷함을 보여주었다. 하지만 1920년대와 1930년대의 도시 데이터에는 작고 가난한 농촌 학교지구들, 그리고 도시의 작은 학교지구들까지 제외되어 있기 때문에(이들 중 많은 곳에 공립 중등 학교가 있었는데도 제외되었다), 학교지구 간의 편차가 상당히 과소평가되었을 것이다. 이 지점에서, 1900년대부터 1950년대까지 학교지구 전체를 포괄하는 주 데이터가 유용하다. 우리는 주 단위의 이 데이터를 통해 20세기의 첫 절반 동안 학생 1인당 지출이 주들 사이에 상당히 수렴했음을 알 수 있었다. 따라서 **모든** 학교지구 사이의 학생 1인당 지출 편차는 1920년대와 1930년대가 오늘날보다 훨씬 컸을 가능성이 있고, 중등 학교가 있었던 곳들로만 한정해도 그렇다.[38]

우리는 1920년대와 1930년대에 인구 2만 이상인 도시 학교지구에 대해 초등학교와 고등학교 학생들에 대한 지출을 학교지구별로 분리했다. 이 시점에 각 도시는 가장 큰 곳도 하나의 학교지구였다. 학교지구들 사이의 불평등을 측정하는 데는 다양한 지표를 사용할 수 있는데, 우리는 교육 재정 개혁에 대한 최근의 연구 문헌들을 따라 그 중 세 개를 표 9.1에 표시했다. 90/10 비율, 95/5 비율, 그리고 변동계수다. 지출에 단기적인 변동이 있을 수 있기 때문에 우리는 1923년과 1927년의 데이터를 통합하고 1933년과 1937년의 데이터를 통합했다. 모든 연도에 대해 도시 균형 패널에서 초등학교와 고등학교의 불평등 지표는 비슷했고 둘 다 대공황 동안 확대되었다.[39] 균형 패널로 분석한 이유는 1930년대에 남부 도시들이 교육청에 보고를 하지 않아서 1930년대 표본에서 빠져 있기 때문이다. 1920년대 데이터를 보면 남부가 포함되고 더 많은 도시들이 보고를 했을 때 불평등 지표가 더 커진다는 것을 보여준다. 이러한 이유에서, 실제 1인당 지출 불평등은 우리가 이 데이터상으로 확인할 수 있는 것보다 훨씬 더 컸을 것이다.

표 9.1에 주어진 1920년대와 1930년대의 불평등 지표가 [농촌과 소규모 도시까지 포함한] 중등 교육 학교지구 전체에 걸친 불균등을 과소평가하고 있을 것이고 [고등학교가 없는 곳까지 포함한] 모든 학교지구에 걸친 불평등은 더더욱 과소평가하고 있겠지만, 이 지표들은 1970년대 초 및 1990년대 초와 비슷하다. 예를 들어, 앞선 시기의 데이터에서 변동계수(%)가 25에서 30 사이인데 최근 데이터에서도 25에서 30 사이다.[40] 이 도시들 중 다수가 포함된 세 개의 센서스지역에 대해 분석한 결과, 지역 내의 차이 역시 상당하다는 것을 발견할 수 있었다. 그러므로 우리의 표본에 남부와 더 작고 더 가난한 학교지구들

표 9.1 도시 학교지구들 사이의 학생 1인당 지출 불평등: 1920년대와 1930년대

표본	유치원부터 8학년				9학년부터 12학년			
	90/10	95/5	변동계수	도시 수	90/10	95/5	변동계수	도시 수
모든 미국 도시								
1920년대	2.02	2.45	25.3	272	2.00	2.41	25.0	267
1930년대	1.91	2.44	28.9	244	2.00	2.34	30.0	223
균형 패널								
1920년대	1.73	2.16	22.1	240	1.72	2.09	21.9	219
1930년대	1.93	2.49	28.9	240	2.01	2.39	27.9	219
뉴잉글랜드								
1920년대	1.51	1.67	17.1	47	1.63	1.73	19.4	46
1930년대	1.63	1.74	18.6	47	1.67	1.93	22.8	45
중부 대서양								
1920년대	1.76	2.02	22.8	61	1.70	2.00	23.1	61
1930년대	2.16	2.19	26.0	61	1.93	2.30	26.1	60
북동 센트럴								
1920년대	1.59	1.88	17.8	66	1.62	1.85	17.3	64
1930년대	1.94	2.21	21.9	69	1.58	1.69	17.5	66

출처: 도시 단위의 중등 학교 데이터; 부록 C 참고.
주: '모든 도시'는 인구 2만 명 이상의 도시를 말한다. 이 데이터는 1920년대와 1930년대 중 4개 연도의 데이터를 포함하고 있다. 1923년과 1927년을 평균냈고 1933년과 1937년을 평균냈다. 총 지출을 일평균 출석생 수로 나누었다. 중학교 학생은 초등학교 학년과 고등학교 학년으로 나누어 할당했다. 균형 패널은 4개 연도(1923년, 1927년, 1933년, 1937년) 모두에 나타나 있는 도시로만 한정했다. 대부분의 남부 도시들은 1930년대에 교육청에 보고를 하지 않았고 위의 연도들에 《격년간 보고서》에 나타나 있지 않다. 변동계수는 평균의 퍼센트로 된 표준편차를 사용했다.

을 포함할 수 있다면 학생 1인당 지출 불평등은 분명히 1920년대와 1930년대가 최근 시기보다 상당히 **더 크게** 나올 것이다.

미국 교육의 역사에서 오랫동안 교육 기회를 확대하는 것이 학생당 교육 지출의 격차를 줄이는 것보다 우선순위가 높았다. 하지만 교육의 기회가 확대되면서 학생당 지출의 불평등에 대해 점점 더 우려하게 되었다. 불평등은 언제나 존재했고 오히려 전에 훨씬 더 컸지만 말이다. 과거에 탈중심화는 미국이 교육 기회를 확대하는 데 유리

하게 작동했다. 하지만 작고 재정적으로 독립적인 학교지구들이 아주 많이 존재하는 모델은 늘 커다란 불평등을 수반했다.

정교 분리

미국에서 19세기에 보통학교 캠페인은 미국의 아이들이 보통의 공통된 교육 경험을 갖게 하기 위한 운동이었다. 이 같은 공통성은 학교가 무상이라는 점에서도 달성될 것이지만 종교 종파적이지 않다는 데서도 달성될 것이었다. 따라서 보통학교 운동은 비종파적 학교를 위한 운동이었다(이것이 신을 믿지 않는 학교를 말하는 것은 아니다).

4장에서 논의했듯이 보통학교 캠페인은 미국에서 수업료를 성공적으로 없앴다. 또한 차차로 미국의 모든 주에서 주 정부의 교육 자금이 종교 학교에 지원되지 못하도록 하는 법을 만드는 데서도 성공적이었다. 학교 자금 지원에서의 정교 분리는 미국 아동들에게 공통의 학교 경험을 주는 데 도움이 된 미덕이었다.

하지만 오늘날 이 미덕에 대해 비판이 제기되고 있다. 미국의 가장 가난한 동네들 상당수에서 공립 학교 시스템이 제 역할을 적절하게 수행하지 못하고 있는 것으로 보이는데 부모들이 기댈 만한 사립 학교는 없거나 거의 없고 설령 있다 해도 가난한 집에서는 학비를 감당할 수 없다. 최근에 몇몇 도시 당국과 민간 후원자들이 가난한 가정에 제한적인 바우처를 제공해서 사립 학교 학비를 대는 데 사용할 수 있게 했다. 바우처 제도의 취지는, 제대로 기능하지 못하고 있는 학교의 학생들이 더 나은 학교로 옮길 기회를 준다는 것도 있지만 '경쟁'이 들어오게 함으로써 안 좋은 학교들이 더 향상되도록 유도한다는 것도 있었다.

여기에서 한 가지 문제는, 많은 가난한 동네에 가톨릭 학교나 기타 종교 기반의 학교를 제외하고는 사립 학교가 없다는 점이다.[41] 그래서 몇몇 도시들은 바우처 제도를 도입하면서 부모들이 바우처를 교회가 운영하는 학교에 학비를 내는 데도 사용할 수 있게 허용했다. 그런데 클리블랜드에서 이것이 교육에서의 정교 분리를 위배한다는 소송이 제기되었다. 하지만 연방 대법원은 젤먼 대 시몬스-해리스 사건 Zelman v. Simmons-Harris(536 U.S. 639, 2002년 7월 27일)에서 클리블랜드의 바우처 시스템을 승인했다. 주 정부가 교회가 운영하는 학교로 직접 자금을 지원한 게 아니라 주 정부는 부모에게 자금을 지원했고 그다음에 부모가 어느 학교에 아이를 보낼지 선택할 때 교회가 운영하는 학교를 선택한 것이라는 논리였다.

현재 바우처 시스템이 있는 주 중 절반이 클리블랜드와 비슷한 형태이고 상당히 큰 규모의 바우처 시범 프로그램이 워싱턴DC에서도 진행되고 있다. 몇몇 주는 법원의 명령으로 바우처 시스템이 폐지되었지만 앞으로 바우처 시스템은 더 많이 생길 것으로 보인다.[42] 2002년의 연방 대법원 결정이 교회가 운영하는 학교를 부모가 선택하게 하는 방식의 바우처 시스템이 합법적이라고 확인해준 것처럼 보이지만, 주 단위의 법원들에서 바우처 시스템의 합법성을 모두 인정한 것은 아니다. 연방 대법원의 클리블랜드 바우처 시스템에 대한 결정 이후에 나온 플로리다주 대법원의 결정은 교회가 운영하는 학교에 바우처를 사용하는 것을 인정하지 않았다(부시 대 홈스 사건Bush v. Holmes[919 So.2nd 392, 2006년 1월 5일]). 하지만 여기에서 제시된 논거는 교회 학교에 주 정부가 자금을 지원하지 못하게 한 법을 위반했다는 것이 아니라 무상 공립 학교 시스템에 써야 할 자금이 바우처 쪽으로 일부 돌아가게 되면 주 정부가 모든 학생에게 양질의 공공 교육을 제공해야 한다는 의무를 위반하는 것이 된다는 논리에서였다. 한편, 밀워키의 바우처 시스템은 위스콘신주 대법원이 1998년에 승인했고 상고가 신청되었지만 미국 대법원은 이 사건의 상고를 받아들이지 않았다.

우리가 주장하려는 바는, 보통의 '공통된' 교육을 제공하는 데서 유용했던 정교 분리가 이제는 문제점이 노출되고 있는 미덕이라는 것이다. 하지만 공통된 교육을 제공하는 것과 **충분한** 교육을 제공하는 것 사이에는 상충적 교환관계가 존재하며, 공립 학교가 제대로 기능하지 못하는 가난한 동네의 아이들에게는 더욱 그렇다.

개방적이고 관용적인 시스템

미국 교육 시스템의 또 다른 핵심 미덕은 개방적이고 관용적이라는 점이었다. 20세기 초에 유럽의 많은 국가에서는 10세나 11세의 학생들에게 시험을 치르게 해서 상급 교육기관으로 진학할 수 있는지 가렸지만 미국은 학생들에게 이후의 인생에 중대한 결과를 가져올 중대 시험을 어린 나이에 치르게 하지 않았다.[43] 앞에서 언급했듯이, 20세기 초에 미국을 관찰한 유럽인들은 미국의 교육 시스템이 대중을 교육하느라 자원을 낭비하고 있다고 보았다. 하지만 미국인들은 미국의 교육 시스템이 평등주의적이며 기회의 평등을 제공하는 데 필수적이라고 보았다.[44]

미국의 시스템은 각급 학교 모두에서 두 번째 기회를 주는 관용적인 시스템이었고 지금도 그렇다. 초등학교 때 공부를 잘 못한 학생도 고등학교 때 잘할지 모른다. 고등학교를 졸업하지 못하고 중퇴해도 나중에 검정고시를 볼 수 있고 어떤 경우에는 고등학교 졸업장 없이 커뮤니티 칼리지에 갈 수도 있다. 그리고 많은 주에서, 고등학교 때 공부를 잘하지 못해도 대학에서 보충 과목을 들으면 모종의 형태의 대학 교육을 받을 수 있고 거기에서 잘하면 더 높은 목표를 세울 수도 있다.

미국 학교 시스템의 개방성은 엄격한 학업 기준이 없다는 것과 관련이 있는데, 이것은 역사적으로 미국 교육의 큰 특징이었다. 유럽 시스템이 종종 전국적인 일제고사를 두고 있는 것과 달리 미국 시스템은 사실상 교육의 거의 모든 면을 주에 일임했고 주 정부들은 최근에야 졸업 기준을 설정하고 주 차원의 고등학교 졸업 시험을 주관하기 시작했다.

사실, 전에도 지금도 고등학교 졸업 기준과 관련해 주 정부가 정한 요구사항은 거의 없었다. 초창기에 대부분의 주립 대학이 주에서 승인한 고등학교의 졸업생들을 받아들여야만 하도록 되어 있었기 때문에, 주 정부는 교육 기준과 별개로 더해 졸업 기준을 정할 필요가 있었다. 1925년에 주별로 고등학교 졸업에 필요한 필수 요건을 종합한 책자를 보면, 모든 주가 꼭 들어야 할 종류의 과목이나 꼭 채워야 할 학점을 정하고 있었다.[45] 대부분의 주에서 표준적인 몇몇 과목을 반드시 이수해야 졸업할 수 있었다. 48개 주 중 45개가 영어를 3년 이상, 41개의 주가 역사를 1년 이상 배워야 했고, 27개 주가 기하나 대수, 혹은 둘 다, 10개 주가 생물, 화학, 물리 중 적어도 하나, 20개 주가 몇몇 과학 과목을 필수로 지정했다. 하지만 구체적으로 필수 과목을 많이 지정하는 주는 거의 없었다. 대부분의 주가 설정한 기준은 어려운 것이 아니었고 17개 주는 일반 과학, 일반 수학, 체육에 더해 추가로 요구한 기본 과목이 3개 이하였다. 교육의 선도적인 주인 매사추세츠주는 미국사와 체육만 필수로 요구했다. 로드아일랜드주는 주에서 요구하는 기준이 없었고 코네티컷주는 고등학교들이 알아서 프로그램을 짜도록 했다. 자금이 잘 지원되는 대학 시스템이 있는 주들은 대개 더 엄격한 졸업 기준을 가지고 있었지만 캘리포니아주는 공립 대학 시스템이 규모가 크고 잘 갖추어져 있는 주였는데도 고등학교 졸업 기준으로 요구하는 것이 가장 적은 축에 속했다.

요는, 최근까지 주 정부들이 졸업 기준 정하는 것을 도시 당국이나 타운십 같은 지역 당국에 일임했다는 사실이다. 꼭 들어야 할 과목을 주 정부가 정한 경우에도 주에서 실시하는 졸업 시험이 있는 주는 거의 없었다. 뉴욕주는 1865년 이래로 교육위원회가 주 차원의 시험을 치르며 과목 기준과 졸업 기준도 정하는데,[46] 뉴욕주의 이 시스템(미국에서 가장 오래되었다)은 예외에 해당한다.

1990년대 중반이면 고등학교를 졸업하기 위해 꼭 이수해야 할 과목이 1925년보다 훨씬 많아졌지만 졸업의 다른 요건들은 달라지지 않았다. 몇몇 주는 여전히 거의 모든 기준 설정을 지역의 교육 당국에 일임하고 있었다. 더 중요하게, 거의 대부분의 주에서 고등학교 교과과정에 대해 학생들을 테스트하는 표준 시험이 없었다. 그 대신, 대개 '최소능력검사' 시험을 보았다.

그 뒤의 10년간 소위 '고부담 시험'이 증가했다. 학생들은 졸업을 하기 위해 고등학교 교과과정을 잘 습득했음을 입증해야 하지만, 종종 10학년 이상의 과정까지는 포함하지 않는다. 학생들은 고등학교 저학년 때 시험을 보고 통과하지 못하면 고학년 때 계속해서 다시 볼 수 있다. 1996년에 13개 주가 이러한 시험을 운영하고 있었고 2006년에는 22개 주가 운영하고 있었다. 고등학교 졸업 시험 도입의 효과에 대한 초기의 분석을 보면 전반적인 고등학교 졸업률에는 영향이 거의 없는 것으로 나타났다. 하지만 흑인의 중퇴율과 도심의 빈곤층이 많은 학교지구의 중퇴율은 올라갔고 빈곤층이 적은 교외 지역의 학교지구에서는 중퇴율이 줄었다.[47]

교육 수준이 낮았던 시기에 개방성과 관용성의 미덕은 미국에서 잘 작동했다. 하지만 교육 수준이 높아지고 교육의 양이 확대되면서 상황이 달라졌다. 엄격한 기준의 부재와 관용적인 시스템은 교육 연수를 늘릴 수는 있겠지만 교육의 질을 높이지는 못할 수 있다. 그뿐 아니라 두 번째 기회를 주는 시스템이 어떤 청소년들에게는 교육의 완료를 지연시킬 수도 있다. 가령, 검정고시가 통상적인 고등학교 졸업률을 증가시키기보다는 감소시켰을 수도 있다.[48]

과거와 현재의 선도적인 주와 뒤처진 주

고등학교 운동 시기와 그 직후에 주들 사이에 고등학교 졸업률이 크게 수렴했다. 하지만 그림 9.3이 보여주듯이 고등학교 운동 시기부터 오늘날까지 앞선 주들과 뒤처진 주들은 놀라울 정도로 달라지지 않았다. 남부 주들이 계속해서 뒤처지고 있기 때문만은 아니다. 주들 사이에 교육 성과에서의 차이가 시간이 지나도 지속되고 있는 것은 1938년의 주별 고등학교 졸업률과 1990년대의 주별 교육 성과 지표를 그래프로 그려보면 대번에 드러난다. 여기에서 교육 성과 지표는 고등학교 졸업률과 여러 가지 학업 성취도 시험 점수들을 합산한 것

그림 9.3 교육 성과에서 선도적인 주와 뒤처진 주의 지속성: 1938년과 1990년대

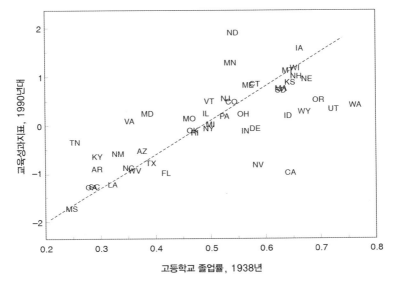

교육성과지표, 1990년대 = −2.02 + 4.09 · 고등학교 졸업률, 1938년
(0.388) (0.588)

R^2 = 0.513, 괄호 안은 표준오차.

출처: 1938년의 주별 공립 및 사립 고등학교 졸업률: 부록 B를 참고하라.
1990년대 교육성과지표Educational Performance Index: 다음에서 가져왔다. Braatz and Putnam (1997). 이 지표는 다음 세 요소를 평균낸 것이다. 1) 1990년, 1992년, 1996년의 7개 전국교육진보평가National Assessment of Educational Progress 점수, 2) 1993년의 평균 SAT 점수(주별로 시험 응시율에 따라 조정), 3) 1990년~1995년 고등학교 중퇴율에 대한 지표다.

이다. 두 연도 사이의 단순 상관관계를 구해보면 0.72가 나온다.

반 세기 넘게 많은 주의 고등학교 졸업률 순위가 변하지 않았다는 것은 과거의 미덕들이 여전히 중요함을 말해주며, 이러한 특성들을 성급하게 바꾸려 하는 것에 대해 더 조심스러운 접근을 하도록 우리에게 경고한다. 두드러진 아웃라이어들도 있긴 하다. 예를 들어 캘리포니아주와 네바다주는 급격한 인구 증가와 히스패닉 인구의 대규모 유입이 K-12 교육 자원에 압박을 가했다. [이 두 주는 1990년대의 성

과가 추세선보다 많이 낮다]. 하지만 대체로는 주들의 교육 성과 순위가 놀라울 정도로 일관되게 유지되었다.

미국은 미래를 향한 경주에서 어떻게 이길 수 있을까

원인과 몇 가지 해법

20세기로 넘어가던 시점에 미국 젊은이 중 고등학교 졸업자는 10명에 1명도 되지 않았다. 고졸자는 사회적으로 상류층인 경우가 많았고 경제적으로 '경쟁하지 않는 집단'이었다. 중등 교육의 경제적 수익은 상당했고, 한동안 계속 그랬다. 교육이 삶을 바꾸는 효과는 19세기 말의 부모들에게 명백했고 그들은 여력이 있다면 아이들을 아카데미에 보냈다. 20세기 초에 교육받은 노동자에 대한 수요가 늘면서 중등 교육의 이득은 누구나 접할 수 있고 학비가 안 드는 공립 고등학교를 요구하는 풀뿌리 운동으로 이어졌다. 20세기 중반이면 고등학교 졸업장은 일반적인 것이 되었다. 다만, 흑인은 커다란 예외여서, 아직 고등학교에 접근하는 것이 종종 불가능했다.

교육받은 노동자의 공급이 증가하면서 교육의 프리미엄이 줄었다. 교육 1년의 경제적 수익은 1950년대부터 1970년대까지 20세기 중 가장 낮은 수준에 도달했다. 그러다가 1970년대 이후로는 교육의 수익이 증가했다.

오늘날 고등학교도 경제적 수익이 상당하고 대학과 대학원의 수익은 역사적으로 가장 높은 수준이다. 하지만 21세기로 넘어가는 시점에 미국 젊은이들의 교육 수준은 100년 전에 강한 경제적 유인에 반응해서 증가했던 것만큼 빠르게 증가하지 않고 있다.

고등학교 중퇴자의 경제적 전망이 좋지 않은 것을 생각할 때, 왜 미국에서 많은 젊은이가 고등학교 졸업장을 따기 전에 학교를 떠나는지 궁금할 것이다. 또한 대학에 가는 것이 가져다주는 수익이 막대하다는 것을 생각할 때, 대학을 졸업하는 젊은이 비중이 왜 빠르게 증가하지 않는지도 궁금할 것이다. 지금까지도 고등학교 졸업은 아직 모두에게 해당되는 것이 아니고, 대학 졸업률은 20세기 중반의 고등학교 졸업률보다 낮다.

많은 미국 학생들의 교육적 성취에 발목을 잡고 있는 요인으로 두 가지를 생각해볼 수 있다.[49] 하나는 고등학교를 중퇴한 학생들, 그리고 졸업은 했지만 대학 교육을 소화하기에 적합한 준비가 되지 못한 학생들이 많은 것이고,[50] 다른 하나는 대학 교육을 소화할 능력은 되는데 재정적인 접근성이 부족해 대학 진학을 못하는 것이다.

대학 교육을 소화할 수 있는 능력을 획득하지 못하는 것의 근본적인 원인으로 K-12 학교의 **자원**에 주목하는 견해가 있다. 이 견해에 따르면, 많은 주에서 K-12 자원의 증가가 불리한 처지의 학생이 증가하는 속도와 여성 교사들이 갈 수 있는 외부의 커리어 기회가 많아지는 속도를 따라가지 못했다.[51] 여러 연구에서 밝혀졌듯이, 더 소규모의 학급, 더 높은 교사 봉급, 여름 시기에 학습 기회의 제공 등은 학생들의 교육 성과를 개선할 수 있다.[52] 대규모 무작위 표본 연구인 테네시주 STAR 실험은 저학년 때 학급 규모가 작으면 특히 가난하고 소수자인 가정 아이들의 학업 성과가 향상된다는 것을 강하게 시사한다.[53]

하지만 자원 부족 가설을 비판하는 사람들은 최근 20~30년간 학생 1인당 지출이 늘고 학급 규모가 작아졌지만 시험 점수가 높아지지도 교육 성과가 나아지지도 않았다고 반박한다.[54] 이들의 견해에 따르면, K-12 교육이 겪고 있는 문제는 [자원 부족이라기보다] 몇 가지 요인에서 비롯한 **생산성** 위기다. 1970년대부터 학교 재정 평준화 계획이 진행돼 지역 재정 대비 주 재정이 증가하면서 자금과 책무성 사이의 연결고리가 약화되었다. 그뿐 아니라 가장 능력 있는 교사를 채용하고 유지하려는 인센티브가 종종 존재하지 않고, 큰 규모의 학교지구들에서는 관료제적 경직성이 크며 때로는 교사 노조에 의해 경직성이 부여되기도 한다. 이러한 생산성 위기에 대한 해법은 테스트와 학업 성취 기준을 적용해 책무성을 높이고, 교사 채용과 유지를 위해 새로운 접근 방법을 고안하며, 부모의 선택지를 늘리는 것이다.[55]

많은 학생들에게 K-12 시스템은 완벽하지 못하다. 하지만 학교가 특정 집단의 학생들에게는 본질적으로 실패하고 있다는 것을 간과해선 안 된다. 시스템에 의해 뒤로 밀려나는 학생들은 주로 도심 빈민촌 학교의 소수자 학생들이다. 이 학생들은 대학의 교육 내용을 소화하기에는 준비가 되지 못한 청소년이 될 가능성이 크다.[56] 미국의 교육이 가졌던 미덕 중 하나는 소규모와 중규모의 학교지구에 의존도가 높은 것이었는데, 이제는 이것이 문제점으로 작용할 수 있다. 한때는 이 시스템이 사람들이 내리는 주거지 선택을 통해 건전한 경쟁을 제공할 수 있었다. 하지만 다른 학교지구로 쉽게 이사할 수 없는 도심 빈민촌의 가난한 사람들에게는 이 시스템이 잘 작동하지 않을 것이다. 거주지를 옮기지 않아도 학교에 대한 선택지를 넓혀줄 수 있는 정책 (가까운 공립 학교, 차터 스쿨, 바우처 등)은 저소득 가구의 상황을 개선시켜 줄 수 있을 것이다. 이러한 정책들의 효과성에 대한 현재의 실증근

거들의 결론이 일관되지는 않지만 말이다.[57]

  불리한 배경의 아이들에게는 학교 교육을 잘 받는 것이 높은 경제적 수익을 가져다준다는 것이 명백하게 느껴지지 않을 수 있고 심지어는 아예 모르고 있을 수도 있다. 이 아이들은 노동시장에서 성공한 성인 역할 모델이 없고, 또래 집단은 학교 공부를 잘 한다는 것에 적대적일 수 있다.[58] 학교 공부에 더 충실하게 임하는 것에 대해 직접적인 재정적 인센티브를 제공하는 정책들은 학교에서 잘 배우고 싶지만 장벽에 직면해 있는 불리한 배경의 아이들에게 그러한 장벽을 없애주는 데 도움이 될 것이다.[59]

  하지만 학령 인구 학생들을 대상으로 한 정책은 어려운 가정의 아이들과 초기에 교육 환경이 부적절했던 아이들에게는 너무 늦은 것일 수도 있다. 미국에서 교육 수준의 성장을 둔화시킨 강력한 원인 하나는 1970년 이후로 가난한 가정과 한부모 가정 출신인 아이들의 비중이 크게 증가한 것이다.[60] 입학 연령보다 더 이른 시기에 개입이 없다면 학교 수업에 준비가 되지 못한 아이들의 문제를 학교가 해결해주기는 어려울 것이다.

  양육 지원 프로그램과 아동 건강 및 교육을 위한 조기 개입(연방 정부가 지원하는 가장 큰 규모의 취학 전 아동 프로그램인 헤드스타트Head Start 등) 프로그램은 더 나중 시기에 이루어지는 인간 발달을 위한 투자에 좋은 보완재가 될 수 있을 것이다.[61] 현재 나와 있는 많은 연구가 저소득층 가구를 대상으로 양질의 조기 아동 교육 프로그램을 운영하는 데 투자하는 것이 매우 큰 수익을 가져다준다는 것을 보여준다.[62]

  젊은이들이 대학에 갈 수 있게 준비를 시킬 수 있다 해도 두 번째 장애물이 있다. 대학 수업을 들을 능력이 있는 학생 중에는 경제적

자원이 부족한 가정 출신이거나 재정 지원이나 대출을 받기가 힘든 경우도 있을 수 있다. 대학에 대한 접근성을 확대하면 학생들이 고등학교 때 더 어려운 과목을 들어서 대학 수업을 들을 수 있는 준비를 갖추게 할 인센티브를 창출하고 대학 진학에 대한 기대와 예상을 높일 수 있을 것이다. 공립과 사립 대학의 학비는 1980년 이래로 급격하게 올랐고 평균적인 가정의 소득에 비해서도 그랬다(7장의 그림 7.10 참고). 그리고 재정 지원은 소득이 많지 않은 가구를 지원하기에 충분한 정도로 증가하지 못했다.[63]

중위 소득 이하 가정의 청소년에게 대학 교육의 비용은 대학에 가고 졸업할 수 있는지에 크게 영향을 미친다.[64] 대학 진학은 1980년 이래 상당히 증가했고 이것은 대학의 수익이 높았던 데 대한 반응이었다. 하지만 대학 진학률을 부모의 소득, 인종, 민족별로 보면 차이가 크고, 학업 수준과 시험 점수가 비슷한 학생들 사이에서도 그렇다.[65] 높은 대학 진학 비용과 신용시장 접근의 어려움, 그리고 빚지는 것을 피하려는 심리가 결합해서, 저소득층과 중위 소득층 학생들이 대학에 가기를 포기하고 뒤로 밀려났다.[66]

인구통계학적 변화도 대학 접근성에 영향을 미친다. 1970년대와 1980년대 초에 대학 갈 나이가 된 베이비붐 세대는 수가 많아서 고등 교육에 쓸 수 있는 정부 자원을 압박했다. 대학 연령대 인구가 팽창하면서 학생 1인당 지원 가능한 공공 보조금이 줄었고 공립 대학들은 수업료를 올려야 했다. 대학생 1인당 지원금의 감소는 대학 진학률 및 졸업률이 큰 폭으로 감소한 것과 강한 상관관계가 있었다.[67] 1980년대 중반쯤이면 대학 연령대 인구 규모는 줄지만, 이제 많은 주에서 보건의료, 범죄 사법, 여러 사회복지 프로그램에 들어가야 할 공공 지출 수요가 늘면서 대학 교육 지출이 이러한 사용처들과 경쟁해야 했다.

대학에 다니기 위해 학생과 가족이 부담해야 할 비용이 증가하면서 재학 중에 일을 하는 대학생 비중이 늘었다. 18~22세 대학생 전체 중 일하는 학생 비중은 1970년 38%에서 2003년 52%로 증가했다. 일하는 시간도 주당 평균 21시간이었다가 24시간으로 늘었다.[68] 미국 대학생들의 유급 노동시간이 증가한 것은 대학에 다니는 것이 주는 재정적 부담이 늘어난 것을 반영할 뿐 아니라 학생들이 공부할 시간이 줄어들었다는 것을 의미하기도 한다.[69]

설상가상으로, 장학금 등 재정 보조 신청 시스템은 포트녹스[켄터키주에 있는 미국 육군 기지이자 최대 금 보관소]보다도 뚫고 들어가기가 어려워서 불리한 배경의 청소년이 대학에 가는 데 또 하나의 장벽이 된다.[70] 저소득층 가구 청소년에게 더 너그럽게 대학 비용을 지원하고 장학금 등 지원 시스템을 더 투명하고 알기 쉽게 운영하면 대학 진학률과 졸업률이 늘어날 수 있을 것이다.

교육과 직접 관련이 없는 정책도 불리한 배경의 청소년이 대학에 갈 준비를 갖추는 데 도움이 될 수 있다. 1970년 이래 소득에 따른 주거지 분리가 심화되고 빈곤이 도심 빈민가에 더 많이 집중되면서 저소득 가구 아이들의 인적자본 투자가 위축되었을 가능성이 있다.[71] 따라서 주거 바우처처럼 거주 이동성을 촉진하는 정책을 확대하면 저소득 가구 아이들의 학업 성과를 높이는 데 도움이 될 것이다.[72] 가난한 아이들에게 사회적, 정서적 지원을 해주는 멘토링 프로그램과 대학 교육에 대한 재정 지원 프로그램은 이들이 대학에 갈 가능성을 높이는 데 약하게나마 기여할 것이다.[73] 두 번째 기회를 주는 일자리 훈련 프로그램, 가령 불리한 배경의 청소년이 고등학교를 중퇴했을 경우에 제공되는 직업훈련단Job Corps이나 커리어 아카데미Career Academy 등은 고등학교 교육과 노동시장을 더 잘 연결하는 데 도움이 되는 것으로 보인다.[74]

요컨대, 미국의 교육 성과를 높이고 대졸 노동자의 공급을 늘리기 위해 세 가지 유형의 정책이 필요하다. 첫째, 불리한 배경의 아이들에게 제공되는 양질의 취학 전 교육을 확대해야 한다. 둘째, 미국 교육의 몇몇 미덕에 다시 불을 지펴서 K-12 단계 교육을 향상시킴으로써 더 많은 학생들이 대학에 진학할 만한 학업적 준비가 될 수 있게 해야 한다. 셋째, 충분히 후하고 절차가 복잡하지 않게 대학 비용을 지원해서 대학에 갈 학업적 준비가 된 학생들이 4년제 대학 학위를 받을 수 있게, 혹은 커뮤니티 칼리지에서 시장 수요가 있는 숙련기술을 획득할 수 있게 해야 한다.

신뢰할 만한 많은 연구들이 이 세 가지 유형 각각에서 이런저런 정책 개입들이 학업 성과와 장기적인 경제적, 사회적 결과에 긍정적인(때로는 미미하게라도) 효과를 가져왔음을 보여주었다. 그뿐 아니라 이러한 정책들은 서로를 보완한다. 더 많은 아이들이 [양질의 취학 전 교육을 통해] 학교 교육을 잘 받을 준비가 된 채로 학교에 들어간다면 K-12 교육의 성과가 더 쉽게 올라갈 것이다. 또한 부유하지 않은 배경 출신의 학생들이 더 많이 대학에 갈 수 있는 학업적 준비가 된다면, 대학 재정 지원 1달러당 더 큰 효과를 낼 수 있을 것이다. 따라서 교육을 확대할 수 있는 이 세 가지 변경(취학 전 교육 확대, K-12 교육 향상, 대학 교육 재정 지원)이 잘 조화를 이루는 정책 조합의 효과는 각각의 정책에 대해 따로따로 효과를 계산해서 합했을 때보다 더 클 것이다. 또한 교육 정책에 지출을 늘리는 데 들어가는 단기적인 재정 부담은 장기적으로 생산적인 노동력이 늘어서 세수가 증가하고 사회적 문제들을 다루느라 들어가야 할 정부 지출이 줄어드는 효과로 충분히 상쇄될 것이다.[75]

교육에 투자하면 학교 교육을 더 많이 받기로 결정하는 사람들에게 여러 가지 유익한 효과를 가져다줄 수 있고, 경제를 성장시키고 불평등 추세를 완화 또는 역전시킴으로써 국가 전체적으로도 이득을 가져다줄 수 있다. 하지만 교육에 지출을 늘려서 불평등이 감소하는 효과를 내기까지는 오랜 시간이 걸리고, 특히 교육 지출이 취학 전의 어린 아이들에게 이루어진다면 불평등 감소의 효과를 내기까지 더욱 오랜 시간이 걸릴 것이다. 또한 교육에 관련된 정책들은 소득 분포의 꼭대기(상위 1%)에 있는 사람들에게 부와 소득이 점점 더 막대하게 집중되는 것을 해결하는 데는 그리 효과가 없을 것이다.[76] 따라서 교육 투자를 늘리는 정책은 경제성장의 과실이 어떻게 분배되는지에 직접적으로 영향을 미칠 수 있는 또 다른 정책들과 함께 이루어져야 한다.

미국의 조세 시스템은 1980년대 이래 누진적 성격이 크게 약화되었다.[77] 소득 분포의 꼭대기 층에 대해 세율을 조금 높이면 더 소득이 낮은 사람들에게 급여세 감면, 근로소득세액 공제, 의료 접근성 보장 등을 더 확대하는 데 필요한 재원을 마련할 수 있을 것이다. 이러한 정책은 경제적 평등을 향해 나아가는 데 직접적으로 기여할 수 있다.[78] 최근 미국에서는 최저임금제나 노조 같은 노동시장 제도들이 약화되면서 임금 불평등을 증가시키는 시장 요인들이 강화되었다.[79] 시장 요인들이 강하게 반대 방향으로 움직이고 있을 때는 임금 설정에 강한 제도적 개입을 하는 것이 고용 기회의 면에서 악영향을 초래할지 모르지만, 소득 수준이 높지 않은 노동자들의 임금을 보호해주는 어느

정도의 제도적 개입은 교육 및 전반적인 숙련 공급을 확대하는 정책
과 함께 사용된다면 잘 작동할 수 있을 것이다.[80]

숙련편향적 기술변화의 심화에 왜 대비해야 하며
어떻게 대비할 수 있는가

　　이 책 전체에 걸쳐서 우리는 기술과 교육 사이에 지속적이고
가차 없는 경주가 벌어지고 있음을 강조했다. 경제성장과 불평등은 이
경주의 결과다. 경주에서 기술변화가 앞서면 숙련기술(때로는 새로운,
때로는 예전의)에 대한 수요가 변화한다. 노동력의 공급이 빠르게 대응
할 수 있다면 경제 불평등을 크게 악화시키지 않고 경제성장이 진전
될 수 있다. 반면, 수요가 발생하고 있는 숙련기술의 공급이 느리고 노
동력이 숙련기술을 업그레이드하거나 재조합하는 데 유연성이 적다
면 성장은 둔화될 것이고 **그와 동시에** 불평등이 확대될 것이다. 적응
할 수 있고 새로운 숙련기술을 획득할 수 있는 사람은 경제적 보상을
얻을 것이고 그렇지 않은 사람은 뒤로 밀려날 것이다.

　　따라서 앞으로 어떤 새로운 숙련기술에 대해 수요가 생길지 알
필요가 있다. 우선, 이러한 예측에는 수많은 어려움이 있다는 점을 짚
어두어야겠다. 우리는 20세기 내내 새로운 테크놀로지들이 수학, 과
학, 문법, 도면 해독과 같은 범용 숙련기술에 많은 보상을 가져다준 것
을 볼 수 있었다. 마찬가지로, 오늘날에도 가장 수요가 큰 숙련기술은
분석적 기술이다. 하지만 세계화가 새로운 어려움을 제기하고 있다.

오늘날에는 얼마나 복잡한 숙련기술이든 간에 해외로 오프쇼어링이나 아웃소싱이 될 수 있으면 취약하다. 엑스레이 판독처럼 고숙련 직종 중에서도 아웃소싱이 가능하면 수요가 정체되거나 감소할 위험에 직면하게 되는 것들이 있을지 모른다. 컴퓨터 프로그램이 대체할 수 있는 숙련기술도 위험하다. 하지만 루틴하지 않고 대인적 기술이 필요한 일자리는 덜 취약할 것이다. 요컨대, 국내에서도 해외에서도 불완전하게만 대체될 수 있는 숙련기술이어야 가장 크게 안정성을 확보할 수 있다.

지금은 추상적인 사고가 가능하고 재무, 나노기술, 분자생물학과 같은 분야를 평범한 수준이 아니라 깊이 있게 알고 있는, 고도의 분석적 능력을 가진 사람들에 대한 수요가 많은 시대다. 대인 서비스와 관련된 숙련기술도 수요가 증가하고 있다. 간호사 등 의료 전문가들이 대표적인 사례다. 더 이상 대학은 자동적으로 성공을 가져다주는 티켓이 아니다. 이제는 그중에서도 특정한 분야의 학위와 특정한 분야에 대한 고도의 훈련이 중요하다. 또한 대인적 기술(아마도 대학에서 다양한 동료 집단들에 속해 있으면서, 그리고 교육받은 사람들과 지적인 상호작용을 함으로써 얻을 수 있는 종류의 대인적 기술)도 중요성이 크다. 오늘날에는 일반적인 교훈이 과거와 다소 다르다. 이제는 당신이 고등학교 졸업장이나 대학 졸업장을 가지고 있다고 해서 필수 불가결한 사람이 되지는 않는다. 특히 당신이 가진 숙련기술을 컴퓨터 프로그램이 모방하거나 대체할 수 있을 때는 더욱 그렇다.

상대적으로도 절대적으로도 교육이 약화되면서, 미국은 기로에 서 있다. 미국의 교육이 가진 미덕들은 한때 매우 잘 작동했다. 미국은 다수 대중을 교육했고 경제가 성장했으며 불평등을 줄였다. 이 장에서 우리는 과거의 미덕들이 앞으로도 잘 작동할 것인지 질문해보았다. 우리가 말하고자 하는 핵심은, 역사의 궤적을 잃어버려서는 안 된다는 것이다. 우리는 우리의 집합적인 기억상실증을 벗어버려야 한다. 미국은 한때 교육의 선도 국가였다. 세계의 나머지가 미국의 교육기관을 모방했고 미국의 평등주의적인 이상이 널리 퍼졌다. 이것만으로도 위대한 성취이며, 바로 이것이 "다시 한번"을 외쳐야 할 성취다.

감사의 글

이 책은 우리의 학문적 열정이 녹아든 산물이다. 로렌스 카츠는 20년 넘게 임금 구조와 경제 불평등을 측정하고 추적하고 분석했다. 클라우디아 골딘 역시 20년 이상 교육과 인적자본의 역사를 연구했다. 또한 우리는 함께 기술변화가 노동시장에 미치는 영향, 교육의 수익, 미국 임금 구조의 장기적 변화를 연구했다.

이 책으로 발달하게 된 프로젝트를 정확히 어떻게 해서 시작하게 되었는지는 잘 기억이 나지 않는다. 이 프로젝트의 한 부분은 골딘이 브루킹스 연구소Brookings Institution의 연구원으로 일하면서 고등학교 운동과 그것이 임금 구조에 미친 영향을 연구했을 때 시작되었다. 몇 년 뒤에 우리 둘 다 러셀 세이지 재단Russell Sage Foundation의 연구원이 되었고, 거기에서 고등 교육의 역사를 연구했다. 또 다른 시기에도 우리는 숙련편향적 기술변화와 임금 구조에 대해 연구했다. 이 책 자체의 집필은 3년 전에 시작했고 둘 다 강의 부담이 없는 여름 기간을 이용해 집필했다.

숙련편향적 기술변화와 숙련에 따른 임금 격차의 장기적 변화에 대한 연구는 전미과학재단National Science Foundation의 연구지원금(SBR-951521)을 받았다. 스펜서 재단Spencer Foundation의 연구지원금(199600128)은 교육의 역사를 연구할 수 있게 해주었고, 이 연구지원금 덕분에 특히 1915년 아이오와주 센서스 표본을 수집해 연구할 수 있었다. 브루킹스 연구소는 골딘이 1년간 연구년을 갈 수 있도록 재정 지원을 해주었고, 러셀 세이지 재단은 골딘과 카츠 모두에게 1997~1998학년도에, 또한 래드클리프 고등연구소Radcliffe Institute for Advanced Study는 2005~2006학년도에 연구년을 갈 수 있게 지원해주었다. 지원을 베풀어준 이들 기관 모두에 감사드린다.

감사를 전해야 할 분들이 너무나 많다. 수많은 동료들이 통찰력 있는 의견, 정보, 데이터를 너그럽게 나누어주었다. 다 떠올리기조차 어려울 정도로 많은 분들의 도움을 받았지만, 이 지면을 빌려 다음 분들에게 감사를 전하고자 한다.

스탠리 엥거먼Stanley Engerman, 앨런 크루거Alan Krueger, 일리야나 쿠지엠코Ilyana Kuziemko, 로버트 A. 마고Robert A. Margo, 세라 터너Sarah Turner는 원고 전체를 읽고 친절한 동료로서의 도움을 훨씬 넘어서는 수준의 조언과 의견을 나눠주었다. 일리야나는 하버드 대학원생으로 지내는 마지막 몇 주 동안 지치지 않는 조언자가 되어주었다. 일리야나의 우정과 조언에 영원히 감사할 것이다. 하버드대 출판부의 담당 편집자 마이클 애런슨Michael Aronson은 격려와 조언과 날카로운 질문을 아끼지 않았다. 모든 이들이 보내주신 믿을 수 없는 지지와 지원에 우리는 크게 빚을 졌다.

데이터를 제공해주신 다음 분들께 감사드린다(성의 알파벳순). 데이비드 오터David Autor는 미국 센서스와 상시인구조사Current Population Survey 데이터를 통해 임금 불평등, 교육에 따른 임금 차분, 숙련의 상대적 공급 등을 측정하고 계산하는 데 도움을 주었다. 로버트 배로Robert Barro는 동료 연구자들과 함께 수집한 세계 종교 데이터를 제공해주었다. 에릭 힐트Eric Hilt는 19세기 뉴욕주의 아카데미들에 대한 자료를 제공해주었다. 아드리아나 예라스-무니는 20세기의 주별 의무교육법과 아동노동법의 내용에 대해 코딩한 자료를 공유해주었다. 로버트 마고는 1850년, 1860년, 1870년에 미국 센서스국이 조사한 사회통계U.S. Census, Social Statitics의 마이크로필름을 빌려주었다. 폴 로드Paul Rhode는 주별 국방 계약 데이터를 제공해주었다. 알리시아 새서는 주별 K-12 학교 지출 데이터를 제공해주었다. 주디스 스콧-클레이턴은 10월 상시인구조사상의 학교 등록생과 학력에 대한 자료를 제공해주었다. 세라 터너는 7장과 9장에 사용된 여러 시계열 자료들을 제공해주었고 그치지 않는 지지로 우리가 교육 데이터의 미로를 헤치고 갈 수 있게 안내해주었다. 로버트 웨이플스는 시 단위 데이터를 제공해주었다. 아서 울프Arthur Woolf는 제조업 센서스상의 업종 단위 데이터를 제공해주었다. 모두에게 감사드린다.

의견을 주신 많은 분들에게서도 큰 도움을 받았다. 다음 분들에게 감사드린다(성의 알파벳순). 대런 아세모글루Daron Acemoglu, 데이비드 오터, 하워드 보덴혼Howard Bodenhorn, 수전 다이너스키Susan Dynarski, 롤랜드 프라이어Roland Fryer, 에드워드 글레이저Edward Glaeser, 제임스 J. 헤크먼James J. Heckman, 캐럴라인 혹스비Caroline Hoxby, 브라이언 제이컵Brian Jacob, 피터 린더트Peter Lindert, 로렌스 미셸Lawrence Mishel, 폴 로드, 안드레이 슐라이퍼Andrei Shleifer, 마커스 스탠리Marcus Stanley, 로렌스 서머스Lawrence Summers, 존 윌리스, 데이비드 웨슬David Wessel. 이분들의 날카로운 질문과 조언 덕분에 이 책이 더 나아질 수 있었다.

많은 동료들과 공동 연구를 할 수 있어서 행운이었고 그 과정에서 정말 많은 것을 배웠다. 이 책의 주제와 비슷한 내용들을 우리와 함께 연구했던 데이비드 오터, 조지 보르야스George Borjas, 브래드 들롱

Brad DeLong, 리처드 프리먼Richard Freeman, 멜리사 S. 키어니Melissa S. Kearney, 앨런 크루거, 일리아나 쿠지엠코, 로버트 A. 마고, 케빈 M. 머피Kevin M. Murphy에게 감사를 전한다.

일찍이 브루킹스 연구소에서 골딘을 도왔던 린다 터크Linda Tuch 부터 시작해, 우리는 이 프로젝트의 모든 단계에서 연구조교들의 도움을 받았다. 셰릴 셀리스키Cheryl Seleski와 케리 우드워드Kerry Woodward는 러셀 세이지 재단에서 우리를 도와주었다. 1915년 아이오와주 센서스에서 6만 건이 담긴 표본을 수집하는 데도 많은 조교들의 도움을 받았다. 토드 브라운슈타인Todd Braunstein, 브리지트 첸Brigit Chen, 마이클 크레스Michael Cress, 미샤 더완Misha Dewan, 세레나 마예리Serena Mayeri, 아르빈드 크리슈나무르티Arvind Kirshnamurthy, 그리고 특히 아이오와주 농촌 자료 거의 모두와 도시 자료 상당 부분을 수집해준 알레그라 아이비Allegra Ivey에게 감사를 전한다.

또한 일군의 뛰어난 조교들이 여름마다 우리의 작업을 도와주었다. 앤 베리Anne Berry, 마야 페더먼Maya Federman, 캐서린 캐플런Katherin Kaplan, 파비아나 실바Fabiana Silva, 애비게일 왜거너 워즈니악Abigail Waggoner Wozniak, 그리고 가장 최근에 합류해 집필 단계의 대부분을 함께 해준 크리스탈 양Crystal Yang에게 감사를 전한다. 리아 플랫 부스탄Leah Platt Boustan은 4장의 작성에, 캐럴라 프리드먼Carola Frydman은 6장의 작성에 큰 도움을 주었다. 캐럴라가 골딘의 수업을 들으면서 쓴 뛰어난 논문에서 교사들에 대해 연구한 내용이 여기에 크게 기여했다. 리아와 캐럴라 모두 수많은 아카이브를 고되지만 신나게 파고들면서, 이론뿐 아니라 역사를 파고드는 데도 소질이 있음을 보여주었다.

전미경제연구소National Bureau of Economic Research는 우리가 여름

에 글을 쓰는 동안 학문적으로 최적의 환경을 제공해주었으며 조교들이 가까이에서 일할 수 있도록 자리를 마련해주고 풍부한 자료도 지원해주었다. 전미경제연구소의 직원분들께 감사를 전한다.

대학에서, 또 그 밖의 여러 장소에서 열린 세미나 자리에서 고견을 나누어준 분들로부터도 많은 도움을 받았다. 여기에 다 열거할 수는 없지만 참석해주신 분들의 지원과 제안에 감사드린다. 마지막으로, 꼼꼼하게 원고의 교정교열을 맡아준 메그 퍼거슨Meg Fergusson에게 감사를 전한다.

이 책의 제목을 짓는 데는 임금 구조에 영향을 미치는 요인들을 묘사하는 데 비슷한 은유를 사용한 얀 틴베르헌에게서 영감을 받았다.

이 책은 불평등, 교육, 기술에 대해 전에 우리가 출판했던 논문들과 다르며 때로는 매우 다르다. 그렇긴 하되, 여러 곳에서 우리의 이전 논문들에 실렸던 표, 그래프, 때로는 문장을 빌려왔다. 그러한 논문들은 다음과 같다.

1장: DeLong, J. Bradford, Claudia Goldin, and Lawrence F. Katz. 2003. "Sustaining U.S. Economic Growth." 다음에 수록됨 H. Aaron, J. Lindsay, and P. Nivola, eds., Agenda for the Nation. Washington, DC: Brookings Institution Press.

2장: Goldin, Claudia, and Lawrence F. Katz. 2000. "Education and Income in the Early Twentieth Century: Evidence from the Prairies." Journal of Economic History 60 (September), pp. 782~818.

2장: Goldin, Claudia, and Lawrence F. Katz. 2001. "Decreasing (and then Increasing) Inequality in America: A Tale of Two Half Centuries." 다음에 수록됨 Finis Welch, ed., The Causes and Consequences of Increasing Inequality. Chicago: University of Chicago Press, pp. 37~82.

3장: Goldin, Claudia, and Lawrence F. Katz. 1998. "The Origins of Technology-Skill Complementarity." Quarterly Journal of Economics 113 (June), pp. 693~732.

6장: Goldin, Claudia, and Lawrence F. Katz. 1999. "Human Capital and Social Capital: The Rise of Secondary Schooling in America, 1910 to 1940." Journal of Interdisciplinary History 29 (Spring), pp: 683~723.

7장: Goldin, Claudia, and Lawrence F. Katz. 1999. "The Shaping of Higher Education: The Formative Years in the United States, 1890-1940." Journal of Economic Perspectives 13 (Winter), pp. 37~62.

우리 두 사람이 서로가 온전한 존재가 되는 데 꼭 필요한 부분이 되어준 것에 우리는 서로에게 감사한다. 우리 각자는 불완전한 사람이며 둘 다 다른 한쪽이 없었으면 이 책을 쓰지 못했을 것이다. 마지막으로, 프레리에게 감사를 전한다. 프레리는 챕터도, 참고문헌도, 표와 그래프도 모르지만, 꼬리를 살랑살랑 흔들고 얼굴을 핥아주면서 지난 몇 년간 우리가 건강한 정신을 유지할 수 있게 해주었고 그치지 않고 아낌없는 사랑과 애정을 나누어주었다.

부록 A
1915년 아이오와주 센서스 표본

1915년 아이오와주 센서스는 매우 독보적인 자료다. 미국에서 연방 센서스가 최초로 교육 정보와 소득 정보를 수집하기 시작한 1940년보다 이르게 교육 정보와 소득 정보를 가장 먼저 수집한 센서스이기 때문이다. 또한 연방 센서스에는 없는 항목도 포함해 개인과 가구에 대해 다른 면들에서도 상당히 상세한 정보를 담고 있다. 1915년 아이오와주 센서스는 아이오와주 거주민에 대한 전수 표본이다. 응답은 각 작성자가 인덱스 카드에 표시해서 조사국으로 반송했다. 인덱스 카드는 아이오와주 디모인에 있는 아이오와주 기록보관소에 보관되어 있으며 1986년에 유타계보학회Genealogical Society of Utah가 마이크로필름화 작업을 했다.

센서스 카드(495쪽 사진 참고)는 카운티별로 분류되어 있고, 인구 2만 5,000명 이상인 대도시는 별도로 분류되어 있다. 각 카운티와 대도시 내에서 답변은 성의 알파벳순으로(성이 동일하면 그 안에서는 이름의 알파벳순으로) 정리되어 있다. 우리는 아이오와주의 대도시 중 가장 큰 세 곳(대븐포트, 디모인, 더뷰크), 그리고 대도시가 하나도 포함되어 있지 않은 카운티['농촌 카운티'] 열 곳을 대상으로 분석을 진행했다. 먼저 카운티는, 아이오와주에 있는 99개 카운티를 성인 인구의 평균 학력에 따라 균등하게 넷으로 나누고 각 집단에서 무작위로 세 곳씩 선정했다. 이 카운티들은 대도시를 포함하고 있지 않다. 이 중에서 다시 마이크로필름의 화질에 따라 열 곳을 선정했다. 선정된 열 곳의 농촌 카운티들은 지리적으로 주 전역에 골고루 분포되어 있다(북서부: 클레이, 라이언; 중북부: 미첼; 중동부: 존슨, 뷰캐넌; 중부: 마셜; 중남부: 웨인; 남서부: 어데어, 몽고메리; 중서부: 캐럴). 도시와 농촌에서 표본 추출률이 다른 것을 감안하기 위해 표본 가중치를 적용했다. 가중치를 적용한 목적은 아이오와주 전체에 대해 대표성을 갖게 하기 위한 것이다(단, 대도시가 있는 카운티의 농촌 지역 거주자들은 이 표본이 대표하지 못한다). 우리의 도시 표본에는 2만 6,768개의 관찰값이 있으며 이는 아이오와주 대도시 인구의 5.5%에 해당한다. 우리의 농촌 표본에는 3만 3,305개의 관찰값이 있으며 이는 대도시가 없는 카운티 인구의 1.8%에 해당한다.

우리는 센서스 카드에 있는 모든 변수를 기록했으며, 여기에는 다음과 같은 정보가 포함되어 있다(인덱스 카드에 제시되어 있는 순서대로 나열).

- 카드 번호, 성별, 인종, 결혼 유무, 학교 유형(공립 초등학교, 사립 초등학교, 고등학교, 대학)별로 1914년에 학교에 다닌 개월 수, 읽고 쓸 수 있는지, 장애가 있는지(시각장애, 정신 이상, 청각장애, 저능), 외국 출생이라면 귀화

를 했는지, 아이오와주에 산 햇수와 미국에 산 햇수, 전체 이름, 연령, 주소(카운티, 우체국, 타운 또는 타운십, 지구Ward 순서로), 직업, 실업 상태인 개월 수, 1914년 직업으로부터의 총소득, 교육 수준(보통학교, 그래머스쿨, 고등학교, 대학교를 다닌 햇수), 출생지, 주택이나 농장 소유 여부, 주택이나 농장이 담보 등으로 잡혀 있는지, 주택이나 농장의 가치(금액), 군 복무, 교회 종파, 아버지와 어머니의 출생지, 작성자 이름, 비고.

Card No	Name .... Age ....
Sex: Male Female	County .... PO...
Color	Town or Township .... Ward ....
Marital Status	Occupation .... Months in 1914 Unemployed ....
Months Schl 1914	Total earnings for 1914 from occupation ....
Public .... High	Extent of Education: Common........ yrs Grammar school........yrs
Private......College....	High school .... yrs College........yrs
Read	Birthplace .... Do you own your home or farm? yes no
Write	Incumbrance on farm, home $......... Value of farm, home $ ....
Blind .... Deaf	Milit Service: Civil War........ Mexican........ Spanish........ Infantry.......
Insane ...... Idiot	Cavalry...... Artillery...... Navy...... State ...... Regiment...... Company....
If Foreign Born	Church Affiliation ....
Naturalized?.......	Father's Birthplace .... Mother's Birthplace ....
Yrs IA...... Yrs US	Remarks .... Signed .... Assessor

부록 B
주별 중등 교육 데이터의 구성

부록 B에서는 1910~1970년 주 단위와 센서스지역[Census division] 단위의 공립 및 사립 중등 교육기관 등록률과 졸업률 데이터를 어떻게 확보하고 구성했는지 설명하고자 한다. 졸업률과 등록률은 표 B.1과 B.2에 센서스지역별로 나와 있으며 사립 학교 학생 비중은 표 B.3에 나와 있다.

데이터에 대한 일반적인 내용

중등 학교 등록생 수와 졸업생 수는 미 교육청장US Commissioner of Education이 수집한 자료를 사용했다. 그는 미국 교육청[국] 목록에 등재되어 있는 모든 중등 교육기관으로부터 이 데이터를 수집했다.[1] 이 책

표 B.1. 9개 센서스지역별 졸업률: 1910~1970년

연도	뉴잉글랜드	대서양중부	대서양남부		남동센트럴		남서센트럴		북동센트럴	북서센트럴	산악	태평양
			전체	백인	전체	백인	전체	백인				
1910	0.155	0.080	0.041	—	0.038	—	0.043	—	0.125	0.106	0.088	0.117
1911	0.165	0.088	0.046	—	0.042	—	0.051	—	0.130	0.111	0.102	0.132
1913	0.187	0.102	0.059	—	0.056	—	0.062	—	0.153	0.136	0.130	0.171
1914	0.201	0.110	0.065	—	0.062	—	0.068	—	0.162	0.146	0.129	0.192
1916	0.228	0.129	0.075	—	0.074	—	0.079	—	0.183	0.174	0.164	0.229
1918	0.246	0.142	0.085	—	0.084	—	0.110	—	0.215	0.199	0.185	0.248
1920	0.253	0.139	0.086	—	0.086	—	0.120	—	0.209	0.205	0.198	0.273
1922	0.272	0.165	0.105	—	0.103	—	0.130	—	0.250	0.246	0.239	0.309
1924	0.309	0.197	0.135	—	0.133	—	0.166	—	0.298	0.304	0.293	0.359
1926	0.337	0.217	0.156	—	0.139	—	0.184	—	0.311	0.387	0.312	0.394
1928	0.359	0.223	0.171	—	0.162	—	0.198	—	0.334	0.394	0.353	0.432
1930	0.394	0.254	0.192	[0.24]	0.170	[0.21]	0.225	[0.25]	0.360	0.410	0.380	0.447
1932	0.478	0.316	0.225	[0.29]	0.184	[0.23]	0.276	[0.31]	0.430	0.476	0.454	0.551
1934	0.512	0.389	0.250	[0.30]	0.210	[0.25]	0.295	[0.33]	0.494	0.504	0.481	0.567
1936	0.586	0.474	0.307	[0.38]	0.245	[0.30]	0.343	[0.38]	0.530	0.545	0.532	0.625
1938	0.599	0.516	0.353	[0.43]	0.260	[0.31]	0.381	[0.42]	0.543	0.578	0.557	0.678
1940	0.602	0.543	0.377	[0.44]	0.303	[0.36]	0.427	[0.47]	0.572	0.615	0.576	0.711
1942	0.616	0.579	0.409	[0.48]	0.309	[0.36]	0.463	[0.52]	0.618	0.624	0.589	0.666
1944	0.454	0.514	0.355	[0.41]	0.260	[0.30]	0.376	[0.42]	0.541	0.543	0.476	0.532
1946	0.563	0.553	0.310	[0.35]	0.292	[0.34]	0.383	[0.42]	0.579	0.582	0.523	0.597
1948	0.625	0.622	0.369	[0.41]	0.347	[0.40]	0.450	[0.50]	0.637	0.636	0.580	0.653
1950	0.665	0.631	0.408	[0.44]	0.388	[0.44]	0.450	[0.50]	0.638	0.640	0.573	0.638
1952	0.591	0.567	0.387	[0.42]	0.379	[0.42]	0.443	[0.48]	0.584	0.623	0.539	0.557
1954	0.610	0.561	0.433	[0.46]	0.423	[0.45]	0.471	[0.50]	0.604	0.635	0.566	0.583
1956	0.610	0.566	0.462	—	0.455	—	0.515	—	0.625	0.668	0.588	0.599
1958	0.622	0.592	0.475	—	0.478	—	0.531	—	0.623	0.680	0.595	0.624
1962	0.682	0.652	0.542	—	0.523	—	0.579	—	0.656	0.702	0.651	0.716
1968	0.795	0.774	0.677	—	0.668	—	0.680	—	0.767	0.829	0.766	0.772
1970	0.818	0.778	0.687	—	0.684	—	0.685	—	0.788	0.845	0.770	0.774

표 B.2. 9개 센서스지역별 등록률: 1910~1970년

연도	뉴잉글랜드	대서양 중부	대서양남부		남동 센트럴		남서 센트럴		북동센트럴	북서센트럴	산악	태평양
			전체	백인	전체	백인	전체	백인				
1910	0.282	0.185	0.119	–	0.109	–	0.137	–	0.237	0.220	0.230	0.288
1911	0.292	0.201	0.130	–	0.116	–	0.158	–	0.244	0.226	0.260	0.313
1913	0.324	0.221	0.151	–	0.137	–	0.177	–	0.268	0.265	0.308	0.376
1914	0.351	0.237	0.158	–	0.143	–	0.190	–	0.281	0.281	0.319	0.400
1916	0.393	0.277	0.176	–	0.166	–	0.205	–	0.321	0.318	0.356	0.499
1918	0.408	0.300	0.207	–	0.177	–	0.266	–	0.360	0.357	0.402	0.518
1920	0.431	0.305	0.228	–	0.194	–	0.309	–	0.401	0.414	0.452	0.604
1922	0.465	0.369	0.259	–	0.213	–	0.316	–	0.468	0.457	0.497	0.669
1924	0.484	0.400	0.290	–	0.252	–	0.355	–	0.496	0.492	0.517	0.680
1926	0.513	0.438	0.325	–	0.265	–	0.391	–	0.516	0.551	0.555	0.735
1928	0.546	0.449	0.345	–	0.295	–	0.416	–	0.555	0.582	0.594	0.739
1930	0.598	0.498	0.379	[0.48]	0.310	[0.39]	0.455	[0.51]	0.601	0.608	0.628	0.768
1932	0.719	0.610	0.432	[0.55]	0.344	[0.44]	0.495	[0.56]	0.683	0.662	0.681	0.821
1934	0.758	0.715	0.469	[0.57]	0.378	[0.46]	0.506	[0.56]	0.725	0.695	0.706	0.840
1936	0.795	0.764	0.504	[0.61]	0.390	[0.48]	0.559	[0.63]	0.738	0.717	0.731	0.858
1938	0.798	0.803	0.537	[0.66]	0.410	[0.49]	0.599	[0.67]	0.752	0.748	0.745	0.908
1940	0.786	0.836	0.577	[0.66]	0.445	[0.52]	0.636	[0.70]	0.812	0.776	0.770	0.921
1942	0.785	0.859	0.600	–	0.457	–	0.647	–	0.784	0.787	0.754	0.895
1944	0.730	0.792	0.523	–	0.421	–	0.573	–	0.734	0.715	0.663	0.791
1946	0.752	0.830	0.549	[0.60]	0.459	[0.52]	0.562	[0.62]	0.780	0.738	0.691	0.852
1948	0.790	0.851	0.557	[0.59]	0.505	[0.56]	0.584	[0.63]	0.764	0.771	0.722	0.854
1950	0.868	0.862	0.619	[0.64]	0.559	[0.62]	0.618	[0.66]	0.789	0.802	0.756	0.880
1952	0.790	0.772	0.600	[0.62]	0.560	[0.60]	0.629	[0.66]	0.777	0.776	0.733	0.786
1954	0.801	0.791	0.652	[0.68]	0.616	[0.66]	0.686	[0.72]	0.784	0.808	0.792	0.805
1956	0.836	0.807	0.691	–	0.670	–	0.733	–	0.817	0.851	0.825	0.823
1958	0.876	0.865	0.749	–	0.726	–	0.776	–	0.880	0.890	0.867	0.856
1962	0.896	0.898	0.876	–	0.787	–	0.830	–	0.888	0.935	0.929	0.909
1968	–	–	–	–	–	–	–	–	–	–	–	–
1970	0.927	0.905	0.848	–	0.845	–	0.875	–	0.900	0.940	0.917	0.911

표 B.3. 센서스지역별 중등 교육기관 졸업생 중 사립 학교 졸업생 비중: 1910~1970년[a]

연도	뉴잉글랜드	대서양중부	대서양남부	남동센트럴	남서센트럴	북동센트럴	북서센트럴	산악	태평양
1910	0.194	0.216	0.308	0.349	0.189	0.113	0.167	0.196	0.154
1911	0.202	0.217	0.276	0.360	0.182	0.115	0.165	0.201	0.153
1913	0.192	0.205	0.237	0.284	0.168	0.110	0.149	0.145	0.135
1914	0.187	0.194	0.237	0.279	0.145	0.111	0.145	0.161	0.121
1916	0.186	0.177	0.202	0.209	0.114	0.105	0.121	0.136	0.0900
1918	0.173	0.176	0.182	0.189	0.0953	0.0918	0.115	0.148	0.0875
1920	0.188	0.168	0.189	0.182	0.0768	0.0938	0.111	0.124	0.0792
1922	0.179	0.154	0.151	0.171	0.0747	0.0842	0.107	0.108	0.0816
1924	0.185	0.144	0.141	0.154	0.0637	0.0862	0.0949	0.0808	0.0733
1926	0.214	0.139	0.129	0.152	0.0769	0.101	0.0731	0.0867	0.0854
1928	0.169	0.143	0.0978	0.116	0.0586	0.107	0.0832	0.0490	0.0840
1930	0.164	0.139	0.0930	0.0979	0.0489	0.113	0.0810	0.0496	0.0765
1932	0.193	0.129	0.0956	0.101	0.0467	0.0891	0.0813	0.0441	0.0590
1934	0.160	0.110	0.0677	0.0822	0.0405	0.0664	0.0671	0.0391	0.0541
1936	0.156	0.095	0.0601	0.0761	0.0408	0.0660	0.0673	0.0320	0.0499
1938	0.163	0.097	0.0550	0.0670	0.0377	0.0726	0.0643	0.047?	0.0477
1940	0.142	0.101	0.0530	0.0536	0.0343	0.0728	0.0573	0.0344	0.0445
1942	0.149	0.099	0.0470	0.0571	0.0326	0.0759	0.0608	0.0349	0.0473
1944	0.216	0.117	0.0520	0.0733	0.0413	0.0966	0.0748	0.0349	0.0590
1946	0.185	0.113	0.0572	0.0698	0.0418	0.0994	0.0744	0.0443	0.0524
1948	0.177	0.105	0.0460	0.0628	0.0365	0.0985	0.0723	0.0413	0.0477
1950	0.175	0.107	0.0398	0.0598	0.0376	0.107	0.0760	0.0381	0.0486
1952	0.197	0.119	0.0419	0.0612	0.0382	0.117	0.0780	0.0394	0.0558
1954	0.248	0.162	0.0494	0.0733	0.0482	0.149	0.100	0.0419	0.0744
1956	0.238	0.168	0.0504	0.0748	0.0481	0.149	0.109	0.0523	0.0703
1958	0.255	0.222	0.0723	0.0747	0.0672	0.171	0.124	0.0601	0.0871
1962	0.233	0.202	0.0633	0.0683	0.0616	0.162	0.120	0.0705	0.0759
1968	0.213	0.175	0.0557	0.0629	0.0550	0.139	0.109	0.0643	0.0710
1970	0.204	0.171	0.0538	0.0616	0.0529	0.131	0.105	0.0553	0.0673

a: 공립 및 사립 대학이 개설한 예비과정도 포함.

에서 중등 교육기관은 9~12학년 과정을 말한다.[2] 이 데이터는 이르게는 1870년부터도 수집되었고 매년 발간되는《교육청장 보고서Report of the Commissioner of Education》에 수록되었다. 이 보고서는 간단히《연간 보고서Annuals》라고도 불리며, 이 책에서 우리도 이렇게 표기했다. 1917년 이후에는《격년간 교육 서베이Biennial Surveys of Education》라는 간행물로 발간되었다. 간단히《격년간 보고서Biennials》라고도 불리며, 이 책에서 우리도 이렇게 표기했다. 더 나중에 교육청이 각 주 정부를 통해 취합한 데이터와 구분하기 위해 우리는 이 조사들을 '학교 서베이 데이터'라고 지칭했다. 주 정부들도 독자적으로 비슷한 데이터를 수집했는데, 주마다, 또 시기마다 포함된 정보에 차이가 있다.

여기에 포함된 중등 교육기관 데이터는 1910년 것부터다. 1910년 이전에는 교육청의 데이터 제출 요구에 응답한 중등 교육기관의 비중이 적고(표 B.4의 5열을 참고하라), 실증 자료를 구할 수 없는 주도 많다. 그뿐 아니라 1910년 이전에는 중등 교육기관 학생 중 상당 비중이 사립 학교, 아카데미, 대학의 예비과정에 다니고 있었는데, 이 기관들에 대해서는 집계가 불완전하게 이루어졌다.

주 당국과 연방 교육청 모두 공립 학교 전체와 최대한 많은 사립 학교를 집계에 포함하고자 했다. 연방 교육청은 주 당국으로부터 공립 학교와 사립 학교의 목록과 자료를 받아서 여러 가지 방식으로 교육청이 직접 수집한 데이터를 확인하고 보완했다. 사립 학교의 경우 모든 주가 서베이 연도 모두에 자료를 집계하지는 않았기 때문에 연방 교육청은 사립 학교 데이터가 불완전할 가능성이 가장 크다는 사실을 알고 있었다.

연방 교육청이 수집한 '학교 서베이 데이터'에서 가장 크게 문

표 B.4. 주 당국과 연방 교육청에 보고한 공립 고등학교 등록생 수: 1890~1934년

연도	(1) 교육청 주 서베이	(2) 교육청 학교 서베이	(3) (1)/(2)	(4) 1/(3)×100	(5) 응답 학교 비중(%)[a]
1890	—	202,963	—	—	60.8
1895	—	350,099	—	—	70.3
1896	—	—	—	—	75.2
1900	—	519,251	—	—	77.4
1905	—	679,702	—	—	—
1906	—	—	—	—	84.0
1910	—	915,061	—	—	85.2
1911	1,156,995	984,677	1.175	85.1	—
1912	1,200,798	1,105,360	1.086	92.1	84.6
1913	1,333,356	1,134,771	1.175	85.1	—
1914	1,432,095	1,126,456	1.271	78.7	84.0
1915	1,564,556	1,328,984[b]	1.177	85.0	—
1916	1,710,872	1,456,061	1.175	85.1	84.5
1917	1,821,974	—	—	—	—
1918	1,933,821	1,645,171	1.176	85.0	87.2
1919	2,057,519	—	—	—	—
1920	2,181,216[c]	1,849,169	1.180	84.8	—
1922	2,725,579[d]	2,220,306	1.228	81.5	—
1924	3,176,074[d]	2,529,889	1.255	79.7	—
1926	3,541,254[d]	3,047,690	1.162	86.1	85.9
1928	3,911,279[d]	3,335,690	1.173	85.3	—
1930	4,399,422[d]	4,129,517	1.065	93.9	92.9
1934	—	—	—	—	95.6

주와 출처: '연도'는 《격년간 보고서》에 표시된 마지막 연도다. 예를 들어 1915~1916년 《격년간 보고서》의 데이터는 이 표에 '1916'으로 입력했다. 연방 교육청도 그렇게 처리한 것으로 보인다.

1열, 1820~1920년: 《격년간 보고서》 (1918~1920), 1장, p. 46, 표 1. 각 주 당국이 연방 교육청에 보고한 데이터.

1열, 1922~1930년: 《격년간 보고서》 (여러 연도).

2열, 연방 교육청이 직접 학교들로부터 수집한 데이터. 《연간 보고서》 (여러 연도), 《격년간 보고서》 (여러 연도). 9~12학년만 포함됨. 대학원 과정과 특수 과정 학생 수는 제함.

5열, 1890~1918년: 《격년간 보고서》 (1916~1918), 발간물 19호, "공립 고등학교 통계, 1917~1918년 Statistics of Public High Schools, 1917-18", H. R. 보너 H. R. Bonner 작성, pp. 12~13, 표 1.

5열, 1920~1934년: 《격년간 보고서》 (여러 연도).

a: 1911년부터 연방 교육청은 학생 수 10명 미만인 학교는 집계에 포함하지 않았다(1911년 이전

b: 1915년에는 보고가 없었다.
c: 1929~1930년《격년간 보고서》에 나오는 총 학생 수이며 직업 학교와 노멀스쿨도 포함되어 있다.
d: 몇 학년인지가 기록된 등록생 데이터를 사용해 구한 총 학생 수다. 학년 없이 기록된 경우는 '지속 과정' 학생이거나 특정한 몇몇 야간 학교 학생이 포함된 것으로 보인다.

제가 될 수 있는 부분은 과소집계 가능성이다. 1920년 이전까지 연방 교육청은 직접 수집한 학교 서베이 데이터에만 전적으로 의존했다. 주 당국이 자체 수집한 자료상으로는 많은 경우에 등록생 수가 연방 교육청의 학교 서베이 데이터상의 등록생 수보다 숫자가 컸지만, 연방 교육청이 발간한《연간 보고서》들에서 과소집계 가능성을 언급하거나 설명한 부분은 매우 적다. 응답을 보내온 학교 수가 전체 학교 수보다 작다는 언급은 있으며 그 비중은 1910~1920년에 약 85% 정도라고 되어 있다. 하지만 응답을 보내오지 않은 학교들은 대부분 규모가 작은 학교들이라고도 언급되어 있다. 이 언급이 암시하는 바는, 학생 수를 기준으로 하면 과소집계 정도가 학교 수를 기준으로 했을 때보다 훨씬 작으리라는 것이다.

1920년에 연방 교육청은 주 당국으로부터도 학교 데이터를 받아《격년간 보고서》에 '주별 학교 시스템 통계Statistics of State School Systems'라는 별도 절에 게재함으로써 연방 교육청이 직접 수집한 데이터를 각 주 당국이 수집해 보고한 데이터와 일치시키는 작업을 시도했다. 따라서 1920~1938년에는《격년간 보고서》에 공립 학교와 사립 학교 모두에 대해 두 종류의 통계가 수록되어 있다. 하나는 연방 교육청의 '학교 서베이 데이터'로, 학생, 교사, 학교에 대해 상당히 상세한 정보를 담고 있다. 다른 하나는 각 주 당국이 조사해 보고한 것으로,

상세함은 연방 교육청의 데이터보다 떨어지지만 정확성은 더 크다고 여겨졌다. 하지만 이상하게도《격년간 보고서》에는 이 두 데이터 계열의 내용이나 둘 사이의 차이에 대해 설명이나 언급이 없다. 1920~1938년에 발간된《격년간 보고서》들을 보면 이 두 계열 사이에는 종종 큰 차이가 있다. 1932~1934년에 연방 교육청은 '학교 서베이 데이터'를 각 주 교육 당국이 수집한 데이터와 비교해 보정하는 작업을 시작했다. 따라서 이 시점 이후로는 두 계열의 중등 교육기관 등록생 데이터가 거의 일치한다.

정리하자면, 1920년 이전의 등록생 수와 졸업생 수는 연방 교육청이 직접 수행한 학교 서베이를 통해 수집되었고 1920~1938년에는 연방 교육청이 학교들로부터 직접 데이터를 수집하는 것에 더해 주 당국으로부터도 데이터를 수집했다. 주 당국 데이터에는 등록생 수만 있고 졸업생 수는 없지만 등록생 수가 학년별로 표시되어 있다. 결론적으로, 1920~1938년은 주 당국의 데이터로 연방 교육청 학교 서베이 데이터를 보정할 수 있지만, 1920년 이전 시기에 대해서는 쉽게 구할 수 있는 주 단위 데이터가 없다.

가장 많은 관심을 받아온 데이터는 졸업률이다. 중등 교육기관의 성과와 관련해 가장 중요한 지표가 졸업률이기 때문이다. 또한 졸업률은 이르게는 1870년부터도 공식적으로 발간된 데이터에 포함되어 있었다. 예를 들어《장기 통계》의 H598~601 계열은 1870년부터 졸업률 통계를 담고 있다.[3]《장기 통계》에 실린 1870~1930년의 숫자는 그 기간에 교육청이 원래 발간했던 보고서의 숫자와 상당히 다르다.《장기 통계》는 1870~1930년 숫자들의 출처를 〈통계로 보는 교육, 1929~1930년Statistical Summary of Education, 1929-30〉의 "표 15"라고 하고 있는데,[4] 여기에는 보정 방법에 대한 정확한 설명이 담겨 있지 않다. '표 15'의 기저 데이터를 찾으려면 교육청의 더 이른 보고서들로 가보아야 하며, 그렇게 하더라도 〈통계로 보는 교육, 1929~1930년〉의 보정 방법을 완전히 정확히 파악하기는 어렵다.

원데이터를 어떻게 보정했는지에 대해 가장 이른 설명은 1918~1920년 《격년간 보고서》(US Office of Education 1918~1920) 표 2의 주석에서 볼 수 있다. 이 주석은 이 표의 숫자들이 "대체로 추산된 것이고" "여러 주 당국이 1912년, 1918년, 1920년에 연방 교육청에 보고한 등록생 수"를 토대로 삼아 보정했다며 다음과 같이 방법을 밝히고 있다. "다른 연도의 등록생 수는 연방 교육청에 보고된 등록생 수에 … (1.175의) 비율을 곱해 계산했다. 이것은 1918년에 주의 교육 당국이 연방에 보고한 중등 교육기관 등록생 수와 그해에 중등 교육기관들로부터 [연방 교육청이 직접] 수집한 등록생 수 사이의 비율이다." 하지만 이 등록생 수는 이후의 문서, 위에서 언급한 〈통계로 보는 교육, 1929~1930년〉(1929~1930년 《격년간 보고서》의 1장, 표 3)에는 정작 포함되어 있지 않다. 보정된 숫자가 적용된 것은 1920년 것 뿐이다.

아무튼, 등록생 수 데이터의 보정은 연방 교육청이 자신이 직접 집계한 것이 전체의 85%밖에 되지 않는다고 생각했던 것을 반영한 것으로 보인다. 즉 주 정부가 집계한 등록생 수가 교육청이 집계한 것의 1.175배일 것으로 간주한 것이다. 표 B.4 3열이 보여주듯이 주 정부가 집계한 숫자와 연방 학교 서베이 데이터 숫자의 비율은 1.175보다 큰 해도 있고 작은 해도 있다. 또한 연방 서베이에 응답을 보내온 학교의 수가 많아질수록 이 비율은 1에 가까워진다(예를 들어 1930년에는 1.065였다). 연방 교육청에 응답을 보내온 학교의 비중과 주 정부의 등록생 수 집계와 연방 학교 서베이 등록생 수 집계 사이의 비율은 각각 표 B.4의 5열과 4열에 나타나 있는데, 이 둘은 매우 비슷하다. 작은 규모 인 학교들의 [연방조사] 미응답이 큰 학교들보다 더 많다면 실제 과소 집계는 3열에 나타난 것보다 작을 것이다.

교육청은 등록생 수의 조정 배수 1.175를 (공립과 사립 모두에서) 졸업생 수의 보정에도 적용한 것으로 보인다. 그렇게 했다고 언급되어 있지는 않지만 이렇게 계산해보면 교육청이 발표한 숫자와 같게 나온 다. 하지만 등록생 수의 과소집계 정도가 졸업생 수의 과소집계 정도 와 같다고 볼 이유는 없다.

이제까지 과소집계 가능성의 문제를 언급했는데, 그 외에 누락 된 데이터의 문제도 있다. 특히 몇몇 연도의 졸업생 수에서 그렇다. 이 에 대한 우리의 보정 방법은 아래에서 더 상세하게 설명했다. 경우에 따라서는 가톨릭 학교들에 대한 별도 데이터를 사용해 외삽했다.

주 단위 교육 데이터 보정

공립 학교: 1910~1922년

1910~1920년의 보정된 전국 단위 통계는 연방 교육청이 발간 한 간행물에 실려 있다. 우리의 연구와 관련해 관심 있는 데이터는 주 단위와 지역 단위 데이터다. 주 단위 숫자들을 보정하는 데는 여러 가 지 방법이 있다. 하나는 적당한 연도에서 주 당국이 보고한 등록생 수 와 각 주의 학교들이 연방 교육청에 보고한 등록생 수 비율을 구한 뒤

그것을 1910~1920년 기간의 데이터에 적용하는 것이다. 편리하게도 1920년대 주 데이터가 여러《격년간 보고서》들에 나와 있다. 주별 중등 교육기관 등록생 수가 존재하는 가장 이른 연도는 1920년이지만 많은 주에서 1920년 데이터와 1922년 데이터 둘 다 일관성 있는 비율을 산출하지 않는다. 아마 1차 대전이 학교 등록에 미친 영향 탓일 것이다. 이를 감안해, 우리는 1924년의 주별 데이터와《격년간 보고서》에 나오는 교육청 학교 서베이 데이터 사이의 비율을 구해 1910~1922년의 과소집계(때로는 과다집계)를 보정했다.

이 방식은 등록생 수와 졸업생 수를 높여 잡게 되는 것으로 보인다. 여기에서 계산된 학생 수의 과소집계 정도는 미응답 학교 비중과 거의 동일하다(표 B.4의 4열과 5열 참고). 그런데 미응답 학교들은 평균보다 규모가 작은 학교들이었다. 연방 교육청은 1924~1926년《격년간 보고서》에서 미응답 학교(그해 전체의 14.1%인 3,064개였다)들은 "소규모 학교들"이라고 언급하고 있다(US Office of Education, 1924~1926, p. 1037). 따라서 학생 수 과소집계의 보정분은 학교 수 과소집계보다 **작아야 한다.** 그렇다면, 학교들이 주 당국에 보고한 숫자가 동일한 학교들이 연방 교육청에 보고한 숫자보다 부풀려진 것인지의 문제가 제기된다.

학교들이 연방 정부에 등록생 수와 졸업생 수를 과장해서 보고하고자 할 유인은 거의 없었지만 주 당국에 보고할 때는 부풀리고자 할 유인이 있었을지 모른다. 알려진 바로는 남아 있는 기록이 없기 때문에 동일한 학교들이 양쪽에 어떻게 응답했는지 직접 비교하기는 불가능하다. 또한 미응답 학교들의 규모에 대한 분포도 알려져 있지 않으므로 각 학교의 학생 수로 가중치를 두어 보정하는 것도 불가능하다. 데이터가 암시하는 바는 아마도 학생 수를 기준으로 한 과소집계 정도가 학교 수를 기준으로 한 과소집계 정도보다는 작으리라는 것이다.

우리가 다양한 보정 방식을 사용해 얻은 결과는 아래에서 더 상세히 설명했다. 우리의 결과는 교육청이 보정한 전국 수준의 졸업생 숫자와 거의 동일하다. 다시 말하지만 교육청이 어떤 방법론으로 보정을 했는지 거의 정보를 남기지 않았기 때문에 우리가 교육청의 보정 공식을 따라할 수는 없었다. 그렇더라도, 우리는 주 당국 데이터를 사용해 연방 교육청이 학교들에서 직접 수집한 데이터를 보정할 때 당대에 교육청에서 일했던 사람들에게서 얻을 수 있는 지침을 최대한 따르고자 했다. 여기에서 제기된 많은 질문에 대해 가장 답을 잘 알고 있을 사람들이 그들이기 때문이다. 왜 아무도 그 답을 기록으로 남기지 않았는지는 별개의 문제다.

우리가 보정한 데이터에 오류가 있다면 주로는 숫자를 높여 잡는 쪽으로의 편향이었을 것이다. 특히 졸업생 수에서 과대추산의 편향이 발생했을 수 있다. 우리가 진행한 연구의 많은 부분이 시간이 지나면서 중등 교육이 크게 증가했음을 보여주는 것이므로, 대상 기간 중 이른 시기의 숫자를 높여 잡는 것이 내려 잡는 것보다 낫다. 특히 이 이른 시기 데이터를 1940년 센서스 데이터와 비교할 때, 우리는 만약 이른 시기의 데이터에 모종의 편향을 감수해야 한다면 [가장 보수적으로 추정할 수 있도록] 되도록 높게 잡은 추정치를 취했다.

사립 학교: 1910~1922년

표 B.5는 주 당국의 서베이와 연방 교육청의 학교 서베이상의 사립 학교 데이터를 비교한 것이다. 과소집계 정도(3열)가 공립 학교보다 다소 크다. 당연하게도 사립 학교는 공립 부문보다 추적하기가 어렵다. 공립 학교 데이터와 마찬가지로 사립 학교에 대해서도 연방 교육청은 1920년부터 주 당국들이 조사한 데이터를 함께 발표했다. 우리는 공립 학교 데이터를 보정했을 때와 비슷하게 1924년의 주 정부 데이터를 사용해 1910~1922년의 데이터를 보정했다.

표 B.5. 사립 학교 등록생 수와 응답 학교 비중

연도	(1) 교육청 주 서베이	(2) 교육청 학교 서베이	(3) (2)/(1)	(4) 응답 학교 비중(%)
1920	213,920	184,153	86.1	—
1922	225,873	186,641	82.6	—
1924	254,119	216,522	85.2	—
1926	295,625	248,076	83.9	—
1928	341,158	280,449	82.2	—
1930	—	—	—	84.7

주와 출처: 주 당국의 데이터와 연방 교육청 학교 서베이 데이터 모두 대학의 예비과정 학생은 포함하지 않았다.
1열, 2열, 1920~1928년:《격년간 보고서》(여러 연도), "주별 학교 시스템 통계".
4열, 1930년: 1장,《격년간 보고서》(1928~1930), p. 1. 여기에서 '84.7%'라는 숫자는 발송된 양식의 개수에 전년도에는 존재했으나 1920~1930년에는 목록에 없는 학교들의 수를 더해 추산한 것이다.

공립 및 사립 학교: 1924~1940년

1920년대 데이터의 보정은 1924~1938년에《격년간 보고서》에 수록된 주 당국의 데이터에 전적으로 의존했다. 1930년 이후로 교육청은 자신이 집계한 데이터에 누락된 학교가 있을 경우 각 주의 데이터로 보완했다. 따라서 1930년 이후로는 주 당국이 조사한 데이터와 교육청이 직접 조사한 학교 데이터 사이에 차이가 매우 작다.

1930년대에는 공립 학교 졸업생 데이터가 누락된 해가 여럿 있으며, 이 연도들에 대해서는 이전 연도에서 고등학교 최종 학년 등록생 수와 그해의 졸업생 수의 관계를 사용해 12학년[고등학교 최종 학년] 데이터로부터 추정했다. 이 조정 방식에 대한 더 상세한 내용은 아래에 다시 설명했다.

사립 학교, 1940~1970년

사립 학교의 졸업생과 등록생 데이터는《격년간 보고서》에 나오지만 졸업생 데이터는 1934년에 끝난다. 사립 학교 등록생 데이터는 1936~1946년, 1946~1950년, 1958년, 1962년, 1966년, 1970년의 것이 존재하지만 학년별 학생 수 데이터는 없다. 1960년대에는 대부분의 해에 졸업생 데이터가 존재한다. 우리는 사립 학교 등록생 데이터를 사용해 졸업생 수를 추산했다. 또한 1952년, 1954년, 1956년 사립 학교 졸업생 수는《가톨릭 교육 통계 요약Summary of Catholic Education》(National Catholic Welfare Conference, 여러 연도)에 나오는 가톨릭 학교 데이터를 토대로 계산했다.

대학이 개설한 예비과정: 1910~1936년

과소집계 우려가 있는 또 다른 부분은 대학이 개설한 예비과정이다. 연방 교육청은 예비과정을 중등 교육기관이 아니라 대학 서베이에 포함했다. 학교 유형별로 조사했기 때문이다. 따라서 《격년간 보고서》의 등록생과 졸업생 데이터에 대학 데이터는 포함되어 있지 않다.

하지만 공립 고등학교 시스템이 초창기이던 19세기와 20세기 초에는 많은 대학이 중등 과정 학생들을 직접 교육했다. 대학에서 공부하기에 적합한 수학 능력을 갖추게 하기 위해서였다. 많은 예비과정이 신학 대학에 있었고, 이 학교들은 대학 과정을 가지고 있었기 때문에 대학 서베이에 포함되었다. 하지만 이 학교들은 수백 명의 중등 과정 학생과 소수의 대학 과정 사제들이 있는 경우가 많았다. 이러한 교육기관 중 많은 수가 중서부에 있었고, 아마도 지역 홍보의 취지에서 고등학교보다는 칼리지라고 불렀을 것이다. 이 범주에 있는 다른 고등학교(가령 뉴욕시의 헌터 고등학교)들은 한동안 고등학교가 주 당국의 고등 교육[대학 교육] 담당 부처 소관이던 시스템에 속해 있었다.

대학의 예비과정 학생들에 대한 전국 데이터는 《격년간 보고서》에 나오지만 학년별로 되어 있지 않고 졸업생 데이터도 없다. 몇몇 연도에는 주 당국의 등록생 데이터가 존재한다. 이 중에서 우리는 1910년, 1922년, 1928년 데이터를 보정에 사용했다. 이 세 개의 벤치마크 연도 각각에 대해 전국의 예비학교 학생 비중을 각 주에 할당했다. 그리고 가장 가까운 벤치마크 연도에 할당된 비중을 각 주에 적용했다.

고등학교 운동이 막 시작된 1920년대까지는 전체 사립 고등학교[중등 교육기관] 학생 중 대학 예비과정 학생의 비중이 꽤 컸다. 1910

표 B.6. 대학의 예비과정 등록생 수, 1900~1936년

연도	(1) 대학	(2) 노멀스쿨	(3) [(1)/총 사립 학교 등록생] × 100
1900	56,285	—	—
1903	53,794	13,995	—
1905	64,085	15,324	—
1907	76,370	12,831	—
1909	70,834	11,037	—
1910	66,042	12,890	31
1914/15	67,440	13,504	27
1920	59,309	22,058	22
1922	67,649	—	24
1925	[58,703]	[12,470]	18
1928	50,588	—	13
1930	47,309	11,978	10
1934	23,188	—	—
1936	27,680	—	—

주와 출처: 1열, 2열, 1900년: 《격년간 보고서》(여러연도), "대학 통계Statistics of Universities and Colleges".

1열, 2열, 1903~1909년: 《연간 보고서》(여러 연도).

1열, 2열, 1910년, 1915년, 1920년, 1930년: 《격년간 보고서》(1928~1930), p. 5, 표 3. 사실상 원데이터와 동일하다. 단, 1910년은 원래 보고서에는 60,392라고 되어 있는데, 여대를 포함하지 않은 것이다.

1열, 2열, 1925년: 다른 연도 데이터로 외삽.

1열, 2열, 1922~1936년: 《격년간 보고서》(여러 연도), "대학 통계", "고등 교육기관Higher Institutions".

년에 대학 예비과정 학생은 사립 고등학교 전체의 31%, 1920년에는 22%였다(표 B.6 참고). 따라서 상당한 보정이 필요했다.

우리는 노멀스쿨의 예비과정 학생들은 포함하지 않았다. 숫자가 연도별로 일관되지 않고 학년별 분포와 졸업률을 추산할 수 없었기 때문이다. 노멀스쿨의 누락으로 남학생보다 여학생의 졸업 및 등록률을 더 많이 과소추산하게 되었을 것이다. 하지만 이러한 과소추산은 1920년 이전 시기에도 그리 크지는 않을 것이다(표 B.6의 2열 참고).

대학 예비과정 졸업생 수를 얻으려면 전체 등록생 중 졸업생 비중을 알아야 한다. 연방 교육청은 이 정보를 집계하지 않았지만 우리는 1개 주(뉴욕주)에서 이 정보를 찾을 수 있었다. 이 데이터에 따르면 뉴욕주에서는 주어진 어느 한 해에 전체 등록생의 16%가 졸업했다. 우리는 표 B.7의 4열에 나오는 예비과정 졸업생 계산에 이 16% 비율을 사용했다. 1910~1930년에는 예비과정이 사립 학교 전체의 등록생과 졸업생 중 상당한 비중을 차지했지만 이 비중은 시간이 가면서 줄어든다(표 B.6의 3열 참고). 이 기간 중에 공립 고등학교가 상당히 증가했고 따라서 전체 중등 교육기관 학생 중 예비과정 학생의 비중이 크게 줄었다. 또한 공립 고등학교가 확대되면서 많은 대학이 더 이상 대학 수학 능력을 갖추게 하기 위해 학생들에게 중등 과정을 직접 교육할 필요가 없게 되었다.

인종별 등록생 수와 졸업생 수: 1930~1954년

1954년까지 미국 남부의 17개 주에 인종적으로 분리된 학교가 존재했다. 《격년간 보고서》에는 고등학교를 다니는 흑인 학생 수가 수록되어 있다. 백인 학생 수는 전체에서 흑인 학생 수를 빼면 구할 수 있다. 흑인 학생 수 데이터는 1916년부터 존재하지만 1930년까지는 기록이 불완전하다. 1930년부터는 학년별로 등록생 수가 나와 있으며 졸업생 수는 1940년부터 존재한다. 1940년 이전의 졸업생 수는 학년별 학생 수로 추산했다.

요약

1920년 이전에 연방 교육청이 학교들로부터 직접 수집한 중등 교육기관 등록생 및 졸업생 데이터는 보정이 필요하다. 전체 중등 학교(공립과 사립) 중 약 15%가 연방 교육청의 설문에 응답하지 않았기 때문이다. 그뿐 아니라 대학의 예비과정은 교육청이 집계하는 중등 교육 서베이에 포함되지 않았다. 더욱 곤란하게도, 각 주 정부가 자체적으로 조사한 등록생과 졸업생 숫자가 연방 교육청이 실시한 학교 서베이 데이터상의 숫자보다 큰 경우가 많았다(미응답 학교들을 감안해도 그랬다). 1920년대 어느 시점에 연방 교육청은 각 주가 조사한 데이터를 받아서 연방 교육청의 전국 데이터를 보정하기 시작했다. 보정 방식이 완전하게 설명되어 있지는 않지만, 교육청의 보고서들 여러 곳에서 힌트를 찾을 수는 있다. 우리가 고안한 방법으로 보정한 결괏값들은 교육청이 보정한 결괏값들과 매우 비슷하다.

표 B.7에서 볼 수 있듯이, 1910~1930년에 대해 우리가 추산한 졸업생 수(6열)와 교육청이 추산한 수(1열, 《장기 통계》에서 채택한 값)의 차이는 매우 작다(7열 참고). 두 데이터 계열 사이의 차이는 많아도 5%이고 모든 해의 평균으로는 겨우 0.4%다. 이 시기에 고등학교가 빠르게 증가하고 있었으므로 졸업생이나 등록생 통계에서 5%의 차이는 그 한 해만의 이탈일 것이다. 1930년 이후로는 교육청이 누락 데이터를 각 주에서 취합한 데이터를 토대로 보완했기 때문에 보정의 중요성이 줄었다.

1930년 이전 데이터를 교육청이 어떻게 보정했는지에 대한 설명을 교육청이 발간한 보고서에서는 거의 찾아보기 어렵다. 보정 방법론에 대한 자료가 너무 적다보니 현재 교육부에서 일하는 뛰어난 전

표 B.7. 공립 및 사립 중등 교육기관 졸업생

연도	(1) 《장기 통계》 (단위: 1,000명)	(2) 교육청 공립학교	(3) 교육청 사립학교	(4) 예비과정	(5) (2)+(3)+(4)/ (1)×100	(6) 공립 및 사립 학교 보정	(7) (6)/(1)×100
1910	156	111,636	14,409	10,567	87.6	154,804	99.2
1911	168	—	—	—	—	167,609	99.8
1912	181	—	—	—	—	—	—
1913	200	—	—	—	—	203,435	101.7
1914	219	160,606	20,303	—	87.5	219,514	100.2
1915	240	—	—	10,790	—	—	—
1916	259	—	—	—	—	257,921	99.6
1917	272	—	—	—	—	—	—
1918	285	—	—	—	—	297,993	104.6
1919	298	—	—	—	—	—	—
1920	311	230,902	24,166	9,489	85.1	305,530	98.2
1921	334	—	—	—	—	—	—
1922	357	—	—	—	—	372,445	104.3
1923	426	—	—	—	—	—	—
1924	494	—	—	—	—	470,306	95.2
1925	528	396,003	38,547	9,392	84.1	544,712	97.1
1926	561	—	—	—	—	—	—
1927	579	—	—	—	—	—	—
1928	597	—	—	—	—	610,229	102.2
1929	632	—	—	—	—	—	—
1930	667	591,719	51,447	7,569	97.6	681,420	102.2

주와 출처 1열: 《장기 통계》, H598~601 계열.

2열, 3열: 《격년간 보고서》 (여러 연도).

4열: 대학의 예비과정에서 중등 교육을 받은 학생들. 《격년간 보고서》는 이 숫자를 대학 섹비에에서 조사했다. 학년별로 구분되어 있지 않고 졸업생 수도 없지만 뉴욕주에 이와 비슷한 데이터가 있어서 이곳의 졸업생 비율을 추정해 외삽이 가능했다. 이 데이터에서 등록생 대비 졸업생이 16%임을 계산했고, 이 비율을 외삽에 사용했다.

노던스쿨(공립 및 사립)과 대학의 예비과정 학생 데이터는 표 B.6에 나와 있다.

문 인력이 데이터를 해석할 때 근본적인 실수를 저지르기도 한다. 다른 부분들에서는 매우 양질의 정보를 제공하고 있는《미국 교육 120년사: 통계적 스케치120 Years of American Education: A Statistical Portrait》(US Department of Education 1993)마저 졸업률의 장기 데이터에 대해서는 상당히 부정확한 기술을 하고 있다. 공립 및 사립 학교 졸업생 총수는 보정된 데이터(예를 들어《장기 통계》에 수록되어 있는 데이터)를 사용했는데 사립 고등학교 졸업생 수는 총 졸업생 수에서 원래의《연간 보고서》와《격년간 보고서》에 나오는 [보정되지 않은] 공립 고등학교 졸업생 수를 빼서 구했다. 이 방식은 1930년 이전의 사립 학교 졸업생에 대해 매우 크고 오류가 있는 숫자를 산출하게 된다. 앞에서 언급했듯이, 《장기 통계》의 공립 학교 졸업생 수는 대체로 교육청이 주 당국 데이터를 토대로 보정한 숫자다. 따라서《장기 통계》에 있는 공립, 사립 총 졸업생 수도《연간 보고서》와《격년간 보고서》데이터의 조정된 숫자를 반영하고 있다. 우리가 여기에서 설명한 보정 방식은 교육 데이터에 익숙하지 않은 사람들에게 어려운 것 만큼이나 이 데이터를 원래 산출한 기관[교육부]에서 일하는 전문가들에게도 그에 못지 않게 어렵다.

보정 방식에 대한 상세 내용

데이터에는 크게 세 가지 유형의 보정이 이루어졌다. 각각 공립 중등 학교 데이터에 대한 보정, 사립 중등 학교 데이터에 대한 보정, 대학의 예비과정 데이터에 대한 보정이다. 대부분의 보정은 연방 교육청의 학교 서베이 데이터를 주 당국이 조사해 보고한 데이터와 일치하게 만드는 방식으로 이루어졌다. 하지만 몇몇 연도에는 수집되지 않아 누락된 숫자들을 추산하기 위한 조정도 이루어졌다.

학년도는 문서에 기록된 끝 연도로 표기했다. 예를 들어《격년간 보고서, 1922~1924년》의 데이터는 표에서 '1924년'으로 표기했고 이는 1923~1924학년도를 의미한다. 졸업생 수는 당해 연도와 전년도가 혼재되어 있는 경우도 있는데, 우리는 당해 연도만 사용했다. 중등 학교는 9~12학년 과정을 의미한다.

1910~1922년: 공립 및 사립 중등 학교

각 연도의 학교 서베이 데이터를 학년별, 성별 등록률 및 성별 졸업률 통계의 토대로 삼았다. 모두 주별로 표시했으며 공립과 사립을 별도로 표시했다. 1920년대 데이터의 보정은 전체 등록생 수가 주 당국의 데이터와 일치하도록 했다. 하지만 1910~1920년에는 연방 교육청이 주 당국으로부터 데이터를 받지 않았다. 따라서 1924년에 주 당국이 조사해 연방에 보고한 데이터를 1910~1924년 공립 및 사립 학교 데이터(중등 과정 각 학년 등록생과 졸업생)의 보정에 사용했다. 대부분의 경우 과소추산 가능성이 있다(과대추산 가능성도 소수 있긴 하다).

과소추산이 가장 큰 곳은 남부다. 남부가 아닌 몇몇 주들(캘리포니아주와 뉴욕주 등)도 상당한 과소추산이 있다. 교육청이 1922년에 서베이를 수행했지만 많은 주들에서 1922년 서베이와 1924년 서베이 사이에 상당한 불일치가 있어 우리는 보정에 1922년 데이터를 사용하지 않기로 했다.

주 당국 서베이에는 공립 중등 학교의 전체 등록생 수와 9~12학년의 각 학년별 등록생 수가 나와 있지만 성별로는 나와 있지 않다. 또한 주 당국 서베이에는 졸업생 수가 포함되어 있지 않다. 우리는 연방 학교 서베이 데이터의 졸업생 수를 주 당국 데이터와 학교 서베이 데이터의 12학년 등록생 수를 사용해 보정했다.

주 당국 서베이에 사립 중등 학교 학생 수는 등록생 수만 존재한다. 학년별 등록생 수와 졸업생 수 둘 다 주 당국 서베이 데이터에 있는 총 등록생 수와 연방 학교 서베이 데이터에 있는 총 등록생 수 사이의 비율을 이용해 보정했다. 유타주는 사립 학교 데이터를 보정하지 않고 학교들이 보고한 값을 그대로 두었다. 보정을 하면 숫자가 불합리하게 커지기 때문이다. '산악 지역' 데이터는 여기에서 설명한 절차를 따르면 매우 부풀려지기 때문에 1926년 데이터와 일관성을 갖게 하기 위해 모든 숫자를 1.12로 나누었다.

1924~1958년: 공립 및 사립 중등 학교

《격년간 보고서》에 실린 주 당국의 서베이 데이터를 사용해 공립 및 사립 학교 각 년도 데이터를 보정했다. 1910~1922년 데이터의 보정 방식과 비슷하다. 하지만 보정에 당해 연도 데이터를 사용했다.

여러 연도에 공립 및 사립 학교 졸업생 수가 누락되어 있다. 공립 학교의 경우에는 12학년 등록생 수와 12학년에서 졸업으로 넘어간 학생 사이의 비율을 지역별로 구해 외삽했다. 사립 학교의 경우에는 일반적으로 각 지역의 전년도 서베이의 등록생과 졸업생(성별로 구분)의 비율을 구해 누락된 해의 성별, 지역별 등록생 수에 곱해서 추산했다. 누락된 연도와 데이터는 다음과 같다.

- 1932년 공립 및 사립 학교 졸업생 수
- 1934년 사립 학교 졸업생 수
- 1936년 공립 및 사립 학교 졸업생 수
- 1938년 사립 학교 졸업생 수
- 1940년 공립 학교 졸업생 수, 성별
- 1952년 공립 학교 졸업생 수, 성별

1952년, 1954년, 1956년 사립 학교 등록생과 졸업생 데이터는 가톨릭 학교 데이터를 사용해 추가했다. 가톨릭 학교의 등록생과 졸업생 수 대비 전체 사립 학교 등록생과 졸업생 수 비율은 가톨릭 학교와 사립 학교 전체의 데이터가 모두 존재하는 가장 가까운 연도에서 구하고, 이 세 개 연도의 사립학교 데이터는 그 비율을 가톨릭 학교 숫자에 곱해서 구했다. 등록생 총계는《미국 교육 120년사》(US Department of Education 1993, 표 9, 19)에 나와 있는 것과 거의 동일했지만 졸업생 총계는 너무 작았다. 전국 총계 숫자가 같아지도록 각 주의 사립 학교 졸업생 수에 전국 전체 비례상수를 곱했다.

1910~1936년, 예비과정 학생

예비과정 학생들에 대한 데이터를 사립 중등 학교 등록생과 졸업생 숫자에 추가했다. 전체 예비과정 등록생 수가 존재하는 해는 1910년, 1911년, 1913년, 1914년, 1918년, 1920년, 1922년, 1924년, 1926년, 1928년, 1930년, 1932년, 1934년, 1936년이다. 주별 등록생 분포는 1910년, 1922년, 1928년 데이터에서 얻을 수 있다. 가장 가까운 해를 사용해 나머지 해들의 주별 분포에 적용했다. 뉴욕주의 데이터를 통해 예비과정 졸업생이 총 등록생의 16%임을 구할 수 있었으므로, 이 비율을 1910~1936년 사이 각 연도 졸업생 수 추정에 사용했다.

부록 C
도시 단위 중등 교육기관 데이터 구성

    도시 단위 중등 학교 데이터는 연방 교육청이 발간한 《교육청장 보고서, 1915년Annual Report of the Commissioner of Education Report for 1915》의 "도시 학교 시스템City School Systems"과 연방 교육청[국]이 발간한 《격년간 교육조사》 1923[1922~1924]년, 1927[1926~1928]년, 1933[1932~1934]년, 1937[1936~1938]년에 수록된 데이터를 이용해 구했다. 이 책에서 우리는 1917년까지 매년 발간된 교육청 보고서를 《연간 보고서》로, 이후 격년으로 발간된 보고서를 《격년간 보고서》로 표기했다. 교육청도 이 표현을 사용하고 있다.

    《연간 보고서》와 《격년간 보고서》는 인구 수 1만~3만 명인 도시부터 10만 명 이상인 도시까지 학교지구별로 데이터를 제시하고 있다. 더 작은 도시들의 데이터도 존재하지만 수집이 더 어렵고, 우리는 수집하지 않았다. 데이터에 있는 거의 모든 도시가 하나의 혹은 통합된 학교지구였다. 그렇지 않은 소수의 도시에 대해서는 데이터에 있는

2개의 학교지구를 결합했다. 이 보고서들은 공립 학교 데이터만 다루고 있다.

　　이 보고서들은 상당히 세부적인 정보까지 포함하고 있다. 각급 공립 학교(유치원, 초등학교, 중학교, 고등학교)에 대해 학교 수, 장학사와 교장 수, 교사 수, 등록생 수, 일평균 출석생 수, 평균 학기 기간(수업일 수) 등이 있으며, 장학사, 교장, 교사의 봉급과 기타 교육 지출(교재 등) 및 운영과 유지보수비, 자본 고정 비용, 보험과 지대 등 여러 가지 고정 비용에 대한 지출 정보도 포함되어 있다. 각 학교가 몇 학년을 포괄하고 있는지의 정보도 있다. 중학교가 별도로 있는 학교지구에서는 대개 중학교는 7~9학년, 고등학교는 10~12학년을 말한다. 하지만 중학교가 없는 학교지구는 대체로 고등학교가 9~12학년을 의미한다. 또한 이와 또 다른 학년 체계를 가진 곳들도 있다. 우리는 9~12학년 정보만을 포함하기 위해 데이터를 조정했다. 즉 교사 수, 교장 수, 학생 수 등을 9~12학년 것만 수집했다.

　　전체 표본 도시, 즉 1910년에 인구 1만 명 이상이었던 도시는 289개였다. 지역별 분포는 아래와 같다.

센서스지역	도시 수	전체 도시 중 비중(%)
뉴잉글랜드	48	16.6
대서양 중부	64	22.2
대서양 남부	31	10.7
남동 센트럴	11	3.8
남서 센트럴	17	5.9
북동 센트럴	70	24.2
북서 센트럴	22	7.6
산악	8	2.8
태평양	18	6.2
전체	289	100.0

몇몇 경우에는 도시들이 병합되었는데 이 경우에는 병합 이전 모든 연도의 데이터도 합해서 표시했다. 몇몇 경우에는 도시들이 둘로 나뉘었는데 이 경우에도 모든 연도의 두 데이터를 결합했다. 어떤 경우에는 변칙적인 도시들을 표본에서 제외해야 했다. 1937년, 그리고 이보다 정도는 덜하지만 1933년에 남부의 많은 도시들이 《격년간 보고서》에 누락되어 있었다. 교육청은 누락된 정보에 대해 설명을 제공하지 않았다.

등록률과 일평균 출석률은 해당 도시 14~17세 인구 중 비율로 구했다. 어떤 경우에는 등록률과 출석률 추산값이 1을 넘었는데, 주로 작은 도시들에서 이런 현상이 나타났고 가장 그럴 법한 이유는 그 도시 거주자가 아닌 인근 농촌 지역 청소년들이 그 도시의 학교를 다녔기 때문일 것이다.

우리는 도시 수준의 중등 교육 데이터에 인구, 외국 출생 인구 비중, 1인당 과세 가능한 자산, 가톨릭 인구 비중, 경제 활동 등에 대해 도시 단위의 정보를 얻을 수 있는 몇몇 다른 자료원도 결합했다. 과세 가능한 자산 정보는 1920년 인구 3만 이상인 242개 도시에 대해 입수 가능하다.

부록 D
임금몫과 교육에 따른 임금 차분 데이터의 구성, 1915~2005년

표 D.1. 임금몫과 교육에 따른 임금 차분 데이터: 1915~2005년

	임금몫(%)			교육에 따른 임금 차분		
	고교 중퇴	고졸	대학 등가	대졸/고졸	고졸/8학년	고졸/고교 중퇴
아이오와주						
1915년	80.9	9.1	7.4	0.638	0.370	0.243
1940년	58.1	23.9	13.4	0.498	0.276	0.185
미국						
1940년 센서스	58.3	20.6	16.7	0.498	0.346	0.242
1950년 센서스	52.1	25.0	17.4	0.313	0.214	0.149
1960년 센서스	42.4	27.1	23.4	0.396	0.229	0.159
1970년 센서스	29.7	32.3	29.7	0.465	0.230	0.167
1980년 센서스	17.0	32.5	39.3	0.391	0.229	0.179
1980년 CPS	15.4	34.2	39.5	0.356	0.223	0.170
1990년 2월 CPS	7.8	29.8	50.0	0.540	0.349	0.243
1990년 CPS	8.6	29.9	49.4	0.508	0.267	0.207
1990년 센서스	8.0	26.8	51.0	0.549	0.284	0.213
2000년 CPS	5.4	25.5	56.1	0.579	0.374	0.285
2000년 센서스	5.4	22.7	57.4	0.607	0.309	0.255
2005년 CPS	5.0	24.4	57.6	0.596	0.366	0.286

출처: 1915년: 아이오와주 센서스
　　1940~2000년: 미국 센서스 IPUMS
　　1980년, 1990년, 2000년, 2005년: CPS MORG 표본
　　1990년: CPS 2월 보충자료.
주: 임금몫: 임금몫wage bill share은 총 노동소득 중 각 학력 집단별 노동자들에게 지불된 금액의 비중을 말한다. 18~65세 인구 중 조사 기준 주간에 고용 상태였던 민간인 노동력 인구를 표본으로 계산했다. 1915년 아이오와주 센서스에는 조사 기준 주간의 고용 상태 정보가 없으므로 1915년의 아이오와주의 임금몫은 "1914년에 직업에서 얻은 소득이 있다"고 답한 모든 개인의 임금몫을 계산했다. 모든 연도와 모든 표본에서 임금 노동자의 소득과 자영업자의 소득이 계산에 사용되었다. 우리가 사용한 표본들(1940년 센서스 IPUMS, CPS MORG 표본들, 1990년 CPS 2월 보충자료)에 자영업자의 소득이 존재하지 않을 때는 오터 등의 논문(Autor, Katz, and Krueger 1998)에 사용된 방법론을 적용해 같은 연도의 동일 업종 및 학력 칸의 임노동자 평균 소득을 사용해 시간당 임금을 할당했다. 고교 '중퇴자'는 교육 연수가 0~11년인 사람을 말하며 '고졸자'는 교육 연수가 정확히 12년이고 대학 교육을 받은 적이 없는 사람을 말한다. '대학 등가'는 최종 학력이 4년제 학위 이상인 모든 사람(교육 연수 16년 이상)과 대학 교육을 일부만 받은 사람 중 절반을 합한 것이다.

교육에 따른 임금 차분:

log(대졸/고졸) 임금 차분은 각 연도에서 고졸자(교육 연수가 정확히 12년이거나 고등학교 졸업 자격을 취득한 사람) 대비 대졸자(교육 연수가 정확히 16년이거나 학사 학위를 소지한 사람)와 대학원 학력자(교육 연수가 17년 이상인 사람이나 대학원 학위 소지자)가 갖는 상대적 임금 프리미엄을 추산한 것이다. 가중치는 1980년의 대졸자 고용 비중과 대학원 학력자 고용 비중이다.

log(고졸/8학년) 임금 차분은 8학년까지 마친 사람 대비 고졸자(교육 연수 12년)가 갖는 상대적 임금 프리미엄 추산치다. 센서스와 CPS에서 학력 코딩 방식이 달라져서, 우리는 1990년과 2000년 센서스, 1990년 CPS 2월 보충자료, 2000년과 2005년 CPS MORG 표본에 대해서는 '8학년'으로 표기된 범주에 교육 연수 5~8년인 사람들을 포함시켰다.

Log(고졸/고교 중퇴) 임금 차분은 각각 8년, 9년, 10년, 11년의 학력을 가진 4개 고교중퇴자 집단 대비 고졸자(교육 연수 12년)가 갖는 상대적 임금 프리미엄을 가중 평균해 추산한 값이다. 가중치는 1980년의 교육 연수 8년, 9년, 10년, 11년 각각의 고용 비중이다.

1940~2005년 미국 전체의 교육에 따른 임금 차분값은 각 표본에서 표준적인 횡단 회귀분석을 통해 구했다. 회귀방정식에는 교육 연수(또는 취득 학위) 카테고리 더미(1990년부터는 몇몇 교육 연수 카테고리가 여러 해를 포함하고 있다), 경력 연수의 4차식, 세 개의 지역 더미, 파트타임 더미, 여성 더미, 비非백인 더미, 여성 더미와 경력 연수 4차식과의 교차항, 여성 더미와 비백인 더미와의 교차항이 독립 변인으로 포함되었고 시간당 소득 로그값이 종속 변인으로 포함되었다. 교육에 다른 임금 차분값은 교육 연수 더미 변수의 상관계수를 취하면 된다. 회귀분석에 사용된 표본들은 18~65세 고용 상태의 민간인 노동자를 대상으로 했다. 회귀분석의 세부사항과 구체적인 데이터 처리 과정은 오터 등의 논문(Autor, Katz, and Krueger 1998, 표 1)을 따랐다.

1915~1940년 아이오와주의 교육에 따른 임금 차분값은 1915년 아이오와주 센서스 데이터에서 더 나이가 많은 코호트 집단 사람들에게 '대학' 학력이 의미하는 바가 다를 수 있어서 다른 방식의 처리가 필요했다. 또한 20세기 초에는 무보수 가사노동의 중요성이 컸을 수 있어서 여성의 교육 수익을 측정하는 데도 어려움이 있었다. 이러한 이슈는 골딘과 카츠의 논문(Goldin and Katz 2000)에 더 상세히 논의되어 있다.

1915~1940년 사이의 log(대졸/고졸) 임금 차분 변화를 추산하기 위해, 1914~1939년 젊은 남성(18~34세)의 대학 교육 1년에 대한 수익의 추정치로 우리가 더 낫다고 판단해 채택한 값들을 택했다. 그 값들은 2장 표 2.7에 나와 있다. 젊은 남성의 대학 교육 1년의 수익은 1915년 0.148에서 1940년 0.115로 0.033포인트 감소했다. 이 말은 1940년의 젊은 남성에 대한 대학 1년의 수익이 18~65세 전체 노동자에 대한 1940년 전국 대졸/고졸 임금 차분인 0.498과 같아지도록 4.307을 곱해 스케일을 조정했을 때 1915년부터 1940년 사이의 대졸/고졸 임금 차분 로그값 감소분이 0.140이 된다는 것을 의미한다.

1915년과 1940년의 아이오와주 데이터에서 log(고졸/8학년) 임금 차분과 log(고졸/고교 중퇴) 임

금 차분은 18~65세 비농업 민간 분야 전일제 남성 노동자를 1915년 아이오와주 센서스 표본에서, 그리고 1940년 센서스 IPUMS의 아이오와주 거주자 표본에서 구했다. 8학년 이하 대비 고졸자의 임금 프리미엄은 교육 연수 카테고리 더미, 잠재 경력 연수의 4차식, 비백인 더미, 외국 출생 더미 등의 독립 변인들에 대해 연소득 로그값을 종속 변수로 놓고 횡단 회귀분석을 통해 구했다. 1915년 아이오와주 센서스에는 노동 시간과 노동 주수 정보가 없지만 '1914년에 실업 상태였던 개월 수' 정보는 있다. 1915년의 전일제 노동자는 '1914년에 소득이 있었고 실업 상태가 아니었던 사람'을 의미한다. 1940년의 전일제 노동자는 '1939년 1년간 적어도 50주 이상 노동한 사람'을 의미한다.

주

서론

1. 《미국의 침입자들》은 프레드 A. 매켄지Fred A. McKenzie가 썼다(c.1901, pp. 137~138).

2. 교육이 많은 면에서 젠더 중립적이었다는 사실은 놀라워 보일 수도 있을 것이다. 하지만 1850년에 14세 이하의 보통학교와 초등학교의 등록률은 남녀 사이에 차이가 없었고, 1880년에는 15세 이하에서 남녀의 차이가 없었다. 또한 19세기 말에는 여학생이 남학생보다 높은 비율로 아카데미와 공립 고등학교에 다녔다. 이 이른 시기는 4장에서 다룬다. 대학으로까지 학업을 이어가는 비중은 여학생이 남학생보다 작았지만 남녀를 막론하고 당시에는 대학에 가는 사람 자체가 드물었다.

3. 이 비유는 얀 틴베르헌Jan Tinbergen에게서 빌려왔다. 다음을 참고하라. Tinbergen (1974; 1975, 6장).

1장 인적자본의 세기

1. 흑인의 중등 교육은 6장에서 다룬다.

2. 19세기에 생겨난 미국 교육 시스템의 여러 가지 '미덕'들에 대해서는 4장을 참고하라.

3. Judd(1928, p. 9). 찰스 허버드 저드Charles Hubbard Judd는 교육심리학자로, 여러 대학에서 재직했으며 1909~1938년에는 시카고 대학 교육학과장을 지냈다.

4. I. L. 캔들I. L. Kandel은 잉글랜드, 스코틀랜드, 프랑스를 언급하면서 이 국가들이 "적어도 능력 있는 아이들에게는 조건을 균등화하고 있으며 … 계급을 고려하지 않고 장학금과 생활지원금을 너그럽게 제공함으로써 능력에 따라 학생을 선발하고 있다"고 주장하고 있음을 짚었다(Kandel 1934, p. 21).

5. 캔들은 20세기 초의 상황에 대해 이렇게 언급했다. "명백히 프랑스와 영국 모두에서 초등학교 이상의 교육 기회는 사는 장소와 가족 배경의 우연에 달려

있다 … 이러한 조건은 《미들타운Middletown》[1929]이 다음과 같이 묘사하고
있는 미국의 상황과 대조적이다. '기업가 계층이 교육을 당연하게 여기고 있
다면, 인구의 다수에게는 교육이 종교적 열정이자 구원의 수단을 의미한다고
말해도 과장이 아닐 것이다'"(Kandel 1955, p. 91).

6. 플레처 하퍼 스위프트Fletcher Harper Swift는 1930년대의 유럽 교육에 대한 여러
    권짜리의 방대한 저서에서 이렇게 언급했다. "프랑스에서 중등 교육과 고등
    교육의 목적은 '나라의 사회적, 정치적 운명과 학문적 방향을 믿고 맡길 수 있
    는' 지적 엘리트를 준비시키는 것이며 … 프랑스 아동의 10분의 1을 넘지 않
    는 수만이 초등 수준 이상의 교육을 받는다"(Swift 1933, vol. 1, p. 82).

7. '수렴 클럽'은 일정 기간에 걸쳐 1인당 소득이나 노동생산성이 선도 국가 수
    준으로 수렴한 나라들을 말한다. 수렴 개념은 경제성장 이론의 많은 모델이
    암묵적으로 전제하고 있다. 수렴이 발생하지 않는다면 종종 그 이유는 정치
    적, 종교적, 기타 문화적 요인 때문이다. 초창기의 수렴 이론은 다음을 참고하
    라. Baumol, Blackman, and Wolff (1989).

8. E가 잘 교육받은 국민이고 G가 경제성장일 때, 원명제 "E⇒G"는 반드시 참
    인 것은 아니다. 하지만 원명제의 이인 ~E⇒~G('~'은 '아니다'를 의미한다)
    는 참이며 원명제의 역逆, converse인 G⇒E도 참이다.

9. 중등 학교 순등록률의 정의와 정확한 연도들은 그림 1.1의 출처를 참고하라.
    비슷한 그림이 골딘의 저술(Goldin 2000)에도 나오는데, 거기에서는 1990년
    의 1인당 GDP와 1990년의 총등록률을 사용했다. 순등록률이 고정 연령 집단
    의 학력을 더 정확하게 반영한다.

10. 일례로 크루거와 린달(Krueger and Lindahl 2001)은 측정 오류와 누락편의偏
    倚[누락된 변수로 인해 결과값이 치우치는 것] 때문에 국가 간 회귀분석 결과
    를 가지고 교육이 경제성장에 미치는 영향을 해석하는 데 문제가 생길 수 있
    음을 보여주었다.

11. 미국의 1인당 GDP(2000년 달러 기준)는 1900년 4,596달러, 1920년 5,904달
    러, 1940년 8,086달러, 1960년 1만 4,382달러였다. 그림 1.1의 출처와 주석을
    참고하라. 일반적으로 오늘날의 저소득 국가가 1900년의 미국보다 소득 불
    평등이 크므로 이 측정에서는 오늘날의 저소득 국가들의 소득 중앙값이
    1900년 미국에 비해 다소 높게 잡혔을 것이다.

12. 1950년 이후 유네스코의 미국 등록률 데이터는 미국이 공식적으로 발표하는 등록률과 비슷하며 우리가 직접 계산한 것과도 비슷하다(6장의 등록률 데이터를 참고하라).

13. 이 국가는 적도기니다. 이곳에서는 1995년 이후에 방대한 해저 유전이 발견되었다. 석유에서 나오는 수입이 상당하지만 부가 고르게 분배되지는 않고 있다.

14. 남동사분면을 '낮은 교육' 사분면으로서 눈여겨보아야 하는 또 하나의 이유는 배로의 연구(Barro 1991)부터 시작해서 많은 연구들이 20세기 후반에 교육에 투자를 덜한 나라들이(특히 청소년의 중등 교육을 기준으로 했을 때) 시작점에서의 1인당 소득 대비 이후의 경제성장률이 더 낮은 것으로 나타났기 때문이다.

15. 북동사분면과 남서사분면은 상당히 더 많은 데이터가 있어야 관심사가 될 만하다. 남서사분면 국가들은 소득과 학력 모두가 비교 지점보다 낮고 북동사분면은 둘 다 비교 지점보다 높다. '너무' 낮은지나 '너무' 높은지는 교육과 소득의 관계에 대한 모델이 있어야 판별할 수 있다.

16. 이 15개 국가는 짐바브웨, 방글라데시, 에콰도르, 인도네시아, 필리핀, 카보베르데, 몰도바, 볼리비아, 아제르바이잔, 알바니아, 타지키스탄, 자메이카, 요르단, 이집트, 아르메니아다(순등록률의 오름차순). 이 중 일부는 전에 소비에트연방에 속해 있었고 소득 수준에 비해 교육 수준이 높았다. 하지만 다른 나라들은 지속적인 빈곤의 이유가 더 복잡하다.

17. 그림 1.1에서 53개 저소득 국가들의 1인당 소득 중앙값은 2,601달러(2000년 달러 기준)였다. 그림 1.7에 있는 10개 유럽 국가들은 1955년 1인당 소득 중앙값과 평균이 모두 대략 8,600달러(2000년 달러 기준)였다. 펜월드테이블 데이터는 1955년 달러로 표시되어 있지만 국가들 사이에서는 모두 일관되게 사용되었다. 우리는 이들 국가들과 저소득 국가들의 비교가 일관성 있게 이루어지도록 2000년 달러로 환산하기 위해 4.98을 곱했다. 4.98은 미국 데이터로 계산한 숫자다.

18. 이 데이터에 있는 저소득 국가 전체 중 36%는 등록률이 0.2 이하였고 28%는 0.2~0.4, 36%는 0.4 이상이었다. 남아로만 한정하면 0.2 이하가 31%, 0.2~0.4가 31%, 0.4 이상이 38%였다.

19. 아세모글루와 질리보티(Acemoglu and Zilibotti 2001)는 테크놀로지가 저숙련, 저학력 노동자들이 사용할 수 있도록 개조나 개비되기 쉽지 않을 때 현대적인 테크놀로지의 확산이 저개발 지역에서 자국민을 교육시키고자 하는 강한 경제적 유인을 발생시킴을 보여주었다.

20. 개도국에 여아 교육이 가져다주는 경제적, 사회적 이득은 다음을 참고하라. Summers (1994).

21. 이후의 장들에서는 교육이 분배에 미친 영향과 교육이 확대될 수 있었던 이유에 대해 논의했다.

22. 노동력이 보유한 교육량의 변화는 미국 출생자의 출생 코호트별 학력 추이와 다를 수 있다. 이민자가 들어와 노동력에 유입될 수도 있고 코호트마다 규모가 다르기 때문이다. 이 밖에도 여러 요인이 영향을 미쳤을 수 있다.

23. 연방 센서스에 학력 질문이 포함된 것은 1940년부터다. 따라서 나이가 더 많은 코호트들(1905년 이전에 태어난 사람들)은 35세 시점의 교육 연수를 그들의 나이가 35세보다 많았을 1940년 센서스에서 응답한 바를 토대로 추정해야 한다. 또한 연방 센서스는 10년 단위로 이루어지므로 더 젊은 코호트들에 대해서도 정확히 35세 시점의 교육 연수 정보가 모두 취합된 것은 아니다. 따라서 우리는 각 코호트의 35세 시점의 교육 연수를 추정하기 위해 그림 1.4의 주석에서 설명한 방법으로 회귀 보정을 수행했다.

24. 1940년대 출생 코호트들 사이에서는 식별 가능한 가속이 관찰되는데, 많은 부분이 베트남전쟁 때 대학생들에게 징병 유예가 제공되었기 때문이었다.

25. 2005년 상시인구조사CPS의 소득정보응답표본MORG 데이터를 토대로 계산했다. 외국 출생자를 포함하면 1970년대 출생자들 사이에서 백인 비히스패닉과 히스패닉 사이의 격차는 2.8년으로 늘어난다(이것은 백인-흑인 격차의 4배다).

26. 다음을 참고하라. OECD 2006(표 A1.3a). OECD는 이 자료에서 유형A 고등교육기관(4년제)과 유형B 고등 교육기관(2년제) 관련 통계를 제공하고 있다. 2004년에 미국 25~34세 인구의 대학 학위 취득률(39%)보다 높은 4개 나라는 벨기에(41%), 아일랜드(40%), 노르웨이(39%), 스웨덴(42%)이다. 대학 학위 취득률이 30%가 넘는 8개 나라는 덴마크, 핀란드, 프랑스, 아이슬란드, 룩셈부르크, 네덜란드, 스페인, 영국이다. 캐나다, 일본, 한국은 미국보다

훨씬 높다.

27. 매디슨의 연구(Maddison 1987, 표 A-12)는 미국과 몇몇 유럽 국가들의 학력에 대해 우리가 여기에서 제시한 것과 상당히 다른 숫자들을 제시하고 있다. 매디슨은 OECD가 1975년에 발간한 자료를 사용했는데, 예를 들어, 1950년 영국의 15~64세 인구는 평균 3.27년의 중등 교육을 받았고 독일은 4.37년, 미국은 3.4년을 받은 것으로 되어 있다. 이 숫자들은 넬슨과 라이트의 저술(Nelson and Wright 1992, 그림 6)에도 '평균 중등 교육 연수'라는 제목의 그래프로 나와 있다. 하지만 매디슨이 사용한 데이터는 국가 간 비교가 **불가능하다.** 고정된 유형의 학교를 추린 것도, 고정된 연령의 학생을 추린 것도 아니기 때문이다. 예를 들어 메디슨이 사용한 데이터에서 '중등 교육'은 독일의 경우 4학년 이후, 영국의 경우 6학년 이후에 시작된다고 가정되어 있다. 또한 영국에서 1950년 시점의 모든 사람이 8학년까지는 마쳤다고 가정하고서 6학년 이후를 중등 교육 혹은 대학 교육의 범주에 넣었다. 하지만 학생들의 연령을 고려해 교육 연수를 구하면(가령 표 1.1처럼) 영국의 학력은 적어도 20세기의 첫 3분의 2 동안에는 미국보다 훨씬 낮았다. 현재는 OECD가 국가 간 비교 가능한 데이터를 발간하고 있다.

28. 코언과 해너건의 연구(Cohen and Hanagan 1991)에서 [두 국가의 비교에 대해] 좋은 사례를 찾아볼 수 있다. 이들은 20세기 초와 중반 잉글랜드의 버밍엄과 미국 펜실베이니아주 피츠버그를 비교했다. 둘 다 중공업 위주의 산업 도시이고 아동 노동력에 대한 수요가 적었다. 두 도시 모두에서 초등학교는 일찍부터 설립되어 있었다. 하지만 버밍엄은 고등학교 교육으로 이동한 시기가 매우 늦은 1960년대였고 피츠버그는 1920년대였다.

29. 미국의 1940년 1인당 실질소득은 1955년에 GDP 데이터가 존재하는 유럽의 10개국 중 7개보다 사실 더 낮았다. 이 7개국은 덴마크, 룩셈부르크, 네덜란드, 노르웨이, 스웨덴, 스위스, 영국이다. 소득이 미국보다 낮았던 3개국은 오스트리아, 벨기에, 프랑스다. 이 목록에 서구 유럽의 몇몇 더 가난한 나라들(그리스, 이탈리아, 포르투갈, 스페인 등)은 포함되어 있지 않다.

30. 1940년 미국의 중등 학교 등록률은 73%였다. 유럽 10개국의 전일제 비실업계 고등학교와 전일제 실업계 고등학교 등록률 평균(가중치 미적용)은 25%였다.

31. 수식으로 공식화해보기 위해 다음과 같은 두 기간 모델을 생각해보자. 여기에서 행위자들은 모두 기간0에 범용 교육(정규 학교 교육) 또는 특화 교육(견습 교육)을 받고 기간1에 전일제로 일한다. 테크놀로지는 기간0에는 f_i로 주어져 있고 p의 확률로 기간1에 f_j로 달라진다. 견습(특화 교육)에 투자한 행위자는 기간0에 $f_i(a_i)^0$을 벌고 기간1에 테크놀로지 변화와 상관없이 $f_i(a_i)^1$을 번다. 견습 기간에는 훈련을 받으므로 $f_i(a_i)^0 < f_i(a_i)^1$이다. 정규 교육(범용 교육)에 투자한 행위자는 기간0에는 $-C$를 번다(C는 교육의 직접적인 비용을 나타낸다). 기간1에는 테크놀로지의 변화가 없을 경우 견습 교육을 받은 사람과 같은 액수를 번다($f_i(s)^1 = f_i(a_i)^1$). 테크놀로지의 변화가 있을 경우에는 정규 교육을 받은 사람이 견습 교육을 받은 사람보다 더 많이 번다($f_j(s)^1 > f_i(a_i)^1$). 따라서 행위자는 $p > [f_i(a_i)^0 + C] / [f_j(s)^1 - f_i(s)^1]$인지 여부에 따라 어떤 교육에 투자할지 결정할 것이다. 다시 말하면, 테크놀로지가 달라질 확률이 범용 교육의 이득 대비 비용을 능가하면 범용 교육을 받기로 할 것이다. 테크놀로지 변화(혹은 지리적 이동)의 확률이 클수록, 범용 교육의 비용이 낮을수록, 그리고 테크놀로지가 변화한다는 조건에서 범용 교육의 이득이 클수록 범용 교육이 선택될 것이다.

32. 인구학자 에버렛 리는 이동이 "과거에도 현재도 미국 문명 발달의 주요 요인이며 미국의 특성을 구성하는 주요 요인"이라고 강조했다(Everett Lee 1961, p. 78). 또한 자신과 헨리 샤이록Henry Shyrock이 각각 독립적으로 수행한 계산 모두가 1960년대의 높은 이동성이 적어도 1850년으로까지 거슬러올라가는 현상임을 보여주었다고 언급했다(p. 79).

33. 1960년 이후 유럽과 미국의 지리적 이동성에 대해서는, 예를 들어 다음을 참고하라. Eichengreen (1992). 이 연구는 1960년대부터 1980년대 초까지 미국 내에서의 이동성이 유럽 국가들의 경우보다 2~3배 높았음을 보여준다. 다음도 참고하라. Hughes and Mccormick (1987). 이 연구에 따르면 1970년대와 1980년대의 장기 시계열 데이터를 사용해 분석한 결과 육체노동자들 사이에서 미국의 이동성이 영국의 4배였고 이들 중 일자리와 관련된 이동성은 영국의 10배였다.

34. 다음을 참고하라. Ferrie (2005). 두 국가의 카운티들은 대략 규모가 같다. 성인 남성은 30세 이상을 말한다.

35. 개인이 경제 변화에 어떻게 반응하는지에 교육이 미치는 영향은, 예를 들어 다음을 참고하라. Schults (1964). 갤러와 모아브(Galor and Moav 2000)는 이 연구(Schultz 1964)를 수식화해서 어떤 조건일 때 숙련편향성이 아니라 기술변화의 속도가 고숙련 노동자에 대한 상대적 수요를 증가시키는지 보여주었다.

36. 엘바움(Elbaum 1989)은 미국에서 정규 교육의 성장이 견습 프로그램의 해체를 가져왔다고 주장했다. 여기에서 인과관계는 교육의 증가가 견습의 해체를 유발했다는 것이다. 가능할 법한 설명이긴 하지만, 접근 가능한 토지가 방대하게 존재해 지리적 이동성이 큰 나라에서는 견습보다 정규 교육이 더 잘 부합했을 것이다.

37. 20세기 초에 한 학년도의 수업일수가 늘었고 특히 초등학교와 농촌 학교에서 많이 늘었다. 이를 보정하면 교육 수준의 성장이 우리가 측정한 것보다도 더 높아질 것이고 20세기 초 출생 코호트들 사이에서는 더욱 그럴 것이다. 하지만 우리는 연도별 수업일수의 차이를 고려해 보정을 하지는 않았다. 여기에는 몇 가지 이유가 있다. 1900년 이후에 태어난 모든 코호트는 평균적으로 적어도 9년 이상의 교육을 받았는데, 1910년대에 고학년은 이미 수업일수가 많았으므로 추가적으로 수업일수를 약간 더하는 것이 분석에 영향을 미치지 않는다. 또한 이 보정은 부정확하게 될 수밖에 없다. 또한 우리는 교사의 자격, 학교 시설, 교재 등과 관련한 교육의 질적 차이도 보정하지 않았다. 중등교육의 질에 대해서는 6장을 참고하라. 학교의 질적 성장이 인적자본량의 성장과 교육의 수익에 미치는 영향은 다음을 참고하라. Denison (1962); Card and Krueger (1992a).

38. 우리가 표 1.2에서 도출한 결론은 노동이 이루어진 시간으로 가중치를 두어 계산해도 거의 동일하다.

39. 미국 노동력 전체의 교육 수준은 표 1.2에 나오며, 미국 출생자 노동력의 교육 수준은 표 1.2과 동일한 출처의 데이터를 사용해 도출했다. '미국 출생자'는 현재의 50개 주와 워싱턴DC에서 출생한 사람으로 정의했다. 데이터 간의 일관성을 위해, 미국에서 태어난 부모의 해외 출생 자녀와 미국령의 해외 영토에서 태어난 사람은 해외 출생으로 간주했다. 1915년의 미국 노동력 중 해외 출생자 비중은 1910년과 1920년의 센서스 IPUMS 데이터를 평균냈다. 주

의할 것은, 최근에는 이민자의 교육 수준이 '쌍봉 분포'를 보인다는 점이다. 즉 교육 수준이 아주 낮은 쪽과 아주 높은 쪽에 분포가 몰려 있다. 이에 대해서는 8장에서 더 상세히 논의했다.

40. 1940년 센서스 데이터로 계산하면 사람들이 일반적으로 고등학교를 졸업하는 연령의 당해 연도 행정 정보로 계산했을 때에 비해 고연령층의 고등학교 졸업률이 과대계상된다고 알려져 있다(Goldin 1998 참고).

41. 포겔(Fogel 1964)은 로스토우(Rostow 1960)가 주장한 것처럼 어떤 하나의 혁신(가령 철도)이 경제성장을 추동했을 수 있다는 개념을 반박했다.

42. 여기에서 핵심 가정은 각 생산요소에 지불된 가격(임금, 이윤, 지대)이 그 생산요소의 한계생산의 가치, 즉 생산에의 한계기여분과 동일하다는 것이다.

43. 증강된 노동투입이 미치는 영향을 짚은 초창기 저술로는 슐츠의 1960년 저술(Schultz 1960)을 참고하라. 그는 다음과 같이 언급했다. "미국의 국민소득 증가분 중 설명되지 않은 부분은 상당 정도 … [인적]자본 형성으로 귀인이 가능함을 시사하는 실마리들이 많이 있다"(p. 571). 노동력에 교육 이외의 요소들도 추가해 여러 가지를 보정한 연구는 다음을 참고하라. Denison (1962). 이 분석을 더 정교화한 연구는 다음을 참고하라. Jorgenson and Ho (1999); Gordon (2000).

44. 각 학력집단의 임금은 직무 경력과 인구통계적 변수들의 차이를 반영해 보정했다.

45. 존스는 표준적인 성장회계 방식이 인적자본의 기여를 과소평가한다고 주장했다(Jones 2002). 인적자본이 증가할 때 소득이 증가하면서 추가적인 자본투자가 이뤄지는 간접효과를 포함하지 않기 때문이다. 존스가 제시한 대안적인 계산 방식에 따르면 노동자 1인당 인적자본이 1% 증가하면 산출도 1%로, 즉 거의 1대 1로 증가하는 것으로 나타났다. 대조적으로, 빌스와 클레노우는 교육 연수의 증가가 생산성 향상을 가져오는 다른 요인들에 내생적으로 반응하는 부분이 있기 때문에 표준적인 성장회계 방식이 인적자본이 기여하는 바를 그만큼 **과대평가하고** 있다고 주장했다(Bils and Klenow 2000).

46. 요르겐슨과 호는 약간 다른 방법론을 사용해 1948년 이래 교육으로 인한 미국 노동력의 질적 성장률을 계산했고(Jorgenson and Ho 1999), 에런슨과 설리번은 우리와 비슷한 방법론을 사용해 1960년 이후 시기에 대해 이를 계산

했다(Aaronson and Sullivan 2001). 노동의 효율성 성장에 교육이 기여한 몫에 대한 우리의 추산치는 이들의 추산치와 꽤 비슷하다.

47. 미국 출생 노동자들 사이에서 교육이 노동의 효율성 증가에 기여한 몫은 표 1.2에 제시된 전체 노동자들에 대한 값을 계산했을 때와 동일한 데이터와 방법론을 사용해 구했으며, 표본을 미국 출생자로만 한정한 것만 다르다. 교육이 노동의 효율성 성장에 기여한 몫을 전체 노동력으로 계산했을 때와 미국 출생 노동력으로 계산했을 때의 차이가 이민자 유입의 효과다. 이민의 영향은 합법 이민과 (집계가 가능한 정도까지) 불법 이민을 모두 포함했다. 미국 센서스와 CPS는 불법 이민도 집계에 포함하고자 노력하며 그에 맞게 표본 가중치를 조정한다.

48. 존스가 2002년 저술(Jones 2002)에서 제시한 또 다른 성장회계 계산법은 교육의 증가로 소득이 증가하면서 물리적 자본 투자도 증가하게 되는 간접효과를 포함하고 있다. 이 방법론을 사용했을 때는 1915~2005년 전 기간에 걸쳐 노동생산성 증가율에 교육이 기여한 바가 연평균 0.48%(전체 노동생산성 증가의 20%)였다.

49. 1인당 산출의 변화는 시간당 산출의 변화와 다르다. 우리의 대상 기간 중에 1인당 노동시간이 감소했기 때문이다. 또한 1인당 GDP 추이는 표준적인 방식으로 측정한 노동생산성 추이와 다르게 움직일 수 있다. GDP는 정부의 산출을 포함하는 반면 노동생산성은 기업 부문만 포함하기 때문이다. 우리는 1915~2005년 1인당 실질GDP를 추정하는 데 다음의 자료를 사용했다. 1915~1960년: *Historical Statistics, Millennial Edition*(2005), 표 Ca9~19, 계열 ca11; 1960~2005년: *Economic Report of the President 2006*(2006), 표 B31.

50. 노동력 중 여성 비중이 증가하면 추정된 노동력의 질이 약간 낮아졌다. 노동력의 연령 구성 변화가 노동력의 질에 미치는 영향은 하위 기간마다 달랐다. 청소년이 10대 후반까지 계속 학교를 다니는 경우가 늘면서 노동력 중 젊은층 비중이 줄었고 이는 1915~1940년 노동력의 질이 더 빠르게 증가하는 데 기여했다. 1960~1980년은 베이비붐 코호트들이 노동시장에 진입한 시기인데, 이들이 젊었으므로 전체적으로 노동력의 질을 끌어내리는 효과가 있었다. 그 결과, 1960~1980년에 학력에서는 이례적으로 큰 증가가 있었지만 전체적인 노동력의 질은 이례적으로 적게 증가했다. 베이비부머들이 경력을 쌓

아가면서 1980~2000년에는 노동력의 질이 증가해 이 시기에 이례적으로 낮았던 학력 증가를 상쇄했다. 더 상세한 분석은 다음을 참고하라. DeLong, Goldin and Katz (2003).

51. 넬슨과 펠프스는 교육이 새로운 테크놀로지의 확산을 촉진함으로써 가져오는 간접효과가 경제성장에 기여한 과정에 대해 독창적인 이론적 분석을 전개했다(Nelson and Phelps 1966).

52. 노동력이 보유한 교육 수준이 테크놀로지 발전 속도에 미치는 효과를 명시적으로 포함한 경제성장 모델로는 다음을 참고하라. Romer (1990); Jones (1995).

53. 예를 들어 다음을 참고하라. Doms, Dunne, and Troske (1997); Bresnahan, Brynjolfsson, and Hitt (2002). 더 이른 시기의 연구에서도 농민들이 교육을 더 많이 받으면 더 빠르게 새로운 품종을 도입하고 경제적, 기술적 환경이 변화할 때 경제적으로 성과를 더 잘 내는 것으로 나타났다. 다음을 참고하라. Schultz (1964); Welch (1970).

54. 존스는 [세계적인] R&D 밀도의 증가가 1950~1993년 미국 노동자 1인당 산출 성장의 49%를 설명할 수 있다고 추산했다(Jones 2002).

2장 20세기의 불평등

1. 예를 들어 다음을 참고하라. Krugman (1990); Prestowitz (1988); Reich (1991).

2. 우리는 미 노동통계국의 비농업 산업부문 시간당 산출(계열 PRS85006093, http://www.bls.gov/lpc/home.htm)을 사용해 생산성 추이를 살펴보았다. 시간당 GDP나 산업부문 전체의 시간당 산출로 살펴보아도 추이는 비슷하다.

3. 예를 들어 다음을 참고하라. Baumol, Blackman, and Wolff (1989); Gordon (2004). 고든에 의하면 유럽에서는 1950~1973년 기간과 1973~1995년 기간에 노동시간당 GDP 성장률이 연 4.77%에서 2.25%로 2.52%포인트 감소한 반면 미국은 2.77%에서 1.48%로 1.29%포인트만 감소했다.

4. 불평등을 측정하는 지표는 다양하며 무엇이 가장 좋은지에 대해 맹렬한 논쟁이 있지만, 여러 가지 불평등 지표와 경제적 자원에 대한 여러 가지 측정치로 두루 살펴보아도 1980년 이래 가족, 가구, 개인의 경제적 자원이 급격하게 불

평등한 모습을 보인다는 결과는 강건성이 유지된다. 이에 대한 좋은 요약을 다음에서 볼 수 있다. Mishel, Bernstein, and Allegretto (2005, 2007).

5. 2000년에 미국의 [가구 규모와 가구원 연령으로 보정한] '성인 등가' 1인당 소득의 90-10 비는 5.5였다. 하지만 스웨덴은 3.0, 독일은 3.3, 프랑스는 3.5, 캐나다는 3.9, 이탈리아는 4.5, 영국은 4.6이었다(Brandolini and Smeeding 2006, 그림 2.1).

6. 최근 미국에서 높은 수준의 그리고 증가하고 있는 불평등이 낳고 있는 더 광범위한 사회적, 정치적 결과는 다음을 참고하라. Burtless and Jencks (2003).

7. 미국의 생산성 성장에서 발생한 이득의 분배가 어떻게 변화해왔는지는 다음을 참고하라. Dew-Becker and Gordon (2005).

8. 변동의 일부가 과도기적[일시적]인 충격에 의한 것이거나 개인의 금융시장 접근이 쉬워 소비 감소를 완충할 수 있다면, 1년이 단위인 연소득에 초점을 맞추는 것은 오도의 소지가 있다. 표준적인 가구 데이터에서 연소득의 가구 간 차이 중 상당 비중(아마도 3분의 1)이 측정 오류나 비교적 과도기적인 소득 충격이다. 하지만 더 영구적인 소득을 측정해(가령 여러 해에 걸친 소득을 평균 내거나 노동시장에 있었던 기간 전체의 소득을 평균 내는 식으로) 불평등의 변천을 살펴보아도 연소득으로 살펴보았을 때와 비슷한 추이가 나온다(Bradbury and Katz 2002; Gottschalk and Danziger 1998).

9. 미국의 공식 빈곤율을 구할 때 세전, 이전소득 수령 이후 기준이 사용된다. 미국 센서스국은 '가족'에 같은 가구에 살되 혈연이나 결혼으로 연결된 친인척이 아니고 개별적으로 사는 사람은 포함하지 않는다. 하지만 같은 주소지의 모든 사람을 포함하는 '가구' 소득 불평등으로 살펴보아도 비슷한 추이가 나타난다.

10. 지니계수는 0에서 1까지이고 숫자가 크면 불평등이 큰 것이다. 지니계수는 다음과 같은 방식으로 계산된다. 한 사회의 소득 단위(가구, 가족, 개인 등)를 가장 가난한 쪽부터 가장 부유한 쪽까지 순차적으로 나열한다. 그다음에 하위 1%, 하위 2%, 하위 3% 등 전체 소득 대비 각 백분위에서의 누적 소득 비중을 차례로 그래프에 표시한다(세로축이 각 백분위 지점에서의 누적 소득 비중이고 가로축이 1%, 2%, 3% 등의 백분위 지점이 된다. 각 지점의 누적 소득 비중은 전체 소득 대비 하위 1%의 소득 비중, 전체 소득 대비 하위 2%의

소득 비중과 같은 식으로 구해진다). 이렇게 나타낸 그래프를 '로렌츠 곡선'이라고 부른다. 지니계수는 완전한 평등을 나타내는 로렌츠 곡선(사회의 모두가 동일한 소득을 가진 경우로, 45도선, 즉 대각선이 된다)에서 실제 로렌츠 곡선이 얼마나 이탈했는지를 측정하며, 45도선 이하의 삼각형 면적(이 면적은 2분의 1이다) 대비 실제 로렌츠 곡선과 45도선 사이 면적의 비중으로 구할 수 있다. 지니계수, 로렌츠 곡선, 그 밖의 불평등 지표에 대해서는 다음을 참고하라. Atkinson (1983).

11. 지니계수가 1992년 0.404에서 1993년 0.429로 이례적으로 급등한 이유 중 하나는 센서스 조사의 소득 측정 방법론이 바뀌면서 소득 분포의 꼭대기 쪽 사람들의 소득이 증가해서다. 하지만 불평등 정도가 1970년대 말 이전에는 안정적이다가 그 이후로 크게 증가했다는 점은 예전 방법론으로 계산해도 강건성이 유지된다. 예를 들어 다음을 참고하라. Michel, Bernstein, and Allegretto (2005), 그림 1I.

12. CPS에서처럼 세금 지출과 현물이전 수입까지 감안해 가구별 자원의 더 포괄적인 측정치를 사용해도 우리가 제시한 결론은 본질적으로 달라지지 않는다. 가구원 수로 보정해도 마찬가지다. 다음을 참고하라. Cutler and Katz (1992); US Census Bureau (2005a).

13. 피케티와 사에즈(Piketty and Saez 2003, 2006)는 세금 신고 데이터를 사용해 과세 대상 중 상위 10%가 차지하는 소득 비중이 1947년 33.0%에서 1970년 31.9%로 줄었다가 2005년 44.3%로 늘었음을 보여주었다. 그리고 이 변화는 대체로 상위 1%가 주도한 것으로 나타났다.

14. 소비 불평등 추이는 다음을 참고하라. Cutler and Katz (1991, 1992); Attanasio, Battistin, and Ichimura (2004). 장기소득 불평등 추이는 다음을 참고하라. Kopczuk, Saez, and Song (2007); Gottschalk and Danziger (1998).

15. 피케티와 사에즈(Piketty and Saez 2003)는 최근 20~30년간 심지어 상위 1%의 소득 변화도 노동시장 소득이 주도했음을 발견했다. 노동시장 소득 불평등의 증가가 가족소득 불평등의 증가에 어느 정도 기여했는지는 다음을 참고하라. Burtless (1999).

16. 카츠와 오터(Katz and Autor 1999), 오터 등(Autor, Katz, and Kearney 2005a, 2007)의 저술은 지난 40년간 미국 임금 구조의 변화에 대한 실증근거와 연구

문헌들을 상세하게 요약하고 있다.

17. 미국 경제는 계층 이동성이 크기 때문에 최근 20~30년간 임금 불평등이 증가한 것이 생활수준에는 그리 영향을 미치지 않았다는 주장이 때때로 제기되곤 한다. 하지만 여러 데이터원으로 살펴본 실증근거들은 미국에서 소득을 기준으로 한 계층 이동성이 지난 30년간 커지지 않았고 오히려 줄었을지 모른다는 점을 보여준다(Gottschalk and Moffitt 1994; Haider 2001; Kopzuk, Saez, and Song 2007). 따라서 (1년 단위의 연소득으로 측정한) 최근의 임금 불평등 증가는 **영구적인**, 또는 생애에 걸친 불평등이라고 볼 수 있다.

18. 이 격차는 1979년에 21로그포인트(24%)였고 2005년에 49로그포인트 (63%)로 증가했다(CPS 3월 보충자료에서 25~34세 전일제 연중고용 노동자를 대상으로 추정).

19. 전일제 연중고용 노동자를 대상으로 했다. 주당 35시간 이상, 연간 40주 이상 노동한 사람을 말한다. CPS의 3월 보충자료는 우리가 살펴본 기간 동안 응답자에게 전년도의 연소득, 연간 노동 주수, 주간 노동시간 등을 질문했다. 노동 주수와 노동시간에 대한 질문을 바꾸면 전일제 연중고용 노동자들의 데이터가 더 비교 가능해진다.

20. 레미유(Lemieux 2006a)와 오터 등(Autor, Katz, and Kearney 2007)도 1980년 이래 미국에서 학력에 따른 수익의 '볼록화convexification'가 증가하고 있음을 보여주었다. 대학원 학력, 특히 전문 대학원 학력의 수익이 급격하게 증가하고 더 낮은 학력의 수익은 완만하게만 증가하는 형태를 말한다.

21. 1940년 센서스 데이터는 1939년의 노동소득 정보를 담고 있다.

22. '대압축'에 대해서는 이 용어를 처음 사용한 다음을 참고하라. Goldin and Margo (1992).

23. 예를 들어 다음을 참고하라. Autor, Katz, and Krueger (1998); Murphy and Welch (1993).

24. 1920년대와 1930년대의 숙련[에 따른 임금] 비에 대한 내용은 다음에서 가져온 것이다. Goldin and Margo (1992).

25. 쿠즈네츠(Kuznets 1953)의 데이터는 1913~1948년만 포함하고 있다.

26. 다음도 참고하라. Goldsmith (1967); Goldsmith, Jaszi, Kaitz, and Liebenberg (1954). 이들은 쿠즈네츠의 추산을 수정하고 확장했다. 버드(Budd 1967, 표

1)는 골드스미스의 데이터를 바탕으로 가족소득 분포의 지니계수를 구했는데, 1929년 0.49에서 1935/36년 0.47로, 다시 1941년 0.44로 줄어든 것으로 나타났다.

27. 이 데이터는 다음에서 가져왔다. Piketty and Saez (2003). 이들의 세금 데이터 분석은 상위 1%가 차지하는 임금 소득 비중이 1929~1939년에 약간만 높아졌으며 사실 1939년에는 1920년대 말보다 낮아졌음을 보여주었다. 임금 소득에서 상위 10%와 상위 1%가 차지하는 비중은 그 이후 1940년대에 빠르게 감소했다.

28. 예를 들어 다음을 참고하라. Bell (1951); Keat (1960); Lebergott (1947); Ober (1948); Williamson and Lindert (1980); Woytinsky (1953).

29. 이와 같은 임금 비를 제시한 연구로는 다음을 참고하라. Keat (1960); Ober (1948); Woytinsky (1953).

30. 벨(Bell 1951)은 각 직종별로 하나의 임금(평균 임금)을 할당해 산업별 임금 분포를 제시했다. 각기 다른 연도에 대해 이를 추정한 뒤, 분포상의 여러 지점에서의 변화율을 구했다. 벨은 결론만 제시하고 있으며 사용한 데이터는 제시하고 있지 않다. 레버곳(Lebergott 1947)은 벨보다 먼저 같은 방법을 사용해 1900년과 1940년, 2개 연도의 분포를 살펴보면서 몇몇 산업에서 임금의 수렴이 발생한 정도를 알아보았다. 그는 각 산업에서 1900년과 1940년 사이에 크게 변화가 없었던 직종들을 선택해 분석했다.

31. 윌리엄슨과 린더트(Williamson and Lindert 1980)도 오버가 구성한 것과 비슷한 장기 시계열 데이터를 만들었다. 사실, 중요한 시기인 1907~1920년에 대해서는 이들도 오버의 데이터를 사용했다. 이들의 시계열 데이터는 1940년대에는 압축이 발생했음을 보여주지만 19세기 말부터 1940년대까지 지속적으로 격차가 좁혀진 것을 보여주지는 않는다. 이러한 결과가 나온 것은 오버의 1920년 데이터를 복사해올 때 오류를 저질렀기 때문이다. 1920년은 전국산업컨퍼런스보드National Industrial Conference Board 데이터에서 중요한 연결점이 되는 연도다(Williamson 1975, 표 11 참고). 오버의 1920년 데이터는 166인데 이들이 186으로 명백하게 잘못 기입했다. 이 오류를 수정하면 윌리엄슨과 린더트의 시계열은 오버의 원래 시계열과 사실상 동일하다. 임금 프리미엄은 1차 대전 시기에도 계속 감소하다가 1920년대 초에 약간 반등했지만 전쟁 전

의 높은 수준을 회복하지는 못했고 1940년대에 다시 감소했다.

32. 노동통계국의 간행물인《고용과 소득Employment and Earnings》은 이 데이터 계열의 최근 버전이다.

33. 1890년대 이래로 소득과 노동이 이뤄진 시간과의 관계는 다음을 참고하라. Costa(1998). 1940년경의 데이터에는 시급뿐 아니라 주급 분포 데이터까지 있는 업종이 2개 있다. 비누와 조선이다. 비누 업종은 주급의 분포가 시급의 분포보다 압축이 더 크다. 조선은 그와 반대이지만, 1940년경의 주급 분포가 1890년만큼 벌어져 있지는 않았다.

34. 두 연도에 포함된 데이터에는 약간의 차이가 있다. 1890년 데이터는 건당으로 보수를 받는 노동자를 포함하고 있지 않은데 1940년경 데이터는 포함하고 있다. 1890년에 건당으로 보수를 지급받는 노동자가 제외된 것은 남성보다 여성 데이터에 더 영향을 미친다. 1890년에 남성 생산직 노동자 중 건당으로 보수를 받는 사람의 비중이 가장 높은 업종은 가구와 견제품이었다. 한편, 몇몇 업종은 1890~1940년 기간 중에 제품의 품목이 달라졌다. 1890년의 '비누와 양초'는 1940년경에 '비누'가 되었고 1890년의 '견제품'은 1940년경에 '견제품 및 레이온'이 되었다. 2개의 담배 업종은 1890년과 1940년경 사이에 주력 제품이 달라졌다. 1890년의 '시가와 궐련'은 주로 시가였기 때문에 우리는 이것을 1940년경 데이터의 '시가'와 매칭했다. 1940년경의 '씹고 피우고 냄새로 흡입하는 물질'은 주로 궐련이며, 우리는 그것을 1890년의 '씹고 피우고 냄새로 흡입하는 물질'과 매칭했다. 1890년의 이 범주에 궐련은 없지만 그 당시에는 궐련이 중요한 제품이 아니었다.

35. 면제품과 담배 업종에 대한 더 상세한 정보는 다음을 참고하라. Goldin and Katz (2001a), 부록 표 1.

36. 1890년 데이터 출처는 다음이다. US Census Office (1895b). 이후의 '제조업'과 비교 가능하도록 1890년 전체에서 수작업 기능 직종(목수, 배관공, 미장공, 대장장이)은 제외했다. 1940년 데이터 출처는 다음이다. US Bureau of the Census (1942).

37. 이 지표는 분포의 여러 지점에서 임금 로그값의 차분을 의미한다. 우리는 일반적인 방식대로 90퍼센타일의 임금 로그값에서 10퍼센타일의 임금 로그값을 빼서 '90-10' 차분을 계산했다.

38. 전체에서 유일한 예외는 '밀가루와 곡물, 제분소 제품' 업종이었다. 1890년 이후에 급격하게 변화를 겪었기 때문에 충분히 그럴 만하다. 1890년에는 미국에 약 1만 8500개의 제분소가 있었지만, 점차 분쇄기의 확산과 단단한 봄밀을 갈 수 있는 기법의 개발로 막대한 규모의 경제가 달성되었다(James 1983). 더 이른 시기에는 제분소가 소수의 고임금 노동자를 고용했지만 산업의 집중화 이후에는 저숙련 노동자 비중이 증가했다. 주의할 점은, 이 업계의 남성 노동자 중 16%가 화이트칼라 노동자였고 이 중 많은 수가 소유주 겸 운영자였으리라는 점이다(Goldin and Katz 2001a, 부록 표 1 참고). 비생산직 노동자도 포함할 경우 1890년의 '90-10' 임금 차분은 2.94이며 1940년경에 2.69로 줄어든다.

39. 표 2.1은 제조업 소분류 업종 **내에서의** 남성 생산직 노동자 임금의 산포 변화를 다루고 있는데, 제조업 생산직 노동자 전체에 대한 산포를 분석하려면 소분류 업종들의 평균 임금들 사이의 산포 변화도 알아야 한다. 입수할 수 있는 실증근거들을 토대로 할 때, 이 기간 중에 제조업의 업종 간 임금 산포가 벌어지지는 않은 것으로 보인다. 예를 들어 컬른(Cullen 1956)은 84개 제조업 업종의 업종 간 임금 산포(5분위 업종 간 산포로 측정)가 1899년부터 1930년대 중반까지 좁혀졌다가 1930년대 말에 벌어졌고 1940년대에 다시 좁혀졌음을 보여주었다. 그의 추산은 전반적인 업종 간 임금 산포가 1899~1904년 시기와 1937~1939년 시기에 꽤 비슷함을 암시한다. 업종 간 임금 산포의 변화를 고려해도, 1890~1940년에 제조업 생산직에서 임금 분포의 상당한 압축이 있었고 1940년대에 한층 더 압축이 있었다는 우리의 결론이 영향을 받지는 않을 것 같다.

40. 가중치는 1940년 업종별 생산직 노동자 비중이다. 9개 업종 중 2개(목재, 담배: 컬런)는 1940년대에 압축이 없었고 하나(제분)는 아마도 1890년과 1940년 사이에 압축이 없었을 것이다. 나머지 6개는 두 기간 모두에 90-10 차분으로 본 임금 압축이 있었다. 이 6개 업종의 임금(로그값) 차분 가중평균은 1890년부터 1940년 사이에는 24.7로그포인트, 1940년경부터 1950년대 초 사이에는 14.0로그포인트였다. 여기에 사용된 9개 업종 데이터는 다음을 참고하라. Goldin and Margo (1991).

41. 이에 대해서는 다음을 참고하라. Jerome (1934).

42. 다음도 참고하라. Douglas (1930). 이 저술은 '일반 화이트칼라 노동자'의 임금에 대해 가장 이른 시기의 데이터 계열을 제시하고 있다. '일반 화이트칼라 노동자'에는 대부분의 일반 사무직(사무원, 타이피스트, 속기사, 비서, 부기계원 등)과 하급 관리자가 포함되며, 판매직 노동자는 포함되지 않는다.

43. 다음을 참고하라. Goldin and Katz (1995), 표 1. 여기에서 일반 사무직 노동자는 세 집단을 의미한다. 1) 부기계원, 출납계원, 회계원, 2) 사무원clerk(가게 점원은 제외), 3) 속기사, 타이피스트, 비서.

44. 퍼센트 변화율은 로그포인트값을 통해 계산한 것이다. 두 데이터 계열은 겹치는 연도인 1939년 데이터를 통해 연결했다(두 계열의 차이는 비례상수를 곱해 조정할 수 있다고 가정했다). 여성에 대한 추산치는 1890~1914년의 평균임금(로그값) 비, 남성은 1895~1914년의 평균임금(로그값) 비를 사용했다.

45. 여러 개신교 종파의 목사와 공립 학교 교사에 대한 데이터도 존재한다. 생산직 노동자 대비 목사의 임금 차분도 1940년 이전 시기에 감소한다. 하지만 이 감소를 설명하는 요인은 다른 화이트칼라 집단들과는 다를 것이다. 종교 교육에 대한 수요가 줄었기 때문이다. 교사들의 상대적 임금은 고등학교 운동 시기 교사 수요 증가 등 여러 요인에 의해 영향을 받았다.

46. 부스-스티글러의 데이터는 토지 공여 대학land-grant institution들을 대상으로 한 것이며 9~10개월의 봉급을 의미한다. 표 2.3의 주석도 참고하라.

47. 그림 2.8을 보면, 제조업 노동자 임금 대비 교수 임금이 대공황기에 상당히 상승했지만 그다음에 이전 수준으로 돌아갔음을 알 수 있다. 여타의 비숙련 노동자 임금 대비 숙련 노동자 임금 데이터도 비슷한 특징을 보인다.

48. 조교수 대비 정교수 소득은 1910~1960년 동안 사실상 일정했다. 우리는 교수의 소득을 모든 제조업 임금 노동자의 소득으로 나누었다. 사무직 노동자 임금과 비교할 때 사용했던 생산직 노동자 임금 데이터는 모든 해에 다 존재하지는 않는다. 제조업 노동자 데이터에는 제조업 분야의 사무직 노동자도 포함된다는 점에 주의하라.

49. 엔지니어 봉급의 상대적 감소는 '모든 엔지니어'(표 2.3, 5열)에 비해 '신입 엔지니어'에서는 덜 두드러진다(표 2.3, 1열과 2열).

50. 주간상업위원회가 조사한 철도 노동자 사이에서 숙련과 비숙련 노동자의 임금 데이터와 전국산업컨퍼런스보드가 조사한 제조업 숙련 및 중숙련 노동자

와 비숙련 노동자의 시간당 임금 비와 관련한 데이터에 대해서는 다음도 참고하라. Goldin and Margo (1992, 표 7).

51. 1970년대의 감소는 대학 졸업의 수익이 임금 구조의 변화와 반드시 같은 추이를 보이지는 않는다는 점을 보여주는 중요한 사례다.

52. 골딘(Goldin 1999)은 이 방법으로 교육의 금전적 수익을 추산했다.

53. 주 정부의 센서스는 1930년대에 거의 사라지고 대공황 이후 경제 회복기에도 다시 나타나지 않는다. 연방 센서스가 확대되었고 통계 자료를 수집하는 여타 연방 기관도 많아졌기 때문이다.

54. 1915년에 아이오와주에는 인구 1200명 이하의 타운이 1000개 이상 있었다.

55. 이 데이터는 1914년 것이며, 17세 인구의 당해 연도 졸업률과 14~17세 인구의 당해 연도 등록률을 나타낸다. 1914년에 아이오와주는 졸업률 순위가 10위였지만, 졸업률은 아직 19%에 불과했다. 등록률은 31.5%였다.

56. 다음을 참고하라. Goldin and Katz (1999b), 표 4.

57. '교육의 수익'은 내부수익률을 의미하는 것이 아니라 소득(로그값) 회귀분석에서 교육 연수의 상관계수를 의미한다. 민서(Mincer 1974)의 이론 틀이 상정하는 일반적인 가정들(개인에게 교육의 직접적인 비용은 없고, 모든 사람은 학력과 상관없이 노동시장에 같은 햇수만큼 참가한다 등)이 적용된다. '능력편의' 문제를 포함해 교육 투자 수익의 인과적 해석과 관련된 이슈들은 다음을 참고하라. Card (1999).

58. 아이오와주의 카운티들에 대한 자료는 다음에서 가져왔다. Goldin and Katz (1999b).

59. 우리는 1940년 센서스의 직종 코드를 사용했다.

60. 센서스 연도는 1940년, 1950년, 1960년이지만 소득은 그 전년도의 소득이다. 편의상 종종 센서스 연도로 표기했다. 1915년 아이오와주 센서스도 마찬가지다.

61. 1915년 데이터도 비농업 남성 노동자로만 한정했다. 1950년 센서스는 아이오와주로 한정하면 표본 크기가 상당히 작다.

62. 놀랍지 않게도, 1915~1960년 사이에도 교육의 수익이 감소했다(표 2.6, 1행과 3행).

63. 1915년 아이오와주 데이터에서 자영업자의 가장 중요한 소득원은 농업 소득

이었다. 우리는 아이오와주 센서스의 농업 소득 데이터를 농업 센서스의 총 농업 소득 데이터와 비교해 1915년 아이오와주 데이터가 대체로 순소득을 측정한 것이라고 판단했다.

64. 1897년에 아이오와주에 24개의 대학이 있었고 2개는 주립이었다. 나머지는 종교 기반의 작은 자유교양대학이었다. 데이터 원천은 다음을 참고하라. Goldin and Katz (1999a).

65. 미국 대학의 변천에 대해서는 7장과 다음을 참고하라. Goldin and Katz (1999a). 많은 오래된 대학들이 교수진 규모가 작았지만 나중에 더 현대적인 대학으로 발달했고 규모도 커졌다.

66. 이 실증근거는 다음에서 가져왔다. Bishop (1989).

67. 다음을 참고하라. Taubman and Wales (1972).

68. 이 두 추정치는 고등학교 계산에서는 약간 다르지만 대학 계산에서는 전혀 다르지 않다.

69. 이 추정치들은 1915년 아이오와주 센서스 표본과 1940년 연방 센서스 IPUMS 표본을 사용해 구했다.

70. "자본에 대한 현재의 공격은 시작일 뿐이다. 이것은 더 크고 더 대대적인 공격의 발판일 것이다. 우리의 정치적 대치에서 가난한 이들이 부자를 상대로 강도와 고통이 점점 더 높아질 전쟁을 벌이게 될 때까지 말이다"(Pollock v. Farmers Loan and Trust Company 158 US 601, 1895).

3장 숙련편향적 기술변화

1. 미국의 잔여(집단 내) 임금 불평등 추이 중 최근의 패턴은 다음을 참고하라. Autor, Katz, and Kearney (2005b); Lemieux (2006b).

2. 숙련편향적 기술변화란 숙련 수준이 더 높은 노동자(가령 대졸 노동자)와 더 낮은 노동자(가령 비대졸 노동자)의 상대적 임금이 고정되어 있을 때 신기술 도입, 생산 방식 변화, 노동 조직 방식 변화 등이 상대적으로 전자에 대한 수요를 늘리는 경우를 말한다.

3. 범용 테크놀로지와 그것이 경제성장에 미치는 영향은 다음을 참고하라. Bresnahan and Trajtenberg (1995).

4. 임금 구조의 변화가 기술 발달과 교육 접근성 확대 사이의 경주에 달려 있음

을 보여준 혁신적인 연구는 다음을 참고하라. Tinbergen (1974, 1975); Freeman (1975).

5. 1980년대와 1990년대 미국 임금 구조의 변화를 국제무역 요인으로 설명하는 것에 대한 종합적인 평가는 다음을 참고하라. Cline (1997).

6. 대졸 임금 프리미엄(인구통계학적 요소 보정)을 %로 표시하려면 표 3.1의 마지막 열인 log(대졸/고졸) 임금 차분을 지수화한 뒤 1을 빼고 100을 곱하면 된다. 연방 센서스와 CPS는 시간당 임금을 측정하는 방식이 달라 각각으로 계산한 대졸 임금 프리미엄 로그값을 완전히 비교할 수는 없다. 따라서 우리는 CPS로 계산한 2000년과 2005년 값의 차이를 2000년 연방 센서스 값에 더해서 1950년 연방 센서스 값과 비교 가능한 2005년 값을 구했다.

7. 이 모델에 대한 상세한 설명은 다음을 참고하라. Bound and Johnson (1992); Katz and Autor (1999); Katz and Murphy (1992).

8. 노동시장의 결과가 경쟁시장 조건에서 나타났어야 할 결과와 달라지게 만드는 규범과 제도의 변화도 영향을 미쳤을 수 있다. 하지만 이 모델의 기본적인 논리는 여전히 성립하며 (기업이 자신의 노동 수요 곡선에서 이탈하지 않았다는 전제에서) 수요 함수가 바깥 쪽으로 이동했어야 한다는 함의도 여전히 성립한다. 그렇더라도, 노조 등 제도적 요인이 수요 곡선을 벗어나는 수준의 고용을 일으켰을 수도 있고, 저학력 노동자에게 불리한 수요의 이동 없이도 노조의 약화로 인해 이들의 임금과 고용이 상대적으로 줄었을 수도 있다.

9. 오터 등(Autor, Katz, and Krueger 1998)은 미국의 소분류(3-digit)업종 데이터를 사용해서 1960~1996년에 교육을 더 많이 받은 노동자들의 고용과 임금몫이 증가한 것이 주로 업종 내에서의 변화에 의한 것이었음을 보여주었다. 던 등(Dunne, Haltiwanger, and Troske 1996)도 1970년 이후 미국 제조업에서 비생산직 노동자 비중의 증가가 주로 공장 내에서의 변화에 의한 것이었음을 보여주었다. 호르하스 등(Jorjas, Freeman, and Katz 1997)은 1980~1995년에 국제무역으로 인한 미국의 업종 간 노동 수요 변화가 숙련 노동자에 대한 상대적 수요를 증가시킨 효과는 미미함을 보여주었다.

10. 돔스 등(Doms, Dunne, and Troske 1997)은 공장 단위 분석을 통해 1980년대와 1990년대에 제조업에서 새로운 테크놀로지 도입이 [숙련 노동 수요에] 미친 영향을 상세히 추적했다.

11. 오터 등(Autor, Katz, and Krueger 1998)은 미국에서 숙련 노동력 활용의 상대적인 증가가 컴퓨터 투자, 자본집약도 증가, R&D 투자, 노동자의 컴퓨터 사용 증가와 강한 양의 상관관계가 있음을 보여주었다. 앨런(Allen 2001)은 과학자와 엔지니어의 고용이 교육을 더 많이 받은 노동자의 고용과 양의 상관관계가 있음을 보여주었다. 매친과 반 리넌(Machin and Van Reenen 1998)은 7개 OECD 국가의 산업 패널 조사를 통해 R&D 집약도가 비생산직 노동자 고용과 교육 수준이 상대적으로 더 높은 노동자의 고용 둘 다와 양의 상관관계가 있음을 보여주었다.

12. 은행 업종은 다음을 참고하라. Autor, Levy, and Murnane (2002); Levy and Murnane (1996). 자동차 수리 업종과 밸브 업종은 각각 다음을 참고하라. Levy, Beamish, Murnane, and Autor (1999); Bartel, Ichniowski, and Shaw (2007).

13. 브레스나한 등(Bresnahan, Brynjolfsson, and Hitt 2002)은 인사 담당 고위 임원들을 대상으로 조직의 채용 관행과 노동력의 특성에 대해 실시한 설문조사와 1990년대 중반 미국 기업들의 정보 기술 투자에 대한 상세 데이터를 결합해 이를 알아보았다.

14. 기업에서 인지적기술 및 대인기술을 더 많이 가진 노동자와 컴퓨터의 도입 사이에 이와 같은 상호보완성이 존재한다는 것을 보여준 연구로는 다음을 참고하라. Bresnahan (1999); Autor, Levy, and Murnane (2003).

15. CPS의 '컴퓨터 및 인터넷 사용 보충자료' 중 직무에서의 컴퓨터 사용을 묻는 항목들을 통해 미국 노동자의 컴퓨터 사용 증가를 살펴본 연구로는 다음을 참고하라. Friedberg (2003); Valletta (2006).

16. 예를 들어 다음을 참고하라. Berman, Bound, and Griliches (1994); Autor, Katz, and Krueger (1998).

17. 다음 연구들에서의 접근 방법을 따라 고등학교 교육을 받은 노동자 대비 대학 교육을 받은 노동자의 임금 차분을 '대졸 등가'와 '고졸 등가' 노동력의 상대적 수요와 상대적 공급으로 알아보았다. Katz and Murphy (1992); Autor, Katz, and Krueger (1998). '대졸 등가'는 대졸자 전체에 대학 교육을 일부만 받은 사람의 절반을 더한 것이고 '고졸 등가'는 12년 이하의 교육을 받은 사람 전체에 대학 교육을 일부만 받은 사람의 절반을 더한 것이다. 대졸 노동자

에 대한 수요 변화를 계산하려면 생산에서 대졸 노동자와 비대졸 노동자 사이의 대체가능성(대졸 노동자가 더 많이 종사하는 업종의 제품과 더 적게 종사하는 업종의 제품 사이에서 소비자가 이동하는 형태의 대체가능성도 포함해서)을 추정해야 한다. 이는 '총대체탄력성'이라는 핵심적인 매개변수로 요약될 수 있다. 우리는 대졸 등가 노동자에 대한 수요 변화를 계산할 때 대졸 등가 노동자와 고졸 등가 노동자 사이의 총대체탄력성이 1.64라고 가정했다. 이에 대한 이론과 계산 모델은 8장에서 더 상세히 다루었다. 우리는 1915~2005년으로 기간을 확장했고 우리가 택한 숫자인 1.64 이외에 다른 숫자로 총대체탄력성을 잡으면 결과가 어떻게 달라지는지도 검토했다.

18. 오터 등(Autor, Katz, and Kearney 2006; 2007)은 1990년 이후 대졸 노동자에 대한 상대적 수요의 증가가 둔화된 것이 대졸 노동력 안에서 숙련 수준별로 수요의 상대적 비중이 달라졌기 때문이라고 설명했다. 대학원 학력자 및 고소득 대졸자에 대한 수요는 계속해서 강했고, 가장 저학력인 노동자를 고용하는 대인 서비스직에서도 수요가 빠르게 증가했다. 반면, 많은 4년제 대학 졸업자와 대학 중퇴자가 해당하는 "중숙련" 노동자에 대한 수요 증가는 둔화되었다.

19. 1963~2005년 사이의 연간 데이터를 사용해 대졸 임금 프리미엄에 대한 수요-공급 모델을 직접 추산해도 같은 결론이 나온다. 이 40년간 대졸 임금 프리미엄의 변화는, 수요는 전체 기간 동안 계속해서 빠른 속도로 증가한 가운데 1982년 이후에 공급 증가 속도의 둔화가 결합된 것이라고 보면 거의 대부분 설명이 가능하다(Autor, Katz, and Kearney 2007). 하지만 연간 데이터를 사용한 분석은 1980년대에는 대졸 노동자에 대한 상대적 수요가 가속적으로 증가했지만 1990년대 이후에는 증가 속도가 떨어졌음을 보여준다. 우리는 8장에서 더 앞 시기까지 포함해 이 데이터 계열의 기간을 1915~2005년으로 확장했다. 또한 다양한 연령 집단 및 경력 집단을 변수에 추가한 모델들은 1980년 이후 젊은 층 노동자들 사이에서 대졸 임금 프리미엄이 더 크게 증가한 것이 전체적으로도, 또 코호트들 사이에서도, 숙련의 상대적 공급 증가 둔화를 통해 설명될 수 있음을 보여주었다(Card and Lemieux 2001).

20. 예를 들어 다음을 참고하라. Nelson and Wright (1992). 이들은 "[미국 제조업 부문] 노동력이 세계적인 기준에서 특별히 교육을 더 잘 받았다고 볼 이유

는 없다"고 언급했다(p. 1947). 하지만 이들은 제조업 부문의 노동력이 동일한 인구통계학적 특성의 평균적인 노동자보다는 교육 수준이 낮지만 산업 노동자 기준으로는 상당수가 교육 수준이 높은 편임을 고려하지 않고 있다. 그들이 이를 고려하지 않은 주된 이유는 그들이 사용한 자료가 매디슨의 1987년 저술(Maddison 1987)에 나오는 각국의 중등 교육 데이터이기 때문이다. 1장의 주석에서 언급했듯이, 이 데이터는 부정확하고 영국 및 유럽 국가들의 교육 수준을 크게 과대계상하고 있다.

21. 1900년, 1920년, 1940년 센서스 IPUMS 데이터에서 14세 이상 남성 중 1900년과 1920년에 소득이 발생하는 직종에 종사하고 있다고 답한 사람을 대상으로 했다. 1940년은 노동 가능 인구에 속하는 사람을 대상으로 했다. 여기에서 블루칼라 노동자에는 수작업 기능 직공, 기계 작동 직공, 단순노무자(농업 노동자는 제외)가 포함된다.

22. 우리가 발견한 결과는 18~34세 블루칼라 남성 노동자로 한정하지 않고 대상을 모든 노동자, 또는 모든 남성 노동자, 또는 모든 블루칼라 노동자 등으로 잡아 분석해도 비슷하게 나온다. 우리가 연령을 한정한 이유는 1940년 센서스에서 나이가 많은 연령대 사람들이 기재한 학력이 부풀려진 것으로 보이기 때문이다(Goldin 1998 참고).

23. 이 표본은 현재 고용 상태인 사람으로 대상을 한정했다. 1940년에 경제활동 참가자 중 10% 이상이 실업 상태였고 또 다른 4%가 노동구호work relief[뉴딜 시기의 노동구호]를 받고 있었다.

24. 1940년 센서스가 더 세분화된 업종 카테고리(가령 '증류주'나 '제약' 등)로 질문했더라면 회분공정과 연속공정에 더 많은 업종이 포함되었을 것이다. 해당 업종의 총 노동력 중 엔지니어, 화학자, 그 밖의 과학자 비중이 크면 '하이-테크놀로지' 업종으로 분류했다. 지금도 이와 비슷한 정의가 사용된다.

25. 2000년에 미국의 25~34세 남성 경제활동참가자 중 28%가 최종 학력이 16년 이상이었다. 노동력과 관련된 모든 추정에는 1940년과 2000년의 센서스 IPUMS 데이터를 사용했다. 경제활동참가자에는 실업자도 포함되며 1940년에는 '노동구호'를 받고 있는 사람도 포함된다. 고용 상태인 사람으로만 한정해서 분석해도 강건성이 유지된다.

26. 1940년 센서스 IPUMS 데이터는 제조업 부문에 61개의 업종을 적시하고 있

다. 대부분은 현재의 표준산업분류에서 소분류(3-digit) 체계와 일치하고 일부는 세분류(4-digit) 체계와 일치한다.

27. 고졸자 비중 대신 교육 연수로 계산해도 결론은 크게 달라지지 않는다.

28. 제조업 업종들 사이에서 젊은 남성 블루칼라 노동자 중 고졸자 비중의 표준편차는 0.086이었고, 보정한 업종 상관계수들을 구했을 때는 표준편차가 0.080이었다. 업종 더미를 제외하고 업종 잔차 평균을 사용한, 더 극단적으로 보정한 분석에서는 표준편차가 0.071이었다.

29. 다음을 참고하라. Burdge (1921), 표 24-L, p. 339.

30. 조사 대상 집단에는 인구 2만 5,000명 이상인 도시에 거주하는 16~18세 남성 중 고용 상태인 사람이 포함되었다. 금속 분야 종사자가 아닌 사람들은 목재, 의류, 식품, 직물, 가죽 등 다양한 분야에 종사하고 있었고 교통업과 건설업 종사자도 있었다. 물론 고등학교 교육을 일부라도 받은 남성 청소년 대다수는 사무직종에 종사하고 있었다.

31. 1909~1929년 제조업 센서스의 세분류(4-digit) 업종별 고용 데이터는 1940년 센서스에서 다섯 업종(음료, 낙농, 곡물, 도료, 석유정제)에 종사하는 노동자 대다수가 챈들러(Chandler 1977)가 연속공정 또는 회분공정이라고 묘사한 공정을 도입한 업종에 종사하고 있었음을 시사한다. 우리의 이론 체계와 부합하게, 1940년에 이 업종들은 교육 수준이 높은 블루칼라 노동자를 상대적으로 많이 고용하고 있었다. 연속공정이나 회분공정을 사용하는 업종에 종사하는 젊은 블루칼라 노동자 중 36.0%가 학력이 12년 이상이었는데 나머지 제조업에서는 이 숫자가 27.1%였다. 한편, 교육 수준이 높은 노동자 비중이 큰 업종 중에는 수작업 기능직의 면모가 많은 생산 방식이 여전히 사용되던 업종(가령 보석업)도 있었다.

32. 1940년 인구 센서스의 업종 카테고리는 이전 시기의 제조업 센서스에서 사용된 것보다 범위가 크다. 업종 간 교육 수준의 차이를 알아보기 위한 분석에서 우리는 이른 시기 데이터의 업종을 1940년 인구 센서스의 범주에 따라 재분류했다(Goldin and Katz 1998, 데이터 부록 참고).

33. 학력 데이터는 연령 구성, 도시화 정도, 고용의 지리적 분포 등의 차이를 반영해 보정했다. 1940년 18~34세 남성 블루칼라 노동자에 대해 (연령 구성과 지리적 분포를 보정하지 않고) 업종별 실제 고졸자 비중을 종속변수로 넣어도

회귀분석 결과는 상당히 비슷하게 나온다.

34. 이 두 업종을 선정한 이유는 올레오마가린은 연속공정 기법을 사용하고 있었던 반면 목재는 주로 '공장식' 생산 방식[어셈블리 라인 방식]을 사용하고 있었기 때문이다. 1909년에 목재 업종의 임금 노동자 1인당 자본은 1,693달러였지만 올레오마가린은 5,871달러였다.

35. 다음을 참고하라. Du Boff (1979).

36. 여러 이유에서, 사용하는 동력 중 직접 발전한 전력의 비중에 대한 추정치는 부정확하다. 직접 발전한 전력은 다음에 묘사된 방법론으로 추정했다. Du Boff (1979), 부록 A. 또 다른 방법론은 다음을 참고하라. Jerome (1934). 문제는, 직접 발전한 전력으로 구동되는 전동기는 표시 등급보다 낮은 출력에서 사용되는 경우가 많았다는 점이다. 출력의 강도가 원동기의 동력 수준에 의해 제약되기 때문이다. 반면, 구매한 전기를 사용하는 전동기는 자신의 등급대로, 혹은 그 이상의 출력으로도 작동할 수 있었다.

37. 다음을 참고하라. Jerome (1934); Nelson (1987); Nye (1990). 제롬(Jerome 1934, p. 63)은 철과 강철 업종에서 "1910년에서 1931년 사이에 잡역부 비중이 거의 절반으로 줄었다"며 "최근의 [기술] 진보가 다른 노동자들보다 저숙련 노동자를 훨씬 많이 대체했다는 데는 의심의 여지가 없다"고 밝혔다. 여기에 언급된 모든 업종에서 컨베이어, 주행 크레인, 미니 수송차, 산업용 트럭, 또 그 밖의 작업용 장비의 도입으로 저숙련 노동자에 대한 상대적 수요가 줄었고 이 변화는 이르게는 1916년에도 나타났다. 1910년과 1940년 센서스 IPUMS 데이터에서 우리는 제조업 노동자 전체 중 단순노무자 비중이 1910년 23.6%에서 1940년 14.3%로 줄어든 것을 확인했다.

38. 전기가 숙련 노동자 수요에 미친 영향은 혼합적이다. 나이(Nye 1990, pp. 234~235)는 전기가 숙련 노동자에 대한 상대적 수요를 늘렸다고 결론내렸지만, 반대의 효과도 언급했다. "전기화된 공장이 발달하면서 기업이 필요로 하는 노동력과 경영진의 구성이 달라졌다. … 더 많은 중간관리자, 더 많은 엔지니어와 기술자, 더 적은 수작업 기능직 노동자가 필요해졌고, 노동자의 숙련기술이 더 복잡하게 세분화되면서 더 많은 준숙련 노동자와 … 훨씬 더 적은 미숙련 노동자가 필요해졌다. … 석탄 광산의 노새 모는 소년, 타이어 공장의 짐 나르는 인부, 철강 공장에서 물질을 삽으로 푸는 인부 등은 전기로 돌

아가는 수송차, 컨베이어, 크레인으로 대체되었다. 비싼 기계를 다루는 소수의 숙련 노동자가 예전에 다수의 저숙련 노동자가 하던 일을 하게 되었기 때문이다." 또한 구매한 전기의 사용이 증가하면서 원동기의 필요성이 줄어서 원동기를 운전하던 숙련 노동자에 대한 수요가 줄었다. 기계식 구동에서 전기 구동으로의 전환 및 집합 구동 전동기에서 개별 구동 전동기로의 전환은 다음을 참고하라. Du Boff (1979); Devine (1983).

39. 표 3.4에서 각 업종의 성장률을 회귀방정식에 포함하면 이 요인을 일부 설명할 수 있다. 여기에서 말하는 "새로운 자본재"는 천정축과 도르래를 이용하던 동력 공급 시스템이 전기로 돌아가는 개별 구동 전동기 시스템으로 바뀐 것을 의미한다. 이 전환은 직접 발전한 전기로도, 구매한 전기로도 모두 가능했다. 전동기의 평균 출력 데이터로 판단해볼 때, 구매한 전기를 사용하는 기업에서 개별 구동 전동기(더 작은 전동기)로의 전환이 더 완전하게 이루어졌고, 직접 발전한 전기를 사용하는 기업들은 집합 구동 전동기를 더 많이 사용한 것으로 보인다.

40. 예를 들어 전기기계, 유리, 의약품 제조, 페인트와 도료, 출판 등의 업종에 대한 [노동부의] 묘사를 다음에서 볼 수 있다. US Department of Labor (1918~1921년 사이의 여러 연도).

41. Electrical Merchandising (1922).

42. 전국적으로 대표성 있는 표본 중 소득과 학력 정보를 가지고 있는 가장 이른 데이터는 1940년 센서스다. 여기에는 1939년의 소득 정보가 담겨 있다. 블루칼라 표본에서 교육 연수의 상관계수가 0.083이었다(표준오차=0.0013). 회귀방정식의 종속변수는 전일제 등가 노동자의 주급 로그값이며 독립변수에는 잠재 경력 및 잠재 경력의 제곱을 포함했다. 제조업 부문의 18~34세 백인 남성 '일반 화이트칼라'(판매 및 사무직종) 노동자에 대해 비슷한 회귀분석을 해보면 상관계수가 0.091이 나온다(표준오차=0.0028). 블루칼라 표본과 일반 화이트칼라 표본의 관찰값은 각각 2만 7,942명과 4,892명이다. 미국의 주 전체 더미를 포함하면 블루칼라 표본의 교육 투자의 수익 추정치는 7%가 나온다.

43. 상관계수 0.065의 표준오차는 0.0012였다.

44. 1915년 아이오와주 센서스에서 18~34세 백인 남성 비농업 부문 블루칼라

노동자는 3,134명이다. 이들의 평균 학력은 8.05년이고 19.5%가 고등학교나 대학 교육을 일부라도 받았다. 1915년 아이오와주의 교육 투자 수익 추정치는 2장의 표 2.5에서처럼 서비스 직종도 포함해 블루칼라 노동자의 범위를 더 크게 잡아도 비슷하다.

45. 1909~1929년 기간에 걸친 업종 내 변동도 업종 간 회귀분석 결과인 표 3.6의 결론과 비슷하다. (표 3.6의 회귀분석에 포함된 다른 변수들을 통제했을 때) 1909~1929년 사이 생산직 노동자 평균소득(로그값)의 변화분은 자본집약도 변화분 및 전기 사용의 변화분과 유의한 양의 상관관계를 보인다.

46. 임금 프리미엄들은 1929년의 상관계수를 사용했다. 두 업종의 임금 실제값 격차는 33%였다. 올레오마가린은 1919년에 자본-노동 비율이 8,759달러였고 에너지의 69.4%를 구매한 전기로 사용했다. 목재는 이 숫자들이 각각 3,028달러와 27.5%였다.

47. 또 다른 해석은 동일한 숙련 수준을 가진 노동자라도 더 자본집약적이고 전기화가 많이 된 업종에서 일하게 되었을 경우 그런 업종에서는 노동자의 협상력과 작업의 자율성이 더 컸기 때문에 이 차이가 발생했다고 보는 것이다 (예를 들어 다음을 참고하라. Slichter 1950). 가능할 법한 설명이긴 하지만, 1909~1929년 시기의 임금과 1940년의 교육 사이에 업종별로 매우 큰 상관관계가 있다는 사실은 구성상의 변화로 인한 효과가 중요했음을 말해준다. 또한 표 3.3에 표시된 고학력 업종들과 각 업종에서 1910년 시점의 '기계 관련 노동자'(기계공, 전기공) 비중 사이에도 상관관계가 있다.

48. Chandler (1977).

49. Goldin and Katz (1998), 표 6.

50. 예를 들어 다음을 참고하라. Braverman (1974); Piore and Sabel (1984).

51. 아세모글루(Acemoglu 1998; 2002)는 교육을 많이 받은 노동자의 비중이 늘면 더 숙련집약적인 테크놀로지에 대한 시장이 커지고 R&D 업종들 사이에서 더 숙련편향적인 혁신을 내놓고자 할 경제적 인센티브가 발생하는 '시장 규모 효과'를 강조했다. 갤러와 모아브(Galor and Moav 2000)는 교육 수준이 높은 노동력에서 R&D 노동자 공급이 증가하는 것에 초점을 맞추었다. 이러한 접근이 암시하는 바는, 20세기에 걸쳐 미국인들의 학력이 크게 높아지고 새로운 조직 형태가 확산되면서 숙련 노동자에 대한 상대적 수요의 증가가

가속되었으리라는 것이다.

52. US Census Office (1895a); US Bureau of the Census (1933).

53. 1958년 이후 미국 제조업 업종의 영업 중인 기업 데이터는 연간 제조업 서베이Annual Survey of Manufactures와 제조업 센서스 자료들을 사용했다. 1958~1996년 데이터는 다음의 것이다. NBER 제조업 생산성 데이터베이스NBER Manufacturing Productivity Database(Bartelsman and Gray 1996). 1996~2004년 데이터는 다음의 것이다. 미국 센서스국(US Census Bureau 2005b).

54. 숙련 노동자(S)와 비숙련 노동자(U)의 임금몫 비가 달라지지 않는 이유는 노동의 상대 수요 곡선에서 'σ=1'이라는 가정이 ω_s · Ls/ω_u · L_u가 상수임을 의미하기 때문이다(ω는 임금, L은 노동이다).

55. 비생산직 노동자의 상대적 소득이 1890~1929년에 감소했고 1960~1999년에 증가했으므로, 대체탄력성이 1보다 작았다면 비생산직 노동자에 대한 상대적 수요의 증가율은 앞 시기가 뒷 시기보다 오히려 더 높았을 것이다. 물론 대체탄력성이 1보다 충분히 컸다면 양수와 음수의 부호는 달라질 수 있다. 숙련 노동과 비숙련 노동 사이의 대체탄력성은 전체 경제에서보다 개별 부문(제조업)에서 더 낮을 가능성이 크다. 경제 전체적으로 (총)대체탄력성은 소비자가 서로 다른 부문의 제품들 사이에서 대체하는 것(제조품 대 서비스 등)도 포함하기 때문이다. 따라서 우리가 전체의 대체탄력성으로 잡고자 하는 추정치는 1.5~2의 범위다. 개별 부문인 제조업 부문의 대체탄력성이 1인 것은 충분히 있을 수 있는 일이라는 뜻이다. 노동의 상대 수요 변화를 추정하는 데 고숙련과 저숙련 사이의 대체탄력성이 미치는 영향, 그리고 총계와 부문의 차이 등에 대한 이슈는 다음을 참고하라. Katz and Autor (1999).

56. 다음을 참고하라. Goldin and Katz (1995); Autor, Katz, and Krueger (1998). 예를 들어 1910~1940년에 제조업에서 교육 수준이 가장 높은 상위 5개 중분류(2-digit)업종의 고용 비중은 10%에서 16%로 늘었다. 이 5개 업종은 석유, 화학, 전기 기기, 인쇄출판, 과학 도구다. Goldin and Katz (1995), 표 A4.

57. Goldin and Katz (1998), 표 7.

58. 이 문제는 8장에서 더 자세히 다루었다.

59. 다음을 참고하라. Goldin and Katz (1998).

60. 여기에서 '장인'은 분업 없이 제품 생산의 전체 과정을 다 수행하는 노동자를

말한다.

61. 제임스와 스키너(James and Skinner 1985)는 1850년에 업종을 고숙련 업종(목공 등)과 저숙련 업종(의류 등)의 두 범주로 나누었다. 이들은 두 범주 모두에서 원자재가 물리적 자본의 상대적 보완재였다고 보았지만 그 효과는 고숙련 업종에서 더 컸다고 보았다. 자본-숙련 간 보완성 가설에서 더 중요한 점은, 자본이 저숙련 노동보다 고숙련 노동에 대해 더 좋은 대체재가 되었다는 것이다. 따라서 자본의 증가, 혹은 원자재의 증가는 고숙련 노동에 대한 수요를 줄이게 되었을 것이다. 케인과 패터슨(Cain and Paterson 1986)은 숙련 수준의 차이는 고려하지 않았지만 제임스와 스키너가 제시한 것과 비슷하게 자본과 원자재는 서로 보완재이며 둘 다 노동을 대체한다는 결론을 내렸다. 한편 윌리엄슨과 린더트(Williamson and Lindert 1980)는 자본-숙련 간 보완성을 가정한 모델에서 19세기에 자본의 고도화가 불평등을 증가시켰음을 보여주었다.

62. 초기 제조업에 대해서는 다음을 참고하라. Hounshell (1984). 소콜로프(Sokoloff 1986)에 따르면 신발 제조업 등에서 벌어진 초기의 몇몇 탈숙련에는 자본이 거의 관련되지 않았고 자동화도 없었다. 여기에서는 그런 것보다는 스미스가 묘사한 핀 공장식의 탈숙련이 벌어졌다. 랜즈(Landes 1972)는 반대의 견해를 제시했다. 브레이버만(Braverman 1974) 등 또 다른 연구자들은 산업화와 자동화가 여러 장인 직종에서 탈숙련을 가져왔고 장인 노동자들의 상대적 소득을 줄였다고 주장했다.

63. 19세기 장인의 공방에서 공장으로의 변화는 다음을 참고하라. Atack (1987); Sokoloff (1984). 두 저술 모두 몇몇 산업에서는 이 전환이 느렸으며 제조 기법의 변화(종종 노동의 조직과 관련해서)뿐 아니라 교통 비용 감소도 여기에 영향을 미쳤다는 중요한 점을 지적했다. 어떤 업종(신발, 의류, 가구, 가죽, 육가공, 담배)은 늦게는 1870년까지도 공방(종업원 7인 미만에 동력원이 없는 곳)에서 꽤 많은 비중이 생산되었고(반 이상까지는 아니어도 상당 비중은 되었다), 또 어떤 업종(마구 제조 등)은 1870년에 부가가치의 대부분이 공방에서 생산되었다.

64. 여기에서 회분batch공정은 액체 상품(주류 등), 준액체 상품(올레오마가린 등), 제련 금속(강철이나 알루미늄 등)의 생산에서 쓰이는 일괄공정 기법을

의미하는 표현임에 주의하라. 더 나중에 통용되는 의미인, 어셈블리 라인에서 물건(의복 등)들을 묶음 단위로 생산하는 것을 뜻하는 배치batch와는 다른 의미다.

65. 브레이버만(Braverman 1974, p. 146)은 일라이 치노이Eli Chinoy의 말을 인용해 자동차 생산에 대해 이렇게 설명했다. "예를 들어 원래는 최종 조립이 매우 고숙련 노동이었다. 한자리에서 모든 일을 할 수 있는 기계공이 자동차를 처음부터 끝까지 조립했다." 다음도 참고하라. Hounshell (1984).

66. 전체 이론 체계는 다음에 나온다. Goldin and Katz (1998). 이 모델의 몇몇 실증적 함의는 다음을 참고하라. Atack, Bateman, and Margo (2004, 2005).

67. 제롬(Jerome 1934)은 많은 산업에서 이 측면을 보여주었다.

68. 오늘날에는 어느 공장을 들어가보아도, 자동차를 조립하거나 부품을 만들거나 고강도 강철을 만들거나 의류를 제외한 무엇을 주조하든 간에, 생산직 노동자는 별로 없고 자본재-유지관리 노동자를 많이 볼 수 있을 것이다. 한번은 우리가 어느 자동차 조립 공장을 방문했을 때, 한 엔지니어가 자랑스럽게 우리가 본 어떤 인간 용접공도 곧 로봇으로 대체될 것이라고 말했다.

4장 미덕의 기원

1. 단, 학교 교육 접근성과 교육 자원 접근성에서의 막대한 인종적 격차는 미국의 성립 초기부터 적어도 1970년대까지 미국의 교육이 가진 '평등주의'라는 특징에서 커다란 예외였다.

2. 예를 들어 다음을 참고하라. Easterlin (1981); Lindert (2004). 이 장의 뒤에서 우리는 미국의 이른 시기 센서스에서 학교 등록률 데이터를 살펴보았고, 이들 센서스 데이터와 몇몇 주의 출석률 데이터에 제기될 수 있는 몇 가지 문제도 언급했다.

3. '학교 교육률'은 당해 연도의 등록률, 출석률, 졸업률 등을 의미하고, '교육 수준' 또는 '학력'은 어떤 집단이 달성한 평균 학교 교육 연수(와 질)를 의미한다.

4. 1970년 이래로 미국에서 경제적 지위에 따라 거주지의 지리적 분리가 심화된 현상에 대해서는 다음을 참고하라. Watson (2006).

5. 1932년까지는 미국 교육청이 학교지구 수를 집계하지 않았고 집계 첫해인 1932년에 12만 7,531개의 학교지구가 있었다(*Historical Statistics*, 계열 H412).

1900년에는 더 많았을 것이다. 몇몇 학교지구는 굉장히 규모가 컸지만(1900년에 뉴욕시 학교지구에는 취학 아동이 56만 명이었다), 1900년에 대부분의 아동은 작은 마을이나 농촌 지역에 살았다. 5~14세 아동 중 22%만 인구 2만 5,000명이 넘는 도시에 살았고 인구 1만 명 이상인 도시에 사는 아동은 27%였다. 무려 60%의 아동이 농촌이나 인구 1,000명 이하의 마을에 살았다. US Office of Education, *Annual Report* (1900~1901), p. 1547; US Bureau of the Census (1975), 계열 A57~72; 1900년 미국 센서스는 IPUMS 데이터를 사용했다.

6. 린더트(Lindert 2000, 2004)는 19세기에 교육의 진전을 촉발한 요인으로 탈중심화를 강조했다. 린더트에 따르면 미국, 캐나다, 프로이센은 탈중심적인 시스템을 가지고 있었던 반면, 영국, 스칸디나비아 국가들은 매우 중앙집중화된 시스템을 가지고 있었다. 그에 따르면, 후자의 국가들은 전국 단위에서 지배층이 자신의 이익을 위해 교육에 대한 의사결정을 좌지우지할 수 있었다. 린더트는 프로이센이 탈중심적이었다고 보았지만 링어(Ringer 1979, p. 32)는 프로이센에서 "1870년 이전에 상당히 동질적인 국가 차원의 교육 시스템이 등장했고 특히 중등 교육과 대학 교육이 그랬다"고 언급했다. 1812년에 프로이센이 도입한 [중등 학교] '졸업 시험leaving exam'은 중앙집중화의 한 단면을 보여준다. 19세기 말에 유럽이 미국보다 중앙집중화된 교육 시스템을 가지고 있었다는 데 대해서는 다음도 참고하라. Fishlow (1966b), p. 435. 이 저술에 따르면 1876년에 잉글랜드에서는 지역적으로 충당되는 자금이 초등학교 예산의 75%를 차지했고 이 중 절반이 민간에서 나왔다. 하지만 1900년에는 의회의 의결로 지원되는 자금이 학교 수입의 50%가 넘었고 개인이 내는 학비는 사라졌다. 프랑스에서는 재정뿐 아니라 교과과정에 대한 의사결정도 매우 중앙집중적이었고 19세기에 집중화가 더욱 심화되었다. 1877년에 프랑스 중앙 정부는 공립 초등학교 예산의 25%를 제공했는데 1900년에는 80%를 제공했다. 또한 이 저술은 프로이센에서도 [학교 자금 조달을 위한] 학비세 법제화를 통해 비슷한 패턴이 발생했음을 발견했다.

7. 버지(Burdge 1921)는 1918년에 뉴욕주가 16~18세 남성을 대상으로 한 서베이를 소개하고 있는데, 인구 2만 5,000명 이상인 도시 출신으로 고등학교를 졸업하고 고용 상태인 남성 중 92%가 화이트칼라 일자리를 갖고 싶다고

했고 82%가 현재 그런 일을 하고 있다고 했다. 대조적으로 고등학교를 다니지 않은 사람들은 57%가 화이트칼라 일자리를 원했고 46%가 현재 그런 일을 하고 있다고 했다. 1915년 아이오와주 센서스도 비슷한 결과를 보여준다. 아이오와주의 큰 도시에 사는 18~24세 남성 중 고등학교 졸업자의 82%가 화이트칼라 노동자였고 고등학교를 다니지 않은 사람은 21%만 화이트칼라 노동자였다. 같은 연령대의 여성 중에서 고등학교를 졸업한 사람은 95%, 고등학교를 졸업하지 않은 사람은 41%가 화이트칼라 노동자였다. 부록 B를 참고하라.

8. 수정헌법 1조는 이렇게 선포하고 있다. "의회는 특정 종교를 국교로 세우는 법을 만들 수 없고 자유로운 종교 활동을 제한하는 법을 만들 수 없다." 연방 대법원 사건인 '젤먼 대 시몬스-해리스Zelmman v. Simmons-Harris' 사건(no. 00-1751, 2002년 6월 27일)에서 대법원은 클리블랜드시가 부모가 아이를 종교 기반 학교에 보내는 데 공공 바우처를 사용하도록 허용한 것을 인정했는데, 일반적으로 종교 기반 학교에 바우처를 사용하는 것과 관련해 큰 영향을 미치게 될 것이고, 더 중요하게, 미국의 공립 학교 시스템에도 큰 영향을 미치게 될 것이다.

9. '보통학교common school'의 의미는 뒤에서 설명한다. '무상' 교육은 이용자 입장에서 한계비용이 0이라는 의미다.

10. 매사추세츠주 헌법은 다음가 같이 선포했다. "지혜와 지식은 … 나라의 다양한 부분에 교육의 이득과 기회를 퍼트리는 데 달려 있다. … 우리 주의 모든 미래 시기에 문학과 과학의 흥미를 소중히 여기고 그것을 가르치는 모든 곳, 특히 케임브리지의 대학, 도시의 공립 학교와 그래머스쿨들을 소중히 여기는 것은 의회와 법원의 의무일 것이다"(Constitution of the Commonwealth of Massachusetts, 5장 2절). 주 헌법들과 그것의 변천에 대해서는 메릴랜드 대학의 존 월리스John Wallis와 NBER이 진행한 'NBER/메릴랜드 주 헌법 프로젝트NBER/Maryland State Constitutions Project'를 참고하라. 우리가 이 글을 쓰는 현재는 다음에서 볼 수 있다. http://www.stateconstitutions.umd.edu/index.aspx.

11. 미국 건국 초기에 나온 교육에 대한 논고들을 일별한 연구는 다음을 참고하라. Kaestle (1983). 다음에서는 몇몇 원문을 찾아볼 수 있다. Rudolph (1965), pp. 4, 6.

12. Benjamin Rush, "Plan for the Establishment of Public Schools"(1786). 다음에 수록됨. Rudolph (1965), pp. 4, 6.

13. Benjamin Rush, "Thougts Upon the Mode of Education Proper in a Republic"(1786), 다음에 수록됨. Rudolph (1965), p. 19.

14. Kaestle and Vinovskis (1980), 5장.

15. 지역 당국과 주 정부의 과세에 대해서는 다음을 참고하라. Stewart (1914), pp. 77~92. 이 절에서 우리가 인용한 실증근거도 상당 부분 여기에서 가져왔다.

16. 학교 재정에 대한 의사결정이 얼마나 중앙집중화되어 있는지를 중심으로 상이한 학교 재정 시스템이 교육 자원의 구성과 평등에 미친 영향을 분석한 연구로는 다음을 참고하라. Fernandez and Rogerson (2003).

17. 혹스비(Hoxby 1996, 1999)는 효율성과 평등 사이의 상충적 교환관계, '티부 가설Tiebout hypothesis' [주민들이 지역 간에 자유롭게 이동할 수 있으므로 지역 공공재 공급의 적정 규모가 결정될 수 있다는 C. M. 티부의 가설]에 의거해 학교지구들 사이에 벌어지는 선별 효과, 그리고 학교지구들 사이에 벌어지는 효율성 경쟁의 중요성을 논의했다.

18. 재산세의 역할과 소득세 대비 재산세가 상이한 인센티브 효과를 내려면 어떤 가정이 성립해야 하는지에 대해서는 다음을 참고하라. Hoxby (1996).

19. 원래의 13개 주보다 나중에 '연방Union'에 들어온 주 중에서 메인주, 텍사스주, 버몬트주, 웨스트버지니아주만 토지를 공여받지 않았다. 이 중 세 주는 이전에 존재하던 주에서 분리된 경우였고 텍사스주는 자신의 토지를 소유하고 있었다. 예를 들어 다음을 참고하라. Cremin (1951), p. 119.

20. 1815~1843년에 주 정부가 지급한 돈, 학교지구가 받은 돈, 수업료 등 개인이 낸 돈에 대한 정보는 다음을 참고하라. Cubberley (1934, 최초 출간은 1919년), IV장; Randall (1844), p. 83.

21. '보통학교 부흥'은 1900년에 미국 교육청장이 1840년대에 맹렬하게 벌어진 무상교육 캠페인을 묘사하기 위해 사용한 말이다. 다음을 참고하라. Fishlow (1966a).

22. 여기에서 '농촌'은 인구 2,500명 이하인 곳을 말한다(1850년 센서스 IPUMS).

23. 19세기 말에 주의 의무교육법이 그리 효과가 없었다는 데 대한 실증근거는 다음을 참고하라. Landers and Solmon (1972). 의무교육법은 [내용이 더 정

교화되는] 20세기 초가 되어서야 어느 정도 효과가 있었고, 어쨌든 그 무렵이면 법의 적용 대상인 아동 대부분은 이미 학교에 다니고 있었다(Goldin and Katz 2003). 우리는 1900~1940년에 주의 의무교육법이 미친 영향을 6장에서 논의했다.

24. Kaestle and Vinovskis (1980), 표 A2.2.

25. 1850년에 뉴욕주에서 인구가 가장 많았던 10개 도시 중 7개(순서대로 뉴욕시, 브루클린, 버펄로, 로체스터, 트로이, 시러큐스, 유티카)는 학생이 내는 수업료를 1853년이 되기 전에 폐지했다.

26. 이 부분은 다음에 의존해 작성했다. Cubberley (1934, 최초 출간은 1919년), p. 200.

27. Aurner (1914), pp. 21~22, 47. 아이오와주는 1858년에 모든 학교가 무상교육을 제공했다.

28. 피시로우(Fishlow 1966a, 표 1)는 10년마다 진행된 미국 '학교 센서스'(개인에 대한 센서스와 다르다)를 주로 사용했다. '학교 센서스'는 1850년부터 1870년까지 사회통계센서스Social Statistics of the Census의 일환으로 진행되었다. 개인에 대한 센서스에도 직전 연도에 하루 이상 학교에 다녔는지와 직업에 대한 항목이 있긴 했다.

29. 여기에 주어진 데이터는 출석이 아니라 등록이며, 따라서 몇 가지 이유에서 실제 학생들이 학교를 다닌 정도가 과장되었을 수 있다. 남북전쟁 이전 매사추세츠주의 학교들에 대한 몇몇 연구(Kaestle and Vinoskis 1980, 표 A2.5; Vinovskis 1972)는 1840년경 5~19세의 출석률이 43% 정도라고 언급했는데 등록률보다 훨씬 낮다. 이 연구들은 1840~1880년 기간 중에 매사추세츠주 20세 이하의 **모든** 아동 및 청소년의 일평균 출석률이 37%라고 언급했다. 우리는 0~4세 아동의 출석률에 대한 이들의 추정치, 그리고 센서스 데이터(Census of the United States 1841, pp. 8~9)에서 얻을 수 있는 각 연령 집단의 인구 비중을 사용해서 5~19세의 출석률을 43%라고 추정했다. 등록률이 과장되었더라도 매사추세츠주보다 뉴욕주가 더 과장되었으리라고 볼 이유는 없다.

30. 1850년과 1860년의 센서스 IPUMS 데이터로 구했다.

31. 도시화 정도의 차이와 그 밖에 영향을 미쳤을 수 있는 요인들을 통제하지는

않았다. 하지만 두 주 사이의 등록률이 비슷했다는 우리의 결론을 기각해야 하는 것은 아니다. 표 4.1에서 언급했듯이 뉴욕주의 많은 큰 도시들이 주 차원에서 수업료가 폐지되기 한참 전에 무상교육을 실시했다.

32. 중서부 데이터는 피시로우(Fishlow 1966a, p. 49)의 데이터와 '학교 센서스'에서 가져왔다.

33. 피시로우(Fishlow 1966a)가 주장한 바도 이와 같다. 그에 따르면 1840년대와 1850년대에 많은 주에서 수업료가 공식적으로 폐지되기 전에 등록률이 증가했다. 즉 등록률이 이미 증가한 다음에 주의 무상교육법이 통과되었다. 피시로우는 루이지애나주가 남부에서 남북전쟁 이전에 무상교육법을 통과시킨 유일한 주였으며(1847년에 통과) 1840~1850년에 남부에서 백인 등록률이 세 번째로 크게 증가한 주였다고 언급하기는 했다. 등록률이 크게 증가한 다른 2개 주(노스캐롤라이나주와 테네시주)는 1837년에 연방 정부가 잉여 토지 매각에서 얻은 수입을 분배했을 때 학교 수입이 늘었다(p. 52).

34. 우리는 주의 의무교육법과 아동노동법에 대해서도 비슷한 결과를 발견한 바 있다. 다음을 참고하라. Goldin and Katz (2003); 이 책의 6장.

35. 주 정부의 교육 담당 부처의 상세한 역사는 다음을 참고하라. Cubberley and Elliott (1915). 1812년에 뉴욕은 최초로 학교들을 감독하는 기관장을 임명했지만 1821년에 폐지되었다. 1820년대에 몇몇 주는 주무장관이 학교 감독관 기능도 겸했지만 학교를 담당하는 별도의 주 정부 기관은 없었다. 따라서 만의 직위는 주 정부의 교육 담당 부처의 역사에서 최초이며, 쿠벌리(Cubbeley 1923, 최초 출간은 1919년)에 따르면 그가 실질적으로 미국 최초의 주 교육위원장이었다.

36. 매사추세츠주 의회에서 만이 봉착한 정치적 문제들은 다음을 참고하라. Kaestle and Vinovskis (1980), 8장.

37. Mann (1891), vol. 3, pp. 94~95; 다음도 참고하라. Vinovskis (1995), 5장. 만의 실증 방법론을 비판하고 있다.

38. 예를 들어, 보울스와 긴티스(Blowles and Gintis 1976), 그리고 필드(Field 1979)는 매사추세츠주 데이터의 횡단 분석을 통해 아일랜드 이민자의 유입이 산업가들에게 사회적 통제 및 그와 관련된 이유에서 아동의 취학 기간을 늘리는 것을 지지하게 만들었다고 주장했다.

39. 인디애나주의 과세에 대한 주민투표와 뉴욕주의 무상교육에 대한 주민투표는 다음을 참고하라. Cubberley (1934, 최초 출간은 1919년), 6장.

40. 미국 역사에서 정교 분리 운동에 관여했던 많은 사람들처럼 만은 비종파적인 학교를 주장했지만 세속[비종교적] 교육을 주장한 것은 아니었다. 그는 이렇게 언급했다. "우리의 [교육] 시스템은 … 크리스천의 모든 도덕률을 심어주어야 한다. 우리의 시스템은 종교의 토대 위에 있으며, 성경의 종교를 환영한다. … 하지만 여기까지만이다"(Mann 1891, vol. 4, pp. 222~340). 유니테리언이 특정 종파의 사상 체계가 아니라 종교적인 도덕을 학교에서 가르칠 수 있다고 주장했다는 점을 언급한 연구로는 다음을 참고하라. Nord (1995).

41. 다음을 참고하라. Michaelsen (1970); Glenn (1988). [1780년] 매사추세츠주 헌법Declaration of Rights of the Massachusetts Constitution 3항은 "우리 주의 주민은 … 마을, 교구, 지역이 … 신에 대한 공적인 예배를 위한 제도와 기관을 충분히 지원하고 개신교 공립 교사들의 종교, 신앙, 도덕 유지를 지원하기 위해 의회에 권한을 부여할 권리가 있다"고 선포했다. 이 조항이 [1833년에] 수정되면서 회중교회가 해체되었다.

42. 1963년에서야 연방 대법원이 '애빙턴 타운십 대 셈프Abington Township v. Schempp' (374 US 203) 판결을 통해 공립 학교에서 성경 낭독과 〈주기도문〉 암송을 금지했다.

43. Cubberley (1934, 최초 출간은 1919년), p. 238. 1876년에 아슬아슬하게 패배한 블레인 수정안Blaine amendment 표결에 대해서는 다음을 참고하라. Stokes and Pfeffer (1964). 하원에서 63%가 찬성했지만 상원에서 찬성표가 39%에 그쳤다. 하원이 통과시킨 블레인 수정안의 내용은 다음과 같다. "어떤 주도 특정 종교를 존중하는 법을 만들 수 없다. … 어떤 주도 그 학교가 종교 교단의 통제하에 있는 경우 공립 학교를 지원하기 위해 거둔 세금을 그곳에 지원할 수 없다"(Stokes and Pfeffer 1964, p. 434). 상원에서의 법안도 비슷했다. 블레인 수정안이 패배하고 1876년에 종교회합 관련법(1876 수권법Enabling Act의 일부)이 통과되어 연방에 새로 편입되는 모든 주는 주 헌법에 공공 자금으로 종교 학교를 지원하지 못한다는 조항을 두게 했다(Michaelsen 1970, p. 68). 이때는 연방에 속한 모든 주가 헌법을 개정했거나 공공 자금을 종교 학교에 지원하지 못하게 하는 법을 통과시킨 상태였기 때문에, 새로 들어오는

주들에도 동일한 요구를 하는 것이 합리적이라고 여겨졌다.

44. 이 사례는 여러 역사학자들이 다룬 바 있다. 예를 들어 다음을 참고하라. Kaestle (1973); Ravitch (1974).

45. 캐슬(Kaestle 1973, 2장)은 1790년대 중반 뉴욕시에서 '보통 수업료 학교'의 수업료가 충분히 낮아서 아주 가난하지 않으면 학교에 갈 수 있었다고 언급했다. 아동 1인당 한 학기에 2.50달러(또는 20실링)이었다. 당시 연소득은 250일을 일할 경우 노동자 계급은 250달러, 목수는 350달러 정도였다 (Adames 1967, 필라델피아는 표 1, 뉴욕시는 표 16을 참고하라). 학교 갈 나이대의 아이가 셋인 가족이 1년에 두 학기를 학교에 보내면 연소득의 4~6% 를 지출하는 것이 된다. 하지만 필수품을 제외한 소득 대비 비중으로는 훨씬 더 컸을 것이다.

46. Kaestle (1973), 표 19.

47. 반대로, 수업일수 전체에 대해 비용을 내는 수업료는 수업은 공적으로 제공되나 자금은 민간에서 충당되는 형태다.

48. 식민지 시기부터 "북부의 많은 초등학교가 종종 접근성이 제한적이고 인종 분리적이었지만 … 처음으로 여아를 받았던 시기"인 독립혁명 시기까지 교육의 변천은 다음을 참고하라. Kaestle (1983), p. 28. 비슷하게, 캐슬과 비노스키(Kaestle and Vinovskis 1980)는 1800~1830년의 학교 등록률 증가의 상당 부분은 여아의 학교 등록이 증가한 데서 기인했을 것이라고 언급했다(pp. 24~26).

49. 앞에서 언급했듯이, 이 센서스 데이터로 계산하면 전일제로 학교를 다니는 아동 및 청소년의 비중이 너무 높게 잡히는 경향이 있다. 하지만 이 편향이 남아보다 여아에 대해 더 컸다고 볼 이유는 없다.

50. 19세기 중반에 보통학교들이 대체로 성별 분리적이었는지는 다른 문제다. 어떤 이들은 대부분의 보통학교가 남아와 여아를 따로 가르칠 것을 염두에 두고 세워졌다고 본 반면(예를 들어 다음을 참고하라. Vinoskis and Bernard 1978), 어떤 이들은 특히 정착이 덜 된 지역에서는 실제로는 남아와 여아가 함께 공부했음을 설득력 있게 제시했다(Tyack and Hansot 1990). 인구가 충분히 많았던 지역에서는 여아와 남아를 별도로 교육할 시설을 마련할 수 있었다.

51. US Commissioner of Education (1895), p. 786.

52. 더 큰 도시들은 나중에 완전한 남녀 공학 교육에서 후퇴해서 직업에 대한 실용적인 숙련 기능을 가르치는 특수 중등 학교를 남녀 별도로 설립했다.

53. US Commissioner of Education (1895), p. 799.

54. 예를 들어 다음을 참고하라. Easterlin (1981).

55. Ringer (1979), p. 34.

56. 이 데이터는 퍼시로우가 사용한 것과 비슷하지만, 우리는 그가 연구했을 때는 구할 수 없었던 마이크로데이터를 추가로 사용할 수 있었다.

57. 센서스에서 '학교'는 다양한 유형의 공립과 사립을 모두 포함한다. 여기에는 보통학교, 초등학교, 고등학교, 아카데미, 대학, 세미너리 등이 모두 포함된다. 일요학교(1850~1880년 데이터)와 야간학교(1860~1880년 데이터)는 명시적으로 센서스의 '학교' 정의에서 제외되어 있다. 이후 미국 센서스는 학교를 다니고 있는지에 대해 계속해서 이와 비슷한 질문을 포함했다. 한편, 학력에 대한 질문이 처음 포함된 것은 1940년 센서스다.

58. 센서스는 직업에 대한 질문을 1850년에는 14세 이상 남성에게, 1860년에는 14세 이상의 모든 젊은이에게 했으며, 1880년에는 10세 이상의 모든 젊은이에게 했다. 1870년에는 모든 사람에게 한 것으로 보인다.

59. 그래프가 간결해지도록 그림 4.3에 1870년 데이터는 나타내지 않았다.

60. 1880년에 공립 고등학교는 큰 도시들을 제외하면 여전히 드물었다.

61. 의무교육법이 이를 규정했지만 1860년대 중반에는 매사추세츠주만 의무교육법을 가지고 있었다. 뉴잉글랜드에서는 '영유아 학교'의 쇠퇴도 한 가지 요인이었을 것이다.

62. 이 감소 폭은 남아들만 보면 더 크다. 예를 들어 1880년에 중서부에서 16세 남성 중 51%가 학교에 등록되어 있었지만 28%만 전일제로 학교에 다니고 있었다.

63. Cubberley(1934, 최초 출간은 1919년), p. 259; US Office of Education (1906), pp. 1855~1863; Census of the United States, 1830(1932), pp. 16~19.

64. 매사추세츠주의 이 법이 진지하게 집행되지는 않았다. 대략적으로 500가구 기준을 적용해 우리는 20세 이상의 백인 남성이 600명 이상인 모든 타운의 데이터를 사용했다.

65. 필라델피아 중앙 고등학교의 첫 세기에 대한 역사는 다음을 참고하라. Labaree (1988).

66. 뉴욕시의 이 사립 고등학교는 주식을 판매해 설립 자금을 조달했다. 주식 보유자들은 자신의 아이를 그 학교에 보낼 수 있는 권리를 가졌다.

67. Cubberley(1934, 최초 출간은 1919년), p. 262.

68. 우리는 6장에서 1915년 아이오와주 센서스를 이용해 나이가 더 많은 아동들이 보통학교에서 교육을 지속하던 현상에 대해 다루었다.

69. 19세기 아카데미에 대해서는 남아 있는 문헌이 많지 않다. 남아 있는 몇몇 문헌과 관련 저술은 예를 들어 다음을 참고하라. Brown (1899); Cubberley (1934, 최초 출간은 1919년); Sizer (1964a); Tyack (1967), 10장.

70. 지금도 존재하는 동부의 오래된 아카데미들은 18세기 말에 세워졌다. 예를 들어 필립스 아카데미는 1778년에 세워졌다. 중서부의 아카데미 중 아직도 남아 있는 곳들은 상당수가 '아카데미 운동' 시기에 세워졌다.

71. 일리노이주, 인디애나주, 미시간주의 아카데미들에 대해서는 Kandel (1930)을 참고하라. 이곳의 아카데미들은 공립 고등학교들이 설립되기 전에 존재했다. 다른 곳에서는 공립 고등학교가 세워진 뒤에도 아카데미들이 계속 존재했는데, 공립 고등학교가 고전 과목들을 제공하지 않았기 때문이다. 매사추세츠주 그로턴의 학교가 좋은 사례다(Katz, 1968).

72. "1820년대와 1830년대 무렵이면 점점 확산되는 개혁가들의 연대가 … 세금으로 지원되는 공립 고등학교 시스템을 위해 로비를 했다. … 학교 개혁가들은 공립 고등학교만이 재능 있는 소수에게 상급 과정을 제공해야 한다고 주장하기 시작했다"(Reese 1995, p. 17).

73. '찰스 E. 스튜어트 외 대 미시간주 제30 칼라마주 마을의 제1학교지구 사건 Charles E. Stuart et al, v. School District No. 1 of the Village of Kalamazoo, 30 Michigan'(1874)의 판결은 다음에 실려 있다. Cubberley (1970, 최초 출간은 1934년), p. 240. 칼라마주의 고등학교와 그에 대한 반대에 대해서는 다음을 참고하라. Reese (1995), pp. 76~79.

74. 칼라마주가 왜 그렇게 광범위한 중요성을 갖는지에 대해서는 다음을 참고하라. Dunbar (1960). 제시되었던 이유 중 가장 좋은 설명은 고등학교가 주의 법 제도로 세워진 공교육의 완전한 시스템에서 필수적인 부분이라는 미시간주 대법원 쿨리 대법관의 주장이었다.

75. Easterlin (1981).

76. 다음에 나오는 1834~1880년에 나온 여러 문헌에 대한 인용도 참고하라. Reese (1995), p. 96, fn. 52.

5장 고등학교 운동의 경제적 토대

1. 예를 들어 다음을 참고하라. Easterlin(1981). 남북전쟁 이전의 미국 데이터는 인구에 노예를 포함하고 있다. 이들을 제외하면 학교 등록률은 훨씬 높을 것이다. 캐나다는 학교 등록률이 미국과 비슷했으며 이 책에서 '미국' 또는 '아메리카'라는 표현은 종종 '북미'를 의미한다.

2. 선거권, 교육 대중화, 그리고 둘 모두의 원인에 대해서는 다음을 참고하라. Engerman and Sokoloff (2005); Sokoloff and Engerman (2000). 이들은 노동자 1인당 토지나 노예의 존재와 같은 초기 부존요소를 강조했다. 선거권이 정부의 실천을 강제하는 메커니즘이라고 본 모델은 다음을 참고하라. Acemoglu and Robinson (2000). 초창기 식민지 시절 규칙들이 이후의 발전에 결정적이었다는 주장은 다음을 참고하라. Acemoglu, Johnson, and Robinson (2001, 2002).

3. 린더트(Lindert 2004)는 1890~1900년에 잉글랜드와 웨일스의 5~14세 아동 중 초등학교(공립, 사립 모두)에 다니는 아동 비중이 1,000명당 657명에서 742명으로 증가했다고 밝혔다. 린더트의 데이터에 따르면 스웨덴에서는 대체로 1870년대에 등록률이 증가했지만 19세기에 1,000명당 700명 이상으로 증가하지는 않았다(스웨덴 아동은 다른 나라들보다 학교를 늦은 나이에 들어간다는 점도 짚어두어야 할 것이다). 프랑스에서는 등록률이 1850~1880년에 꾸준하게 증가해 1,000명당 800명이 넘었다. 1840년대 이전에 교육의 선도 국가였던 프로이센은 19세기 중반에 이미 꽤 높은 등록률을 보이고 있었지만, 1900년에 1,000명당 768명으로 19세기 중반보다 그리 더 높지 않았다. 한편, 미국은 1900년에 1,000명당 900명이 훨씬 넘었다. 즉 19세기 말에 미국과 산업화되고 있는 대부분의 유럽 국가들 사이의 교육 격차가 좁혀지긴 했지만 없어지지는 않았다. 단, 초등학교를 다니기 시작하는 나이와 끝마치는 나이가 나라마다 차이가 커서 국가 간의 직접적인 비교는 상당히 문제가 있을 수 있으며 때로는 국가 내 비교도 쉽지 않다.

4. 교육의 '두 번째 대전환'이라는 표현은 매우 통찰력 있는 다음 저술에 나온다.

Trow (1961).

5. 이 과정의 간단한 모델은 다음과 같다. 중등 학교에 대해 두 시기로 된 투자 의사결정 모델을 생각해보자. 초등학교 수준을 넘는 교육은 받지 않은 사람은 임금이 ω_n이고 두 시기 모두에서 이 수준으로 유지된다. 초등학교 이후에 교육을 더 받은 사람은 두 번째 시기에 ω_h의 임금을 받는다. 그리고 이 학생의 가족이 지불할 중등 교육의 직접적인 비용(수업료, 기숙사비 등)을 C라고 하자. 그러면 중등 교육에 투자할 것이냐 아니냐의 결정은 다음과 같이 표현할 수 있다. $[\omega_h/\omega_n]-1]/(1+r) \geq [\omega_n+C]/\omega_n]$. 여기에서 r은 할인율이다. 즉 미래 수익의 현재 가치가 초등학교 이상의 교육을 받지 않은 노동자의 임금 대비 중등 교육의 직간접 비용보다 높으면 중등 교육에 투자할 것이다. 19세기에 교육 수준에 따른 임금 비(ω_h/ω_n)는 높았고 (즉 교육의 수익이 컸고) 따라서 몇몇 부모는 자녀를 사립 중등 학교인 아카데미에 보냈다. 하지만 아카데미에 아이를 보내는 비용 C가 높았으므로 부유한 가정(r이 충분히 낮은 가정)만 아이를 아카데미에 보낼 수 있었다. 따라서 균형점에서의 ω_h/ω_n는 높은 수준이었다. 19세기 후반기에는 숙련에 대한 상대적 수요 곡선과 공급 곡선이 같은 정도로 밖으로 이동해 숙련에 따른 임금 비가 유지되었지만, 숙련에 대한 수요가 밖으로 한층 더 이동하자 자신의 지역에 고등학교를 짓고 운영하는 데 적지 않은 고정비용을 지출하는 것을 정당화하기가 더 쉬워졌고 많은 학교지구가 공립 고등학교(일반적으로 해당 지역 거주자에게는 학비를 받지 않는다)를 요구하면서 C가 급감했다. 이로써 숙련의 공급이 증가했고 숙련에 따른 임금 비는 낮아졌다(2장에서 1914년 이후 숙련에 따른 임금비가 낮아진 것을 살펴본 바 있다). 요컨대, 고등학교 운동 이전에는 꽤 오랫동안 숙련에 따른 임금 비(ω_h/ω_n)가 높은 수준이었다.

6. 직종별 데이터는 다음에서 가져왔다. Edwards (1943). 농업 직종 내에서는 정규 교육을 요구하는 정도에 차이가 있었고, 20세기 초 무렵이면 미국의 일부 지역에서는 교육이 농촌 공동체에 가져다줄 수 있는 가치를 알고 있는 개척적인 농민들이 있었다.

7. 블루칼라 여성 대부분은 침모, 모자 제작자, 기계작동원으로 일했다. 이들의 학력이 비교 가능한 집단의 남성보다 높은 이유는 일부 여성들이 교사 자격증을 따고자 했고 가르치는 일을 해본 적이 있어서였을 것이다.

8. 또 다른 소수는 고등학교는 안 나왔지만 대학에 갔다고 응답했다. 일부는 대학의 예비과정을 다녔거나 홈스쿨링으로 공부했다.

9. 20세기 초에 생산 공정이 복잡해지면서 사무직 노동자의 수요가 늘어난 것에 대해서는 다음을 참고하라. Michaels (2007).

10. 다음을 참고하라. *Historical Statistics*, 계열 P4, 5. 다음에도 인용되어 있다. Goldin (2000), p. 564. 여기에서 '제조업'에 '동네의 수작업 기능 직종'은 제외되어 있다. 여기에는 대장장이, 목수, 미장공, 페인트공 등 건물 관련 직종이 해당된다.

11. 3장에서 우리는 1890~1929년에 제조업에서 비생산직 노동자에 대한 상대적 수요가 20세기 후반기인 1960~1999년 못지않게 빠르게 증가했음을 살펴보았다.

12. 1870년까지는 미국 센서스가 직종명으로서 '회계accounts'라는 단어를 사용하지 않았고, 1870년에도 이를 '가게의 부기계원과 회계원'이라고 설명했다. 1870년에 은행, 특송 회사, 보험사, 철도, 전신 등이 '사무원과 부기계원'을 채용했지만 회계사는 채용하지 않았다. 1890년이 되어서야 미국 센서스가 상업과 교통 부문에서 '부기계원과 회계사'라는 직종명을 그가 어디에 고용되어 있는지에 상관없이 해당 업무를 묘사하는 말로 사용했다(US Census Office 1897, p. 304).

13. 《제11차 노동국장 연간보고서Eleventh Annual Report of the Commissioner of Labor》(US Bureau of Labor 1897)는 여성과 젊은 노동자를 특히 많이 고용하고 있는 산업(직물, 유리 제조, 잡화, 보험 등)의 봉급 명세서를 통해 약 15만 명 가까운 노동자의 데이터를 수집했다. 세부 직종별로도 숫자가 나와 있다.

14. 스트롬(Strom 1992)은 1차 대전 중에 경력이 많은 노동력이 빠져나가면서 1910년대에 숙련 노동을 절약하기 위한 사무기기가 더 많이 사용되었다고 주장했다. 19세기 말 간단한 파일링 시스템의 확산에 대해서는 다음을 참고하라. Yates (1989).

15. 1924년에 시중에 나온 사무기기의 거의 모든 품목을 다음에서 볼 수 있다. Office Equipment Catalogue (1924). 사무용 장비와 관련된 발명의 역사는 다음도 참고하라. Morse (1932), p. 272.

16. 1922년 숫자는 다음에서 가져온 것이다. Federal Board for Vocational

Education (1922). 여성국이 1940년에 수행한 조사에는 적어도 100개의 사무직종별로 종사자 수가 나와 있다. 이 자료는 내셔널 아카이브National Archives에 소장되어 있다. 우리는 필라델피아만 표본에 포함했지만 이 조사는 5개 도시에서 수행되었다. 다음을 참고하라. Goldin (1990), 데이터 부록.

17   20세기 초 일반 사무직 노동자에게 기업이 요구한 숙련기술에 대해서는 다음을 참고하라. Strom(1992), p. 283.

18.   Edwards(1943). 이 저술은 1890년의 일반 사무직을 부기계원, 현금출납원, 회계원; 사무원; 속기사와 타이피스트, 이렇게 세 개로 분류했다. 가게 점원은 수를 추산한 뒤 '사무원' 숫자에서 제했다.

19.   사무직 분야의 여성 고용을 다룬 중요한 연구로는 다음을 참고하라. Rotella (1981).

20.   여기에 언급된 오 헨리의 단편은《400만The 4 Million》(1906)에 실린 〈식탁 위의 봄날Springtime a la Carte〉이다. 더스 패서스의 소설《1919년》(1932)은 그의《U.S.A》3부작 중 두 번째다. 싱클레어 루이스의《일자리: 미국의 소설The Job: An American Novel》(1917)은 그의 더 유명한《메인스트리트: 캐럴 케니콧 이야기Main Street: The Story of Carol Kennicott》(1920)를 포함한 여성주의 소설 3부작의 일부다.

21.   일부는 야간학교에 다녔다. 도로시 리처드슨Dorothy Richardson은 사실인지 여부는 의심스럽지만 매우 인기 있었던 자전적 이야기(O'Neill 1972, 최초 출간은 1905)에서 저임금 공장 여공으로서 밤에는 야간학교를 가야 하는 한탄스러운 생활을 했지만 나중에 '돈 잘 버는' 속기사가 되었다고 언급했다.

22.   Carlton (1908), p. 113. 칼턴은 또한 이렇게 조언했다. "자신의 업에 기반이 되는 과학적 원리를 이해하지 않고는 오늘날 숙련 노동자가 될 수 있는 사람이 많지 않다. 어떤 방법은 왜 다른 방법보다 나은지 등을 이해할 수 있어야 하고 긴급 상황에 주도적으로 대처할 수 있어야 한다. … 학교 없이는 업을 제대로 배울 수 없다. … 기계를 만드는 업계에서 이것은 거의 필수불가결하다"(p. 236).

23.   3장의 논의도 참고하라.

24.   '블루칼라'와 '화이트칼라'라는 말의 기원에 대한 통찰력 있는 설명은 다음을 참고하라 Kocka (1980). 이 용어는 미국에서 발명된 것이다. 미국만 이 단어들이 필요했기 때문이다. 독일 등 유럽 지역에서는 노동자 계급과 단순노무

자가 기름 묻은 손과 그들의 트레이드마크인 푸른 오버올 작업복으로 대번에 표시가 났다. 이와 달리 미국에서는 단순노무자들이 퇴근 전에 몸을 씻고 옷을 갈아입었다. 더 평등한 미국에서는 단순노무자도 자신이 원하는 사람이 될 수 있었다. 따라서 블루칼라와 화이트칼라라는 말은 덜 계급 중심적인 사회인 미국에서 더 유의미했다.

25. 둘 다 중서부의 기업이다. 디어 트랙터는 아이오와주 몰린/대븐포트, 내셔널 캐시 레지스터는 오하이오주 데이튼에 있었다.

26. 1902년에 미국의 산업을 시찰하러 온 모슬리 산업 및 교육위원회Mosely Industrial and Educational Commissions의 논평 모음집인 다음을 참고하라. National Cash Register Company (1904). 여기에 인용된 부분은 pp. 28~29와 p. 34에 나온다. 영국 대표는 '디어 농기계 회사Deer Plough Works'를 언급하고 있다. 내셔널 캐시 레지스터는 산업 복지의 개척자였고 17세 미만의 어린 노동자는 고용하지 않는 진보적인 회사였다(p. 14). 이곳 제품의 시장 지위(시장점유율이 아주 높았다) 덕분에 선택적으로 노동자를 뽑고 진보적인 고용 정책을 취할 수 있는 여지가 있었을 것이다.

27. Wagoner (1966), p. 86.

28. 기계 엔지니어에 대해서는 다음의 통찰력 있는 연구를 참고하라. Calvert (1967), p. 70.

29. 유럽과 영국에 비해 미국에서 견습 프로그램이 쇠퇴한 데 대해서는 다음을 참고하라. Elbaum (1989). 이 저술의 핵심 주장은 미국에서 정규 교육 수준이 높아지면서 공식적인 견습 프로그램이 해체되었다는 것이다. 다음도 참고하라. Douglas (1921).

30. General Electric Company (1924); National Cash Register Company (1919). 제너럴 일렉트릭의 견습 과정에 대한 이 정보는 1924년 팸플릿에 나온 것이지만 이곳의 견습 프로그램은 1903년부터 있었다.

31. Iowa Department of Public Instruction, *Biennial* (1905), p. 143. 대학 학장인 O. H. 롱웰o. H. Longwell의 《20세기 농민》이 인용되어 있다.

32. 신교배 품종 옥수수의 확산에 대해서는 다음을 참고하라. Ryan and Gross (1950). 더 일반적으로 농업 교육의 영향에 대해서는 다음을 참고하라. Schultz (1964). 에반스(Evans 1926)는 뉴욕주 톰킨스 카운티의 769개 농가

를 대상으로 수행한 연구에서 고등학교 교육을 받은 농민들이 8학년까지만 마친 농민들에 비해 소득이 2배였다고 밝혔다. 하지만 농가 규모를 통제했는지는 분명하지 않다.

33. Gabler (1988), p. 67.

34. 1845년에 앤드루 카네기는 14세의 나이로 펜실베이니아 철도 전신실의 연락 사환으로 일을 시작해 8년만에 이 회사 감독관의 개인 비서 겸 전신원이 되었고 얼마 뒤에는 본인이 직접 감독관이 되었다. 토머스 에디슨은 1863년에 16세로 견습 전신원이 되었고 6년 동안 간헐적으로 전신원으로 일했다. 에디슨의 초창기 특허 중 일부는 전신에 대한 것이었다.

35. Gabler (1988), p. 67.

36. NBC 창립자 데이비드 사노프David Sarnoff는 너무나 이례적으로 뛰어난 전신원이어서 '발견'될 수 있었던 경우다. 매우 젊은 나이에 사노프는 마르코니 무선 전신 회사의 라디오 오퍼레이터가 되었는데, 얼마 후인 1912년에 침몰하는 타이태닉호에서 긴급 신호를 포착했다. 마르코니 컴퍼니는 빠르게 그를 승진시켰다. 사노프는 1921년에 뎀프시-카르팡티에Dempsey-Carpentier 경기에서 라디오 스포츠 중계를 개척함으로써 새로운 테크놀로지의 사용을 촉진하는 데서도 천재성을 발휘했다.

37. 도시 비숙련 노동자와 수작업 기능직 노동자들의 임금에 이민자 유입이 미친 영향은 다음을 참고하라. Goldin (1994).

38. 예를 들어 1920년에 제조업 노동자 전체(생산직과 비생산직 모두) 중 3.5%가 영국 출신이었지만 보석 세공 노동자 중에서는 11.4%가 영국 출신이었다. 출신국별로 보면 미국 북동부에는 영국과 이탈리아 출신이, 중서부에는 스칸디나비아 출신이 많았다. 데이터는 18~64세의 백인 남성만으로 한정했다. 출처는 1920년 센서스 IPUMS 데이터다.

39. 1920년 센서스 IPUMS 데이터를 사용해 계산했다.

40. 3장에서 소개한 버지(Burdge 1921)의 연구도 참고하라. 버지는 1차 대전 시기의 젊은이들을 대상으로 한 연구에서 블루칼라 노동자 중 교육 수준이 더 높은 노동자는 금속 업종에 평균보다 많이 종사했고 교육 수준이 낮은 노동자는 목재, 의류, 가죽 업종에 많이 종사했음을 보여주었다.

41. 실제 수익은 더 높았을 것이다. 교육 수준과 숙련 수준이 더 낮은 노동자들은

실업자와 구직 포기자가 되는 경우가 더 많았을 것이기 때문이다.

42. 마고(Margo 2000, pp. 25~30)가 사용한 원래 데이터는 군 기지에 고용된 민간인 노동력에 대한 방대한 인사 기록인 《고용된 민간인 보고서Reports of Persons Hired》다. 여러 주에 위치한 막사를 통틀어 정보를 제공하고 있는데, 도시 근처인 곳도 있고 더 외진 곳도 있다.

43. 이 비율은 마고(Margo 2000, 표 5B.4)에 나오는 화이트칼라 노동자(사무원)의 월 소득과 단순노무자의 일당을 토대로 1826~1830년과 1856~1860년에 대해 계산한 것이다. 우리는 일당에 26을 곱해서 월 소득으로 조정했다.

44. 남성 일반 사무직의 연소득은 1895년에 1,097달러, 1914년에 1,099달러였다(Goldin and Katz 1995, 표 2 참고). 물가상승률을 반영해 1914년 소득을 1895년 달러로 환산하는 데 사용된 디플레이터 값은 0.8403이다(*Historical Statistics, Millennial Edition*, 표 Cc1). 숙련 수준이 낮은 노동자들의 주당 소득은 1895년 8.45달러, 1914년에 10.78달러였다. 52주를 곱하면 연소득은 1895년에 439달러, 1914년에 561달러가 된다. 우리가 사용한 자료원은 저숙련 노동자에 대해서는 《장기 통계》(계열 D778)이며 전일제 주당 소득은 쿰스(Coombs 1926)의 데이터에서 1895년 숫자들의 표기 오류를 수정한 것이다. 쿰스는 '단순노무자'를 포함하지 않은 자료를 이용했지만, 그 대신 다양한 업종에서 가장 저임금을 받는 노동자에 대한 자료를 포함했다.

45. 아이오와주 공공교육국은 이렇게 언급했다(Iowa Department of Public Instruction 1903, p. xv). "아이오와주의 학년 구분 없는 수천 개의 농촌 학교들도 타운에 있는 학교들 못지않게 정규적이고 완전한 교육 과정을 제공했다. 이 과정을 이수한 학생들은 8학년 졸업장을 받았고 … [다닐 수 있는 거리 이내에 고등학교가 있을 경우] 고등학교 1학년으로 들어갈 수 있었다." 하지만 고등학교가 없는 곳에서는 8학년을 마치고서 보통학교를 2년 더 다닐 수 있는 과정이 종종 제공되었다고 언급하고 있다. 1912년에 아이오와주는 상급 학년의 수업은 1명 이상의 교사를 둔 별도의 학교에서만 제공해야 한다는 법을 통과시켰다. 하지만 그해에 아이오와주 공공교육국의 학교 보고서는 이렇게 언급하고 있다. "농촌의 많은 학교지구들이 교실이 하나뿐인 건물을 고등학교 건물이라고 주장하고 있다"(Iowa Department of Public Instruction

1911/12, p. 23).

46. 1870년 사회통계에 따르면 미국 전체의 고전 아카데미는 총 1,500개가 약간 넘는다(US Census Office 1872). 이 데이터는 꽤 정확한 것으로 보인다. 뉴욕주의 숫자가 같은 해에 뉴욕주 교육위원회가 발표한 것과 많이 다르지 않다(New York State Regents 1869). 우리는 1870년에 존재한 공립 학교 수를 〈1904년 교육보고서Education Report 1904〉(US Office of Education 1906, 표 43)에 나오는 설립연도를 토대로 계산했다. 1903~1904학년도에 존재했던 모든 고등학교의 설립연도가 표기되어 있지는 않기 때문에, 설립연도가 없는 학교들도 설립연도가 있는 학교들과 동일하게 분포되어 있다고 가정했다. 1903~1904학년도 보고서에 나온 7,230개의 공립 고등학교 중 7% 정도가 1870년 이전에 설립되었다. 이 중 일부는 1870년에 존재했지만 1903년이 되기 전에 문을 닫았을 것이다(하지만 그 수가 많지는 않을 것이다). 1870년 사회통계의 공립 고등학교 데이터는 사용할 수 없을 것으로 보인다. 몇몇 주에서 보고된 고등학교 숫자(가령 뉴욕주)는 너무 작고 어떤 곳에서는 너무 크기 때문이다(가령 오하이오주). 아마도 어떤 주는 높은 학년 학생들까지 가르치는 초등학교를 고등학교에 포함한 것으로 보이고 어떤 주는 그런 곳들을 초등학교에 포함한 것으로 보인다.

47. 미국 교육청이 집계한 총계 데이터와 총계가 아닌 데이터들을 사용해서 우리가 재작업한 데이터로 계산했다.

48. 뉴욕주 교육위원회가 지원한 아카데미들은 정식 법인이었고 이사회를 두고 있었다. 따라서 이곳들은 규모가 비교적 큰 학교들이었다. 뉴욕주 교육위원회가 지원한 자금은 '문해 펀드Literary Fund'에서 나왔으며 이것은 주의 8개 상원 지역구들 사이에 동등하게 분배되었고 그다음에 해당 지역구에서 학생 1인당으로 분배되었다. 아카데미는 승인된 상급 고전 과목을 듣는 학생들에 대해서만 지원을 받았다. 캔들(Kandel 1930)은 일리노이주, 인디애나주, 미시간주 역시 주 정부가 아카데미들을 지원했다고 언급했다.

49. 교과목 목록은 다음을 바탕으로 도출했다. New York State Regents (1841, 1869). 우리가 목록에 넣은 거의 모든 과목이 이르게는 1840년부터도 제공되었다. 1868년경에 몇몇이 추가되었는데, 여기에는 전기, 자석, 기계, 정역학, 역학, 교육학, 가정경제, 심리학, 그림, 지도, 체조 등이 포함된다.

50. 예를 들어 다음을 참고하라. Cubberley (1934, 최초 출간은 1919년); Kandel (1930); Riordan (1990); Sizer (1964a).

51. US Census Office (1853, 1864, 1872). 이 데이터는 카운티 단위로 수집되었어야 하지만 응답지 원본을 보면 명백히 몇몇 경우(가령 뉴욕주)에는 타운십 단위에서 수집되었다.

52. 여러 주의 응답지 원본을 내셔널 아카이브에서 마이크로필름으로 볼 수 있다. 모든 주가 다 있지는 않고, 또 어떤 경우에는 주의 모든 카운티가 다 있지는 않다. 아칸소주, 인디애나주, 아이오와주, 매사추세츠주, 미시간주, 뉴욕주, 펜실베이니아주, 텍사스주에 대해 마이크로필름을 제공해준 로버트 마고에게 감사를 전한다(주마다 모든 해가 다 포함되어 있지는 않았다). 미국 국립문서기록관리처National Archives and Records Administration, Record Group 29, Records of the Bureau of the Census, Social Statistics, Seventh, Eighth, Ninth Census. 뉴욕주의 필름은 뉴욕주 도서관에 소장되어 있다.

53. 리오단(Riordan 1990)은 약 6,000개 아카데미에서 25만 명의 학생이 공부하고 있었다고 숫자를 언급하고 있다. 사이저(Sizer 1964a)와 캔들(Kandel 1930)은《미국교육저널American Journal of Education》에 게재된 헨리 바너드의 논문을 인용해 1850년 센서스 자료를 사용하고 있다. 센서스 자료를 사용했다는 언급은 없지만, 캔들은 "이 숫자들이 정확하다면 백인 70명 중 1명 꼴로 아카데미를 다녔다는 뜻인데, 이 비중은 대부분의 유럽 국가들이 도달하지 못한 것이고 현재[1930년]의 고등학교 등록률의 절반이 약간 넘는 것"(p. 418)이라고 정확하게 언급했다.

54. US Census Office (1853). 강조 표시는 우리가 추가한 것이다.

55. 1850년의 백인 15~18세 인구는 대략 170만 3,000명이었다(*Historical Statistics*, 계열 A123. 15~19세에서 각 연령의 숫자가 동일하다고 가정). 이러한 문제가 있다는 데 대한 가장 설득력 있는 근거는 공립 학교(초등학교와 보통학교) 학생 대 아카데미 학생 비율이 남부에서 지극히 낮았다는 것이다. 이 비율은 중서부에서는 31.5였는데 남부에서는 겨우 5.5였다. 그뿐 아니라 1850년 센서스의 사회통계 응답지 원본을 보면 많은 남부 카운티들이 초등학교나 보통학교는 하나도 보고하지 않았지만 아카데미와 아카데미 학생들은 보고했다.

56. 몇몇 사립 중등 학교 학생들은 이곳들이 초등 과정과 상급 학년 과정을 모두 제공했을 경우 '비기숙 학교 및 기숙 학교'에 포함되었을 것이다. 또한 고전 아카데미 범주에 주로 상업 과목이나 미술 및 음악 교육을 제공했던, 짧게만 존재한 소규모 사립 학교는 제외되어 있었을 것이다.

57. 이 숫자는 아카데미와 공립 고등학교가 4년제라고 가정하고 15~18세 인구를 대상으로 추산한 것이다. 연령 집단을 바꾸어도 추산치가 크게 차이 나지는 않는다. 상업, 음악, 미술 학교 학생을 포함하면 숫자는 더 커진다. 이러한 유형의 학교들이 종종 아카데미에 포함되곤 하지만, 중등 교육을 제공하는 아카데미 범주에서 빼도 무방할 것이다. 한편, 농촌에서는 14세 이상 학생들이 종종 계속해서 보통학교에 다니고 있었다는 사실도 짚어야 할 것이다. 보통학교를 연장해서 다녔을 때의 이득은 고등학교를 다녔을 경우에 비해 훨씬 적었지만 말이다. 6장을 참고하라.

58. *New York Daily Times*, Apr. 7. 1853; Sept. 7, 1852.

59. *New York Daily Times*, Sept. 11, 1857.

60. 뉴욕주와 펜실베이니아주의 몇몇 공립 학교는 1870년에 수업료를 받았다. 이는 다소 의아하다. 뉴욕주는 1867년, 펜실베이니아 주는 1834년에 무상교육법을 통과시켰기 때문이다(4장 참고). 뉴욕주의 브루클린(킹스 카운티), 욘커스(웨스트체스터 카운티)의 학교들에 수업료가 적혀 있고 펜실베이니아주 베드포드 카운티, 제퍼슨 카운티, 웨스트모어랜드 카운티의 학교들도 그렇다. 한 가지 가능성은, 1874년의 칼라마주 판결(4장 참고) 전에는 공공 학교 자금을 초등학교 이상의 교육을 제공하는 중등 학교에서도 사용하는 것이 합법적인지가 확실하지 않았기 때문일 것이다.

61. 학생 1인당 수업료 수입에서 극도로 큰 값과 극도로 작은 값은 제외했다. 중앙값은 타운십이나 카운티의 평균을 토대로 계산했다. 대부분(68개 중 49개)은 1~3개의 아카데미가 있었다.

62. 롱(Long 1960)은 1870년에 기계공의 일당을 2.67달러, 단순노무자의 일당을 1.52달러로 제시하고 있다. 우리는 여기에 주당 노동일수 6을 곱하고 연간 노동 주수 50을 곱했다. 1860년 데이터를 기반으로 한 마고(Margo 2000)의 계산 방식을 따라, 사무직 노동자는 단순노무자의 소득의 2배를 벌 것으로 가정했다.

63.	이 숫자는 약간 이른 시기인 1860년경의 뉴욕주 숫자다. 《뉴욕 데일리 타임스New York Daily Times》의 광고란에 나온 것이다.

64.	아카데미가 고등학교로 바뀐 사례는 뉴욕주 교육위원회의 간행물에서 확인수 있다. 한 해에는 아카데미가 있다고 보고했다가 그다음 해에는 공립 고등학교가 있다고 보고한 타운들은 아카데미 건물을 공립 고등학교 건물로 사용했을 것이다.

65.	다른 주들도 마찬가지일 것이다. 캔들(Kandel 1930)은 이렇게 언급했다. "일리노이주의 중등 교육 이야기는 인디애나주와 유사하다. 법인으로 공식 설립되고 때때로 주 정부와 지역 정부의 자금 지원을 받았던 사립 교육기관들은 공립 고등학교가 발달하면서 존재 이유가 없어지게 되었다,"(p. 411).

66.	"19세기에는 공립 고등학교가 주로 도시의 발명품이었다. 1821년에 보스턴 고등학교는 라틴 스쿨을 보완하기 설립되었고 이러한 직업을 위해 기계 기술과 상업 기술을 가르쳤다"(Tyack 1967, p. 354).

67.	의무교육법의 역사에 대해서는 다음을 참고하라. Steinhilber and Sokolowsi (1966).

68.	마고와 피네건(Margo and Finegan 1996)은 1900년 센서스 IPUMS와 생월 정보를 활용해 14세 인구에게는 영향을 미쳤음을 발견했다. 하지만 의무교육법과 아동노동법이 같이 있는 주에서만 그랬다.

69.	다음을 참고하라. Goldin and Katz (2003). 중단된 학교 교육을 지속하도록 하는 법 등 아동노동법 중 일부는 아이들이 더 많이 학교에 있게 하는 데 효과가 있었다. 아동에게 노동을 시키는 것의 비용을 증가시켰기 때문이다.

70.	1910년 센서스상의 인구다.

71.	학교지구 통합 운동에 대해서는 다음을 참고하라. Iowa Department of Public Instruction, *Biennial, 1912/13* (1914), p. 35.

72.	Ueda (1987).

73.	California Superintendent of Public Instruction (1910), p. 26.

74.	Iowa Department of Public Instruction (1893), p. 25.

6장 미국인들, 고등학교를 졸업하다

1.	여기에서 '중등 학교secondary school' 또는 '고등학교high school'는 학교 유형과 관

계없이 9~12학년의 교육을 제공하는 곳을 지칭하는 용어로 사용했다. 중학교middle school 등 다양한 유형의 학교를 어떻게 취급했는지는 부록 B를 참고하라. 졸업률은 졸업생 수를 17세 인구 수로 나누어 구했고 등록률은 등록생 수를 14~17세 인구 수로 나누어 구했다. 이 연령대를 택한 이유는 18세 남성의 숫자가 명백히 과소집계되어 있기 때문이다.

2. 고등학교 운동에 대한 훌륭한 자료원으로 다음을 참고하라. Krug (1964). 고등학교 운동의 기원에 대해서는 다음도 참고하라. Herbst (1996); Trow (1961); Reese (1995); Vinovskis (1985). 대표적인 사례 연구로는 다음도 참고하라. Labaree (1988); Ueda (1987).

3. California, Office of Superintendent of Public Instruction (1908/10).

4. North Carolina State (1910). 나아가 이 보고서는 이렇게 언급하고 있다. "1898년에는 노스캐롤라이나주에 미국 교육청에 보고된 공립 고등학교가 14개뿐이었다. … 1908년에는 100개의 공립 고등학교와 … 37개의 사립 학교가 있었다." 즉 노스캐롤라이나주에서 고등학교 운동이 벌어지고 있었지만 매우 초기 단계였다.

5. 1920년대에 전국적으로 약 13만 개의 학교지구가 있었고 상당수가 재정적으로 독립되어 있었다(Gordon 2000). 교육청이 처음으로 데이터를 집계하기 시작한 1932년에는 12만 7,531개가 있었다. 하지만 대부분은 공립 고등학교의 설립을 정당화할 수 있는 수준의 학생 인구가 없는 '보통학교'지구였다. 1920년대 초에는 공립 고등학교를 유지할 수 있는 학교지구의 수가 더 적었을 것이다. 예를 들어 아이오와주에는 1920년대에 5,000개 정도의 학교지구가 있었는데, 고등학교를 유지할 수 있는 것은 도시, 타운, 행정 단위라고 볼 수 있는 마을인 1,000개 정도뿐이었고 나머지 4,000개는 광대한 시골이었다.

6. 국가 건설, 사회의 집합적 이데올로기, 경제 세계를 보는 견해의 역할은 다음을 참고하라. Meyer, Tyack, Nagel and Gordon (1979).

7. 등록생과 졸업생을 성별로 조사한 자료는 공립 학교에 대해서만 존재한다.

8. 뉴잉글랜드의 주들은 전체 국방 계약에서는 그리 수위가 아니었지만 직물, 의류, 신발 등 경공업 계약에서는 가장 높은 순위를 차지하고 있었다. 이들 업종에서는 주로 젊은이들을 고용했다. 주별 총 국방비 지출은 다음을 참고하라. Miller 1947.

9. 이 데이터는 2, 3, 4년제 공립 및 사립 고등학교, 중학교의 마지막 학년, 대학의 예비과정을 포함한다. 8학년 이후에도 보통학교를 계속 다니는 학생은 일반적으로 포함되지 않았다(몇몇 주에서는 포함되었을 수도 있다). 대학 예비과정 학생들은 1910년대에 사립 중등 과정 학생의 3분의 1을 차지했지만 이제까지 우리가 알고 있는 다른 모든 데이터 계열에서는 빠져 있었다.

10. 연방 교육청(때로는 교육국으로 불리기도 했다)은 현 교육부의 전신이다. 1867년에 교육부로 설립되었지만 1869년에 내무부 산하의 교육청이 되었고 내무부 산하기관으로 70년 동안 존재했다. 이 기간 중에 '교육국'이라고 불리기도 했는데, 1929년에 공식 명칭이 교육청으로 정해졌다. 1939년에는 연방 안보국의 산하기관이 되었다가 1953년에 보건교육복지부라는 신설 부처의 산하가 되었다. 장관급의 별도 부처인 교육부가 된 것은 1980년이다.

11. 처음에는 이름이 《교육분야통계요약Digest of Educational Statistics》이었다.

12. 주별 졸업 요건은 9장을 참고하라.

13. 등록률은 14~17세 인구로 나누어 계산했고 졸업률은 17세 인구로 나누어 계산했다. 하지만 15~18세와 18세를 사용했어도 문제는 없었을 것이다. 재학 기간 4년과 졸업학년 1년을 포함하는 한, 다른 연령들을 사용해도 마찬가지다. 청소년 중 상당 비중이 일상적으로 뒤처졌거나 졸업할 의도 없이 학교를 다닌 게 아닌 한 이 방식은 정확하다. 우리는 이 이슈를 남부의 흑인 청소년들에 대해 논의할 때 다루었다.

14. 1970년 이후는 9장에서 논의했다.

15. 여기에 포함된 센서스지역과 48개 주(와 워싱턴DC)는 다음과 같다. 뉴잉글랜드 지역: 코네티컷주, 메인주, 매사추세츠주, 뉴햄프셔주, 로드아일랜드주, 버몬트주; 대서양 중부 지역: 뉴저지주, 뉴욕주, 펜실베이니아주; 대서양 남부 지역: 앨라배마주, 델라웨어주, DC, 플로리다주, 조지아주, 메릴랜드주, 노스캐롤라이나주, 사우스캐롤라이나주, 버지니아주; 남동 센트럴 지역: 켄터키주, 테네시주, 웨스트버지니아주; 남서 센트럴 지역: 아칸소주, 루이지애나주, 미시시피주, 오클라호마주, 텍사스주; 북동 센트럴 지역: 일리노이주, 인디애나주, 미시간주, 오하이오주, 위스콘신주; 북서 센트럴 지역: 아이오와주, 캔자스주, 미네소타주, 미주리주, 네브래스카주, 노스다코타주, 사우스다코타주; 산악 지역: 애리조나주, 콜로라도주, 아이다호주, 몬태나주, 뉴멕시코주, 네바

다주, 유타주, 와이오밍주; 태평양 지역: 캘리포니아주, 오리건주, 워싱턴주.

16. 1932년에 미국의 실업률은 23.6%였다(*Historical Statistics*, 계열 D86).

17. 다음에서 가져온 데이터다. *Historical Statistics*, 계열 A176. 캔자스주의 몇몇 도시처럼 다른 주들의 일부 지역에도 법적으로 인종 분리된 학교들이 존재했다(잘 알려진 토피카 사례도 캔자스주다). 하지만 인종 분리가 주 차원의 법에 의해 강제되지는 않았다.

18. 교육청은 남부 17개주의 인종 분리 고등학교 등록생 수를 1930년에 처음 집계했고 [공립 학교의 인종 분리를 금지한] 1954년 연방 대법원의 '브라운 대 교육위원회' 판결 이후 집계를 중단했다. 하지만 법적인 인종 분리가 실제로 끝나는 것은 그 후에 여러 도시에서 [소송이 제기되고] 탈분리를 강제하는 법원의 명령들이 있고 나서야 가능했다. 더 상세한 내용은 부록 B를 참고하라.

19. 예를 들어, 1916년에 남부의 흑인 중등 학생 절반은 사립 학교에 다니고 있었고 공립 학교에 다닌 나머지 절반은 노멀스쿨이나 칼리지의 중등 교육 과정에 다니고 있었다. 1916년에 남부에는 공립보다 사립 고등학교가 3배 많았다(64개 대 216개). 그리고 사실상 공립 고등학교는 딥사우스Deep South[루이지애나, 앨라배마, 미시시피 등 지리적으로 가장 남부이고, 역사적으로 남북전쟁 이전에 노예제와 플랜테이션에 의존했던 주들]가 아닌 준남부 주들의 큰 도시들에만 있었다. 농촌 지역의 흑인에게 중등 교육 기회를 제공하기 위해 마련된 '슬레이터 펀드Slater Fund'에 대해서는 다음을 참고하라. Anderson (1988); Caliver (1933b). 1933년까지 슬레이터 펀드는 남부 전역에 이러한 학교 355개를 세웠지만 공공의 감독과 점검을 피하기 위해 고등학교라고 부르지 않고 '카운티 훈련 학교county training schools'라고 불렀다.

20. Hall (1973), p. 156. 슬레이터 펀드가 세운 학교들은 '고등학교'라고 불리지 않았기 때문에 포함되어 있지 않다. 남부 흑인들의 중등 교육에 대해서는 다음도 참고하라. Caliver (1933a).

21. 1930년에 아이오와주는 제곱마일당 인구가 44.1명이었고 조지아주는 49.7명이었다(*Historical Statistics*, 계열 A196). 남성 농업 종사자 비중은 아이오와주가 43.3%, 조지아주는 48.5%였다(Lee, Miller, Brainerd, and Easterlin 1957, 표 L-4). 남부 백인의 고등학교 졸업률은 1930년 숫자다. 이 해부터 흑인 고등학교 등록생이 집계되기 시작했기 때문이다.

22. 이 7개 주는 앨라배마주, 아칸소주, 조지아주, 루이지애나주, 미시시피주, 노스캐롤라이나주, 사우스캐롤라이나주다.

23. 이 작은 타운들에 사는 인구 총수는 38만 명이었다.

24. 아이오와주의《격년간 보고서Biennial Report》는 공립 교육 통계를 도시, 타운, 마을, 이렇게 세 개로 분류해 제시했다. 여기에서 도시는 인구 3,000명 이상, 타운은 1,500~3,000명, 마을은 1,500명 이하다(Iowa Department of Public Instruction 1914). 총인구와 총도시인구 데이터는 다음에서 가져왔다. *Historical Statistics*, 계열 A195~209.

25. 베커와 머피(Becker and Murphy 1988)도 비슷한 점을 주장했다. 하지만 그들은 세대간 대출이 사회보장의 형태로 상환되었다고 언급했다. 이와 달리, 우리는 세대간 대출이 공동체 내에서 하나의 노인 세대에서 다음 노인 세대로 넘어간다고 개념화했다.

26. 공공재 지출 지지 정도에 대한 연구는 다음을 참고하라. Epple and Romano (1996). 공립 교육의 존재에 대한 연구는 다음을 참고하라. Fernandez and Rogerson (1995).

27. 알레시나, 바키르, 이스털리(Alesina, Baqir, and Easterly 1999)는 다수결 투표 모델에서 공공재 지출에 대한 선호가 양극화되는 경향이 증가하면(중앙값으로부터의 거리의 중앙값이 증가하면) 공공재 지출이 줄어든다는 것을 보여주었다. 이들이 1990년경 미국 도시들에 대한 횡단간 분석을 수행한 결과, '생산적인' 공공재(학교, 도로, 도서관)에의 지출과 도시의 인종, 민족적 분열 정도 사이에 역의 상관관계가 있는 것으로 나타났다.

28. 실제로 1909년부터 1919년 사이 기간에 미국 전체적으로 화이트칼라 노동자들 사이의 소득은 생산직 노동자들 사이의 소득에 비해 훨씬 더 비슷했다. 남부가 아닌 227개 도시의 1919년 표본에서 도시 단위 사무직 평균 임금의 변동계수는 생산직 노동자보다 작았다. 1909년부터 1914년으로 기간을 잡아도 명백히 비슷한 패턴이 발견된다. 임금 데이터는 미국 제조업 센서스에서 가져왔다. 데이터에 대한 상세한 설명은 다음을 참고하라. Goldin and Katz (1995).

29. 우리는 비가톨릭을 평신도가 성경을 읽는 것을 독려하는 비위계적 종파(루터파, 뉴잉글랜드 개신교 등)와 그렇지 않은 비위계적 종파(대부분의 복음주

의 종파)의 두 집단으로 나누었다. 하지만 가톨릭 비중만 통계적으로 유의했다. 인종은 미국 교육사에서 또 하나의 중요한 요소이지만, 1910~1940년에 흑인 인구는 다수가 남부에 살았으므로 주 단위의 회귀분석에 소득, 자산과 함께 남부 더미 변수를 넣었을 때 비백인 비중과 졸업률 사이에는 체계적인 관계가 거의 없었다.

30. Portland, Oregon (1920), p. 26.

31. 표 6.1의 1열부터 4열까지는 가중치를 적용하지 않은 것이다. 하지만 주의 인구 수로 가중치를 두어도 크게 달라지지 않는다. 5열과 6열은 각 주의 17세 인구로 가중치를 적용했다. 가중치를 적용하지 않은 추산치가 1928년과 1938년 사이의 졸업률 변화분에서 두 개의 극단적인 아웃라이어(델라웨어주와 네바다주)에 의해 영향을 받기 때문이다. 따라서 우리는 더 강건성이 높은, 가중치를 적용한 추산치를 제시했다.

32. 도시, 외국 출생, 가톨릭 인구 비중은 강한 공선성이 있고, 이들 변수 각각은 제조업 노동자 비중과도 공선성이 있다. 마찬가지로, 1인당 자산, 소득, 농업 소득, 자동차 등록 대수도 공선성이 있다. 우리는 공선성이 있는 변수들의 부분집합을 회귀분석에 사용했다.

33. 오늘날의 노인층은 교육을 더 많이, 더 양질로 제공하기 위해 부과되는 더 높은 과세를 [다른 지역으로 떠남으로써] 피할 수 있고 실제로도 피한다. 하지만 우리가 알아보고 있는 시기에는 교육 공공재에 돈이 많이 든다고 해서 노인층이 지역을 떠나려 하지도 않았고 떠날 수도 없었다. 20세기로 접어드는 전환기에 타운이나 마을에 사는 노인들은 종종 농촌에 사는 손주들을 데리고 살면서 고등학교에 갈 수 있게 했다. 이러한 해석은 혹스비(Hoxby 1998)가 20세기를 거치면서 학교 자금 지출에 노인층이 미친 영향이 어떻게 달라졌는지에 대해 논의한 바와도 부합한다.

34. 표 6.1의 2열에서 1인당 자산(로그값) 변수를 빼면 1인당 자동차 등록 대수의 설명력은 매우 커진다. 1928년에 25퍼센타일에 있는 주가 75퍼센타일에 있는 주로 올라가면 졸업률이 8%포인트 증가했다(평균 졸업률의 27%에 해당).

35. 1인당 자동차 등록 대수가 졸업률에 미치는 영향은 인구밀도, 도시인구 비중, 도로 접근성 등을 통제해도 강건성이 유지되었다. 1931~1932년 카운티 단

위에서 1인당 자동차 등록 대수와 학생 1인당 카운티의 공립 학교 지출 사이에 강한 상관관계가 있음을 보인 다음도 참고하라. Mroz, Rhode, and Strumpf (2006).

36. 린더트(Lindert 1994, 1996)는 20세기의 국가들에 대한 두 개의 횡단 연구에서 더 평등한 나라일수록 사회적 지출(현금 이전 프로그램 등)이 많아지고 가톨릭 비중이 높아질수록 사회적 지출이 낮아진다는 것을 발견했다.

37. 또한 우리는 1910년, 1920년, 1930년 데이터를 통합해 주별 고정효과를 통제한 모델로도 고등학교 졸업률을 추정해보았는데(여기에는 표시하지 않았다), 결과는 표 6.1의 1~3열에 나온 회귀분석 결과와 비슷했다. 1인당 자동차 등록 대수와 65세 이상 인구 비중은 주별 졸업률과 여전히 강한 양의 상관관계가 있었다. 가톨릭 비중과 제조업 고용 비중는 상관계수가 원래의 회귀분석에서와 비슷하게 나오긴 했지만 이 변수들은 주들 사이에 계속해서 차이가 나기 때문에 완전히 정확한 추정은 아니다.

38. 실제값을 가지고 회귀분석을 했을 때와 변화분값을 가지고 회귀분석을 했을 때 양수와 음수의 부호가 바뀌는 유일한 변수는 노인 관련 변수였다.

39. 여기에서는 자산(로그값) 변수 대신 1920년 농업 종사자 1인당 농업 소득(의 자연로그값)을 사용했다. 결과는 1922년의 자산(로그값)을 사용했을 때와 사실상 거의 차이가 없었다.

40. 역사적인 1944년 교육법Education Act은 1947년에 잉글랜드, 스코틀랜드, 웨일스의 의무교육 연한(학교를 떠나는 연령)을 14세에서 15세로 늘렸다. 14세까지만 다니고 학교를 떠나는 사람의 비중이 1945년 57%에서 [법이 통과된 이후인] 1948년에 10% 이하로 떨어졌다(Oreopoulos 2003). 또한 1944년 이후 중등 교육이 완전히 공공 자금으로 지원되었다는 점이 아마도 더 중요한 요인이었을 것이다. 전에는 수업료가 있었고, 장학금을 받는 소수를 제외하면 재력이 어느 정도 있는 집에서만 아이를 중등 학교에 보낼 수 있었다.

41. 미국에서 의무교육법의 변천은 다음을 참고하라. Steinhilber and Sokolowsi (1966). 골딘과 카츠(Goldin and Katz 2003)는 1910~1939년 기간에 대해 미국 모든 주의 의무교육법과 아동노동법의 주요 요소들을 상세히 고려했고, 이 절도 이 논문을 바탕으로 작성했다.

42. 데이비드 티야크(David Tyack 1974)는 교육사에서 널리 인용되는 저명한 저

서에서 이렇게 언급했다. "1890년에서 1918년 사이에 고등학교 등록률이 증가했다. … 중등 교육 등록률과 졸업률 곡선은 계속해서 치솟았다. 1920년에는 14~17세의 등록률이 61.6%였는데 … 1930년에는 73.1%가 되었다. … 이러한 통계가 시사하듯이, 20세기의 첫 20년간 의무교육법은 점점 더 큰 효과가 있었다"(p. 183). 그 밖에도 이제까지 많은 저명한 역사학자들이 의무교육법과 아동노동법이 진보시대에 10대 청소년의 학교 등록률이 증가하는 데 기여했다고 보았다. 예를 들어 다음을 참고하라. Troen (1975).

43. 에몬스(Emmons 1926, p. 134)는 학업 지속 학교에서 의무적으로 들어야 할 주당 수업 시간을 요약하고 있다. 23개 주가 1925년이면 학업 지속을 의무화한 법을 가지고 있었고, 8개 주는 주당 8시간, 9개 주는 4시간, 6개 주는 5시간 또는 6시간을 의무적으로 다니게 했다. 시카고의 학업 지속 학교에 대해서는 다음을 참고하라. Hogan (1985).

44. 이러한 변수들의 데이터 구성에 대한 상세 내용은 다음을 참고하라. Goldin and Katz (2003). 우리는 '노동청소년 교육 연수' 데이터를 아세모글루와 앵그리스트(Acemoglu and Angrist 2000)의 방법을 따라 구성했다. 단, t시기에 중등 학교 연령인 학생들이 학교 입학 연령이었을 때 적용되었던 의무교육법을 더 정확하게 포착하기 위해 8년을 제하고 $t-8$년을 잡았다. '의무교육 연수'에 대해서도 마찬가지의 방식을 사용했다.

45. 잔차의 자기상관 문제를 다루기 위해 주별 군집을 허용한 강건표준오차를 제시했다. 모든 회귀분석은 각 주의 당해 연도 14세 인구로 가중치를 적용했다. 회귀분석 결과는 가중치 적용 여부에 크게 영향받지 않았다. 우리의 작업은 다음의 연구와 설명변수는 다르지만 방법론은 비슷하다. Lleras-Muney (2002); Schmidt (1996).

46. 하지만 '의무교육 연수'가 중등 학교 등록률에 미치는 효과는 주별 추이를 포함하면 제거되며 '노동청소년 교육 연수'의 효과는 약화된다. 단, 학업 지속법의 효과는 변함없이 유지되었다. 다음을 참고하라. Goldin and Katz (2003).

47. 더 완전한 실증 분석은 다음을 참고하라. Goldin and Katz (2003). 이 저술은 의무교육법과 아동노동법이 그 법의 적용을 받은 코호트들(1896년부터 1925년 출생 코호트들)의 학력(교육 연수)에 미친 효과가 미미했음을 보여주었다.

48. 다음은 중등 학교의 성별 학생 수, 이들이 대학 예비과정에 있는지 여부, 성별 교사 수, 설립연도 등을 교육청에 보고한 약 7200곳의 공립 학교 목록을 제시하고 있다. US Commissioner of Education (1906). 단, 이 학교들의 4분의 1 정도가 초등학교 학생들도 포함하고 있으므로 모두가 고등학교인 것은 아니다. 고등학교 과정을 제공한 학교들의 실제 숫자는 여기에 보고된 숫자보다 20% 정도 많을 것이다. 하지만 과소집계된 [보고를 하지 않은] 학교들은 규모가 작은 학교들이었을 것이다(1930년대 이전에 미국 교육청에 보고된 학교 데이터는 부록 B, 표 B.4를 참고하라. 늦게는 1920년대 말까지도 15%가량의 학교가 과소집계되었음을 보여준다).

49. 우리는 1903년 연방 조사(US Commissioner of Education 1906) 중 5개 주 (조지아주, 아이오와주, 인디애나주, 매사추세츠주, 펜실베이니아주)의 모든 고등학교 정보를 코딩했다. 평균적으로 이 학교들의 25%가 초등학교 학생을 포함하고 있었다. 조지아주가 그 비중이 가장 컸고(45%), 인디애나주가 그다음(34%), 아이오와주가 가장 낮았다(9%).

50. 몇몇 주는 '무료 수업료 법'의 통과에 이어 고등학교의 요건을 명시적으로 명문화했다. 무료 수업료 법에 따라 고등학교가 없는 학교지구는 자신의 지구 안의 학생이 인근 학교지구로 가서 공부하는 수업료를 대신 부담해야 했다. 고등학교의 요건을 규정한 이유는 학생을 다른 학교지구로 보내는 데 돈을 내는 학교지구가 그 학생에게 합당한 고등학교 교육이 제공되고 있다는 것을 확신할 수 있어야 했기 때문이다. 또 다른 경우에는, 주립 대학이 고등학교 요건 명문화를 주도적으로 추진했다. 주가 인정하는 수준의 고등학교 교육을 받아서, 고등학교를 졸업한 학생들이 대학 과정에 적절하게 준비된 상태가 되게 하기 위해서였다.

51. 1910년 센서스의 전일제 학생 데이터를 말하며, 다음에서 볼 수 있다. Goldin and Katz (1999b), 표 2. 전일제 학생은 전년도 9월 1일 이후의 어느 시점에 학교에 출석하기 시작했고 노동을 하고 있지 않은 경우(소득을 올리는 직업을 가지고 있지 않다고 답한 경우)를 말한다. 1920년에도 도시 규모에 따라 비슷한 패턴이 발견되며, 이 패턴은 인종, 민족, 부모의 배경, 대지역 분류 등을 통제해도 유지되었다.

52. 센서스지역 더미도 포함했지만 표에는 표시하지 않았다. 가톨릭 비중을 포함

한 이유 중 하나는 종속변수가 **공립 학교** 등록률이므로 사립 학교인 종교 기반 학교가 공립 학교로부터 학생들을 끌어가는 정도를 나타내야 했기 때문이다. 하지만 공립과 사립을 **모두** 포함한 16~17세의 전체 학교 등록률(미국 센서스 데이터에서 구할 수 있다)을 종속변수로 해도 비슷한 결과가 나온다(다음을 참고하라. Goldin and Katz 2005). 모든 추정에서 가톨릭 인구 비중은 학교 교육률과 강한 음의 상관관계가 있었고, 그 효과는 외국 출생자 변수나 외국 출생인 부모의 미국 출생자 변수보다 더 강했다.

53. 우리는 기존 학교에 고용된 교사와 최근에 세워진 새 학교에 고용된 교사를 구별할 수 없었다. 따라서 학교당 교사 수의 변화는 모두 '심도 강화'로 간주했다. 학생들이 하루 중 일부를 교실 안이나 밖에서 그룹을 꾸려 보내고 교사가 모니터링을 하는 '플래툰 시스템'도 사용되었을 수 있다. 플래툰 시스템은 학교가 늘어난 학생 수를 감당할 수 있게 해주었다.

54. 1910~1911년에 브롱크스에서 초등학교를 졸업하고 고등학교에 가는 학생은 41%에 불과했다. 반면 퀸스는 71%, 맨해튼은 56%, 브루클린은 65%였다.

55. 1923년의 등록률 정보가 있는 280개 도시에 전국 공립 중등 학교 학생 중 34%가 거주했다. 1933년에는 1927년 데이터에 있다가 누락된 28개 도시 데이터를 조정했을 때는 36%가 거주했다. 1920년에 인구 2만 5,000명 이상의 도시는 미국 전체 인구의 36%를, 1940년에는 40%를 차지했다(*Historical Statistics*, 계열 A57~72). 큰 도시들 특유의 인구통계학적 특징, 그리고 학교 등록률과 도시 규모 사이의 관계 때문에, 이들 큰 도시들은 전국 중등 학교 학생 전체 중에서 차지하는 비중이 전국 인구 중에서 차지하는 비중보다 작다.

56. 1933년에는 보고하지 않았지만 1927년에는 보고했던 28개 도시 중 2개만 남부가 아니었다. 1937년에 보고하지 않았지만 1927년에는 보고했던 47곳 중에서는 3개만 남부가 아니었다. 많은 남부 도시들이 왜 1930년대에 교육청 서베이에 보고를 재개하지 않았는지는 분명치 않다.

57. 대공황의 영향에 대해서는 다음을 참고하라. Tyack, Lowe, and Hansot (1990).

58. 일부 학생들은 공적으로 자금이 충당되는 대학 예비과정에 있었다. 우리는 '사립'이라는 표현을 단지 공립 고등학교와 구별하기 위한 의미로 사용했다. 어쨌든 대부분의 대학 예비과정은 사립이었다.

59. 예를 들어 1880년에 2만 6,000명이 예비과정에 있었고 이 중 1만 2,000명이 대학에 가기 위해 준비하고 있었다. 동시에 미국의 모든 종류의 칼리지와 종합대학에 총 11만 6,000명의 학생이 다니고 있었다. 1880년의 예비과정생 대다수는 남부, 중부, 서부 주들에 있었다(*Annuals* 1880, p. cxxxi).

60. 사립 학교 등록생 수는 1930년에서 1934년 사이에 감소했다. 절대 숫자가 감소한 유일한 기간이다.

61. 우리가 중등 교육 등록률과 졸업률에 대해 종합한 데이터(부록 B 참고)는 공립 학교만 성별로 구분되어 있다. 그래서 공립 학교의 남녀 비율을 사립 학교에도 적용했다. 남아가 사립 학교에 더 많이 다녔을지 모르고 대학 예비과정에도 남아가 더 많았을지 모른다. 만약 그렇다면 우리의 데이터에서 전체 숫자는 여아의 수가 부풀려지는 쪽으로 편향된 것일지 모른다. 하지만 그렇지 않다. 우리는 1940년부터 1970년까지 센서스 IPUMS 데이터상의 성인 학력 데이터를 사용해서도 1892~1911년생 코호트(1910~1929년에 고등학교 졸업 연령)의 중등학교 졸업률을 알아보았는데 여아들이 평균 5%포인트 더 높다는 비슷한 결과를 발견했다. 교육 수준에 대한 센서스 데이터는 공립과 사립을 모두 포함한다.

62. 이 데이터는 주별 중등 학교 졸업률에 대한 우리의 자료(부록 B)에서 가져온 것이고 젊은 층 인구 수로 가중치를 적용했다. 이 데이터는 1910~1913년은 연간이고 나머지는 격년간이다. 따라서 1910년대는 관찰 연도가 1920년대보다 하나 더 많다.

63. Vermont Superintendent of Education (1900), p. 36.

64. Iowa Department of Public Instruction (1893), p. 25.

65. *Annuals*(1904).

66. Thorndike (1907), p. 246.

67. '주된'이라는 말은 대학으로 학업을 지속할 계획인 학생이 과반은 아니더라도 가장 많은 비중이었거나 많은 주에서는 사실 과반의 비중이었다는 것을 의미한다.

68. 아이러니하게도 고등학교 운동의 여명기인 1893년에 발간된 저명한 《10인 위원회Committee of Ten》 보고서는 미국 중등 학교의 교과목이 모든 젊은이가 대학에 갈 수 있게 마련되어야 한다고 제안하고 있다. 이 보고서는 전미교육협

회National Education Association의 의뢰로 작성되었고 위원장은 찰스 엘리엇Charles Eliot(하버드대 총장)이었다. 미래를 보기보다 과거를 보고 쓴 보고서였던 셈이다. 다음을 참고하라. Herbst (1996), 9장; Sizer (1964b).

69. 스미스와 워드(Smith and Ward 1984)도 연방 센서스에서 출생 코호트별 남성 학력 데이터를 사용해 이 점을 주장했다. 우리도 센서스의 미국 출생 성인 남성 학력 데이터를 사용해 고등학교 운동 시작 시기(1886~1890년 출생 코호트)에는 남성 고졸자의 52%가 대학 교육을 적어도 일부 받았지만 고등학교 운동 말기(1916~1920년 출생 코호트)에는 이 숫자가 43%로 줄었음을 발견했다. 1930년대 말과 1940년대 초 출생 코호트가 되어서야 남성 고졸자 중 대학에 진학하는 사람 비중이 증가해 1886~1890년 코호트 수준을 회복하고 곧 능가하게 된다.

70. 고등학교 졸업자의 이후 단계로의 학업 지속에 대한 데이터는 여러 교육 역사학자들이 초점을 둔 데이터였다. 크루그(Krug 1962)는 과반이 훨씬 넘는 대다수의 고졸자가 대학에 갔던 것처럼 오도하는 경향이 있었던 1900년대 초에 구성된 데이터의 오류를 바로잡았다. 크루그에 따르면, 이 문제는 과거의 데이터가 대학생 수와 고졸자 수를 부정확하게 비교한 데서 비롯했다. 대학생 중에는 고등학교를 졸업하지 않고 집에서 가정교사에게 배웠거나 대학의 예비과정을 다니고 대학생이 된 경우들도 있었기 때문이다. 크루그의 데이터는 여기에서 우리가 제시한 것과 부합한다.

71. 또 다른 방법은 대학 1학년 학생 수와 고졸자 수를 비교하는 것이다. 하지만 당시에 대학 수준의 첫 학위는 종종 법학 과정이나 의학 과정 같은 전문직 과정에서 주어졌고, 이 초창기 시기에 이러한 전문직 과정 학생들은 대학 학위 과정을 밟는 학생들과 별도로 구분되지 않았다.

72. 도시 인구는 1910년 데이터다.

73. 라비치(Ravitch 2000)는 1920년대에 고등학교 교과목이 달라지고 희석된 이유가 고등학교가 학생들에게 대학 진학을 준비시키는 곳에서 고등학교 자체로 최종 학력 졸업장을 주는 곳으로 바뀌어서가 아니라 진보시대 개혁가들의 좋은 의도가 이상하게 흘러갔기 때문이라고 주장했다. 고등학교 졸업자 중 대학에 진학하는 사람 비중은 1910년대가 그 이후보다 높았고, 전국적으로 이 비중은 매우 높아서 많은 고등학교들이 학생들을 대학에서 공부할 준비가

되도록 가르치고 있었다(대학에 안 가는 학생들도 있었지만 말이다). 진보시대 개혁가들이 목적한 바에서 실패했느냐는 다른 문제다. 이에 대해서는 다음도 참고하라. Angus and Mirel (1999).

74. 교육사학자들은 이 변화가 1893년《10인 위원회》보고서의 제안으로부터 1918년《주요 원칙Cardinal Principle》(National Education Association 1918)으로 전환된 데 따른 전미교육협회National Education Association의 변화와 관련 있다고 본다. 하지만 1918년의 보고서는 이미 전국적으로 중등 학교들에서 진행되고 있었던 변화를 반영했을 뿐이었다. 이것은 굉장히 영향력 있었던 문서로 여겨지지만, 사실은 그 전부터 존재했던 추세인 비학술적인 과목을 다양하게 가르치는 추세를 단지 더 강화한 것에 불과했다.

75. 일반적인 구분은, '고전' 과정에는 라틴어가 포함되었고 '영국식' 과정에는 라틴어 대신 현대어가 포함되었다.

76. 뉴욕주의 아카데미들 중 주 정부의 자금을 받는 (그리고 주에 법인으로 등록된) 아카데미들은 교과목을 주 당국에 보고해야 했다. 미국 역사에서 '직업주의vocationalism'(이것이 무엇을 의미해왔으며 왜 성공하지 못했는지)에 대한 한 견해는 다음을 참고하라. Grubb and Lazerson (2004).

77. Washington State (1922), p. 294.

78. 이 결론과 이후 단락들의 결론에는 몇 가지 자료원을 함께 사용했다. 1900~1929년의 고등학교에 대해서는 아이오와주 오툼와의 고등학교 교과목을 사용했고(Ottumwa, IA, 여러 연도) 1917~1934년에 대해서는 아이오와주 대븐포트의 것을 사용했다(Davenport, IA, 여러 연도). 그리고 1924년 아이오와주의 작은 도시들에 대해서는 아래에 인용되어 있다.

79. 오툼와의 데이터는 오툼와 시의 학교들에 대한《연간 디렉토리Annual Directory》에서 가져왔다(Ottumwa, IA, 1900~1929년의 여러 연도). 이 35개 과목에 수학 과목들은 포함되어 있지 않다(목록에 기록되지 않았기 때문이다). 과학 과목은 3개에서 6개로, 역사는 1개에서 3개로, 영어는 1개에서 5개로 늘었다.

80. 이 데이터는 다음에서 가져왔다. Iowa (1925). 20개의 타운과 소도시는 무작위로 선정했다.

81. 영문학과 수사학이 그러한 사례인데, 1915년에는 서로 다른 과목으로 목록에 기재되어 있지만 1922년에는 한 과목으로 통합되어 있다. 몇몇 학교에서

는 이 두 과목이 통합되어 있어서 [1915년에는] 이 중 한 과목만 등록한 학생도 자동적으로 다른 과목에까지 올라갔을 것으로 보인다. 1915년과 1922년 사이에 숫자가 급격히 달라지고 1915년에 이 두 과목의 학생 수가 동일한 것을 보면 이렇게 짐작할 수 있다.

82. 그 다음번의 교과목 조사는 1949년에 있었다.

83. 이 계산은 모든 과목이 주당 동일한 수업 시간을 가졌다고 가정했다. 이 데이터는 《장기 통계, 새천년판Historical Statistics, Millennial Edition》(표 Bc115~145)의 것을 클라우디아 골딘이 종합한 것이다. 위에서 설명한 이유 때문에 우리는 1915년의 영문학과 수사학의 총합을 100으로 잡았는데, 이는 모든 학생이 둘 중 하나를 들었거나 둘이 합해진 과목을 들었다는 의미다. 나중 기간인 1922~1934년에도 대략 이와 상응하는 데이터가 존재한다.

84. 여러 주에서 1925년에 공립 고등학교 학생들이 들은 교과목에 대해서는 다음을 참고하라. Davis (1927), 표 53. 9, 10학년 중 영어를 들은 학생 비중이 11, 12학년 중 영어를 들은 학생 비중보다 훨씬 컸다. 또한 훨씬 많은 비중의 학생이 고급 대수와 고급 기하보다 초급 대수와 초급 기하를 들었다.

85. 중등 학교 통계의 구성에 대해서는 부록 B를 참고하라. 기본적인 출처는 여러 연도의 《격년간 보고서》들이다.

86. 실제 숫자는 수업이 학년별로 어떻게 분포되어 있었는지에 달려 있다. 전체적인 감소 폭은 모든 학생 중 76.9%에서 56.2%로 줄어서 21%포인트였다. 초기 수준 대비로 보면 27%가 감소한 것이다. [감소 폭이 최대한 학년 간의 구성비 차이로 설명된다고 보고 그것으로 설명 안 되는 나머지인 각 학년 내에서의 감소 폭을 알아보았을 때] 각 학년 내에서의 감소 폭에 대해 가장 낮게 잡은 추정치는 모든 저학년 학생들이 전체 숫자와 부합하는 한에서 최대한 많이 수학 과목을 들었다고 가정하고 잡은 숫자다. 그러면 9학년과 10학년 중에서는 감소 폭이 7%포인트, 11학년과 12학년에서는 감소 폭이 6%포인트가 된다. 각 학년 가중평균으로는 6.6%포인트 감소가 되고, 초기 수준인 76.9% 대비로는 8.6% 감소가 된다.

87. 다양한 학술적, 비학술적 교과목에 대해서는 다음을 참고하라. *Historical Statistics, Millennial Edition*, 표 Bc115~145.

88. 연방 정부가 기술 교육에 자금을 지원하도록 한 스미스-휴즈 법Smith-Hughes Act

이 1917년에 통과되었다. 하지만 이 법은 이 자금을 상업 교육에 사용하는 것에 대한 조항은 없었다. 따라서 이 법이 1920년대 초에 공립 고등학교에서 상업 교육이 크게 증가한 원인은 아닐 것이다. 다음을 참고하라. McClure, Chrisman, and Mock (1985).

89.   상업 학교 학생은 주간과 야간을 모두 포함한 것이다. 공립 및 사립 상업 학교 등록생 데이터는 다음에서 가져왔다. *Annuals* 1892~1893(vol. 2, p. 2020); *Annuals* 1899~1900 (p. 2470); U.S. Office of Education (1920), 표 1; Bolino (1973); Proffitt (1930), 표 1; Weiss (1978), 표 1-3.

90.   대부분의 중학교는 7학년부터 9학년까지였다. 1923년에 (아마도 전체 도시 280개 중) 중학교가 있었던 133개 도시의 79%는 중학교가 7학년에서 9학년까지였고 나머지는 중학교 과정이 1년제부터 4년제까지, 6학년부터 10학년 사이에서 1년제부터 4년제까지 다양했다. 1927년에 (아마도 287개 도시 중) 중학교가 있었던 195개 도시 중 88%는 중학교가 7~9학년이었다. 부록 C를 참고하라.

91.   고등 학교 과정을 가르치는 공립 고등학교 교사 수는 표 6.4를 참고하라. 초등학교 교사 데이터도 같은 출처다. 고등학교 교사 수에서 낮게 잡은 수치에는 1930년의 중학교 교사를 제외했고 높게 잡은 수치에는 포함했다(중학교의 낮은 두 학년 교사는 초등학교 교사 데이터에 포함했다). 이 데이터는 공립 학교 교사만 다루고 있다. 공립 분야가 사립을 누르면서 증가하고 있었기 때문에 전체의 증가율은 이보다 작았을 것이다. 공립과 사립을 모두 포함한 추정치로 계산했을 때 연평균 증가율이 7.6%가 나온다(*Historical Statistics*, 계열 H424, H429). 학생 1인당 교사 수가 달라지지 않았다면 공립 및 사립 고등학교 교사 수가 그만큼, 혹은 그것과 공립 학교만으로 계산한 숫자와의 중간 지점쯤만큼 늘었을 것이다.

92.   이 계산은 215개 도시의 균형 패널을 사용했다(출처에 대한 상세 사항은 표 6.4와 부록 C를 참고하라).

93.   중등 교육 교사의 봉급, 성별 구성, 학력 등에 대한 데이터는 대부분의 주와 도시의 연간 또는 격년간 보고서에 존재하지 않는다. 임금 정보는 있지만 데이터가 일반적으로 남녀를 구분하지 않고 있다. 따라서 캔자스주와 캘리포니아주의 데이터는 고유하다. 다음을 참고하라. Frydman (2001).

94. 1920년대 말에는 캔자스주의 큰 도시에서 여성 교사 비중이 감소했고 마을에서도 감소했다. 마을에 대해서는 1차 대전 시기 데이터가 존재하지 않는다.

95. 기혼 여성 고용 금지에 대해서는 다음을 참고하라. Goldin (1990, 1991).

96. 캔자스주 도시 중 두 곳은 1922년 데이터가 없지만 평균적으로는 1922년도 1920년(70%)과 다르지 않았다. 대학 학위가 있는 고등학교 교사 비중은 캔자스주의 나머지 지역에서는 훨씬 크게 증가했다. 1912년에는 49%가 4년제 학위를 가지고 있었지만 1920년에는 60% 이상이 가지고 있었다. 나머지 대부분은 2년제인 노멀스쿨을 졸업했다.

97. 오리건주의 고등학교의 데이터(Oregon 1923)는 1,616명의 교사, 교장, 장학사에 대한 정보를 포함하고 있다.

98. 우리는 대학 목록과 졸업 연도를 가지고 대학 졸업률을 추정했다.

99. 1922년 캔자스주의 4년제 대학 졸업자는 여성 475명, 남성 630명 정도였는데 1930년에는 여성 1,000명과 남성 1,100명이 되었다. 캔자스주의 고등학교 교사 수는 1922년에서 1930년 사이에 1,000명 정도 증가했고 4년제 대학을 졸업한 교사 비중은 60% 정도에서 80% 정도로 증가했다. 대학을 나온 교사에 대한 수요가 빠르게 증가했지만 공급도 마찬가지로 빠르게 증가한 것으로 보인다.

7장 20세기의 대학 교육 대중화

1. 1944년 12월 11일자 《뉴욕타임스》가 보도했듯이, 고등학교를 졸업하지 않은 제대군인 사이에서도 마찬가지였다. "고등학교로 돌아가고 싶어 하는 제대군인은 별로 없다. 그들은 그들의 경험이 고등학교를 졸업하지 않았어도 다음 단계로 대학에 가기에 충분하다고 생각한다."

2. 이 법안이 논의되었을 때 처음에는 교육이 그리 핵심이 아니었다. 나중에는 핵심이 되지만, 처음에는 교육 혜택을 신청하고 받을 사람들의 비중은 과소평가되었고 전후 국내 경제의 잠재적 실업 문제는 과대평가되었다. 이 법의 첫 항은 참전 군인들에게 실업 급여를 주당 20달러씩 52주간 보장하는 내용이다. 루즈벨트는 1942년부터 내내 계획 단계에 있었던 이 법에 디데이 2주 전인 1944년 6월 22일에 서명했다.

3. 보상 측면에 더 초점을 둔 견해는 다음을 참고하라. Stanley (2003). 더 광범

위한 효과에 대해서는 다음을 참고하라. Bound and Turner (2002).

4. 20세기 말이면 대학 교육을 일부라도 받은 젊은 미국인의 비중은 대학 교육이 대중화되었다고 말하기에 충분할 만큼 컸지만 4년제 학위를 마친 비중은 훨씬 적었다. 1940년대 말 출생 코호트부터 1970년대 중반 출생 코호트까지 여성 사이에서는 이 비중이 크게 증가하지만 남성 사이에서는 대졸자 비중이 그리 크게 늘지 않았다(그림 7.1을 참고하라).

5. 대학 교육에서 성별 격차의 역전에 대한 더 상세한 논의는 다음을 참고하라. Goldin, Katz, and Kuziemko (2006).

6. 이 숫자는 독립적인 특수 전문직 대학과 신학 대학은 제외한 것이다. 이들 특수 대학도 포함하면 2000개 정도의 4년제 대학이 있었다. 공립 대학 학생이 사립보다 압도적으로 많았다. 이에 대해서는 이 장의 나중 절에서 상세히 논의할 것이다.

7. 이 데이터는 NSF[국립과학재단National Science Foundation]의 WebCASPAR [Computer Aided Science Policy Analysis and Research Database System]와 NCES[국립교육통계센터National Center for Education Statistics]에서 가져왔으며 NCES는 IPEDS통합고등교육데이터시스템[Integrated Postsecondary Education Data System] 데이터를 사용한다.

8. 영국에서 학부 학위를 수여하는 교육기관의 종합적인 목록을 다음 웹사이트에서 볼 수 있다. Higher Education and Research Opportunities in the United Kingdom (HERO). http://www.hero.ac.uk/uk/home/index.cfm. 개별 학교의 웹사이트에는 설립연도와 학부 학위 수여 기관으로 승인받은 연도가 나와 있고 우리는 이것을 사용했다. 독일 대학들에 대해서도 종합적인 목록과 개별 학교 웹사이트를 참고했다. http://www.mit.edu:8001/people/cdemello/geog.html. 인구는 15~19세 범위에서 적절하게 잡았다. 1950년 독일 숫자는 동독과 서독을 모두 포함한 것이다. 미국 숫자는 4년제 대학을 포함하고 있으며, 1900년에 550개, 1950년에는 1,150개, 2005년에는 1,400개가 있었다. 1900년과 1950년의 숫자들은 보수적으로 잡은 것이고 독립 전문직 학교와 신학교는 제외한 것이다.

9. 이 데이터와 이 절의 여타 데이터는 1922~1924년과 1932~1934년《격년간 보고서》의 대학 정보를 사용했으며, 여러 가지 대학 안내 편람(College Blue

Book 1933 등)도 사용했다.《격년간 보고서》는 1938~1940년의 것이 개별 교육기관별로 정보가 수록된 마지막 발간물이다. 여기에 독립적인 특수 전문직 대학과 신학 대학은 제외되어 있다. 상세한 내용은 다음을 참고하라. Goldin and Katz (1999a). 적어도 하나의 고등 교육기관을 설립한 종교 집단은 26개였다. 여기에서 '종교 집단'은 공식 종교(가령 루터파)를 의미하며 더 하위 분류(가령 노르웨이 루터파)를 의미하지는 않는다.

10.   조지아 대학의 설립 자금은 토지 대장의 형태로 제공되었다. 이것은 연방 토지 공여 대학의 표본이 되었다.

11.   연방 의회는 오하이오 컴퍼니가 대학 설립을 위해 두 개의 타운십을 별도로 할당하도록 했다.

12.   1860년과 1900년의 대학 숫자는 1990년대에도 존재한 것들만 포함한 것이다. 1930년에 존재하고 있었던 대학들로 다시 계산했을 때도 비슷한 결과를 얻을 수 있었다. 규모가 작은 사립 대학이 공립 대학이나 규모가 큰 사립 대학보다 훨씬 많이 파산했을 것이므로 과거에는 사립의 비중이 이 데이터의 숫자가 드러내는 것보다 많았을 수 있다.

13.   1636~1784년에는 28개 밖에 없었기 때문에 그래프는 1785~1790년부터 그렸으며 간단하게 나타내기 위해 5년 간격으로 표시했다. 독립된 특수 전문직 대학(군사학교, 의학교, 법학교, 종교 학교)은 1992년 목록에서 제외했다.

14.   1992년에 존재하고 있었던 대학 대신 1934년에 존재하고 있었던 대학으로 보아도 대학 설립이 정점에 이른 시기는 동일하다.

15.   이 순위는《US뉴스 앤드 월드 리포트》웹사이트에 게시된 '미국의 가장 좋은 대학 2006년America's Best Colleges, 2006'에서 가져온 것이며, 학부 교육 관련 지표들에 상당한 가중치가 적용되어 있다. 브랜다이스 대학은 특이한 경우다. 유대인 학자와 학생들은 오랫동안 차별을 받아왔고 많은 유대인 학자들이 전쟁 중에 미국에 망명을 신청했으며 유대인 공동체가 좋은 대학을 세우기 위한 자금을 모았기 때문에 세워졌다.

16.   상위 20개 교육기관 중 미국 교육기관이 아닌 3개는 케임브리지대, 옥스퍼드대, 도쿄대였다. 이는 상하이자오퉁 대학의 2005년 대학 순위에 따른 것이다.《이코노미스트The Economist》에 인용되어 있다. http://ed.sjtu.edu.cn/rank/2005/ARWU2005_Top100.htm. 이 순위는 연구 성과, 주요 연구 수상

기록, 학계의 인용 지수(학교 규모로 조정)를 가중평균한 것이다. 하지만 과학에 과도하게 강조점을 둔다는 비판을 받았다. 《타임스 하이어 에듀케이션 서플리먼트Times Higher Education Supplement》(런던의 TSL에듀케이션TLS Education이 소유하고 있다)도 비슷한 목록을 내놓는데, 여기에는 상위 20개에 미국 대학이 12개, 영국과 호주 대학이 5개 포함되어 있다.

17. 과학 및 공학 데이터는 다음에서 가져왔다. 2003 NSF-NIH 대학원생 서베이 2003 NSF-NIH Survey of Graduate Students. 다른 모든 데이터는 IPEDS 데이터를 사용하는 WebCASPAR에서 가져왔다.

18. 노벨상은 화학, 물리학, 의학상을 사용했고 미국 출생 수상자로 한정했다. 어렸을 때 이민 온 사람을 포함하면 1935년까지의 숫자는 41%가 되고 1936년부터의 숫자는 11%가 된다. 1955년 이후에 박사 학위를 받았고 유럽에서 공부한 사람은 상당수가 전미과학재단이나 포드 재단을 통해 자금을 지원받았고 상당 비중이 덴마크 코펜하겐에 있는 닐스보어 연구소Niels Bohr Institute에서 연구했다. 노벨상 정보와 인물 정보는 다음에서 찾아볼 수 있다. http://nobelprize.org/.

19. 커뮤니티 칼리지의 역사와 미국 고등 교육 시스템에서 커뮤니티 칼리지의 역할에 대해서는 다음을 참고하라. Kane and Rouse (1999).

20. 우리는 1900년에 4년제 대학이 550개, 1933년에는 780개, 2000년에는 1,400개 있었다고 추산했다. 독립된 신학교와 특수 전문직 학교, 또 그 밖의 영역에서 고도로 특화된 곳들은 제외했다. 학부생 수, 대학원생 수, 전문 대학원생 수는 1897년, 1933년, 1900년대 초의 데이터다.

21. 여기에 주어진 데이터에 독립된 교육 대학과 2년제 대학, 대학의 예비과정은 제외되어 있다. 더 상세한 내용은 다음을 참고하라. Goldin and Katz (1999a), 데이터 부록.

22. 우리는 학교 단위 정보가 풍부하게 존재하는 여러 연도(1897, 1923, 1933년)에 대해 미국 교육청의 《연간 보고서》와 《격년간 보고서》에서 데이터를 수집했다.

23. 학교 단위와 주 단위 모두에서 총 연구 자금 규모에 대해서는 좋은 측정치가 없다. 하지만 공립 학교와 사립 학교의 '별도로 예산이 할당된 연구'를 위한 지출 데이터는 있다. 여기에 교육 대학 노멀스쿨, 2년제 대학은 포함되지 않

왔다. 이 지표로 보았을 때, 1933년에는 모든 사립대학에서 교육 지출과 일반 지출의 2.4%가 연구에 할당되었고, 공립 학교에서는 9.3%가 연구에 할당되었다. 사립 학교의 연구비 지출 비중이 가장 높은 주는 뉴저지주였다. 주 정부의 지원을 받지만 사립이었던 럿거스 대학이 있었기 때문이다. 출처:《격년간 보고서》(1932~1934), 표 22.

24. 1990년대 초 데이터(5년 평균)는 WebCASPAR의 자료다. 2년제, 노멀스쿨, 독립된 교육 대학, 독립된 특수 전문직 대학, 독립된 신학교는 제외했다. 학생은 등록된 학생 모두를 포함했다. 사립 대학생 대비 공립 대학생 수 비율이 최근에 대체로 일정했던 이유는 공립 대학의 수가 사립에 비해 증가했기 때문이다.

25. 2001년에 수여된 학사 학위의 수를 기준으로 순위를 매겼다. 피닉스 대학은 제외했는데, 이곳은 성인 노동자를 위한 곳이고 온라인 프로그램이 많기 때문이다. 상위 25개 중 유일한 사립은 유타주의 브리검 영 대학이었다. 데이터 출처: WebCASPAR.

26. 다음의 논의를 참고하라. Veysey (1965).

27. 우리는 모든 학생 데이터를 사용했다(예비과정은 제외). 이 이른 시기에는 전문직 과정의 많은 학생들이 여기에서 대학 교육에 준하는 첫 학위를 받았으므로 '학부생'으로 간주될 수 있었기 때문이다.

28. 다음의 훌륭한 논의를 참고하라. Starr (1982).

29. 의학 전문 대학원만 이 인과관계가 모호하지 않다. 플렉스너 보고서는 독립된 의학교가 기존의 종합대학에 통합되게 하거나 종합대학이 의대를 설립하게 하는 계기가 되었다.

30. 전문직 교육에 대해서는 다음을 참고하라. Abbott (1988). 늦게는 1934년까지도 당해 년도 대학 안내 책자인《대학편람The College Blue Book》(1933)에 포함된 122개의 법학교 중 10.7%만 입학 시에 4년제 대학 졸업 자격을 요구했다. 67.2%는 1학기~2년 사이의 대학 교육을 요구했고 9.0%는 고등학교 졸업장만 요구했다.

31. 예를 들어 다음의 논의를 참고하라. Kevles (1979).

32. 이 데이터는 다음에서 가져왔다. Kaplan and Casey (1958), 표 6.

33. 이 개념들은 다음에 크게 의존했다. Rossiter (1979); Ross (1979).

34. 우리의 표본은 카이거(Kiger 1982)가 이 주제에 대해 마지막 권을 쓴 해인

1980년경에 미국에 존재한 모든 전국 학회 중 미국학회협의회American Council of Learned Societies의 현 회원 학회인 곳들을 포함하고 있다.

35. 호프스태터와 하디(Hofstadter and Hardy 1952, p. 31)는 "1910년이면 교육 기관으로서 미국 대학들의 모양이 잡혔다"고 언급했다. 베이시(Veysey 1965)는 어떻게 해서 연구 대학의 증가나 전문직 과목의 증가와 같은 여러 요소가 1910년이면 고등 교육에서 당연한 사실로 받아들여지게 되었는지 논의하고 있다. 과학적 방법론, 실용성 지향의 학과들, '강의'식 교수법(Handlin and Handlin 1970), 전문화, 세분화(Bates 1965; Kimball 1992; Oleson and Voss 1979)가 여러 차원에서 지식 세계를 휩쓸면서 모든 것이 달라졌다.

36. 오닐(O'Neill 1971, 표 3)은 학점 수로 공립과 사립 영역에서 1930년부터 1968년까지 등록생 변화를 살펴보았는데 1952년경까지는 상향 추세가 거의 없었음을 발견했다. 하지만 오닐의 데이터는 교직 기관을 포함하고 있으며, 이것을 조정하면 우리의 데이터와 일치한다.

37. 1941년에 275개의 교대가 학부 학위를 제공했다. 이때가 역사적으로 가장 많았고 이 숫자는 1949년에 218개로 줄어든다. 1949년은 교대를 별도로 집계한 마지막 해이고 이때는 비슷한 숫자의 2년제 공립 교대가 4년제 주립 대학으로 바뀌고 있었다. 이 데이터와 2년제 대학 데이터는 다음을 참고하라. *Historical Statistics, Millennial Edition*, 표 Bc510~522.

38. 1860년에는 뉴잉글랜드 지역과 대서양 중부 지역의 9개 주 중에서 버몬트주와 펜실베이니아주만 주립 대학이 있었다. 주립 대학의 설립에 대해서는 다음을 참고하라. Brubacher and Rudy (1958).

39. 19세기 뉴욕주에서는 아카데미 중에서도 보통학교 교사를 배출하기 위한 자금을 주 정부로부터 지원 받은 곳이 있다.

40. 로젠버그와 넬슨(Rosenberg and Nelson 1996)은 1940년대 이전에 '지역 공공재' 생산에 주립 대학과 사립 대학이 수행한 역할을 논의하고 있으며 나중에 국방과 보건 관련 연구로의 이동을 논의하고 있다. 주 정부가 대학에 재정 지원을 하는 데 대해 제시된 또 다른 이유는 꼭 현재의 산업과 관련이 없더라도 그 주의 경제성장을 촉진하고 산업 발달을 일으키는, 지역 단위의 스필오버 효과가 있다. 다음을 참고하라. Jaffe (1989).

41. 1940년에 정부에서 일하는 엔지니어 비중은 정부 계약으로 일하는 민간인

엔지니어도 포함하면 더 커질 수도 있다. 1940년이 국방 지출이 크게 증가하기 전임에 주의하라.

42. 남북전쟁 이전에 설립된 28개의 주립 대학 중 19개가 남부에 있었다(딥사우스와 준남부 주들 모두 포함).

43. *Historical Statistics*, 계열 Y684~685, F1.

44. 이어지는 내용은 이 논문의 더 상세한 버전인 골딘과 카츠의 1999년 논문(Goldin and Katz 1999a)과 이들의 또 다른 연구인 다음에서 도출한 것이다. Goldin and Katz (2001b).

45. 우리는 표준적인 BLS 소비자 물가지수를 사용했다. 《장기 통계, 새천년판》, 표 Cc1과 BLS 웹사이트에 있는 데이터를 사용했다.

46. Goldin and Katz (1999a), 그림 7.

47. 우리가 여기에서 사용한 데이터는 1994년 것이다.

48. 거주민 지위는 일반적으로 부모의 지위를 의미한다. 대학생 중 자신의 주에 있는 대학에 등록한 학생의 비중은 1897년에 76.4%였고 1923년에는 75.6%, 1931년에는 80.3%였다. 혹스비(Hoxby 1997)는 이 데이터를 이용해 전국적인 교육 시장의 변천을 추적했다.

49. 다음을 참고하라. Goldin and Katz (1999a), 표 3.

50. 늦게 생긴 주가 유리한 점 중 하나는 연방 정부가 고등 교육을 위해 새로운 주에 토지를 점점 더 너그럽게 공여했다는 점일 것이다. 하지만 이 관계는 원래의 13개 주와 메인주, 버몬트주를 제외해도 성립한다. 더 최근의 주의 고등 교육과 연방에 편입된 연도의 관계에 대해서는 다음을 참고하라. Quigley and Rubinfeld (1993).

51. 이 데이터는 주크(Zook 1926)에서 가져온 것이고 여기에는 미국의 어느 곳에서라도 대학을 다니고 있는 각 주의 남녀 주민이 포함되어 있다. 2년제와 교대는 제외했지만 전문직 대학과 기술 대학은 포함했다.

52. *Digest of Education Statistics* 2005, 표 328. 총수입에 병원과 부속 서비스에서 온 것은 제외되어 있다.

53. 학생들이 내야 하는 여러 요금도 학비에 포함했다.

54. 공립 영역의 등록금을 말하며 일반적으로 주의 플래그십 대학의 등록금을 의미한다. 하지만 몇몇 데이터는 모든 주립 대학을 포함하고 있다. 1964년부터

2004년까지처럼 두 데이터가 모두 존재하는 경우, 플래그십 대학의 등록금과 해당 주 주립 대학 전체의 등록금 평균은 대략 동일하다. 사립 대학 학비는 종합대학의 학비이고, 실제로 학생이 지출하는 비용이라기보다는 '스티커 가격[명목 표시 가격]'이다.

55. 캘리포니아주 마스터플랜과 이 플랜이 도입되기 전에는 각종 대학에 학생들이 어떻게 분포했는지에 대한 더 상세한 내용은 다음을 참고하라. California Liaison Committee (1960).

56. WebCASPAR의 주별, 교육기관별 데이터. 이 데이터는 해당 교육기관이 수여하는 가장 높은 학위를 기준으로 고등 교육기관에 다니는 모든 학생에 대한 가을학기 등록 정보를 담고 있다. 4년제와 2년제 모두 포함되어 있다.

57. 《미국의 과학자》는 과학 학회의 모든 회원 중 서베이에 응답한 사람들의 정보를 담고 있다. 다음을 참고하라. Cattell (1938, 1960). 순수 과학의 발달에 대한 기여도를 기준으로 선정되었다. 우리는 목록에 있는 모든 개인을 'b'부터 시작해 성의 알파벳 순으로 정리했고 현재의 소속 기관을 토대로 분류했다. 1938년에는 1,501개의 사용가능한 목록이 있었고 1960년에는 2,541개가 있었다.

58. 1930년대부터 1960년대까지 대학원 과정 순위도 비슷한 결과를 보여준다. 예를 들어 다음을 참고하라. American Council on Education (1934); Catter (1966). 우리는 과학과 공학에서 주요 과정들의 순위를 조사했다. 최상위 학과들에서는 공립 쪽으로 약간의 움직임이 있었다.

59. 1928/1932년과 1969년의 비교에 사용된 16개 주요 분야는 식물학, 화학, 고전, 경제학, 공학, 영문학, 지질학, 독문학, 역사학, 수학, 철학, 물리학, 정치학, 심리학, 사회학, 동물학이었다. 1928/1932년의 박사 학위자의 72%와 1969년의 53%(교육학 학위를 제외하면 각각 82%와 65%다)가 여기에 해당했다. 1969년과 1993년의 비교에는 생화학(분자생물학 포함), 화학, 경제학, 공학(화공, 토목공, 전자공, 기계공), 영문학, 역사학, 수학, 음악, 철학, 물리학, 정치학, 심리학, 사회학이 포함되었다. 1969년과 1993년 모두 박사학위자의 50%가 여기에 해당했고 교육학 학위자를 제외하면 60%가 해당했다(《교육통계요약》(1970, 1997)). 학과 간 순위는 다음에서 가져왔다. American Council on Education (1934); Roose and Anderson (1970); Goldberger,

Maher, and Flattau (1995). 1928/1932년의 학과 간 순위는 범주로 묶었고 각각의 학과에는 같은 범주에 속한 학과들의 평균 순위를 적용했다.

60. 기관 유형별 등록률 데이터는 WebCASPAR에서 다운로드할 수 있다.

61. 예를 들어 다음을 참고하라. Geiger (1990), p. 2. 이 단락은 거의 모두 이 저술을 참고해 작성했다.

8장 교육과 기술의 경주

1. "가난한 사람에게 가장 좋은 나라"라는 말은 18세기에 펜실베이니아주의 경제적 상황을 묘사하기 위한 말로 처음 사용되었지만 나중에는 미국 북부 전체를 묘사하는 말로 사용되었다. 제임스 레몬James Lemon은 이 구절을 펜실베이니아주 남동부의 초창기 역사에 대한 저서의 제목으로 삼았다(Lemon 1972. 이 구절에 대한 설명은 다음에 나온다. p. 229, 각주 1). 그는 펜실베이니아주에 대한 당대의 몇몇 논평에서 이 구절을 따왔다. 이 개념은 토크빌Tocqueville이 쓴《미국의 민주주의Democracy in America》(1981, 최초 출간은 1832년)에도 비슷하게 등장한다.

2. 브라이스는 2권짜리 논고《아메리카 공화국The American Commonwealth》(1889)에서 토크빌이 미국을 관찰하고 묘사한 바를 종종 언급했다.

3. 예를 들어 브라이스는 노예와 도시 빈민 모두 고려하지 않았다.

4. 1776~1920년대 초(1776년, 1850년, 1860년, 1870년, 1920년대)의 자산 분포 변천에 대해서는 다음을 참고하라. Wolff (1995). 자산 데이터의 종합은 다음을 참고하라. Nasar (1992). 미국에서 연방 소득세가 부과되기 시작한 1913년부터 2000년대 초까지 상위 1% 소득 데이터는 다음을 참고하라. Piketty and Saez (2003, 2006). 상위 10%에 대해서는 1916년부터의 소득 데이터를 담고 있다.

5. Douglas (1930), p. 367. 강조 표시는 우리가 추가한 것이다.

6. Douglas (1926), p. 719. 폴 더글러스는 1892년에 태어났으므로 상이한 숙련 기술들 사이에 수익의 차이가 수렴하고 임금 분포가 좁혀지기 시작하던 때 20대 중반이 되었을 것이다. 그가 더 앞 시기에 존재했던 "경쟁하지 않는 집단"에 대해 글을 쓴 것은 34세 때였다.

7. 학교 교육 1년의 수익 감소에 대한 우리의 추정치는 학력, 연령, 성별 모두에

대해 강건하게 나타났다.

8. 롱과 페리(Long and Ferrie 2007)는 미국의 세대간 계층 이동성이 19세기와 20세기 초에는 영국보다 높았지만 최근 20~30년간 상당히 비슷해졌음을 발견했다.

9. 경제성장은 노동생산성으로 나타냈고 다음의 데이터에서 비농업 전산업의 시간당 생산량으로 측정했다. US Bureau of Labor Statistics (PRS85006093. http://www.bls.gov/lpc/home.htm).

10. 흑인과 백인의 학력 격차(학교 교육 연수 차이)는 1885년생 코호트의 (1910년에 25세가 된 인구 중) 3.84년에서 1945년생 코호트의 (1970년에 25세가 된 인구 중) 1.35년으로 줄었다. 센서스 IPUMS의 1940년과 1970년 데이터로 계산했다. [지역적 격차의 축소와 관련해] 주들 간의 비교에서 주별 교육 연수 평균의 표준편차는 1885년 출생자들 사이에서는 1.6년이었다가 1945년 출생자들 사이에서는 0.62년으로 줄었다. 학교 자원의 인종적, 지역적 분포 변화에 대해서는 다음을 참고하라. Card and Krueger (1992a, 1992b); Margo (1990). 소득의 지역 간 수렴에 대해서는 다음을 참고하라. Barro and Salai-Martin (1991). 소득의 인종 간 수렴에 대해서는 다음을 참고하라. Donohue and Heckman (1991).

11. 르미외(Lemieux 2006a)는 1973~2005년의 전체 임금 불평등 증가 중에서 60%(임금 로그값의 분산으로 계산)가 교육에 따른 임금 격차의 확대로 설명될 수 있으며 특히 중등 교육 이후의 교육[대학 교육]이 가져다주는 수익이 높아진 것이 주효했음을 보여주었다.

12. 우리의 대상 기간 중 초기에는 자신의 지역에 4년제 고등학교가 없었기 때문에 실제로 '중퇴'를 한 것은 아닌 사람들도 있지만, '중퇴자' 범주를 고등학교를 졸업하지 못한 사람으로 정의했다.

13. 다른 생산요소(가령 자본이나 에너지)의 가격이나 양의 변화가 서로 다른 유형의 노동에 대한 수요에 서로 다르게 미치는 효과가 s_t와 θ_t에 반영되어 있다. 총요소생산성인 A_t는 암묵적으로 테크놀로지의 진보와 물리적 자본의 축적을 포함한다.

14. 헤크먼, 로크너, 테이버(Heckman, Lochner and Taber 1998)는 숙련의 상대적 공급이 주어져 있다는 가정을 완화하고 젊은 층 코호트 규모와 군대의 자

격요건을 사용해 숙련의 상대적 공급을 측정했다. 이들의 추정치는 미국 전체 시계열 데이터에서 대졸자와 비대졸자 사이의 총대체탄력성에 대해 보통 최소제곱법으로 추정한 것과 비슷하다. 시콘과 페리(Ciccone and Peri 2005)는 주별 아동노동법과 의무교육법을 사용해 1950년과 1990년의 주 단위 패널 데이터에서 상대적 숙련 공급을 측정했다. 그들이 추정한 σ_{su} 값들은 1.5 근처에 모여 있는데, 이는 우리가 표 8.2에서 제시한 σ_{su} 추정값과 거의 같다.

15. 우리는 '효율성 단위'로 숙련 공급을 측정하기 위해 상호보완적인 두 개의 접근을 사용했다. 첫 번째 접근은 오터 등(Autor, Katz, and Krueger 1998)을 따라서 각 숙련 집단의 임금 총액에 대한 정보와 우리가 추정한 교육에 따른 임금 차분값으로 구한 가격(즉 임금, 구성비 보정) 정보에서 시작한다. 그다음에 각 숙련 집단의 임금 총액(가격과 노동공급량의 곱)을 임금(가격) 변화로 조정해 순수한 노동 공급량을 계산한다(구성비 보정). 이 접근에 대해 더 자세한 내용은 표 8.1의 주석을 참고하라. 두 번째 접근은 카츠와 머피(Katz and Murphy 1992)를 따라서 노동이 이루어진 시간과 성별-연령-학력 세부 집단의 임금 정보에서 시작한다. 그다음에 각 성별-연령-학력 집단이 노동한 시간에 그 집단의 상대적 임금으로 가중치를 부여해 효율성 단위로 환산한다. 첫 번째 접근은 노동 공급량을 효율성 단위로 환산하는 연쇄가중 가격 지수라고 볼 수 있고 두 번째 접근은 고정가중 가격 지수라고 볼 수 있다. 기존 연구들과의 비교가 가능하도록 우리는 각 숙련 집단에 대한 장기적인 공급과 수요의 변화(표 8.1과 8.3)를 측정할 때는 임금 총액 접근법을 따랐다. 역시 기존의 문헌들을 따라서, 교육에 따른 임금 차분의 변화(표 8.2와 8.4)를 설명하기 위한 회귀분석을 수행하고 숙련의 공급 변화를 각각의 요인들로 분해할 때(가령 미국 출생 vs 해외 출생 변수, 표 8.5와 8.6)는 고정가중 접근을 사용했다. 모든 경우에 대해 우리는 숙련 공급을 측정하는 여타의 방법론을 통해 우리가 발견한 결괏값의 강건성을 검증했으며, 어떤 접근을 사용해도 결과는 비슷했다.

16. 임금과 숙련 공급 데이터는 실제로는 1914년, 1939년, 1949년, 1959년 것이지만 표현의 간결성을 위해 이 데이터가 수집된 센서스 연도인 1915년, 1940년, 1950년, 1960년으로 표기했다. 대학 임금 프리미엄과 대학 수준 숙련 노동자의 상대적 공급을 1939~1996년 기간(1939, 1949, 1959년과

1963~1996년)에 대해 시계열로 분석한 관련 연구는 다음을 참고하라. Acemoglu (2002).

17. 변수의 선정과 측정 방식은 다음을 따랐다. Katz and Murphy (1992); Autor, Katz, and Kearney (2005a, 2007). 우리의 실증분석 결과는 숙련/비숙련 임금 프리미엄에 대한 다른 측정치들을 사용해도 비슷했다. 예를 들어 대학 교육을 일부라도 받은 노동자와 대학 교육을 전혀 받지 않은 노동자 사이의 고정 가중평균 임금을 계산해도 비슷했으며, 그 밖의 상대적 공급 측정치(대학 교육을 일부라도 받은 노동자와 전혀 받지 않은 노동자 사이 등)를 사용하거나 경기변동상의 요인(실업률 등)을 추가로 통제해도 기본적인 결과는 강건성을 유지했다.

18. 다음도 참고하라. Author, Katz, and Krueger (1998); Autor, Katz, and Kearney (2005a, 2007).

19. 1940년대의 임금 구조 압축과 관련해 이러한 요인들에 대한 상세한 분석은 다음을 참고하라. Goldin and Margo (1992).

20. 1970년대와 1980년대 초 단체협상 임금의 변화에 대해서는 다음을 참고하라. Mitchell (1980, 1985). 1980년대의 임금 불평등 증가에 제도가 미친 영향은 다음을 참고하라. DiNardo, Fortin, and Lemieux (1996).

21. 오터 등(Autor, Katz, and Kearney 2006, 2007)이 1990년대 이래로 미국 노동시장이 '양극화'되었다고 말했을 때 그들이 의미한 바는 분포의 양쪽 끝이 중간보다 빠르게 임금이 증가했다는 것이었다. 임금의 증가가 꼭대기 쪽은 아주 좋고 중간은 별로 좋지 않으며 바닥은 꽤 괜찮았다. 이들의 설명에 따르면, 고도의 분석적기술과 대인기술이 있는 사람들에 대한 수요가 급증했고 서비스 분야에서 저숙련 노동자들에 대한 수요도 탄탄했다. 컴퓨터가 루틴한 단순 노동과 인지적 업무를 대체하면서 고졸자들이 가질 수 있었던 일자리 중 비교적 고소득 일자리와 대졸자의 일자리 중 낮은 수준의 일자리를 없앴다. 하지만 새로운 정보기술은 루틴하지 않은 분석적 업무와 대인 상호작용이 필요한 업무에서 대학원 수준의 교육이 필요한 일자리를 늘렸고 서비스 분야의 저숙련 일자리 중 루틴하지 않은 단순 노동에는 악영향을 끼치지 않았다. 해외 아웃소싱(오프쇼어링의 증가)의 증가도 노동 수요에 이와 비슷한 영향을 미친 것으로 보인다. 다음을 참고하라. Autor, Levy, and Murnane (2003);

Levy and Murnane (2004).

22. 공립 학교 등록금과 지리적 접근성 때문에 출석에 영향을 받는 '한계 대학생' 들에게 대학 졸업이 가져다 주는 높은 수익은 다음을 참고하라. Card (2001).

23. 본문에서 언급했듯이 1970년대도 제도적 요인으로 대학 임금 프리미엄의 감소에 오버슈팅이 있었다는 데서 1940년대와 공통점이 있다. 1950년대와 1980년대에는 그 전의 1940년대와 1970년대에 저임금 및 중위임금 노동자들을 보호했던 제도적 요인들이 잠식되면서, 제도적 요인들이 시장 요인들을 누르고 오버슈팅이 일어났던 부분에서 대졸 임금 프리미엄이 증가했다.

24. 우리는 본문에서 설명한 이유에서 10년씩 2개의 하위 기간을 사용하기보다 1940~1960년의 전체 기간을 사용했다. 1940년대 대졸 임금 프리미엄은 펀더멘털로 설명되는 것 이상으로 크게 줄어든 것으로 보이며 1950년대의 대졸 임금 프리미엄 증가는 그것을 균형 수준으로 되돌린 것으로 보인다.

25. 우리가 표 8.1에서 추정한 1980~1990년 대졸 노동자 상대적 수요의 빠른 증가는 컴퓨터 혁명 때문일 수도 있지만 제도적 요인(노조의 약화와 실질 최저임금 감소 모두)에 의한 오버슈팅 때문일 수도 있다.

26. 우리는 고등학교까지 나온 사람들(교육 연수가 정확히 12년인 사람들)과 교육 연수가 8년인 사람들 사이의 임금 차분을 사용했다. 1915년에는 대부분의 노동자들이 교육 연수가 8년 이하였으므로 이것은 20세기의 첫 절반 동안 고등학교 교육이 주는 온전한 수익을 측정하기에 가장 적합하다. 이와 달리, 오늘날에는 9년 미만의 교육을 받은 노동자가 거의 없다(2005년에 1% 미만). 따라서 더 유의미한 차분은 고등학교 졸업자와 고등학교 중퇴자(교육 연수가 9~11년) 사이가 더 적합하다. 실증적으로는 이 둘의 구분이 고졸 임금 프리미엄의 시계열 분석 결과와 우리의 결론에 크게 상관이 없었다. 고졸 프리미엄에 대한 이 두 지표는 부록의 표 D.1에 비교되어 있다.

27. 고졸자의 상대적 공급과 '1949년 이후' 더미와의 교차항 사이에 상당히 크고 유의한 상관계수가 나타난 것은 이 조건을 추가하는 것이 사실상 영향이 없었던 대졸 임금 프리미엄의 경우와 대조적이다(표 8.2, 5열).

28. 표 8.4의 1, 2, 3열에서 변수들을 규정한 방식은 1949년을 기점으로 대체탄력성이 불연속을 보이는 것을 허용하지 않는데, 이렇게 분석하면 1950년 이전 기간에 고등학교 중퇴자 대비 졸업자의 상대적 수요가 증가하지 않았다는,

있을 법하지 않은 결과가 나온다.

29. 1940~1950년의 임금 프리미엄 감소 폭은 1915~1940년보다 컸다. 하지만 1940년대의 제도적 요인들을 감안하면 1940~1960년으로 더 긴 기간을 잡아 분석하는 것이 더 합리적이다.

30. 21%라는 숫자는 1910년 센서스와 1920년 센서스의 평균이다.

31. 20세기 초의 이민 제한 조치에 대해서는 다음을 참고하라. Goldin (1994).

32. 이 추산치는 2005년 CPS MORG 표본에서 18~65세 민간인 노동력 데이터로 계산했다.

33. 이민자는 1915년 아이오와주의 노동자 중 15.6%를 차지했지만(표 8.5) 미국 전체에서는 21%를 차지했다. 이민자 중 더 연령대가 높은 코호트(1915년 이 전에 미국에 온 사람들)의 1940년 학력 데이터와 동연령대 미국 출생자의 1940년 학력 데이터는 1915년에 이민이 숙련 공급에 미친 영향을 분석할 때 아이오와주의 데이터로 직접 계산한 추정치가 미국 전체에 대해 좋은 근사치 가 됨을 말해준다.

34. '이민자 기여분'을 도출한 이 방법은 표 8.5의 주석을 참고하라.

35. 우리의 암묵적인 가정은 이민자와 미국 출생자가 동일 학력 집단 내에서는 완벽한 대체재가 된다는 것이다. 이 가정은 미국 출생자의 임금에 이민자가 미치는 영향을 다소 과대계상하게 만들었을 것이다. 또한 이민자가 임금에 미치는 영향의 추정치는 전국 단위로 숙련 공급을 분석한 우리의 방식에서보 다 지역 노동시장을 분석했을 때는 더 작은 경향이 있다. 다음을 참고하라. 최 근에 이민이 미국의 노동시장에 미친 영향의 추정치와 또 다른 접근방식에 대해서는 다음을 참고하라. Borjas (2003); Borjas, Freeman, and Katz (1997); Card (2005); Ottaviano and Peri (2006).

36. 미국에서 고등학교 졸업률이 둔화되고 있는 추세는 9장에서 설명할 것이다.

37. 우리는 표 8.5와 8.6에 묘사한 것과 비슷한 방법론을 사용해 숙련의 상대적 공급 증가율 전체를 이민자의 영향과 미국 출생자의 영향으로 분해했다.

38. 우리는 다음의 네 집단에 대해 1910~1930년의 화이트칼라 임금 프리미엄 변화를 계산했다. 괄호 안의 숫자는 임금 프리미엄 로그값과 가중치다. 남성 사무직(-0.379, 0.3), 여성 사무직(-0.229, 0.2), 조교수(-0.247, 0.25), 신입 엔지니어(-0.143, 0.25). 가중치를 이렇게 부여한 근거는 당시에 화이트칼라

노동력 중 약 50%가 사무직이었고, 화이트칼라 노동자 중 60%가 남성이었다는 점이다. 다음을 참고하라. Goldin and Katz (1995), 표 1과 10.

39. 초기 조건에 대한 우리의 가정(1890년 노동력 중 고졸자 비중이 4%일 것)은 고등학교 졸업률에 대한 행정 정보 데이터에서의 추정치(1870년 2%에서 1890년 3.5%로 증가했다)와 1915년 아이오와주 센서스 및 1940년 센서스 IPUMS의 가구동향조사 데이터를 토대로 앞 시기를 추정해 얻은 더 높은 추정치(1890년에 6.3%)를 모두 감안해 중간으로 잡은 것이다. 1890년의 초기 조건에 대한 가정을 약간 변화시켜도 우리의 결론에는 크게 영향을 미치지 않는다.

40. 교육 수준에 따른 사망률 차이와 이민을 감안해 1890~1940년의 행정 정보 데이터로 계산하면 노동력 중 고등학교 졸업자 비중에 대한 우리의 시계열 데이터가 어떻게 영향을 받는지에 대한 더 상세한 내용과 방법론은 다음을 참고하라. Goldin and Katz (1995), 표 8.

41. 또 다른 접근 방법은 1915년 아이오와주 센서스와 1940년 전국 센서스의 출생 코호트별 학력 데이터를 보는 것이다. 이 방법으로 노동력 중 고졸자 비중을 추산한 결과가 표 8.7의 2열에 나와 있다.

42. 행정 정보 데이터가 선호되는 하나의 이유는 19세기 말과 20세기 초에 아마도 아이오와주가 미국의 다른 지역보다 고등학교 졸업자 비중이 더 빠르게 증가했으리라는 것이다. 센서스 데이터로 계산한 고졸자 비중은 표 8.7의 2열에 나와 있으며, 이것은 1890~1930년 사이에 대해 행정 정보 데이터로 계산한 값보다 매년 훨씬 더 높다. 1940년 센서스 데이터로 계산했을 때 연령대가 높은 코호트 집단에 대해 고졸률이 과대계상되었을 가능성은 다음을 참고하라. Goldin (1998).

43. 대체탄력성의 역수($-1/\sigma_{su}$)는 역수요곡선의 기울기($\partial log(\omega_s/\omega_r)/\partial log(S/U)$)임을 기억하라.

44. 대체탄력성을 2로 가정하면(앞 시기의 고졸자와 중퇴자 사이의 대체탄력성으로 우리가 선호하는 추산치다) 1910~1930년에 수요가 연간 1.9%(38.5로 그포인트)씩 증가했다고 결론내릴 수 있다. 이 역시 1910년 이후 수요 증가에 가속이 있었음을 의미한다.

45. 노동시장에서 고졸자 비중을 센서스 데이터로 구한 추산치(표 8.7의 2열)는

1910~1930년 사이에 이민자 유입이 노동력 중 고졸자 비중의 증가 폭 중 0.9%포인트를 설명할 수 있음을 보여준다. 미국 출생자 중에서의 고졸자 비중의 증가는 10.1%포인트를 설명할 수 있었다.

46. 더 정확하게, 고등학교 졸업자의 상대적 공급은 1890~1910년 31.5로그포인트에서 1910~1930년 89.9로그포인트로 58.4로그포인트 증가했다. 이 중 53.7로그포인트가 미국 출생자 중 고졸자의 증가로 설명되고 나머지 4.7로그포인트가 이민자 유입의 감소로 설명된다.

9장 미국은 한때 어떻게 세계를 선도했는가, 또 미래에 이 경주를 어떻게 이길 수 있을까

1. 이 26개국에는 OECD의 파트너 국가들도 일부 포함되어 있다. 파트너 국가 중 포함한 곳들은 행정 정보 데이터의 입수 가능성을 고려해 선정했다. 다음을 참고하라. OECD (2006), 표 A2.1.

2. 2004년에 행정 통계를 사용해 계산한 OECD의 미국 졸업률 추산치는 75%이지만 25~45세의 학업 완료율을 사용하면 87%다. 주된 차이는 미국에서 고등학교 중퇴자 중 나중에 고등학교 졸업에 준하는 검정고시를 통과하는 사람들이 있기 때문이다.

3. 이 추산치는 시설에 수용되지 않은 민간인 인구를 기반으로 했으며 1980~2003년 CPS 10월 보충자료로 주디스 스콧-클레이턴Judith Scott-Clayton이 계산한 것을 토대로 했다(개인적으로 입수). 고졸자 중 졸업 후 곧바로 대학으로 진학하는 사람의 비중도 1980년 49%에서 2003년 64%로 증가했다(《교육통계요약》 2005, 표 181).

4. 최근 미국에서 학생들이 졸업을 하지 않고 대학을 오래 다니는 추세를 보이는 것과 졸업까지 걸리는 기간에 대해서는 다음을 참고하라. Turner (2004).

5. 다음을 참고하라. OECD (2006), 표 A3. 4년제 대학(고등 교육 A유형)이 포함되어 있다.

6. 다음을 참고하라. OECD (2006), 표 A1, 3a. OECD 회원국과 파트너국 모두를 포함하고 있다.

7. 다음을 참고하라. OECD (2006), 표 A1.5.

8. 다음을 참고하라. U.S. Department of Education (1998). TIMSS에 연령과 학

업 기간이 완전히 일치되어 있지는 못하다. 예를 들어, 이 시험을 치른 모든 학생이 중등 교육의 마지막 해이긴 했지만 어느 나라는 그것이 13학년이나 14학년이고 미국 같은 나라는 12학년이었다.

9. 다음을 참고하라. U.S. Department of Education (2004). OECD 29개국 중 미국은 15세 학생들을 대상으로 한 PISA 시험에서 수리력과 문제해결력 모두 24위였다.

10. 미셸 등(Mishel, Bernstein, and Allegretto 2005, 표 7.10)은 1979~2000년에 OECD 국가들 중 남녀 모두 미국에서 임금 불평등(90-10 임금비)이 가장 크게 증가했음을 발견했다.

11. 국가들 사이에서 숙련 공급 증가가 교육에 따른 임금 차분에 미치는 영향을 알아본 연구로는 다음을 참고하라. Card and Lemieux (2001); Gottschalk and Joyce (1998); Katz, Loveman, and Blanchflower (1995). 독일에 대해서는 다음을 참고하라. Abraham and Houseman (1995); Dustmann, Ludsteck, and Schönberg (2007).

12. 국가 간 임금 불평등의 변천에 시장 요인과 제도 요인이 어떻게 상호작용하는지는 다음을 참고하라. Acemoglu (2003); Blau and Kahn (2002); Freeman and Katz (1993); Kahn (2000).

13. 고등학교 졸업 자격 취득에 대한 행정 정보를 토대로 계산하는 일반적인 고등학교 졸업률 측정의 정확성에 대해서는 논란이 있다. 예를 들어 미셸과 레이(Mishel and Ray 2006)가 개인 단위의 성적표 기록과 연계된 장기 추적 표본National Education Longitudinal Study, NELS 등을 통해 추산한 바는 행정 정보를 토대로 1990년대 초 졸업 나이대 인구의 고등학교 졸업률을 구했을 때보다 다소 높았다. 아래에서 논의하겠지만, 인구 센서스나 CPS와 같은 가구 기반 조사에서는 1970년 이후에 고등학교 이상의 학력을 가진 젊은 성인의 비중이 행정 정보상의 고졸자 비중보다 더 크게 증가한 것으로 나온다.

14. GED의 역사에 대해서는 다음을 참고하라. Quinn (1993).

15. 1961년 데이터는 다음에서 가져왔다. US Department of Health, Education, and Welfare (1961~1962). 1961년에 보고된 주는 33개 주이며, 전체 졸업자수(일반 졸업자와 GED 취득자 포함)로 가중치를 적용했다. 1971년과 1995년의 전국 데이터는 다음의 데이터다.《교육통계요약》. 다음도 참고하라.

《장기 통계: 새천년판》, 표 Bc265~272.

16. 1990년대 말 이후에 검정고시 취득자가 급감한 이유에는 몇 가지가 있다. 하나는 감옥이 더 이상 검정고시 과정에 자금을 지원하지 않은 것이다. 또 다른 이유는, 복지 수급자들이 구직 노력을 해야 한다는 조건이 생겨서 검정고시 공부를 하는 동안에는 복지 급여를 받을 수 없었다. 그리고 아마도 가장 중요한 것으로, 2000년대 초 이래로 검정고시에 여러 차례의 변화가 생기면서 시험이 더 어려워졌다.

17. 25세 이상의 검정고시 취득자 비중은 1994년에 38%, 1991년에 40%였다. 하지만 2003년에는 27%였는데, 아마도 싱글맘과 수감자들의 응시를 줄어들게 만든 규제들 때문일 것이다. 데이터는 American Council on Education (1992, 1995, 2005)의 것이다.

18. 우리는 검정고시 취득자를 이듬해 6월 졸업자 수에 더했다. 2000년 이후에는 35세 이상 중 취득자 비중이 감소했고 2003년에는 11% 이하가 되었다. 연령 기준을 높일수록 계산에 더 많은 해를 포함해야 하고, 우리가 분석에 포함할 수 있는 햇수가 더 적어진다.

19. 검정고시 취득자와 고등학교를 졸업한 사람 사이의 노동시장 경험 차이를 알아본 연구로는 다음을 참고하라. Cameron and Heckman (1993); Heckman and LaFontaine (2006). 검정고시 취득자와 고등학교 중퇴자 사이의 노동시장에서의 수익 차이를 알아본 연구로는 다음을 참고하라. Tyler (2004). 검정고시 취득자의 인지적기술과 비인지적기술에 대해서는 다음을 참고하라. Heckman and Rubinstein (2001).

20. 1970년 센서스 IPUMS와 2005년 CPS 데이터로 계산했다.

21. 2000년 센서스 IPUMS 데이터는 고등학교에 갈 나이에 미국으로 온 이민자들이 20~22세 시점이면 고등학교를 졸업했거나 검정고시를 취득했음을 보여준다.

22. 이러한 추산과 결론은 1970년과 2000년 센서스 IPUMS 데이터를 토대로 한 것이다. 미국 전체 인구 중 히스패닉의 비중은 1970년 4.5%에서 2000년 14.5%로 늘었다. 미국의 외국 출생자 중에서 히스패닉의 비중은 1970년 18.5%에서 2000년 45.6%로 늘었다.

23. 이에 더해, 외국 출생자 비중이 증가하면서 종종 학교들은 최근에 들어온 이

민자에게 언어를 가르칠 자원이 부족해 외국 출생자의 자녀 쪽으로 자원을 돌리는 일이 많다.

24. 최근까지는 미국 교육부가 수집하는 고등학교 졸업 자격자 행정 통계에 인종과 민족이 나타나 있지 않았다.

25. 1990년 이전 센서스 데이터는 검정고시 취득자와 고등학교 졸업자를 합한 것으로 보이며 1990년부터는 명시적으로 그렇게 했다. 1990년부터 실제 획득한 학위를 묻는 것으로 학력 코딩이 바뀌었다. 우리는 두 기간 모두 고졸자에 대해 표준적인 정의를 사용했다. 1990년 이전 센서스에서는 고졸자를 12년 이상 정규 교육을 이수 완료한 경우로 정의했다. 1990년 센서스부터는 최종 학력이 '적어도 고졸, 또는 검정고시 취득'인 사람으로 정의했다. 1990년 이전 데이터는 20~22세 연령대에서 고졸자를 2%포인트가량 과대계상했을 수 있다. 이것을 조정해도 젊은 성인층의 고졸자 비중 증가율이 1970~2000년 사이에 완만했다는 우리의 결과에 크게 차이가 나지는 않는다.

26. 1970년과 2000년 센서스 IPUMS 데이터를 사용해 이와 비슷하게 외국 출생자인지 여부로 분해하면 20~22세의 외국 출생자 비중이 1970년 9.2%에서 2000년 14.7%로 증가한 것이 고등학교 졸업률 증가율에서 0.9%포인트를 감소시킨 것으로 나타났다. 미국 출생 20~22세 인구의 고등학교 졸업률은 1970년 80.4%에서 2000년 84.2%로 3.8%포인트 증가했다. 또한 우리는 1973~2003년의 CPS 10월 보충자료를 사용해서 이 기간 중 시설에 수용되어 있지 않은 20~24세 미국 민간인 고졸률 성장에 히스패닉 비중이 미치는 영향도 살펴보았다. 20~24세 고졸률은 1973년 83.7%에서 2003년 86.6%로 2.9%포인트 증가했다. 1973~2003년 히스패닉 비중의 증가는 CPS 10월 보충자료를 토대로 보았을 때 20~24세의 고등학교 졸업률을 3.1%포인트 낮춘 것으로 나타났다. 비히스패닉 20~24세 고졸률은 1970년 85.0%에서 2003년 90.7%로 5.7%포인트 증가했다.

27. 미국 이민자 집단들이 세대를 거치면서 학력이 동화되는 데에 대한 역사적인 분석은 다음을 참고하라. Borjas (1994). 미국에서 태어난 이민자 아동의 학력 동화율이 1990년대에 20세기 초반 못지않게 빨랐다는 점은 다음을 참고하라. Card, DiNardo, and Estes (2000).

28. 1940~2000년 센서스 IPUMS 데이터와 2005년 CPS 데이터로 계산하면 미국

출생 인구의 30세 시점 평균 학력은 1900년 출생 코호트의 8.49년에서 1925년 코호트는 10.90년, 1950년 코호트는 13.16년, 1975년 코호트는 13.92년으로 늘었다. 출생 코호트별 30세 시점의 학력 평균값 추정에는 1장 그림 1.4의 주석에서 묘사한 것과 비슷한 방법론을 사용했다.

29. 이와 같은 '자연 실험'을 통해 교육에 대한 수익을 추산한 최근 연구들을 종합적으로 일별한 리뷰는 다음을 참고하라. Card (1999, 2001). 더 최근에 오레오풀로스(Oreopoulos 2007)는 1970년 이후 최소 교육 연수를 적어도 16년 이상으로 올리려 한 주 단위의 의무교육법 변화가 법의 영향을 받은 집단의 교육 연수를 유의하게 높였고 이것이 노동시장에서 상당한 수익을 발생시켰음을 발견했다.

30. 교육과 건강에 대해서는 다음을 참고하라. Lleras-Muney (2005). 교육과 범죄에 대해서는 다음을 참고하라. Lochner and Moretti (2004). 교육과 시민권에 대해서는 다음을 참고하라. Milligan, Moretti, and Oreopoulos (2004).

31. 예를 들어 다음을 참고하라. Currie and Moretti (2003).

32. 1914년에 아이오와주의 고등학교 학생 전체 중 23%가 아이오와주 거주민이 아니었고 학비를 내는 학생들이었다(Iowa Department of Public Instruction 1914).

33. 웨스트포인트 같은 사관학교는 제외했다.

34. 의사결정 권한을 지역이 갖고 지역의 재산세로 자금을 충당하는 탈중심화된 교육 시스템이 잠재적으로 가질 수 있는 효율성상의 이득에 대해서는 다음을 참고하라. Hoxby (1999).

35. 지역적인 재정 조달에서 주 단위에서의 재정 지원으로 이동할 때 평등과 효율성 사이의 상충적 교환관계가 발생할 수 있다는 점과 학교 간 재정 평준화를 위해 도입된 정책이 어떻게 때로는 학교 간 지출을 평준화했고 때로는 지출을 줄이는 결과를 가져왔는지에 대해서는 다음을 참고하라. Hoxby (1996, 2001). 1971~1996년에 법원의 명령으로 학교 재정 평준화 계획이 도입되었을 때 일반적으로 주 내의 지출 불평등을 줄이는 효과가 나타난 것에 대해서는 다음을 참고하라. Murray, Evans, and Schwab (1998). 주 단위에서 과세를 높여 지출 총계가 증가했고 이를 통해 평준화 효과가 나타났다. 1994년에 통과된 학교 재정 개혁법에서 텍사스주 '로빈 후드' 계획이 일으킨 역효과에 대

한 사례 연구는 다음을 참고하라. Hoxby and Kuziemko (2004). 학교 재정 개혁이 학생들의 학업 성취에 미치는 영향에 대해 서로 상충하는 추정치를 제시한 연구들로는 다음을 참고하라. Hoxby (2001); Card and Payne (2002).

36. 우리는 지역별로 물가를 조정하지는 않았는데, 이 때문에 과거의 불균등이 실제보다 축소되었을 것이다.

37. K-12 학생에 대한 주별 지출 데이터는 여러 《연간 보고서》와 《격년간 보고서》에서 수집했다(알리시아 새서Alicia Sasser와의 개인적인 연락을 통해 입수).

38. K-12 학생당 지출에서 변동계수(%)는 1900년에 모든 주에 걸쳐 50 정도였다. 1920년에는 40이었고 1930년까지 계속 떨어져서 35가 되었다. 대공황 동안 다소 증가했지만 그다음에 줄어서 1950년에는 25 근처가 되었다. 데이터는 여기에서 끝난다. 지역별로 차이는 있었지만 일반적인 경로는 거의 동일했다.

39. 몇몇 지역에서는 8학년이 중학교로 포함되지만 우리는 8학년까지를 초등학교로 정의하고 9~12학년을 고등학교로 정의했다.

40. 학교지구별 학생 1인당 지출에 대한 최근 추산치는 다음을 참고하라. Murray, Evans, and Schwab (1998), 표 2.

41. 물론, 너그러운 바우처를 제공하면 비종교적인 사립 학교가 새로이 들어오게 촉진하는 효과를 낳을 수도 있다. 다른 나라들의 대규모 바우처 프로그램의 영향을 분석한 연구들은 다음을 참고하라. 콜롬비아: Angrist, Bettinger, and Kremer (2005); 칠레: Hsieh and Urquiola (2006); 뉴질랜드: Fiske and Ladd (2000). 최근 미국의 바우처 프로그램에 대한 연구로는 다음을 참고하라. Rouse (1998); Howell and Peterson (2004); Krueger and Zhu (2004).

42. 2006년 현재 9개 주에서 법원이 바우처 시스템에 제동을 걸었다. 이 주들은 캘리포니아주, 콜로라도주, 플로리다주, 메인주, 미주리주, 오하이오주, 펜실베이니아주, 버몬트주, 위스콘신주다. 메인주, 오하이오주, 버몬트주, 유타주, 위스콘신주, 워싱턴DC는 주가 자금을 지원하는 바우처(워싱턴DC의 경우에는 연방 정부가 자금 지원)가 있어서 어느 사립 학교에서든 사용할 수 있다. 플로리다주의 시스템은 주 대법원에서 폐지되었다. 몇몇 다른 주는 교육비 지출에 조세 혜택이나 세액 공제를 제공하고 있다.

43. 20세기 초에 많은 주에서 학교지구는 보통학교 과정의 마지막 시기, 또는 8

학년 말에 시험을 쳐 학생들이 고등학교에 갈 수 있는지를 점검했다. 하지만 이 시험은 인문 계열과 실업 계열을 나누는 유럽의 시험과는 달랐다.

44. 미국 교육사에서 교육학을 개척한 석학인 I. L. 캔들은 이렇게 언급했다. "미국의 무상 중등 교육 전통은 … 오늘날 평등한 기회를 보장하는 가장 중요한 기제이며 민주주의가 기초할 수 있는 가장 강한 기둥이다. 모든 소년과 소녀에게 기회를 준다는 원칙은 미국이 다른 나라들보다 먼저 받아들였다. 가장 발달한 나라들보다도 앞섰으며 다른 나라들은 초등 교육조차 의무화하기 전에 받아들였다. … 국익은 모두를 위한 보편 교육에 달려 있다는 것이 이제는 널리 알려져 있다. 같은 학교에서인지 아닌지는 국가의 계급 의식의 강도에 달려있다. … 미국의 실천은 모든 젊은이가 자신을 위한 가장 좋은 것을 할 권리의 기회를 동등하게 주고자 진정으로 시도한다는 점에서 여전히 독보적이다"(Kendel 1934, pp.13~21).

45. 다음을 참고하라. Counts (1926). 제슨(Jessen 1928)은 미 교육청을 위해 작성한 보고서에서 같은 시기에 대해 약간 덜 엄격한 요구사항을 기록하고 있다. 카운츠의 추산치와 제스의 추산치 사이의 차이는 주 법에 대한 해석 차이 때문이거나 교과목을 다르게 총계 냈기 때문일 것이다. 제슨의 표에 따르면 27개 주에서는 9학년 과학 이외에 3개 혹은 그 이하의 과목이 필수였고, 41개 주는 영어가 필수였으며, 14개 주는 대수와 기하가 필수였고 또 다른 10개 주도 일부 수학 과목이 필수였다. 우리는 주가 요구하는 필수 과목에 대해 더 높게 잡은 값을 잡기 위해 카운츠의 추산을 취했다. 주들이 높은 졸업 기준을 요구하지 **않았다**는 것이 우리의 주장이기 때문이다.

46. 뉴욕주 교육위원회가 주관하는 시험은 1865년에 시작되었는데 초등학생용 시험만 있다가 1878년에 현재처럼 고등학교 시험이 되었다(Marks 1989).

47. 예를 들어 다음을 참고하라. Dee and Jacob (2006).

48. 케슬러(Kessler 2007)는 1990년대에 주별로 검정고시 통과 기준의 변화를 분석해 검정고시 취득의 난이도가 통상적인 고등학교 졸업률에 미치는 영향을 알아보았다. 그는 검정고시 통과 기준이 높을수록 학생들이 고등학교를 중퇴하지 않고 계속 다니고 졸업하는 것이 약간 증가하는 효과가 있음을 보여주었다.

49. 미국 교육 시스템의 문제점에 대한 여러 관점 및 대안적인 인적자본 정책들

의 효과성에 대해서는 다음을 참고하라. Hechman and Krugman (2003).

50. 이들 중 상당수가 고등 교육을 수학하기에 불충분하게 준비된 채 고등 교육
기관으로 진학한다. 베팅거와 롱(Bettinger and Long 2005)에 따르면 2001년
에 무려 3분의 1의 대학 입학생이 독해, 쓰기, 수학에서 보충 수업을 필요로
했다.

51. 최근 20~30년간 교사 질의 변화 및 여성의 노동시장 기회 변화가 여기에 미
친 영향에 대해서는 다음을 참고하라. Corcoran, Evans, and Schwab (2004).

52. 이에 대한 실증근거는 다음을 참고하라. Krueger (2003).

53. STAR에 대한 평가는 다음을 참고하라. Krueger (1999). 적어도 단기적으로는
모든 학생에 대해 학급 규모를 줄이려는 시도가 교사의 질을 일정하게 유지
해주지는 못한 것으로 보인다. 주어진 모든 학생에 대해 학급 규모를 줄이려
면 더 많은 교사가 필요하므로 자격이 떨어지는 교사를 채용해야 할지 모른
다. 그리고 더 부유한 학교들이 가난한 학교들보다 더 능력 있는 교사를 채용
할 수 있을 것이다. 따라서 학급 규모를 전체적으로 줄이기 위한 시도는 저소
득층 학생들에게는 별로 득이 되지 않을 수도 있다.

54. Hanushek (2002); Hoxby (2003).

55. 최근에 도입된 주 단위와 도시 단위의 학교 책무성 정책들이 미친 영향은 다
음을 참고하라. Jacob (2005); Hanushek and Raymond (2005). 교사 평가에
대한 개선된 접근은 다음을 참고하라. Kane, Rockoff, and Staiger (2006).

56. 다음을 참고하라. Jencks and Phillips (1998); Fryer and Levitt (2004); Neal
(2006).

57. 차터 스쿨의 효과성에 대해서는 다음을 참고하라. Hanushek, Kain, Rivkin,
and Branch (2006). 최근 미국의 공립 및 사립 학교 선택지에 대해서는 다음
을 참고하라. Carnoy (2001); Cullen, Jacob, and Levitt (2006); Hoxby
(2003).

58. 다음을 참고하라. Akerlof and Kranton (2002); Austen-Smith and Fryer
(2005); Fryer and Torelli (2006).

59. 뉴욕시는 현재 저소득층 아동과 학교 생활에 어려움을 겪는 아동을 대상으로
이러한 정책 실험을 진행하고 있다. 잭슨(Jackson 2007)에 따르면 AP과목 참
여를 독려하기 위해 저소득층 학교의 학생과 교사에게 상당한 금전적 인센티

브를 주는 텍사스주의 프로그램이 소수자 학생들의 SAT 점수와 대학 졸업률을 상당히 높인 것으로 나타났다.

60. 이 점을 강조한 연구로는 다음을 참고하라. Carneiro and Heckman (2003); Heckman and Masterov (2007). 미국 센서스국(US Census Bureau 2006)에 따르면 미국의 공식 빈곤선을 기준으로 가난한 아동 비중이 1970년 15.1%에서 2005년 17.6%로 증가했다. 또한 미국 센서스국(US Census Bureau 2007)에 따르면 양친과 함께 살고 있지 않은 아동의 비중은 1970년 14.8%에서 2005년 32.7%로 증가했다.

61. 다음을 참고하라. Cunha, Heckman, Lochner and Masterov (2005).

62. 예를 들어 다음을 참고하라. Currie (2001); Ludwig and Miller (2007).

63. 케인(Kane 1999, 표 3-1, p. 60)에 따르면 공립 2년제 및 4년제 대학의 평균 실질 순학비가 1980~1981년에서 1994~1995년 사이에 각각 107%와 106% 증가했다. 미국 교육부(US Department of Education 2007)에 따르면 대학의 순장학금(2003~2004년 달러 기준)은 2년제 공립 대학에서 1989~1990년 1인당 7,300달러에서 2003~2004년 8,400달러로 15% 늘었다. 4년제 공립 대학은 1989~1990년 9,600달러에서 2003~2004년 1만 2,500달러로 30% 증가했다. 1990~2004년 실질 가구소득 중앙값은 9% 늘었다.

64. 다음을 참고하라. Kane (1999); Dynarski (2002, 2005).

65. 예를 들어 다음을 참고하라. Carneiro and Heckman (2003); Ellwood and Kane (2000).

66. 카르네이루와 헤크먼(Carneiro and Heckman 2002)은 신용 제약이 저소득층 청소년의 고등 교육 진학에 영향을 미친다는 주장을 실증근거로 평가했다. 부채 회피와 대학생의 대출 행위에 대해서는 다음을 참고하라. Cadena and Keys (2006).

67. 주 단위에서 대학 진학 연령대 코호트의 인구가 많아지면 어떻게 학생 1인당 고등 교육에 대한 정부 지원이 줄고 대학 진학률과 졸업률이 떨어지게 되는지는 다음을 참고하라. Bound and Turner (2007).

68. 이러한 추산치들은 CPS 10월 보충자료를 토대로 한 다음의 연구에서 가져왔다. Scott-Clayton (2007).

69. 스콧-클레이튼(Scott-Clayton 2007)이 수행한 2003~2004년 '중등 교육 이

후 과정에 대한 전국 교육 지원 조사National Post-secondary schooling Aid Survey에
따르면 노동을 하는 대학생의 88%가 등록금, 기타 요금, 생활비 충당이 학교
에 다니면서 일을 하는 주된 이유인 것으로 나타났다. 스타인브리크너와 스
타인브리크너(Stinebrickner and Stinebrickner 2003)는 준실험적 연구에서
대학생들에 대한 재정 지원 프로그램을 통해 노동시간에 변화를 주어보았는
데, 노동하는 시간이 늘면 학업 성취에 부정적인 영향이 생기는 것으로 나타
났다.

70. 미국 대학의 재정 지원 시스템이 얼마나 복잡한지에 대한 상세한 평가와 이
것이 대학에 진학하려는 저소득층 청소년에게 어떻게 역효과를 내는지에 대
해서는 다음을 참고하라. Avery and Kane (2004); Dynarski and Scott-
Clayton (2006).

71. 왓슨(Watson 2006)은 1970년 이래로 소득에 따라 주거지가 분리되는 현상
이 증가했음을 보여주었다. 빈곤의 집중과 빈약한 교육 및 노동시장 성과와
의 상관관계는 다음을 참고하라. Jencks and Mayer (1990).

72. 주거 이동성 정책에 대한 최근의 분석에 따르면 빈곤도가 낮은 곳으로 이사
하면 불리한 계층 학생들의 교육과 사회적 결과가 개선되는 효과가 있는 것
으로 보이며 특히 여학생들에게 이 효과가 더 큰 것으로 보인다. 예를 들어
다음을 참고하라. Rosenbaum (1995); Kling, Lieman and Katz (2007).

73. 다음을 참고하라. Heckman and Lochner (2000).

74. 이러한 접근을 일별한 논문으로는 다음을 참고하라. Krueger (2003). 커리어
아카데미의 영향에 대해서는 다음을 참고하라. Kemple and Scott-Clayton
(2004). 주거지에 기반한 '직업훈련단' 프로그램(16~24세 중 주로 빈곤층과
도시의 고등학교 중퇴자를 대상으로 한다)은 노동 소득 증가와 범죄 감소를
통해 높은 사회적 수익을 가져다준다는 결과가 일관되게 나왔다.

75. 아동 대상의 정책에 초점을 맞추어서 교육 투자 확대의 비용-편익 분석을 수
행한 연구로는 다음을 참고하라. Heckman and Masterov (2007).

76. 피케티와 사에즈(Piketty and Saez 2007a)에 따르면 소득 상위 1% 가구가 가
져가는 몫이 1980년 8.2%에서 2005년 17.4%로 증가했으며, 이 증가는 그중
에서도 소득 상위 0.1%가 주도했다.

77. 다음을 참고하라. Piketty and Saez (2007b).

78. 이러한 전략에 대해서는 다음을 참고하라. Furman, Summers, and Burdoff (2007).

79. 예를 들어 다음을 참고하라. DiNardo, Fortin, and Lemieux (1996); Levy and Temin (2007).

80. 다음을 참고하라. Freeman and Katz (1994); Freeman (2007).

부록 B

1. 현 교육부Department of Education의 전신인 교육청[국]Office [Bureau] of Education은 1867년에 교육 담당 중앙 부처로서 설립되었고 1869년에 내무부 산하 기관인 교육청Office of Education이 되었다. 70년간 이곳은 내부무 산하 기관으로 존재했으며, 그 70년 동안에는 흔히 교육국Bureau of Education으로 불렸지만 1929년에 공식적으로 정해진 명칭은 교육청Office of Educaton이었다. 1939년에는 연방안보청Federal Security Agency의 산하가 되었고, 1953년에는 신설된 '보건교육복지부Department of Health, Education and Welfare, HEW' 산하가 되었다. 별도의 장관급 부처로서의 교육부는 1980년에 설립되었다. 이 책에서 우리는 이 기관들을 모두 미국 교육청U.S. Office of Educaton으로 표기했다.

2. 하계강좌와 야간강좌는 일반적으로 제외되었다.

3. 다음도 참고하라. *Historical Statistics, Millennial Edition*.

4. "통계로 보는 교육, 1937~1938"은 《격년간 보고서》(1936~1938)의 1장이다.

일러두기

저자 표기에서 'State of'는 삭제했다. 따라서 'State of California Superintendent'는 'California Superintendent'로 표기되어 있다. 많은 주 정부와 연방 정부의 간행물(예를 들어 California, Office of the Superintendent of Public Instruction, Biennial Report 나 US Office of Education, Biennial Report of the Commissioner of Education)에 대해 그 간행물이 출간된 연도가 아니라 그 간행물의 조사가 대상으로 하고 있는 연도를 표기했다. 이 책을 쓰는 동안 《미국의 장기 통계: 새천년판Historical Statistics of the United States: Millennial Edition》(2006)이 새로 나왔다. 몇몇 시계열에 대해서는 이것을 사용했지만 시계열이 달라지지 않았을 경우에는 이전 판인 《미국의 장기 통계Historical Statistics of the United States》(1975)를 사용했다. 둘 다 자주 사용했기 때문에 저자명을 앞세워 서지 정보를 적기보다 각각 《장기 통계: 새천년판Historical Satistics: Millennial Edition》과 《장기 통계Historical Statistics》로 표기했다. 마찬가지로, 《교육통계요약Digest of Education Statistics》도 저자명을 앞세우지 않고 도서명으로 서지 정보를 표기했다

참고문헌

Aaronson, Daniel, and Daniel Sullivan. 2001. "Growth in Worker Quality." *Economic Perspectives* (4th Quarter), pp. 53~74.

Abbott, Andrew. 1988. *The System of Professions: An Essay on the Division of Expert Labor.* Chicago: University of Chicago Press.

Abraham, Katharine G., and Susan N. Houseman. 1995. "Earnings inequality in Germany." 다음에 수록됨. *Differences and Change in Wage Structures*, edited by Richard B. Freeman and Lawrence F. Katz, Chicago: University of Chicago and NBER, pp. 371~403.

Acemoglu, Daron. 1998. "Why Do New Technologies Complement Skills? Directed Technical Change and Wage Inequality." *Quarterly Journal of Economics* 113 (November), pp. 1055~1089.

Acemoglu, Daron. 2002. "Technical Change, Inequality and the Labor Market." *Journal of Economic Literature* 40 (March), pp. 7~72.

Acemoglu, Daron. 2003. "Cross Country Inequality Trends." *Economic Journal* 113 (February), pp. F121~F149.

Acemoglu, Daron, and Joshua Angrist. 2000. "How Large Are Human Capital Externalities? Evidence from Compulsory Schooling Laws." *NBER Macroeconomics Annual 2000* 15, pp. 9~59.

Acemoglu, Daron, Simon Johnson, and James A. Robinson. 2001. "Colonial Origins of Comparative Development: An Empirical Investigation." *American Economic Review* 91 (December), pp. 1369~1401.

Acemoglu, Daron, Simon Johnson, and James A. Robinson. 2002. "Reversal of Fortune: Geography and Institutions in the Making of the Modern World Income Distribution." *Quarterly Journal of Economics* 117 (November), pp. 1231~1294.

Acemoglu, Daron, and James A. Robinson. 2000. "Why Did the West Extend the Franchise? Democracy, Inequality, and Growth in Historical Perspective." *Quarterly Journal of Economics* 115 (November), pp. 1167~1199.

Acemoglu, Daron, and Fabrizio Zilbotti. 2001. "Productivity Differences." *Quarterly Journal of Economics* 116 (may), pp. 563~606.

Adams, Donald R. Jr. 1967. *Wage Rates in Philadelphia, 1790-1830.* New York: Arno Press.

Adams, Francis. 1969. 최초 출간은 1875년. *The Free School System of the United States.* New York: Arno Press.

Akerlof, George, and Rachel Kranton. 2002. "Identity and Schooling: Some Lessons for the Economics of Education." *Journal of Economic Literature* 40 (December), pp. 1167~1201.

Alesina, Alberto, Reza Baqir, and William Easterly. 1999. "Public Goods and Ethnic Divisions." *Quarterly Journal of Economics* 114 (November), pp. 1243~1284.

Allen, Steven G. 2001. "Technology and the Wage Structure." *Journal of labor Economics* 19 (April), pp. 440~493.

American Association of University Professors. 여러 연도. *Bulletin of the American Association of University Professors* (1955년까지. 이후 *AAUP Bulletin*에 의해 이어짐). Easton, PA: AAUP.

American Association of University Professors. 여러 연도. "Instructional Salaries in 42 Selected Colleges and Universities for the Academic year 1948-49".

American Association of University Professors. 여러 연도. "Instructional Salaries in 41 Selected Colleges and Universities for the Academic year 1949-50".

American Association of University Professors. 여러 연도. "Instructional Salaries in 40 Selected Colleges and Universities for the Academic year 1951-52".

American Association of University Professors. 여러 연도. "Instructional Salaries in 41 Selected Colleges and Universities for the Academic year 1953-54".

American Association of University Professors. 여러 연도. "Instructional Salaries in 41 Selected Colleges and Universities for the Academic year 1955-56".

American Association of University Professors. 여러 연도. "Instructional Salaries in 39 Selected Colleges and Universities for the Academic year 1957-58".

American Association of University Professors. 여러 연도. "Instructional Salaries in 39 Selected Colleges and Universities for the Academic year 1959-60".

American Council on Education. 1934. *Report of Committee on Graduate Instruction.* Washington, DC: American Council on Education (April).

American Council on Education. 1992. *1991 Statistical Report.* Washington, DC: American Council on Education.

American Council on Education. 1995. *Who Took the GED? GED 1994 Statistical Report.* Washington, DC: American Council on Education.

American Council on Education. 2005. *Who Passed the GED Tests? 2003 Statistical Report.* Washington, DC: American Council on Education.

Anderson, James D. 1988. *The Education of Blacks in the South, 1860-1935.* Chapel Hill: University of North Carolina Press.

Angrist, Joshua, Eric Bettinger, and Michael Kremer. 2006. "Long-Term Educational

Consequences of Secondary School Vouchers: Evidence from Administrative Records in Columbia." *American Economic Review* 96 (June), pp. 847~862.

Augus, David L., and Jeffrey E. Mirel. 1999. *The Failed Promise of the American High School: 1890-1995*. New York: Teachers College Press.

Annuals. [1917년까지 여러 연도]. 다음을 참고하라. *U.S. Office of Education, Annual Report of the Commissioner of Education for* [1917년까지 여러 연도]. Washington, DC: G.P.O.

Atack, Jeremy. 1987. "Economies of Scale and Efficiency Gains in the Rise of the Factory in America, 1820-1900." 다음에 수록됨. *Quantity and Quiddity: Essays in U.S. Economic History*, edited by Peter Kilby, Middletown, CT: Wesleyan University Press, pp. 286~335.

Atack, Jeremy, Fred Bateman, and Robert A. Margo. 2004. "Skill Intensity and Rising Wage Dispersion in Nineteenth Century American Manufacturing." *Journal of Economic History* 64 (March), pp. 172~192.

Atack, Jeremy, Fred Bateman, and Robert A. Margo. 2005. "Capital Deepening and the Rise of the Factory: The American Experience during the Nineteenth Century." *Economic History Review* 58 (August), pp. 586~595.

Atkinson, A. B. 1983. *The Economics of Inequality*. 2nd ed. Oxford: Clarendon Press.

Attanasio, Orazio, Erich Battistin, and Hidehiko Ichimura. 2004. "What Really Happened to Consumption inequality in the U.S.?" NBER Working Paper no. 10338 (March).

Aurner, Clarence R. 1914. *History of Education in Iowa*. Vol. 6. Iowa City: State Historical Society of Iowa.

Austen-Smith, David, and Roland G. Fryer. 2005. "An Economic Analysis of 'Acting White.'" *Quarterly Journal of Economics* 120 (May), pp. 551~583.

Autor, David H., Lawrence F. Katz, and Melissa S. Kearney. 2005a. "Trends in U.S. Wage Inequality: Re-Assessing the Revisionist." NBER Working Paper no. 11627 (September).

Autor, David H., Lawrence F. Katz, and Melissa S. Kearney. 2005b. "Rising Wage Inequality: The Role of Composition and Prices." NBER Working Paper no. 11628 (September).

Autor, David H., Lawrence F. Katz, and Melissa S. Kearney. 2006. "The Polarization of the U.S. Labor Market." *American Economic Review* 96 (May), pp. 189~194.

Autor, David H., Lawrence F. Katz, and Melissa S. Kearney. 2007. "Trends in U.S. Wage Inequality: Revising the Revisionists." *Review of Economics and Statistics* 90(2) (May 2008), pp. 300~323.

Autor, David, Lawrence F. Katz, and Alan B. Krueger. 1998. "Computing Inequality: Have Computers Changed the Labor Market?" *Quarterly Journal of Economics* 113 (November), pp. 1169~1213.

Autor, David. H., Frank Levy, and Richard J. Murnane. 2002. "Upstairs, Downstairs: Computers and Skills on Two Floors of a Large Bank." *Industrial and Labor Relations*

Review 55 (April), pp. 432~447.

Autor, David. H., Frank Levy, and Richard J. Murnane. 2003. "The Skill Content of Recent Technological Change: An Empirical Investigation." *Quarterly Journal of Economics* 118 (November), pp. 1279~1333.

Avery, Christopher, and Thomas J. Kane. 2004. "Student Perceptions of College Opportunities: The Boston COACH Program." 다음에 수록됨. *College Choices*, edited by Caroline M. Hoxby, Chicago: University of Chicago Press and NBER, pp. 355~391.

Barett, David B. George T. Kurian, and Todd M. Johnson, eds. 2001. *World Christian Encyclopedia: A Comparative Survey of Churches and Religions in the Modern World*. 2nd ed. New York: Oxford University Press.

Barro, Robert J. 1991. "Economic Growth in a Cross Section of Countries." *Quarterly Journal of Economics* 116 (may), pp. 407~443.

Barro, Robert J., and Xavier Sala-i-Martin. 1991. "Convergence across States and Regions." *Brookings Papers on Economic Activity*, no. 1, pp. 107~182.

Bartel, Ann, Casey Ichniowski, and Kathryn Shaw. 2007. "How Does Information Technology Affect Productivity? Plant-Level Comparisons of Product Innovation, Process Improvement, and Worker Skills." *Quarterly Journal of Economics* 122 (November), pp. 1721~1758.

Bartelsman, Eric, and Wayne Gray. 1996. "The NBER Manufacturing Productivity Database." NBER Working Technical Paper no. 205 (October).

Bates, Ralph. 1965. *Scientific Societies in the United States*. Cambridge, MA: MIT Press.

Baumol, William J., Sue Anne Batey Blackman, and Edward N. Wolff. 1989. *Productivity and American Leadership: The Long View*. Cambridge, MA: MIT Press.

Becker, Gary S., and Kevin M. Murphy. 1988. "The Family and the State." *Journal of Law and Economics* 31 (January), pp. 1~18.

Bell, Philip W. 1951. "Cyclical Variations and Trend in Occupational Wage Differentials in American Industry since 1914." *Review of Economics and Statistics* 33 (November), pp. 329~337.

Bellamy, Edward. 1888. *Looking Backward: 2000-1887*. Boston: Ticknor and Company.

Berman, Eli., John Bound, and Zvi Griliches. 1994. "Changes in the Demand for Skilled Labor within U.S. Manufacturing Industries: Evidence from the Annual Survey of Manufacturing." *Quarterly Journal of Economics* 109 (May), pp. 367~397.

Berman, Eli. John Bound, and Stephen Machin. 1998. "Implications of Skill-Based Technological Change: International Evidence." *Quarterly Journal of Economics* 113 (November), pp. 1245~1279.

Bettinger, Eric P. and Bridget Terry Long. 2005. "Addressing the Needs of Under-Prepared Students in Higher Education: Does College Remediation Work?" NBER Working Paper no. 11325 (May).

620

Biennial [1916~1918년부터 1956~1958년까지 중 여러 연도]. 다음을 참고하라. U.S. Office [Bureau] of Education. *Biennial Survey of Education for* [1916~1918년부터 1956~1958년까지 중 여러 연도]. Washington, DC: G.P.O.

Bils, Mark, and Peter Klenow. 2000. "Does Schooling Cause Growth?" *American Economic Review* 90 (October), pp. 1160~1183.

Bishop, Eugene A. 1930. *The Development of a State School System: New Hampshire*. New York: Teachers College, Columbia University.

Bishop, John H. 1989. "Is the Test Score Decline Responsible for the Productivity Growth Decline?" *American Economic Review* 79 (March), pp. 178~197.

Blank, David M., and George J. Stigler. 1957. *The Demand and Supply of Scientific Personnel*. New York: National Bureau of Economic Research.

Blau, Francine D., and Lawrence M. Kahn. 2002. *At Home and Abroad*. New York: Russell Sage.

Board of Education for England and Wales. 1932. *Education in 1931*. London: his Majesty' Stationery Office.

Bolino, August C., 1973. *Career Education: Contributions to Economic Growth*. New York: Praeger Publishers.

Boothe, Viva. 1932. *Salaries and the Cost of Living in Twenty-Seven State Universities and Colleges, 1913-1932*. Columbus: Ohio State University Press.

Borjas, George J. 1994. "Long-Run Convergence of Ethnic Skill Differentials: The Children and Grandchildren of the Great Migration." *Industrial and Labor Relations Review* 47 (July), pp. 553~573.

Borjas, George J. 2003. "The Labor Demand Curve is Downward Sloping: Reexamining the Impact of Immigration on the Labor Market." *Quarterly Journal of Economics* 118 (November), pp. 1335~1374.

Borjas, George J., Richard B. Freeman, and Lawrence F. Katz. 1997. "How Much Do Immigration and Trade Affect Labor Market Outcomes?" *Brookings Papers on Economic Activity*, no. 1. pp. 1~90.

Bound, John, and George Johnson. 1992. "Changes in the Structure of Wages in the 1980s: An Evaluation of Alternative Explanations." *American Economic Review* 82 (June), pp. 371~392.

Bound, John, and Sarah Turner. 2002. "Going to War and Going to College: Did World War II and the GI Bill Increase the Educational Attainment for Returning Veterans?" *Journal of labor Economics* 20 (October), pp. 784~815.

Bound, John, and Sarah Turner. 2007. "Cohort Crowding: How Resources Affect Collegiate Attainment." *Journal of Public Economics* 91 (June), pp. 877~899.

Bowles, Samuel, and Herbert Gintis. 1976. *Schooling in Capitalist America: Educational Reform and the Contradictions of Economic Life*. New York: Basic Books.

Braatz, Jay, and Robert D. Putnam. 1997. "Families, Communities, and Education in America: Exporting the Evidence." 미출간 논문, Harvard University.

Bradbury, Katharine, and Jane Katz. 2002. "Are Lifetime Incomes Growing More Unequal? Looking at New Evidence on Family Income Mobility?" *Regional Review*, no. 4. pp. 2~5.

Brandolini, Andrea, and Timothy M. Smeeding. 2006. "Inequality: International Evidence." 다음에 수록됨. *The New Palgrave Dictionary of Economics*. edited by S. N. Durlauf and L. E. Blume, Basingstoke, England: Palgrave Macmillan.

Braverman, Harry. 1974. *Labor and Monopoly Capital: The Degradation of Work in the Twentieth Century.* New York: Monthly Review Press.

Bresnahan, Timothy F. 1999. "Computerization and Wage Dispersion: An Analytical Reinterpretation." *Economic Journal* 109 (June), pp. 390~415.

Bresnahan, Timothy F., Erik Brynjolfsson, and Lorin M. Hitt. 2002. "Information Technology, Workplace Organization and the Demand for Skilled Labor: Firm-level Evidence." *Quarterly Journal of Economics* 118 (February), pp. 339~376.

Bresnahan, Timothy, and Manuel Trajtenberg. 1995. "General Purpose Technologies: 'Engines of Growth?'" *Journal of Econometrics* 65 (January), pp. 83~108.

Brown, Elmer Ellsworth. 1899. *Secondary Education.* Monographs on Education in the United States. Department of Education for the United States Commission to the Paris Exposition of 1900. Albany, NY: J. B. Lyon.

Brubacher, John S., and Willis Rudy. 1958. *Higher Education in Transition: An American History, 1636-1956.* New York: Harper and Brothers.

Bryce, James. 1889. *The American Commonwealth.* Vol. 2. London: Macmillan.

Budd, Edward C. 1967. "Introduction." 다음에 수록됨. *Inequality and Poverty*, edited by Edward C. Budd, New York: W.W. Norton, pp. vii~xxxiv.

Burdge, Howard G. 1921. *Our Boys: A Study of the 245,000 Sixteen, Seventeen, and Eighteen Year Old Employed Boys of the State of New York.* Albany, NY: J.B. Lyon.

Burtless, Gary. 1999. "Effect of Growing Wage Disparities and Family Composition Shifts in the Distribution of U.S. Income." *European Economic Review* 43 (April), pp. 853~865.

Burtless, Gary, and Christopher Jencks. 2003. "American Inequality and Its Consequences." 다음에 수록됨. *Agenda for the Nation*, edited by H. Aaron, J. Lindsay, and P. Nivola, Washington, DC: Brookings Institution, pp. 61~108.

Bush, George G. 1898. *History of Education in New Hampshire.* Washington, DC: G.P.O.

Cadena, Brian C., and Benjamin J. Keys. 2006. "Self-Control Induced Debt Aversion: Evidence from Interest-Free Students Loans." 미출간 논문, University of Michigan.

Cain, Louis P. and Donald G. Paterson. 1986. "Biased Technical change, Scale, and Factor Substitution in American Industry, 1850-1919." *Journal of Economic History* 46 (March), pp. 153~164.

California Liaison Committee [of the Regents of the University of California]. 1960. *A Master Plan for Higher Education in California, 1960-1975*. Sacramento: California State Department of Education.

California, Office of Superintendent of Public Instruction. [여러 연도]. *Biennial Report of the Superintendent of Public Instruction*. Sacramento, CA [e.g. 25th Biennial Report is 1911/1912].

Caliver, Ambrose. 1933a. "Secondary Education for Negroes." *U.S. Office of Education Bulletin*, no. 17, monograph 7. Washington DC: G.P.O.

Caliver, Ambrose. 1933b. "Education of Negro Teachers." *U.S. Office of Education Bulletin*, no. 10. Washington, DC: G.P.O.

Calvert, Monte A. 1967. *The Mechanical Engineer in America, 1830-1910*. Baltimore, MD: John Hopkins Press.

Cameron, Steven V., and James J. Heckman. 1993. "The Non-Equivalence of High School Equivalents." *Journal of Labor Economics* 11 (January). pp. 1~47.

Card, David. 1999. "The Causal Effect of Education on Earnings." 다음에 수록됨. *Handbook of Labor Economics*, vol. 3A, edited by O. Ashenfelter and D. Card, Amsterdam: North Holland, pp. 1801~1863.

Card, David. 2001. "Estimating the Return to Schooling: Progress on Some Persistent Econometric Problems." *Econometrica* 69 (September), pp. 1127~1160.

Card, David. 2005. "Is the New Immigration Really So Bad?" *Economic Journal* 115 (November), pp. F300~F323.

Card, David, John DiNardo, and Eugena Estes. 2000. "The More Things Change: Immigrants and the Children of Immigrants in the 1940s, the 1970s, and the 1990s." 다음에 수록됨. *Issues in the Economics of Immigration*, edited by George J. Borjas, Chicago: University of Chicago Press and NBER, pp. 227~269.

Card, David, and Alan B. Krueger. 1992a. "Does School Quality Matter? Returns to Education and Characteristics of Public Schools in the United States." *Journal of Political Economy* 100 (February), pp. 1~40.

Card, David, and Alan B. Krueger. 1992b. "School Quality and Black/White Relative Earnings: A Direct Assessment." *Quarterly Journal of Economics* 107 (February), pp. 151~200.

Card, David, and Thomas Lemieux. 2001. "Can Falling Supply Explain the Rising Return to College for Younger Men?" *Quarterly Journal of Economics* 116 (May), pp. 705~746.

Card, David, and Abigail Payne. 2002. "School Finance Reform, the Distribution of School Spending, and the Distribution of SAT Scores." *Journal of Public Economics* 83 (January), pp. 49~82.

Carlton, Frank Tracy. 1908. *Education and Industrial Evolution*. New York: Macmillan.

Carneiro, Pedro, and James J. Heckman. 2002. "The Evidence on Credit Constraints in Post-

Secondary Schooling." *Economic Journal* 112 (October), pp. 705~734.

Carneiro, Pedro, and James J. Heckman. 2003. "Human Capital Policy." 다음에 수록됨. *Inequality in America*, edited by James J. Heckman and Alan B. Krueger, Cambridge, MA: MIT Press, pp. 77~239.

Carnoy, Martin. 2001. *School Vouchers: Examining the Evidence*. Washington, DC: Economic Policy Institute.

Carr-Saunders, A. M., D. Caradog Jones, and C. A. Moser. 1958. *A Survey of Social Conditions in England and Wales*. Oxford: Clarendon Press.

Carter, Susan, Scott S. Gartner, Michael Haines, Alan Olmstead, Richard Sutch, and Gavin Wright, eds. 2006. *Historical Statistics of the United States: Millennial Edition*. New York: Cambridge University Press (본문에서는 《장기 통계: 새천년판Historical Satistics: Millennial Edition》으로 표기했다. 《장기 통계Historical Statistics》로 표기된 이전 판과는 다른 판이다).

Cartter, Allan M. 1966. *An Assessment of Quality in Graduate Education: A Comparative Study of Graduate Departments in 29 Academic Disciplines*. Washington, DC: American Council on Education.

Cattell, James Mckeen. 1938. *American Men of Science: A Biographical Directory*. 6th ed. New York: Science Press.

Cattell, Jaques. 1960. *American Men of Science: A Biographical Directory*. 10th ed. Tempe, AZ: Jaques Cattell Press.

Census of the United States. 1832. *Fifth Census or Enumeration of the Inhabitants of the United States, 1830*. Washington, DC: Duff Green.

Census of the United States. 1841. *Compendium of the Enumeration of the Inhabitants and Statistics of the United States ... from the Returns of the Sixth Census*. Washington, DC: Thomas Allen.

Chadbourne, Ava H. 1928. *The Beginnings of Education in Maine*. New York: Teachers College, Columbia University.

Chandler, Alfred D., Jr. 1977. *The Visible Hand: The Managerial Revolution in American Business*. Cambridge, MA: Belknap Press.

Ciccone, Antonio, and Giovanni Peri. 2005. "Long-Run Substitutability between More and Less Educated Workers: Evidence from U.S. States, 1950-1990." *Review of Economics and Statistics* 87 (November), pp. 652~663.

Cline, William. 1997. *Trade and Income Distribution*. Washington, DC: Institute for International Economics.

Cohen, Miriam, and Michael Hanagan. 1991. "Work, School, and Reform: A Comparison of Birmingham. England, and Pittsburgh, USA, 1900-1950." *International Labor and Working-Class History* 40 (Fall), pp. 67~80.

College Blue Book. 1933. *The 1933 College Blue Book*. edited by Huber William Hurt and

Harriett-Jeanne Hurt. Hollywood by-the-Sea, FL: The College Blue Book.

Conrad, Herbert S., and Ernest V. Hollis. 1955. "Trends in Tuition Charges and Fees." *Annals of the American Academy of Political and Social Science* 301 (September 1955), pp. 148~165.

Coombs, Whitney. 1926. *The Wages of Unskilled Labor in Manufacturing Industries in the United States, 1890-1924*. New York: Columbia University Press.

Corcoran, Sean, William N. Evans, and Robert S. Schwab. 2004. "The Changing Quality of Teachers over the Past Four Decades." *Journal of Policy Analysis and Management* 23 (Summer), pp. 449~470.

Costa, Dora. 1998. "The Unequal Work Day: A Long-Term View." *American Economic Review* 88 (May), pp. 330~334.

Counts, George S. 1926. *The Senior High School Curriculum*. Chicago: University of Chicago Press.

Counts, George S. 1929. *Secondary Education and Industrialism*. The Inglis Lecture. Cambridge, MA: Harvard University Press.

Cremin, Lawrence A. 1951. *The American Common School: An Historic Conception*. New York: Bureau of Publications Teachers College, Columbia University.

Cubberley, Ellwood P. [1919] 1934, 1947. *Public Education in the United States: A Study and Interpretation of American Educational History*. Boston: Houghton Mifflin (1934년판을 주로 사용했다).

Cubberley, Ellwood P. [1934] 1970. *Readings in Public Education in the United States: A Collection of Sources and Readings to Illustrate the History of Educational Practice and Progress in the United States*. Westport, CT: Greenwood Press.

Cubberldey, Ellwood P., and Edward C. Elliott. 1915. *State and County School Administration*. New York: Macmillan.

Cullen, Donald E. 1956. "The Interindustry Wage Structure, 1899-1950." *American Economic Review* 46 (June), pp. 353~369.

Cullen, Julie Berry, Brian A. Jacob, and Steven D. Levitt. 2006. "The Effect of School Choice on Participants: Evidence from Randomized Lotteries." *Econometrica* 74 (September), pp. 1191~1230.

Cunha, Flavio, James J. Heckman, Lance Lochner, and Dimitriy V. Masterov. 2005. "Interpreting the Evidence on Lifetime Skill Formation." NBER Working Paper no. 11331 (May).

Currie, Janet. 2001. "Early Childhood Intervention Programs: What Do We Know?" *Journal of Economic Perspectives* 15 (Spring), pp. 212~238.

Currie, Janet, and Enrico Moretti. 2003. "Mother's Education and the Intergenerational Transmission of Human Capital: Evidence from College Openings." *Quarterly Journal of Economcics* 18 (November), pp. 1495~1532.

Cutler, David M., and Lawrence F. Katz. 1991. "Macroeconomic Performance and the Disadvantaged." *Brookings Papers on Economic Activity*, no. 2. pp. 1~74.

Cutler, David M., and Lawrence F. Katz. 1992. "Rising Inequality? Changes in the Distribution of Income and Consumption in the 1980s." *American Economic Review* 82 (May), pp. 546~551.

D'Amico, Louis A., and W. Robert Bokelman. 1963. *Basic Student Charges, 1962-63: Tuition and Fees, Board and Room*. U.S. Department of Health, Education and Welfare. Office of Education. Washington, DC: G.P.O.

Davenport, Iowa [연도]. *Public School Directory of Davenport, Iowa for* [1917년부터 1934년까지].

Davis, Calvin Olin. 1927. *Our Evolving High School Curriculum*. Yonkers-on-Hudson, NY: World Book.

Dee, Thomas, and Brian Jacob. 2006. "Do High School Exit Exams Influence Educational Attainment or Labor Market Performance?" NBER Working Paper no. 12199 (April).

Deffenbaugh, Walter S., and Ward W. Keesecker. 1935. *Compulsory School Attendance Laws and Their Administration*. Bulletin No. 4, United States Department of the Interior, Office of Education. Washington, DC: G.P.O.

DeLong, J. Bradford, Goldin, Claudia, and Lawrence F. Katz. 2003. "Sustaining U.S. Economic Growth." 다음에 수록됨. *Agenda for the Nation*, edited by H. Aaron, J. Lindsay, and P. Nivola, Washington, DC Brookings Institution Press, pp. 17~60.

Denison, Edward F. 1962. *The Sources of Economic Growth in the United States and the Alternatives before Us*. New York: Committee for Economic Development.

Devine, Warren. 1983. "From Shafts to Wires: Historical Perspective on Electrification." *Journal of Economic History* 43 (June), pp. 347~372.

Dew-Becker, Ian, and Robert J. Gordon. 2005. "Where Did the Productivity Growth Go? Inflation Dynamics and the Distribution of Income." *Brookings Papers on Economic Activity*, no. 2. pp. 67~150.

Dewhurst, J. Frederic, John O. Coppock, P. Lamartine Yates, and Associates. 1961. *Europe's Needs and Resources: Trends and Prospects in Eighteen Countries*. New York: Twentieth century Fund.

Digest of Education Statistics. 다음을 참고하라. U.S. Department of Education, NCES.

DiNardo, John, Nicole Fortin, and Thomas Lemieux. 1996. "Labor Market Institutions, and the Distribution of Wages, 1973-1992: A Semiparametric Approach." *Econometrica* 64 (September), pp. 1001~1044.

Doms, Mark, Timothy Dunne, and Kenneth R. Troske. 1997. "Workers, Wages, and Technology." *Quarterly Journal of Economics* 112 (February), pp. 253~290.

Donohue, John and James J. Heckman, 1991. "Continuous Versus Episodic Change: The Impact of Civil Rights Policy on the Economic Status of Blacks." *Journal of Economic*

Literature 29 (December), pp. 1603~1642.

Dos Passos, John. 1932. *1919*. New York: Harcourt Brace.

Douglas, Paul H. 1921. *The American Apprenticeship and Industrial Education*. New York: Columbia University Press.

Douglas, Paul H. 1926. "What Is Happening to the 'White-Collar-Job' Market?" *System: The Magazine of Business* 49 (December), pp. 719~721, 782, 784.

Douglas, Paul H. 1930. *Real Wages in the United States: 1890 to 1926*. Boston: Houghton Mifflin.

Du Boff, Richard B. 1979. *Electric Power in American Manufacturing 1889-1958*. New York: Arno Press.

Dunbar, Willis F. 1960. "The High School on Trial: The Kalamazoo Case." *Papers of the Michigan Academy of Science, Arts, and Letters*, Part 2, *Social Science* 45, pp. 187~200.

Dunne, Timothy, John Haltiwanger, and Kenneth R. Troske. 1996. "Technology and Jobs: Secular Changes and Cyclical Dynamics." NBER Working Paper no. 5656 (July).

Dustmann, Christian, Johannes Ludsteck, and Uta Schönberg. 2007. "Revisting the German Wage Structure." 미출간 논문, University of Rochester.

Dynarski, Susan. 2002. "The Behavioral and Distributional Implication of Aid for College." *American Economic Review* 92 (May), pp. 279~285.

Dynarski, Susan. 2005. "Building the Stock of College-Educated Labor." 미출간 논문, Harvard University.

Dynarski, Susan, and Judith Scott-Clayton. 2006. "The Cost of Complexity in Federal Student Aid: Lessons from Optimal Tax Theory and Behavioral Economics." *National Tax Journal* 59 (June), pp. 319~356.

Esterlin, Richard A. 1981. "Why Isn't the Whole World Developed?" *Journal of Economic History* 61 (March), pp. 1~17.

Economic Report of the President, 2006. 2006. Washington, DC: G.P.O.

Edwards, Alba M. 1943. *Sixteenth Census of the United States: 1940. Population. Comparative Occupation Statistics for the United States, 1870 to 1940*. Washington, DC: G.P.O.

Eichengreen, Barry. 1992. "Can the Maastricht Treaty Be Saved?" *Princeton Studies in International Finance*. Princeton, NJ: Princeton University, International Economics Section.

Elbaum, Bernard. 1989. "Why Apprenticeship Persisted in Britain but Not in the United States." *Journal of Economic History* 49 (June), pp. 337~349.

Electrical Merchandising. 1922. *How to Retail Radio*. New York: McGraw-Hill.

Ellwood, David T., and Thomas Kane. 2000. "Who Is Getting a College Education? Family Background and the Growing Gaps in Enrollment." 다음에 수록됨. *Securing the Future*, edited by Sheldon Danziger and Jane Waldfogel, New york: Russell Sage Foundation, pp. 283~324.

Emmons, Frederick Earle. 1926. *City School Attendance Service.* Teachers College, Columbia University Contributions to Education, no. 200. New York: Teachers College, Columbia University.

Engerman, Stanley L., and Kenneth L. Sokoloff. 2005. "The Evolution of Suffrage Institutions in the New world." *Journal of Economic History* 65 (December), pp. 891~921.

Epple, Dennis, and Richard E. Romano. 1996. "Ends Against the Middle: Determining Public Service Provision When There Are Private Alternatives." *Journal of Public Economics* 62 (November), pp. 297~326.

Evans, Owen D. 1926. *Educational Opportunities for Young Workers.* New York: Macmillan.

Federal Board for Vocational Education. 1922. *Preliminary Report on the Senior Commercial Occupations Survey.* Mimeo. Washington, DC: N.p.

Fernandez, Raquel, and Richard Rogerson. 1995. "On the Political Economy of Education Subsidies." *Review of Economic Studies* 62 (April), pp. 249~262.

Fernandez, Raquel, and Richard Rogerson. 2003. "Equity and Resources: An Analysis of Education Finance Systems." *Journal of Political Economy* 111 (August), pp. 858~897.

Ferrie, Joseph P. 2005. "History Lessons: The End of American Exceptionalism? Mobility in the U.S. Since 1850." *Journal of Economic Perspectives* 19 (Summer), pp. 199~215.

Feynman, Richard P. 1985. *"Surely You're Joking, Mr. Feynman!",* New York: W.W. Norton. (《파인만 씨, 농담도 잘하시네!》 1~2, 김희봉 옮김, 사이언스북스, 2013)

Field, Alexander. 1979. "Economic and Demographic Determinants of Educational Commitment: Massachusetts, 1855." *Journal of Economic History* 39 (June), pp. 439~459.

Fishlow, Albert. 1966a. "The American Common School Revival: Fact of Fancy?" 다음에 수록됨. *Industrialization in Two Systems: Essays in Honor of Alexander Gerschenkron,* edited by Henry Rosovsky, New York: Wiley Press, pp. 40~67.

Fishlow, Albert. 1966b. "Levels of Nineteenth-Century American Investment in Education." *Journal of Economic History* 26 (December), pp. 418~436.

Fiske, Edward B., and Helen F. Ladd. 2000. *When Schools Compete: A Cautionary Tale.* Washington, DC: The Brookings Institution.

Fogel, Robert William. 1964. *Railroads and American Economic Growth: Essays in Econometric History.* Baltimore, MD: Johns Hopkins Press.

Freeman, Richard B. 1975. "Overinvestment in College Training?" *Journal of Human Resources* 10 (Summer), pp. 287~311.

Freeman, Richard B. 2007. "Labor Market Institutions Around the World." NBER Working Paper no. 13243 (July).

Freeman, Richard B., and Lawrence F. Katz. 1994. "Rising Wage Inequality: The United States vs. Other Advanced Countries." 다음에 수록됨. *Working Under Different Rules,* edited by Richard B. Freeman, New York: Russell Sage Foundation, pp. 29~62.

Friedberg, Leora. 2003. "The Impact of Technological Change on Older Workers: Evidence from Data on Computers." *Industrial and Labor Relations Review* 56 (April), pp. 511~529.

Frydman, Carola. 2001. "Female Labor Force Participation and the Quality of the Teaching Force, Evidence from the High School Movement." 미출간, Harvard University Department of Economics.

Fryer, Roland G., and Steven D. Levitt. 2004. "Understanding the Black-White Test Score Gap in the First Two Years of School." *Review of Economics and Statistics* 86 (May) pp. 447~464.

Fryer, Roland G., and Paul Torelli. 2006. "An Empirical Analysis of 'Acting White'." 미출간 논문, Harvard University.

Furman, Jason, Lawrence H. Summers, and Jason Bordoff. 2007. "Achieving Progressive Tax Reform in an Increasingly Global Economy." 미출간 논문, The Brookings Institution, The Hamilton Project.

Gabler, Edwin, 1988. *The American Telegrapher: A Social History, 1860-1900.* New Brunswick, NJ: Rutgers University Press.

Galor, Oded, and Omer Moav. 2000. "Ability-Biased Technological Transition, Wage Inequality and Economic Growth." *Quarterly Journal of Economics* 115 (May), pp. 469~497.

Geiger, Roger L. 1990. "Organized Research Units—Their Role in the Development of University Research." *Journal of Higher Education* 61(January/February), pp. 1~19.

General Electric Company 1924. "The Apprentice System." Pamphlet. West Lynn, MA: G.E.

Glenn, Charles L. 1988. *The Myth of the Common School.* Amherst: University of Massachusetts Press.

Goldberger, Marvin L., Brendan A. Maher, and Pamela Ebert Flattau, eds. 1995. *Research-Doctorate Programs in the United States: Continuity and Change.* Washington, DC: National Academy Press.

Goldin, Claudia. 1990. *Understanding the Gender Gap: An Economic History of American Women.* New York Oxford University Press.

Goldin, Claudia. 1991. "Marriage Bars: Discrimination against Married Women Workers. 1920 to 1950." 다음에 수록됨. *Favorites of Fortune: Technology, Growth, and Economic Development since the Industrial Revolution,* edited by Henry Rosovsky, David Landes, and Patrice Higonnet, Cambridge, MA: Harvard University Press, pp. 511~536.

Goldin, Claudia. 1994. "The Political Economy of Immigration Restriction in the United States, 1890 to 1921." 다음에 수록됨. *The Regulated Economy: A Historical Approach to Political Economy,* edited by Claudia Goldin and Gary D. Libecap, Chicago: University of Chicago Press, pp. 223~257.

Goldin, Claudia. 1998. "America's Graduation from High School: The Evolution and Spread of

Secondary Schooling in the Twentieth Century." *Journal of Economic History* 58 (June), pp. 345~374.

Goldin, Claudia. 1999. "Egalitarianism and the Returns to Education during the Great Transformation of American Education." *Journal of Political Economy* 107 (December), pp. S65~S94.

Goldin, Claudia. 2000. "Labor Markets in the Twentieth Century." 다음에 수록됨. *The Cambridge Economic History of the United States, vol. 3. The Twentieth Century*, edited by Stanley L. Engerman and Robert E. Gallman, Cambridge: Cambridge University Press, pp. 549~624.

Goldin, Claudia, and Lawrence F. Katz. 1995. "The Decline of 'Non-Competing Groups': Changes in the Premium to Education, 1890 to 1940." NBER Working Paper no. 5202 (August).

Goldin, Claudia, and Lawrence F. Katz. 1998. "The Origins of Technology-Skill Complementarity." *Quarterly Journal of Economics* 113 (June), pp. 693~732.

Goldin, Claudia, and Lawrence F. Katz. 1999a. "The Shaping of Higher Education: The Formative Years in the United States, 1890 to 1940." *Journal of Economic Perspectives* 13 (Winter), pp. 683~723. [더 긴 버전은 다음을 참고하라. NBER Working Paper no. 6537 (April 1998)].

Goldin, Claudia, and Lawrence F. Katz. 1999b. "Human Capital and Social Capital: The Rise of Secondary Schooling in America, 1910 to 1940." *Journal of Interdisciplinary History* 29 (Spring), pp. 683~723.

Goldin, Claudia, and Lawrence F. Katz. 2000. "Education and Income in the Early Twentieth Century Evidence from the Prairies." *Journal of Economic History* 60 (September), pp. 782~818.

Goldin, Claudia, and Lawrence F. Katz. 2001a. "Decreasing (and then Increasing) Inequality in America: A Tale of Two Half Centuries." 다음에 수록됨. *The Cause an Consequences of Increasing Inequality*, edited by Finis Welch, Chicago: University of Chicago Press, pp. 37~82.

Goldin, Claudia, and Lawrence F. Katz. 2001b. "The Shaping of Higher Education in the United States and New England." *Regional Review* 11 (Q4), pp. 5~11.

Goldin, Claudia, and Lawrence F. Katz. 2003. "Mass Secondary Schooling and the State: The Role of State Compulsion in the High School Movement." NBER Working Paper no. 10075 (November).

Goldin, Claudia, and Lawrence F. Katz. 2005. "Why the United States Led in Education: Lessons from Secondary School Expansion, 1910 to 1940." 개고된 버전은 다음을 참고하라. NBER Working Paper no. 6144 (August 1997).

Goldin, Claudia. Lawrence F. Katz, and Ilyana Kuziemko. 2006. "The Homecoming of American College Women: The Reversal of the College Gender Gap." *Journal of*

Economic Perspectives 20 (Fall), pp. 133~156.

Goldin, Claudia, and Robert A. Margo. 1991. "Appendix to 'The Great Compression: The Wage Structure in the United States at Mid-Century': Skill Ratios and Wage Distributions: 1920s to 1950s." 미출간 원고.

Goldin, Claudia, and Robert A. Margo. 1992. "The Great Compression: The Wage Structure in the United States at Mid-Century." *Quarterly Journal of Economics* 107 (February), pp. 1~34.

Goldsmith, Selma. 1967. "Changes in the Size Distribution of Income." 다음에 수록됨. *Inequality and Poverty*, edited by Edward C. Budd, New York: W. W. Norton, pp. 65~79.

Goldsmith, Selma, George Jaszi, Hyman Kaitz, and Maurice Liebenberg. 1954. "Size Distribution of Income since the Mid-Thirties." *Review of Economics and Statistics* 36 (February), pp. 1~32.

Gordon, Robert J. 2000. "Interpreting the 'One Big Wave' in U.S. Long-Term Productivity Growth." NBER Working Paper no. 7752 (June).

Gordon, Robert J. 2004. "Why Europe Was Left at the Station When America's Productivity Locomotive Departed." NBER Working Paper no. 10661 (August).

Gottschalk, Peter, and Sheldon Danziger. 1998. "Family Income Mobility: How Much Is There, and Has it Changes?" 다음에 수록됨. *The Inequality Paradox: Growth of Income Disparity*, edited by J. Auerbach and R. Belous, Washington, DC: National Policy Association, pp. 92~111.

Gottschalk, Peter, and Mary Joyce. 1998. "Cross-National Differences in the Rise of Earnings Inequality: Market and Institutional factors." *Review of Economics and Statistics* 80 (November), pp. 489~502.

Gottschalk, Peter, and Robert Moffitt. 1994. "The Growth of Earnings Instability in the U.S. Labor Market." *Brookings Papers on Economic Activity*, no. 2. pp. 217~272.

Griliches, Zvi. 1969. "Capital-Skill Complementarity." *Review of Economics and Statistics* 51 (November), pp. 465~468.

Grubb, W. Norton, and Marvin Lazerson. 2004. *The Education Gospel: The Economic Power of Schooling*. Cambridge: Harvard University Press.

Haider, Steven J. 2001. "Earnings Instability and Earnings Inequality in the United States, 1967-1991." *Journal of Labor Economics* 19 (October), pp. 799~836.

Hall, Clyde W. 1973. *Black Vocational, Technical, and Industrial Arts Education: Development and History*. Chicago: American Technical Society.

Handlin, Oscar, and Mary F. Handlin. 1970. *The American College and American Culture*. New York: McGraw-Hill.

Hanushek, Eric. A. 2002. "The Failure of input-Based Schooling Policies." *Economic Journal* 113 (February), pp. F64~F98.

Hanushek, Eric A., John F. Kain, Steven G. Rivkin, and Gregory F. Branch. 2006. "Charter
    School Quality and Parental Decision Making with School Choice." 미출간 논문,
    Hoover Institution, Stanford University.

Hanushek, Eric A., and Margaret E. Raymond. 2005. "Does School Accountability Lead to
    Improved School Performance?" *Journal of Policy Analysis and Management* 24 (Spring).
    pp. 297~327.

Heckman, James J., and Alan B. Krueger. 2003. *Inequality in America.* Cambridge, MA: MIT
    Press.

Heckman, James J., and Paul A. LaFontaine. 2006. "Bias-Corrected Estimates of GED
    Returns." *Journal of Labor Economics* 24 (July). pp. 661~700.

Heckman, James J., and Lance Lochner. 2000. "Rethinking Education and Training Policy:
    Understanding the Sources of Skill Formation in a Modern Economy." 다음에 수록됨.
    Securing the Future, edited by Sheldon Danziger and Jane Waldfogel, New York: Russell
    Sage Foundation, pp. 47~83.

Heckman, James J., Lance Lochner, and Christopher Taber. 1998. "Explaining Rising Wage
    Inequality: Explorations with a dynamic General Equilibrium Model of Labor Earnings
    with Heterogeneous Agents." *Review of Economic Dynamics* 1 (January), pp. 11~58.

Heckman, James J., and Dimitriy V. Masterov. 2007. "The Productivity Argument for
    Investing in Young Children." NBER Working Paper no. 13016 (April).

Heckman, James J., and Yona Rubinstein. 2001. "The Importance of Noncognitive Skills:
    Lessons from the GED Testing Program." *American Economic Review* 91 (May), pp.
    145~149.

Herbst, Jurgen. 1996. *The Once and Future School: Three Hundred and Fifty Years of American
    Secondary Education.* New York: Routledge.

Heston, Alan, Robert Summers, and Bettina Aten. 2002. Penn World Table, Version 6.1,
    Center for International Comparisons at the University of Pennsylvania(CICUP).
    다음에서 볼 수 있다. https://cid.ucdavis.edu/pwt.

Higher Education Publications. 1992. *Higher Education Directory.* Washington, DC: Higher
    Education Publications.

Historical Statistics. 다음을 참고하라. U.S. Bureau of the Census (1975).

Historical Statistics: Millennial Edition. 다음을 참고하라. Carter et al. (2006).

Hofstadter, Richard, and C. DeWitt Hardy. 1952. *The Development and Scope of Higher
    Education in the United States.* New York: Columbia University Press.

Hogan, David John. 1985. *Class and Reform: School and Society in Chicago 1880-1930.*
    Philadelphia: University of Pennsylvania Press.

Hounshell, David. 1984. *From the American System to Mass Production.* Baltimore, MD: Johns
    Hopkins Press.

Howell, William G., and Paul E. Peterson. 2004. "Uses of Theory in Randomized Field Trials:

Lessons from School Voucher Research on Disaggregation, Missing Data, and the Generalization of Findings." *American Behavioral Scientist* 47 (January), pp. 634~657.

Hoxby, Caroline M. 1996. "Are Efficiency and Equity in School Finance Substitutes or Complements?" *Journal of Economics Perspectives* 10 (Fall), pp. 51~72.

Hoxby, Caroline M. 1997. "The Changing Market Structure of U.S. Higher Education." Working Paper, Harvard University.

Hoxby, Caroline M. 1998. "How Much Does School Spending Depend on Family Income? The Historical Origins of the Current School Finance Dilemma." *American Economic Review, Papers and Proceedings* 88 (May), pp. 309~314.

Hoxby, Caroline M. 1999. "The Productivity of Schools and Other Local Public Goods Providers." *Journal of Public Economics* 74 (October), pp. 1~30.

Hoxby, Caroline M. 2001. "All School Finance Equalizations Are Not Created Equal." *Quarterly Journal of Economics* 116 (November), pp. 1189~1231.

Hoxby, Caroline M. 2003. "School Choice and School Productivity: Could School Choice Be a Tide that Lifts All Boats?" 다음에 수록됨. *The Economics of School Choice*, edited by Caroline M. Hoxby, Chicago: University of Chicago Press and NBER, pp. 287~341.

Hoxby, Caroline M., and Ilyana Kuziemko. 2004. "Robin Hood and His Not So Mery Plan." NBER Working Paper no. 10722 (September).

Hsieh, Chang-Tan, and Miguel Urquiola. 2006. "The Effects of Generalized School Choice on Achievement and Stratification: Evidence from Chile's Voucher Program." *Journal of Public Economics* 90 (September), pp. 1477~1503.

Hughes, Gordon, and Barry McCormick. 1987. "Housing Markets, Unemployment and Labour Market Flexibility in the U.K." *European Economic Review* 31 (April), pp. 615~641.

Inter-university Consortium for Political and Social Research(ICPSR). 1984. *Census of Population, 1940* [United States]: *Public Use Microdata Sample* (ICPSR 8236). Ann Arbor, MMI: ICPSR.

Iowa. [여러 연도]. *Report of the Department of Public Instruction for* [연도]. *Iowa school Report.*, Des Moines, IA: State Printer.

Iowa. 1925. *Iowa Education Directory for the School Year Commencing July 1, 1924.* Des Moines, IA: State Printer.

Iowa Department of Public Instruction. [연도] *Biennial Report of the Department of Public Instruction to the Governor of Iowa.* Des Moines, IA: State Printer.

Jackson, C. Kirabo. 2007. "A Little Now for a Lot Later: A Look at a Texas Advanced Placement Incentive Program." 미출간 논문, Harvard University.

Jacob, Brian A. 2005. "Accountability, Incentives and Behavior: The Impact of High-Stakes Testing in Chicago." *Journal of Public Economics* 89 (September), pp. 761~796.

Jaffe, Adam B. 1989. "Real Effects of Academic Research." *American Economic Review* 79

(December), pp. 957~970.

James, John. 1983. "Structural Change in American Manufacturing, 1850-1890." *Journal of Economic History* 43 (June), pp. 433~459.

James, John A., and Jonathan S. Skinner. 1985. "The Resolution of the Labor Scarcity Paradox." *Journal of Economic History* 45 (September), pp. 513~540.

Jencks, Christopher, and Susan Mayer. 1900. "The Social Consequences of Growing Up in a Poor Neighborhood." 다음에 수록됨. *Inner-City Poverty in the United States*, edited by laurence F., Lynn, Jr., and Michael G.H. McGeary, Washington, DC: National Academy Press, pp. 111~186.

Jencks, Christopher, and Meredith Philips, eds. 1998. *The Black-White Test Score Gap*. Washington, DC: Brookings Institution Press.

Jerome, Harry. 1934. *Mechanization in Industry*. New York: National Bureau of Economic Research.

Jessen, Carl A. 1928. *Requirements for High-School Graduation*. Bureau of Education Bulletin 1928, no. 21. Washington, DC: G.P.O.

Jones, Charles I. 1995. "R&D-Based Models of Economic Growth." *Journal of Political Economy* 103 (August), pp. 759~784.

Jones, Charles I. 2002. "Sources of U.S. Growth in a World of Ideas." *American Economic Review* 92 (March), pp. 220~239.

Jorgenson, Dale, and Mun S. Ho. 1999. "The Quality of the U.S. Workforce, 1948-95." Department of Economics, Harvard University.

Judd, Charles Hubbard. 1928. *The Unique Character of American Secondary Education*. The Inglis Lecture. Cambridge: Harvard University Press.

Kaestle, Carl. 1973. *The Evolution of an Urban School System: New York City, 1750 to 1850*. Cambridge: Harvard University Press.

Kaestle, Carl. 1983. *Pillars of the Republic: Common Schools and American Society, 1780-1860*. New York: Hill and Wang.

Kaestle, Carl, and Maris Vinovskis. 1980. *Education and Social Change in Nineteenth-Century Massachusetts*. Cambridge: Harvard University Press.

Kahn, Lawrence M. 2000. "Wage Inequality, Collective Bargaining, and Relative Employment 1985-94: Evidence from Fifteen OECD Countries." *Review of Economics and Statistics* 82 (November), pp. 564~579.

Kandel, I. L. 1930. *History of Secondary Education: A Study in the Development of Liberal Education*. Boston: Houghton Mifflin.

Kandel, I. L. 1934. *The Dilemma of Democracy*. The Inglis Lecture. Cambridge: Harvard University Press.

Kandel, I. L. 1955. *A New Era in Education: A Comparative Study*. Boston: Houghton Mifflin.

Kane, Thomas J. 1999. *The Price of Admission*. Washington, Dc: Brookings Institution Press and Russell Sage.

Kane, Thomas J., Johan E. Rockoff, and Douglas Staiger. 2006. "What Does Certification Tell Us About Teacher Effectiveness? Evidence from New York City." 미출간 논문, Harvard Graduate School of Education.

Kane, Thomas J., and Cecilia E. Rouse. 1999. "The Community College: Educating Students at the Margin between College and Work." *Journal of Economic Perspectives* 13 (Winter), pp. 63~84.

Kansas, State Superintendent of Public Instruction. [연도]. *Biennial Report of the State Superintendent of Public Instruction for the Years Ending* [연도]. Topeka, KS: State Printing Office.

Kaplan, David L., and M. Claire Casey. 1958. *Occupational Trends in the United States, 1900 to 1950*. Bureau of the Census Working Paper No. 5. Washington, DC: G.P.O.

Katz, Lawrence F. and David H. Autor. 1999. "Changes in the Wage Structure and Earnings Inequality." 다음에 수록됨. *Handbook of Labor Economics*, vol. 3A, edited by Orley Ashenfelter and David Card, Amsterdam: Elsevier Science, pp. 1463~1555.

Katz, Lawrence F., Gary W. Loveman, and David G. Blanchflower. 1995. "A Comparison of Changes in the Structure of Wages in Four OECD Countries." 다음에 수록됨. *Differences and Changes in Wage Structures*, edited by Richard B. Freeman and Lawrence F. Katz, Chicago: University of Chicago Press and NBER, pp. 25~65.

Katz, Lawrence F., and Kevin M. Murphy. 1992. "Changes in Relative Wages, 1963-87: Supply and Demand Factors." *Quarterly Journal of Economics* 107 (February). pp. 35~78.

Katz, Michael B. 1968. *The Irony of Early School Reform: Educational Innovation in Mid-Nineteenth Century Massachusetts*. Cambridge: Harvard University Press.

Keat, Paul G. 1960. "Long-Run Changes in Occupational Wage Structure, 1900-1956." *Journal of Political Economy* 68 (December), pp. 584~600.

Kelly, Frederick J., and Betty A. Patterson. 1934. *Residence and Migration of College Students*, Pamphlet no. 48, U.S. Bureau of Education. Washington, DC: G.P.O.

Kemple, James J., and Judith Scott-Clayton. 2004. *Career Academies: Impacts on Labor Market Outcomes and Educational Attainment*. New York: MDRC.

Kendrick, John W. 1961. *Productivity Trends in the United States*. Princeton, NJ: Princeton University Press (for NBER).

Kessler, Judd. 2007. "Crowding Out High School? The Effect of an Increase in GED Passing Standards on High School Graduation." 미출간 논문, Harvard University.

Kevles, Daniel. 1979. "The Physics, Mathematics, and Chemistry Communities: A Comparative Analysis." 다음에 수록됨. *The Organization of Knowledge in Modern America, 1860-1920*, edited by Alexandra Oleson and John Voss. Baltimore, MD: Johns Hopkins University Press.

Kiger, Joseph C. 1982. *Research Institutions and Learned Societies*. Westport, CT: Greenwood Press.

Kimball, Bruce A. 1992. *The "True Professional Ideal" in America: A History*. Cambridge MA and Oxford UK: Blackwell Publishers.

Kling, Jeffrey R., Jeffey B. Liebman, and Lawrence F. Katz. 2007. "Experimental Analysis of Neighborhood Effects." *Econometrica* 75 (January), pp. 83~119.

Kocka, Jürgen. 1980. *White Collar Workers in America, 1890-1940: A Social-Political History in International Perspective*. Translated by Maura Kealey, Beverly Hills, CA: Sage Publications.

Kopczuk, Wojciech, Emmanuel Saez, and Jae Song. 2007. "Uncovering the American Dream: Inequality and Mobility in Social Security Earnings Data since 1937." NBER Working Paper no. 13345 (August).

Krueger, Alan B. 1999. "Experimental Estimates of Educational Production Functions." *Quarterly Journal of Economics* 114 (May), pp. 497~532.

Krueger, Alan B. 2003. "Inequality, Too Much of a Good Thing." 다음에 수록됨. *Inequality in America*, edited by James J. Heckman and Alan B. Krueger, Cambridge, MA: MIT Press, pp. 1~75.

Krueger, Alan B., and Mikael Lindahl. 2001. "Education for Growth: Why and for Whom?" *Journal of Economic Literature* 39 (December), pp. 1101~1136.

Krueger, Alan B., and Pei Zhu. 2004. "Another Look at the New York City Voucher Experiment." *American Behavioral Scientist* 47 (January), pp. 658~698.

Krug, Edward A. 1962. "Graduates of Secondary Schools in and around 1900: Did Most of Them Go to College?" *The School Review* 70 (Autumn), pp. 266~272.

Krug, Edward A. 1964. *The Shaping of the American High School: 1880-1920*. Madison: University of Wisconsin Press.

Krugman, Paul R. 1990. *The Age of Diminished Expectations: U.S. Economic Policies in the 1990s*. Cambridge, MA: MIT Press.

Kuznetz, Simon. 1953. *Shares of Upper Income Groups in Income and Savings*. New York: National Bureau of Economic Research.

Kuznetz, Simon, Ann Ratner Miller, and Richard A. Easterlin. 1960. *Population Redistribution and Economic Growth: United States, 1870-1950*. Vol. 2, *Analyses of Economic Change*. Philadelphia: American Philosophical Society.

Labaree, David F. 1988. *The Making of an American High School: The Credentials Market and the Central High School of Philadelphia, 1838-1939*. New Haven, CT: Yale University Press.

Landes, David. 1972. *The Unbound Prometheus: Technological Change and Industrial Development in Western Europe from 1750 to the Present*. New York: Cambridge University Press.

Landes, William M. and Lewis C. Solmon. 1972. "Compulsory Schooling Legislation: An Economic Analysis of Law of Social Change in the Nineteenth Century." *Journal of Economic History* 32 (March), pp. 54~91.

Lebergott, Stanley. 1947. "Wage Structures." *The Review of Economic Statistics* 29 (November), pp. 274~285.

Lebergott, Stanley. 1984. *The Americans: An Economic Record.* New York: W. W. Norton.

Lee, Everett S. 1961. "The Turner Thesis Reexamined." *American Quarterly* 13 (Spring), pp. 77~83.

Lee, Everett S., Ann Ratner Miller, Carol P. Brainerd, and Richard A. Easterlin. 1957. *Population Redistribution and Economic Growth, United States, 1870-1950.* Vol. 1, *Methodological Considerations and Reference Tables.* Philadelphia: American Philosophical Society.

Lemieux, Thomas. 2006a. "Postsecondary Education and Increased Wage Inequality." *American Economic Review* 96 (May), pp. 195~199.

Lemieux, Thomas. 2006b. "Increased Residual Wage Inequality: Composition Effects, Noisy Data, or Rising Demand for Skill." *American Economic Review* 96 (June), pp. 461~498.

Lemon, James T. 1972. *The Best Poor Man's Country.* Baltimore, MD: Johns Hopkins Press.

Levy, Frank, Amy Beamish, Richard Murnane, and David Autor. 1999. "Computerization and Skills: Examples from a Car Dealership." 미출간 논문, MIT.

Levy, Frank, and Richard J. Murnane. 1996. "With What Skills Are Computers a Complement?" *American Economic Review* 86 (May), pp. 258~262.

Levy, Frank, and Richard J. Murnane. 2004. *The New Division of Labor.* New York: Russell Sage.

Levy, Frank, and Peter Temin. 2007. "Inequality and Institutions in Twentieth Century America." NBER Working Paper no. 13106 (May).

Lewis, Sinclair. 1917. *The Job: An American Novel.* New York: Harper Brothers.

Lewis, Sinclair. 1920. *Main Street: The Story of Carol Kennicott.* New York: Harcourt, Brace, and Howe.

Lindert, Peter H. 1994. "The Rise of Social Spending: 1880-1930." *Explorations in Economic History* 31 (January), pp. 1~37.

Lindert, Peter H. 1996. "What Limits Social Spending?" *Explorations in Economic History* 33 (January), pp. 1~34.

Lindert, Peter H. 2000. "The Comparative Political Economy of Mass Schooling before 1914." Working Paper, Department of Economics, University of California at Davis.

Lindert, Peter H. 2004. *Growing Public: Social Spending and Economic Growth since the Eighteenth Century.* Vol. 1, *The Story.* Vol. 2, *The Evidence.* New York: Cambridge University Press.

Lleras-Muney, Adriana. 2002. "Were Compulsory Attendance and Child Labor Laws

Effective? An Analysis from 1915 to 1939." *Journal of Law and Economics* 45 (October), pp. 401~435.

Lleras-Muney, Adriana. 2005. "The Relationship between Education and Adult Mortality in the United States." *Review of Economic Studies* 72 (January), pp. 189~221.

Lochner, Lance, and Enrico Moretti. 2004. "The Effect of Education on Crime: Evidence from Prison inmates, Arrests, and Self-Reports." *American Economic Review* 94 (March), pp. 155~189.

Long, Clarence D. 1960. *Wages and Earnings in the United States, 1860-1890*. Princeton, NJ: Princeton University Press.

Long, Jason, and Ferrie, Joseph P. 2007. "The Path to Convergence: Intergenerational Occupational Mobility in Britain and the US in Three Eras." *Economic Journal* 117 (march), pp. C61~C71.

Ludwig, Jens, and Douglas L. Miller. 2007. "Does Head Start Improve Children's Life Chances? Evidence from a Regression Discontinuity Design." *Quarterly Journal of Economics* 122 (February), pp. 159~208.

Machin, Stephen, and John Van Reenen. 1998. "Technology and Changes in Skill Structure: Evidence from Seven OECD Countries." *Quarterly Journal of Economics* 113 (November), pp. 1215~1244.

Maddison, Angus. 1987. "Growth and Slowdown in Advanced Capitalist Economies: Techniques of Quantitative Assessment." *Journal of Economic Literature* 25 (June), pp. 649~698.

Mann, Horace. 1841. *Fifth Annual Report of the Secretary of the Board of Education of Massachusetts*. [《제5차 연간보고서The Fifth Annual Report》는 Mann (1891)에 포함되어 있다].

Mann, Horace. 1891. *Life and Works of Horace Mann*. Vols. 3 and 4, *Annual Reports of the Secretary of the Board of Education of Massachusetts for the Years 1839-44* [vol. 3], *1845-48* [vol. 4]. Boston: Lee and Shepard Publishers.

Margo, Robert A. 1990. *Race and Schooling in the South, 1880-1950: An Economic History*. Chicago: University of Chicago Press..

Margo, Robert A. 2000. *Wages and Labor Markets in the United States, 1820-1860*. Chicago: University of Chicago Press.

Margo, Robert A., and T. Aldrich Finegan. 1996. "Compulsory Schooling Legislation and School Attendance in Turn-of-the Century America: A 'Natural Experiment' Approach." *Economics Letters* 53 (October), pp. 103~110.

Marks, Daniel. 1989. "Statewide Achievement Testing: A Brief History." *Educational Research Quarterly* 13 (March), pp. 36~43.

Matthews, Roderick Donald. 1932. *Post-Primary Education in England*. Ph.D. diss., University of Pennsylvania, Philadelphia.

McClure, Arthur F., James Riley Chrisman, and Perry Mock. 1985. *Education for Work: The Historical Evolution of Vocational and Distributive Education in America*. Rutherford, NJ: Fairleigh Dickinson University Press.

Mckenzie, Fred A. c. 1901. *The American Invaders: Their Plans, Tactics, and Progress*. New York: Street and Smith, Publishers.

Meyer, John W. David Tyack, Joane Nagel, and Audri Gordon. 1979. "Public Education as Nation-Building in America: Enrollments and Bureaucratization in the American States, 1870-1930." *American Journal of Sociology* 85 (November), pp. 591~613.

Michaels, Guy. 2007. "The Division of Labor, Coordination and the Demand for Information Processing." 미출간 논문, London School of Economics.

Michaelsen, Robert. 1970. *Piety in the Public School*. London: Macmillan.

Miller, Nelson A. 1947. *State, Regional, and Local Market Indicators, 1939-45*. Office of Domestic Commerce, Economic Studies No. 60. Washington, DC: G.P.O.

Milligan, Kevin, Enrico Moretti, and Philip Oreopoulos. 2004. "Does Education Improve Citizenship? Evidence from the U.S. and the U.K." *Journal of Public Economics* 88 (August), pp. 1667~1695.

Mincer, Jacob. 1974. *Schooling, Experience, and Earnings*. New York: Columbia University Press for the National Bureau of Economic Research.

Mishel, Lawrence, Jared Bernstein, and Sylvia Allegretto. 2005. *The State of Working America, 2004-2005*. Ithaca, NY: I.L.R. Press.

Mishel, Lawrence, Jared Bernstein, and Sylvia Allegretto. 2007. *The State of Working America, 2006-2007*. Ithaca, NY: I.L.R. Press.

Michel, Lawrence, and Joydeep Roy. 2006. *Rethinking High School Graduation Rates and Trends*. Washington, DC: Economic Policy Institute.

Mitchell, Daniel J. B. 1980. *Unions, Wages, and Inflation*. Washington, DC. The Brookings Institution.

Mitchell, Daniel J. B. 1985. "Shifting Norms in Wage Determination." *Brookings Papers on Economic Activity*, no. 2, pp. 575~599.

Morse, Perley. 1932. *Business Machines: Their Practical Application and Educational Requirements*. New York: Longmans, Green and Co.

Mroz, Thomas, Paul Rhode, and Koleman Strumpf. 2006. "Local Educational Investments and Migration: Evidence from 1940." 미출간 논문, University of North Carolina.

Murphy, Kevin. M., and Finis Welch. 1993. "Occupational Change and the Demand for Skill, 1940-1990." *American Economic Review, papers and Proceedings* 83 (May), pp. 122~126.

Murray, Sheila E., William N. Evans, and Robert M. Schwab. 1998. "Education-Finance Reform and the distribution of Education Resources." *American Economic Review* 88 (September), pp. 789~812.

Nasar, Sylvia. 1992, August 16. "The Rich Get Richer, but Never the Same Way Twice." *New York Times*.

National Cash Register Company. 1904. *National Cash Register Factory, Dayton, Ohio, U.S.A. as Seen by English Experts of the Mostly Industrial and Educational Commissions*, compiled by Alfred A. Thomas. Dayton, OH: National Cash Register Company.

National Cash Register Company. 1919. *Outline of Plan for the Education of Apprentices*. Dayton, OH: National Cash Register Company.

National Catholic Welfare Conference. [여러 연도]. *Summary of Catholic Education*. Washington, DC: National Catholic Welfare Conference.

National Education Association. 1918. *Cardinal Principles of Secondary Education*. A Report of the Commission on the Reorganization of Secondary Education. Washington, DC: G.P.O.

Neal, Derek. 2006. "Why Has Black-White Skill Convergence Stopped?" 다음에 수록됨. *Handbook of Economics of Education*, vol. 1. edited by E. Hanushek and F. Welch, Amsterdam: North Holland, pp. 512~576.

Nelson, Daniel. 1987. "Mass Production in the U.S. Tire Industry." *Journal of Economic History* 47 (June), pp. 329~339.

Nelson, Richard R., and Edmund S. Phelps. 1966. "Investment in Humans, Technological Diffusion, and Economic Growth." *American Economic Review* 56 (May), pp. 69~75.

Nelson, Richard R., and Gavin Wright. 1992. "The Rise and Fall of American Technological leadership: The Postwar Era in Historical Perspective." *Journal of Economic Literature* 30 (December), pp. 1931~1964.

New York City, Department of Education. 1911. *Thirteenth Annual Report of the City Superintendent of Schools for the Year Ending July 31, 1911*. New York.

New York Daily Times. 1852~1857.

New York State Regents. [여러 연도]. *Annual Report of the Regents of the University of the State of New York*.

Nickerson, Kermit. 1970, *150 Years of Education in Maine*. Augusta: State of Maine Department of Education.

Nord, Warren A. 1995. *Religion and American Education: Rethinking a national Dilemma*. Chapel Hill: University of North Carolina Press.

North Carolina State. 1910. *The North Carolina High School Bulletin*, vol. 1., edited by N. W. Walker. Chapel Hill: University of North Carolina.

Nye, David E. 1990. *Electrifying America: Social Meanings of a New Technology*. Cambridge, MA: MIT Press.

O. Henry. 1906. *The 4 Million*. New York: A.L. Burt Company.

Ober, Harry. 1948. "Occupational Wage Differentials, 1907-1947." *Monthly Labor Review* (August) pp. 27~134.

Ober, Harry. 1953. "Occupational Wage Differentials in Industry." 다음에 수록됨. W.S. Woytinsky(와 동료들), *Employment and Wages in the United States*, chapter 40, New York: The Twentieth Century Fund, pp. 466~474, 758~762 (appendix tables).

Office Equipment Catalogue. 1924. *A Compilation of Condensed and Standardized Catalogue Data*. First Annual Edition. New York: Office Equipment Catalogue.

Oleson, Alexandra, and John Voss. 1979. *The Organization of Knowledge in Modern America, 1860-1920*. Baltimore, MD: Johns Hopkins University Press.

O'Neill, June. 1971. *Resource Use in Higher Education: Trends in Output and Inputs, 1930 to 1967*. Berkeley, CA: Carnegie Commission on Higher Education.

O'Neill, Wiliam L. 1972. *Women at Work, Including "The Long Day: The Story of a New York Working Girl" by Dorothy Richardson*. Chicago: Quadrangle Books.

Oregon. 1923. *Official Directory of Superintendents, Supervisors, Principals, High School Teachers, and Standard High School of the State of Oregon, 1923-1924*. Salem, OR: State Printing Department.

Oreopoulos, Philip. 2003. "Do Dropouts Drop Out Too Soon? Evidence from Changes in School-Leaving Laws." 미출간 논문, University of Toronto.

Oreopoulos, Philip. 2007. "Would More Compulsory Schooling Help Disadvantaged Youth? Evidence from Recent Changes to School-Leaving Laws." 미출간 논문, University of Toronto.

Organization for Economic Cooperation and Development [OECD]. [연도]. *Education at a Glance: OECD Indicators*, [연도]. Paris: OECD.

Ottaviano, Gianmarco I. P., and Giovanni Peri. 2006. "Rethinking the Effects of Immigration on Wages." NBER Working Paper no. 12497 (August).

Ottumwa, Iowa. [연도]. *Annual Directory of the Public Schools for the School Year Beginning September [1900~1929]*.

Perlmann, Joel, and Robert A. Margo. 2001. *Women's Work? American Schoolteachers, 1650-1920*. Chicago: University of Chicago Press.

Piketty, Thomas, and Emmanuel Saez. 2003. "Income Inequality in the United States, 1913 to 1998." *Quarterly Journal of Economics* 118 (February), pp. 1~39.

Piketty, Thomas, and Emmanuel Saez. 2006. "The Evolution of Top Incomes: A Historical and International Perspective." *American Economic Review* 96 (May), pp. 200~205.

Piketty, Thomas, and Emmanuel Saez. 2007a. "Updated Tables and Figures to Income Inequality in the United States 1913-2002." 미출간 논문, University of California, Berkeley. 다음에서 볼 수 있다. http://elsa.berkeley.edu/~saez/TabFig2005prel.xls.

Piketty, Thomas, and Emmanuel Saez. 2007b. "How Progressive is the U.S. Federal Tax System? A Historical and International Perspective." *Journal of Economic Perspectives* 21 (Winter), pp. 3~24.

Piore, Michael J., and Charles F. Sabel. 1984. *The Second Industrial Divide*. New York: Basic Books.

Portland, Oregon. 1920. *Report of the Superintendent of Schools. Portland School Report, 1920.* Portland, OR.

Poterba, James. 1997. "Demographic Structure and the Political Economy of Publlic Education." *Journal of Policy Analysis and Management* 16 (Winter), pp. 48~66.

Prestowitz, Clyde V. 1988. *Trading Places: How We Allowed Japan to Take the Lead.* New York: Basic Books.

Proffitt, Maris M. 1930. "Statistics of Private Commercial and Business Schools, 1928-29." U.S. Office of Education, Bulletin no. 25. Washington, DC: G.P.O.

Quigley, John M. and Daniel L. Rubinfeld. 1993. "Public Choices in Public Higher Education." 다음에 수록됨. *Studies of Supply and Demand for Higher Education,* edited by Charles T. Clotfelter and Michael Rothschild, Chicago: University of Chicago Press, pp. 243~273.

Quinn, Lois. 1993. "The Test That Became an Institution: A History of the GED." Xerox.

Randall, Samuel. 1844. *A Digest of the Common School System of the State of New York.* Albany, NY: C. Van Benthuysen & Co.

Ravitch, Diane. 1974. *The Great School Wars: New Work City, 1805-1973: A History of the Public Schools as Battlefield of Social Change.* New York: Basic Books.

Ravitch, Diane. 2000. *Left Back: A Century of Failed School Reforms.* New York: Simon and Schuster.

Reese, William J. 1995. *The Origins of the American High School.* New Haven, CT: Yale University Press.

Reich, Robert B. 1991. *The Work of Nations.* New York: Knopf.

Ringer, Fritz K. 1979. *Education and Society in Modern Europe.* Bloomington, IN: Indiana University Press.

Riordan, Cornelius. 1990. *Girls and Boys in School: Together or Separate?* New York: Teachers College Press.

Romer, Paul H. 1990. "Endogenous Technological Change." *Journal of Political Economy* 89 (October), pp. S71~S102.

Roose, Kenneth D., and Charles J. Andersen. 1970. *A Rating of Graduate Programs.* Washington, DC: American Council on Education.

Rosenbaum, James E. 1995. "Changing the Geography of Opportunity by Expanding Residential Choice: Lessons from the Gautreaux Program." *Housing Policy Debate* 6(1), pp. 231~269.

Rosenberg, Nathan, and Richard R. Nelson. 1996. "American Universities and Technical Advance in Industry." 다음에 수록됨. *The Sources of Economic Growth,* edited by Richard R. Nelson, Cambridge: Harvard University Press, pp. 189~229.

Ross, Dorothy. 1979. "The Development of the Social Sciences." 다음에 수록됨. *The Organization of Knowledge in Modern America, 1860-1920,* edited by Alexandra Oleson and John Voss. Baltimore, MD: Johns Hopkins University Press.

Rossiter, Margaret W. 1979. "The Organization of the Agricultural Sciences." 다음에 수록됨. *The Organization of Knowledge in Modern America, 1860-1920*, edited by Alexandra Oleson and John Voss. Baltimore, MD: Johns Hopkins University Press.

Rostow, Walt Whitman. 1960. *The Stages of Economic Growth: A Non-Communist Manifesto*. New York: Cambridge University Press.

Rotella, Elyce. 1981. *From Home to Office: U.S. Women at Work, 1870-1930*. Ann Arbor, MI: UMI Research Press.

Rouse, Cecilia E. 1998. "Private School Vouchers and Student Achievement: An Evaluation of the Milwaukee Parental Choice Program." *Quarterly Journal of Economics* 113 (May), pp. 553~602.

Rudolph, Frederick. 1965. *Essays on Education in the Early Republic*. Cambridge, MA: Belknap Press of Harvard University Press.

Ryan, Bryce, and Neal Gross. 1950. *Acceptance and Diffusion of Hybrid Corn Seed in Two Iowa Communities*. Research Bulletin no. 372, January. Agricultural Experiment Station, Sociology Subsection. Ames: Iowa State College of Agriculture and Mechanic Arts.

Schmidt, Stefanie, 1996. "School Quality, Compulsory Education Laws, and the Growth of American High School Attendance, 1915-1935." Ph.D. diss., Department of Economics, MIT.

Schultz, Theodore W. 1960. "Capital Formation by Education." *Journal of Political Economy* 68 (December), pp. 571~583.

Schultz, Theodore W. 1964. *Transforming Traditional Agriculture*. New Haven, CT: Yale University Press.

Scott-Clayton, Judith. 2007. "What Explains Rising Labor Supply Among U.S. Undergraduates, 1970-2003?" 미출간 논문, Harvard University.

Sizer, Theodore R., ed. 1964a. *The Age of the Academies*. New York: Bureau of Publications Teachers College, Columbia University.

Sizer, Theodore R., ed. 1964b. *Secondary Schools at the Turn of the Century*. New Haven, CT: Yale University Press.

Slichter, Sumner H. 1950. "Notes on the Structure of Wages." *Review of Economics and Statistics* 32 (February), pp. 80~91.

Smith, James P., and Michael P. Ward. 1984. *Women's Wages and Work in the Twentieth Century*. Santa Monica, CA: The Rand Corporation.

Sokoloff, Kenneth L. 1984. "Was the Transition from the Artisanal Shop to the Non-Mechanized Factory Associated with Gains in Efficiency? Evidence from the U.S. Manufacturing Censuses of 1820 and 1850." *Explorations in Economic History* 21 (October), pp. 351~382.

Sokoloff, Kenneth L. 1986. "Productivity Growth in Manufacturing during Early

Industrialization." 다음에 수록됨. *Long-Term Factors in American Economic Growth*, Studies in Income and Wealth, NBER, vol. 51, edited by Stanley L. Engerman and Robert E. Gallman, Chicago: University of Chicago Press, pp. 679~725.

Sokoloff, Kenneth L., and Stanley L. Engerman. 2000. "Institutions, Factor Endowments, and Paths of Development in the New World." *Journal Economic Perspectives* 14 (Summer), pp. 217~232.

Solow, Robert M. 1956. "A Contribution to the Theory of Economic Growth." *Quarterly Journal of Economics* 70 (February), pp. 65~94.

Solow, Robert M. 1957. "Technical Change and the Aggregate Production Function." *Review of Economics and Statistics* 39 (August), pp. 312~320.

Stanley, Marcus. 2003. "College Education and the Midcentury GI Bills." *Quarterly Journal of Economics* 118 (May), pp. 671~708.

Starr, Paul. 1982. *The Social Transformation of American Medicine*. New York: Basic Books..

Steinhilber, August W., and Carl J. Sokolowsi. 1966. *State Law on Compulsory Attendance*. U.S. Department of Health, Education and Welfare, Circular No. 793. Washington, DC: G.P.O.

Stewart, Rolland M. 1914. *Co-operative Methods in the Development of School Support in the United States*. Iowa City, IA: Chestnut Printing Co.

Stigler, George J. 1950. *Employment and compensation in Education*. Occasional paper no. 33. New York: National Bureau of Economic Research.

Stigler, George J. 1956. *Trends in Employment in the Service Industries*. Princeton, NJ: Princeton University Press.

Stinebrickner, Ralph, and Todd R. Stinebrickner. 2003. "Working during School and Academic Performance." *Journal of Labor Economics* 21 (April), pp. 473~491.

Stokes, Anson Phelps, and Leo Pfeffer. 1964. *Church and State in the United States*. New York: Harper and Row.

Strom, Sharon Hartman. 1992. *Beyond the Typewriter: Gender, Class, and the Origins of Modern American Office Work, 1900-1930*. Urbana: University of Illinois Press.

Summers, Lawrence H. 1994. *Investing in All the People: Educating Women in Developing Countries*. Economic Development Institute Seminar Paper No. 45, Washington, DC: The World Bank.

Swift, Fletcher Harper. 1933. *European Policies of Financing Public Educational Institutions: France, Czechoslovakia, Austria, Germany, England and Wales*. Vol. 1, *France*. Berkeley: University of California Press.

Taubman, Paul, and Terence Wales. 1972. *Mental Ability and Higher Educational Attainment in the 20th Century*. NBER Occasional Paper 118. New York: National Bureau of Economic Research.

Thorndike, Edward L. 1907. "A Neglected Aspect of the American High School." *Educational*

Review 33 (March), pp. 245~255.

Tinbergen, Jan. 1974. "Substitution of Graduate by Other Labor." *Kyklos* 27 (2), pp. 217~226.

Tinbergen, Jan. 1975. *Income Distribution: Analysis and Policies*. Amsterdam: North-Holland.

Tocqueville, Alexis de. [1832] 1981. *Democracy in America*. New York: Modern Library.

Torpey, William George. 1948. *Judicial Doctrines of Religious Rights in America*. Chapel Hill: The University of North Carolina Press.

Troen, Selwyn K. 1975. *The Public and the Schools: Shaping the St. Louis System, 1838-1920*. Columbia: University of Missouri Press.

Trow, Martin. 1961. "The Second Transformation of American Secondary Education." *International Journal of Comparative Sociology* 2 (September), pp. 144~166.

Turner, Sarah E. 2004. "Going to College and Finishing College." 다음에 수록됨. *College Choices*, edited by Caroline M. Hoxby, Chicago: University of Chicago Press and NBER, pp. 13~56.

Tyack, David B. 1967. *Turning Points in American Educational History*. Waltham, MA: Blaisdell Publishing Co.

Tyack, David B. 1974. *The One Best System: A History of American Urban Education*. Cambridge: Harvard University Press.

Tyack, David B., and Elisabeth Hansot. 1990. *Learning Together: A History of Coeducation in American Schools*. New Haven, CT: Yale University Press.

Tyack, David B., Robert Lowe, and Elisabeth Hansot. 1990. *Public Schools in Hard Times: The Great Depression and Recent Years*. Cambridge: Harvard University Press.

Tyler, John H. 2004. "Does the GED Improve Earnings? Estimates from a Sample of Both Successful and Unsuccessful GED Candidates." *Industrial and Labor Relations Review* 57 (July), pp. 579~598.

Ueda, Reed. 1987. *Avenues to Adulthood: The Origins of the High School and Social Mobility in an American Suburb*. New York: Cambridge University Press.

U.S. Bureau of the Census. 1912. *Thirteenth Census of the United States: 1910. Population*. Washington, D.C.: G.P.O.

U.S. Bureau of the Census. 1913. *Thirteenth Census of the United States, 1910*. Vol. 8. *Manufacturers, 1909, General Report and Analysis*. Washington, DC: G.P.O.

U.S. Bureau of the Census. 1923a. *Fourteenth Census of the United States, 1920*. Vol. 8, *Manufacturers, 1919, General Report and Analytical Tables*. Washington, DC: G.P.O.

U.S. Bureau of the Census. 1923b. *Fourteenth Census of the United States, 1920. Population*. Washington, DC: G.P.O.

U.S. Bureau of the Census. 1927. *Financial Statistics of Cities, 1925*. Washington, DC: G.P.O.

U.S. Bureau of the Census. 1932. *Fifteenth Census of the United States, 1930*. Vol. 3, *Population*. Washington, Dc: G.P.O.

U.S. Bureau of the Census. 1933. *Fifteenth Census of the United States, 1930*. Vol. 1,

Manufacturers, 1929, General Report. Washington, DC: G.P.O.

U.S. Bureau of the Census. 1942. *Sixteenth Census of the United States, 1940. Manufacturers 1939.* Vol. 1, *Statistics by Subject.* Washington, DC: G.P.O.

U.S. Bureau of the Census. 1975. *Historical Statistics of the United States from Colonial Times to 1970.* Washington, DC: G.P.O. (본문에서는 《장기 통계Historical Statistics》라고 표기했다. 더 최근에 나온 《장기 통계: 새천년판Historical Statistics, Millennial Edition》과는 다른 발간물이다).

U.S. Bureau of Education. [여러 연도]. *Statistics of State Universities and Other Institutions of Higher Education Partially Supported by the State.* Bulletins 1908 no. 8; 1909 no. 11; 1910 no. 6; 1911 no. 19; 1913 no. 60. Washington DC: G.P.O.

U.S. Bureau of Labor. 1897. *Eleventh Annual Report of the Commissioner of Labor, 1895-96: Work and Wages of Men, Women, and Children.* Washington, DC: G.P.O.

U.S. Census Bureau. 2005a. "Historical Income Tables—Experimental Measures." 다음에서 볼 수 있다: http://www.census.gov/hhes/www/income/histinc/incexper.html. 2005년 12월 20일에 업데이트됨.

U.S. Census Bureau. 2005b. *Annual Survey of Manufacturers. Statistics for Industry Groups and Industries: 2004.* Washington, DC: G.P.O.

U.S. Census Bureau. 2006. "Historical Poverty Tables—Table 3." 다음에서 볼 수 있다: http://www.census.gov/hhes/www/poverty/histpov/hstpov3.html. 2006년 9월 6일에 업데이트됨.

U.S. Census Bureau. 2007. "The Living Arrangement of Children in 2005." 다음에서 볼 수 있다: https://www.census.gov/population/pop-profile/dynamic/LivArrChildren.pdf. 2007년 5월에 업데이트됨.

U.S. Census Office. 1853. *Seventh Census of the United States.* Washington, DC: Robert Armstrong.

U.S. Census Office. 1864. *Eighth Census of the United States. Population of the United States in 1860.* Washington, DC: G.P.O.

U.S. Census Office. 1872. *Ninth Census of the United States.* Vol. 1, *Population of the United States, 1870.* Washington, DC: G.P.O.

U.S. Census Office. 1895a. *Report on Manufacturing Industries in the United States at the Eleventh Census: 1890. Part 1, Totals for States and Industries.* Washington, DC: G.P.O.

U.S. Census Office. 1895b. *Report on Manufacturing Industries in the United States at the Eleventh Census: 1890. Part 2, Statistics of Cities.* Washington, DC: G.P.O.

U.S. Census Office. 1895c. *Report on Manufacturing Industries in the United States at the Eleventh Census: 1890. Part 3, Selected Industries.* Washington, DC: G.P.O.

U.S. Census Office. 1897. *Report on Population of the United States at the Eleventh Census: 1890.* Part 2. Washington, DC: G.P.O.

U.S. Commissioner of Education. 1895. *Report of the U.S. Commissioner of Education,*

1891/92. Vol. 5, part 2, chapter 26, "Coeducation of the Sexes in the United States," by A. Tolman Smith. Washington, DC: G.P.O.

U.S. Commissioner of Education. 1906. *Report of the U.S. Commissioner of Education, 1904*. Vol. 2. Washington, DC: G.P.O.

U.S. Department of Commerce. [연도]. *Statistical Abstract of the United States* [연도]. Washington, DC: G.P.O.

U.S. Department of Commerce. 1930. *Religious Bodies: 1926*. Vol. 1, *Summary and Detailed Tables*. Washington, DC: G.P.O.

U.S. Department of Education, National Center for Education Statistics. [연도]. *Digest of Education Statistics*, [연도]. Washington, DC: G.P.O. (본문에서는 《교육통계요약Digest of Education Statistics》[연도]으로 표기했다).

U.S. Department of Education, National Center for Education Statistics. 1993. *120 Years of American Education: A Statistical Portrait*. Washington, DC: G.P.O.

U.S. Department of Education, National Center for Education Statistics. 1998. *Pursuing Excellence: A Study of U.S. Twelfth-Grade Mathematics and Science Achievement in International Context*. Washington, DC: G.P.O. http://nces.ed.gov/timss.

U.S. Department of Education, National Center for Education Statistics. 2004. *International Outcomes of Learning in Mathematics Literacy and Problem Solving: PISA 2003 Results from the U.S. Perspective*. Washington, DC: G.P.O. http://nces.ed.gov/pubs2005/2005003.pdf.

U.S. Department of Education, National Center for Education Statistics. 2007. *Condition of Education 2007*. Washington, DC: G.P.O.

U.S. Department of Health, Education and Welfare. [연도]. *Statistics of State School Systems, [연도] Final Report*. Washington, DC: G.P.O.

U.S. Department of Labor, Bureau of Labor Statistics. 1918~1921. *Descriptions of Occupations: Coal and Water Gas, paint and Varnish, Paper, Printing Trades, Rubber Goods; Electrical Manufacturing distribution and Maintenance; Glass; Medicinal Manufacturing*. Prepared for the U.S. Employment Service. Washington, DC: G.P.O.

U.S. Department of Labor, Bureau of Labor Statistics. 1934. *History of Wages in the United States from Colonial Times to 1928*. B.L.S. Bulletin no. 604. Washington, DC: G.P.O.

U.S. Department of Labor, Bureau of Labor Statistics. 1938. "Earnings and Hours of Labor in Private Shipyards, 1936 and 1937." *Monthly Labor Review* (September).

U.S. Department of Labor, Bureau of Labor Statistics. 1938a. "Hourly Earnings in Furniture Manufacturing October 1937." *Monthly Labor Review* (November).

U.S. Department of Labor, Bureau of Labor Statistics. 1938b. "Average Hourly Earnings in Cotton-Goods Industry, 1937." *Monthly Labor Review* (April).

U.S. Department of Labor, Bureau of Labor Statistics. 1938c. "Earnings and Hours in the Soap Industry, January 1938." *Monthly Labor Review* (June).

U.S. Department of Labor, Bureau of Labor Statistics. 1940a. "Hourly Earnings in Dyeing and Finishing of Cotton, Rayon, and Silk." *Monthly Labor Review* (January).

U.S. Department of Labor, Bureau of Labor Statistics. 1940b. "Earnings and Hours in the Iron and Steel Industry, April 1938." *Monthly Labor Review* (August).

U.S. Department of Labor, Bureau of Labor Statistics. 1940c. "Earnings in Gray-Iron and Malleable-Iron Foundries, 1938-39." *Monthly Labor Review* (November).

U.S. Department of Labor, Bureau of Labor Statistics. 1941a. "Hourly Earnings in the Lumber and Timber Products Industry." *Monthly Labor Review* (July).

U.S. Department of Labor, Bureau of Labor Statistics. 1941b. "Earnings and Hours in the Rayon and Silk Industry, 1940." *Monthly Labor Review* (August).

U.S. Department of Labor, Bureau of Labor Statistics. 1941c. "Hours and Earnings in the Cigar Industry, 1940." *Monthly Labor Review* (December).

U.S. Department of Labor, Bureau of Labor Statistics. 1942a. "Earnings and Hours in Manufacture of Cigarettes, Chewing and Smoking Tobacco, and Snuff, December 1940." *Monthly Labor Review* (January).

U.S. Department of Labor, Bureau of Labor Statistics. 1942b. "Earnings in the Grain-Mill Products Industries, 1941." *Monthly Labor Review* (April).

U.S. Office of Education. [1917년까지 여러 연도]. *Annual Report of the Commissioner of Education for* [1917년까지 여러 연도]. Washington, DC: G.P.O. (본문에서는《연간 보고서Annuals》라고 표기했다).

U.S. Office of Education. [1916~1918년부터 1956~1958년까지 여러 연도]. *Biennial Survey of Education for* [1916~1918년부터 1956~1968년까지 여러 연도]. Washington, DC: G.P.O. (본문에서는《격년간 보고서Biennials》라고 표기했다. 1953년 이후에는 교육국Office of Education이 보건교육복지부Department of Health, Education and Welfare로 통합되었다.)

U.S. Office of Education. 1906. *Report of the Commissioner of Education for the Year Ending June 30, 1904*. Vol. 2. Washington DC: G.P.O.

U.S. Office of Education. 1920. "Private Commercial and Business Schools, 1917-1918." Bulletin no. 47. Washington, DC: G.P.O.

U.S. Office of Education. 1961. *Higher Education Planning and Management Data*. Washington, DC: G.P.O.

Valletta, Robert G. 2006. "Computer Use and the U.S. Wage Distribution, 1984-2003." Federal Reserve Bank of San Francisco Working Paper 2006-34 (October).

Vermont Superintendent of Education. 1900. *Annual Report, 1990*. Montpelier, VT.

Veysey, Laurence R. 1965. *The Emergence of the American University*. Chicago: University of Chicago Press.

Vinovskis, Maris A. 1972. "Trends in Massachusetts Education, 1826-1860." *History of Education Quarterly* 12 (Winter), pp. 501~529.

Vinovskis, Maris. 1985. *The Origins of Public High Schools: A Reexamination of the Beverly High School Controversy.* Madison: University of Wisconsin Press.

Vinovskis, Maris. 1995. *Education, Society, and Economic Opportunity.* New Haven, CT: Yale University Press.

Vinovskis, Maris A., and Richard M. Bernard. 1978. "Beyond Catharine Beecher: Female Education in the Antebellum Period." *Signs: Journal of Women in Culture and Society* 3 (Summer), pp. 856~869.

Wagoner, Harless D. 1966. *The U.S. Machine Tool Industry from 1900 to 1950.* Cambridge, MA: MIT Press.

Washington Higher Education Coordinating Board. [연도]. *Tuition and fee Rates: A National Comparison.* www.hecb.wa.gov.

Washington State. 1922. *Twenty-sixth Biennial Report of the Superintendent of Public Instruction. Report of High School Inspector.* Olympia, WA.

Watson, Tara. 2006. "Metropolitan Growth, Inequality and Neighborhood Segregation by Income." *Brookings-Wharton Papers on Urban Affairs*, No. 7, pp. 1~52.

WebCASPAR. *Integrated Science and Engineering Resource System of the National Science Foundation.* http://caspar.nsf.gov/

Weiss, Janice Harriet. 1978. *Educating for Clerical Work: A History of Commercial Education in the United States since 1850.* Ann Arbor, MI: UMI Press.

Welch, Finis. 1970. "Education in Production." *Journal of Political Economy* 78 (February), pp. 35~59.

Whaples, Robert. 1990. "The Shortening of the American Workweek: An Economic and historical Analysis." Ph.D. diss., Department of Economics, University of Pennsylvania.

Williamson, Jeffrey G. 1975. "The Relative Costs of American Men, Skills, and Machines: A Long View." Institute for Research on Poverty Discussion Paper 289-75. University of Wisconsin, Madison.

Williamson, Jeffrey G., and Peter H. Lindert. 1980. *American Inequality: A Macroeconomic History.* New York: Academic Press.

Wolff, Edward N. 1995. *Top Heavy: A Study of the Increasing Inequality of Wealth in America.* New York: Twentieth Century Fund Press.

Woolf, Arthur George. 1980. "Energy and Technology in American Manufacturing: 1900-1929." Ph.D. diss., Department of Economics, University of Wisconsin.

Woytinsky, W. S. (and Associates). 1953. *Employment and Wages in the United States.* New York: The Twentieth Century Fund.

Yates, Joanne. 1989. *Control through Communication: The Rise of System in American Management.* Baltimore, MD: Johns Hopkins University Press.

Zook, George F. 1926. *Residence and Migration of University and College Students.* Bulletin 1926, no. 11, U.S. Bureau of Education. Washington, DC: G.P.O.

찾아보기

《10인 위원회》 보고서 585
1944년 교육법(영국) 50
1인당 소득
    다른 나라들 72
    미국 대 유럽 35~36
    성별 격차 36
    증가 18
    학교 교육 35
1인당 자산
    고등학교 운동 300, 307
    졸업률 299, 304
1차 대전
    20세기 초 노동력 98
    교과목의 증가 331
    노동 절약적 기술 162
《20세기 농민》 569
2차 대전
    고등 교육 347, 351~354
    고등학교 운동 286
K-12 교육
    생산성 위기 478
    자원 477
    지출 464~468
R&D(연구개발)
    교육 66
    기술변화 171
    대학 367~369
STAR 실험(테네시주) 477

ㄱ

가족소득 불평등 73~78
가톨릭 학교 323, 470

가톨릭과 교육 214, 470
개방적이고 관용적인 학교 시스템 185~192
    고등 교육 363
    기원 223
    현재의 이슈 471~474
검정고시GED 448
견습 51, 369
    특화 교육 대 범용 교육 51
'겹치는 세대' 205
    '세대간 대출' 항목도 참고
경쟁
    고등 교육 363, 392
    독립된 학교지구 190, 199
    바우처 470
경쟁하지 않는 집단의 시대 98, 476
    '더글러스, 폴' 항목도 참고
경제성장
    20세기 말의 병폐 71~73
    교육 16~19, 53~67
    역사와 이론 58~61
경제 권리장전 347
    '제대군인원호법' 항목도 참고
경제적 수렴 71~72
고등 교육 192
    2차 대전 이후 355~360
    고등 교육기관 355
    공립 356, 371~377
    규모 365~366
    미국에서 고등 교육의 성장 355~371
    미덕들 363~365
    범위 367~369
    사립 356
    선두 주자와 후발 주자 382
    역사적 추이 349~355
    위계적 시스템 364, 387
    인구통계학적 변화 480
    재정적 접근성 477, 481
    전문화 368
    종교 대학 356
    준비의 결여 476~484

지식 산업의 변화 369~371
탁월성 360~362
'대학 등록률' '대학 졸업률' '대학' 항목도
　참고
고등학교
　1915년과 그 이전 274
　공립 고등학교의 기원 228~232
　구성 521
　운영의 규모 238
　초등학교에서의 중등 교육 263
　현대적 고등학교의 탄생 326~338
　확산 282
　'중등 학교 등록률' 항목도 참고
고등학교 운동 98, 109~112, 127, 235~240
　1인당 과세 가능한 자산 291
　경제적 토대 235~277
　교과목 변화 326, 331~338
　교사의 질 290
　교육의 수익 236, 239, 258~264
　도시 290~297
　동질성 285
　선두 주자와 후발 주자 282, 290
　숙련 수요의 변화 240~246
　아이오와주 109
　육체노동 일자리 251~258
　의무교육법과 아동노동법 309~314
　이민 256~258
　학교 교육 연수 329
　화이트칼라 일자리 증가 246~251
고등학교 임금 프리미엄
　결정 요인 422
　변화(1915~2005) 401, 419~424
　숙련편향적 기술 140
　이민자 유입 427
　중퇴자 419~423, 427
고등학교 졸업률 237, 281, 503, 514
　1930년 노동력 대비 비중　　　434~436
　대학 등록률 328~331, 378~380
사립 학교 514
　제조업의 영향 291, 293, 298, 307

젠더 324
지역과 주별 287~297, 475, 497
차이의 설명 297~308
최근 20~30년의 추이 447~456
측정의 이슈 287~291
　통상적인 졸업률과 검정고시 포함 졸업률
452~455
고전 과목 266, 337
고졸 등가 412, 427
공공 유틸리티 부문 154, 246
공급-수요-제도 이론 체계 405~409
공동체 응집과 고등학교 비율 298
공립 고등 교육 356~360
　공립 고등 교육기관 학생 366
　비중 368, 372
　엔지니어링 374
　탁월성 389
공립 학교회(뉴욕) 219
공장 시스템 175
공정노동기준법(1938) 93
과학
　2차 대전 이후 폭발적 발달 365
　교과목 333
　농업 과학 370
　문해력 450
　사회과학 370
교과목
　20세기 초 고등학교 163
　고등학교 운동과 교과목 변화 330~335
　고전 과정과 영국식 과정　　　587
　공학 374
　실용적 교과목 188
　아카데미 266
　학술적 교과목 대 비학술적 교과목 331~338
교사
　노조 478
　대학 교육 343, 373
　소득 340
　젠더 339
　질 338

교사 양성 학교 373
교육 벨트 (지리적) 291
교육 수준
  경제성장에 미치는 영향 53
  교육받은 노동자의 개념 212
  국제 비교 45~51, 447
  노동력 53~58
  농업 직종 249
  블루칼라 노동자 152~158, 245
  아이오와주 센서스 1915년 111
  인종적, 지역적 차이 43~44, 400
  젠더 41, 42
  출생 코호트별 39~44, 69, 432
  화이트칼라(비생산직) 노동자 244
  히스패닉 44
교육 투자
  결정 요인 300~308, 587
  세금 483
  의사결정 566
  이익 446, 483
  '학교 재정' '교육 자금의 공적인 충당' 항목도
    참고
교육과 기술
  경쟁하지 않는 집단 433~439
  공급-수요-제도 이론 체계 405~409
  불평등에 대한 두 개의 이야기 397~405,
    440
  숙련 프리미엄 변화 410~433
  승자와 패자 439
  '숙련편향적 기술변화' 항목도 참고
교육에 대한 공적 자금 충당 185, 190
  고등 교육 363
  기원 201
  사립학교가 미치는 영향 382
  수업료 201~204
  '학교 재정' 항목도 참고
교육의 공적인 제공 185, 192
  기원 193
교육의 수익 107~124
  1939년 이후 83, 88

고등학교 운동 98
고등학교 운동 이전 258~264
농업 직종 249
미국의 교육 수익(1914~2005) 121, 397
블루칼라 분야 115, 165~169
상업 학교 251
아이오와주(1914~1959) 118~121
아이오와주 센서스(1915년) 111
최근 20~30년간 변화 446, 460
화이트칼라 분야 115, 164
'대학 임금 프리미엄' '교육에 따른 임금 차분'
  '고등학교 임금 프리미엄' '직종 임금
  프리미엄' 항목도 참고
교육의 질 450
  토지 가치 200
  학급 규모와 교사 612
  학업 성취도 표준 475
구성적 변화(1910년대) 99
국내총생산(1인당) 533
  중등 학교 등록률 32~36
국제 비교
  '미국 학교 시스템과 국제 비교' 항목 참고
국제 학업성취도 평가PISA 21, 451
그래머 스쿨 196, 228, 264
그로턴 아카데미 564
그릴리커스, 즈비Griliches, Zvi 145
기계 유지보수 직종 163
기계작동원 89, 99, 177, 240, 252
  '블루칼라 노동자' '육체노동자' '제조업'
    항목 참고
기계화 176~180, 248
기술(테크놀로지)
  범용 테크놀로지 133~134
  블랙박스 기술 150
기술변화 98~99, 151, 252
  사무실의 기술변화 248
  역사적 관점 135~139
기술-숙련 간 보완성 158, 170
  기원 174
  화이트칼라 노동자 172

ㄴ

남녀 공학 학교 186, 221, 266
　　'젠더 중립성' 항목도 참고
남동 센트럴
　　고등학교　　　　　　294
　　센서스지역 290, 303, 497
남부
　　고등 교육 375
　　고등학교 280~283, 290, 453
　　등록률 224~227
　　무상교육 201~214, 217
　　아카데미 268
남서 센트럴
　　고등학교 294
　　센서스지역 290, 497, 521
내셔널 캐시 레지스터 252, 254, 569
네바다주, 교육 성과 475
네브래스카 대학 322
네브래스카주, 고등학교 293, 322
노동
　　노동 수요와 기술 151~158
　　보상 63
　　'생산성' '숙련 수요와 공급' '노동력' 항목도
　　　참고
노동 허가 310, 313
노동력
　　고등학교 졸업자 비중 433~436
　　교육 연수의 증가 53~57, 64
　　보유한 인적자본량 53~58
　　변화 (1870~1920) 240~255
　　이민자 유입 56, 65
　　학력 구성 (1950~2005) 140
노동통계국US BLS 93, 106
노벨상 수상자와 미국 고등 교육 360~362
노스웨스트 조례(1787) 200
노스웨스트 준주와 무상교육 200
노스캐롤라이나주
　　고등 교육 374
　　고등학교 576

노예제와 교육 데이터 578
노조 93, 97, 416, 452, 483
농업 과학 370
농업 직종
　　교육 수준 244
　　교육의 수익 114, 117
농촌 지역
　　1900년 인구 556
　　고등학교 229, 233, 281
　　교과목 332
　　무상교육 202~212
　　정의 558
　　학교 출석 227, 315
뉴욕시
　　고등학교 229, 319
　　무상교육 217~219
　　재정적 인센티브 612
　　학교지구 556
뉴욕주
　　고등 교육 364, 374, 376, 380
　　고등학교 291, 293, 319
　　교육위원회 473, 572
　　무상교육 205, 206, 208
　　보통학교 198
　　비종파적 교육 215
　　아카데미 266, 269, 270
　　주 교육국
뉴잉글랜드
　　고등 교육 375~377
　　고등학교 228, 237, 289
　　국방 계약 286
　　무상교육 201~214
　　보통학교 196~214
　　사립 고등학교 237, 497
　　센서스지역 288
　　젠더 중립성 219
뉴저지주
　　고등 교육 375
　　고등학교 291
　　무상교육 205

보통학교 198
비종파적 교육 217
뉴햄프셔주
고등 교육 382
무상교육 205
비종파적 교육 216

ㄷ

대공황
고등학교 등록률 297, 319, 323
교사 340, 344
대압축 84, 90, 538
대체탄력성 173, 403, 420
대학
공립 비중 368
리서치 360, 366, 370, 374
지위 374
개별 대학 항목, '고등 교육' 항목도 참고
대학 교수와 임금 103~106
대학 등가 415, 430, 523
대학 등록률
고등학교 졸업률 302, 305, 328~330, 378
교사 339, 373
세 번째 대전환 280, 394, 460
수업료 378~383, 480
역사적 추이 349~351
유럽 45, 367
주 거주자의 등록률 378~383
주가 연방에 편입된 해
지리적 근접성 380
초기의 대학 교육 수익 120
최근 20~30년 추이 605
'고등 교육' 항목도 참고
대학 임금 프리미엄 79~84, 108
1940년대와 1970년대
결정 요인 413
공급
변화분(1915~2005) 402, 410

숙련편향적 기술
실제 대 예측 414
이민자 유입 425~432
대학 졸업률 45, 350, 447, 460
대학생 징병 유예 351, 353, 529
더글러스, 폴Douglas, Paul 98, 127, 398, 434, 441
'경쟁하지 않는 집단' 항목도 참고
더스 패서스, 존Dos Passos, John 251, 568
덴마크의 교육 47, 235
델라웨어주, 고등 교육 357
도시
1900년 도시 인구 556
공립 고등학교 228~231
무상교육 학교 207, 217
독립적인 학교지구
'탈중심성' 항목 참고
독일
고등 교육 355, 367
교육에 따른 임금 차분 452
엘리트주의 51, 188
중등 교육 530
동부의 고등 교육 357, 373
동질성
고등 교육 376
고등학교 운동 308
'사회적으로 안정된 공동체' 항목도 참고
등록률
'대학 등록률' '학교 등록률' '중등 학교 등록률'
항목 참고
디어 트랙터 컴퍼니 253, 569

ㄹ

라이스 대학 359
라틴스쿨과 그래머스쿨 228, 264
러시, 벤저민Rush, Benjamin 194, 195
레버굿, 스탠리Legergott, Stanley 52, 91, 539
로드아일랜드주
고등학교 293

무상교육 205
보통학교 198
로봇화된 어셈블리 라인 150, 176
로스쿨 131
루이스, 싱클레어Lewis, Sinclair 251, 568
루이지애나주의 무상교육 560
루즈벨트, 프랭클린 D.Roosevelt, Franklin D. 50, 347

ㅁ

마고, 로버트Margo, Robert 259
마이애미 대학 357
만, 호러스Mann, Horace 203, 211~214, 233
　《제5차 연간보고서》(1841) 213, 215, 233
매디슨, 앵거스 530, 548
매사추세츠주
　고등 교육 374
　고등학교 229
　무상교육 203, 205
　보통학교 197, 209
　비종파적 학교 215
　아카데미 270
　의무교육법 273, 563
　헌법 194, 557, 561
메인주
　고등 교육 382
　무상교육 203, 205
멘토링 프로그램 481
모리스 고등학교(뉴욕) 319
모릴 토지공여법 200
무료 수업료 법 285, 583
무상교육
　무상교육 운동, 부흥 201~211
　정의 557
　풀뿌리 운동 211~214
　학교 인사 211~213
　'수업료' 항목도 참고
무슬림이 다수인 국가의 젠더 및 학교 교육 36
물리적 자본 29, 59, 138, 175

미국 교육의 대전환
　첫 번째 233
　두 번째 233, 236, 277, 284
　세 번째 280, 346~348, 394, 460
　미완의 전환 393, 452, 460
미국 교육의 미덕들 186~193
　고등 교육을 발달시킨 미덕 363
　공립 고등학교 228~232
　기원 193~227
　요약 185~193
　토대가 된 개념 194
　통계(19세기) 224~227
　평등주의 21, 30, 185, 232, 327, 471
　현재와 미래 463~476
　개별 미덕 항목도 참고
미국 교육청 287
　교육청의 데이터 보정 503~504
　도시 단위 등록률 데이터 520~522
　주 단위 등록률 데이터 496~519
　주의 보고서 500~502
　학교 서베이 데이터 314, 326
미국 학교 시스템
　20세기 교육의 진전 39~52
　대전환 233, 236, 280, 284
　미래의 경주에서의 승리 476
　미완의 전환 393
　불리한 배경의 아동 479
　제기되는 비판 30
　'보통학교' '고등 교육' '고등학교 운동'
　　'고등학교' '미국 교육의 미덕들' 항목도
　　참고
미국 학교 시스템과 국제 비교 45~51, 447~452
《미국의 과학자American Men of Science》 389
미국의 세기 15~17, 31, 38, 68
미네소타 대학 365
미시간 대학 357, 365
미시간주
　고등 교육 357, 365
　고등학교 293
　비종파적 학교 217

아카데미 564
민중당Populists 126
밀가루와 곡물, 제분소 업종 96, 541

ㅂ

바너드, 헨리Barnard, Henry 211, 573
바우처
　　도심 빈민 481
　　소송 610
　　종교 학교 557
　　주거 481
　　초기 버전
　　현재의 이슈 470, 610
박사
　　가장 규모가 큰 분야 390, 597
　　미국 고등 교육 390
버몬트주
　　고등 교육 357
　　고등학교 326
버지니아주의 교육 216
베트남 전쟁과 고등 교육 351, 353
벨러미, 에드워드Bellamy, Edward《뒤를 돌아보면서》
　　125
보스턴 라틴 스쿨 228, 264
보스턴 '잉글리시 고전 학교'(1821) 228
보완성
　　　기술-숙련 간 158, 170, 174~180
　　　자본-숙련 간 145, 174, 175
보통 수업료 학교 217, 562
보통학교
　　19세기 등록률 209~210
　　미국 건국 초기 193~197
　　부흥 203
부기계원 241, 258, 262, 271
부스, 비바Boothe, Viva 102
부시 대 홈스 사건(2006) 470
부의 분포/자산 분포 397
　　'소득 분포' 항목도 참고

북동 센트럴
　　고등학교 290~293
　　사립 고등학교 289
　　센서스지역 290
북동부
　　고등 교육 373
　　고등학교 282
　　등록률 225~227
　　무상교육 204~205
　　보통학교 138
　　'뉴잉글랜드' 항목도 참고
북부
　　고등학교 290~293
　　무상교육 205, 452
북서 센트럴
　　고등 교육 375, 378
　　고등학교 109, 290~295
　　센서스지역 290
불평등 17~25, 71~129
　　19세기
　　20세기 말 19, 71~83, 401, 419
　　과거와 현재의 우려 125~127
　　교육 수익 107~124
　　국가 간 격차 추이 451
　　기술변화 131~139
　　만연한 격차 131~133
　　이민자 419
　　잔여 불평등 79
불황
　　'대공황' 항목 참고
브라운 대 교육위원회 사건(1954) 188, 578
브라이스, 제임스Bryce, James 397, 598
브랜다이스 대학 359, 592
브리검 영 대학 594
블레인 수정안 561
블루칼라 노동자
　　교육 수준 152~158, 160, 240~244
　　교육의 수익 103, 108, 114~116, 165~169
　　노동력 중 비중 152
　　업종별 교육 수준 154~157, 243~246,

252~255

용어의 기원 568

'육체노동자' '제조업에서의 고학력 노동자 수요' 항목도 참고

비기숙 학교 및 기숙 학교 268, 574

비남녀공학 학교, 19세기 266

비생산직(비육체노동) 노동자

정의 248~250

'화이트칼라(비생산직) 노동자' 항목도 참고

비서직 99, 325

비종파적 공립 학교 193, 469

'정교 분리' 항목 참고

빈곤 481

빈민학교 204, 205, 232

ㅅ

사노프, 데이비드Sarnoff, David 570

사립 교육 217~222

고등 교육 355, 356~359

고등학교 228~231, 499, 508, 514

고등학교 운동 322, 324

탈중심화 464

'가톨릭 학교' 항목도 참고

사무원 99, 241, 247

'화이트칼라(비생산직) 노동자' 항목도 참고

사에즈, 이매뉴얼Saez, Emmanuel 86

사우스캐롤라이나, 고등학교 216

사회과학 327, 370

사회적으로 안정된 공동체와 고등학교 등록률 297~301

산악 지역

고등 교육 376

고등학교 291

센서스지역 290, 517

산업혁명 29, 175, 249

1차 산업혁명과 2차 산업혁명 154, 241

사무직 249

상업 교육 270, 286

'상업 학교' 항목도 참고

상업 학교 98, 251, 337

'상업 교육' 항목도 참고

생산 방식 133, 176~179

생산성

경제성장 이론 61, 527

교육 17

농업 114

성장의 감소 19, 25, 401

서부

고등 교육 357

고등학교 282, 290

무상교육 205

젠더 중립성 221

성장회계, 교육 53, 533

세금

미국 조세 시스템의 누진적 성격 483

세금 신고 정보 77, 87

재산 198~202, 558

세대간 대출 298

'겹치는 세대' 항목도 참고

세라노 대 프리스트 사건 465

센서스

목적 109~111

지리적 분할 290

소득

불평등 72~78

상위 계층이 가져가는 비중 86, 483

소득 분포와 고등학교 등록률 302, 304, 316

소득세 86~87

소비 불평등 74, 78

손다이크, 에드워드Thorndike, Edward 326

솔로우, 로버트Solow, Robert 60, 61

수렵 클럽 32, 527

수업료

'무료 수업료 법' '수업료 지출' 항목도 참고

수업료 지출

고등학교 464

대학 등록 380, 384

무료 수업료 법 285

소득 중앙값 대비 비중 384
수업료 201
아카데미 270
수요
'노동 수요와 기술' '숙련의 수요와 공급' 항목
참고
수학 335, 450
숙련 프리미엄의 변화
'대학 임금 프리미엄' '교육에 따른 임금 차분'
'고등학교 임금 프리미엄' '직종 임금
프리미엄' '숙련의 수요와 공급' 항목도 참고
숙련과 숙련 프리미엄 139~143
'대학 임금 프리미엄' '교육에 따른 임금
차분' '고등학교 임금 프리미엄' '직종 임금
프리미엄' 항목도 참고
숙련의 수요와 공급 134~138
1950년부터 현재까지 139~149
경쟁하지 않는 집단 433~439
고등학교 운동 240~256
공급-수요-제도 이론 체계 405~409
공급의 둔화 24, 134, 146, 410, 414
변화 403~405, 410~439
이민자 유입 425~432
지속성 171~174
화이트칼라 직종 246~251
숙련편향적 기술변화 131~181
1900년부터 1950년 149~158
1950년부터 현재 139~149
1980년 이후 171~174
20세기 초 158~171
구매한 전기 159~161
기술-숙련 간 보완성 179
미래에 대한 준비 484~486
불평등 131~139
산업 내에서의 전환 144
실증근거 143~146, 152~158
스미스 칼리지 366
스미스-휴즈 법(1917) 588
스웨덴의 초등 교육 235, 565
스칸디나비아 국가들의 교육 257, 556

스코틀랜드의 교육 526, 581
스크립스 칼리지 359
스탠퍼드 대학 359, 391
스티글러, 조지 J.Stigler, George J. 103
슬레이터 펀드 578
시카고 대학 359, 364

ㅇ

아동노동법 273, 284, 309
'의무교육법' 항목도 참고
아메리칸 드림 460~462
아웃소싱 82, 132, 143, 485
아이오와주
고등 교육 328~331
고등학교 112, 262, 293
고등학교 운동 109
교과목 변화 334
무상교육 208
아카데미 269
타운 296, 334
아이오와주 센서스(1915) 54, 56, 87, 109
교육 수익 114~121
대학 등록률 330
블루칼라 노동자 157, 166
표본 111, 493
아카데미 228~231
공립 고등학교의 전조 264~272
수업료 270~271
애덤스, 존Adams, John 194, 206
애빙턴 타운십 대 솀프 사건 561
앨라배마주의 교육 216, 357
야간학교 256, 563, 568
어셈블리 라인 150, 176~178
언어 교과목 333
에디슨, 토머스Edison, Thomas 255, 570
엔지니어
공립 학교 교육 374
임금 105, 106

증가 370
엘리엇, 찰스Eliot, Charles 586
연방 센서스(1940년) 100, 111, 152, 436
연방 정부의 역할 190, 199
연속공정 138, 150, 170, 252
영국
　　1944년 교육법 50, 581
　　고등 교육 355, 367
　　교육에 따른 임금 차분 452
　　엘리트주의 223
　　의무교육법 308
　　중등 교육 47~49
　　중앙집중화 556
　　초등 교육 235
영국식 교과목 332
영리 상업 학교 98, 164, 337
　　'상업 교육' 항목도 참고
영어 과목 230
예시바 대학 359
예일 대학 270, 365
오리건주
　　고등학교 299
　　교사 339, 343
오버, 해리Ober, Harry 91
오스트리아의 초등 교육 235
오클라호마주
　　고등 교육 374, 382
　　고등학교 294, 378
오하이오 대학 356, 357
오하이오 컴퍼니 356, 592
오하이오주
　　고등 교육 357
　　무상교육 210
　　바우처 610
　　비종파적 교육 217
외국 출생 인구
　　'이민자' 항목 참고
워싱턴주의 고등학교 333
웨스트버지니아주 558
웨일스의 교육 48, 49

위스콘신주
　　고등 교육 357, 374
　　무상교육 206, 210
　　바우처 610
윌리엄 앤드 메리 칼리지 195, 357
유럽 학교 시스템 33, 45~51
　　개별 국가 항목도 참고
　　고등 교육 45, 367
　　엘리트주의 223
　　젠더 중립성 222
　　중등 교육 33, 35
　　중앙집중화 186~188
　　초등학교 235
육체노동자
　　교육 243, 244, 251~256
　　임금 90~92
　　'블루칼라 노동자' '제조업' 항목도 참고
의대 367
의무교육법 205~207
　　고등학교 운동 309~314
　　변화 345
　　영국 308
　　'아동노동법' 항목도 참고
이동성
　　법용 교육 51, 531
　　세대 간 계층 이동성 599
　　주거 481
이민
　　검정고시 607
　　고등학교 운동 256~258
　　고등학교 졸업률 456~459
　　교육 생산성 62~65
　　교육 수준 56, 69
　　노동력 53~56, 62~65, 425~432
　　불평등 418
　　숙련 프리미엄에의 영향 425~432, 437~439
　　업종 256~258
　　유순한 노동력 213
　　자금이 불충분한 학교 192
인디애나주

고등 교육 357, 382
무상교육 210, 561
비종파적 학교 217
아카데미 564, 572
인문 계열과 실업 계열 경로를 나누기 위한 시험
611
인적자본의 세기 15~16, 29~70
경제성장 53~67
국가 간 소득 차이 31~39
미국 15~18, 39~52, 67~70, 445~447
인종 분리 188, 223, 578
일리노이 대학 366
일리노이주
고등학교 293, 317
무상교육 210
일정한(상수인) 대체탄력성
생산함수 407
임금 구조와 압축
1939년 이후 83~92
1940년 이전 88~107
제도적 요인 406, 415~416, 423
최근 79~83
임금 압축
'임금 구조와 압축' 항목 참고
임금
분포의 벌어짐 79~83
블루칼라 노동자 103, 165~169
육체노동자 90~92
잔여 불평등 79~82
제조업 90~97, 540
화이트칼라 분야 98~106, 172
'대학 임금 프리미엄' '교육에 따른 임금 차분'
'고등학교 임금 프리미엄' '직종 임금
프리미엄' 항목도 참고
임금몫 159~174, 545, 553
구성 523~525
잉글랜드
'영국' 항목 참고

ㅈ

자동차 생산 177, 555
자본
'인적자본의 세기' '물리적 자본' 항목 참고
자본-숙련 간 보완성
'보완성' 항목 참고
자유방임 시스템 230, 363, 393
자유학교회[무료학교회] 218
잔여 불평등 79, 82
장인의 공방 생산 177, 554
재산세 198~200, 202, 558
재정 보조 신청 시스템 481
재정적으로 독립적인 학교지구
'탈중심성' '학교 재정' 항목 참고
저드, 찰스 허버드Judd, Charles Hubbard 526
저소득 국가
젠더 36~37
학교 교육 32~36, 528, 529
적도기니 528
전국산업부흥법 294
전기
개별 구동 전동기 161, 178, 551
발전한 전기 대 구매한 전기 159~163
숙련과 자본집약도 158~163, 174
전기화 97, 158, 178
전문직종 106
전문화, 고등 교육 369, 370
전미교육협회 585, 587
전미철학학회 371
전신원 255~256, 570
정교 분리 185, 192
기원 215~219
현재의 이슈 469~471
제3정당 운동 126
제3차 수학-과학 성취도 추이 변화 국제비교
연구TIMSS 21, 451
제너럴 일렉트릭 컴퍼니 254, 569
제대군인원호법 41, 50, 287, 347, 351
제도적 요인

국제 불평등 452
수요와 공급 600
임금 압축 405, 415, 423
제조업
　고등학교 등록률에의 영향 291, 293, 298, 302
　공정 149~150, 170, 174~180
　미국 19~21
　변화(1879~1920) 242
　숙련편향 151~158
　임금 90~97, 539, 540
　화이트칼라 직종 246~249
제조업 센서스(1890) 93
제퍼슨, 토머스Jefferson, Thomas 194, 200
젠더
　고등학교 운동 282, 324~326
　공립 대학 382
　교사 338~344
　교육 수준 25, 41~42, 243
　대학 교육률 349~354, 383
　상업 교육 337
　아이오와주 센서스(1915) 111~116
　임금 79~80
　지역 간 차이 36~39
젠더 중립성 186, 191, 193
　고등 교육 363
　기원 219~222
젤먼 대 시몬스-해리스 사건(2002) 470, 557
조지아 대학 356, 592
조지아주, 고등학교 295
존스 홉킨스 대학 367
졸업률
　'대학 졸업률' '고등학교 졸업률' 항목 참고
종교와 교육 제공
　가톨릭 218
　고등 교육 323
　바우처 557
　현재의 이슈 469~471
　'정교 분리' 항목도 참고
주 정부의 역할 191, 198~200

고등 교육 지원 371~383
교육 담당 당국 560
무료 수업료 법 285, 464, 583
학업 성취 기준 263, 471~476, 583, 611
'아동노동법' '무상교육법' 항목도 참고
주 정부의 학업 성취 기준 471~476, 611
주니어 칼리지 373
'커뮤니티 칼리지' 항목도 참고
《주요 원칙》 587
중등 학교 등록률
　19세기 267~270
　1인당 GDP 32~35
　2차 대전 286
　고등학교 운동 280~287
　도시 313~317
　도시 수준 데이터 520~525
　미국 대 유럽 45~51
　사립 학교 508
　의무교육법과 아동노동법 309~314
　젠더 차이 36~39, 220
　주 단위의 데이터 496~519
　주 보고서와 연방 보고서 501
　지역 및 주별 287~297, 498
　'고등 학교 졸업 률' '고등 학교 운동' '고등학교' 항목도 참고
중부 대서양
　고등 교육 375, 383, 595
　고등학교 280, 289, 291, 293, 305, 324, 497
　무상교육 201
　사립 고등학교 324, 499
　센서스지역 290
　젠더 중립성 221
중서부
　고등 교육 375
　고등학교 282
　등록률 225~227
　무상교육 204~205
　보통학교 197
　아카데미 564, 572, 573
　젠더 중립성 221

중퇴자 477, 481

    고등학교 임금 프리미엄 419~423, 426

중학교 337~339, 341, 521

지니계수 74, 536

지속 학교 582

직업 학교 240, 256

직업훈련단 482, 614

직종 임금 프리미엄(1820년대~1910년대)
    258~261

직종/직업

    교육 244

    화이트칼라의 증가 246~277

진보시대 개혁가들 126, 330, 586

大

차터 스쿨 219, 478, 612

초등 교육

    '보통학교' 항목 참고

최저임금 83, 93, 132, 417

취학 전 교육 482

ㅋ

카네기 멜론 대학 359

카네기, 앤드루Carnegie, Andrew 255, 570

칼라마주 사건(1874) 231, 564, 574

캐나다, 교육 368, 556

캔들, I. L.Kandel, I. L. 526, 572

캔자스주

    고등학교 291

    교사 339

캘리포니아 공과대학 359

캘리포니아주

    고등 교육 364, 387, 473

    고등학교 282, 291

    교사의 질 339

    마스터플랜 387, 597

커, 클라크Kerr, Clark 387

커리어 아카데미 482, 614

커뮤니티 칼리지 364, 373, 387, 464

    '주니어 칼리지' 항목도 참고

컴퓨터와 숙련편향성 136, 140

켄드릭, 존Kendrick, John 62

코네티컷주

    고등학교 473

    무상교육 205, 208, 211

    보통학교 198

    비종파적 학교 216

콜로라도주, 고등 교육 374

콥-더글러스 생산함수 60

쿠즈네츠, 사이먼Kuznets, Simon 86

클라크 대학 367

클레어몬트 매케나 칼리지 359

클린턴, 드 위트Clinton, De Witt 218

ㅌ

학교 등록률 315, 334

    남부 대 북서 센트럴 지역 296

타운십 188, 197, 463, 473

탈숙련 399, 437, 554

탈중심성 185~192

    고등 교육 363~365, 392, 464

    고등학교 운동 236~238, 282, 284

    기원 196~200

    도심 빈민 478, 481

    학교의 불평등 199,

    학업 기준 223

    현재의 이슈 463~468

태평양 지역

    고등 교육 375~378, 382

    고등학교 286, 290, 324, 344, 497

    국방 계약 286

    사립 고등학교 499

    센서스지역 290, 577

테네시주

STAR 실험 477, 612
보통학교 560
테일러-포드식 생산 양식 171
텍사스주
    고등 교육 374
    고등학교 294
    '로빈 후드' 계획 609
    재정적 인센티브 609
토지 가치와 학교의 질 200
토지조례(1785) 199, 200
통신 강좌 364
특수 전문직 대학 591~594

ㅍ

파인먼, 리처드Faynman, Richard 165
판매직
    교육 116, 165, 243
    성장 247
펜실베이니아주
    고등 교육 374
    고등학교 291, 293, 574
평등주의 21, 30, 50, 125, 185, 232
포모나 칼리지 359
폴록 대 농민 대출 및 신탁 회사 사건 126
풀뿌리 교육 운동 23
    고등학교 운동 127, 240, 264, 271, 284, 345

    무상교육 운동 211, 213
프랑스
    고등 교육 367
    교육에 따른 임금 차분 452
    엘리트주의 526, 527
    중앙집중화 463
    초등 교육 50, 235
프로이센
    중앙집중화 556
    초등 교육 223, 565
플래툰 시스템 584

플레시 대 퍼거슨 사건(1896) 192
플렉스너 보고서 368, 594
플로리다주, 바우처 470, 610
피닉스 대학 594
피시로우, 앨버트Fishlow, Albert 206, 209, 559
피케티, 토마Piketty, Thomas 86, 537, 614
필드, 스티븐Field, Stephen(연방 대법관) 126, 560
필라델피아 중앙 고등학교 564
필립스 아카데미 230, 264, 564

ㅎ

하버드 대학 228, 349
하비 머드 칼리지 359
학교 교육 연수 증가
    고등학교 운동 335
    노동력 53~57, 64
    둔화 41, 43~46
    아이오와주 센서스(1915년) 113
    출생 코호트별 39~44, 68
학교 교육과 이동성 51, 531
학교 교육의 지역 간 차이
    20세기 동안 31~36
    20세기 초 30
    젠더 차이 36~39
학교 등록
    19세기 209~210, 224~227, 267~271
    '중등 학교 등록률' 항목도 참고
학교 인사 211~214, 271
학교 재정
    기원 197~200
    책무성 478, 612
    현재의 이슈 464~466
    '교육 투자' '재산세' '공적인 자금 충당' 항목도
        참고
학교의 불평등과 탈중심화 199, 465~468
학교의 세속적 관리
    '정교 분리' 항목 참고
학교의 지역적 관리

'탈중심성' 항목 참고
학교지구
　　　'탈중심성' 항목 참고
학술적 교과목 대 비학술적 교과목 588
학회 371, 389
한국전쟁과 대학 교육 41, 351, 353
한부모 가정 479
헌법의 국교금지조항 192
헤드스타트 479
헨리, 오.Henry, O. 251, 568
호주의 고등 교육 593
화이트칼라(비생산직) 노동자
　　　교육의 수익 114~118, 166
　　　기술-숙련 간 보완성 170~171
　　　변화(1890~1920) 240~246
　　　소득(1910년대) 579
　　　용어의 기원 568
　　　젠더 중립성 249~250
　　　탈숙련 399, 437
　　　학력 241~245
　　　화이트칼라 직종의 증가 246~251
회분공정 150, 153, 158, 170, 175~179, 252, 548
흑인
　　　교육 수준 43~44
　　　인종 분리 학교 188, 192, 223
히스패닉
　　　교육 수준 44, 458~459